GENERAL HISTORY

·迈尔斯教授讲世界历史·

世界通史（上）

[美] 菲利普·范·内斯·迈尔斯◎著　卢东民　王小忠　袁建伟◎译

天地出版社 | TIANDI PRESS

图书在版编目（CIP）数据

世界通史：上下册 /（美）菲利普·范·内斯·迈尔斯著；卢东民等译．— 成都：天地出版社，2019.1（2025年7月重印）

ISBN 978-7-5455-4241-7

Ⅰ．①世… Ⅱ．①菲… ②卢… Ⅲ．①世界史—通俗读物 Ⅳ．①K109

中国版本图书馆 CIP 数据核字（2018）第 219769 号

世界通史

SHIJIE TONGSHI

出 品 人 杨 政
著　　者 ［美］菲利普·范·内斯·迈尔斯
译　　者 卢东民　等
责任编辑 杨永龙　欧阳秀娟
封面设计 柏拉图设计
内文排版 新视点工作室
责任印制 王学锋

出版发行 天地出版社
（成都市锦江区三色路238号　邮政编码：610023）
（北京市方庄芳群园3区3号　邮政编码：100078）
网　　址 http://www.tiandiph.com
电子邮箱 tianditg@163.com
经　　销 新华文轩出版传媒股份有限公司

印　　刷 天津旭丰源印刷有限公司
版　　次 2019年1月第1版
印　　次 2025年7月第11次印刷
成品尺寸 170mm×240mm　1/16
印　　张 39.5
字　　数 706千
定　　价 118.00元（上下册）
书　　号 ISBN 978-7-5455-4241-7

咨询电话：（028）86361282（总编室）
购书热线：（010）67693207（营销中心）

目录

第一编　史　前

第二编　东方国家

第三编　希　腊

第四编　罗　马

第五编　中世纪

01

第一编

史　前

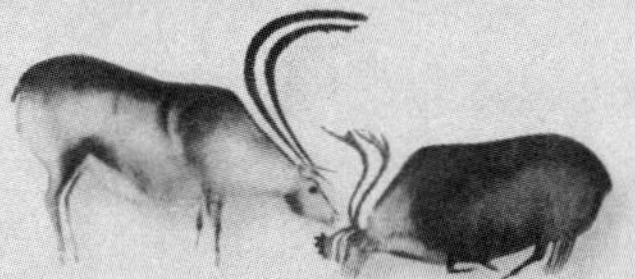

第一章　史前时代

1.史前时代和信史时代

史前时代是指在人类开始用书写或者镌刻记录一些事件之前，那极其漫长的一段人类活动时期。相对于此，通过书写或者镌刻记录下来而为我们所知的短短数千年的人类历程是信史时代。对埃及而言，信史时代大约始于公元前4000年；对欧洲地中海地区而言，信史时代大约始于公元前1000年；对中欧和北欧国家而言，从广义上讲，信史时代大约始于近代的初期；而对于新世界①而言，信史时代只有400年多一点。

2.我们如何了解史前人类

对于学习历史的人而言，了解史前人类到底是什么样子以及他们都做了什么等相关知识，是不可或缺的；因为人类种族的孩提时代正是由人类活动中难以考察的史前时期所组成——就像不对一个人的童年做最起码的了解，就无法理解这个人一样。

然而，在没有书面记录的情况下，我们如何才能知道关于史前人类的一切呢？我们可以通过很多方法去了解他们。首先，可以通过研究落后种族现在的生活。就他们现在的情况来看，我们有理由相信这些历史上伟大的种族还处在他们的史前时期。

此外，生活在历史曙光之前的人类留下了很多东西，可以展示他们是什么样的人。在溪流的古老砾石河床上，他们在那里捕鱼或者狩猎；在为他们提供庇护的洞

① 指西半球或南北美洲及其附近岛屿。——译者注

穴里，在他们村庄和营地遗址的垃圾堆（贝冢），以及在他们埋葬死者的墓穴里，我们找到了大量出自他们之手的工具、武器和其他物品。从这些不同的事物中，我们可以得知这些作为工具制造者的早期人类获得了怎样的技能，他们的文明达到了怎样的程度，以及他们对来世的某些观念。

3.史前时代的划分

漫长的史前时代被划分为不同的时期，或者不同的文化阶段，是由人类在制造武器和工具时所使用的材料来命名的。最早的时期被称为旧石器时代（Old Stone Age）；接下来的时期是新石器时代（New Stone Age）；再晚一些的时期是金属时代（Age of Metals）。这些时代之间的分界线并不是非常明显。在大多数国家，这些时代之间都是相互交织重叠的，犹如在现代，蒸汽时代（Age of Steam）也会和电气时代（Age of Electricity）相互交织重叠。

4.旧石器时代

在旧石器时代，人们的器物通常都是用石头做的，尤其是打磨过的燧石，不过兽骨、兽角、兽牙以及其他材料也会被用于生产加工。这些原始的器物和武器大都是在砾石河床和洞穴里被发现的，也是目前我们明确知道由人类制造的最古老的东西。

地质学告诉我们，在欧洲旧石器时代的人类见证了冰河时代（Ice Age）的冰川消退。在那片大陆与人类共同生活的动物中（我们了解那里的大多数早期人类），长毛猛犸象、欧洲野牛、野牛、洞熊、独角犀、野马、驯鹿等物种——在原始人捕猎它们的地区已经绝迹。随着气候和植被的变化，这些动物中的一部分已经灭绝，而另一些嗜寒物种则退居高山或者迁徙到北方去了。

我们对旧石器时代人的认知，可以总结如下：他是一位猎人和渔夫；他的住所通常只是一个洞穴或者岩窟；他的工具主要是外形粗糙的燧石（flints）；除了狗，他或许没有其他驯养的牲畜；他对纺织的技术一无所知，对制陶的技术也几乎一无所知。①

---

① 澳大利亚和新西兰的土著第一次被发现时还处于旧石器时代文化阶段，而塔斯马尼亚土著还没有达到这个阶段。

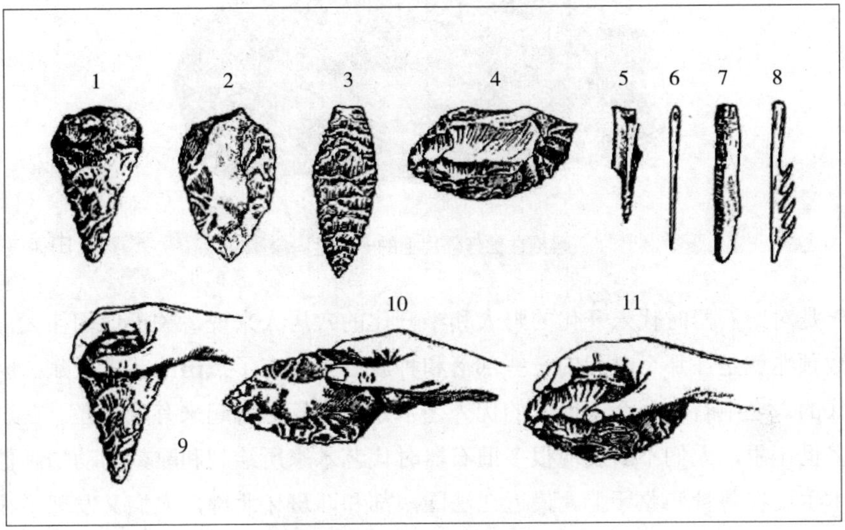

旧石器时代的器物

图1，燧石结核的核心部分，是旧石器时代人类最早也最典型的工具和武器。它有各种各样的用途，没有手柄，使用时直接用手紧握使用（如图9），因此也被称为手斧或者拳斧。图2是一个从燧石结核中敲击而出的薄片。图8（一个鱼叉尖头）告诉我们那个时代的人既是渔夫又是猎人。从图6（一根骨针）我们可以推断出他是用兽皮制作衣服，因为他还没有学会纺织的技术（纺轮直到接下来的新石器时代才出现），他制作衣服的材料几乎只可能是捕猎时杀死动物的皮。那些兽皮都是被仔细加工准备过的，一种用于制作兽皮衣服的刮削工具（图4和图11）可以证明这一点。图7（一种刻切工具）告诉我们雕刻艺术起源于旧石器时代。

旧石器时代持续了多久无人知晓。我们并没有试图去估算旧石器时代持续了多少年或者多少个世纪，而仅仅只是根据地质年代来推断。然而我们知道，在那个漫长而进步缓慢的时代中，原始人类一定取得了一些发展和进步，这使我们确信，纵然进化缓慢，但他是被赋予成长和进步的能力的。在这个时代结束之前，他已经掌握了打制燧石的尖头和刃部的高超技艺；他已经学会了使用火，这一点从我们在他所住的地方发现了用火的痕迹便可得知；而且他有可能已经发明了弓箭，因为我们发现这种武器在接下来新石器时代的开端就被非常普遍地使用了。弓箭（bow and arrow）这个重要的发明成为了人类在狩猎和战争中的主要武器之一，并持续了千万年——甚至直到信史时代后期热兵器发明之后仍在使用。

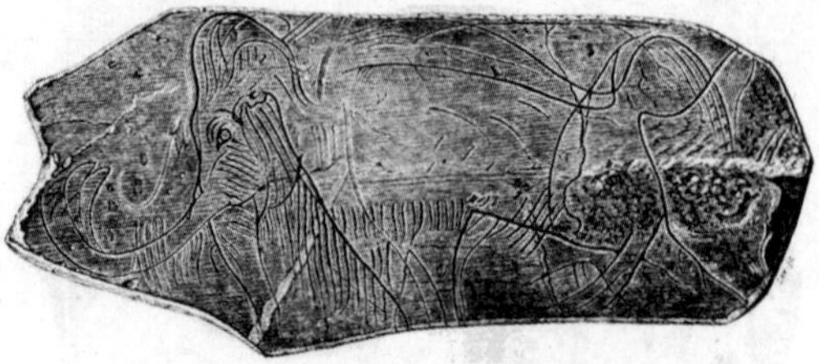

雕刻在兽牙碎片上的一只猛犸象

但是对旧石器时代未开化的野人和半开化的穴居人来说，关于他们伟大前途的大多数预兆就是在那个时代的一些部落和种族已经拥有了杰出的艺术天赋；因为那个时代的人之中有一些令人惊叹的优秀艺术家，尽管这看起来有点奇怪。在过去的半个多世纪里，人们不断发现很多旧石器时代艺术家所绘制和雕刻的动物画像，这些样本主要在兽骨和象牙上。最近在法国南部和西班牙北部，人们又发现了很多巨大的素描和绘画，这些壁画都画在各种岩穴石窟的石壁上。① 这些精彩的画作主要是表现动物的。欧洲野牛、野马、野牛、驯鹿和猛犸象是最常见的绘画对象。

法国芬德歌姆洞穴里的壁画

① 第一批壁画是在1879年被发现的，但是直到1902年才建立起不可置疑的论断，确定了这些壁画实际上拥有无比悠久的历史。这些画作通常都是在洞穴深处发现的，那里根本没有一丝阳光可以照进去。它们是在用动物脂肪做成灯油的灯光下完成的。几乎可以肯定这些壁画都带有一个神奇的目的，那时的人们相信通过一种魔法，这些壁画就可以增加所画动物可被狩猎的数量，或者在狩猎时成功地捕获它们。

在法国和西班牙的洞穴石壁上，这些不同凡响的动物形象被涂上了颜色，色彩依旧保存完好，它们出自旧石器时代一群猎人艺术家之手。至少在埃及金字塔被建造之前的10000至15000年，这些壁画就已经完成了。欧洲穴居人这种令人惊叹的艺术表明，或许因为原始人是猎人，生活与周围的野生动物是如此的贴近，所以通常会具备比那些更高级种族的艺术家们对动物的形态和运动更加敏锐的观察力。艺术的历史（雕塑、雕刻和绘画）必须将这些旧石器时代猎人艺术家们的作品作为开端。

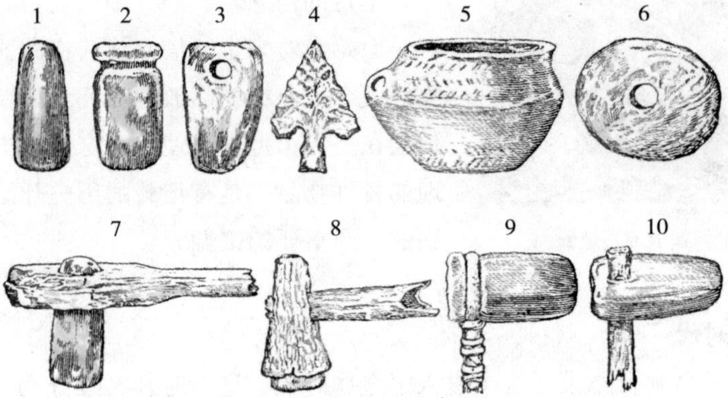

新石器时代的器物

这些工具和武器标志着相较于旧石器时代的那些打制的燧石碎片，新石器时代的器物已经有了巨大的进步。它们体现出数千年（或许数万年）来人类经验和发明的结果，也标志着人类的发展迈出了第一步。图1-3和图7-10展示了人类在经过了长不可测的漫长年代之后，如何学会通过将工具和武器研磨得更加光滑和锋利，以及配上合适的手柄，从而提高它们的效率。图5记录了制陶技术的到来——这是铁器时代之前最重要的工业技术之一。图6（一个用石头或者硬化的黏土制成的纺轮，在捻线时当作吊锤）告诉我们当时的人类已经学会了标志着走向文明开化的纺织技术。

5.新石器时代

旧石器时代之后便是新石器时代。打制或者锤制的石头器物仍在继续使用，但是这一时期的特征是使用研磨或者抛光的器物。那时的人类已经学会了在磨石上用沙子将工具和武器磨出锋利的刃。① 还学会了在斧子上加一个柄，极大地提升了

① 发现新大陆时，北美印第安人仍处于新石器时代文化阶段。埃及人和巴比伦人第一次出现在历史上的时候，他们才刚刚走出了新石器时代文化阶段。

这种工具的效果。

除了这些工具和武器方面的改进之外，新石器时代的人类还取得了其他一些伟大的进步，超越了旧石器时代的人类。他们已经学会了耕种土地；学会了制作陶器，纺线和织布；驯养了各种野生动物；他们建造房屋，通常建在湖泊和沼泽地边缘的木桩上；他们还以放置殉葬品的方式来埋葬死者——表明他们对来生有一种坚定的信念。①

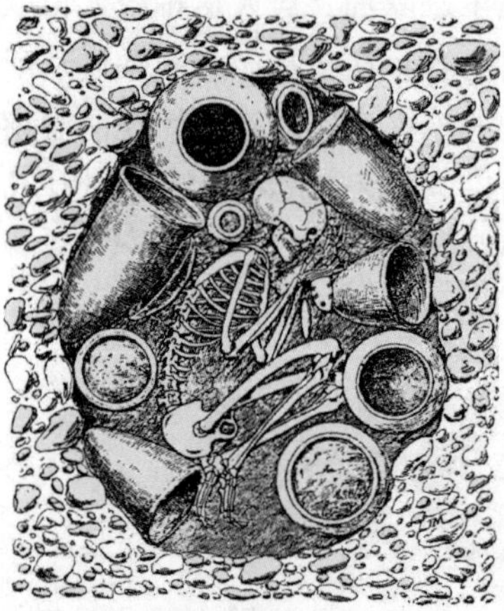
一个史前时期的埃及墓地

原始人对来生的信仰使其将武器、工具、食物以及个人装饰物品放置在死者的坟墓里，以便他们在另一个世界里使用。这些在史前墓地里发现的各种物品，是有记载的历史开始以前人类知识的一个重要的来源。

6.金属时代

漫长的石器时代结束，终于进入了金属时代。这个时代又细分为三个时代——红铜时代（Age of Copper）、青铜时代（Age of Bronze）以及铁器时代（Age of Iron）。某些民族，譬如非洲黑人，他们直接从石器时代过渡到了铁器时代；但是在东方和欧洲的大多数国家，这三种金属都是依次被使用并按顺序命名的。一般而言，我们可以说对古代较为先进的民族而言，金属时代始于公元前4000年至公元前3000年之间。

使用金属的历史已被公认为文明史。实际上，金属对人类的重要性怎样高估都是不为过的。与使用金属工具相比，人类用石器工具做到的事情是微不足道的。对原始人来说，即使可以使用火，用石斧砍倒一棵树，然后凿空树干做成一艘船也是一项艰巨的工作。由于工具的简陋粗糙，他们所有的工作都受到了限制。直到拥有了金属工具和武器的时候，他们才开始真正地征服世界和超越自然。古代世界所有高等文明的历史都是以认识和使用金属为基础的。

① 最近的发现揭示出这种对来世的信念甚至可以追溯到旧石器时代末期之前。在一些墓穴里发现了一应俱全的全套燧石工具和武器，这一点毫无疑问地表明了他们对死亡之后生命并没有彻底终结的信仰。

7.使用火的起源

我们已经知道，旧石器时代的人类已经认识了火，如之前所述，在他们居住的洞穴和岩窟中发现了火的痕迹。程度很低的文明种族，没有哪一个可以离开火。

至于早期人类是如何获得火的，我们一无所知。他们可能是从炽热的熔岩流中或者是被闪电击中而燃烧的树干上点燃了第一团火。[①] 然而也有可能，他们在最早的时候就学会了用摩擦的方法来产生至关重要的火花。根据泰勒（Tylor）的说法，钻木取火是人类最古老的发明之一。既然生火很困难，那么火种一旦被点燃就会被小心翼翼地保存延续，确保不会熄灭。照看火种的责任自然就落到了部落中老年妇女或者年轻女孩的身上，譬如在罗马人的六名贞女祭司制度中就能追溯到这种习俗，她们负责守护女灶神（Goddess Vesta）神庙里面一个普通家用灶台上燃烧着的圣火（第237条）。

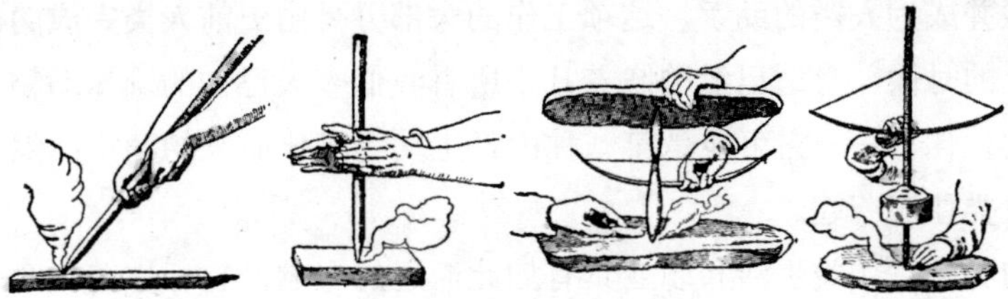

原始人取火的方法

毫无疑问，摩擦能够产生火这一发现诞生于原始的工具制造者的操作之中。将软木材料工具打磨光滑、抛光和开槽，以及用硬木在上面钻孔的过程中，这个秘密几乎肯定会展现出来。现在还未开化的野蛮人取火装置的特征表明了这一发现的产生方式。

原始人类一定是逐渐了解到火的各种特性并发现其可能的不同用途，就像信史时期的人类是逐渐了解到电可能的用途一样。通过令人愉快的意外或者发现，他们了解到火可以将陶土变硬，于是他们成为了陶工；火还可以熔炼矿石，于是他们成为了冶金工；火还可以有上百种用途能够帮助到他们。乔利（Joly）这样说道：“火，几乎主宰着每一种艺术的诞生，或是加快着其发展的步伐。”下面这三个意味深长的词语可以揭示火在家庭、宗教以及工艺的发展上所占据的地位——“灶台、祭坛、铁匠铺。”没有任何其他原动力比火对文明发展作出的贡献更大。的

① 被闪电引发的火焰数不胜数。在1914年一年间，美国国家森林中被闪电引发的火灾就超过2000起。

确，假如没有火，很难想象原始人类如何能走出石器时代。

8.动物的驯化

“当我们去参观一个现代的农场，观察那里融洽的生活时——马骄傲而顺从地将脖子弯向它的轭；奶牛将它的奶水献给了挤奶女工；毛茸茸的绵羊成群结队地走向田野，和它们忠诚的保护者，那只向主人摇尾献媚的狗在一起——人类与动物之间这种亲密的交流看起来是如此自然，几乎不可想象这样的情况曾经是截然不同的。然而我们所看到的农场里的画面只是千万年来人类文明事业的最终结果，但是这种极大的重要性很容易就被我们忽视了，因为我们每天都可以见到这个奇迹，于是变得熟视无睹。”①

使田野和森林里的动物成为人类大家庭之中的成员或者仆从，与人类缔结一种友善的联盟并成为人类的助手，这项工作的大部分是由史前人类完成的。当人类出现在历史上的时候，身边已经围绕着几乎所有我们今天已知的驯养动物。狗已经是人类的忠实伙伴了——它可能是第一种由野生动物驯化而来的动物；绵羊、奶牛和山羊也和人类住在一起。

动物的驯化对人类生活和职业具有如此深远的影响，它标志着一个历史新纪元的开始。猎人成为了牧羊人，同时狩猎时代被畜牧时代所取代。②

9.植物的驯化

在历史的曙光到来很久以前，那些生活在旧世界并在早期历史时期扮演重要角色的人类已经从畜牧时代发展到了农耕时代。就像人类从狩猎时期迈向畜牧时代的那一步是在一些最具社会性的动物身上得到了帮助一样，从畜牧时代迈向农耕时期的第二步，是通过驯化田野和森林里无数种草籽与植物中的少数几种来实现的。

小麦和大麦这两种最重要的谷物，可能是在亚洲的某个地方第一次被驯化的，再从那里传入欧洲。关于这些谷物，连同燕麦和水稻，泰勒这样说道：“是人类生活的支柱和文明的伟大动力。”

植物的驯化和土地的耕种技术使史前社会发生了一场伟大的革命。猎人和牧人

---

① 参见施拉德尔所著的《雅利安人的史前文物》（1890年出版）一书的第259页。

② 我们发现一个有趣的现象，大多数人类驯化而来的家畜的祖先都来自于旧世界（译者注：指东半球或欧、亚、非三洲）的野生种群。

居无定所的生活被一种定居的生活方式所取代。城市被建立起来，同时那些物质和非物质的财富也开始在城市里积聚起来，这些财富构成了人类弥足珍贵的传家宝。对迄今为止还在流动生活的氏族部落而言，这种对土地的依附也意味着政治生活的开始。城市被统一为国家，然后成为了伟大的王国，人类的政治史开始了，就像在尼罗河和幼发拉底河流域那样。

10.文字的发明

史前人类的另一个成就是文字的发明。文字有两种——象形文字（Picture Writing）和表音文字（Phonetic or Sound Writing）。象形文字的符号主要是原始的描绘实物的图画。这种表达思想的方式对人类来说似乎很自然。这是孩子们很喜欢用的一种书写方式。表音文字的符号则代表了人类所发出的声音。

文字的发展有这样三个阶段：在第一个阶段，每一个图画或者符号都代表一个完整的单词。在这样的一个系统中，必须有很多字符和符号是理所当然的，就像词汇在语言里所表现出的那样。中国人在解决他们的文字系统时，很快就在这一点上坚持了下去（第77条）。

在第二个阶段，符号用来代表音节而不是单词。由于任何一种已知语言的词汇都是由相对较少的音节组合而成，所以这种方法立刻就将文字所需的符号数量从成千上万个减少到了区区几百个。古巴比伦人和亚述人都使用这种形式的文字，他们用400到500个符号就能表达他们各自文字中的所有词汇（第36条）。

尽管一套音节符号的集合相较于一套单词符号的集合是一个巨大的进步，但是它仍然是一种表达思想的笨拙工具，这个系统还需要进一步简化。这一步在第三阶段也是最后一个阶段完成了，发生于在将符号用于代表人类的基本发音而不是音节的时候，人类的基本发音很少——只有20到40种——在任何一种语言里都是如此。然后这些符号变成了真正的字母，一套完整的集合被称为字母表，也就是字母文字模式。这就是我们所使用的文字系统。是什么人发明了第一个字母系统我们无从得知；但是我们发现早在公元前9世纪，就有几个闪米特民族拥有一种真正的字母系统。通过各种媒介，尤其是通过贸易和商业，这种字母系统传播到了东方和西方，因此它也成为了所有字母系统的根源，除了被古代的人们使用的另一种字母系统。①

① 波斯人借鉴古巴比伦人的音节符号系统发展出了另一种纯粹的字母文字系统，他们的字母表由36个字母组成。

随着表音文字的发明和保存记载成为一种习惯，随着人物名字和事件日期的出现，人类真正的信史时代开始了。

11.伟大的遗产

我们20世纪的人认为自己能够成为一个宏伟遗产的继承人很幸运，继承了过去的一切。我们不习惯将信史时代的第一代人也视为伟大遗产的继承人。但是只要我们稍稍回顾一下人类在史前时代的漫长时期里到底发现并解决了什么，我们就一定会发现一个已经给我们留下深刻印象的事实，正是史前时期人类给信史时期的人类留下了一个巨大的遗产。

但是假如我们对人类在那个遥远时代所做的一切草率地一瞥而过，认为他们所做的仅限于此，那么我们将不再像已经习惯的那样尊重历史。我们会看到人类的故事比我们所想象的更加神奇，人类所走过的道路也比我们所想象的更加漫长和艰辛。但是通过我们对他们的起源，他们早期艰难而处处受限的生活，以及他们向文明之路迈出痛苦的第一步了解得越来越多，我们对他们的兴趣也一定会加深。我们应该更加关注和同情这神奇的生命，这个大地之子和天国之子，这个所有时代的继承人，他正朝着光明的方向一路前行。

02

第二编

东方国家

第二章　人类种族和民族

12.信史时代的细分

我们现在开始研究信史时代（Historic Age）——大约有6000到7000年的历史。信史时代的历史通常被分为三个部分——古代史（Ancient History）、中世纪史（Medieval History）和近代史（Modern History）。古代史，正如我们已经指出的，开始于我们通过文字记载能够获得一定了解的那些民族，而一直延续到公元5世纪罗马帝国在西方崩溃。中世纪史包括所谓的中世纪，大约1000年的时间，从罗马陷落到公元1492年哥伦布发现新大陆。近代史开始于中世纪结束，延续至今。①

13.信史时代的人类种族

人类被划分为很多种类型或种族，主要以身体特征，如外形、肤色以及容貌作为区分标准。有三个主要的种族，分别为黑种人或黑色人种（Black or Negro race），黄种人或蒙古人种（Yellow or Mongolian race），白种人或高加索人种（White or Caucasian race）。②

但是我们不能就此认为这三个人种之间就截然分开；他们是在不知不觉中相互转化的。有大量的中间型人种或者亚人种。

---

① 一些学者认为，将公元376年具有决定意义的日耳曼民族大迁徙的开始，或者将公元800年查理曼大帝的帝国复兴作为古代史结束的标志，并将之后全部称为现代史是更为可取的。还有一些学者更倾向于将公元1453年土耳其人攻陷君士坦丁堡作为近代开始的标志；同时还有一些人大体上将大量出现各种发明、发现以及学术界伟大运动的15世纪末期看作是近代的开始。

② 这是一种简便而实用的分类方法。它忽视了各种种族关系不确定的次要人种。

现有人种在身体和精神上的差异可能是因为他们的祖先在漫长的史前时期经历了不同的气候影响和不同的生活条件而产生的。在信史时代，大多数人类种族都没有出现任何可以察觉的变化。最古老的埃及纪念碑上面的绘画告诉我们，在历史开始的时候，主要的人类种族已经像现在一样泾渭分明，每一个都带有自己肤色和特征的种族标记。

14.黑种人

撒哈拉以南的非洲地区是黑色人种代表性种族（尼格罗人）的真正家园，但是我们在其他所有的大陆和很多海岛上也找到了他们，他们是迁徙或者被更强大的种族当作奴隶带到了这些地方。

15.黄种人或蒙古人种

亚洲的东部和北部是蒙古人种分布的中心地带。很多蒙古人种的部落都是游牧为生的牧民，他们漫游在辽阔的喜马拉雅山脉（Himalayas）以北广袤的亚洲平原上。他们在历史上扮演的主要角色就是去袭扰那些习惯定居的民族。

但是这个人种之中最重要的民族是中国人和日本人。中国的人口可能占世界总人口的1/5或者更多。中国人在非常遥远的年代就已经在很多方面发展出了相当先进的文明，但是当他们的文明到达某个阶段的时候，再没有继续出现明显的进步。直到近代，中国人和日本人才开始真正登上世界历史的舞台。

16.白种人或高加索人种及其三个族群

所谓的白种人或高加索人种几乎囊括了信史时期的所有民族。其主要民族分为三个族群——含米特人（Hamitic）、闪米特人（Semitic）以及雅利安人或印欧语系人（Aryan or Indo-European）。这三个族群各自的成员互相之间不能看作是一定具有血缘关系的同族，他们能够确定的唯一联系纽带是语言。

古埃及人是含米特人这个分支中最杰出的民族。在灰暗的历史曙光之中，我们发现古埃及人已经定居在尼罗河流域，还在那里建造了一些如此完美无缺的巨大纪念碑，这确凿无疑地表明那些设计纪念碑的人接受过建筑艺术的长期训练。

闪米特人族群的主要民族包括古巴比伦人和古亚述人、希伯来人、腓尼基人，以及阿拉伯人。大多数学者认为阿拉伯半岛是这个族群最初的故乡。有一个有趣的事实，三大一神论宗教——犹太教、基督教以及伊斯兰教——都诞生于闪米特人的民族之中。

被俘的黑人

说明了种族特征的持久性。

说雅利安语的民族组成了白种人之中分布最为广泛的族群。他们包括古希腊人和古罗马人，以及现代欧洲所有的民族（除了巴斯克人、芬兰人、拉普人、匈牙利人以及奥斯曼土耳其人之外），连同波斯人、印度人和其他一些亚洲民族。① 在我们所称的“闪米特时代”之后，在世界历史舞台上扮演主角的就是雅利安语系民族了。

① 某些词语在他们不同的语言之中有着类似的词形和含义，是所有这些民族在语言上有密切关系的最直接表现，譬如父亲这个词，都出现了几个雅利安语系的音节，只有很小的变动（梵语，pitri；波斯语，padar；希腊语，πατέρας；拉丁语，pater；德语，Vater）。

第三章　古埃及

第一节　政治史

17.埃及和尼罗河

历史上的埃及包括尼罗河三角洲（Delta of the Nile）及其下游的冲积平原。这些富饶的土地是在过去的地质时代里，由洪水季节的河水冲积下来的淤泥形成的。尼罗河三角洲在古代被称为下埃及（Lower Egypt），而真正意义上的河谷，即从三角洲顶部直到尼罗河第一瀑布之间600英里的距离被称为上埃及（Upper Egypt）。

富饶的埃及最初也是由这块每年都会重新肥沃的土地以同样的方法孕育而生的；因此，一位古希腊作家用一个恰如其分的短语来称呼这个国家——“尼罗河的礼物”。由于大量的热带雨水和尼罗河源头雪山积雪的融化，尼罗河的河水每年都会泛滥出河堤，水退之后便会在大地上留下一层肥沃的土壤。在谷物播种的几个星期内，这片刚刚被河水淹没的平原就都会变成一片翠绿的海洋，与环绕着尼罗河流域边缘的沙漠和荒山形成鲜明的对比。

耕作与播种

18.气候和物产

埃及属于亚热带气候。热带的水果和温带的谷物生长繁茂。从早期开始，这片土地就是东方的粮仓。与此同时，对那些并不得天独厚的国家来说，当遭受饥荒的时候——在东方那些依赖降雨的地区，这种灾难非常普遍——就要寻找食物，犹如以色列的人们遭遇干旱和在巴勒斯坦歉收的时候所做的一样。

19.法老和王朝

信史时代埃及的统治者们拥有一个皇室头衔或通称——法老（Pharaoh）。法老统治这个国家直到被亚历山大大帝征服（前332），期间被分为31个王朝。这些王朝的历史占据了整个信史时期的一半以上。这段历史过去了几乎3000年之后，希腊和意大利的信史时代才刚刚开始。

胡夫，胡夫大金字塔的建造者

虽然只是一个很小的象牙雕像，但是展现出了一种无穷能量和意志力的特征——这副面孔是一张在四分之一英寸的微小尺寸下描绘出的令人惊讶的肖像。

——弗林德斯·皮特里

20.第四王朝（约前2900—前2750）；金字塔建造者

第四王朝的法老们在孟斐斯（Memphis）施行其统治，他们被称为金字塔建造者（Pyramid Builders），因为他们建造了最大的金字塔。胡夫（Khufu），希腊人所称的基奥普斯，是这些统治者之中最著名的一位。他在吉萨修建了大金字塔——“这是人类所建造的最伟大的砖石建筑。”[①] 最近的一项幸运发现使我们现在能够一睹这位古代世界最早也是最著名的名人胡夫的面容。

还有一些权威人士认为坐落在大金字塔脚下，那座巨大而神奇的狮身人面像（Human-Headed Sphinx）——世界上最大的雕像，也是由金字塔建造者这个王朝早期的某位法老建造的。

---

① 这座金字塔占地13英亩，高450英尺。根据希罗多德的说法，在建造大金字塔的20年间，胡夫动用了10万名劳动力。

这些金字塔是陵墓遗址，因为其本身就是修建它们的法老的坟墓，而狮身人面像是早期的文明世界留给我们最珍贵的记录。

21.第十八和十九王朝（约前1580—前1205）

这两个著名王朝法老的功绩和建筑作品，为埃及在历史上赢得伟大的名望和地位作出了主要贡献。第十九王朝最著名的统治者是拉美西斯二世（Rameses II），希腊人称塞索斯特里斯。拉美西斯二世进行的战争最主要是针对赫塔人（Kheta），即《圣经》中记载的赫梯人（Hittites），他们当时维护着一个领土包括小亚细亚主要的内陆高地和叙利亚北部的庞大帝国。[①] 我们发现拉美西斯二世最终与他们缔结了一个著名的和平条约和联盟，正式承认了赫梯人的首领在每一个方面都和埃及法老平起平坐。这个联盟的意义在于，埃及法老在赫梯统治者中遇到了与他们棋逢对手的人，然后法老再也不能期望成为西亚的统治者了。

有些学者认为，拉美西斯二世是以色列人民的压迫者，是一位“使以色列人生活在艰难的苦役之中，在负版筑墙之中，在田地里的各种辛苦劳作之中变得苦不堪言”的法老，而著名的“出埃及记”便发生在他的继任者统治时期。

古埃及制砖

22.最后的本国法老

在第二十六王朝结束之前，大约公元前600年，埃及的力量出现了极大的衰退，沦为了巴比伦的附属国，不久之后又在波斯人的枷锁之下俯首称臣。从公元前

① 我们对赫梯人所知甚少，只知道他们与埃及和亚述在几个世纪分享西亚的统治权。他们有一个文字系统，但是其关键部分至今还未被发现。

4世纪中叶直到现在，再也没有一位埃及本国君主能够登上法老的宝座。

“在世界民族之林中，埃及完成了她的使命；她在那遥不可及的古老年代就点燃了文明的火炬，并将其传递给了西方的其他民族。”

第二节　宗教、艺术及文化

23.埃及的文字系统

或许古埃及人最伟大的成就便是建立了一个文字系统。早在公元前4000多年，他们就发明了一种非常奇特和复杂的文字系统，一部分是象形文字，一部分是字母文字。[①]

古埃及人使用的主要书写材料是著名的纸莎草纸，是由一种芦苇制成，这种芦苇生长在沼泽地和尼罗河的河道上。这种埃及植物的希腊语名称是“byblos”和“papyrus”，这是我们现在的词汇“Bible”（圣经）和“paper”（纸）的词源。

埃及文字的形态

上面一排文字是象形文字；下面一排是古埃及僧侣书写体的相同文本。

① 就像我们有两种字母形式，一种用于印刷而另一种用于书写，埃及人使用三种字母形式：象形文字，其图画和符号都是被仔细画就——是一般用于碑刻铭文的形式；僧侣书写体，一种象形文字的简化形式，适用于书写，大部分纸莎草手稿都是用僧侣书写体完成的；后来僧侣书写体又发展出一种更加简单的形式，希腊人称之为普通书写体（希腊语“Greeks demotic ”意为希腊民众，英文“the people”意为人民、民众，来源于希腊语“demos”意为人民、民众）。

24.罗塞塔石碑和解读埃及文字的钥匙

解读埃及文字的第一把钥匙是通过罗塞塔石碑（Rosetta Stone）发现的——1798年法国人入侵埃及的时候发现了这块石碑。这个珍贵的遗物是一块沉重的黑色玄武岩，现存于大英博物馆。上面有埃及和希腊语的铭文，用三种不同的文字形式书写而成。破解埃及文字和揭开尘封已久的埃及纪念碑之谜的主要功劳通常归功于法国学者商博良（Champollion）。

罗塞塔石碑

25.埃及的神明

埃及神明中的众神之神是太阳神“拉”（Rä），法老们都自称是太阳神的后裔。他被想象成在天河上驾着神圣的小舟驶过天国，然后在晚上驶过地下的水道再回到东方——这是一个充满冒险和危难的航行。

善神奥西里斯（Osiris）是一个在很多标志和神话中深受敬爱的神明，奥西里斯最初似乎是被当作植物精灵或者植物之神来崇拜的，但是后来也被认为是冥界的审判者与统治者。赛特（Set）——希腊作家笔下的提丰，是后来埃及神话中的撒旦。除了那些更大的神明之外，还有许多较小的神明，每个地区和村庄都有自己的一个或者多个神明。

26.动物崇拜

埃及人相信一些动物是来自天国的神明的化身。因此一个神明被认为能够使一些特别的公牛死而复生，可以从公牛身上特定的斑点或者标记来分辨。当神圣的公牛——也被称为阿比斯（Apis），死亡的时候，它的尸体被小心翼翼地做防腐处理，然后在花费巨大、富丽堂皇的葬礼上放入一个巨大的花岗岩石棺，安葬在坟墓里，那些被视为神明的动物死后也都葬身于此。

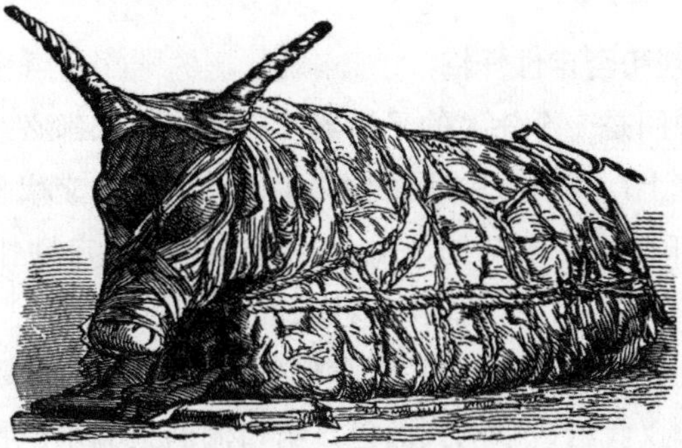

一只神圣公牛的木乃伊

不仅会有某些动物个体会被当成神明来崇拜，而且有时整个物种，譬如猫，也会被认为是神圣的。杀死一只神圣的动物会被认为是对神明最大的亵渎。有许多种解释用于说明，在一个像古埃及人那样文明程度如此之高的民族之中竟会存在如此低级形式的崇拜。或许神圣的动物在后来的崇拜中只是代表了埃及宗教早期的原始阶段。

27.来生的理念；木乃伊

在古代，没有哪个民族能像古埃及人那样将死后的生活看得如此真实，在古埃及人的思维里这种理念占据着如此巨大的位置。他们认为灵魂在未来的福祉取决于对身体的保护；因此他们用防腐技术来保护遗体免于腐烂正是这种焦虑心理的表现。

在防腐处理的各种工序中，会使用油、树脂、沥青，以及各种芳香的树胶。富人的遗体被保存下来，里面填满了芳香的树脂类东西，并用亚麻布绷带紧紧包裹起来。经过这样处理过的尸体有一个专有名词，就是木乃伊（Mummy）。

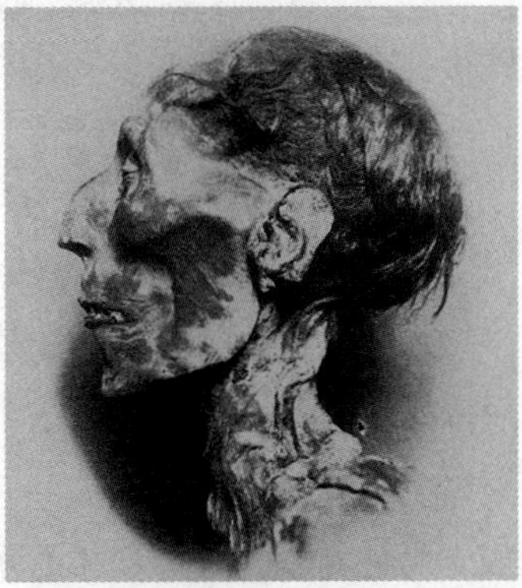

拉美西斯二世的侧身像

我们能看到的很多古代法老栩栩如生的面容应该归功于埃及人对尸体进行这种方式的防腐处理。1881年，在底比斯（Thebes）附近的一个神秘石室里发现了几乎所有第十八、第十九、第二十以及第二十一王朝法老的木乃伊。很多木乃伊的面容都保存得如此完好，如马斯佩罗（Maspero）所说：“如果这些法老的臣民今天重回人间，他们不可能认不出他们昔日的君王。”

28.对死者的审判和否定性忏悔

死亡在埃及人中间是一个伟大的平衡器；国王和农夫都必须站在冥界审判者奥西里斯那可怕的法庭上，并将生前所做过的事情一一作出交代。在这里，人们的灵魂会在下面这样的忏悔中寻求辩护，这就是所谓的“否定性忏悔”：“我没有亵渎神明”；“我没有偷盗”；“我没有背叛任何人”；“我没有诽谤任何人，也没有诬告。”在其他一些灵魂忏悔之中我们发现了一个与基督教道德极其接近的情况，譬如这一条：“我给饥饿的人面包，给口渴的人喝水；我给赤身露体的人穿上衣服。”

灵魂作出的忏悔是否真实，要由诸神的天平来检验。天平的一端放着死者的心脏；另一端放着一根羽毛——象征着真理或者正义。灵魂站在那里观看着天平称重。假如心脏没有比羽毛更重，那么这个灵魂便会得到公正的奥西里斯友好的欢迎。而那些不义之人会被送到一个痛苦的地方，或者被扔给一个怪物吞掉。

对死者的审判

展现了在真理的天平上将死者的心脏称重。

29.建筑、雕塑及次要艺术

古埃及人的建筑艺术在某些方面从未被超越。早期修建的孟斐斯金字塔，以及后来修建的底比斯神庙，法老们使后世历代看到这些建筑的人们都叹为观止并钦佩不已。

在将最坚硬的岩石开凿并加工成巨大石块的工艺上，埃及人所取得的成就几乎连现代的石匠都难望其项背。历史学家罗林森（Rawlinson）这样说道：“就是用我们今天的蒸汽锯，能不能在10年之内从阿伯丁的采石场造出一个埃及法老建造了许多个的那种方尖碑都值得怀疑。”

埃及雕塑在最早期时是最好的，后来变得模仿性太强，而且雕塑都如此传统和死板，这是受到宗教影响的缘故。艺术家在创作神明的雕像时，不允许改变那种单一的神圣形式。

在很多次要艺术中，埃及人取得了惊人的卓越成就。他们可以在给玻璃着色时确保色彩的光泽度和美感，就和现代艺术所能做到的一样。在金匠的作品中，他们也表现出了神奇的技巧。

在这里应该指出的是，埃及对其同时代文明施加的影响在艺术领域表现尤甚。在希腊艺术全面发展之前，埃及艺术统治整个世界的方式和希腊艺术在希腊黄金时代之后统治整个世界一样。埃及艺术的影响可以在地中海地区所有民族的建筑、雕塑以及装饰艺术之中找到痕迹。

30.科学：天文学、几何学及医学

埃及晴朗无云的明亮天空促使尼罗河流域的居民研究天体。还有一种情况与他们特有的生活密切相关——随着季节的更替，尼罗河洪水泛滥——这难道不足以刺激他们去观察和记录天体的运动吗？他们的观察使他们非常准确地发现了阳历年的长度，他们将每年分为12个月，每个月为30天，每年结束的时候会有一个为时5天的节庆期。尤利乌斯·恺撒将这个历法稍做修改，引入了罗马帝国，后来教皇格里高利十三世在1582年又对其稍做改革，几乎整个文明世界都在使用这个历法直到现在（第290条）。

希腊人认为埃及人几何学的早期兴起是因为他们每年都必须重新建立各自领土的边界——洪水淹没了旧的地标和分界线。因此他们不得不加以注意的科学是在热情和成功的基础上培育而成的。希腊学者在这一领域的著作是在埃及人的基础上完成的。

埃及医生主要依靠的是魔法，因为每一种疾病都被认为是由恶魔造成的，所以必须通过魔法仪式和咒语来祛除。但是他们也使用各种各样的药物。现代药剂师用来标记格令（Grain）和打兰（Dram）代号或字符被认为是埃及人的发明。

31.埃及对文明的贡献

因此，我们可以看到，埃及为文明带来了珍贵的礼物。在后来的西亚民族以及

希腊人和罗马人的文明中，以及通过他们传播到的现代文明中，都能找到很多来自尼罗河的文明萌芽。塞斯（Sayce）教授这样说道：“我们是过往文明的继承者，过往文明之中一个美好的部分就是古埃及的创造。”

第四章　巴比伦尼亚和亚述

第一节　巴比伦尼亚的早期城邦和古巴比伦王国

32.底格里斯河和幼发拉底河流域；上游和下游的国家

底格里斯河（Tigris）和幼发拉底河（Euphrates）流域的情况和埃及一样[①]，这片土地的自然特征对其古代人民的历史产生了巨大的影响。地质构造的差异将这一区域划分为上游地区和下游地区；正如我们下面将了解到的那样，这种自然特征上双重的差异在其政治史上得到体现，并贯穿始终。两河流域的北部，包括古亚述的那部分地区，由起伏的平原组成，某些地方被山脊隔断。这个地区孕育了一个顽强而好战的种族，成为了一个伟大的军事帝国的诞生地。

两河流域的南部，被称为巴比伦尼亚（Babylonia）的那部分地区，很像埃及的尼罗河三角洲，是一片冲积而成的土地。底格里斯河和幼发拉底河在信史时代一直在稳步地形成新的土地。在距离今天的波斯湾顶部100多英里外的内陆地区，有一个古代海港（埃利都）的遗迹。在古代，许多土地都被保护起来，以防洪水季节河水泛滥成灾，而在旱季则会用一种巨大的水渠和运河系统来灌溉，如今这些水渠和运河被沙土阻塞而且破败不堪，像一张网覆盖在这片土地上。

---

① 古希腊人将被底格里斯河和幼发拉底河环绕的土地称为美索不达米亚，其字面意思是“河流之间的土地”。这个名称经常被不严谨地用于整个两河流域。

古巴比伦的运河

巴比伦尼亚的物产和尼罗河流域的物产非常相似。在这些冲积平原上繁茂生长的谷物激起了造访东方的希腊旅行者的惊奇。希罗多德不会说出完整的真相，因为他害怕自己的诚实会受到怀疑。在远古时期，这片得天独厚的平原成为了农业、工业以及商业人口的所在地，在那里，文明社会的艺术已经得到了发展，或许和古埃及的艺术同样古老并与之并驾齐驱。

33.城邦时代

当历史的光芒第一次照耀到美索不达米亚（Mesopotamian）的土地上时，大约在公元前3000年，它告诉我们那时候下游的平原上满是独立并筑有围墙的城市，就像我们后来在巴勒斯坦、希腊，以及意大利发现的城市一样。每个城市都有它的守护神，由一位拥有国王或者君主头衔的贵族统治。

通过古巴比伦庙宇档案馆里的泥石板（第36条），耐心的学者们正在慢慢地解读这些古老城市的精彩故事。就我们现在的目的而言，他们历史中的政治方面可以这样总结，在他们有记载的2000年甚至更长的时期里，到目前为止我们所知道的是一个城市和它的神明为了霸权，对其他城市及其神明所发动的战争的年鉴。

在所有那些能从纪念碑上找到名字的国王之中，我们在此只会提到一位——萨尔贡一世（Sargon I，约前2800年），一位阿卡德（Akkad）王国的闪米特人国王，他的统治在巴比伦的早期历史上是一个伟大的里程碑。他在巴比伦尼亚建立了一个强大的国家，势力范围到达了“日落之地”（叙利亚）。

萨尔贡一世的一个印章的印记（约前 2800）

必定在东方雕刻杰作中首屈一指。

——马斯佩罗

34.巴比伦的崛起；古巴比伦王国

伟大的巴比伦是这片平原上的城市之一，它的名字今天在全世界家喻户晓。巴比伦逐渐声名显赫，这个城市为整个国家赋予了一个最著名的名字——巴比伦王国。

在超过1500年的时间里，巴比伦都是著名古巴比伦王国的政治和商业中心，这个国家一直命运起伏，一直改朝换代，一直改变疆域。与此同时，一个新的闪米特强国在北方已经慢慢发展壮大起来，就是亚述帝国（Assyrian Empire），她后来的中心和首都是伟大的城市尼尼微（Nineveh）。最终，巴比伦王国被一位亚述人的国王所征服，并被置于亚述人的统治之下（前728）。

35.巴比伦城市和公共建筑的遗迹

巨大的土丘在巴比伦平原上星罗棋布，它们通常被很多土坯城墙所包围。这些土丘是古巴比伦人巨大的土坯墙城市、宫殿，以及神殿的遗迹。大约在19世纪中叶，一些上游地区国家的土丘被发掘，当人们看到伟大的亚述国王们的陵墓和宫殿展现在眼前时，整个世界都被震惊了。这只是发掘的开始，而在过去半个世纪里，在美索不达米亚土地上的发现已经找回了那些被遗忘已久的帝国的历史，重建了东方的历史，并给予我们一个新的世界史的开端。

36.楔形文字

从我们已知的最早时期开始，巴比伦人就拥有了一个文字系统。对于这个系统，楔形文字（“cuneiform”来源于“cuneus”，意为半翅目昆虫的前翅这个词，指一个“楔子”）这个词是由于它楔形的字符而得名的。这些特殊形式的符号是用带有尖角的书写工具刻在柔软的黏土板上。这个文字系统是从一种更早期的象形文字发展而来的。巴比伦人从未发展出超越音节阶段的文字系统（第10条）。他们使用400或500个音节符号。①

这个文字系统从公元前3000年直到公元1世纪在西亚的民族之中都有使用。因此，3000年来，它在古代世界的早期文明之中都是如此重要的一个因素，正如腓尼基人的字母系统在过去的3000年里以各种各样的形式存在于所有民族的文明之中——除了那些东亚的民族，他们使用中国人发展出的文字系统（第77条）。

巴比伦人的书写材料通常是各种尺寸的泥版。这些泥版被小心翼翼地保存在大的公共档案馆里面，有时候会成为特别受崇敬的神明庙宇的附属品。

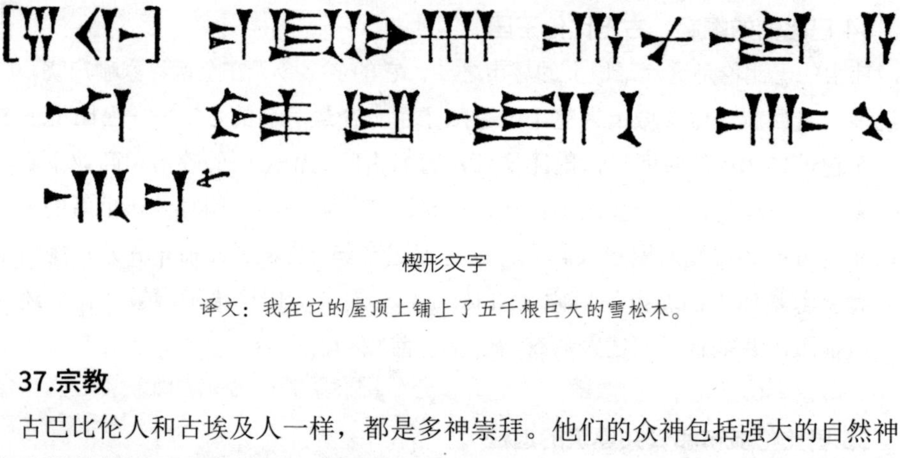

楔形文字

译文：我在它的屋顶上铺上了五千根巨大的雪松木。

37.宗教

古巴比伦人和古埃及人一样，都是多神崇拜。他们的众神包括强大的自然神，城市当地的神明，还有很多较小的神。

民间宗教自始至终最显著的特征就是幽灵信仰，尤其是恶灵，还会为了避免这些恶灵带来的不幸影响而常常举行魔法仪式以及使用咒语。民间宗教第二个最重要的活动就是著名的占星术，或者说是通过行星和恒星的方位来预测事件。迦勒底的占星家在整个古代世界都非常有名。

然而，除了这些低级的信仰和迷信的做法之外，也有更高级和更纯粹的元素。

① 波斯人借鉴古巴比伦人的音节符号系统发展出了另一种纯粹的字母文字系统，他们的字母表由36个字母组成。

所谓的忏悔诗篇最能说明这一点，这些诗篇流露出一种像《旧约全书》中的悔罪诗一样的精神。

38.法律：《汉谟拉比法典》

1901—1902年，法国的发掘者在古埃兰（Elam）王国的都城苏萨发现了一块石板，上面镌刻着巴比伦国王汉谟拉比在公元前2000多年前设立的法典。这是我们已知最古老的法律体系。它基本上只是一个早期法律和古代风俗习惯的集合。

对于这部法典编纂完成的那个时期的巴比伦社会生活，它给出了强有力的间接说明，因此它是古老的闪米特人的世界留给我们最伟大的不朽作品之一。法典定义了丈夫和妻子、主人和奴隶、商人、园丁、佃户、牧人——构成巴比伦王国全体居民的所有阶级的权利和义务。就像后来的希伯来法一样，报复原则决定了伤害他人应受的惩罚——那就是以眼还眼，以牙还牙。

在编纂完成之后的2000多年里，这部法典在亚述人和巴比伦人的王国之中仍然有效，甚至在这段时间之后，美索不达米亚地区的学校还将它作为教科书使用。或许除了《摩西法典》和《查士丁尼法典》（第389条）之外，再没有任何其他法典对人类社会产生的影响能超过《汉谟拉比法典》（*Code of Hammurabi*）。

39.科学：天文学、历法及数学

在天文学上，巴比伦人取得了比埃及人更伟大的进步。他们对天空的知识来源于他们的兴趣，就像占星家对星星的兴趣一样。他们将黄道带分为12宫，并命名为星座，对他们在天文学上所取得成就的纪念将永远铭刻在天穹之上；他们预言了日蚀和月蚀；他们发明了日晷；他们将一年分为12个月，将日夜分为小时，将小时分为分钟，还将7天设为一个星期。①

在数学上，巴比伦人也取得了相当大的进步。数字的12进制是他们的发明，正是他们将12进制（Duodecimal System）带给了我们。他们设计了度量衡的单位。古代各个民族的度量衡系统都是源自于巴比伦人。② 只有字母不是源自于他们，而字母或许是一个民族超越了最低等级的野蛮状态之后，在生活中最不可或缺的媒介。

---

① 将7天设为一个星期是基于月相对朔望月的细分，即新月，上弦月，满月，下弦月。

② 除了以中国为代表的东亚诸国。——译者注

第二节　亚述帝国

40.导论

亚述的故事主要讲述的是亚述国王的故事，也是一个冷酷无情的战争的故事——它让亚述国王成为了古代的祸害。假如要讲述这个故事任何层面的细节，就会无休止地重复亚述人在那些所有西亚国家进行掠夺、袭击和惩罚性战争的王室记录。因此，我们只会提到亚述帝国后期两三个伟大的国王，他们位列于古代世界声名显赫的著名人物之中。

41.萨尔贡二世（前722—前705）

萨尔贡二世（Sargon II）是一位伟大的征服者。公元前722年，他攻占了撒玛利亚，把以色列十支派之中最有权势的阶层掳走并囚禁起来（第56条）。这些俘虏中的大部分人都被分散在米底和美索不达米亚的城镇之中，而且可能绝大多数都和那些地方的居民融合了。

42.辛那赫里布（前705—前681）

对萨尔贡二世的儿子辛那赫里布（Sennacherib）而言，我们必须给予他在所有声名显赫的亚述国王之中首屈一指的地位。他的名字和耶路撒冷的历史有关，也和我们在尼尼微宫殿遗迹里面的神奇发现有关，他的名字已经像尼布甲尼撒二世在巴比伦的故事里面一样耳熟能详了。他的统治主要是军事远征，尼尼微那些伟大的建筑事业也是他统治的标志。关于这座都城的装饰，一条辛那赫里布的铭文上这样写道："我重建了我的都城尼尼微所有的宏伟建筑；我重建了这里所有的街道，并将太狭窄的道路拓宽。我使整个城市变得如同太阳一样闪耀。"

43.尼尼微的陷落（前606年）

由希腊作家萨拉库斯命名的一位统治者是一长串历代亚述国王之中的末代君王。几乎整整6个世纪以来，尼尼微人的国王都在东方称王称霸。在整个西亚，几乎没有一个国家不像那些王室铭文上面写的这样，"背负着他们统治的沉重枷锁"；几乎没有一个人没有遭受他们残酷的惩罚或是痛苦的流放。

但是现在，突如其来的不幸正在从四面八方降临到压迫者头上。埃及发生了叛乱，并将叙利亚从亚述帝国手中夺走。在南边的下游地区，巴比伦人也发动了叛乱，同时新近崛起的雅利安人的米底王国也从东边的山间小道派出军队将尼尼微团团包围。尼尼微最终被攻陷并被洗劫一空，这座壮观的都城也永远失去了统治权（前606）。200年之后，当色诺芬和他率领的1万名希腊士兵在他那次令人难忘的撤退中经过这里的时候，这个曾经伟大的城市已经是一片支离破碎的废墟，而它的名字也已经被遗忘。

44.亚述的发掘和发现

1843—1844年，法国驻底格里斯河流域摩苏尔（Mosul）的领事博塔（Botta）在古尼尼微遗址附近发掘出了一座巨大的宫殿，从萨尔贡二世宫殿里找到的那些亚述艺术最美妙的样本震惊了世界。上面有雕刻和文字的石板被运到了巴黎卢浮宫。不久之后，英国考古学家莱亚德（Layard）在尼尼微和卡拉（Calah，亚述王国最早的都城）发掘出了辛那赫里布以及其他一些亚述国王的宫殿，并用他找到的珍宝充实了大英博物馆。

发掘一个亚述宫殿

在尼尼微的一个宫殿废墟中发现了所谓的皇家图书馆，这是古老的闪米特人的世界最大也是最重要的图书馆，里面找到了2万多块泥版。这些泥版大部分都是更早期巴比伦人作品的复制品；亚述人的文学，和他们的艺术和科学一样，几乎都是从巴比伦人那里借鉴而来的。

45.亚述人的残酷

亚述人被称为“亚洲的罗马人”。他们是一个自负、好战且残忍的种族。亚述国王在残酷上似乎超过了其他所有人，而残酷正是整个古代东方战争的特征。他们宫殿里的大理石雕塑展示了他们在囚犯身上施加的骇人听闻的残酷折磨。下面这段王室铭文是众多铭文中很恰当的一个样本：“那些贵族，无论多少，只要他们反叛，都被我剥皮了；……他们3000名俘虏都被我烧死了。……我砍掉了一些人的手和脚，其他一些人被我割掉了鼻子和耳朵，砍断了手指；我挖掉了无数士兵的眼睛。……我把他们的青年男子和少女用火烧死进行燔祭。”这里值得注意的是，国王做了这些事情之后自鸣得意，并想通过用不朽的石雕来描绘这些事情以使自己名垂千古。

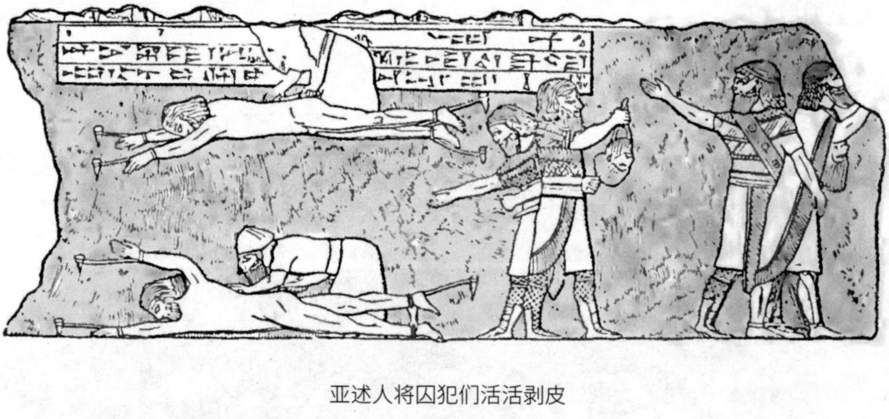

亚述人将囚犯们活活剥皮

46.亚述给予文明的帮助

亚述做了一件事情，就像罗马后来所做的那样。正如罗马将地中海世界的所有民族融合成一个庞大的帝国，又将从被征服的希腊那里借鉴而来的文明的种子在其广阔的疆域上广为传播，亚述也将西亚那些无数战火不断的小国家和部落融合成了一个庞大的帝国，然后将主要是从被征服的巴比伦那里借鉴而来的文明在其扩张的疆域上广为传播。

第三节　迦勒底或新巴比伦王国（前625—前538）

47.巴比伦再次成为一个强国

尼布波拉撒（Nabopolassar，前625—前605）是著名的迦勒底（Chaldean）或新巴比伦王国（New Babylonian Empire）的开国君主。他最初是亚述国王的诸侯，当亚述帝国面临的麻烦开始恶化的时候，他发动了反叛并自立为王。随着亚述帝国的解体，巴比伦王国接收了大量的领土。此后不久，巴比伦便在历史上占据了一个显赫的地位。

48.尼布甲尼撒二世（前605—前561）

尼布波拉撒的王位传给了他的儿子尼布甲尼撒二世（Nebuchadnezzar II），他的威名在古代世界家喻户晓。他统治下的一个重要事件是围困和攻占耶路撒冷。这座城市被洗劫一空，城墙也被拆毁。圣殿里神圣的金银器具被抢走并带到巴比伦，神殿也被付之一炬；一部分居民也被掳走并成为了“巴比伦之囚”（Babylonian Captivity，前586）。

尼布甲尼撒二世在实施那些需要耗费大量人力的浩大工程上甚至和埃及法老不相上下。他的杰作包括在巴比伦王室领地上的大宫殿，著名的空中花园[1]（Hanging Gardens），以及巴比伦城墙（City Walls）。空中花园和巴比伦城墙被认为是古代世界的七大奇迹之一。

尼布甲尼撒二世特别热衷于建造和修复诸神的神殿。有一段铭文这样写道：“我热爱那些供奉神明的地方，犹如热爱我宝贵的生命一样。”他醉心于这项工作的所有细节，还讲述了他是如何用珍贵的石材来装饰神殿里的镶板，在巨大的雪松木做成的屋梁上覆盖金银作为屋顶，以及用铜板来装饰大门，使那些神圣的地方像“天上的星星一样明亮”。

① 空中花园是尼布甲尼撒二世为了取悦他的妻子安美依迪丝而建造的，这位王妃厌倦了巴比伦平原的单调，思念她故乡米底王国的山景。空中花园很可能是以塔式庙宇的形式建造的，连续向上的一层层都用泥土覆盖，并种植了植物和树木来美化，这样来模拟一座山在培土而成的平台上向天空拔地而起的样子。

49.巴比伦的陷落（前538年）

新巴比伦王国的荣耀随着尼布甲尼撒二世一同逝去。在两河流域东边的群山和高原上，一个雅利安人的王国已经崛起。在我们现在所讲到她的时候，这个国家通过毁灭亚述帝国和吸收其领土，已经发展为一个强大的帝国——波斯帝国。这个新帝国的领袖是居鲁士大帝，他是一位强大、精力充沛，而且野心勃勃的君主（第66条）。在与巴比伦国王那波尼德斯发生冲突之后，居鲁士大帝在开阔的原野上击败了他的军队，而固若金汤的都城巴比伦那坚固的城墙也没能抵挡住波斯人的进攻。

随着巴比伦的陷落，被闪米特人君王把持了如此之久的统治权杖，被交到了雅利安人手中，他们从那时起就注定要决定天下大势，并掌控文明的事务。①

① 阿拉伯人在东方一度曾使闪米特人的势力短暂复兴，参见第11章。

第五章　希伯来人

50.族长时代

希伯来人的历史就像他们的圣书中讲述的那样，开始于族长亚伯拉罕（Abraham）离开“迦勒底的吾珥城”。关于亚伯拉罕和他的侄子罗德、以撒和他的两个儿子雅各、以扫，雅各的后裔在埃及旅居并遭受压迫，在伟大的立法者摩西（Moses）的带领下上演《出埃及记》（*Exodus*），摩西的继任者约书亚（Joshua）征服迦南的故事——都在古老的希伯来《圣经》中用一种充满魅力并简洁质朴的方式讲述出来，并成为西方人耳熟能详的童年印记。

51.“士师”时代（约结束于公元前1050年）

以色列部落入侵迦南后，小规模战争、抢劫以及无政府状态又持续了很长一段时间。在这个时期，涌现出了一批诸如基甸、耶弗他和参孙那样的民族英雄，他们充满勇气的英雄行为，以及他们为了将以色列众支派从敌人手中解救出来而所做的一切，使他们的名字在充满感激的回忆中流传到了后世。这些深得人心的领袖们被《圣经》书写者称为“士师”（Judges）。

52.希伯来君主国的建立（约前1050）

“士师”时代的历史表明，当时以色列各支派之间没有有效的联合。但是暴露于敌人面前是他们共同面临的危险——尤其是好战的非利士人（Philistines）——而他们只是众多敌人之中的一个，最终，以色列人开始思考一个更完美的联合体和一个强大中央政府的优势。于是一直松散的联盟变成了一个王国，便雅悯支派的扫罗（Saul）成为了新君主国的国王。

53.大卫的统治（约前1025—前993）

扫罗死后，犹大支派耶西的儿子大卫（David）夺取了王位，并对惹是生非的摩押支派、亚扪支派和以东支派发动了战争。大卫既是一位诗人，又是一位战士。他哀悼扫罗和约拿单的诗篇被认为是希伯来人流传下来最庄严华美的挽歌诗之一。他的名望甚至使那些后世所创作的大量赞美诗都归在了他的名下。

54.所罗门的统治（约前993—前953）

大卫死后，他的儿子所罗门（Solomon）继承了王位。他并没有继承父亲的军事才能，但在艺术、商业和学术方面，他是一位慷慨的资助者。他根据父亲大卫的计划建造了美轮美奂的耶路撒冷（Jerusalem）圣殿。从此以后，这座圣殿便成为了希伯来人礼拜和民族生活的中心。所罗门被认为是那些著名箴言的作者，他作为东方最具智慧的国王一直生活在传说之中。他维持着东方那种富丽堂皇的宫廷。当示巴女王从报告里听说所罗门的辉煌后，非常好奇，从南阿拉伯来拜访时，她惊呼道："人所告诉我的，还不到一半。"

55.王国的分裂（约前953）

所罗门的统治是辉煌的，然而希伯来王国的结局却是灾难性的。为了继续他那庞大的事业，所罗门对他的人民施加了沉重的税收。当所罗门的儿子罗波安（Rehoboam）继承父亲的王位时，人民乞求他减轻赋税。但是他拒绝了。于是所有以色列支派——除了犹大和便雅悯支派，立刻发动了叛乱，然后成功地在耶路撒冷北边建立了一个敌对的王国，耶罗波安是第一位国王。这个后来将撒玛利亚作为都城的北部王国被称为以色列王国；而南边那个继续将耶路撒冷作为都城的王国被称为犹大王国。

于是大卫和所罗门的王国就这样被一分为二。假如联合起来，以色列各支派或许就能成功地抵抗那些强大而且野心勃勃的其他国家君主们的入侵。然而现在，这片土地变成了掠夺者唾手可得的猎物。

56.以色列王国（Kingdom of Israel，前953？—前722）

这个十支派的王国大约维持了200年。这个小国家最终被亚述帝国毁灭。毁灭发生于公元前722年，正如我们前面已经讲述的那样，尼尼微之王萨尔贡二世攻占了撒玛利亚（Samaria），把以色列十支派之中最有权势的阶层掳走并囚禁起来。

撒玛利亚居民中由此产生的空缺则由亚述国王其他一些臣民或俘虏来填补。这些人的后代与仍然留在这个国家的以色列人混杂在一起，形成了基督时代的撒玛利亚人。

57.犹大王国（Kingdom of Judah，前953？—前586）

这个小王国大约维持了三个多世纪的独立，但是随着巴比伦王国的势力向西延伸，耶路撒冷不得不承认巴比伦国王的霸权。这个国家最终遭遇了和它北方敌对王国同样的命运。巴比伦国王尼布甲尼撒二世为了报复犹太人发动的一次起义，围困并攻占了耶路撒冷，还将大部分居民掳往巴比伦囚禁起来。这一事件实际上结束了希伯来民族独立的政治生活（前586）。从此以后，朱迪亚[1]都只是作为相继统治西亚地区的那些帝国的一个省而已，然而在基督诞生之前两个世纪的某个时期，在马加比王朝的统治之下，这片土地还是作为一个国家短暂存在了一段时间。

58.希伯来文学

希伯来人的文学是一种宗教文学；对他们而言，文学在很大程度上仅仅只是一种灌输宗教真理和唤醒虔诚情感的手段。这种独特的文学包含在著名的《旧约》或《希伯来圣经》（*Old or Hebrew Testament*）这样的经书中。在这些古老的著作中，历史、诗歌、预言以及人物故事被融合为一部色彩斑斓的作品，其中的图画栩栩如生，还有影响至深的大迁徙、大解救以及大灾难——所有这些事件和宗教经历构成了以色列民族命运多舛的生活。

在《旧约》之后出现的《新约全书》（*New Testament*）尽管是在犹太民族的政治生活结束之后很久才用希腊文写成的，但是其本质上还是希伯来人的思想和教义，也是《希伯来圣经》的补充和圆满之作，因此我们还是应该将其视为希伯来文学的一部分。

圣书《旧约》和《新约全书》是被公认的卓越不朽的作品，除此之外，《圣经》中还特别提到了伪经或新约外传，包含许多在先知精神衰落之后创作的作品，其中显示出受到波斯和希腊思想影响的痕迹。

同样，我们也不应该漏掉下面这些作品：《塔木德》（*Talmud*），这是一部希

---

① 古巴勒斯坦南部地区，包括今以色列南部及约旦西南部地区。

伯来习俗和传统的合集，包含拉比[1]（Rabbis）所做的注释，一部使大多数犹太人坚持将《圣经》视为神圣的作品；杰出的亚历山大学派哲学家斐洛（Philo，约生于公元前25年）的著作；以及历史学家约瑟夫斯（Josephus，生于公元37年）所著的《犹太古事记》（*Antiquities of the Jews*）和《犹太战争》（*Jewish War*）。

59.希伯来人的宗教和道德

古希伯来人对科学几乎没有作出什么贡献。他们在建筑上也没有达到新的高度。他们没有雕塑作品，因为他们的宗教禁止进行“偶像崇拜”。他们的使命是让人们知道上帝是一个神圣的、公正的、有同情心和有爱心的存在——作为天父，他关怀的不仅仅是某一个而是所有的民族和种族——并教导人们他所要求的是所有人都要行公义，行正义。

这种关于上帝的崇高理念是古代希伯来人留给年轻的欧洲雅利安人世界的遗产中最好的元素，这一点在很大程度上也正是雅利安人之所以有资格在整个人类历史上占据卓越地位的原因。

① 犹太人对有学识者的尊称。——译者注

第六章　腓尼基人

60.土地

古代的腓尼基（Phoenicia）包括地中海和黎巴嫩山脉之间蜿蜒的海岸线上的一小块狭长地带。这个国家最著名的物产就是从黎巴嫩山脉的高山森林上砍伐而来的优质杉木木材。“黎巴嫩雪松”（Cedars of Lebanon）在东方的历史和诗歌中都占有显著的地位。

这个国家另一个著名的物产是泰尔紫（Tyrian purple），从几种骨螺中提取而来——这种贝类最初是在腓尼基海岸找到的，但是后来在遥远的水域才能找到，特别是希腊海域。

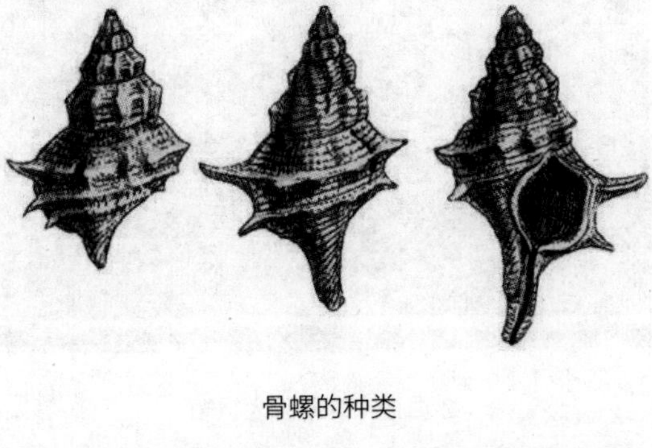

骨螺的种类

古代提尔人著名的紫色染料就是这些软体动物的分泌物。

61.提尔和西顿

众多的腓尼基城邦从来没有统一成一个真正的国家。他们仅仅建立过某种联盟或联邦，那些小城邦通常都承认提尔（Tyre）或西顿（Sidon）这两个主要城邦的领袖地位。大约从公元前11世纪至前4世纪，提尔控制着腓尼基的事务，几乎连西顿对此也没有异议。在这段时间里，提尔商人的海上事业及其活力将这个小岛都市的名望传遍了整个地中海世界。

62.腓尼基人的商业

腓尼基海岸的人们走向航海生活是一件很自然的事情。海岸线上这一小块狭长地带背后那些高耸入云的山脉，似乎已经将他们在陆地上征服和扩张领土事业的大门紧紧关上了。与此同时，面前的地中海邀请他们开展海上事业，而后面黎巴嫩山脉上的森林为他们造船提供了充足的木材。

爱琴海是腓尼基商人最早的活动中心之一，但是到了公元前10世纪或前9世纪末期，已经发展成为海上强国的那些希腊城邦出于嫉妒，对他们封锁了地中海东部地区。于是他们被排挤到了地中海西部地区。他们在这里寻找的主要目标之一是锡，由于锡在生产青铜上的用途很大，它的需求量也非常大。锡最早是从伊比利亚（西班牙）半岛的矿山里开采而来。后来英勇的腓尼基水手们驶过了海格力斯之柱[①]（Pillars of Hercules），冒着大西洋上的艰难险阻，穿过海上的暴风雨，从西欧那些出产锡的地区[②]带回了锡。

腓尼基人的双桨大帆船

① 西方经典中形容直布罗陀海峡两岸边耸立海岬。——译者注

② 可能是下面某一地区或全部地区：西班牙西北部，英国西南部（康沃尔郡），以及锡利群岛附近——可能就是古代的锡利群岛。

63.腓尼基人的殖民地

腓尼基人乘船沿着不同的路线前进，他们在所到达的海岸上建立了海军驻地和贸易站。在塞浦路斯岛、罗德岛，以及爱琴海上其他一些岛屿上，甚至可能在希腊本土，他们都建立了定居点。西西里岛和撒丁岛的海岸被腓尼基人的殖民地所环绕。而北非的海岸上到处都是诸如尤蒂卡（Utica）、希波（Hippo）以及迦太基这样的大城市。殖民地甚至已经越过了海格力斯之柱，到达了大西洋海岸。腓尼基人在西班牙西海岸的定居点加迪斯一直保留到现在，就在今天的西班牙加迪斯港。

64.腓尼基人在国外传播的艺术；字母系统

商业被称为文明的开路先锋。古代的腓尼基商人将提尔和西顿生产的商品用船运到地中海所有地方的时候，当然也会把来自古埃及和巴比伦的文明种子连同实物商品一起带到那些地方。下面这句话说得很精辟："埃及和亚述是物质文明的发祥地；而腓尼基人则是它们的传播者。"

腓尼基人给那些和他们进行贸易的民族带来的艺术中，最富有成果的是字母文字的艺术。至少在公元前900年以前，他们就拥有了一个字母系统。无论腓尼基商人走到哪里，都带着他们的字母系统并将其作为"出口商品之一"。希腊人通过他们接受了这个字母系统；希腊人又将其传给了罗马人，然后罗马人又将其传给了日耳曼人。就这样，字母系统从古代东方来到了我们这里。获得这个字母系统对欧洲雅利安语系民族的重要性无论怎样高估都是不为过的。没有这个字母系统，他们的文明不可能发展成为其所达到的这样丰富和进步的程度。①

在腓尼基人带给地中海地区各民族的其他文明元素中，最重要的是度量衡系统，意义仅次于字母文字。度量衡系统是文明不可或缺的媒介，它在商业贸易发展中的作用如同文字在知识生活发展中所占的地位同样重要。

---

① 除了中文之外（参见第77条），我们今天使用的所有文字系统，以及衍生而来的文字系统，都脱胎于腓尼基人的字母系统。

第七章　波斯帝国

（前558—前330）

65.米底人和波斯人的血缘关系

那是在遥远的年代，大约是公元前1500年以前，一些雅利安部落从本族部落中分离出来，他们曾和印度雅利安人的祖先在一起生活过一段时期，他们在伊朗西部的高原上寻找新的住所。定居在南边，靠近波斯湾的雅利安移民后来被称为波斯人（Persians）；而那些占据了西北部山区的则被称为米底人（Medes）。这两个民族的名字总是紧密地联系在一起，如同《圣经》中写到的那样："米底人和波斯人的法律，那是不能更改的。"

66.居鲁士大帝（前558年—前529）建立庞大的世界帝国

最开始米底人是领导民族。然而他们的领袖地位只维持了很短的时间。一位叫居鲁士（Cyrus）的人推翻了他们的政权，并成为了米底人和波斯人共同的领袖。通过过人的精力和军事天才，居鲁士很快建立起一个帝国，这个帝国比之前任何一位东方君主所统治的疆域都要大得多，或者说，就我们所知，比之前世界上任何一位君主所统治的疆域都要大得多。

征服米底王国并夺取了米底国王统治的领土之后，居鲁士又征服了吕底亚王国和巴比伦王国，他的帝国构建完成。吕底亚王国（Lydia）是小亚细亚西部的一个国家，这个国家拥有两片富饶的河谷——海尔谟斯河和凯斯特河的平原——这些平原的海拔从内陆山区平缓地下降到岛屿星罗棋布的爱琴海。爱琴海岸地区最开始并不属于吕底亚王国；希腊人控制着那里，他们沿着海岸建立了城市。吕底亚王国的都城是萨迪斯。

当时吕底亚的国王是克洛伊索斯（Croesus），他是他的种族中最后一位也是最著名的君主。从他征服的希腊城市那里所搜集的贡品以及他从自己的金矿中获得的财富，使他成为那个时代最富有的君主，所以他的名字还成为了一句谚语“像克洛伊索斯那样富有”。

正是这位国王，对波斯势力的壮大感到震惊，他对居鲁士下了战书。居鲁士在开阔的原野上击败了吕底亚人，然后在一个短暂的围困之后攻陷了萨迪斯。于是吕底亚王国成为了波斯帝国的一部分。这场克洛伊索斯和居鲁士之间的战争因为下面这个事实而变得尤为重要，那就是，这场战争使波斯帝国和亚洲的希腊城市有了接触，并因此直接导致了希腊和波斯之间一场令人难忘的战争——这是古代史上的主要事件之一——我们将在后面的章节来叙述这些事件。

吕底亚王国陷落之后，巴比伦王国也紧接着沦陷了，这作为迦勒底王国故事的一部分在前面已经叙述过了。居鲁士现在已经完成了他的领土扩张。

67.大流士一世的统治（前521—前484）

居鲁士的儿子冈比西斯（Cambyses）继承了父亲的王位，他征服埃及并将其并入了这个不断壮大的帝国。冈比西斯死后出现了一个短暂的动乱时期，但是随后大流士一世（Darius I）继承了王位，他是波斯国王中最伟大的一位。这位新的国王在波斯波利斯兴建了宏伟的建筑；对政府进行了改革，他的变革是如此的英明和持久，他因此而被称为“波斯帝国的第二位奠基人”；他还修建了波斯的驿道；在波斯西部边陲一个高耸的光滑峭壁上，他所有的丰功伟绩都被镌刻在著名的贝希斯敦铭文（Behistun Rock）上。

现在，这位伟大的国王，这位西亚和埃及的主人，开始构思并执行一个庞大的征服计划，这个计划深远的影响注定要持续到他去世很久之后。他决心把帝国的疆域扩张到印度和欧洲。

大流士一举将印度西北部纳入了自己的统治，然后稍作努力就完成了帝国边界向东的扩张，从而把亚洲最富饶的国家之一囊括进来。随后他又在欧洲打了几仗。这些战役使大流士与希腊人有了直接的接触，我们将很快讲到这些内容。大流士和他的继任者，他的儿子薛西斯一世的军队面对希腊这个热爱自由的民族时将会遭遇什么，现在谁将作为主角第一次在世界的舞台上粉墨登场，这些问题的答案在我们后面讲述希腊城邦的历史时将会揭晓。现在我们只需要注意结果——波斯征服计划的覆灭和希腊伟大时代的开始。

被俘的叛乱分子被带到大流士面前

68.波斯帝国的终结

波斯帝国的势力和霸权随着薛西斯统治的结束而消失了。公元前334年，马其顿国王亚历山大大帝率领一支由希腊人和马其顿人组成的小规模军队越过达达尼尔海峡，决心要征服亚洲。亚历山大大帝在波斯帝国的废墟上建立起短暂的马其顿王国的故事应该归于希腊历史，我们会在后面的章节中讲述。

69.波斯帝国政府

在大流士一世之前，波斯帝国是由很多附属国组成的，这些国家都被允许保留自己的国王来处理本国的事务，只需要保持向波斯帝国效忠并纳贡，在战时向波斯国王提供军队。大流士将这种原始的政府形式转变为著名的“总督制”（Satrapal），土耳其奥斯曼帝国直到最近还沿用着这种政府形式。波斯帝国疆土的主要部分被划分为20个或更多的行省，每个行省都任命一个被称为总督的地方长官，由国王亲自指派。这些地方长官的去留取决于国王的好恶。每个行省都会为国王贡献财政收入。

这个体系中设有将总督的不忠行为向国王报告的防范条款。这样一来，整个领土便被紧紧地粘合在一起，同时几乎完全的中央集权国家的措置——这一点正是与旧制度下波斯帝国不同之处的真实特征——扼杀了任何试图策划或发动叛乱的行为。

70.宗教和道德；琐罗亚斯德教

古代波斯人的文学大都是宗教性的。他们的圣书是《阿维斯陀经》（*Zend-Avesta*）。波斯人的宗教体系如同《阿维斯陀经》中所教导的一样，被称为琐罗亚斯德教（Zoroastrianism），这个宗教被认为是琐罗亚斯德（Zoroaster）创立的。现在普遍认为这位伟大的改革家和导师生活并传播教义的年代大约是公元前1000年，也有一些学者认为这个年代应该在公元前1000年再往后几个世纪。

琐罗亚斯德教是一种被称为二元论的信仰体系。有一位善神名叫阿胡拉·马兹达（Ahura Mazda），他最形象的象征或形态是火。在高耸的山顶上，圣火祭坛上的永恒之火一直燃烧着，代代相传。因为古代波斯人对火的崇拜，所以他们经常被称为拜火教徒。

古代波斯的圣火祭坛

与善神阿胡拉相对立的是恶神阿里曼（Ahriman），他不断地通过创造邪恶的事物来毁灭阿胡拉美好的创造——在外表现为世界上的干旱、瘟疫、害人的野兽、杂草和荆棘，在内则表现为人们内心深处的邪恶。这两个力量从亘古开始就一直争斗不休，直到现在也没分出高下，但是人们坚信在不久的将来阿胡拉将最终战胜阿里曼，而邪恶也将被永远消灭。

人类的职责是帮助阿胡拉一起对抗邪恶的阿里曼。一个人必须努力去根除自己内心中的邪恶和缺点，使大地从荒芜中恢复生机，并杀死所有害人的动物——蛇、蜥蜴，以及所有这种类似的爬虫——这都是阿里曼创造出来的。最重要的是人们必须诚实，因为人们所支持的阿胡拉正是诚实和真理之神。一个人要是说谎就会变成欺骗和谎言之神阿里曼的追随者。希罗多德在对波斯人的描述中断言："他们认为世界上最可耻的行为就是说谎。"他在波斯教育制度的研究中写道："男孩子们被教导要学会骑马、拉弓以及说真话。""我既不邪恶，也不是骗子。"这句话是很多古代波斯国王记载的主旨。那些波斯统治者一直庄重地恪守着他们的誓言，这使古往今来所有其他民族都感到羞愧，他们甚至只有一次被指控违背了与其他国家之间的条约。

第八章　东方古国

71.东亚文化圈

当埃及文明、巴比伦-亚述文明、叙利亚文明，以及我们在之前章节中提到的波斯文明在埃及和西亚缓慢发展的时候，在亚洲另一端的印度和中国也发展出了自己的文明，这里的文明在这个很早的时期自始至终基本上都没有受到西方文明的影响。在进一步了解西方文明的发展之前，我们必须简单了解一下远东的文明。①

第一节　印度

72.雅利安人入侵

在古印欧人大迁徙时期，一些来自西北的雅利安人先在印度河（Indus）平原上定居，然后占据了恒河流域。他们可能早在公元前1500年就到达恒河（Ganges）岸边。这些白皮肤的入侵者发现了被深色皮肤的非雅利安人占据的土地，后者要么被征服并沦为农奴，要么就从广阔的恒河流域被驱逐到山区或印度半岛半沙漠的平

---

① 除了印度人和中国人外，日本人是东亚文化圈第三个重要的民族，但是因为他们并没有从史前时期的黑暗中出现，直到公元5世纪纪初，当文字从亚洲大陆被引入到日本的时候才崭露头角，他们的真实历史不在本章涵盖的历史时期之内。

原上。①

73.种姓制度的发展

印度北部各种族之间的冲突和混杂导致印度人根据肤色被划分为四种社会等级或世袭等级。分别是（1）贵族或武士；（2）婆罗门（Brahmans）或祭司②；（3）农民和商人；（4）首陀罗。第四个等级是非雅利安人的后裔。在这几个等级之下是贱民或被放逐者，他们是本地种族中地位最低并最受歧视的人。这种等级社会的显著特征就是各等级之间禁止通婚，而且不同等级的人不能在一起吃饭，也不能有身体接触。

著名的种姓制度就是从这种制度发展而来，是印度历史上最重要的历史事实之一。然而这个制度随着时间的流逝经过了很大的改动，现在也不像之前那么死板僵化了。在今天，种姓制度很大程度上是建立在产业基础上的，每个行业和职业的成员都构成一个独特的世袭等级。现在的世袭等级大约有2000个。

74.吠陀；宗教

印度人的圣书中最重要的被称为《吠陀》（*Vedas*）。它们是用梵语（Sanscrit）写成的，梵语是保存到现在的雅利安语最古老的形式。印度雅利安人的早期宗教是一种对自然力量的崇拜。随着时间的推移，这种自然崇拜发展成为一种被称为婆罗门教的宗教形式。这个宗教得名于梵天（Brahma），上帝的印度名称就是梵天。在梵天之下还有很多神。

婆罗门教（Brahmanism）的一个主要的信条就是转世重生（Rebirth）。根据这个教义，好人在死后会转世重生为更高的种姓或更好的形态，而坏人则会转世重生为更低的种姓，也许灵魂会托身于某种不洁的动物，或者被囚禁在一株灌木或一棵树里。这种关于转世重生的教义被称为灵魂的轮回。

75.佛教

公元前5世纪，印度出现了一位名叫乔达摩（Gautama，约前557—前477）的

① 印度南部未被征服的那些部落被称为德拉威人，他们保留了当地的语言。现在印度人口中有5400万人使用的是非雅利安语系的语言。

② 在后来的一个时期，婆罗门占据了最高等级。

伟大导师和改革家，但是他更广为人知的名字是佛陀（Buddha），意为“觉者”（The Enlightened）。他是一位王子，但是传说将他描绘为一位被人类的所有苦难深深打动而自愿放弃了自己家中奢华生活的人，他穷尽一生来找寻一种新的、更好的救赎之道并传给人们。他的教义非常简单。他教导人们想要寻求救赎不应该通过苦行和遵从宗教仪式礼节，而应该通过诚实和纯洁的心灵，通过仁慈、温和、怜悯地对待所有有生命的众生来实现。

佛教（Buddhism）逐渐替代了婆罗门教的统治地位，但是几个世纪之后婆罗门又夺回了他们的权力，而且到了公元8世纪，佛陀的信仰已经消失殆尽，或是在几乎整个印度都受到排斥。

但是佛教和基督教一样，都具有一种意义深远的传教士精神，而且在印度失去传播革新教义的传教士的那个特殊时期，他们在东亚所有国家传播着佛陀的教义，所以今天几乎三分之一的人类都是佛教信徒。佛陀信徒的人数可能与基督和穆罕默德的信徒加起来一样多。

第二节　中国

76.总论

中国是一个非常古老文明的发祥地，这个文明也许比除了埃及和巴比伦之外任何地方的文明都要古老；然而中国直到近代才开始对历史的大潮流产生直接影响。在整个古代史后期和中世纪时期，这个国家都笼罩在世界尽头的雾霭中，朦胧而神秘。在中世纪时期，这片土地在欧洲被称为“Cathay”。

古代中国的政府是父权君主制（Parental Monarchy）。皇帝是人民的父亲。但是尽管作为一位专制君主，他却不敢残暴专横；他的统治必须公正并遵循祖制。

77.中国文字

早在公元前2000年，中国人就知道了文字的艺术。这个系统使用起来极其麻烦。在没有字母表的情况下，语言中的每一个词都用一个符号或符号组合来表达；

于是毫无疑问，语言中有多少个词就需要有多少个符号或字符。有效使用并被认可的字数大约是2.5万个；假如加上废弃不用的字，总数将超过5万个。然而一个人只要掌握了五六千个字，他就能毫不费力地阅读和写作。这些符号的性质明确表明，中国的文字系统和我们认识的其他所有文字系统一样，最开始都是纯粹的象形文字。时间和使用已经将这些图形符号打磨成了现在的样子。

早在公元6世纪，中国就有了雕版印刷术（Printing from Blocks），而早在公元10世纪或11世纪就有了活字印刷术（Printing from Movable Types）——这就是说，比欧洲发明这种同样的技术早了大约400年。

78.先师孔子

孔子（Confucius，前552—前479）是中国的伟大导师。他不是一位先知或启示者；他不主张上帝的超自然力量，也不谈论死后的事情；他从来不说灵魂永生，只是稍稍提及来生。他主要的准则是顺从父母和长辈以及崇敬古人并效仿他们的美德。他给了中国人这句金玉之言：“己所不欲，勿施于人。”孔子的影响超过除了基督或许也除了佛陀之外的古往今来所有其他导师。

79.中国的文学

中国文学中最有价值的部分包括著名的“五经”（*Five Classics*）和“四书”（*Four Books*），统称为“九经”。“五经”中相当大一部分内容是由孔子搜集和编辑的。“四书”虽然不是孔子写的，但是深深烙上了孔子精神和思想的印记，就像《福音书》是教人们领悟基督的精神一样。所有这些经典著作所灌输的基本美德是孝道和遵循祖制。

“九经”（*Nine Classics*）对中华民族所产生的影响怎样高估都是不为过的。2000多年来，这些著作一直都是中国的“圣经”。但是这些著作的影响并不完全都是好的。严格服从命令的中国人故步自封，遵循祖制，没有为自己开辟出新的道路。因此，这可能就是导致中国文明后来落后的原因之一。

80.教育和科举考试

中国有一个非常古老的教育体系。早在公元前1000年前，这片土地上官学已相当兴盛。直到最近，掌握典籍的知识还是为官或担任公职的唯一手段。所有政府职位的候选人都必须通过一系列关于“九经”的选拔考试。在本世纪（20世纪）初，还有200–300万人为这些文学考试努力学习。[1]

81.古代西方文化圈之外的中国人

虽然中国文明在古代是东亚文化圈中如此重要的一个因素，但是正如我们已经提及过的那样，中国文明在历史上并没有为西亚和地中海文明贡献过任何重要元素。这个伟大的民族到底会给未来的人类文明作出怎样的贡献，只有未来才能回答。

① 公元1905年，慈禧太后下令，在未来的考试中，中国古代的经典应该被西方的科学所取代。

03

第三编

希　腊

第九章　土地与人民

82.古希腊

我们称为希腊人的远古民族自称为希伦人（Hellenes），即古希腊人；而其国为海拉斯（Hellas），即古希腊。然而，古希腊人使用的“Hellas”这个词的时候，其含义要比现代的“希腊”广泛得多。“哪里有古希腊人，哪里就是古希腊国。”因此，古希腊国不仅包括希腊本土和近海岛屿，而且还包括在小亚细亚、意大利南部以及西西里岛的很多希腊城邦，还有许多分布于地中海周围以及赫勒斯滂①（Hellespont）、攸克辛海②（Euxine）沿岸的希腊人聚居地。然而，希腊本土却是古希腊人真正的家园，是希腊生活与文化的中心。

83.希腊的区域划分

狭长的大海将希腊半岛一分为三：即北希腊、中希腊、南希腊。南部被科林斯地峡（Isthmus of Corinth）与大陆连为一体，在古代被称为伯罗奔尼撒半岛（Peloponnesus）——就是“珀罗普斯之岛”的意思，名字就来源于它传说中的创建者——一个神话体系中的国王。

北希腊包括古代的塞萨利（Thessaly）和伊庇鲁斯（Epirus）地区。塞萨利主要由一座宽大而优美的峡谷组成，周边皆为绵延起伏、险峻崎岖的山峦。伊庇鲁斯地区在西部沿着伊奥尼亚海（Ionian Sea）岸延伸而去。在阴翳蔽日的橡树林深处，

① 即达达尼尔海峡。——译者注

② 亦称好客海，古希腊人对黑海的称谓。——译者注

坐落着闻名遐迩的宙斯神谕所（Oracle of Zeus）。

希腊中部被分为11个地区，其中有福基斯（Phocis）、维奥蒂亚（Boeotia）、阿提卡（Attica）。福基斯的德尔斐城（City of Delphi），因它的神谕所和神庙而著名。维奥蒂亚的主导城市是底比斯（Thebes）；阿提卡地区则为辉煌的雅典（Athens）。阿提卡地区，就像我们应该了解的那样，是希腊历史的中心。

希腊南部的主要地区有科林西亚（Corinthia）、阿卡迪亚（Arcadia）、阿尔戈利斯（Argolis）、拉科尼亚（Laconia），以及伊利斯（Elis）。

科林西亚的主要部分构成了将伯罗奔尼撒半岛与大陆希腊连接在一起的科林斯地峡。主导城市为科林斯（Corinth），是半岛的关口。

阿卡迪亚，有时被称为"伯罗奔尼撒的瑞士"，是半岛的心脏。该地区由不连续的高地组成，被参差不齐的崇山峻岭锁在当中。该地区的居民生活在这样的环境里，被隔绝于主流的希腊文明运动之外；因而被远远甩在其他交通便利、更适合居住地区的居民的身后。因为阿卡迪亚人粗犷质朴的生活，因此"Arcadian"一词被赋予田园式淳朴的含义。

奥林匹亚平原

位于伊利斯的阿尔菲奥斯河谷，著名的奥林匹克运动会就在这里举行。

阿尔戈利斯形成了一条伸入爱琴海（Aegean Sea）的舌头。该地区因一个早期史前文明的发祥地而闻名遐迩，迄今仍保存着——迈锡尼（Mycenae）和梯林斯（Tiryns）——城邦的遗址。该城邦的国王建造了巨大的宫殿，拥有巨额的金银财宝，在雅典获得它的历史声誉和地位之前的数百年，就已经赢得了广泛的影响力。

拉科尼亚或拉塞达埃蒙（Lacedaemon），包括伯罗奔尼撒的南部地区。该地区被斯巴达所统治，它是雅典的强劲对手。

伊利斯位于伯罗奔尼撒半岛的西侧，主要作为拥有奥林匹亚的中心地区而闻名。是希腊人庆祝他们最著名的国家节日奥林匹克运动会（Olympian Games）的巨大聚会场所。

84.希腊的山脉

坎布尼安山（Cambunian Mountains）沿着希腊北部边境形成了延绵高耸的山墙。品都斯山脉（Pindus Range）呈直角与坎布尼安山分歧而去，一直向南绵延至希腊中部。

在塞萨利的北部是奥林波斯山（Mount Olympus），希腊半岛最著名的高山。古希腊人认为它是世界上最高的山峰（约有9750英尺高），并相信白云缭绕的山峰处是希腊诸神集会之地。

奥林波斯山之南、大海之滨，是奥萨山（Ossa）和皮立翁山（Pelion），就是希腊神话中巨人们与诸神作战时，将其中的一座山叠于另一座之上，借以攀登上天的地方。

希腊中部的帕纳塞斯山（Parnassus）、赫利孔山（Helicon），覆盖着茂密的树木和藤蔓，到处是泉水流淌的美丽山峦，被认为是文艺女神缪斯（Muses）最爱光顾的地方。靠近雅典的有盛产蜂蜜的伊米托斯山（Hymettus），盛产大理石的彭忒利科斯山（Pentelicus）。

伯罗奔尼撒半岛随着从阿卡迪亚中部向四周辐射的群山而起伏。

85.河流与湖泊

希腊没有足够长可以用于商业运输的大河。大部分河流都不会超过冬天湍急的溪流。但有几条河就常年拥有相当的水流量，从而流入大海。最重要的河流有伊利斯境内的阿尔菲奥斯河（Alpheus），人们在它的岸上举行奥林匹克运动会，以及穿过拉科尼亚中央山谷的埃夫罗塔斯河（Eurotas）。

希腊的湖泊几乎都是春季洪水退却后的死水塘。

86.希腊的岛屿

希腊历史很大程度上都与分布于大陆周边的岛屿密切相关。东边的爱琴海里有基克拉迪群岛（Cyclades），之所以如此命名，是因为他们在神圣的提洛岛（Delos）——岛上有非常著名的阿波罗神殿——周围形成了一个不规则的圆圈。在基克拉迪群岛和小亚细亚之间是斯波拉泽斯群岛（Sporades），顾名思义，它们是在爱琴海里不规则地散布而成。

离阿提卡海岸不远处，有一个巨大的岛屿，被古人称作埃维厄岛（Euboea）。靠近亚洲海岸的大岛有利姆诺斯岛（Lemnos）、莱斯博斯岛（Lesbos）、希俄斯岛（Chios）、萨摩斯岛（Samos），以及罗德岛（Rhodes）。在地中海，希腊与埃及之间有个大岛，叫作克利特岛（Crete），因其迷宫（Labyrinth）和立法者米诺斯（Minos）的传说而闻名于世。伊奥尼亚群岛位于希腊的西侧，其中最大的岛叫作克基拉岛（Coreyra），现称科孚岛（Corfu）。

87.国土对希腊人的影响

一个国家的地理特征对民族性格和历史塑造有着重大影响。大山在隔离了邻近社区的同时，也培养了当地的爱国主义精神；大海，招徕八方，使与远方的国家交流更加容易，唤醒冒险精神，发展商业。

希腊，是一个山地国家，同时也是一个沿海国家。大山如墙，将整个国家分割成众多隔离的地区，这也是为什么希腊形成了这么多独立的小城邦，从未让人感觉到或表现得像一个独立国家的原因。①

希腊半岛因为被狭长的海港和港湾所包围，实际上已经变成一个群岛。因此，希腊人很早就渴望过航海生活——渴望沿着荷马所称的海洋“湿路”（Wet Paths）而行，看看它们最终通往哪里。与在希腊对岸的古老东方文明交流，启发了天生敏捷而又多才多艺的希腊智者早熟而生机勃勃的思想。看似无意撒满爱琴海的众多岛屿成为了“垫脚石”，它吸引希腊移民者和友善的小亚细亚海岸国家的居民进行交流，因此，将两岸的生活和历史有机融合到一起。

海洋在希腊沿海地区城市培养进取心与智力方面的作用如何，可通过它们展示的先进文化与内陆地区诸民族如阿卡迪亚地区的落后文化加以对比，便可一目了然。

---

① 但我们必须注意，不要夸大地理因素对希腊历史的影响。因为民族情感在保持希腊城市的疏离上更具力量。详见第98条。

88.古希腊人

我们描述的土地上的古代原居民被罗马人称为希腊人（Greeks）。然而，正如我们已经了解的，他们自称为希伦人。这一称谓来自于他们传说中的祖先赫楞（Hellen）。赫楞的子孙被分为四个部落，分别是亚加亚人（Achaeans）、伊奥尼亚人（lonians）、多利安人（Dorians）和伊奥利亚人（Aeolians）。这四个部落被语言和宗教的纽带连接起来，他们一直认为自己是同一个家族的成员。所有的非希腊人，他们皆称之为“外邦人”（Barbarians）。在公元前8世纪早期，当史前的迷雾在希腊最先升起的时候，我们发现古希腊人的几大宗族拥有希腊本土，爱琴海岛屿以及小亚细亚的西海岸。关于他们移民至此以及在这些岛屿上的居住地之前的那些住处，我们并不确切知晓。在下一章，我们将会看到他们是怎样向自己描绘爱琴海地区的过去的。

第十章　希腊神话与爱琴文明①

89.神话的特点与价值

有文字记载时代的希腊人拥有大量的希腊过去时代的神话故事。虽然这些故事中很多毫无疑问是希腊人想象力的创造，然而有两个原因要求学习希腊历史的人必须熟悉它们。

第一，有文字记载时代的希腊人相信它们都是真实的，因此，他们被它们所深深影响。不了解这些，就无法理解古代的希腊人。关于特洛伊战争曾有一个说法，即“特洛伊战争（Trojan War）如果不是事实本身，那么它就是无数事实的起因”。对希腊神话整体而言，这句话是真实的。这些神话传说被历史学家所引述，被悲剧诗人写入戏剧，被雕刻家雕刻于大理石上，被画家绘于门廊和庙宇的墙上。所有这一切组成了每个希腊人教育的一个极为重要的部分。

第二，这些神话方面的知识对学习历史的人而言是有价值的。最近，爱琴海地区的发现，证明了至少它们中的一些包含着真实的成分。它们都是对真实历史的记忆，虽然这些记忆是混乱的。

因此，作为我们必须讲述故事的序曲，我们将在本章中复述一些传说。在复述这些传说的时候，主要选择那些被认为与史前时代令人惊叹的文明相关的内容。这些文明在可信的希腊历史开始前很长的一段时间已经消失了，只留下模糊的记忆。

---

① 希腊的史前时期以前被称为迈锡尼时代，因为阿尔戈利斯的迈锡尼被认为是辉煌的青铜时代的中心，那是公元前二千纪爱琴海地区最具代表性的文明。然而，在克里特岛的发现表明，克里特岛一直是这个文明的辐射中心，爱琴海诸岛和海岸地区是其主要的舞台。现在普遍认为，爱琴文明“的创造者和传承者都不是希腊种族”。

90.东方移民

希腊神话传说代表着古希腊文明的早期成长，且不断地被定居于希腊的东方移民所推动。这些来自东方的移民也带来了东方不同国家的艺术和文化。因此，传说证实，刻克洛普斯[①]是从埃及过来的，随他而来的还有艺术、学问以及尼罗河谷祭祀的智慧。他被描述为刻克洛普亚（Cecropia）的建造者，刻克洛普亚后来成为著名的城市雅典的要塞城堡。来自腓尼基的卡德摩斯（Cadmus）带来了字母表，并建立了底比斯城。

所有这些神话传说的事实核心可能是，欧洲的希腊人接受了东方文化元素。毫无疑问，从那些字母中，他们除了获得哲学和科学的迹象与事实，还获得了艺术方面无与伦比的价值和启发。

91.希腊英雄与赫拉克勒斯

希腊人相信他们的祖先是一个具有全神或半神血统的英雄种族，因此，每一个部落、地区、城市，甚至村庄，都保存着英雄的传说，这让英雄们的壮举在赞歌与故事中被人们纪念。赫拉克勒斯（Heracles）是希腊最伟大的民族英雄。在神话传说中，他完成了12项被认为不可能完成的超人功绩，并最终在熊熊燃烧的柴堆中化为不朽的神灵。赫拉克勒斯本来是太阳神。他从天上下凡，最终变成英雄主义、忍耐、自我牺牲等崇高道德品质的人格化形象。

92.米诺斯，克里特的立法者与海王

希腊的很多神话都围绕着克里特岛展开。这些都与它的一位叫作米诺斯（Minos）的伟大统治者有关。他是具有神圣智慧的立法者，爱琴海中第一个伟大海洋国家的创立者，以及那片水域中海盗的镇压者。

这个传说保存了克里特王国的记忆，它在公元前二千纪的早期是一个强大的国家。在某些方面并不逊色于同时代的古埃及和古巴比伦文明的爱琴文明，她早期的文明中心便是克诺索斯（Cnossus）。这里已经发掘出了一个庞大的、有很多房间的宫殿遗址和其他令人惊叹的文明遗迹，它们在希腊有记载的历史以前已经繁荣了1000多年。

---

① 刻克洛普斯为传说中雅典的第一位国王。

瓦斐奥杯与它们的涡卷形装饰

这些著名的杯子是信史时代以前爱琴文明的艺术杰作，于1889年在拉科尼亚瓦斐奥的一个坟墓中被发现。它们无疑是克里特的起源，代表了一个在古典希腊历史开始前已经消失了千百年，只在传说中留下模糊记忆的灿烂文明。

93.阿尔戈英雄的远征

除了单个英雄的努力和壮举外，希腊的神话还讲述了很多特别值得纪念的英雄群体的光辉事业，阿尔戈英雄远征和围攻特洛伊就是这些伟大事业中的两个。

在希腊神话中，阿尔戈英雄的故事流传着多种不同的版本。塞萨利的王子伊阿宋（Jason）有50个英雄同伴，他们当中有赫拉克勒斯、提修斯（Theseus）和俄耳甫斯（Orpheus）——最后这位是拥有超人技艺的音乐家，他用七弦竖琴弹奏的乐曲感动了周围的树木与石头。他们在被称为“阿尔戈”的50桨帆船（因此就称这些英雄们为“阿尔戈英雄”）上启航，去寻找攸克辛东海岸——一个荒凉的、充满未知恐惧的地区——小果园中钉在树上、被一条巨龙看管着的金羊毛。远征取得了成功，在经历了许多奇妙的冒险后，英雄们带着圣物凯旋。

这个故事的原始形态应该是一个东方自然神话，但在希腊说书人给出的形态里，在剥去诸多诗意的装饰后，它可能被看作是史前希腊人抑或他们的祖先在爱琴海北部和攸克辛海探索和冒险的象征。

伊文思博士在克诺索斯挖掘出的剧院与“舞蹈场”

这个享有盛名的跛脚神也设计了一个舞蹈场，就像代达罗斯在开阔的克诺索斯为满头秀发的阿里阿德涅设计的那样。

——《伊利亚特》

94.特洛伊战争（传说为前1194—前1184）

特洛伊战争是汇集了大量故事和诗歌的历史事件，充满了永恒的趣味和魅力。

伊利奥斯（Ilios）或特洛伊，是小亚细亚半岛一个城墙坚固的城邦，处于赫勒斯滂的南边，当时已经崛起。相传特洛伊国王普里阿摩斯的儿子帕里斯（Paris）拜访了斯巴达国王墨涅拉俄斯（Menelaus），随后拐走他的妻子海伦——以罕见的美貌著称于世——然后秘密逃回特洛伊。

所有的希腊英雄们拿起武器，要报仇雪耻。一支由10万勇士组成的大军迅速集结完毕。阿伽门农（Agamemnon），墨涅拉俄斯的哥哥，是道路宽阔、富有黄金的迈锡尼王国的国王，被推举为远征军的领袖。在他麾下，有塞萨利的“勇猛绝伦的阿喀琉斯”（lion-hearted Achilles），伊萨卡国王“智慧狡诈的奥德修斯”（crafty Odysseus），贤明长者的涅斯托耳（Nestor），还有更多全希腊最勇敢的英雄。1200艘大帆船载着集聚在一起的不同部落，从奥利斯港（Aulis）出发，横渡爱琴海，直逼特洛伊海岸。希腊人及其盟友把普里阿摩斯的城市紧紧围困了10年。特洛伊城最终因机智狡猾的奥德修斯的计谋而被攻克，然后被洗劫一空，夷为平地。

在这个最复杂有趣的希腊传说中，可能存在一个核心事实。我们可能认为它是史前时代希腊人和小亚细亚原住民之间冲突的模糊记忆，而这源于前者占取海岸立足点的意图。在史前时期，在特洛阿德（Troad）地区，确实存在一个城市，它是一个富裕、强大的高贵民族的重要据点，这一点已经被施里曼博士和其他人的考古挖掘发现所证实。[①]

95.希腊首领们的凯旋

特洛伊城陷落之后，希腊的首领和贵族们返回了家乡。神话传说描述了诸神收回他们迄今为止仍然喜爱的英雄们的保护，因为他们对特洛伊的神庙祭坛也一概摧毁，无一幸免。结果，他们中的很多人被驱赶走上无尽的海上或陆地漂泊之旅。荷马的《奥德赛》（*Odyssey*）描述了“极为坚韧持久的奥德修斯”的苦难历程，受神驱赶跨越陌生的海域，踏上漫漫征途。

根据传说，有时候，有人利用贵族们不在国内的契机，篡夺了他们的统治地位。因此，在阿尔戈利斯，埃癸斯托斯[②]（Aegisthus）赢得了阿伽门农的妻子王后克吕泰涅斯特拉（Clytemnestra）的不洁净的爱。在阿伽门农远征归来后，这对罪

---

① 我们可以合理地认为，这些统治者权力和财富的基础是他们对普利庞提乌斯与攸克辛水道入口处这个战略位置的控制，这样，他们便能够掌控这些地区的贸易。史前时期的特洛伊与北方贸易之间似乎拥有同样的关系。位于博斯普鲁斯海峡北部入口处的拜占庭，在整个希腊古典时期所具有的重要意义，与现在君士坦丁堡所具有的，几乎是一样的。

② 阿伽门农的侄子。

恶的情侣设计将其谋杀。流传在后世希腊人中的传说表明，迈锡尼就是阿伽门农和他被谋杀的战友们的埋骨之地。①

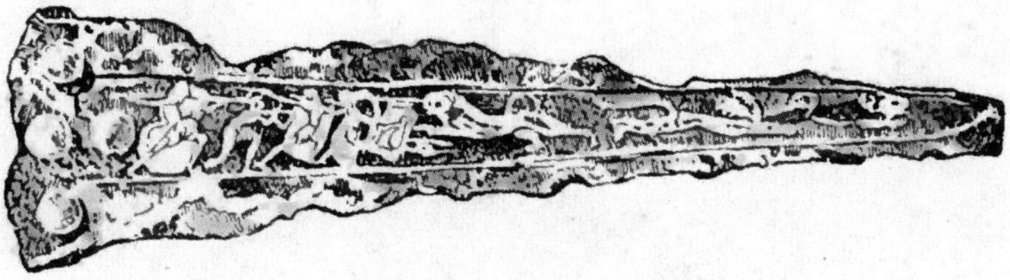

在迈锡尼发现的嵌饰的剑身

① 1876年，施里曼博士开始在迈锡尼进行考古发掘。他最令人兴奋的考古发现是里面埋葬有被大量的金、银、铜器物所围绕的19具尸体遗骸的几个古墓。这些陪葬器物包括金制面具和胸甲片、纯金酒杯、嵌饰着金银的青铜剑，以及各种各样的个人饰品。其中光金器就有100多磅重。这一发现让我们确信，迄今为止，那些古代传说中把迈锡尼描述为前多利安时代早期一个有影响力且富裕的王国，是有事实根据的。

第十一章　信史时代希腊人的遗产

96.丰富多彩的遗产

公元前8世纪的时候，希腊人出现在历史记载上。他们已经是先进文明的承载者。他们拥有发达的政治和宗教机构，丰富的语言，多彩的神话，无与伦比的史诗和一种虽然不成熟但充满希望的艺术。

这确实是一笔丰厚的遗产。这其中，一部分来自于他们过去的遗留，一部分则是前面章节提到的早期爱琴文明的遗产；其中还夹杂着来自东方文明的元素。但是，这些非希腊种族和文化的贡献在史前时代就受到了希腊精神的深刻影响。当我们开始详细地审视希腊历史遗产的细节时，我们将会注意到它与我们以前发现的所有东西是多么的不同。

97.城邦制

降落在公元前8世纪和前7世纪的希腊的曙光在希腊本土的大部分地区、小亚细亚海岸，以及许多爱琴海诸岛林立的城市上显现。关于这些城市的性质，我们必须说句话，因为希腊的历史与这些城市密不可分。

首先，每一座城市都是一个独立的自治的社区，就像一个现代国家。一座城市就是一个城邦。它自行决定与其邻居们的战争与和平，以及外交关系。其公民在任何其他城市里都是异邦人。

其次，我们认为是独立国家的城邦，很小。据我们所知，除了雅典，希腊没有任何一个城市拥有超过2万的武装公民。在大多数情况下，城邦是由一个有单独城墙的城镇，以及周边环绕的耕种和放牧的土地构成的。然而，有时候城市不仅拥有中心城，而且还有大量的小区域。因此，信史时代以来，雅典城包括了阿提卡地区内的一百个甚至更多的村庄和居住地，其中一些还是有城墙的小镇。基本上，外部的村庄离城墙如此之近，以至于遇到敌人突袭的时候，所有的居民都可以在1到2小时内撤至城内。

第三，这些早期的城市每一个都是由族群——宗族、胞族或兄弟会（紧密联系的家族）以及部落组成的，这些都是希腊人进入城市生活之前部落时代的遗留。起初只有这些团体的成员享有公民权。

98.希腊人对城市的感情

如果我们不了解希腊城市以及一个希腊人对城市的感情，就不能理解希腊的历史。它是他为之生、为之死的祖国。从故乡城市被流放，对他而言，是仅次于死亡的恐怖惩罚。希腊人对他们城市的热爱，是那种等同于我们称之为爱国主义的感情，只不过，因为狭隘且因为宗教感情的原因，它更加强烈一些。

由于希腊人的这种强烈的城市情感而阻碍他们联合起来形成一个统一的国家。希腊的历史是近代欧洲历史的缩影。因此，概括说来，希腊的历史到最后，都变成了大量的独立城邦之间用永难解决的争端以及缘于因竞争、嫉妒及仇恨而来的小事件引起的战争而相互折腾、损耗对方。但是，也正是因为这种独特的环境，使得希腊城邦的生活紧张刺激，进而使得希腊公民的各项才能发展得如此之完美。简而言之，我们称为希腊文明的神奇创造正是城邦开的花、结的果。

99.希腊人关于宇宙体系的思想

构成信史时代希腊人遗产的另一个重要因素是他们的宗教思想和宗教制度。在讲到这些内容的时候，我们可以从他们对宇宙体系的看法说起。

希腊人认为地球是一个像盾牌一样的圆形平面。在它周围，“海洋河（Ocean River）的强大力量”起伏不定，海洋河是一条既宽又深的水流，四面都是黑暗和恐怖的国度。天空是一个坚实的拱顶或穹顶，其边缘紧靠地球。在地球下面，是可以由地下通道到达的冥界。那是一个广阔的区域，是死去灵魂的国度。在冥界下面，是塔耳塔洛斯（Tartarus）之狱，那是一个深邃黑暗的深渊，由巨大的铜门和铁门所禁闭。太阳神手持弓箭，在一辆燃烧着的战车上，在天空陡峭的道路上来回穿梭。西部地区是极乐世界（Elysian Fields），是英雄和诗人灵魂的所在地。

100.奥林匹亚委员会

处于希腊众神最顶端是一个由12个成员组成的委员会，包括6位男神和6位女神。

男神的首领为宙斯（Zeus），他是男神们和男人们的父亲；波塞冬（Poseidon），海洋的统治者；阿波罗（Apollo），或称福玻斯（Phoebus），他是光明、音乐、预言之神。

女神有赫拉（Hera），宙斯骄傲而又嫉妒的王后；雅典娜（Athena），或称帕拉斯（Pallas），她从宙斯额头出生的时候已经完全长大成人了，是智慧女神及家务艺术的庇护神；阿弗洛狄忒（Aphrodite），爱与美的女神。①

这些主神不过是一些放大了的人类。他们超越凡人，是因为他们的力量，而非身体的大小。他们居住在奥林波斯山和尘世的上空。

101.德尔斐神谕所

德尔斐（Delphi）的阿波罗神谕所，那是从模糊的史前时期到信史希腊时期另一个弥足珍贵的遗产。古希腊人相信，在远古时期，诸神造访凡间与人类混处是一件很平常的事情。但是，即使是在荷马时代，这种熟悉的交流也是过去的事情——早已远去的黄金时代的一个传说。在信史时代，尽管诸神经常通过各种预兆显示其意愿和目的，但是他们仍然通过被称为神谕的方式，给予他们更特别的忠告。这些神人沟通的地方被称为神谕所（Oracle），人们在此地收到神的回应。

希腊最著名的神谕所是在福基斯地区的德尔斐。这里，从岩石深处的裂缝中，升腾起令人惊讶的蒸气，被认为是阿波罗的给人以灵感的呼吸。为了纪念这位启示者，希腊人在这个地点的上方建造了一座庙宇。沟通信息通常由坐在放置于喷口上方的三脚架的皮提亚（Pythia）或者女祭司接收。当她被预言者的蒸气所感染的时候，她便说出了神的信息。这些来自皮提亚的轻声低语被祭司助理记录下来，解读，并用六步格诗的形式记载下来。一些神谕包含简单而又有益的建议；但是其中很多的神谕，特别是那些暗示未来信息的神谕，都是晦涩难懂的。因此，无论事情会发生怎样的变化，它们都可能与事件相符。这样，神谕的信用将不会受损。克洛

① 除了组成奥林波斯山的男女主神之外，还有一大群几乎是无数的其他神灵、天界人物，以及非人非神的怪物。哈迪斯统治冥界；狄俄尼索斯是酒神；女神涅墨西斯是对罪恶的惩罚者，尤其对傲慢与狂妄自大者实施镇压；埃俄罗斯是风的统治者，他将风囚于一洞穴，并用强大的门将其关住。有9个缪斯，她们是艺术与歌曲的激发者。命运三女神决定生死，复仇三女神报复犯罪，特别是谋杀和亵渎神明的犯罪。除了这些外，还有人首马身的怪物、独眼巨人、鹰身女妖、蛇发女怪等1000多种其他的神怪。

伊索斯在与居鲁士交战的时候（第66条），他得到的神谕是，他参加的这场大战将摧毁一个伟大的帝国。结果确实如此，不过，这个被毁灭的帝国是他自己的。

德尔斐神谕所举世闻名。亚洲的君主和罗马人经常在极度危险和困惑的时刻来寻求神的指示。在希腊人中，几乎没有任何一项事务是不经过神的指示而作出裁决的。

102.奥林匹克运动会

希腊人另一项最具特色的、从史前时代继承下来的宗教习俗，就是在伊利斯的奥林匹亚为了向宙斯致敬而举行的神圣体育比赛。这个节日的起源在模糊传说中遗失，但到了公元前8世纪开始的时候，它已经赢得整个希腊民族的重视。运动会每4年举行一次，两场连续的运动会之间的间隔就是一次著名的“四年周期”（Olympiad）。

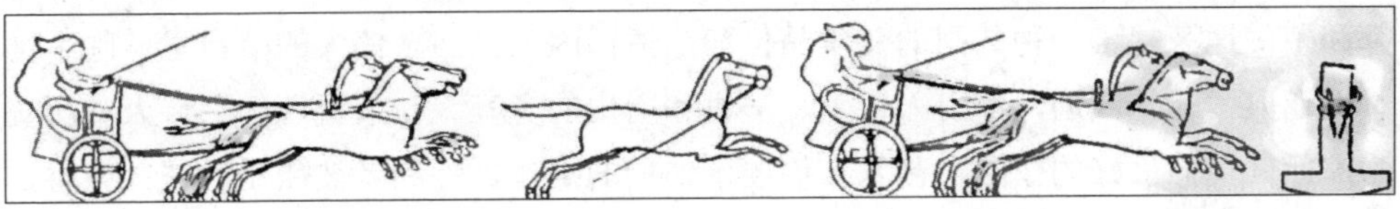

四马战车比赛

竞赛包括竞走、拳击、摔跤以及其他运动项目。后来，战车赛被引入进来，成为最受欢迎的比赛项目。参赛选手必须来自于希腊民族，必须在运动场经过特殊的训练，而且，必须没有违反国家的犯罪记录或亵渎神灵的宗教犯罪。世界各地的观众蜂拥而至，共襄盛会。

冠军将被戴上一个神圣的橄榄花环；通报者让他的名字广为流传；他家乡的城市像对待胜利者一样迎接他的归来，有时候要从专门制作的城墙缺口通过；由著名的艺术家为他制作雕像，然后这些雕像将被树立在奥林匹亚以及他家乡的城市；诗人和演说家同艺术家们相互竞争，使冠军的名字和胜利能够长存不朽，因为一个人的名字和胜利反映了他母邦的不朽荣誉。

除了奥林匹克运动会，还有至少三个其他的国家节日从史前时代一开始就流传了下来。它们是皮提亚节（Pythian），为了纪念阿波罗而举行，在德尔斐的神谕所和神谕所附近举行。尼米亚节（Nemean），在阿尔戈利斯的尼米亚举行，为了纪念宙斯而兴起；还有科林斯地峡运动会（Isthmian），为了纪念波塞冬而兴起，在科林斯地峡举行。

希腊赛跑者

103.希腊运动会的影响

在1000多年的时间里，这些民族节日，尤其是那些在奥林匹亚举行的大会，都对古希腊的社会、宗教和文学生活产生了巨大的影响。他们在遍布各处的希腊各城邦和殖民地激起了一种共同的文学品位和热情；因为在四个伟大的节日里，除了奥林匹亚人，或早或迟，都引入诗歌、演讲和历史的竞赛。在节日期间，诗人和历史学家朗读他们最好的作品，艺术家们展示他们的杰作。胜利者被赋予的非凡荣誉，激励选手们竭尽全力，把身体和思想的力量发挥到极致。

尤其是这些运动会对雕塑的促进作用，因为它们为艺术家的艺术提供了鲜活的模型。“没有奥林匹克运动会，”霍尔姆说，“我们就不会有希腊雕塑。”而且，他们还促进了交流和贸易；因为这些盛大的节日在集会期间自然地形成了交通和交流的大中心。与此同时，它们还让人们的行为举止变得温和，将人们的思想从建立军功中抽离出来，让国家从战争中获得喘息；因为在宗教盛典举行期间，参与军事远征将犯渎神罪。通过所有这些方式，尽管他们从未将所有的城邦联合起来形成政治统一，但是他们却将社会、智识和宗教生活深深地印上了共同的特征。①

104.希腊的语言

希腊人从他们的黯淡的过去中所得到的最美妙的东西之一就是他们的语言。在信史时代的开端，他们的语言已经是人类所说过的最丰富、最完美的语言之一了。

---

① 奥林匹克运动会从公元4世纪初就中止了，到1896年，这项国际性的运动大会又恢复了。

到底经过多少个世纪，这种语言才在信史时代希腊人祖先的口中形成，只能靠我们模糊地想象了。它见证了信史时代希腊人背后一段长期真实的生活。

105.希腊诗歌

在史前时期，古希腊人丰富而灵活的语言已经写就了史诗，其美妙和完美是无可匹敌的。这些从希腊祖先传下来的史诗被称为《荷马史诗》（*Homeric poems*），由《伊利亚特》（*Iliad*）和《奥德赛》（*Odyssey*）两个部分组成。它们的具体创作日期和作者都难以考证（第198条）。他们是希腊人在信史时代开始时的宝贵财富，这一切对我们来说是很重要的，所以我们把它记录在这里。在某种意义上说，它们就是希腊人的《圣经》，不仅对希腊的宗教而且对整个希腊世界的文学生活都产生了无法估量的影响。

第十二章　斯巴达的崛起

106.斯巴达的地理位置

比较可靠的传说讲述了多利安部落对伯罗奔尼撒半岛的入侵，半岛上更早期的居民①被他们所征服。斯巴达（Sparta）是伯罗奔尼撒半岛的城市之一，它的起源或重要性要归于这次的征服。它位于拉科尼亚埃夫罗塔斯河深谷之中，之所以得名“斯巴达”（播种的土地），因为它是在可耕种的土地上建立起来的，而大多数希腊城市的中心都是由高耸的岩石（城堡和卫城）组成。不过斯巴达并不需要任何城

泰格特斯山脉扼守的斯巴达

① 可能已经希腊化。

堡，因为它四周有不可跨越的高山作为天然屏障，并且远离大海，这些地理优势足以保证它的安全。实际上，斯巴达人甚至认为环绕城市筑造围墙也是毫无必要的，这种想法直到后期城市衰落时才有所改变。

107.斯巴达国内的等级

拉科尼亚的人口被划分为三个等级——斯巴达人、庇里阿西人（Perioeci）、希洛人（Helots）。全体斯巴达人是这个国家征服者的后代，属于多利安民族，讲多利安语。他们只占整个国家人口的一小部分。

庇里阿西人（边区居民）为被征服的土著。据说他们的人数是斯巴达人的3倍。他们被允许继续保有自己的土地，但是必须缴纳贡品，战时要听从斯巴达主人的调遣。

第三等级也是最低等级由奴隶组成，称为希洛人。他们是国家财产，而不属于单个斯巴达统治者，并被成批地分配到斯巴达贵族家中劳动。当统治阶层确定希洛人数量过于庞大，对国家的安全造成威胁的时候，一场蓄意的屠杀就会开始，从而减少“多余”的人口。

108.斯巴达的宪法

公元前8世纪以前的斯巴达历史，我们一无所知。根据传说，通过一位伟大的立法者来库古（Lycurgus）制定的一部非同寻常的宪法，斯巴达的和平、繁荣与快速发展得到了保证。这部宪法设定的国家机构为：两位共同执政的国王、一个元老院（Senate）、一个公民大会（General Assembly）和一个由五人组成的被称为“五长官团”（Ephors）的执行委员会。双王统治运行得非常出色，一位国王是另一位的制约者，500多年来，没有任何一个斯巴达国王有颠覆宪法的成功尝试。

元老院由28位元老和两位国王组成。元老的年龄必须在60岁以上。公民大会由30岁以上全体斯巴达公民组成。公民大会有制定法律及决定和战的权力。与雅典形成鲜明对比的是，斯巴达的所有事务都不是通过全体辩论决定的，只有裁判官和被特别邀请的人才能对集会的成员发表演讲。斯巴达人是战士，不是空谈者，他们讨厌夸夸其谈的讨论。

109.共餐制

为了纠正富人餐桌上经常出现的铺张浪费，据说来库古命令所有的市民都应该在公共餐桌上吃东西。这是他们的习俗，并非来库古制定的法则，这也是他们军事生活的一部分。

一位追求奢华的雅典人去过斯巴达，看到了人们吃的粗粝食物。于是他终于理解了为何斯巴达人在战争中不惧死亡了，他说："以如此粗糙的食物为生，相比生存，人们当然更喜欢死亡。"

110.青年教育

斯巴达的儿童属于国家。每一个男婴儿都被带到长老委员会（Council of Elders）面前，如果他们似乎不太可能成为一个强壮而有用的公民，那么他们就会被遗弃到山谷中。在7岁的时候，青年的教育和培训都是由公共官员负责的，他们被称为"男童训练师"。全部课程的教育目的就是为国家训练出不惧苦难艰险、宁死不屈的士兵。只有能对国家作出贡献的人才会得到培养。男童训练师不会教授阅读写作和修辞艺术，男孩们也只会接触军事方面的诗歌。斯巴达人对雅典人的文学敏锐性和文学成就极其蔑视。斯巴达式简洁众所周知，代表了一种简洁的表达方式。男孩们被教导用最简短的语言回答问题。在公共餐桌上，除了回答别人的问题外，他们不能讲话，只能"像雕像一样"安静地坐着。正如普鲁塔克所说："来库古创造的货币又大又重，却没有什么价值；恰恰相反，其语言简短精练，寥寥数语却韵味无穷。"

但是，当思想被忽视时，身体却经过了精心的训练。在奔跑、跳跃、摔跤和投掷长矛方面，斯巴达人表现出了惊人的敏捷性和灵巧度。在奥林匹克运动会上，斯巴达选手获得冠军的次数遥遥领先。

但在学习其他事情之前，斯巴达的青年们首先要学会毫不畏缩地忍受痛苦。他们有时会被鞭打，是为了让身体适应痛苦。据说，男孩们经常会死在鞭打之下，却从来不会发出痛苦的呻吟，也不会流露出痛苦的表情。

斯巴达宪法的法令极出色地达到了它的最终目的，即培养一个全民皆为敏捷而强壮的战士的国家，而斯巴达在希腊各邦拥有的长久军事霸权充分证明了这一点。

111.斯巴达征服美塞尼亚

在来库古与希波战争之间的历史时期，斯巴达历史上最重要的事件是在美塞尼亚（Messenia）的长期斗争，它们就是著名的第一次和第二次美塞尼亚战争（约前743—前723，前645—前631）。旷日持久的战争的结果是美塞尼亚人的失败以及他们沦为被称为希洛人的拉科尼亚奴隶的悲惨境地。许多贵族逃离了这个国家，在其他国家流亡。一些流亡者在西西里岛争得了一片生存之地，并赋予西西里海峡现有的城市墨西拿（Messina）以名字和重要地位。

斯巴达占领了美塞尼亚。从第二次美塞尼亚战争结束到公元前4世纪斯巴达力量开始衰落之前，美塞尼亚人一直是斯巴达人的奴隶。从伊奥尼亚到爱琴海，整个伯罗奔尼撒半岛南部都成为了斯巴达领土。

112.斯巴达成为伯罗奔尼撒的霸主

斯巴达占领了美塞尼亚后，她的影响力和权力一直稳步上升，并且其至高地位和领导权得到了伯罗奔尼撒半岛绝大部分国家的承认。她现在是伯罗奔尼撒同盟的领导者，甚至被伯罗奔尼撒半岛以外的希腊城市视为希腊人的天然领袖和捍卫者。

我们已经简要地叙述了斯巴达在伯罗奔尼撒半岛建立霸权的过程，现在我们必须转而对希腊进行更为广泛的观察，从而记录希腊民族扩张的历史。希腊民族的扩张导致了在几乎所有已知世界的海岸上都建立了希腊文明。

第十三章　殖民时代与僭主时代

第一节　殖民时代（约前750—前600）

113.希腊进入殖民时代的原因

公元前8世纪后半叶和公元前7世纪，是希腊建立殖民地的重大历史时期。这次外流运动的一个诱因是政治动荡，它几乎出现在希腊的每一个城市。寡头政治与僭主政治已经兴起，人民经常受到压迫。就像英国斯图亚特暴政时期的清教徒一样，成千上万的人被迫离开家园，从海上逃走。在德尔斐阿波罗神谕的指引下，在遥远而广袤的海岸上，他们打下了“分散的希腊人”的基础。母邦人口的增长、贸易的扩大，以及希腊人对冒险的热爱，也导致了移民数量的增加。

114.希腊殖民地与其母邦的关系

如果不了解希腊殖民地与移民来源城市之间的关系，希腊殖民地的历史便是无法理解的。

希腊殖民地和罗马殖民地有一个根本区别。罗马殖民地服从母城的统治，移民仍然属于罗马公民或者半罗马公民；而希腊殖民地则完全独立于其母城。因此，希腊殖民地以及希腊各地区都遵从城市自治原则。每一个殖民地都是独立的、有特色的，并有其自己的政治理念。希腊人的心里无法接受一个城市公正地统治另一个城市的想法，即使另外的城市是自己的子殖民地。

不过，尽管殖民地与其母城之间没有政治联系，他们仍然通过血缘、文化、孝心等因素联系在一起。新家圣坛上的圣火是从母城公共壁炉的余烬那里点燃的，很多证据不断证明这两个城市的民众虽然分隔两地，但仍是一家人。

殖民地居民对其母城的深厚感情可以从他们新家中显眼物件的名字里表现出来。正如新英格兰殖民者对其故乡的深厚感情促使他们用故乡那些亲切的名字给他们的新家命名一样，希腊殖民者对其故乡的珍贵记忆也促使他们用熟悉且喜爱的故乡名字来命名他们的新城市、新街道、新寺庙、新喷泉及山丘。新城市就是家以外的另一个家。

115.哈尔基斯殖民地（约前750—前650）

希腊早期殖民的一个地点就是马其顿海岸。这里，一个三角海岬突入到爱琴海。在埃维厄岛哈尔基斯不连续的海岸上，在其他城市希腊移民的帮助下，建立了许多殖民地，32个殖民地把哈尔基斯作为母城，而这片地区就变成著名的哈尔基季基（Chalcidice）。

这个海岸对希腊殖民者和商人的主要吸引力之一是藏有丰富的铜、银和金矿资源。在那里，群山上覆盖着茂密的森林，为造船业提供了丰富的木材。而由于希腊大陆的大多数地方缺少木材，因此这也成为了哈尔基季基的一个重要贸易项目。

116.赫勒斯滂与博斯普鲁斯海峡上的殖民地

第二个对母国商业城市殖民者充满吸引力的地方，包括赫勒斯滂海峡和博斯普鲁斯海峡。这些水道构成了连通北方世界的门户，很早就引起了希腊商人的注意。在其他的城市中间，这里又建立新的城市拜占庭（Byzantium，前658）。这座城市是在德尔斐亚神谕[①]的指导下建造的，它是古代世界最大的商业中心之一。拜占庭的成长之路是一段漫长而曲折的历史。

117.攸克辛地区的殖民地

阿尔戈英雄的故事（第93条）证明，在史前时期，希腊人就很可能与最偏远的攸克辛海岸地区进行贸易往来。该地区的主要商品是鱼类、谷物、牲畜，除此之外，还有木材、金、铜和铁。攸克辛地区在一定程度上来说是掠奴者的地盘——它

① 神谕的管理者，无疑是通过朝拜圣殿的来访者让自己对地中海岛屿及沿岸地区的信息保持灵通，从而能够给那些考虑建立新殖民地的人提供良好的建议。

就是古希腊人的非洲。它为希腊世界的大部分奴隶市场供应奴隶。从当代伊斯兰统治者进行的高加索奴隶贸易中，我们可以发现2500年前活跃的奴隶贸易对现在仍有影响。

据说，攸克辛地区的80个殖民地都将米利都（Miletus）视为母城。希腊城市密布于攸克辛海岸，希腊的商业贸易也使得整个攸克辛地区活力四射，因此，希腊人将这个曾被自己认为遥远而荒蛮的地方视为了祖国的一部分。

帕埃斯图姆的毁坏的神庙

118.意大利南部的殖民地

当希腊移民潮向爱琴海北部海岸和黑海北部海岸扩张时，这种潮流也开始向西蔓延。意大利南部土地上遍布希腊城市，以至于此地被称作“大希腊”（Magna Graecia）。公元前8世纪后半叶，意大利南部建立了很多重要城市，如塔拉斯（Taras），如罗马人的塔伦特姆（Tarentum），以及锡巴里斯（Sybaris）的伊奥利亚城（Aeolian）——因其市民的奢靡生活出名，英语词汇中的“纵情享乐之徒”（sybarite）便来源于此。

“大希腊”城市的重要性来源于它们与罗马的关系。毫无疑问，通过这些城市，早期罗马人接触到了许多基本的文化元素、字母知识以及希腊宪法（第227条）。

119.西西里岛和高卢南部地区的希腊殖民地

从意大利海岸很容易看到西西里岛。当希腊殖民者遍布半岛南部地区的同时，这座岛屿也接收了大量的移民。在这些城市当中，有一座多利安城市科林斯的移民建立的锡拉库扎（Syracuse），在罗马壮大以前，她曾以平等的身份向迦太基发动战争。

西西里岛是希腊最混乱无序的地区，是希腊世界中的荒蛮地带。这里充满了冒险的气息，像是给自己贴上了“不可驯服、危险”的标签。这是一片浪漫和冒险的土地，它似乎把希腊人中的最不驯与冒险的精神吸引到这里。

罗纳河与地中海交汇处的高卢（Gaul）海岸，也被希腊殖民者占领。这儿的主要吸引力是经由陆路从波罗的海（Baltic）和英国运送过来的琥珀和锡。这一地区建立了许多殖民地，其中主要有福西亚（Phocaea）建立的马萨利亚殖民地（Massalia，前600），即现在的马赛（Marseilles）。

120.北非和埃及的殖民地

在尼罗河三角洲，希腊人很早就建立了重要的居住地瑙克拉提斯（Naucratis），它是埃及与希腊之间相互影响的门户。公元前7世纪的某个时候，在德尔斐神谕的指引下，希腊人在非洲海岸几乎与克里特岛相对的地方建立了重要的昔兰尼（Cyrene）殖民地，之后这一地区成为了昔兰尼加（Cyrenaica）区域的中心。

121.殖民地在希腊历史上的地位

希腊殖民地的历史与希腊大陆的历史紧密相连。事实上，如果不了解大希腊（Greater Greece），我们就不能了解希腊的大部分历史；就像如果不了解大欧洲，我们也不会明白17世纪之后欧洲的大部分历史。从殖民地中存在的利益、竞争和嫉妒中，我们可以发现国内城市之间发生斗争和战争的原因。

第二节　僭主时代（约前650—前500）

122.希腊僭主政治的特点和根源

希腊殖民时代的后半期非常接近所谓的“早期僭主时代”[①]（Earlier Age of the

① 在雅典驱逐僭主后的100年里，希腊本土没有僭主，在这个时期的大部分时间里，希腊世界里也没有僭主。然而到了公元前4世纪，僭主再次崛起，西西里岛尤甚。这些统治者在不同历史时期出现，导致一些历史学家把僭主分为早期和后期。

Tyrants）。关于僭主，我们必须在这里讲一下。

在英雄时代，希腊偏爱的政府形式是父权君主制。《伊利亚特》中说："多人统治不是一件好事，让我们只有一个统治者——一个国王，把宙斯的权杖授予他。"但在信史时代的开端，早期的父权君主制政体在几乎所有的希腊城市中都沦落为寡头政体或贵族政治。随后，正如荷马时期的君主制被寡头政治取代一样，许多希腊城市中存在的寡头政体被极权政体取代。

在希腊人那里，"僭主"（Tyrannos）一词并不是指一个人的统治很严酷，而是很纯粹地指一个人通过非法的手段获得国家最高的权力。虽然他们都太频繁地被我们当作暴君提及，但很多希腊僭主都是仁慈的统治者。几乎所有重要的希腊城市都被僭主一次或多次统治过。

建立僭主统治的人往往都是贵族中的一些野心勃勃的成员，他们让自己成为人民的捍卫者，在人民的帮助下，成功地推翻了令人痛恨的寡头政治。

123.希腊人对僭主的感情

僭主的统治并不牢固。爱好自由的希腊人对专横且不负责任的政府充满了无尽的痛恨，并且部分僭主一些丑恶的陋习和残暴的罪行，致使人们对整个专制统治阶层充满了极大的憎恶。因此，诛戮暴君被希腊人认为是无比高尚的行为。故而，在希腊，专制统治是短暂的，持续的时间很少超过三代人。他们通常被暴力推翻，随后，旧的寡头政权被重新建立，或者民主国家得以建立。概括说来，多利安城市倾向于寡头政治，而伊奥尼亚城市则喜欢民主政府。

雅典卫城

124.僭主对希腊文明的影响

僭主的统治给希腊文明带来了一些显而易见的好处。通过僭主们与外国国王建立的联系，希腊城市的隔绝状态被打破了。僭主的宫廷与东方国家的统治者之间的联系让希腊世界的城市接受了这些文明之地的影响。这拓宽了他们的视野，扩大了他们的商业领域。

此外，僭主往往是艺术和文学的慷慨赞助者。诗歌和音乐在奢华的宫廷气氛中蓬勃发展，而建筑艺术的发展也被诸多公共建筑和作品所推动，因为很多僭主把公共建筑的建设作为自己统治的点缀，或通过建筑工程创造的工作机会赢得贫困阶层的支持。因此，僭主时代反而是许多希腊城市在艺术、智力和产业生活中快速发展的时期。

第十四章　希波战争之前的雅典历史

125.雅典的起源

离海4到5英里，有一座小山丘，长约1000英尺，宽约500英尺，比阿提卡平原高出约150英尺。这种山丘提供的安全感无疑使其成为了阿提卡平原早期殖民者定居的首选。这里有几座建筑，坐落在山岩顶端，四周环绕着栅栏，这些构成了声名传遍全世界的首都的开端。

126.执政官、亚略巴古委员会和公民大会

在史前时代，雅典和其他希腊城市一样，都由国王所统治。忒修斯（Theseus）是王政时代最著名的国王。公元前7世纪初，一个由九人组成的称为“执政官”（Archons）的委员会，使国王成为居于次要地位的雅典国家元首。古代的君主政治成为了寡头政治。

除了执政官，当时的雅典国家还有一个非常重要的法庭，就是被称为“亚略巴古”（Areopagus）的委员会。① 这个委员会由前执政官组成，因此是一个纯粹的贵族机构。其成员终身任职。委员会的职责就是确保法令被充分地遵守，以及对违法者进行审判和惩罚。他们的决定具有无可置疑的权威，任何人都不得上诉。在信史时期的开端，这个委员会是雅典国家真正的权力机构。

在执政官和亚略巴古委员会之外，还存在一些证据，表明有一个公民大会（Ecclesia）的机构存在。在这个机构中，所有在重装部队中服役的士兵占有一席之地。

---

① 被称为“战神之山”的地方，是法庭的集会地。

127.雅典的等级之分

雅典的领导阶级是贵族或世袭贵族。这些人都是腰缠万贯的大地主，据说，阿提卡最好的土地几乎都归他们所有。

在贵族的统治之下，居民拥有名义上的自由。他们中的许多人都是富裕贵族阶层的佃农。他们向地主支付租金，如果没有支付，他们和他们的妻子及孩子便会被所有者扣押，卖作奴隶。其他居民拥有自己的田地，但如果像上面一样欠了贵族阶级的债，那么他们的田地就会被抵押给债主。因此，由于平民百姓的经济状况不好，且被排除在政府职位之外，所以他们对贵族充满了怨恨，并为革命作好了准备。雅典贵族和平民之间的对立状态与罗马贵族和平民之间的对立状态相似。

普尼克斯山上的演讲台

128.德拉古法典（前621）

可能是为了安抚人民以及把国家从混乱中拯救出来，当时的贵族在自己的阶层中任命了一个名叫德拉古（Draco）的人，制定和颁布法律。[①]

在完成使命的过程中，德拉古只不过是把现有的规则和习惯变成一个明确的书

① 到那时，雅典的规则和惯例都还是不成文的，因此，那些属于贵族阶级且能单独执法的法官便能够随心所欲地解释它们，以维护自己的阶级利益。人民要求把管理用文字书写并公布出来，从而让他们确切地了解它们（详见第247条）。

面形式而已。这些法律非常严酷，死亡是对盗窃行为最轻微的处罚。以致后来一位雅典演说家说“这些法律不是用墨水写成的，而是用鲜血写成的”。

但是，德拉古的法律存在一个巨大的缺陷。他没有制定土地或经济方面的改革条款，因此，它并没有减轻那些挣扎在贫困之中并且成为严酷债务法受害者的人们的负担。

129.梭伦改革（前594）

贫困阶层的状况越来越难以忍受，必须采取一些激进的救济措施。正如德拉古时期那代人所做的，希腊人再一次将国家法律和制度的修改权交到了一个人手中。梭伦（Solon）的崇高品格和杰出的服务为他赢得了所有阶层的尊重和信任，因此他被选中来履行这项职责。梭伦首先关注的是减轻债务人的痛苦。他取消了所有的债务，无论是公共的还是私人的。[①] 另外，在阿提卡再也看不到这种景象：戴着锁链的人被卖作奴隶来偿还债务。梭伦禁止通过贩卖奴隶来偿还债务。此后，雅典人再也没有卖奴偿债。

这是梭伦经济改革中最重要的一项。他的宪法改革同样是明智和有益的。雅典集会或公民大会，在当时由那些能够提供武器和盔甲的人组成的；也就是说，四个阶层中的前三个的所有成员都包括在内，但第四个等级和最贫穷的阶级、无业游民，都被排除在外。梭伦向他们开放了公民大会，赋予他们选举权，然而不包括执政权。他还对宪法作出了其他修改，使行政官对人民负责，此后他们不仅能选举这些官员，还能在他们出错时审判他们。

130.僭主庇西特拉图（前560—前527）

梭伦的改革自然给许多人带来了不利，他们成为了新秩序的死敌。而且，改革后的宪法也未能顺利实施。就在这个时候，一个野心勃勃的贵族庇西特拉图（Pisistratus）利用这种形势，率领小规模的军事力量占领了雅典卫城，使自己成为雅典的主人。虽然两次被驱逐，但他一有机会便返回了雅典并恢复自己的僭主统治。

庇西特拉图可以被视为希腊僭主中较好的那一类。他在雅典实行温和的统治，

---

① 这是亚里士多德对这个问题的阐述（《雅典政制》，第6章）。根据其他的阐述，梭伦只是废除了债务人土地和人身的债务。梭伦还改革了货币体系。

在他的统治下，这个城市经历了一个巨大的繁荣时期。他设立了宗教节日，用华丽的建筑装饰了这座城市。据说他还为雅典学园，一种城市围墙外的公园增加了装饰，后来那里成为首都的诗人、哲学家和追求享乐者最流连忘返的胜地之一。

131.僭主被驱逐出雅典（前510年）

庇西特拉图的两个儿子希庇亚斯（Hippias）和希帕克斯（Hipparchus）继承了他的权力。起初，他们模仿父亲的治国方式，雅典在他们的治理下非常繁荣。然而，一个不幸完全改变了政府的面貌。希帕克斯辱骂了一位名叫哈尔摩狄奥斯（Harmodius）的年轻贵族，这个贵族就伙同他的朋友阿里斯托格同（Aristogiton）及其他几个人密谋刺杀这两位僭主。希帕克斯被刺杀了，但行刺者的阴谋却传到了希庇亚斯那里。僭主的护卫杀死了哈尔摩狄奥斯，阿里斯托格同也受尽折磨，但他拒不招出其他同谋者的名字，于是被判死刑。

刺杀僭主者

那不勒斯博物馆的大理石雕像，被认作是竖立在雅典的青铜雕像的古代复制品，用于纪念刺杀僭主希帕克斯而作。

我们已经讲过诛戮僭主在希腊人眼中是值得赞扬的行为（第123条）。雅典人认为哈尔摩狄奥斯和阿里斯托格同的行为是值得感激和尊敬的壮举。人们为了纪念他们而竖立了雕像，并且向年轻人讲述他们的故事，以培养年轻人的爱国精神和自我奉献精神。这个阴谋对希庇亚斯的性情产生了非常大的影响，使他变得多疑、严酷。他的统治变成了真正的暴政，而他最终被逐出了这座城市。

132.克里斯提尼的改革（前508）

在驱逐暴君希庇亚斯之后，贵族派系之间的宿怨又爆发了。一位杰出的贵族克里斯提尼（Clisthenes），作为其中一派的首领，感觉到并没有从渴望的职位中得到自己阶级对与自己德能相匹配的认可。于是，他让自己作为普通民众的捍卫者而与他们结成联盟，并控制了国家的事务。一旦掌握大权，克里斯提尼立即将宪法重塑为比梭伦赋予的宪法更民主的形式。他最重要的措施之一是，授予了一大群穷苦的雅典人以公民权，这些人在此前被剥夺了这座城市的公民权。此外，他把公民权还授予很多外来的定居者及自由民。这一措施是通过对人民进行重组来实现的，让宪法为了人民的利益作出了根本性的改变，克里斯提尼因此而被称为“雅典民主的第二创立者”。

133.陶片放逐法

其他被归于克里斯提尼的改革或制度中的，有一条著名的陶片放逐法（Ostracism）。通过这一程序，任何引起人民怀疑和不满的人，都可以经过全民投票而无须审判被放逐出雅典10年。被放逐者的名字都被写在陶片或贝壳上。在希腊语中，“陶片放逐法”一词就来源于“陶片”（ostrakon）。

这种制度设计是为了防止像庇西特拉图那样的篡夺行为再次发生。它首先被用来除掉雅典人不信任的前僭主希庇亚斯的一些老朋友。后来，投票通常被用来解决不同政治派别领袖之间的争端。因此，这个时候投票只表示政治偏好，被放逐的人仅仅是不被大众青睐的被击败的候选人，与耻辱和羞辱无关。

掌握在人民手中的放逐的权力并不总是能够被明智地使用，一些最有能力和最爱国的政治家常常被抓住了民众注意力的野心家煽动而遭到放逐。①

134.斯巴达反对雅典的民主

雅典的寡头政治势力极力反对所有的民主改革。斯巴达人也对雅典民主的快速发展深感不安和嫉妒，他们邀请希庇亚斯从亚洲回来，力图推翻新政府并恢复他的权力。但他们的目的并没有达到，因为他们的盟友拒绝帮助他们这样做。希庇亚斯去了波斯，寻求波斯国王大流士（Darius）的帮助。

---

① 这个制度是短命的。它在伯罗奔尼撒战争期间（前418）被最后一次使用。当时，雅典人乖戾任性地指名放逐了海柏波拉斯，所有的人都认为他是希腊最卑鄙的人。据说，这被认为是这种制度的堕落，也是卑鄙者的一种荣耀。从此以后，雅典人再也没有采用这种手段去贬低一个好人或推崇一个坏人。

第十五章　希波战争

（前500—前479）

135.希波战争的真正起因

从上文关于古希腊不断开拓海外殖民的历史进程中，我们可以窥见希腊人民究竟是怎样凭借着一腔热血，带着饱含自由、爱好和平、不断进取和不断壮大的希腊式（Hellenic）语言和文化征服了地中海（Mediterranean）周围的星星岛屿和海岸城市，并以先驱者的姿态广泛地活跃在公元前8到7世纪的世界舞台上的。在公元前6世纪前半期以前，这项颇有希望的扩张运动几乎不受任何阻碍，随后便被一个庞大专制的亚洲强国波斯帝国（Persian Empire）的崛起所阻挡。公元前5五世纪开始的时候，亚洲所有的希腊城市都处于波斯帝国的奴役之下，爱琴海实际上称为波斯的内湖。这些侵吞让希腊人几乎无立锥之地。因此，在这里我们有必要探究引起希腊与波斯之间大战的真正原因。

136.伊奥尼亚人的起义（前500）

自希腊各城邦被波斯降服以后，一直备受奴役劳作的摧残，时间一久，他们便不愿意再忍受这般痛苦，一直在寻求独立。公元前500年左右，伊奥尼亚成为反抗波斯大王[①]（Great King）的中心地带。雅典人派出20艘战船帮助他们的伊奥尼亚同胞。萨迪斯（Sardis）被攻克并被烧毁。随后，雅典人战败，放弃了他们的伊奥尼亚盟友，乘船返回雅典。

这次不幸的远征注定会产生巨大的后果。雅典人不仅烧毁了萨迪斯，还点燃了

---

① 大流士一世，详见第67条。

整个世界。根据希罗多德的记载，当消息传到苏萨城（Susa）的大流士耳中，他得知希腊城邦雅典一直在援助波斯的反对者后，暴怒不已。他拉开弓，向天空直射一箭。在箭杆飞出的时候，说："好，宙斯啊，我要好好惩罚一下雅典人！"说完后，他命令一个仆人每天在晚餐前都要向他重复三次："主人，记住可恶的雅典人！"

137.大流士第一次远征希腊（前492）

伊奥尼亚人的起义被镇压并遭受到了严厉的惩罚，大流士决心惩罚欧洲的希腊人，尤其是雅典人，因为他们帮助他叛逆的臣民。为了征服希腊，大量的陆军和海军军备都配备就绪。波斯的陆军在色雷斯（Thrace）野蛮人那里遭受了严重的损失，一阵狂风突然从北方刮起，大约300只波斯舰船毁于这场飓风。

138.大流士的第二次远征；马拉松战役（前490）

大流士对这场灾难毫不畏惧，下令增加和装备一支更强大的军事力量。不久，他又召集了一支庞大的军队来对希腊进行第二次远征。一支装备有600艘船只的舰队从小亚细亚的海岸载着军队向希腊海岸前进。在接受基克拉迪最重要的投降后，波斯人在马拉松上岸——此地距离雅典只有一天的路程。雅典人决定在马拉松的开阔之地主动出击，而不是躲在城墙后面等待波斯人的到来。因此，他们派出1万名精兵列阵以待。一个善于长跑的叫作斐迪庇第斯（Pheilippides）的人前去向斯巴达求助。斐迪庇第斯仅仅用了36个小时就跑到了135—140英里以外的斯巴达。但不巧的是，当时离满月还有几天，根据斯巴达人的迷信，他们在这几天是不敢派兵出征的。他们答应给予援助，但当斯巴达援兵到达雅典时，战役已经结束。

这场战役是雅典人在米提亚德（Miltiades）将军的领导下开始的。战争的结果在一段时间内是悬而未决的。随后，运气降临到希腊人头上，波斯人死伤惨重，被赶到船上。波斯人想偷袭雅典，却发现雅典人已经做好了准备，于是，他们便掉头离开，向伊奥尼亚海岸驶去。

139.马拉松战役

马拉松战役（Battle of Marathon）被称作是"世界上最具决定性意义的战役"之一。它是人类文明历史上的一个转折点。通过这场胜利，希腊文明被保存到成熟结果，这不只是为希腊人保存文明成果，而是为了全世界。我们无法想象欧洲文明史上缺了希腊，尤其是雅典文明，会是个什么模样。如果当时的异邦人真的在此次战役中获得胜利，那么现在的这些文学基因可能会因此而摧毁。古代希腊，便作为波斯帝国的一个总督辖地，在现代可能会成为土耳其帝国的一个行省。这一伟大的功绩进一步激发了雅典人的自信。此后，他们做了很多伟大的事情，因为他们相信自己能够做到。马拉松战役记载了伟大雅典光辉岁月的开始。

140.地米斯托克利和他的海军政策；亚里斯泰迪斯反对地米斯托克利的海军政策以及他被流放（前483）

马拉松战役胜利后，很多雅典人坚信雅典此后可以永远免于波斯人入侵的威胁。但是他们中有一个人清醒地认识到：这次战役只不过是希腊与波斯之间战争的开始。这个人就是地米斯托克利（Themistocles），一位睿智、眼光深远、多才多艺的政治家。他敦促雅典人实行加强海军的政策，他认为那是唯一可以使雅典免于臣服于波斯脚下的有效防御策略。

有“公正者”（Just）之称的亚里斯泰迪斯（Aristeides）极力反对地米斯托克利的海军政策，他害怕如果突然把陆军改为海军，雅典会就此犯一个难以弥补的错误。双方之间的争执变得如此尖锐，以至于最后使用陶片放逐法来解决问题。最终600票反对亚里斯泰迪斯，他被放逐了。

谈及雅典公民大会上进行的陶片放逐，一位目不识丁的农民，对亚里斯泰迪斯一无所知，都要求把亚里斯泰迪斯的名字写在陶片上。当他准备投票时，那位政治家问这个农民为什么要放逐他。投票者回答说：“不为什么，我甚至不认识这个人，但是到处都称呼他为‘公正者’，我实在听烦了。”

亚里斯泰迪斯被放逐之后，地米斯托克利在没有遇到强烈反对的情况下，自由地实施其海军政策。很快，雅典人就拥有了希腊最庞大的舰队，在比雷埃夫斯拥有一个壮观的港口。

141.薛西斯入侵希腊；塞莫皮莱战役

马拉松战役兵败后不久，大流士就开始为下一次入侵做准备，想要一雪前耻。就在大流士筹划这些复仇计划时，他的死亡中断了一切。很快，他的儿子薛西斯（Xerxes）即位，向希腊人复仇的计划在稍作拖延后又被全力实施。为了便于军队行进，薛西斯下令修建了一座横渡赫勒斯滂海峡的由舰船构成的双层浮桥。这项工作由埃及和腓尼基的工匠完成。

公元前480年初春，正值马拉松战役10周年之际，一支庞大的波斯军队聚集于赫勒斯滂海峡的各个角落。当时海峡边的盛况可以说是百年难得一见，这也是希罗多德描述的历史场面中最为精彩的部分之一。希罗多德宣称，浮桥在这些从亚洲涌入欧洲人潮的踩踏下，在七天七夜的时间里，一直吱嘎吱嘎作响。①

从希腊北部到中部只有一条狭窄的隘口，隘口一边是大海，一边是崎岖的山岭。在山脚下有几处温泉涌出，隘口因此得名“塞莫皮莱”（Thermopylae）或“温泉关”（Hot Gates）。希腊人决定在此处率先攻击波斯军队。斯巴达国王列奥尼达（Leonidas）率领300名斯巴达勇士与6000名不同城邦的盟军防守着温泉关。因为希腊舰队阻止了薛西斯的军队从希腊守军的后方登陆，所以，波斯军队只能从占据有利地势的斯巴达军队的正前方发动进攻。在发动进攻前，薛西斯要求希腊人放下武器，立即投降。列奥尼达轻蔑地回答道：“来吧，我等着你！”连续两天被军官鞭笞着前进的波斯战士一直都在尝试突破关口，但是屡战屡败，就算是最后派出的一万名最为精锐的不死军②也遭到了失败。

波斯国王的著名的卫队从斯巴达前线上如潮水撞到山崖一般退却。但是，一个土生土长的希腊人却上演了一出叛国大戏，这个人的名字叫埃彼阿提斯（Ephialtes），又称“希腊的犹大”，他让防守隘口的战士们的英勇搏斗变成了徒劳。这个人希望得到一大笔酬劳，便向薛西斯指出了一条通往希腊人后方的山中小径。当列奥尼达看到波斯人从他们身后的山上下来，大吃一惊。他意识到隘口再也守不住了，为了保存实力，他命令大多数希腊盟军撤退，而他率领300名斯巴达人留下来拼死抵抗。誓死守卫隘口，是斯巴达的荣誉及法律赋予他们的使命。第二天，他们被庞大的波斯军队包围，斯巴达勇士以令人绝望的英勇拼死一搏，但最终众寡悬殊，他们战至最后一人。

温泉关一战在随后千百年的希腊历史上一直激荡回响。当斯巴达国王列奥尼达和他的勇士们倒下的那一刻，他们的功绩便注定会光耀千秋。他们是希腊历史上最伟大的英雄，是整个希腊的荣耀。为了纪念这场战争，人们在昔日的战场上竖立了纪念碑让后世景仰。赞美的碑文和墓志铭简要地讲述了他们战斗的故事。其中一个是专门纪念牺牲的斯巴达勇士的，它写道：“异乡人，你若到斯巴达。请转告那里的公民：我们阵亡此地，至死犹恪守誓言！”

---

① 根据希罗多德的说法，薛西斯的陆海军共有231.7万人，此外还有200万名奴隶和随从。可以肯定的是，这些数字都是夸大的，除了随从和随军谋生的人，波斯军队的实际人数不可能超过60万。

② 这个精选的士兵团之所以有这个称号，是因为他们的人数一直保持在1万人。

142.雅典人抛弃他们的城市，撤至船上

雅典的大门现在对侵略者敞开了。决策者的意见发生分歧。德尔斐神谕隐晦地宣称："当刻克洛普斯土地上的所有其他东西都被拿走时，宙斯便会授予雅典娜木墙（Wooden Walls），只有它们不会被征服，而且它们会保卫你和你的孩子。"据信，神谕被认为是"坚如磐石的"。但是"木墙"表示什么，却有多种不同的意见。一些人认为德尔斐的女祭司是在指点雅典人去山林中寻求庇护；而另一些人则认为他们应该保卫雅典卫城，在很早的时候它是被栅栏围绕的；但地米斯托克利（有人认为神谕的内容是他让德尔斐的女祭司说出的）争辩说，"木墙"很明显指的是船。

雅典人立即按照他的解释行动。阿提卡的所有战士都聚集在萨拉米斯（Salamis）舰船上。妇女、儿童和老人被带到了不同的安全地点。阿提卡所有的城镇，连同首都，都被抛弃给征服者。几天后，波斯人进入了荒芜的平原，烧毁了空旷的城镇。雅典城的庙宇被掠夺并被付之一炬，萨迪斯的仇算是报了。

143.萨拉米斯海战（前480）

就在阿提卡海岸附近的萨拉米斯岛上，希腊舰队正等待着波斯人。薛西斯被地米斯托克利关于希腊同盟的状况所欺骗，下令立即发动进攻。他从海岸一个高耸的王座上俯瞰战场，等待着结果。波斯舰队被截成数段，200艘战舰被摧毁。这是一个致命的打击。

薛西斯担心背叛的人可能会毁掉赫勒斯滂的浮桥，便立即分出100艘舰船来保护这些浮桥。然后，这位国王带领着强大的卫队撤回了亚洲，留下马铎尼斯（Mardonius）率领一支强大的军队去挽回萨拉米斯的灾难。第二年，在著名的普拉提亚战役（Battle of Plataea）中，马铎尼斯被杀，他的军队全军覆没。很快，全欧洲的希腊人，连同赫勒斯滂和爱琴海岛屿的希腊人，用希罗多德话说，"恢复了希腊的自由"。

144.战争的纪念品和战利品

战争的辉煌胜利引发了全希腊的欢欣鼓舞。诗人、艺术家和演说家为了纪念英勇无畏的英雄们而各显神通。曾参加马拉松战役，或许还参加过萨拉米斯及普拉提亚战役的剧作家埃斯库罗斯（Aeschylus），在他的名剧《波斯人》中为这次胜利树立了一座永久的丰碑。在战争结束8年后，《波斯人》在雅典的2万名观众面

前进行演出，这2万名观众中有很多人参加了那场战役。伟大的画家波利格诺托斯（Polygnotus）在雅典公共走廊的墙上用绘画将马拉松战役的场景展现出来。实际上，雅典黄金时代的伟大文学及艺术作品都是对这场战争不朽的纪念。

虔诚的希腊人认为，如果没有神明站在他们一方予以帮助，他们是无法实现这奇迹般的胜利的。在德尔斐神庙，他们感激地献上了从普拉提亚战场上获得的1/10的金银战利品。他们又在雅典卫城竖立起一尊巨大的雅典娜女神雕像，那是由从马拉松战场上收集的黄铜武器制成的；而在雅典娜女神的圣殿里，放置着赫勒斯滂浮桥断裂的缆绳，那是一个直截了当的胜利纪念品以及对不虔诚的外邦人在赫勒斯滂设置枷锁神圣惩罚的重要例证。

第十六章　雅典帝国

145.提洛同盟的建立

波斯人被从希腊驱逐后不久，伊奥尼亚诸城邦为了更有效地进行他们手中的工作，即解放处于波斯统治下的希腊城市，遂结成了著名的提洛同盟（Delian League）。因为斯巴达国王普萨尼亚斯[①]（Pausanias）的背叛，斯巴达和她的伯罗奔尼撒同盟被排除在这个同盟之外，而在此之前，斯巴达一直指挥着希腊联军的舰队。提洛同盟是独立、平等的国家的自由联合，大约有260个国家参加同盟。雅典是同盟的领袖。每年在神圣的提洛岛（Delos）就共同关心的问题召开由各城邦代表组成的代表大会。在提洛岛，也就是在阿波罗神庙，有同盟的金库，每个城邦根据自己的能力缴纳盟捐。执行同盟目标的几个国家捐献船只和金钱的比例，最开始完全由亚里斯泰迪斯决定，因为诸城邦都对亚里斯泰迪斯的公正和廉洁十分有信心，因此，这项事务一直由他主持，没有一个同盟国家有异议。

提洛同盟的创立是希腊历史上的一座里程碑。它不仅意味着雅典取代斯巴达，重新掌控了海军力量，还表明更早的大希腊统一的希望都化为泡影。这意味着，由于伯罗奔尼撒同盟仍然存在，希腊此后变成了自行分裂的房子。

146.雅典人将提洛同盟变成雅典帝国

提洛同盟奠定了雅典帝国权力的基础。雅典人滥用他们作为同盟领导者的权

---

① 斯巴达国王普萨尼亚斯曾在普拉提亚战役中率领希腊联军一举击溃波斯的10万大军。此役之后，普萨尼亚斯成为受全希腊景仰的英雄。但普萨尼亚斯野心膨胀，希望成为全希腊的主宰。为此，他不惜背叛自己的国家，与波斯国王秘密勾结。后来，他被送信的信使告发，最终众叛亲离，凄惨而死。——译者注

力，在同盟形成直到伯罗奔尼撒战争爆发的这段时间里，他们逐渐将自己的盟友降格至附属国和臣民的境地。

雅典通过以下方式将同盟变成一个帝国。由亚里斯泰迪斯评估的分摊到各城邦头上的盟捐由两部分组成：大邦出船，小邦出钱。从一开始，雅典就参加了评估，并确保了每个盟国都缴纳适宜的盟捐。

过了一段时间，一些城市更愿意用出钱代替出船，雅典接受了，得到钱后自己造船，并将这些船只补充到自己的海军中来。就这样，盟国解除了自己的武装，来武装他们的主人。

很快，雅典强加给盟友的约束变得令人生厌，他们开始一个接一个地拒绝以任何形式缴纳盟捐。纳克索斯（Naxos），基克拉迪群岛的岛屿之一，是第一个脱离同盟（前466）的岛屿。但雅典拒绝承认国家权利的任何信条，动用强大的海军迫使纳克索斯留在同盟内，并提高了她的贡税。

发生在纳克索斯身上的事情，也发生在同盟其他成员的身上。到公元前449年，同盟中只有三个岛国成员——莱斯博斯岛（Lesbos）、希俄斯岛（Chios）和萨摩斯岛——仍保持着独立。他们让所有不支付盟捐的前盟友处于孤立无援的状态。甚至在没有提前通知盟友的情况下，雅典人把同盟的金库从提洛岛转移到了雅典。他们还改变了盟捐最初的用途，开始把钱不用于对外邦人的战争上，而是花在他们国内的事业上，就像这些盟捐是他们自己国家的税收一样。大约与此同时，各邦代表大会也不复存在。

至此，一个由独立自主的城邦结成的同盟实际上变成了绝对的君主制，而阿提卡的民主国家成为了帝国的主人。雅典也因此而被称为“暴君之城”。

147.客蒙与伯里克利

当时雅典人中最杰出的两位领袖是客蒙（Cimon）与伯里克利（Pericles）。客蒙是一位战功卓著的海军统帅，一位同情贵族的党派领袖，他的政策是维持希腊的双头领导权，斯巴达在陆地上的领导权，希腊在海上的领导权。客蒙的政策遭到伯里克利的反对，伯里克利认为这样的双头领导是不切实际的，他的目的是，不仅让雅典成为海上的霸主，还要让雅典成为陆地上的霸主。最后，客蒙的名望衰落，然后被放逐。客蒙的失势让伯里克利放开手来推行他雄心勃勃的政策。

148.长墙的修建

作为自己海洋政策的一部分，伯里克利说服雅典人完成了被称为“长墙”（Long

Walls）的防御工事的修建，它将雅典与比雷埃夫斯港连接起来。通过这些巨大的壁垒，雅典与她的主要港口，以及它们中间的土地，转变成了一个巨大的防御地带，能够在战争期间容纳阿提卡的全部人口。由于与大海的交通路线得到了保障，再掌控一支强大的海军，雅典便能够在海上和陆地上同时向她的敌人发动攻击。

比雷埃夫斯与雅典的长墙

149.伯里克利时代（前445—前431）

伯里克利在雅典具有至高无上的影响力的时期被称为“伯里克利时代”（Age of Pericles），那是雅典的黄金时代。在这个时期，人民是一切力量的源泉。有关雅典及其帝国的每一件事都是由公民大会讨论和决定的。历史上从未有过任何民族像雅典的公民那样享受过这种不受限制的政治自由，从来没有任何民族如此熟悉公共事务，如此良好地参与政府的管理。一般来说，每个公民都有资格担任公职。无论如何，雅典人都是按照这样的设想行事的，这一切都在他们极端民主的做法中体现出来。除了陆军和海军的少量职务，所有的公职都是通过抽签决定谁来担任的。

150.民众法庭

庞大的民众法庭是伯里克利时代雅典的一个显著特点。每年从希望担任陪审法官的人中抽签选出6000人。其中1000人作为后备，其余5000人分为10组，每组500人。这10组陪审人员组成的机构被称为民众法庭（Dicastery），其成员被称为审判官（Dicast）或陪审官（Juryman）。审判任何一个案件，出庭的陪审官都在200—400人之间。然而，有重大的案件需要旁听时，陪审团的人数将达到2000，甚至更多。这些法庭要处理大量的法律事务，因为他们不仅要审理雅典公民的所有案件，而且还参与雅典帝国众多城市的法律事务。陪审团的裁决是最终裁决。民众法庭的判决从未被推翻或取消过。

151.伯里克利通过公共建筑来使雅典生色

雅典获得现在这样辉煌的地位后，伯里克利觉得雅典人应该对雅典城加以修饰，让其作为整个帝国权力与荣耀相称的象征。他不难说服自己热爱艺术的同胞们用那些建筑的杰作来美化他们的城市，即使这些建筑已成废墟，但仍然获得了全世界的仰慕。

伯里克利时代最引人注目的建筑都在雅典卫城上被组合起来。作为通往城堡的神圣围栏的大门，宏伟的山门在此矗立，那是自伯里克利时代以来类似结构的典范。这里也建立起了美丽的帕特农神庙（Parthenon），那是献给雅典娜女神的。这些著名的横饰带雕塑是由菲狄亚斯（Phidias）设计的。在神庙附近矗立着一尊巨大的雅典娜女神青铜雕像——据说那是由马拉松的战利品制成的——它闪闪发光的矛尖是水手从苏尼乌姆（Sunium）驶来时指路的灯塔。

伯里克利

雅典人动用同盟金库的资金，投资于雅典的建筑与艺术事业。同盟的成员自然是对雅典的这一做法感到十分不满，抱怨雅典用他们的钱来“修饰雅典城，就像是一位虚荣的老妇女把自己打扮得花枝招展”。但是伯里克利回答说，原本这些钱是用来抵御波斯进攻的，这些年来雅典也一直让他们的敌人敬而远之，他们有权利按照自己的意愿花这笔钱。

152.雅典帝国的优势与劣势

在伯里克利的治理下，雅典拥有世界上最强大的海军力量。在最后一次演讲中，伯里克利向他的同胞们说：“现在世界上，没有任何一个国王或国家，可以打败我们无敌的海军，你可以自由地在海上航行。”这不是空口自夸。爱琴海已经变成雅典的内湖。它的岛屿和海岸地带实际上已经形成了雅典帝国。雅典的收税船从希腊的200多个城市征收贡品。希腊城邦的统一似乎就要通过雅典人的能量和成就在帝国基础上实现了。

但是这个帝国带给我们最震撼之处还是她将强硬的军事力量与柔美的艺术作品结合在一起，这在整个世界上都是很罕见的。在此之前，人们很难想象物质财富与精神财富可以在一个帝国里如此巧妙地结合在一起。文学和艺术臻于人类天才的完美极限。

但在辉煌的帝国结构中也有其薄弱因素。雅典帝国自诞生以来，就注定是短命的，因为其治国准则违背了希腊民族最内在的本性——每个人在心中都把地方爱国主义融入政治统治权中（第97条）。所谓的同盟者实际上是雅典的臣民：他们向她纳贡，被带到她的法庭接受审判。①自然而然地，被帝国支配的城市都把雅典视为希腊自由的破坏者，并迫不及待地期盼着一个有利时刻，起而反抗，甩掉雅典强加给他们的枷锁。因此，雅典帝国是在沙上建立起来的。

如果雅典没有这样把提洛同盟中的各同盟国当成奴隶，而是继续让它作为各国平等的同盟——在希腊世界的统治下，一件伟大但不太可能实现的任务——作为联结起来的希腊人的领袖，她或许可以获得地中海的统治权，罗马的历史可能随着公元前1世纪罗马共和国的结束而结束。

雅典帝国的这些优势与劣势，都在之后斯巴达与雅典之间的伯罗奔尼撒战役中充分暴露出来，至于这场战争的原因和主要的事件，我们下章再详述。

雅典卫城

① 服从于雅典的城市只能保留低级法庭；如我们所知（第150条），所有的重要案件被带到雅典法庭接受审判。

第十七章　伯罗奔尼撒战争；斯巴达与底比斯的霸权

第一节　伯罗奔尼撒战争（前431—前404）

153.伯罗奔尼撒战争的开始

在伯里克利去世前，伊奥尼亚人的雅典与多利安人的斯巴达之间与日俱增的猜忌，终于爆发为漫长而悲惨的大战，那就是伯罗奔尼撒战争（Peloponnesian War）。战争的一个直接原因是哈尔基季基半岛（Chalcidice）的波提狄亚（Potidaea）被雅典人封锁。波提狄亚是科林斯的一个殖民地，但她是提洛同盟的成员，因试图从同盟中分离出去而被雅典惩罚。科林斯曾试图帮助她的女儿，但在与雅典人的冲突中狼狈不堪。

在这种情况下，科林斯获得跟她有相同遭遇的国家的支持，他们向斯巴达控诉雅典，希望斯巴达作为多利安人的盟主，给予他们援助并匡扶正义。斯巴达人在听取了双方代表的意见后，认为雅典人是不公正的，随即宣战。斯巴达人的决定为伯罗奔尼撒同盟所支持，不但如此，这个决定似乎还为德尔斐神谕所支持，它对斯巴达询问的回应让斯巴达人坚定了他们的决心，而且这个神谕似乎还向他们保证："如果他们全力以赴，必定会赢得战争的胜利。"

154.伯罗奔尼撒人蹂躏阿提卡（前431）

一支伯罗奔尼撒的军队很快在科林斯地峡召集起来，已准备对雅典发动战争。随着入侵的临近，阿提卡的村庄和分散居住在农舍里的居民都舍弃了他们的家园，撤到首都的防御工事后安身。伯罗奔尼撒人在废弃的平原上行军，从四面八方蹂躏这个国家。雅典人从城墙上可以看到他们被烧房屋的火焰，这使老人想起了49年前波斯入侵时他们从萨拉米斯岛看到的景象。由于后方补给不足，伯罗奔尼撒军队最终撤出该国。来自不同城市组成的特遣部队也被遣散回到各自的家园。

155.伯里克利在葬礼上的演讲

雅典人的习俗是在公众面前埋葬那些在战斗中阵亡的人的尸骨并举行仪式。遗体下葬后，一些由他的同胞们选择出来的人，便会在死者的葬礼上发表演说，歌颂他们的事迹，并号召人们继承他们的美德。

在我们描述的战役后的冬天，雅典人为那些在战争中死去的人举办葬礼。伯里克利被推选在葬礼上发表演讲。这篇葬礼演讲，正如修昔底德[①]所说，是古代保存的最有价值的纪念品。演讲者利用这一机会描述了雅典的伟大事业，并描绘了他们哀悼的英雄们对帝国城市的辉煌所做的贡献。雅典政府是民主的，因为所有的公民，无论贫富，都参与了政府的管理。发言者还赞扬了雅典的军事制度，它不像斯巴达那样强制所有人必须参军，然而，雅典却是唯一独自对抗斯巴达及其盟友的城邦。他赞扬了雅典人的知识、道德和社会美德是由他们的自由制度培育的，并宣称他们的城市是“希腊人的学校”（School of Hellas）和所有其他城市学习的榜样。她永远也不需要荷马来延续她的记忆，因为她自己在每个角落都建立了不朽的丰碑。“就是这座城市，”他高呼道，“人们为了她英勇地战斗和牺牲。他们无法忍受别人要夺走她的想法，我们每一个幸存下来的人都应该心甘情愿地为她付出辛劳。”

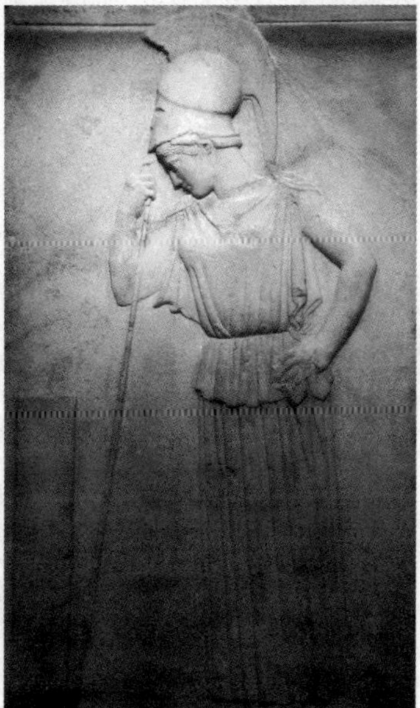
人们所说的“哀悼的雅典娜”[②]

随后，他们向死者的英勇无畏和自我牺牲致

① 这个演讲，修昔底德经常在他的作品中提及。

② 最近在雅典卫城被发掘出的浮雕。关于浮雕与伯里克利葬礼演讲之间可能存在的关系，瓦尔德斯泰因博士说：“虽然我并没有指，它上面的题词立即让人想起殁于公元前431年那场战争的人，但我仍然感觉它是修昔底德所记载的那篇著名的伯里克利葬礼演讲最匹配的物件。”

敬，死者的坟墓和铭文不是墓地和墓碑——“整个世界都是名人的葬身之地”，他们的纪念碑“雕刻在人们的心中，而不是石头上”。最后，他向死者的亲属表达了安慰，然后解散了大会。

156.雅典的瘟疫（前430）

在下一个战斗季节到来的时候，伯罗奔尼撒人再次攻入阿提卡，再次蹂躏这片土地。雅典的城墙坚不可摧，但不幸的是，他们无法抵御更可怕的敌人。在这个拥挤的城市里爆发了一场瘟疫，给已经不堪忍受的战争灾难增添了恐怖。死亡率非常可怕。瘟疫让雅典损失了1/4的人口。在战争的第三年，瘟疫再次降临雅典，曾经是雅典人的灵魂和生命的伯里克利在这场疾病中去世了。

伯里克利死后，雅典事务的领导权在很大程度上落入无原则的煽动者手中，暴民控制了公民大会。所以，我们以后会发现它的许多措施既不是以美德也不是以智慧为特征的。

157.亚西比德

在漫长的战争中——持续了27年，在名义的和平时期有间歇——一个新的雅典人的领袖开始崭露头角。从那时起到战争结束，他不仅在雅典的事务中，而且在希腊事务中都扮演了极为重要的角色。他就是亚西比德（Alcibiades），一个具有贵族血统及与贵族关系的年轻人。他多才多艺、才华横溢、足智多谋，但也不择手段、鲁莽、放荡。他是苏格拉底的学生，但他没有听从老师的劝告。他惊世骇俗的狂妄行为让所有的雅典人都去谈论他，但这些谈论似乎让人们与他的联系更紧密了，因为他具有所有使人喜爱的偶像特征。他对民主的影响是无限的。他能通过公民大会实施任何他乐意施行的任何主张。

亚西比德

谨慎的雅典人为国家在这种指导下运行感到忧虑。著名的遁世者泰门（Timon）在亚西比德让公民大会同意了他的一项不明智的措施后，对亚西比德说：“继续，我的孩子，你就折腾吧，因为你的折腾会把这些乌合之众带向毁灭。”我们将会看到，事情确实是这样发展的。

158.西西里远征（前415—前413）

按照泰门的说法，亚西比德最折腾的事业，就是鼓动雅典人远征西西里岛上的多利安人城市锡拉库扎（Syracuse）。雅典人似乎很容易就接受了这个冒险而艰巨的计划，而这与他们一贯的行事方式完全一致。他们的注意力似乎被武器装备的庞大所吸引。远征在年轻人的炽热想象力中，成为一种在“远西地区”（Far West）的奇观中观光和游览的有趣活动。因此，在公民大会的一次特别会议上，人们几乎没有异议地投票赞成了这项致命的冒险活动。

一支庞大的舰队被精心地装备及配置人员。[1] 剩下的人忧虑地注视着离开的船只，直到它们消失在视线之外。忧心忡忡的观察家们能否预见到这支装备精良的舰队的命运，能否预见到他们的忧虑变成绝望呢？“雅典自己正从比雷埃夫斯驶出，再也没有回来。”

就在远征军到达西西里岛前，作为指挥这支军事力量的将军之一的亚西比德被召回雅典，为亵渎神灵的指控做辩护。因为担心自己落入留在雅典的敌人的手里，亚西比德逃到了斯巴达。在那里，这位叛国的顾问竭尽全力去破坏他所计划的远征。他告诉斯巴达人说，摧毁雅典人计划最稳妥的办法是立即向西西里岛派遣一支重装步兵，最重要的是派遣一位优秀的斯巴达将军，一个人就能抵上一支军队的那种。斯巴达人采纳了这个建议，给西西里岛派遣了他们最伟大的将领吉利普斯（Gylippus）以及他对战争给予了不遗余力的指导。

当时，雅典人在西西里岛的事业极为成功，但是吉利普斯的到来立刻改变了一切。经过几次激烈的战斗，雅典人损失惨重，他们决定撤出岛上的军队，而海上的撤退之路仍然是通畅的。就在船将要起锚的时候，天空出现了月食。不幸的是，雅典军队的总司令尼西亚斯（Nicias）是一个迷信的人，完全相信预兆和占卜。他寻求占卜者的忠告。占卜者认为这一预兆是不吉利的，并建议撤退推迟37天。从来没有哪一个预兆比这个能够彻底毁掉一个民族的。推迟撤退的决定是致命的。

更深重的灾难和物资供应的匮乏最终使雅典人相信，他们不能再拖了，必须通过海上或陆上作战打开一条通路。但是已经太迟了。在港口强行穿过敌人舰队的尝试失败了。现在只能通过陆路撤退了。他们尽可能地做好准备，然后出发了。他们被锡拉库扎人追击和骚扰，撤离的大部队几乎被消灭殆尽。大约有7000人被俘虏，

---

① 它由134艘昂贵的三层划桨战船及其承载的36000名士兵和水手组成。

囚禁在锡拉库扎周围的露天采石场，数百人很快死于饥寒。大多数可怜的幸存者最后都被卖为奴隶。西西里远征以悲剧而告终。

159.雅典的衰落（前404）

在西西里岛大灾难过后，雅典人以最令人钦佩的勇气开始努力修复他们似乎不可挽回的命运。他们忘却和原谅了过去，重新召回了亚西比德，并让他指挥军队。这很好地说明了诗人阿里斯托芬（Aristophanes）关于雅典人对他们惯坏的宠儿的态度：“他们爱他，恨他，但不能没有他。”

亚西比德为雅典赢得了一些辉煌的胜利，但也无法抵消他所做的坏事。他已经毁灭了雅典，没有任何人类力量能够补救。斗争变得越来越没有希望了。最后，在赫勒斯滂的伊哥斯波塔米（Aegospotami），雅典舰队被斯巴达将军吕山德（Lysander，前405）出其不意地攻击并被俘虏。据说，有4000名本土雅典人被处死，普通的葬礼仪式已经无法安置他们的尸体。在几艘从吕山德手中逃脱的船只中有一艘船叫“巴拉洛斯号”（Paralus），它急匆匆地赶往雅典，通报噩耗。它在夜里抵达，一声绝望的哀号公布了从比雷埃夫斯带来的可怕消息，它很快从长墙传到城内。“那天夜晚，雅典无眠。”色诺芬说。

海路、陆路都被重重包围，雅典很快被迫投降。斯巴达的一些建议彻底摧毁雅典。斯巴达人表面上很大度，宣称他们永远也不会同意“弄瞎希腊的一只眼睛”。真正的动机却是利用雅典牵制底比斯和科林斯，以防他们变得太强大，从而影响斯巴达的霸权。最后决定，希腊人的生命都应该被饶恕，但他们必须拆毁长墙及比雷埃夫斯的防御工事；除了保留12艘船只外，其他的舰船要全部放弃；海路两方都要听从斯巴达的召唤。雅典人被迫在这些屈辱的条件的基础上投降。

长期战争现在结束了。帝国城市雅典的统治结束了，希腊的辉煌时代也一去不返。

160.战争的结果

希腊再也没从被毁灭了如此大的一部分人口的打击中恢复过来。雅典只是她昔日自我的毁灭。曾经舳舻相接的比雷埃夫斯港，现在空空如也。首都的人口锐减。现在的情况与波斯入侵时正好相反，那时的雅典已成废墟，当地米斯托克利在萨拉米斯被嘲笑为一个没有城市的人时，他还可以发自内心地说，雅典人都在大海中的船上。现在，真正的雅典已经死了，剩下的只是一副空壳。

不只雅典，整个希腊都留下残酷的战争的痕迹。曾经被宜人的村庄或繁荣的城镇覆盖的地方现在变成了牧场。希腊世界在道德上沉沦了很多，同时，希腊人在智力和艺术生活上的活力和创造性也被削弱了，再也无法恢复。在战争之后的百年里，希腊人在智识上的成就确实是令人惊叹的。但这些成果仅仅表明，希腊的思想在被允许及不受限制的情况下，以及在自由和自治的有利及给人以灵感的条件下，对艺术和一般文化会有什么样的影响。

第二节 斯巴达与底比斯的霸权

161.斯巴达霸权统治的特征

在伯罗奔尼撒战争之后一代人的时间里（前404—前371），斯巴达一直掌控着诸城邦的领导权。在伯罗奔尼撒战争的整个过程中，斯巴达一直坚持认为，她对抗雅典的唯一目的是为希腊城邦夺回被雅典人剥夺了的自由。但是，雅典的力量一旦被摧毁，斯巴达自己就开始扮演暴君的角色，我们将注意到她压迫性暴政的直接结果。

162.希腊万人远征（前401—前400）

斯巴达称霸希腊时期最著名的历史事件就是著名的希腊万人远征（Expedition of the Ten Thousand Greeks）。小居鲁士，波斯国王阿尔塔薛西斯二世（Artaxerxes II）的弟弟小亚细亚总督，觉得被他哥哥不公平地排除在王权外，密谋夺取王位。经过各方集结，小居鲁士获得了超过10万人的异邦人军队和约1.3万人的希腊雇佣军。带着这些部队，小居鲁士从萨迪斯出发，穿过了小亚细亚和美索不达米亚平原；此时，小居鲁士已经穿透到波斯帝国心脏地带。在巴比伦尼亚的库纳克萨（Cunaxa），他更深入的进军被阿尔塔薛西斯二世80万大军所阻止。在接下来的战斗中，希腊人的出色战斗为他们的领导者赢得了当天的战斗。后来，小居鲁士被杀死；希腊的将军们被邀请参加和谈，结果被背信弃义地抓住并处死。

希腊人在一次匆忙的夜间会议中，选举了新的将军们，带领他们返回自己的家园。其中一位将军就是色诺芬，是这支远征军中著名的史学家。现在，人类历史上最值得纪念的一次军事大撤退开始了。经过酷热的底格里斯平原和冰雪覆盖的亚美尼亚隘口的艰难行军后，幸存者最终到达了黑海的希腊姊妹殖民地的居住地。

希腊万人远征被认为是古代最著名的军事功绩之一。它的历史意义在于，它为后来的亚历山大大帝远征铺平了道路。这一事件向希腊人揭露了波斯帝国的衰朽，并显示了她对一支训练有素军队的抵抗是多么的无力。

163.苏格拉底的定罪与死亡（前399）

当色诺芬还在远征途中时，在他的故乡，历史上最悲惨的悲剧之一发生了。雅典人审判了自己的同胞、古代最伟大的精神导师苏格拉底，并判处其死刑。他被指控的双重罪名如下：“苏格拉底犯了罪。第一，他不崇拜这个城市所崇拜的神，只引介他自己的新神；其次，腐蚀年轻人。”审判是在一个由500多名陪审员组成的民众法庭或公民法庭（第150条）前进行的，死刑判决以多数票通过。

宣判之后，苏格拉底被带到了监狱，在死刑执行前在这里待了30天。在这期间，苏格拉底与他的朋友们平静地交谈，谈论他一生中一直思考的崇高主题。当他离开的时刻来临，苏格拉底向他的朋友们道别，然后平静地喝下了毒酒。

164.留克特拉战役（前371）

在斯巴达称霸希腊的时期，她一直暴虐地统治着希腊的其他城市。她犯下最严重的罪行之一就是对底比斯一个要塞背信弃义地占领及在其中驻扎卫戍部队。所有的希腊人都对这个背信弃义的专横行为感到震惊，并期待一些噩运降临到斯巴达的头上作为报应。

很快，不幸的事情就降临到斯巴达的头上，而且是祸不单行。斯巴达的卫戍部队被底比斯的起义者赶出了要塞。斯巴达军队很快到达维奥蒂亚。底比斯人在留克特拉（Leuctra）遭遇了侵略者。此时的斯巴达人只有一个想法，那就是他们可以轻而易举地获胜。然而，底比斯的指挥官伊巴密浓达（Epaminondas）的军事天才却准备让所有的希腊人大吃一惊。迄今为止，希腊人在伸展的、相对单薄的对立战线上作战，纵深的队列不超过十二列。在留克特拉的斯巴达人以通常的方式列阵；但是，伊巴密浓达把他最精锐部队集结成一个坚实的五十列纵队，即在一个方阵里面，置于他战线的左侧，其余的部队被布成普通的伸展队列。准备好进攻后，方阵率先移动，强力突破敌人的薄弱战线，“像舰船的铁嘴冲开波浪”一样。结果，底比斯大获全胜。700名斯巴达重装步兵中，有400人被杀。这是第一次，斯巴达军队连同它的国王在一场大战中被数量上少于它的军队所彻底击败。在塞莫皮莱由国王率领的斯巴达军队确实全军覆没了，但是，全军覆没却并非战败。

斯巴达接受自己军队遭受灾难性失败消息的方式，充分体现了斯巴达人的纪律和自制。当信使到达斯巴达的时候，斯巴达人正在庆祝一个节日。五长官团（Ephors）不允许庆祝活动受到干扰。他们只是把阵亡人员名单通知阵亡将士的家属，并下令妇女不准哀悼，也不许表现出任何悲伤的痕迹。“第二天，”色诺芬说，“那些在战斗中失去亲人的人则带着欢快的表情出现在大街上，而那些从战场逃走士兵的亲属出现在公众面前，会表现出悲伤和沮丧的神情。”我们可以把斯巴达当时的场景与雅典收到伊哥斯波塔米灾难性失败的消息的那个夜晚的情景（第159条）作对比，就能对雅典人和斯巴达人在精神和性情上的巨大差别印象深刻。

165.底比斯的霸权（前371—前362）

留克特拉之役胜利后，是底比斯短暂而辉煌的霸权时期。战争结束后的一年，伊巴密浓达率领军队进入伯罗奔尼撒，帮助阿卡迪亚人（Arcadians）对抗斯巴达。拉科尼亚遭到蹂躏，斯巴达妇女第一次看到敌人营火的浓烟。

但是，由于嫉妒底比斯迅速增长的权力，雅典与她的老对头斯巴达结成同盟来对抗底比斯。雅典-斯巴达联军的人数是底比斯军队人数的3倍。在伊巴密浓达最后一次远征中，他在阿卡迪亚的曼提尼亚（Mantinea）与斯巴达人和雅典人进行一场大战。在这个著名的战场上，伊巴密浓达再一次率领底比斯人获得大胜，但他自己却阵亡了，与他一起消失的还有底比斯的希望和力量（前362）。

现在，希腊所有的主要城市都处于精疲力竭或孤立无援的状态。斯巴达摧毁了雅典帝国，底比斯又打破了斯巴达的霸权，而底比斯又在这种奋斗中疲软下来。现在，没有一个城市像希波战争中的雅典那样，作为希腊诸城邦的领袖与捍卫者，充满活力，足智多谋，精神和力量都坚不可摧。然而，从来没人比现在的希腊人那样更需要这样的领导力，因为马其顿王国正在北方崛起，威胁着全希腊的独立。

第十八章　亚历山大大帝

（前336—前323）

166.马其顿王国及其统治者

马其顿是位于坎布尼安山脉北部和哈尔基季基半岛后方的一个国家。大多数国民都是处于部落状态中的山地人①。他们是印欧语系的种族，与希腊人是亲族，但因为他们不讲纯正的希腊语，且文化落后，所以被南方更文明的城市亲族视为外邦人。然而，该国的统治种族则宣称自己是纯正的希腊血统，这个宣称得到希腊人的认可，并被允许参加奥林匹克运动会——这一特权，将被收回，只授予那些能够证明自己是纯正希腊血统的人。

167.马其顿的腓力

马其顿在腓力二世（Philip II）统治时期（前359—前336）才开始上升到一个比较重要的位置，腓力二世就是著名的"马其顿的腓力"（Philip of Macedon）。他是一个具有杰出才干的统治者。他在青年时期被作为人质送往底比斯，作为伊巴密浓达的学生，学会了战争的艺术。在马其顿军事史上占据极其重要地位与后来的"军团"（Legion）在罗马军事史上的地位相媲美的马其顿方阵②（Macedonian Phalanx），只不过是他对在留克特拉与曼提尼亚的战场上都大获全胜的底比斯方阵的简单改良。

随着马其顿王国的稳定和巩固，腓力的野心促使他寻求希腊诸邦的领导权。

---

① 然而，需要特别注意的是，马其顿的某些城镇埃迦伊与佩拉，轮流成为宫廷的所在。

② 方阵由16纵列手持长矛的士兵组成，这些长矛如此之长，以至于前5横列突出于纵列之外，从而对抗敌人完美的矛阵。在平坦的地面作战，这样的组合是不可战胜的。

168.喀罗尼亚战役（前338）

腓力很快把他的权力扩张到了色雷斯的大部分地区以及哈尔基季基半岛的希腊城市。他正努力使自己成为全希腊的主人。雅典的德摩斯梯尼（Demosthenes）是少数几个了解腓力真实意图的人之一。他以雄辩的口才竭力鼓动雅典人抵制腓力的入侵。他著名的《斥腓力》（*Philippics*）的演讲，对腓力进行了强烈的抨击，后人遂以“Philippics”为所有以辛辣的批评和猛烈的抨击为特征的作品命名。

最后，雅典人与底比斯人被德摩斯梯尼的口才及腓力一些新的侵略所激发，他们合兵一处，并在维奥蒂亚喀罗尼亚（Chaeronea）著名的战场上与腓力遭遇。这是一场恶战，但是联盟的军队最终还是被击败了。腓力的权力在全希腊得到了扩张与认可。

德摩斯梯尼

德摩斯梯尼，如果你的权力像你的精神一样强大，那么希腊人永不会向马其顿人的刀剑弯腰。

——普鲁塔克

169.腓力入侵亚洲的计划以及他的去世（前336）

喀罗尼亚战役结束后不久，腓力在科林斯召开了希腊国家全体会议。他召集希腊全体代表大会的主要目的，是想在以征服波斯帝国为主要目标的远征中获得希腊的援助。一万希腊远征军的经历表明了这一事业的可行性（第162条）。腓力的计划得到了代表大会的支持。每一个希腊城市都要为远征的军队配备一支小分队。腓力被选为远征军的统帅。

所有的希腊人都在为这次伟大的冒险做准备。到公元前336年春天，远征军已经准备出发了。就在这个时候，腓力被刺杀了，他的儿子亚历山大继承了他的权力与地位。

170.青年时期的亚历山大

亚历山大继承父亲的王位时才20岁。当他还是个孩子的时候，那一时期的某些影响给他的思想和性格留下了永久的印记。在母亲的教导下，他把自己的血统追溯到伟大的英雄阿喀琉斯那里，并被鼓励去效法英雄的功绩，让他成为自己做任何事的模范。讲述那个神话英雄事迹的《伊利亚特》，成为王子的不可或缺的指引。

在他母亲之后，对亚历山大影响最大的，可能是哲学家亚里士多德了，腓力说服亚里士多德成为年轻的亚历山大的导师。这位伟大的老师为年轻王子的思想中注入了对文学和哲学的热爱，并通过他那启发性的陪伴，对这位急切的、冲动的男孩产生了良好的影响，亚历山大本人在晚年感激地承认了这一点。

亚历山大

171.亚历山大穿越赫勒斯滂：格拉尼库斯河战役（前334）

亚历山大开始施行他父亲远征亚洲的计划。公元前334年春，他带领一支约有35000人的军队出发了，去征服波斯帝国。穿过赫勒斯滂，亚历山大在格拉尼库斯河（Granicus）岸遭遇了一批波斯军队，并取得了决定性的胜利。随后，整个小亚细亚都为征服者打开大门，很快，所有的城市和部落都承认了马其顿的权威。①

172.伊苏斯战役（前333）

在地中海的东北角是伊苏斯平原（Plain of Issus）。在这里，亚历山大遭遇并击溃了另一支波斯大军。国王②从战场逃走，匆忙赶回到首都苏萨，又集结起了一个军队来反对征服者的进军。

173.亚历山大在埃及

在叙利亚（Syria）和腓尼基的城市屈服于他的意志之后，亚历山大轻而易举地

① 在弗里吉亚的亚戈尔迪乌姆，亚历山大做了一个壮举，给世界留下一句非常有名的成语。此地神庙里有一辆战车，车的辕杆与轭被一个奇怪的错综复杂的结连接在一起。一个神谕被传到国外并产生很大的影响，神谕说谁能解开这个结，谁将成为亚洲的主人。亚历山大尝试着去打开这个结，结果不行。最后，他拔出宝剑，一剑把它劈开了。此后，便有了“快刀斩乱麻”（Cutting the Gordian Knot）这个成语——它的意思是摆脱困难的捷径。

② 大流士三世（前336—前330）。

占领了埃及。埃及人没作任何抵抗，非常乐意地更换了主人。在这里，亚历山大在尼罗河口建立了一个以自己名字命名的城市，亚历山大城（Alexandria）。这座城市成为东西方的交汇之地，千百年以来以其重要性显示了其创始人的远见卓识。

这位征服者的一个不那么重要的行动是他远征位于利比亚（Libyan）沙漠的锡瓦（Siwah）绿洲，这里有一座著名的神庙和宙斯–阿蒙神谕所（Oracle of Zeus Ammon）。为了满足自己的虚荣心，给东方的新臣民留下深刻的印象，尤其是为了证明自己是神圣法老的合法继承人，亚历山大希望被认可为具有神的血统。神庙的祭司，按照国王的意愿，宣布神谕说，亚历山大是宙斯–阿蒙神的儿子，也是天命的世界统治者。

174.阿贝拉战役（前331）

亚历山大从埃及撤回叙利亚，随后向东进军。在古尼尼微不远处的阿贝拉（Arbela），他进一步的进军被大流士三世及其庞大的军队所阻挡。随着波斯军队被屠杀，波斯主人被打翻在地。大流士三世从战场逃离，就像他在伊苏斯所做的一样。不久，大流士三世就被他的随从杀掉。阿贝拉战役是世界历史上的一个决定性战役。它标志着东方与西方、波斯与希腊之间长期斗争的结束，为希腊文明在西亚地区的传播铺平了道路。

175.亚历山大在巴比伦、苏萨和波斯波利斯

亚历山大从阿贝拉战场南下，来到巴比伦，巴比伦不战而降。征服者进入的下一个城市是波斯帝国的首都苏萨。在这里，他缴获了大量的黄金白银（据说价值5700万美元），那是波斯国王的财富。

从苏萨离开，亚历山大的军队向波斯波利斯（Persepolis）进发，在那里，他获得了超过在苏萨发现的两倍的财富。在波斯波利斯，亚历山大为所有在波斯人手中遭受痛苦的希腊人报了仇，许多居民被屠杀，其他的被卖为奴隶，波斯国王的宫殿被付之一炬。[①]

176.征服印度

随着阿富汗诸部落的降服，以及兴都库什山（Hindu Kush）以北遥远的国家巴

---

① 参阅德莱顿，《亚历山大的盛宴》。

克特里亚（Bactria）、索格底亚那（Sogdiana）被征服及稳定下来，亚历山大再次翻越大山，率领他的军队进入富有、人口稠密的印度平原（前327）。在这里，他再次展现了自己的所向无敌，让很多本地王公纳款输诚。

亚历山大希望将他的征服地扩展至恒河流域，但他的士兵们开始因为他们漫长而艰难的战役开始抱怨，他们不愿意再向前进军。亚历山大只能折回。他的返回路线穿过古老的格德罗西亚（Gedrosia）——现在是俾路支。那是一个可怕的沙漠地带，他的士兵忍受着几乎难以置信的艰难困苦，在经历了两个多月的灾难性的行军后，亚历山大和他军队的幸存者到达了波斯的卡曼尼亚（Carmania）。

177.亚历山大的计划及其去世

亚历山大选择了幼发拉底河附近的古巴比伦作为他从伊奥尼亚海到印度的庞大帝国的首都。他把政府所在的位置选择这里，是因为这有助于推进他世界统一及希腊化的计划。

在实施他宏伟计划的过程中，亚历山大忽然发烧，这无疑是他疯狂的放纵行为所导致的。公元前323年，年仅32岁的亚历山大在巴比伦去世。他的士兵们都希望在他去世前看他一眼。宫殿的守卫们为他们打开了大门，身经百战的老兵伤心地从他们处于弥留之际的统帅的长榻旁走过。他的遗体先运到埃及的孟斐斯，后来又运到亚历山大城，在那里被封在一个金棺里，再在上面修建了一座宏伟的陵墓。他对神明荣耀的渴望在死后得到了满足，埃及和其他地方的神庙，都向他献祭，人们都对他的雕像进行神圣的崇拜。

178.亚历山大征服的结果

亚历山大的非凡征服产生了深远的影响。

首先，它结束了波斯和希腊之间的长期斗争，并在埃及和西亚传播了希腊文明。尤其是这种希腊文化在国外的传播，赋予了短命的马其顿帝国以世界历史意义的重要性。

其次，希腊人和异邦人之间的区别被消除了，人们狭隘和本地化的认同，因此而扩大了，这为接受基督教的世界主义的信条作好了重要的准备。

最后，世界被赋予了一种普遍的文化语言，这是基督教教义传播的进一步的准备。

但征服的恶果也是确定无疑且影响深远的。希腊人对波斯帝国巨大财富的突然掠夺，东方国家的邪恶及颓废的奢靡，都对希腊的生活产生了重要影响。希腊堕落了，而她又腐蚀了罗马。至此，古典文明逐渐损毁。

第十九章　从亚历山大去世到罗马人征服希腊期间的希腊-东方世界

（前323—前146）

179.希腊化文化

我们已经注意到，亚历山大征服最重要的结果之一就是希腊文化在近东国家的传播。主要通过两个媒介，希腊的语言和艺术及希腊的文字传遍了东方。第一个媒介是亚历山大的后继者在小亚细亚、叙利亚与埃及建立的宫廷；第二个是遍布于所有这些地区，包括希腊-马其顿统治者所建立王国中的数百个希腊城市。每座宫廷和每个城市都是希腊文化艺术的辐射中心。然而，希腊城市是这两个媒介中传播希腊文化更有成效的实体。因为新城市一般都是在人口稠密且文化相对先进的地方建立起来的。在这个环境中，希腊文化的所有元素——语言、艺术、风俗习惯、生活方式和思维方式——不可避免地会发生一些改变，在一些国家少一些，而在另一些国家则多一些。我们把这种文明发生了变化的特征称之为希腊化（Hellenistic）①，从而将其区别于纯正的希腊文化。

这一希腊化的文化或希腊-东方文化的形成是世界历史上的重大事件之一，就像在罗马世界帝国的大熔炉时期希腊-罗马文明的形成。

在本章剩余的部分，我们将简要地介绍希腊化时期的希腊本土以及亚历山大帝国解体后所建立主要王国的值得注意的一些历史事件。

180.马其顿（前323—前167）

在公元前4世纪结束前，亚历山大以其无与伦比的征服所创造的巨大帝国已经

---

① 根据希腊文化研究者的说法，希腊化就是一个非希腊人使用希腊语以及模仿希腊的风俗习惯。

分裂成许多碎片。除了一些小国，[①] 还有三个以马其顿、叙利亚和埃及为中心的具有特殊重要性的国家从废墟中崛起。然而，所有的国家最终都被迅速崛起的罗马粉碎了。

马其顿从亚历山大去世到被罗马人征服期间的历史，主要由相互竞争的野心家为了腓力和亚历山大遗留的王位而进行的争夺与犯罪组成的。马其顿是亚得里亚海东部第一个与西方强大的军事共和国为敌的国家。经过许多的阴谋和一系列的战争，这个国家最终臣服于意大利的权威之下，并沦为罗马的一个行省。大部分人口被卖为奴隶，没有一个著名的人物留下。马其顿在历史上扮演的伟大而短暂的角色一去不返了。

181.希腊本土

从被马其顿的腓力所征服，到马其顿成为罗马不断增长领土的一部分，半岛上的希腊城市，在大部分的时间里，都处在名副其实或名义上的马其顿国王的最高统治之下。

在公元前3世纪，希腊内部出现了两个重要的同盟，亚加亚同盟（Achaean League）和埃托利亚同盟（Aetolian League），它们的历史几乎包含了希腊城市后期政治生活的每一个值得关注的事件。这些后期希腊人城市联盟的尝试，是由所有的希腊爱国者亟欲从马其顿人的专横统治中摆脱出来的强烈的愿望所驱使而来的。希腊人终于学会了团结，但不幸的是，一切都太迟了——他们所珍视的自由，只能通过国家的统一来维持。

两个同盟都被罗马粉碎了。公元前146年，亚加亚同盟最重要的成员科林斯被罗马人攻占，男人都被杀死，妇女和儿童被卖为奴隶，城市的丰富艺术珍品被作为战利品送到罗马，神庙和其他建筑物都被付之一炬。后来，全希腊都在“加亚加”

---

① 这些小国中，下列需要注意：

a.罗德。罗德岛上的罗德城是邻近岛屿和沿海城市联盟的首领，并因此奠定了商业繁荣和海上强国的基础。它是希腊文化的主要中心之一，并通过其艺术和修辞学派获得了广泛的声誉。尤利乌斯·恺撒和西塞罗都曾在罗德雄辩术导师的指导下学习。

b.本都。本都（希腊语“海”的意思）是亚洲的一个小国，它的名字来源于它处于攸克辛海的位置。它从未被马其顿人彻底征服过。它在历史上占有一席之地，主要是因为它的一位国王米特拉达梯大帝的超凡能力（第278条）。

的名义下沦为罗马的一个行省。

182.叙利亚王国（前312—前65）

在存在的两个多世纪中，叙利亚王国一直在世界市民史上扮演着重要的角色。它的第一位国王在名义上统治着几乎所有被亚历山大征服的亚洲的国家，其领土范围从赫勒斯滂一直到达印度；但实际上，这个王国的领土只包含了小亚细亚、叙利亚的一部分和古亚述以及古巴比伦尼亚。它的统治者们被称为塞琉古（Seleucidae），名字来源于王国的创建者塞琉古·尼卡特（Seleucus Nicator）。塞琉古·尼卡特的继任者们领导王国经历了多变的命运。各地区分崩离析，成为独立的国家[①]。最后，在与罗马的冲突中，王国被摧毁，土地被并入罗马共和国（前63）。

183.埃及的托勒密王国（前323—前30）

由绰号为“救世主”（Soter）的托勒密一世（Ptolemy I）创建的埃及-希腊帝国是迄今为止亚历山大征服的所有王国中对世界文明的影响最大的。在托勒密一世的统治下，亚历山大城成为古代世界商品交换的大仓库。在海港的入口处有个灯塔——现在的灯塔的原型。这座巨大建筑被认为是世界七大奇迹之一。

但在托勒密的计划中，并不只有物质产品的交换这一件事。他的目标是使他的首都成为世界的文化中心——艺术、科学、文学甚至世界宗教都在这里相遇与交融。他建立了后来成为“东方的大学”的著名博物馆，还建立了著名的亚历山大图书馆。他鼓励诗人、艺术家、哲学家和教师到亚历山大城定居，赋予他们豁免权与特权，赠送他们礼物，并进行慷慨的赞助。他的宫廷囊括了那个时代的学识与创造力。

托勒密王朝统治了埃及几乎整整三个世纪（前323—前30）。托勒密王朝的最后一位君主，美丽而放荡的女王克利奥帕特拉（Cleopatra）的故事，以适当的方式载入罗马的历史中，而那座城市却牵涉进东方的事务当中。公元前30年，就是克利奥帕特拉去世的那一年，埃及成为罗马的一个行省。

---

① 其中最值得注意的是帕加马，一个亚洲西部的小国，在塞琉古一世去世时（前281）取得独立。它的首都，也称为帕加马，成为一个最著名的希腊学术和文化的中心，并通过其伟大的图书馆和大学赢得了名声，仅次于埃及最大的城市亚历山大城。

184.小结

我们现在已经回顾了希腊民族在信史时代6个世纪的政治起伏。在接下来的几章里，为了提供更完整描绘古代希腊人生活的画卷，我们将增加一些有关希腊艺术、文学、哲学和社会生活的细节。在前面的章节中，为了保持叙事的连贯性，并没有很好地介绍这些细节。即使对这些问题作一个简短的学习，都将有助于我们获得对令人惊叹的、具有多方面天才的希腊人更充足的了解，“捕捉她最迷人的地方”。

第二十章　希腊的建筑、雕塑与绘画

185.引言：希腊人高人一筹的审美本能

希腊人是天生的艺术家。他们对美尤为敏感。他们创造出的一切东西，不论是为众神建造的神庙，还是最微不足道的日常生活用具，都是极美的。“丑带给他们的痛苦，就像受到沉重打击那样。”希腊人把神圣放在第一位，美则居第二位。事实上，他们几乎或完全把美等同于善。据说，当丑陋的苏格拉底被认为是道德高尚之士时，希腊人对此表示非常的不理解。

第一节　建筑

186.希腊建筑的式样

到公元前6世纪末，希腊建筑艺术取得了巨大的进步，呈现出三种不同的风格或式样，分别是：多立克柱式（Doric）、伊奥尼亚柱式（Ionic）和科林斯柱式（Corinthian）。它们之间的区别主要在于柱子的比例和装饰的不同。

多立克柱式的特点是没有柱基，柱顶朴素无纹饰。起初，希腊人的多立克柱式的神庙几乎像埃及的神庙那样庞大，渐渐的，它变得不那么沉重了。

伊奥尼亚柱式的特点是柱顶有涡形装饰，但它也以其凹槽、柱基和纤细的比例为标志。这种形制主要由伊奥尼亚的希腊人使用，名字也来源于此。

科林斯柱式的特点是由莨苕叶形的装饰组成的繁复的柱顶。在亚历山大大帝统治时期之前，这种式样在希腊并不多见。

整座建筑应与其支柱和谐一致。其实这些不同建筑式样的特点，从措辞上就能很好地分辨出来，我们会谈到“庄重的”多立克柱式，“优雅的”伊奥尼亚柱式和“华丽的”科林斯柱式。

从希腊时代以来，这些风格在希腊建筑中所处的位置，它们在世界上一直保持着。一位著名的建筑权威说：“我们要承认，希腊建筑的这些发明和对柱式的完善（除了一个例外——引入拱门），是世界建筑史上最重要的事件。”宗教感情创造了希腊建筑天才最高贵的典范。因此，在我们不得不说的关于希腊建筑的几句话中，我们的注意力将只限于希腊的神庙。

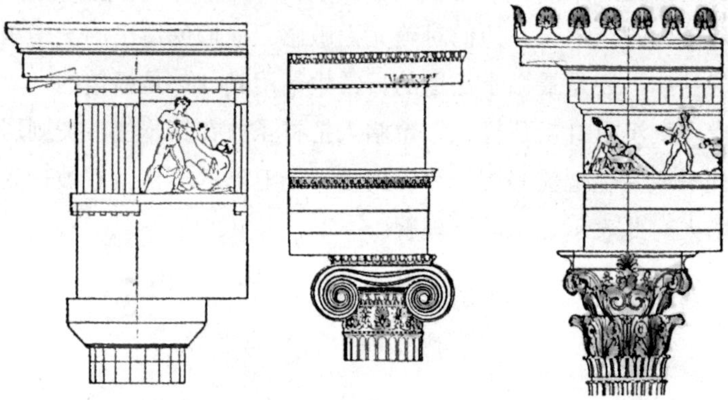
多立克柱式　伊奥尼亚柱式　科林斯柱式

希腊建筑的柱式

187.德尔斐神庙

希腊最古老的神庙在德尔斐。公元前548年，神庙被大火烧毁。所有希腊城邦都为其重建作出了贡献。这一建筑因其庞大和极简的多立克式建筑风格而令人印象深刻。里面更是摆满了战场上的战利品、国王赠送的丰厚礼品以及稀有的艺术品。① 因为人们对神谕的敬畏，神庙安全矗立了很多年，但后来也被频繁地劫

① 在某种意义上，希腊人的神庙是博物馆，同时也是存款的银行。祭司们经常借钱给希腊人，并收取利息，这些收入连同神庙租地以及战利品的什一税，一起作为神殿服务的支出。

掠。福基斯人（Phocians）因为在一场战争中缺乏资金，从神庙抢夺了价值超过1000万美元的财宝。后来，罗马人似乎将其中的艺术珍品抢个精光。

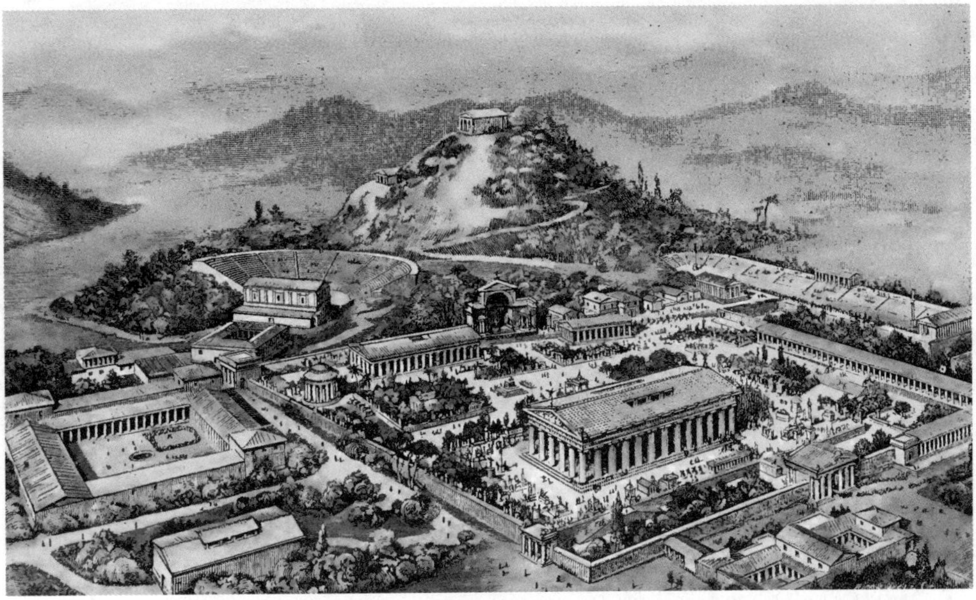

奥林匹亚全景图

188.雅典卫城和帕特农神庙

我们已经看过了雅典卫城上的帕特农神庙、雅典娜女神的圣殿（第151条）。它是按照多立克柱式风格，由邻近的彭忒利科斯山（Pentelicus）运来的大理石建造的。这座神庙被认为是希腊建筑最好的样本，展示了希腊建筑理想的完美艺术。在矗立了两千多年，先后作为异教神庙、基督教堂和穆斯林清真寺后，于1687年成为与威尼斯人进行战争的土耳其人的火药库。在战争中，一枚炸弹点燃了这座火药库，半数以上令人惊叹的杰作变成了瓦砾。即使现在是一片废墟，其结构仍然是古代世界建造者的最珍贵的纪念物。

189.奥林匹亚和奥林匹亚宙斯神庙

我们知道，伊利斯阿尔菲奥斯的神圣平原是举行著名的奥林匹克运动会的地点。这里也建起一座壮观的多立克式奥林匹亚宙斯（Zeus Olympius）神庙，围绕它还建了大量的神殿、宝库、门廊和其他各种建筑物。

千百年来，这些建筑装饰着这一神圣的地方，见证了一个又一个节日。但到了5世纪的时候，基督教皇帝狄奥多西二世认为它们是异教的遗迹而下令捣毁，许多宏伟的建筑因此而被付之一炬。而地震、山体滑坡和阿尔菲奥斯的洪水也加剧了它们的毁坏，并将遗迹掩埋在厚厚的淤泥之下。许多个世纪以来，这一荒凉之地一直无人问津。但在上个世纪末，德国人发掘了神庙遗址和大约40个其他建筑遗址。出土的遗迹类型广泛，使得我们可以将这些宏伟的建筑修复过来，向奥林比亚的来访者重现这些建筑的真实面貌及光辉岁月。

190.剧院和竞技场

希腊剧院都是半圆形、露天的。在较低的几排座位与舞台之间的那部分空间是合唱队席，或是留给舞蹈队的跳舞场。

雅典的狄俄尼索斯剧院是最著名的希腊剧院，也是其他剧院的典范。希腊人在建造剧院时通常会利用一个山坡，狄俄尼索斯剧院就是由雅典卫城东南坡上的天然岩石切割而成。这座剧院大概可以容纳2万名观众。

希腊的竞技场，主要举行竞走和其他比赛，它有一个狭窄的长方形外圈，长度在600到700英尺之间。它的建筑结构和剧院一样，通常是利用山坡或两条山脊之间的沟槽，而斜坡为观众提供了站立的地方，后来那里安置了木凳或石凳。在希腊世界，每一个主要的集会地点都有一个竞技场。

狄俄尼索斯剧院

第二节　雕塑与绘画

191.从古风时期到希波战争时期

希腊最古老的雕塑遗迹是浮雕雕刻品。古风时期希腊雕塑的一个良好范例是1838年在阿提卡的阿里斯提昂墓碑上看到的。这个作品创作于约公元前500年，一种埃及式的僵硬仍然束缚着人物的肢体，然而，从中可以看到更纯正、更高级艺术的优雅和自由的启发。

192.奥运会与运动场对希腊雕塑的影响

到公元前6世纪后期，将胜利者的雕像树立在奥林匹克运动会上成为了一种风气。这种习俗可能给希腊雕塑的发展带来了最早的推动力。奥林匹亚的广场上因此而挤满了“不朽的年轻人”，奥林匹克运动会和体育训练对希腊雕塑的影响最为深远。他们为艺术家提供了研究人类形体的尢与伦比的机会。西蒙兹说：“整个民族，在雕塑学会了用大理石或颜色表达自己的时候，雕塑和绘画就活了过来，菲狄亚斯和波利格诺托斯的伟大作品就是体育课上的排练。”

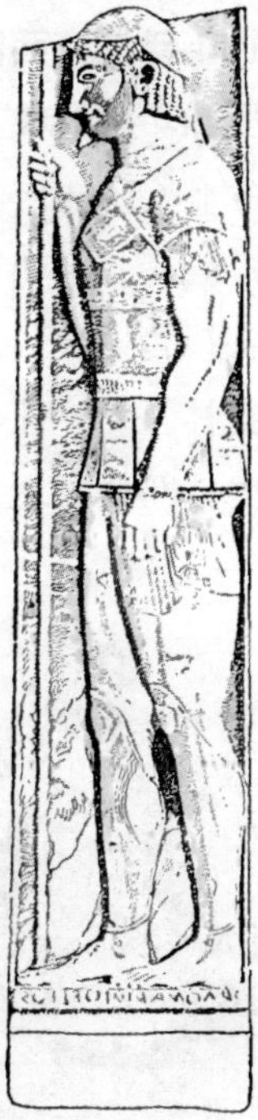

阿里斯提昂墓碑

古风时期雅典雕塑的范例。

193.希腊雕塑的完美时期；菲狄亚斯

希腊雕塑在公元前5世纪后半叶达到巅峰。① 但是，这一完美时期最杰出的雕塑家是菲狄亚斯。正如前面已经提到的，他的天才创造了帕特农神庙的装饰带和三角墙的奇妙人物。②

---

① 几乎所有希腊雕塑家的杰作都已毁灭，我们对它们的了解大部分都是通过罗马的复制品得来的。

② 美妙的雕带主题是宗教游行，它构成了一个雅典节日最重要的特点，每4年为雅典的女守护神举行庆祝活动。雕带最好的部分现在在大英博物馆，帕特农神庙巨大的雕像大部分都被额尔金勋爵掠夺。参阅拜伦勋爵的《密涅瓦的诅咒》。

菲狄亚斯创作的巨型雕像里最有名的是帕特农神庙内雅典娜女神的雕像和奥林匹亚宙斯神殿内的宙斯雕像。雅典娜的雕像十分巨大，高约40英尺，由象牙和黄金制成，其中头发、武器和衣服都是黄金做的。奥林匹亚的宙斯雕像也是象牙和黄金制成。宙斯的雕像有60英尺高，表现的是这位神王正坐在自己的王座上。这一精美作品的巨大比例、高尚而善良的面容与“神与人之父”的威严、优雅和谐地统一。当时的人们都认为，如果一个人活着的时候没有见过奥林匹亚宙斯雕像，那是一件终身遗憾的事情。这座雕像存在了800年。据说它后来被运往君士坦丁堡，并于公元5世纪毁于一场大火。

194.普拉克西特利斯

虽然希腊雕塑在公元前5世纪达到了完美的水平，但接下来的100年里，仍有雕塑家们创作出一些罕有的杰作。这一时期最杰出的雕塑家是普拉克西特利斯（Praxiteles，活动年代约在公元前360年至公元前340年），他就是人们所说的“赋予石头以内心情绪”的人。普拉克西特利斯创作的《赫尔墨斯》（*Hermes*）被竖立在奥林匹亚。让考古学家欣喜万分的是，这一珍贵的古迹于1877年由德国考古学家在奥林匹亚发现。

摔跤运动员

赫尔墨斯与婴儿狄俄尼索斯

195.罗德岛流派

希腊-东方时期见证了罗德岛的崛起。罗德岛的艺术也发展迅速。罗德岛当时是东地中海地区的商业中心，也是一个有名的雕塑流派的所在地。许多收藏在博物馆的希腊艺术珍品都是由罗德岛流派的成员创作的。罗德岛的雕塑家里最著名的一位是卡瑞斯（Chares）。他设计了著名的《罗德岛太阳神巨像》（*Colossus of*

Rhodes，约前280），该作品被认为是世界七大奇迹之一。①

普拉克西特利斯的一件原作，1877年发现于奥林匹亚。“这是所有希腊艺术家作品中，唯一可以确定的原作。”

196.绘画

除了一些古董花瓶，壁画装饰的碎片，公元2世纪在下埃及古墓里发现的有趣的肖像，以及一些彩色的刻蚀画，希腊绘画的所有标本都已消失。没有任何古代伟大画家作品在时间的流逝中幸存下来。因此，我们对希腊绘画的了解主要源于古希腊作家在他们的名著里的描述，以及他们写的关于那些伟大画家的轶事。

拉奥孔群雕

1506年发现于罗马。作品表现的主题是特洛伊祭司拉奥孔与他的两个儿子所遭受的极度痛苦。这种痛苦是由被拉奥孔触怒的女神雅典娜派出的可怕毒蛇带来的。（详见《埃涅阿斯纪》第2卷，第212—224节。）

波吕格诺图斯（活跃于公元前475年至公元前455年）被称为绘画界的普罗米修斯（Prometheus），因为他是第一个在画人物面容时，能赋予他们热情和生气的人。“在他笔下，”可以肯定地说，“人的面部特征第一次成为灵魂的镜子。”有人这样评论波吕格诺图斯的作品《波吕克塞娜②》，“她的眼睑讲述了整个特洛伊战争的历史”。

阿佩莱斯（Apelles）被称为“古代的拉斐尔”（Raphael of Antiquity），是亚历山大大帝的御用宫廷画家，也是绘画艺术的顶级大师。他使绘画艺术达到完美状态。因此，古代的作家们都把绘画艺术称之为“阿佩莱斯的艺术”。在他之后，绘画逐渐没落，再没有其他真正伟大的画家出现过。

---

① 这座雕像没有纽约的自由女神像大。在竖立大约半个世纪后，这座巨型雕像被地震震倒了。900年后，它被打碎作为废旧金属出售。

② 波吕克塞娜是特洛伊国王普里阿摩斯的女儿，以美貌和苦难的经历闻名于世。

第二十一章　希腊文学

197.作为文学家的希腊人

正是同样一种精致的适度感、比例感以及美感，使希腊人不仅能成为雕塑艺术家，还能成为语言艺术家。“在他们创造的所有美丽的东西里，”杰卜（Jebb）教授说，“他们自己的语言是最美的。”他们用这种语言写成了史诗、抒情诗、戏剧、历史和演说辞，它们的形式与美感，像他们的神庙和雕像一样无与伦比。

198.荷马史诗

古希腊发端时期最珍贵的文学作品就是我们所称的《荷马史诗》（*Homeric Poems*）——《伊利亚特》与《奥德赛》——作品反映了希腊古典时代之前的爱琴文明的辉煌。

荷马

希腊化时代的理想肖像。

在德国现代批评兴起之前，人们普遍认为是一个名叫荷马的吟游诗人写出了《伊利亚特》和《奥德赛》。通常认为荷马生活在公元前9世纪中叶，比他诗歌记录的那些事件晚一到两个世纪。流传下来的传说，让7个城市想争夺荷马出生地的荣誉。（据说）他游历极广，双目失明。作为一个流浪的吟游诗人，他给希腊不同城市里那些仰慕的听众吟唱了不朽的诗文。

现在大多数学者都认为《伊利亚特》（*Iliad*）和《奥德赛》（*Odyssey*）都不是由一个诗人独立完成的，而是很多吟游诗人作品的合集。然而，形成

《伊利亚特》核心部分的“阿喀琉斯之怒”（Wrath of Achilles），据信是荷马的作品。我们比较肯定的是，荷马是公元前第9、第8世纪享有盛名的吟游诗人中最突出的一个。《奥德赛》的产生至少比《伊利亚特》晚了一个世纪。

199.赫西俄德

据说赫西俄德（Hesiod）生活在公元前8世纪末，他在诗歌里描写大自然和现实生活，特别是处在希腊模糊的过渡时代农民的生活。荷马的吟游诗歌颂英雄的行为，讲述神人共处的遥远时光，而赫西俄德则歌颂普通人以及日常事物。他最伟大的作品是《工作与时日》（*Works and Days*）。它基本上算是一种农民的日历，给了他们关于农业劳动的详细指示，以及变换四季美丽的描述性细节。

200.抒情诗

莱斯博斯岛（Island of Lesbos）是希腊早期抒情诗人的家园。希腊人认为女诗人萨福（Sappho，活跃于公元前610年至公元前570年）的地位仅次于荷马。柏拉图称她为第十个缪斯。虽然萨福名声长存，但除了一些珍贵的诗节，她的其他诗歌都散佚了。阿克那里翁（Anacreon，诗歌活跃期约为公元前550年至公元前500年）则是希腊僭主统治时期的一名朝臣。

但是希腊最伟大的抒情诗人，或许也是世界上最伟大的抒情诗人，是品达（Pindar，前522—前448）。他出生于底比斯，但大部分时间都在大希腊的各个城市度过。品达的许多诗歌都从节日场景中获得灵感。它们用技艺高超的语言描述了奥林匹克运动会上战车比赛的壮观，或是地峡赛会、尼米亚赛会以及皮提亚竞技会上胜利者的荣耀。

201.希腊戏剧的起源

希腊戏剧的两个分支，悲剧和喜剧，都源于为了纪念酒神狄俄尼索斯（Dionysus）而设计的歌曲和舞蹈。悲剧（“山羊歌”，可能得名于祭祀用的山羊）源于更加严肃的歌曲，而喜剧（乡村歌曲）则源于更轻松滑稽的歌曲。后来又在歌曲中逐渐加入了吟诵和对话。起初只有一个人的独白，后来有两人对话，直到最后经典的三人对话。由于它的起源，希腊戏剧始终保持着宗教特点，并且进一步呈现了两个特征：合唱（歌曲和舞蹈）及对话。一开始，合唱是最重要的部分；到后来，对话成为更突出的部分，但在演出中合唱一直是最重要的一部分。此后，人类天才最辉煌的杰作——希腊戏剧就出现了。

锄地与耕地

202.三大悲剧诗人

在希腊悲剧中有三个伟大的作家，埃斯库罗斯（Aeschylus）、索福克勒斯（Sophocles）和欧里庇得斯（Euripides）。这些戏剧家们都是在希波战争胜利之后的辉煌时期写作的。他们的戏剧素材主要来自英雄时代的神话传说，就像莎士比亚的许多戏剧都使用了自己国家或其他国家的准信史时期（Semi-historical Periods）的传说一样。在这三位诗人创作的200多部悲剧里，只有32部流传于世，其他的都消失在岁月的长河里。

埃斯库罗斯（前525—前456）知道如何触及刚刚赢得希波战争胜利的那一代人的心灵，因为他在马拉松和萨拉米斯都曾为荣誉而战。他被雅典人称为"悲剧之父"（Father of Tragedy）。他戏剧的核心思想是："宙斯让过度振奋的心变得平淡起来。"《被缚的普罗米修斯》（*Prometheus Bound*）是他的主要作品之一。埃斯库罗斯另一部伟大的悲剧是《阿伽门农》（*Agamemnon*），也有人认为这才是他的代表作。他的《波斯人》的主题是薛西斯及其军队的失败，这为诗人提供了一个很好的机会"阐述他复仇女神的哲学，并提供了一个非常好的悲剧的例子，讲述了一个人因为不虔诚以及狂妄自满而导致卑微，由伟大变为平凡"。

索福克勒斯（约前496—前405），当他是一个年轻人的时候，曾在与埃斯库罗斯的诗歌比赛（前468）中获胜。普鲁塔克说，埃斯库罗斯因为这次失败而深受打击，于是他离开了雅典，隐退到西西里岛。后来，索福克勒斯就成了雅典悲剧的领导者。他的戏剧是完美的艺术品。① 戏剧的中心思想与埃斯库罗斯一样，都是自

① 索福克勒斯的主要作品有《俄狄浦斯王》《安提戈涅》等，所有作品都以底比斯史前时代王室世系的古老传说为基础。

以为是和骄傲自满引起了神的义愤，而凡人又不能反抗宙斯的旨意。

欧里庇得斯（前480—前406）是比埃斯库罗斯和索福克勒斯更受欢迎的剧作家。他的名声已远超希腊的界限。普鲁塔克说，西西里人非常喜欢他的台词，很多在锡拉库扎被俘虏的雅典人通过教他们的主人欧里庇得斯的诗而赎回了自己的自由。

203.喜剧；阿里斯托芬

喜剧作家中最重要的一位一定是阿里斯托芬（Aristophanes，约前450—前385）。在整整一代人的时间里，他那无与伦比的幽默为雅典人提供了他们在剧院里娱乐的主要内容。[①] 他甚至让雅典人嘲笑自己，因为他而放肆地欢笑，嘲笑他们对新事物的狂热，取笑他们在公民大会的行动，嘲笑他们喜欢在大法庭里坐一天，以及他们做事的一般方式。

204.三大历史学家

诗歌是所有民族文学首要的表现形式。所以在《荷马史诗》出现后的好几百年，即约公元前6世纪希腊才出现散文，也就不足为奇了。其中历史创作是最先得到发展的。在这里，我们简单说一下三位历史学家——希罗多德（Herodotus）、修昔底德（Thucydides）和色诺芬（Xenophon），他们的名字是古人中最被珍惜的，他们的作品也被我们高度重视。

希罗多德（约前484—前425），出生于小亚细亚的哈利卡那索斯，被称为“历史之父”（Father of History）。他游历甚广，去过当时已知世界的很多地方。他访问了意大利、埃及和巴比伦；并作为一个见证者，以不尽的活力和新鲜感描绘了他所看到的不同地方的奇迹。希罗多德生活在一个讲故事的时代，而他自己也是一个无与伦比的故事讲述者。对他来说，我们从很大一部分古代的生动故事中受惠——这些关于人和事的故事我们永远不会厌倦。希罗多德是非常轻信的，因此，他经常被埃及和巴比伦的向导所影响；但他非常认真、准确地描述了自己的所见。希罗多德伟大历史作品的中心主题是希波战争。

修昔底德（约前471—前400），虽然作为历史学家，他不像希罗多德那样受欢迎，但他是一位注重哲理思考的作家。修昔底德在伯罗奔尼撒战争早期曾指挥过雅

---

① 阿里斯托芬的主要作品有《武士》《云》《黄蜂》《鸟》和《蛙》等。

典的军队，但他引起了雅典人的不快，并把他流放，这让他有闲暇的时间创作关于这场大战的历史。修昔底德在完成他的作品之前去世。他的作品是历史写作的典范。德摩斯梯尼曾一遍又一遍地阅读他的著作，以改善自己的写作风格；现代最伟大的演说家和历史学家都可以算是他的学生。

修昔底德

色诺芬（约前445—前355）是雅典人。他既是一位将军，也是一名作家。他最负盛名的作品是《长征记》（*Anabasis*），讲述了一个简单但动人心魄的希腊万人远征的故事（第162条）。还有一部作品《回忆苏格拉底》（*Memorabilia*）。

205.雄辩术与德摩斯梯尼

希腊人的演说艺术是因其公共机构普遍崇尚民主这一特点而促成和发展起来的。自由城市的公众集会中，所有关于国家的问题都会被讨论和决定。正如我们所看到的那样，在民主城市的辩论是对所有人开放的。口才出众的人必定会出人头地。雅典庞大的陪审法庭是个培养雄辩术的学校，因为每个公民都必须找到他自己的支持者，并为自己的案件辩护。

德摩斯梯尼（前385—前322）命中注定会举世闻名并成为雄辩的代名词。根据传说，他为了让自己的雄辩术达到化境，付出了巨大的努力和艰辛。作为通往成功之路的指南，这样的励志故事被讲给一代又一代的青年人听。关于德摩斯梯尼反对马其顿的腓力的演讲我们在前文有所提及（第168条）。

206.希腊化时代（前300—前146）

在托勒密王朝的统治下，埃及的亚历山大城成为了文学活动的中心，所以人们用“亚历山大文学学派”（Alexandrian）这样一个术语来指代这一时期的文学。托勒密王朝的博物馆和图书馆给首都的学生们和作家们提供的便利，是当时世界上其他任何城市都不具备的。但希腊文学的创造性的时代已经结束了。那个时代最重要的文学成就之一就是将《旧约》翻译成了希腊文。传说是因为参与翻译的有七十人，这一版本的《旧约》被称为《七十士译本》（*Septuagint*）。

在这个时期的诗人中，只有一人脱颖而出，那就是忒俄克里托斯（Theocritus），一位来自西西里岛的诗人。在托勒密·费拉德尔甫斯（Ptolemy Philadelphus）统治时期，他住在亚历山大城进行创作。他淳朴的田园诗是西西里田园生活的生动图景。

207.小结：希腊-罗马作家

罗马征服希腊后，希腊文学活动的中心从亚历山大城转移到罗马。从此，希腊文学进入了所谓的"希腊–罗马时代"（前146—527）。

这一时代早期最著名的历史作家是波利比阿（Polybius，约前203—前121），他描写了公元前264年至公元前146年间的罗马征服史。他的作品尽管大部分已经残缺，但仍有很大价值。因为波利比阿描写了他那个时代的历史。他亲眼看到自己所知的大部分世界被罗马不断扩大的版图所吞并。

普鲁塔克（Plutarch，出生于约公元40年），"世界传记之王"，作为《希腊罗马名人传》（*Parallel Lives*）的作者，他将一直生活在文学中，在那里，通过大量生动有趣的轶事，对希腊和罗马的政治家及战士作了生动的对比。我们可以从普鲁塔克偏袒希腊英雄推断出他写这本书的动机：他希望全世界能够知道希腊也曾经培养过很多优秀人物，他们与罗马培养出的杰出人物一样卓越；还有一点就是，"通过伟大人物的榜样，教人们活得更好"。他后一个目的达到了，因为他的作品在过去和现在都是世界道德教育中的一种强大的力量。

第二十二章　希腊哲学与科学

208.希腊七贤：先驱者

约公元前6世纪，在希腊的不同地方生活着许多真正的或所谓的具有独创性和智慧的人物，其中有七个人最为著名，他们被称为“希腊七贤”（Seven Sages），在历史上占据了卓越的地位。[①] 他们的贡献就是率先将希腊的智识引向哲学思考。他们提出的智慧格言，如“适可而止”（Nothing in Excess）等，数不胜数。

就像所谓的“所罗门箴言”（Proverbs of Solomon）一样，七贤提出的箴言和谚语，尽管也包含大量的实践智慧，但仍然不构成哲学本身。因为哲学是对万物因果的一个系统的研究。七贤提出的那些只能算是希腊哲学的入门或前奏。

209.伊奥尼亚哲学家；泰勒斯

第一个希腊哲学学派是在小亚细亚的伊奥尼亚人的城市中兴起的，在那里，希腊文化的全部形式似乎都已发端了。该学派的创始人是米利都的泰勒斯（Thales of Miletus，约前624—前548），他是“希腊哲学之父”（Father of Greek Philosophy）。

泰勒斯访问过埃及，很可能他在那里学到的东西构成了他在几何学和天文学方面工作的基础。据说他曾教埃及人用他们的影子来测量金字塔的高度。他还预言了日食，这是一项非常伟大的科学成就。

---

① 像“世界七大奇迹”那样，古代的作家对究竟哪七个人应该被列入七贤并没有统一的意见，然而泰勒斯、梭伦、佩里安德、克莱俄布卢、奇伦、毕阿斯、庇塔库斯经常被认为是“希腊七贤”。

210.毕达哥拉斯

毕达哥拉斯（Pythagoras，约前580—前500）出生在萨摩斯岛（Island of Samos），因而又被称为“萨摩斯圣人”（Samian Sage）。他后半生的大部分时间都在意大利南部的克罗顿（Croton）度过，在那里他创建了一个著名的兄弟会。在传说中，他的学生在辩论中除了用“他自己说的话”（Ipse Dixit）之外，没有其他争论。还是根据传说，多亏了毕达哥拉斯，我们才有了“哲学家”一词。当被问及他是什么大师时，他回答说他只是一个“哲学家”，也就是“热爱智慧的人”（Lover of Wisdom）。

在天文学方面，毕达哥拉斯的观点比哥白尼的观点还要早上2000年。他们都认为地球是一个球体，它与其他行星一起围绕着一个处于中心位置的大火球，“宇宙的炉膛或祭坛”旋转。

211.阿那克萨戈拉

阿那克萨戈拉（Anaxagoras，前500—427？）是第一位认为安排和协调宇宙的力量是“理性”，而非必要性或偶然性的希腊哲学家。“理性统治世界”（Reason Rules The World）是他最重要的格言。在他对宇宙的总体看法上，阿那克萨戈拉远远处在时代前列。他教导说太阳不是一个神，而是一个大概像伯罗奔尼撒半岛那么大的发光岩石。他遭受了和伽利略一样的命运：被指控犯有渎神罪并被流放。然而，这并没有干扰他内心的平静。在流放时，他说：“不是我失去了雅典人，而是雅典人失去了我。”

212.智者派

智者派（The Sophists）是一类在修辞学和辩论艺术中给予指导的哲学家或老师。他们周游希腊各城邦，并且与希腊哲学家们通常的做法相反，他们向学生收取学费。他们更关心思想的表现形式而不是思想本身。当时更优秀的哲学家们瞧不起这些人，并给他们起了许多难听的绰号，嘲笑他们卖弄智慧，指责他们自我吹嘘可以“让更糟糕的事情成为更好的理由”。但是智者们中也有一些人教导了一种真正的人生哲学，其良好的影响是伟大而持久的。

213.苏格拉底

就算几本书也讲不完三位伟大哲学家苏格拉底（Socrates）、柏拉图（Plato）

和亚里士多德（Aristotle）那些既有教益又有趣的教导与思考，但是我们可以每人简单介绍几句。在这三位杰出思想家中，苏格拉底（前469—前399）最受世人喜爱。

尽管大自然在思想的恩赐上对哲学家很慷慨，对他本人而言则是不友善的。他的脸像半人半羊神一样丑陋，所以他那个时代的希腊喜剧诗人们多用尖刻的语言来形容他。苏格拉底喜欢在广场或大街上聚集一小圈人，然后通过一系列巧妙的问题吸引他的听众。这一方法是他自己独有的，被称为“苏格拉底对话”（Socratic Dialogue）。他会非常乐意被称为教育家，而不是导师。在他那个时代，有许多年轻人都是苏格拉底忠实的学生。

这位伟大的哲学家认为，人类研究的本身就是研究人，他最喜欢的名言就是“认识你自己”。他教授了举世皆知的最纯粹的道德体系，或许只有亚里士多德的观点才能超越它。他相信灵魂的不朽，相信宇宙有一位至高无上的统治者，他被以渎神的罪名起诉并被判处死刑。他在生命的最后几个小时还在与他的学生们讨论问题，我们已经在前文已有提及（第163条）。

214.柏拉图

柏拉图（Plato，前427—前347），被称为“兴趣广泛的人”（The Broad-browed），是一位出身贵族的哲学家，但他年轻的时候已经在希腊政治事务中开创了辉煌的事业。后来是在苏格拉底的影响之下，柏拉图决心放弃他的政治前途，转而致力于哲学。当他的老师被定罪去世以后，他自愿被流放。最后，他回到雅典，在学园（Academy）创立了一个哲学学派。他漫长的一生的大部分时间都是和挤满课堂听课的学生们一起度过的，也一直不间断地创作他的伟大作品。

柏拉图在他的著作中模仿了苏格拉底的谈话方式，主要是以问答方式行文，因而他的作品被称为《对话录》（*Dialogues*）。他把他所教授的大部分哲学归功于他的老师苏格拉底，其实他的著作深深体现了他自己的天才和思想。在《理想国》（*Republic*）一书中，柏拉图描述了他对理想国的看法。《斐多篇》（*Phaedo*）是苏格拉底最后一次与他的学生们谈话的记录，是对灵魂不朽的伟大论证。

柏拉图不仅相信来世，也相信前世；认为人们的理性思想或直觉都是过去经历的回忆。他的学说对自他那个时代以来所有思想和哲学流派都产生了深远的影响。

215.亚里士多德

苏格拉底被他的学生柏拉图超越，反过来柏拉图又被他的学生亚里士多德

（Aristotle，前384—前322）、“智者之师”（The Master of Those Who Know）所超越。在亚里士多德身上，希腊智识的哲学天赋达到了顶峰。自他那个时代过去以后是否还能出现如此深刻和强大的智者，非常令人怀疑。亚里士多德出生在马其顿的斯塔吉拉城（Stagira），因此经常被称为“斯塔吉拉人”。

在柏拉图的学园学习了20年之后，亚里士多德接受马其顿国王腓力的邀请成为亚历山大大帝的老师，许多年后，亚历山大成了他老师的慷慨赞助人，除了给他大量的钱，还送去了他在远征途中收集的大量的动植物帮助他老师进行科学研究。

亚里士多德的作品包罗甚广，其中有关于动物的自然史、修辞学、逻辑学、诗歌、道德、政治和物理学的著作。他的作品在雅典、罗马、亚历山大城和君士坦丁堡的学校里一直被欧洲和亚洲学者们研究、模仿和评论。在英国培根时代之前近2000年的时间里，亚里士多德绝对地统治了心灵世界。所有的老师和哲学家都承认亚里士多德是他们的导师。

亚里士多德

216.芝诺和斯多葛学派

我们现在正接近希腊政治生活衰落的时期，而它正被罗马的伟大所掩盖，但希腊民族的智识生活决不会被政治灾难摧残得黯然失色。在那之后的好几个世纪，这一智慧民族的诗人、学者和哲学家在罗马的学院和大学里都有自己辉煌的事业。在这么长一段时期里的哲学家中，我们只能选择简单地提及两位。首先我们要讲的是芝诺和伊壁鸠鲁，他们因为是哲学学派创始人而闻名，对后来许多个世纪的思想和行为都产生了巨大的影响。

芝诺（Zeno），著名的斯多葛派学派的创始人，生活在公元前3世纪（约前340—前265）。他在雅典一个公共门廊（希腊语，stoa）教学，学派的名字（Stoics）就是这样得来的。[①] 斯多葛学派为了自身的原因而灌输美德。他们相信——很难

① 斯多葛学派哲学至少在某种程度上是犬儒主义的产物。犬儒学派的典型代表是第欧根尼，根据传说，他生活在一个酒桶里，曾白天提着一盏灯去雅典找一个人。犬儒主义者只是一群没有宗教信仰的隐士群体。

有一个比这更好的信条——“人的首要任务是尽好自己的本分”。他们告诉自己要平静对待任何可能的命运。任何由于灾难而导致的情绪表露都被认为是怯懦的、非哲学的。因此，一个斯多葛人，当被告知他的儿子突然去世时，据说他只是说了一句话，“我从来没有想过已把生命给予一个不朽之人”。

这个斯多葛学派的准则并没有成为古代世界道德生活的一个非常重要的因素，直到被罗马人中更纯净的精神所吸收。它从未影响过大众，但几个世纪以来，它为罗马民族中许多优秀的人物提供了道义上的支持和指导，其中还有几个皇帝。斯多葛主义是希腊传递给罗马的丰富遗产中最有益的元素之一。

217.伊壁鸠鲁和伊壁鸠鲁学派

与斯多葛学派相反，伊壁鸠鲁（Epicurus，前341—前270）教导人们快乐至上。他强烈推荐的美德，实际上只不过是一种获得快乐的手段；而斯多葛派视美德为目的。换句话说，伊壁鸠鲁说：“要品德高尚，因为品德会给你带来最大的幸福。”芝诺则说：“要品德高尚，因为你本应如此。”

伊壁鸠鲁在希腊有很多追随者，他的教义在腐败的罗马帝国后期也深受许多罗马人的欢迎。但许多学生把他们老师的教义推到一个极端，即使老师自己会第一个跳出来谴责他们。或许可以用这样一句谚语来表达他们的整体哲学：“我们就吃吃喝喝吧，因为明天我们就要死了。”

218.数学；欧几里得与阿基米德

埃及的亚历山大城，成为古代最著名的数学学派所在地。这里处于“救世主”托勒密的统治之下，伟大的几何学家欧几里得（Euclid）在此享有盛名。欧几里得的作品构成了几何学的基础，现代学校所教的几何学也就是欧几里得的几何学。托勒密本人就是欧几里得的学生。然而，这位国王学生似乎不喜欢掌握欧几里得几何定理的严格应用，并问老师有没有更简单的方法。欧几里得回答说：“几何学没有捷径。”在公元前3世纪，西西里岛的锡拉库扎，是希腊世界最伟大的数学家阿基米德的故乡。

219.天文学与地理学

古希腊最著名的天文学家与地理学家中，最负盛名的是阿里斯塔克斯（Aristarchus）与克罗狄斯·托勒密（Claudius Ptolemy）。生活于公元前3世纪，来自于萨摩斯的阿里斯塔克斯认为，地球围绕着太阳这一固定的中心并按自己的轨道旋转。他是希腊的哥白尼，但他的理论不被他同时代的人和后来者所接受。

克罗狄斯·托勒密，生活在公元2世纪中叶的埃及。他编纂了一部庞大的作品，保存并向后世传播了几乎所有古代天文学和地理学领域的知识。这样一来，他的名字被附加在各种关于宇宙的学说和观点上，尽管这些可能都不是由他提出的。然而，“托勒密体系”一词将他的名字与他作品中阐述的太阳系的概念不可分割地联系在一起，而且从他的时代到14世纪后的哥白尼时代，该理论一直被世人所接受。

在地球的自转和公转问题上，托勒密一直反对阿里斯塔克斯的理论；但他认为地球是一个球体，并且他用来支持这个观点的论据和我们现在使用的完全相同。

第二十三章　希腊人的社会生活

220.教育

正如我们所知，斯巴达的教育，主要指的是体育教育，是一项国家事务；但在雅典和整个希腊，青年人往往都在私立学校接受训练。学校也分成不同的等级，既有那些由没有名气的老师在街上的休憩处聚集了学生的学校，也有由柏拉图和亚里士多德这些哲学家们授课的雅典学园。

在希腊只有男孩才能接受教育。在幼儿时期，男孩们被教授美丽的神话、民族神话故事以及宗教故事。[①] 7岁的左右，他要到学校接受训练，会由一个年老的奴隶把他们带去或带离上课地点。这个奴隶被称为“教仆”（Pedagogue），在希腊语里的意思是男孩的向导或领路人，而不是老师。他需要学语法、音乐和体育，课程目的是确保心灵和身体的协调发展。

语法包括阅读、写作和算术；音乐涵盖广泛的精神上的技能，会训练男孩欣赏伟大诗人的杰作，能让他在私人娱乐的时候用音乐来给大家助兴，以及加入圣歌和战歌的合唱。体育场和竞技场的运动会训练他参加奥运会的比赛，或参加那些依靠个人力量和灵巧的徒手格斗。

---

① 杀婴几乎遍及希腊各地。（然而，在底比斯，法律严禁遗弃婴儿。）连柏拉图和亚里士多德这样的大哲学家都没有谴责这样的习俗。在斯巴达人那里，正如我们已经了解到的，国家决定了什么样的婴儿可以留下来，被宣布为虚弱的或不健康的婴儿会被扔到外面，任其死亡。在雅典和其他的城邦，遗弃孩子的权力被赋予父亲。婴儿被遗弃在某个荒僻的地方，或遗弃在一些人来人往的地方，希望被捡到并得到照料。希腊文学，像古代其他的民族一样，充满了所有由习惯做法提供的具有转折点的故事和戏剧。

希腊学校

图左边的老师正在教坐在他前面的男孩弹奏竖琴；图中间的老师正给予站在他面前的男孩阅读与背诵方面的指导。坐在老师旁边拄着一根拐杖的人可能是带男孩来学校的教仆。

成年后，青少年就可以被看成是公民了。但和一般的现代毕业生相比，从学校毕业才是他更真实意义的“开始”。除了希腊人以外，从来没有一个民族在他们的日常生活中这么重视自由文化的训练。哲学家的不同流派、公众集会的辩论、法庭诉讼、神圣艺术的杰作、宗教游行、无与伦比的舞台表演还有大希腊运动会——所有这些都是极好的、有效的教育手段。它们为希腊各城市的公民提供和保持了平均智商的标准以及文化的标准，而这很可能是世界上其他任何民族未曾做到的。马哈菲（Mahaffy）引用过弗里曼（Freeman）的话：“所有雅典公民的平均智商要高于我们（英国人）下议院议员的智商。”

教仆与孩子

221.女子的社会地位

虽然希腊文学中有一些非常美丽的理想女性形象，但文学的总体基调却对女性产生了深深的蔑视。修昔底德似乎也赞成这种态度，他曾引用一句希腊谚语——“男人甚少谈论的那个女人才是最好的，不管她是好是坏。”

这种不公正的对女性的看法势必把希腊女性限制在家庭这样一个狭窄和地位低下的地方。她们的地位或许可以被定义为介于东方的隐居与现代西方的自由之间。她们的主要任务是做饭、织布，还有监督家里的奴隶——实际上她们自己几乎也是一个奴隶。在伊奥尼亚各大城市的上流社会，她们很少被允许出现在公共场合，甚至很少在她们自己家里见她们丈夫的男性朋友。然而在斯巴达，以及多利安城邦，一般来说女性有不同寻常的自由，在社会上也起着非常重要的作用。

222.戏剧娱乐

对古希腊人来说，剧院是国家机构，是“宪法的一部分”。这源于戏剧的宗教起源和戏剧的特点（第201条），与民众崇拜有关的一切事宜都是国家关心的问题。戏剧表演作为宗教行为，仅在宗教节日——某些纪念狄俄尼索斯的节日——期间才会上演。所有阶层，不论贫富，不论男女老幼都会出席。然而妇女似乎只被允许观看悲剧，喜剧舞台因为过于粗鄙下流而不允许她们在场。剧院里比较高的那些排座位是女性专座；观众们露天坐着，一幕接一幕的戏剧会从清晨连续演到日暮。

虽然好一点的演员非常受人尊敬，普通的演员则很少受到尊重。在这一点上，希腊舞台与16世纪的英国舞台非常相似。就像在伊丽莎白时代戏剧作家往往也是表演者一样，在希腊，特别是戏剧发展的早期阶段，作家经常也是一名演员——埃斯库罗斯与索福克勒斯都担任这种角色——会去协助演出他自己的作品。还有另外一个相同之处，那就是希腊戏剧中的女性角色，也像英国早期戏剧那样，都是男扮女装的。

剧院对希腊人的生活产生了很大的影响。它在古希腊社会服务的性质有点像现代社会的讲道坛和出版物。在希腊最辉煌的时期，舞台上经常排演神灵和英雄们生命中的大事件，以加深和加强人民的宗教信仰。后来，随着马其顿时代的到来，希腊进入衰落期，舞台成为把希腊思想与文学文化扩散到整个希腊化世界的主要媒介之一。

223.宴会和交际酒会

希腊人的宴会和酒会有自己的特点，这不同于其他民族的类似娱乐活动。在后期，客人们在参加宴会时，都是以斜躺的姿势围靠在长榻或长座上，而这些长榻或长座都围着一个东方式的餐桌旁。菜上齐后，泼出一杯奠酒，唱一首赞美诗，用于敬神，然后就是被称为“交际酒会”的最有特点的娱乐部分。

交际酒会是“知识的盛宴”。会有一般的对话、谜语以及由在场众人轮番用七弦竖琴伴奏演唱的欢乐歌曲。一般来说，职业的歌手和音乐家、舞女、玩杂技的人和小丑都会被召来助兴。当偶尔有苏格拉底和阿里斯多芬这样的人物在场说话时，交际酒会就一定会是“一场理性的盛宴，一次灵魂的交流”。色诺芬的《会饮篇》

（*Banquet*）和柏拉图的《会饮篇》（*Symposium*）都给我们留下了关于这种娱乐的令人印象深刻的描述。

宴会的场景

224.奴隶制

希腊生活也有黑暗的一面。希腊的艺术、文化和优雅——“这些好东西像精美的外来花朵，被种植在黑色、肥沃的奴隶制的土壤上”。

希腊奴隶的数量非常庞大，没人能估计出确切的数目。几乎每个自由民都是一个奴隶主。如果一个人拥有不到6个奴隶，就会被视为真正的穷人。奴隶阶级形成的原因各种各样。在史前时代，战争的命运使许多地区的全部人口都成为奴隶，就像伯罗奔尼撒半岛的某些地区一样。后来，普通的战俘又进一步壮大了这支不幸的队伍。随着亚洲异邦人进行的奴隶贸易，他们的数量又大大增加了。罪犯和债务人也经常被贬为奴隶，他们的子女通常长大后也会成为奴隶。

希腊人认为主人与奴隶的关系是天经地义的。在他眼里，野蛮人就是天生的奴隶；也就是说，他们的灵魂卑微，让他们成为奴隶是天意，就像让家畜成为人类的奴仆一样。

总体而言，以古代的人性标准来看，希腊奴隶并没有遭受严酷的对待。有些奴隶在家里的地位较高，享有主人的信任甚至是友谊。

04

第四编

罗　马

第二十四章　意大利及其早期居民

225.意大利半岛的构成

意大利半岛通常被认为由三个地区组成：北意大利、中意大利和南意大利。北意大利处于阿尔卑斯山与亚平宁山之间巨大的波河（Padus）盆地上。在古代，意大利的这一部分被划分为三个辖区，即利古里亚（Liguria）、山南高卢（Gallia Cisalpina）和威尼西亚（Venetia）。利古里亚包括北意大利的西南部，威尼西亚包括北意大利的东北部。山南高卢则处在这两个辖区之间，占据着波河河谷最好的地带，它的名字“山南高卢”，意思就是“阿尔卑斯山这一边（意大利）的高卢”，来自于公元前6世纪找到翻越阿尔卑斯山的路，进而定居于这片富饶土地上的高卢部落。

中意大利的辖区有伊特鲁里亚（Etruria）、拉丁姆（Latium）、坎帕尼亚（Campania），面朝西方，或者说面朝第勒尼安海；翁布里亚（Umbria）和皮塞努姆（Picenum），俯瞰东方，或者说俯瞰亚得里亚海；撒姆尼（Samnium）和萨宾（Sabines）地区则占据亚平宁的崎岖山区。

南意大利包括的古代辖区有阿普利亚（Apulia）、卢卡尼亚（Lucania）、卡拉布里亚（Calabria）、布鲁提姆（Bruttium）。如果说亚平宁半岛像只靴子，卡拉布里亚就是“脚后跟”①，布鲁提姆是“脚趾”。正如我们已经知道的，南意大利的沿海地区，被称为希腊殖民区或者“大希腊地区”（Magna Graecia），之所以如此，是因为希腊称霸时期，在这些沿岸地区建立了许多重要的希腊人城市。

---

① 中世纪时，这个名字被转变成半岛的脚趾，它构成了今天的卡拉布里亚。

大岛西西里，就横卧在本土的南端，可能被视为意大利的一个分离片段，它的历史因此与亚平宁半岛的历史有着紧密的联系。

226.山脉、河流和海港

意大利，像南欧的另外两个半岛——希腊和西班牙——一样，都有高山作为屏障。意大利的高山屏障是阿尔卑斯山，它横亘在意大利北部边境上。犹如希腊境内的品都斯山脉，亚平宁山脉作为一个巨大的脊梁贯穿整个半岛。它们从古拉丁姆向东覆盖了广阔的山地地区。在古代，这里滋养了一个强悍的山地民族，它不停地入侵生活在拉丁姆和坎帕尼亚地区更加文明低地人的领土。于是，半岛这部分的自然结构便塑造了大部分的罗马历史，正如在苏格兰南北两部分的自然对比中所反映出来的情形一样，数百年来，那里的山地人与低地人之间也充满了敌对情绪。

意大利只有一条真正的大河——波河，它流经前面提到的位于阿尔卑斯山和亚平宁山之间的北部大平原。一些小河从亚平宁山东部斜坡倾泻而下，不仅流程短，水量也很少。在流经亚平宁山西部斜坡的河流中，最具历史意义的一条叫台伯河（Tiber），罗马就发源于这条河的两岸。

最优良的意大利海港都位于西海岸，其中，那不勒斯港最负盛名。东海岸地势险峻，鲜有优良港口。意大利因此而朝向西方。我们得以注意到这一情形的重要事实是，希腊面向东方，因此这两个半岛，正如历史学家蒙森（Mommsen）所言，背对彼此。这导致罗马和希腊的城市在许多世纪里几乎没有贸易往来。

227.意大利早期居民：伊特鲁里亚人、希腊人和意大利人

在历史的早期，意大利境内生活着三个主要民族——伊特鲁里亚人、希腊人和意大利人。史前时代，除了希腊人之外，他们全部进入了这个半岛。

伊特鲁里亚人生活在伊特鲁里亚，他们是一个民族成分和渊源都不确定的民族，过着富有、文雅和靠海而生的日子，现在，这里又因为他们而被命名为托斯卡纳（Tuscany）。[①] 他们看似是通过海路从东面进入意大利的。罗马人崛起之前，他们就是这个半岛居于领导地位的民族。其文化中的某些元素使我们相信，他们从希腊殖民区的城市那里获益良多。伊特鲁里亚人接着又成了早期罗马人的老师，传

---

① 早期，他们在北意大利和坎帕尼亚建有定居点。

授给他们文明的某些元素，包括军事惯例、建筑艺术方面的启发以及各种各样的宗教观念和仪式。

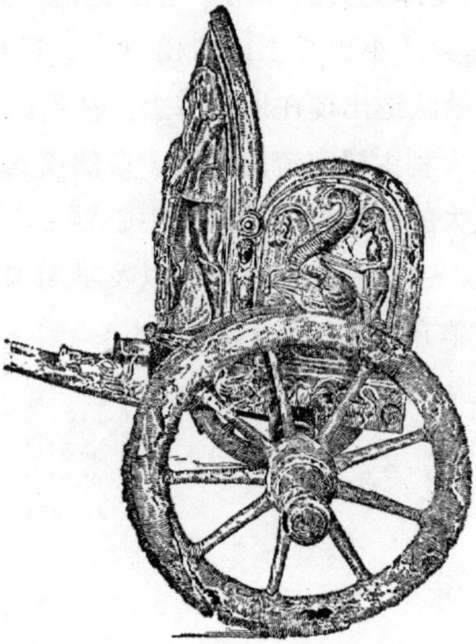

一辆伊特鲁里亚战车[①]

我们对南意大利和西西里的希腊人城市已经有了初步印象。从这些文明的城市社区，罗马人不仅学会了字母的使用，而且还获得了法律和宪政方面的宝贵启示。

意大利人，也就是说印欧语的民族，包括许多部落或者群体（拉丁人、翁布里亚人、萨宾人、萨莫奈人等等），他们占据了几乎整个中意大利和南意大利的大部分地区，希腊人的同族，跟他们一起进入了这个半岛。在这里，他们极有可能与土著人融合——这些土著居民形成了与印欧民族相同的风俗、礼仪、信仰和制度。在很大程度上，他们过的是牧羊人和农夫的生活。

意大利民族中最重要的是拉丁人，他们生活在拉丁姆。据说，在史前时代的拉丁姆全境，有30座山城或像希腊早期那样的小城邦。它们之间结成了著名的“拉丁同盟”。在历史的早期，拉丁同盟的领导权掌握在罗马的手里。这座城市就位于台伯河左岸几座低矮的小山上，距海约有15英里。这个小要塞城镇无疑成保护拉丁

① 这件有趣的伊特鲁里亚文物由纽约大都会艺术博物馆以4.8万美元购得。它在1901年被发现于一座古伊特鲁里亚人墓地。几乎战车的每一个部件，包括车轮，都为青铜所覆盖。遗迹大概可以上溯至公元前7世纪。

姆北部边境，抵御伊特鲁里亚人——拉丁民族最具实力和攻击性的邻居——的前哨基地。

罗马注定要在历史上发挥更大的作用。它由史前时代的三个或者更多的定居点联合而成，位于前面提到的小山丘上或者山脚下。远离大海使它免于海盗的劫掠——在早期，海盗成群结队地出现在地中海上，从沿岸定居点的田野里掠夺牲口和庄稼。同时，处在中意大利主要河流的岸边，自然使其成了毗邻台伯河及其支流的内陆领土、一个范围很大的获利颇丰的贸易中心。

关于罗马社区的管理、宗教及社会组织，以及早期国王统治下罗马城的时运，我们将会在下一章予以简单介绍。

第二十五章　罗马的制度及王政时代的罗马

第一节　社会和政府

228.罗马家庭；祖先崇拜

家庭是罗马社会的根基，还是其最小的组织单位。它与我们日常生活中的家庭概念是迥然不同的。典型的罗马家庭由父亲、母亲、儿子及其妻子和儿子，以及尚未婚配的女儿组成。一旦某个女儿出嫁了，她就成了其丈夫家庭中的一员。

这种家庭组织最为重要的特征或元素，就是父亲拥有无限的权威。在早些时候，他在法律上对家庭所有成员都拥有绝对的权力，虽然在涉及严厉惩罚时，习惯上他应该向近亲征求意见，但是，他却会因为行为不端而将一个成年的儿子卖身为奴，甚至将其处死。

父亲是家庭中的祭司长，因为整个家庭拥有共同的崇拜。这就是家神和祖宗神灵崇拜。人们相信，祖先的神灵会留在旧灶台附近，倘若能够经常供之以酒肉，它们便会照顾家庭内健在的人，并在日常工作和事业中保佑他们，使其获得成功。然而，假如受到了忽视，这些神灵便会焦躁不安，遭受痛苦，它们在愤怒之中就会给他们的不肖子孙带来某种形式的麻烦。

229.家庭在罗马历史上的地位

家庭对罗马历史和命运的影响是难以估量的。至少，它孕育了早期罗马人的一些杰出品质，而这些品质对罗马的强大作出了非常大的贡献，帮助她获得世界的统治权。受家庭氛围的熏陶，罗马年轻人养成了服从、尊重权威以及顺从法律和习惯的品质。年轻人一旦成为公民，服从行政官、尊重法律对他来说就成了一种本能，实际上几乎成了一种宗教。另一方面，父母权威在家庭里的行使教会了罗马人如何去指挥和服从——如何运用智慧、节制和正义来行使权威。

230.家庭侍从：扈从和奴隶

除了家庭成员，通常还存在着许多依附于家庭的侍从。这些人是扈从和奴隶。扈从指的是一个与一家之主具有一种半独立关系的人，一家之主是他的庇护人。扈从阶层极有可能主要由那些来自其他城市无家可归的难民或者陌生人组成，抑或由那些仍然居住在前奴隶主家里获得自由的奴隶组成。他们可以在罗马自由地做生意并积累财产，尽管他们的收入在法律上是庇护人的财产。

总的来说，庇护人的职责就是照顾其扈从的利益，尤其是在法律上代表他。另一方面，扈从的职责就是要忠于他的庇护人，用自己的钱维持庇护人的非正常开支。

奴隶只是构成家庭财产的一部分。早期罗马家庭里，只存在着少量奴隶，这些人主要在家里而非在田地里从事劳动。他们担负了母亲及其女儿们家务中的粗活和重活。直到后来，奢华之风悄然进入罗马，国内奴隶的数量才变得非常庞大起来。

231.氏族、库里亚（Curia）、部落以及城市

家庭之上是氏族。在历史的早期，氏族可能只是一个扩大了的家庭，其成员数量众多，然而没有确切的亲属关系。但是，他们都认为自己拥有一个共同的祖先，并以他的名字来称呼他们自己，如费边（Fabii）、克劳狄（Claudii）、尤里乌斯（Julii）等。氏族，像家庭一样，拥有一个共同祭坛。

公社的下一个主要群体或团体是库里亚，像希腊的胞族一样，它是一个“兄弟会”，其成员通过宗教和血缘关系联合在一起。在早期罗马，这是人们最为重要的政治团体。征兵就由库里亚负责，恰如我们后面要解释的，人们在早期大会上的投票也是由这些同样的组织来完成。在早期罗马，有30个库里亚。

在库里亚之上是部落，它是公社内最大的分支机构。在早期罗马，存在着3个部落，每一个都由10个库里亚组成。

这几个群体组成了早期罗马的公社。这座城市，像古希腊的那些城市一样，是一个城邦——即一个像现代国家一样的独立主权国家。就其本身而论，它拥有宪法和政府，我们接下来将会对此做简要说明。

232.国王和元老院

在早期罗马国家的顶端，是一位国王，是其治下人民的君父。他与治下人民的关系在本质上就是一家之主与家庭成员之间的那种关系。他同时还是国家统治者、

军队统帅以及人民的法官和祭司长。他有被称作执法吏的仆人做先导，每个人都手持一根束棒，上面捆绑着一柄斧头，象征着他拥有生杀予夺的大权。

国王之下为元老院，一个由公社内的“长老”或古老氏族的首领组成的机构。元老院的两个重要功能就是，向国王提供建议和对经由公民大会通过的所有措施进行决定性投票。

233.公民大会

公民大会[①]由罗马所有的自由民组成。大会的表决方式应该指出来，因为这里的做法在所有共和时期后来的公民大会上都得到了沿袭。投票不是由个人而是由库里亚来实施；也就是说，每个库里亚都有一票，措施能否得到实施，取决于库里亚的多数投赞成票还是反对票。

需要进一步指出的是，这种大会不像现代的立法机构一样是一个代表机构，而是一次初级集会，也就是说，像新英格兰城镇会议一样的会议。在罗马，所有后来的大会都和这种早期大会相似。罗马人从未学习，或者至少从未使用过代表原则——而这在当前的大国中，对于一个民治国家来说，没有这种机构是不可能的。这个机构对罗马的政治命运有多么重要，我们随后就能了解到。

234.罗马公民的权利

罗马公民的权利分为私权和公权。主要私权有两种，即贸易权和婚姻权。罗马法律规定，贸易或经商权指的是获得、持有以及遗赠财产（包括动产和地产）的权利。在古罗马，这是一项重要的权利；外族人基本上是无法享受这些权利的。与罗马公民通婚的权利尤其重要，因为与婚姻权连在一起的还有父权（第228条）和其他的公民权利。

罗马公民的三种主要公权或政治权指的就是在公共大会上进行投票的权利、担任公职的权利和向行政官提出呼吁投诉他人的权利。

这些权利结合在一起构成了罗马公民最为宝贵的权利。可以说，我们应该特别注意的是，罗马人采用了将这些权利进行分期授予的做法。例如，某座被征服城市的居民会被给予一部分的公民私权，另一座被征服城市的居民或许会被给予所有这个阶层的权利，然而对于第三座被征服城市的居民来说，则可以被授予所有的权

---

① 库里亚大会。

利，包括私权和公权。在罗马王国，这种方法创造了许多不同阶层的公民；正如随后会出现的一样，这是同罗马内部史联系在一起的最重要的问题之一。

235.贵族和平民

在早期罗马，存在着两个阶级或阶层，即大家所熟知的贵族（Patricians）和平民（Plebeians）。贵族在这个国家是世袭的，他们独自享有所有的公民权利，正如在上一节所列举的那样。

平民是社会中较为卑微的成员。虽然该阶层中的一些人是生活在罗马的店主、工匠和体力劳动者；但是，更多的人则是生活在城外分散各处的小村庄里的小地主，他们会用双手耕种自己只有几英亩的小农场。

相对大多数公民的其他权利和特权，平民则被完全排除在外。他们既无法同任何一个贵族阶层订立合法婚姻，又无法担任公职或者对法官的判决进行上诉。作为一个共和政体，罗马早期历史的一大部分就是由这些平民改善他们的经济状况和确保他们能拥有同贵族一样的社会和政治平等的斗争构成的。

第二节 宗教

236.罗马历史上宗教的地位

在罗马，正如在希腊的古城邦里一样，宗教，除了是家庭和地方的信仰外，还是一项国家大事。城市的行政官拥有一种祭司或神职特征；既然近乎每一种官方行为都在某种意义上与神殿的仪式或祭坛的献祭联系在一起，那么罗马人的政治史与他们的宗教紧密地交织起来就不足为奇了。

237.罗马主神

众神之王朱庇特（Jupiter），这位神明与希腊神话中宙斯的基本属性都相同。他是罗马人的特别保护神。人们在卡匹托尔山（Capitoline Hill）顶上建造了一座金碧辉煌的神殿，里面供奉着朱庇特、他的妻子朱诺（Juno）以及智慧女神密涅瓦（Minerva），他们一起俯瞰着广场和这座城市。

战神马尔斯（Mars）是最受欢迎的神明，并传说他是罗马民族的祖先，他们喜欢称呼自己为“马尔斯的子孙”。他们证实了自己配得上战神后代这个称号。人们会在罗马年的第一个月举行比武节目和庆祝活动来纪念他——那是开花时节，现在仍然是，为了纪念他，人们把这个月称为“March”①。

雅努斯（Janus）是一位长着两个脸的神明，对他来说，1月②是神圣的，神圣的还有所有的大门和房门。其神殿的大门在战时一直打开，在和平时期则一直关闭。

一枚罗马硬币上的两面神雅努斯头像

壁炉上的火被认为是女神维斯塔（Vesta）的象征。她是罗马人最喜欢的一个崇拜对象。作为一个单一的大家庭，这个国家也在维斯塔的神殿里拥有一个共同的全国性壁炉，圣火会由六个贞女——罗马女子来负责，世代相传，确保其一直燃烧下去（第7条）。

238.预言和占卜

罗马人，像希腊人一样，认为诸神的旨意通过预言，以及奇怪的景象、非同寻常的事件或者奇异的巧合来传达给凡人。在罗马，并没有真正的预言。因此，罗马人常常求助于那些希腊人。特别是在一些重大的紧急情况下，他们会向著名的阿波罗神谕寻求建议。以动物内脏占卜的占卜师或占卜技巧被从伊特鲁里亚介绍过来，这种技巧主要通过观察祭祀用的祭物内脏的外观来发现诸神的旨意。

239.神圣社团

4个主要神圣社团分别是《西卜林书》保管者（Keepers of the Sibylline Books），占兆官社团（College of Augurs），搭建桥梁者社团（College of Pontiffs）以及传令官社团（College of the Heralds）。

《西卜林书》是用希腊语写成的书籍，其源头遗失在传说中。它们被保存在卡匹托尔山顶神殿下一个拱顶的石匣子里，有专门的保管者来管理和解释它们。只有在极度危险的情况下才会查阅《西卜林书》（第58条）。

---

① 马尔斯的英文名Mars，与3月的英文名March很相似。

② 雅努斯的英文名Janus，与1月的英文名January很相似。

通过观察祭物肠子外观的方法来占卜

占兆官社团成员的义务就是解读预兆——它们是偶然的景象或外观，特别是鸟类的飞行——人们相信，朱庇特通过这种方式来表达其旨意。正如人们所说的那样，"读取预兆"需要高超的技巧。预兆未经事先查明是否有利之前，不管它们有多么重要，也无论它们是公共事务还是个人事务，都不会纳入考虑范围。

搭建桥梁者社团之所以有此称呼，可能是因为其成员的任务之一就是维修一座位于台伯河上的桥。这个社团是罗马人所有宗教机构中最为重要的；因为所有宗教事务的监管都属于搭建桥梁者。社团负责人被称作大祭司长，或者"首席桥梁建造者"，这个头衔是由罗马皇帝认定的，皇帝之后，则由罗马的基督教主教认定；因此，这个名字一直沿袭到我们的时代。

传令官社团负责所有涉外公共事务。因此，倘若罗马人遭到其他国家任何不公正的待遇，战争就要发动起来，然后，传令官的职责就是前往敌对国家的边境，将一根带血的长矛抛过边界。这就是宣战。罗马人对这种仪式的实施非常谨慎。

第三节　王政时代的罗马——传说时代（前753—前509）

240.传说的国王

早期罗马政府是个君主政体。根据传说，罗马王政时代共有七位国王。第一位是罗马的创建者罗慕路斯（Romulus），最后一位是塔克文·苏佩布（Tarquinius

Superbus），他是一个暴君，他的压迫导致王庭的人们将其废黜。

这些君主的所作所为以及发生在他们身上的事迹完全与传说混淆起来，然而，关于最后三位统治者（他们都来自于伊特鲁里亚人塔克文家族）治下的罗马事务，与一些重要的事情之间是有关联的，我们可以在一定程度上相信这些重要事实。

241.塔克文家族治下罗马的崛起

根据传说，塔克文家族把他们的权力扩展至拉丁姆的大部分领地上。因此，被赋予至高无上地位的罗马城，无论在人口还是重要性上，都获得了快速发展。原来的城墙在快速增长的人口面前，很快就变得局促起来；新城墙修建起来——传说在国王塞尔维乌斯·图利乌斯的指引下——一条7英里长的城墙，将台伯河南岸上整整七座山丘环绕在内，由此，罗马获得了“七丘之城”的称号。

在一块开垦出来的沼泽地上，人们建造出了广场，那是早期罗马城的公共市场。在这个公共广场的一端，正如我们应该称呼它的，是户外集会场（Comitium），一处可以召开会议举行投票的围场。这个集会场地后来被扩大了，装饰有各种各样的纪念碑，并被华丽的建筑和门廊围绕起来。再向前推1000年，这里是古代世界生活与活动的主要中心之一。

从名字中就可以看出，塞尔维乌斯·图利乌斯（Servius Tullius）是来自伊特鲁里亚家族的第二位国王，传说把罗马军队和宪法的变革归功于他。塞尔维乌斯·图利乌斯的改革，恰如历史学家蒙森所说，的确主要把义务，而不是权利分配给了平民；但是，平民先是呼吁免除公民最为重要的义务，不久后，又要求拥有所有的公民权利；作为军队的所有者，他们能够执行自己的要求。

军队集合的地点正好在城墙外面大平原上一个叫作战神广场的地方。这些军事组织的集合被称作百人大会。①

242.驱逐国王

正如前面提到的，塔克文·苏佩布传说是罗马的末代国王。他被描绘成一个可怕的暴君，他的专横行为导致贵族和平民联合起来，把他和他的家人放逐在外。据罗马编年史家的记载，这件事发生于公元前509年，只比雅典暴君遭到驱逐晚了一年（第131条）。

---

① 军事组织单位是百人队（Centuria），正如名字所示，在早期一个军事组织单位可能包含100个人。

第二十六章　共和国早期；平民变成享有充分权利的公民

（前509—前367）

243.共和国行政官：执政官和独裁官

随着君主制被推翻和末代国王及其家族被逐出罗马，人们开始对政府进行重组。取代国王的是人们选举出的两位贵族行政官，他们起初被称作“领导人”，但是后来，又被称作执政官。这些行政官一年一选，除了一些祭司的职责外——由王政时代的国王行使，他们被赋予了所有的权力。在公共场合，就像过去的国王一样，每个执政官身后跟着12个扈从，每个扈从都手持一根“令人敬畏的束棒”（第232条）。

手持束棒的扈从

这些官吏们手持具有象征意义的束棒可能源于伊特鲁里亚人。据说，塔克文家族把它们同其他国王之职的徽章一起带入了罗马。

每个执政官都拥有阻止另一个执政官行动或者否决另一个执政官命令的权力。这被称为“提出否决的权力”。这种分权的行为削弱了行政官的权力，以至于在面临巨大的公共危险时，有必要通过任命一位拥有独裁官（Dictator）头衔的特别官员来取代执政官们。独裁官的任职期限为6个月，在此期间，他的权力像之前的国王一样不受任何限制。

244.平民的第一次出走（传说为公元前494年）

在塔克文家族遭驱逐之后的混乱和战争时期，贫穷的平民欠了富有阶层的债务，在偿还的时候，又会遭到无情的勒索。欠债人成了其债权人的绝对财产，债权人可以将其卖作奴隶来偿还债务，在某些情况下，甚至可以将其处死。

这种情况是无法忍受的。平民们决定从罗马出走，在附近的一个高地——即后来著名的圣山——上建造一座属于他们自己的新城。有一次，在被命令去抵抗入侵时，他们拒绝向敌人进军，而是一起从罗马撤离，到那个事先选好的地方去，并开始为建立家园作准备。

245.协议与保民官

贵族们很清楚，这样的分裂会导致对国家的毁灭性破坏，他们必须说服平民放弃自己的计划，并返回罗马。执政官瓦勒里乌斯受命去同反叛者谈判。平民起初非常固执，但后来还是向使者屈服，同意返回，正如人们所言，胜利的取得归功于一位智慧的元老，是他很好地运用了“肚子与器官”这个著名的寓言。

接下来进入协议阶段，与之连在一起的是最为庄严的宣誓：贫穷平民的债务一笔勾销，被当作奴隶的债务人全部释放；两位（该数字不久就增加到十个）被称作保民官的平民行政官被选举出来保护平民。

保民官可以保护平民不仅仅是名义上的，保民官则被赋予了一项著名的非凡权力——“帮助权”；也就是说，如果任何贵族行政官试图欺压一个平民，他们被赋予了宣布其行为无效或者阻止其继续这样做的权力。

保民官是不可侵犯的，就像传令官或使节一样。任何阻止保民官履行其职责或者向其施暴的人都将被宣布为歹徒，任何人都可以诛杀他。人们总是很容易就能找到保民官，他们不能走出城墙外超过一英里远，他们的房门必须日夜敞开，这使得任何遭受不公的平民都可以在任何时候逃到那里寻求保护和避难。

设立平民保民官的重要性怎样高估都不为过。在有神圣不可侵犯誓言庇护的保民官们的保护和领导下，平民为了获取担任国家职位及高位的权利而进行了不懈的斗争，直到罗马共和国变成了名副其实的共和国，一个贵族和平民平等地享有所有的权利，是一个真正民主的国家。

246.边境战争和边境故事；辛辛纳图斯（Cincinnatus）

早期罗马与其拉丁盟友的主要敌人是沃尔西人（Volscians）、埃魁人（Aequians）、萨宾人和伊特鲁里亚人。共和国创建100多年后，罗马几乎要么独自，要么同其盟友一起不断地与这些民族中的一个或另一个抑或所有这些民族打仗。但是，这些行动不能被认为是真正的战争。对于交战双方来说，它们充其量只是进入敌方领土进行抢掠或掠夺牲畜罢了。如果我们把它们比作英格兰与苏格兰之间早期所谓的领土战争的话，我们就不应该对他们的真实特征持有错误的看法。就像苏格兰战争一样，它们被罗马的故事讲述者用最为华丽和生动的故事加以美化。其中最有名的便是辛辛纳图斯的故事。

这个传说讲述了执政官之一在外同萨宾人战斗时，埃魁人是如何击败其他军队，并把他们阻截在一个狭隘的山谷里无路可逃的。军队面临的危局传至罗马时，城里产生了巨大的恐慌。元老院立即任命世系久远的大贵族辛辛纳图斯为独裁官。元老院派出送信给他的特使发现，他正在台伯河对面自己的小农场里犁田。辛辛纳图斯立刻接受了任命，召集起罗马军队，包围并俘获了敌人，并迫使他们全部从轭门①下钻过。然后，他率领得胜之师凯旋，辞去了仅仅担任16天的职位，再次回到了自己的农场。

247.十人委员会和十二铜表法（传说为前451—前450）

成文法一直是反抗压迫的重要保障。在什么会构成犯罪和什么会是相应的惩罚被清楚地写下来，并为所有人知晓和理解之前，行政官可能会做出不公平决定抑或给出不公正惩罚，而且还不承担被叫来做解释的风险——除非他们做得太过分了；因为，除了他们自己，实际上没有人知道什么是法律，什么是惩罚。所以，在人们反对统治阶级暴政的所有斗争中，对成文法的要求是他们为了保护自己的人身和财产而采取的首要措施之一。于是，雅典平民在他们早期同贵族的斗争中，要求并获得一部成文法典（第128条）。现在，同样的事情发生在了罗马。平民要求把法典写下来，并且公布于众。贵族们对他们的愿望做了顽强的抵抗，但最终还是被迫向民众屈服。

传说，一个委员会被派往意大利南部的希腊人城市和雅典学习他们的法典和惯例。当这个使团返回时，一个十位行政官组成的委员会，即著名的十人委员会（Decemvirs），受命起草一部法典。这些官员从事这一工作时，还要管理整个政府，因此，政府的最高权力都交到了他们的手里。贵族放弃了他们的执政官，平民

---

① 轭门由两根长矛插在地上，然后在离地几英尺的地方放上第三根。作为投降的象征，战俘被迫从轭门下通过。

则放弃了他们的保民官。第一年年终时，委员会的工作还远未完成，因此，一个新的十人委员会被选举出来，用以完成立法工作。法典不久就制定完成，法律条文被写在了十二个铜制、固定在广场演讲台的牌子上，在那里，它就可以被所有人看见和阅读。这些著名法律条文只有一小部分被保留了下来，但是，法典相当一部分的内容通过间接引用或提及出现在后来的作家和法学家的作品中。下列引语将使我们对这个早期法律体系——一个重要发展的起点（第246条）——的特征有一些认识。

关于对债务人处理的规定值得注意。法律规定，经过一定的宽限期后，债权人可能会把拖欠债务的人同牲畜放在一起，或用链条将其绑起来，把他卖给居住在台伯河以外的任何陌生人，或者把他处死。假如有好几个债权人，法律作了如下规定："在第三个集市日后，他（债务人）的身体可能会被分割掉。任何取走多于其应得份额的人都应该是无罪的。"后来的罗马作家告知我们，实际上，法律的这一野蛮条款从未生效过。

一条涉及父亲对其儿子权利的特殊条款提出："在儿子的一生中，他都有权囚禁、鞭打、令其戴着枷锁从事劳动、出售或杀戮的权利，即使他们在高级政府部门工作也不例外。"有一条法律揭示了大众迷信的盛行，该法律会惩罚任何用魔法使另一个人庄稼枯萎的人。

数百年来，这些"十二铜表法"构成了所有涉及私人或个人权利的新立法的基础，组成了罗马青年人教育的一部分——每个学童都需要用心学习这些知识。

248.高卢人洗劫罗马（前390）

我们已经注意到，早期，来自高卢的凯尔特人部落越过阿尔卑斯山，在北意大利建立了自己的立足点。公元前4世纪初，这些蛮族成群结队地以令人可怕的速度涌入了中意大利。不久，他们就开始以罗马的邻居的面目出现在世人面前。一支罗马军队在距离首都几英里远的阿利亚河（Allia）上或河边与他们遭遇。但是，一种无法解释的恐慌攫住了罗马人，他们丢弃了领地，落荒而逃。

当可怕灾难的消息传到罗马时，整座城市都处在恐慌之中。维斯塔贞女急匆匆地把维斯塔神殿里的圣物埋藏起来，因为这些东西无法带走。接着，她们逃进了伊特鲁里亚，在卡厄瑞城（Caere）受到当地人民很好的招待。一大部分罗马人跟随她们穿过河流，挤进这些他们能够找得到的安全之地。除了避难所之外，人们没有为保护这座城市的任何部分而做防御性尝试。

由于无法驱逐城内的一小股守卫部队，高卢人不得不与罗马人展开谈判。高卢人同意以1000磅黄金作为他们从罗马撤出的条件。正如故事所述，当人们在广场上称量黄金时，罗马人抱怨称重有问题，高卢人的领袖布伦努斯（Brennus）把他的剑扔进天平里，喊道："败者活该遭殃！""被征服便意味着灾难！"然而，爱国的故事还在继续，卡米卢斯（Camillus），一位勇敢的贵族将军，被任命为独裁官。他率领一支由散卒组成的罗马军队出现了，经过猛烈的攻击，他驱散了野蛮人，并高呼："罗马是要用钢铁，而不是黄金赎回的。"

这座城市很快被重建起来。然而，还是有一些东西是无法恢复的，它们是古代的记载和文件。由于这些不可挽回的损失，罗马早期的历史变得非常模糊和不确定。

249.《李锡尼法》（公元前367年）

这些事件之后，平民在争取与贵族平等权利的路上迈出了一大步——《李锡尼法》通过生效了。之所以这部法律为《李锡尼法》，是因为其中的一位提案者是保民官盖乌斯·李锡尼乌斯（Gaius Licinius）。这些法律条文中有若干条款需要我们注意：（1）具有执政官权力的军事保民官一职应该废除，两位执政官像最开始一样要每年选举产生，其中的一位应该是平民；（2）《西卜林书》（第239条）的两位贵族看守者，将来应由10位看守者取代，其中的5位应该是平民。

两个阶级的平等终于实现了。现在，农民的儿子也可能一跃而成为国家的最高行政官。平民后来还相对轻松地获得担任其他职位的机会——这些都是贵族的嫉妒心仍要把平民排斥在外的。

阶级间的和解确保了罗马的未来。接下来一个世纪的成功征战使得罗马成了意大利的霸主，并为其进一步统治文明世界铺平了道路。

第二十七章　意大利的征服与统一

（前367—前264）

250.罗马地方自治体系的开始

在王政时代，当阿尔巴隆加（拉丁姆居于领导地位的城市）被攻占时，这座城市被摧毁了，那里的居民作为一个整体都迁入了罗马，同罗马人融合在了一起。在共和国时代，伊特鲁里亚的城市维爱被攻占时，大部分居民被杀死或卖作奴隶，被征服的群体彻底瓦解，仿佛从来就没有存在过。

现在，应当承认，罗马不能通过因循这两种政策中的任何一种让自己强大起来。然而，在对待卡厄瑞的问题上，她忽然幸运地想出了一种新的统治策略，这使得她能够把一座又一座被征服的城市并入自己不断扩张的领土之中，直到她吞并了整个地中海世界为止。这一策略就是著名的地方自治体系，因为，罗马的作家们赋予了一座拥有像卡厄瑞一样身份的城市以自治市（Municipium）的名字。

如果在我们看待这个体系时，就像它就存在于我们今天的政治体系中的话，我们将会对这一地方自治体系的基本特征有着彻底而深入的了解；因为，就其基本原则而言，我们所谓的地方自治体系便是从罗马那里继承而来的。我们政府体系中的自治市或自治城镇就是一座这样的城市，它位于这个国家内部并成为该国的构成部分，它在国家授予的特许状下运作，可以选举自己的行政官，并在国家或多或少的监督下，管理自己的地方事务。基本原则是地方自治，然而要在上级机关的指导下开展工作。这个地方政治生活没有受到遏制的城市成了一个更大政治组织的重要组成部分。

我们现在所说的是罗马地方自治体系在自由的自治政府发展方面占有重要地位的一些想法。这是罗马的伟大之处，也几乎是她对宪法政治史的独有的贡献，而且是继法律体系之后，她赠予文明的最好礼物。

251.拉丁城市的反抗（前340—前338）

自治市的这种统治策略首先被罗马大规模地用在了拉丁姆附近的城市上。我们已经看到这个地区的小城邦在历史初期是怎样形成著名的同盟，即拉丁同盟（Latin League）的，而罗马则是其中的领导者（第227条）。一开始，这种联合看起来有点像提洛同盟——它是希腊击退波斯人后，雅典与其伊奥尼亚（Ionian）盟友一起形成的。但是，随着时间的推移，罗马开始在同盟中扮演着雅典在提洛同盟中所扮演的角色。她利用自己起初与拉丁城镇之间平等同盟的地位使自己成了它们事实上的主宰，拉丁城镇也由盟友变成了附庸。它们对这种状况不满意，并作出决定，罗马应该放弃她事实上正在行使的最高统治权。因此，它们向罗马派出一个使团，要求它们之间的联合是一种完全平等的联合。为了这个目的，使者们建议，将来执政官中的一位应该由拉丁人担任，一半的元老院成员应该从拉丁国家中选出来。罗马成为共同的祖国，所有的一切都在罗马名义之下。

拉丁盟友的要求遭到了拒绝，战争随之而来。经过3年左右的艰苦战斗，叛乱被镇压下去。罗马解散了拉丁同盟，并重新确立了她与其成员之间的关系。这个著名解决方案的本质是，大部分城市——三或四个，保留了它们的独立——变成了不同等级的自治市；也就是说，它们被剥夺了主权，它们的领地也成了罗马领土的一部分，但是，它们保留了自己城市的宪法，还被允许在罗马国家内部继续作为具有自治政府的独立社会而存在。有些自治市的居民立即获得完整的罗马公民权，然而，其他自治市的居民却只能获得部分的公民权。经过一段时间的观察后，这些具有一半公民身份的人①也全部被允许获得城市公民的完整权利。

罗马现在已经开启了走向伟大的征程。她已经奠定了一个国家的基础，该基础不像这个世界之前看到的任何东西那样，她是一个有巨大扩张能力的国家。“简而言之，由政治家开创的自由政策使得罗马城邦具备了统一意大利和使其成为一个民族的能力。”②

252.萨莫奈人

罗马人争夺意大利统治权时的最强大的竞争对手是萨莫奈人（Samnites），他

---

① 即著名的没有选举权的公民，因为他们无法在罗马的大会上进行投票。

② 弗兰克，《罗马帝国主义》（1914），第40页。

们是粗野、好战的山地人，掌控着拉丁姆东南方的亚平宁山区。两个好战民族之间的持续斗争——古代作家讲述了三场战争——延续了半个多世纪（约前343—前290），在这个过程中，几乎所有意大利的国家都被卷入进来。罗马人是最终的胜利者。萨莫奈人则被迫承认了罗马的霸主地位，与萨莫奈人结盟的国家和部落均受到严惩。萨莫奈人臣服后很短的一段时间内，除了他林敦（Tarentum），几乎所有南意大利的希腊人城市都臣服于帝国城市日益增长的权力之下。

在同萨莫奈人和他们盟友作战期间，罗马领土得到了极大的扩展，并通过殖民地和军用道路的方式确保了对这些地方的控制；正是在这段时间，罗马开始了那些举世瞩目大道的修建，这些大道形成了后期帝国最令人印象深刻的特征之一。这些大道中的第一条始于罗马，终于卡普亚（Capua），由监察官阿庇乌斯·克劳狄乌斯于公元前312年负责动工修建，并因为他而被称作“阿庇乌大道”（Via Appia）。

阿庇乌大道

253.与他林敦和皮洛士的战争（前282—前272）

他林敦是卡拉布里亚的一个海港，大希腊地区最为富饶的城市之一。由于他林敦人虐待了一些罗马囚犯，罗马元老院立即派遣一个使团到他林敦要求赔偿。在剧院出席一次重要会议时，一位使者遭受了极大的侮辱，原因是他的托加袍在一群轻佻的人鼓掌时，被一个小丑似的家伙给弄脏了。于是，这位使者举起被弄脏的衣服，严厉地说：“你们现在就使劲笑吧；但是，这件袍子用血来清洗的时候，你们就该哭了。”罗马立即宣战。

他林敦人向希腊求助。伊庇鲁斯国王、亚历山大大帝（Alexander the Great）的表弟皮洛士（Pyrrhus）是一个不安分的人，正如普鲁塔克所说，他“认为生活主要包括麻烦他人和被他人麻烦两部分”，他还野心勃勃地想在西方建立一个帝国，正如他著名的表亲在东方所建立的帝国一样。接受他林敦的恳求后，他率领一支希腊雇佣军和20头战象组成的军队进入了意大利。他把柔弱的他林敦人组织起来，对他们加以训练，不久就准备好迎战罗马人了。

两支敌对的军队在赫拉克利亚（Heraclea）遭遇（前280）。皮洛士因为自己的战象而赢得了这场战斗的胜利，因为罗马人从未见过这种场面，战象导致他们沮丧地逃离了战场。但是，皮洛士也失去了数以千计的最为英勇的将士。据说，在他巡视战场时，转身面向他的同伴，说道：“倘若再来一场这样的胜利，我会被毁掉！”正因为如此，才会有“皮洛士式的胜利”这样的说法。

进一步交战后，皮洛士遭受重创，最终返回了伊庇鲁斯，“除了辉煌的声誉，什么也没留下”。他林敦旋即向罗马人投降。这实际上结束了意大利霸主的争夺战。罗马不久就成了亚诺河（Arno）和卢比孔河（Rubicon）以南的整个半岛的主人。

254.统一的意大利

意大利的政治统一为半岛的社会和民族的统一铺平了道路。人类历史上最伟大的奇迹就是，作为一个当初只有少数农民的地方，罗马如何使大部分的古代世界在血缘、语言、习俗和举止上都变得像她自己一样。她把古代大部分民族罗马化的做法是人类历史上最为重要的事情之一。罗马在很大程度上通过其殖民体系来完成这一伟大创举，而这在某些方面却不像古代抑或现代的任何其他民族。我们必须使自己熟悉这一独特殖民体系的一些主要特征。

255.罗马殖民地和拉丁殖民地

罗马在被征服土地上建立的殖民地分为两类，就是大家所熟知的“罗马殖民地”和“拉丁殖民地”。罗马殖民地由300个从罗马搬迁过来的移民构成，这些人在新的居住地保留了罗马公民所有的权利——私人的和公共的，当然了，其中一些权利，比如在罗马公众大会上投票的权利，只有在殖民者返回首都时方能行使。这样的殖民地实际上是永久的军营，目的就是为了确保被征服领土的服从。通常情况下，在某个罗马殖民者占领的被征服城市里，原有的居民部分或全部地被驱逐出去，抑或减少到一种受支配的状况。殖民者在他们的新家园内组织起一个几乎同罗马一模一样的政府，并通过他们的大会和行政官管理所有的当地事务。简而言之，这些殖民地只是母城的郊区。他们实际上只是许多缩小版的罗马——这些中心又通过辐射把罗马文化传递到它们周围的所有地区。

波西里珀洞窟（在那不勒斯附近）

一处古老的罗马隧道，有大约半英里长，仍在阿庇乌大道上使用。

拉丁殖民地，之所以这样称呼，不是因为它们是由拉丁殖民者建立的，[①] 而是他们在实际上享有旧拉丁同盟城镇一样的权利。拉丁殖民者享有罗马公民一些最为重要的私权，同时还具有通过移民首都和拥有当地的永久居住权来获得投票权，前提是他的儿子要留在拉丁城镇，来取代自己的位置。

在古拉丁人的殖民地，殖民者身份与美国领土上居住者的身份之间，存在一个相似之处。任何一个州的公民在移民到另外一处领土时，他就会失去在联邦选举中的投票权，正如一位罗马公民成为一位拉丁殖民者后，会失去他在罗马大会上的投票权一样。话说回来，领土上的居民具有变换住处和在一国定居的权利，从而获得联邦选举权，正如拉丁殖民地上的居住者能够移民罗马，因此获得在那里的公众大会上投票的权利一样。

拉丁殖民地在第二次布匿战争时大约有30个，它们分散在意大利各处，用历史学家蒙森的话来说，形成了“罗马统治的真正支柱”。它们在传播罗马语言、法律和文化方面，在更大程度上甚至比罗马殖民地做得都要积极和有力。它们在使整个意大利罗马化方面是罗马的主要辅助者。所有这些殖民地都通过极出色的军用道路同首都保持密切联系，正如我们已经了解的，军用道路的建造始于萨莫奈战争期间（第252条）。

---

① 罗马人和拉丁人都参与了这些早期拉丁殖民地的创建，罗马殖民者放弃了他们的罗马公民身份，仅具有拉丁人身份。

第二十八章　罗马向半岛外扩张

第一节　第一次布匿战争（前264—前241）

256.迦太基（Carthage）及其帝国

腓尼基人（Phoenicians）在地中海不同海岸创建的城市里，最重要的要数位于非洲北部海岸的迦太基了。位于非洲最好的海港之一的有利位置为这座城市提供了巨大且有利可图的商业机会。当罗马在意大利扩张自己的权力时，迦太基通过和平殖民或武力，在非洲北部海岸占据了统治地位，并拥有撒丁岛（Sardinia）以及西西里岛的大部分。她还向科西嘉（Corsica）和西班牙南部的土著居民征收贡品。由于所有的海岸上都点缀着迦太基的殖民地和要塞，她的战舰在各个方向上都畅通无阻，西地中海已经变成了一个“腓尼基湖”。在这里，正如迦太基人所吹嘘的，没有人可以在未经允许的情况下洗自己的手。

257.罗马和迦太基之间的比较

现在这两个相互敌对的城市正打算开始古代最令人印象深刻的斗争之一。在物质力量和资源方面，两座城市看起来旗鼓相当；然而，罗马还有一种隐形的力量，它隐藏在罗马公民的性格中，体现在其政府的原则上，这些都是迦太基所不具备的。迦太基是一个专制的寡头政体。迦太基帝国内的多种不同民族仅仅是因为武力才维持着虚假的同盟，因为迦太基人缺乏罗马人在政治组织和国家建设方面的天赋。另一方面，正如我们已知的，罗马政府是这个世界上曾经出现过的最为了不起的政治组织之一。它虽然还不是一个国家，但是却在迅速地成长为一个国家。其治下的每一个自由民要么是罗马公民，要么正在成为公民的路上。罗马已经成了25万多人的共同祖国。

其次，迦太基的领土范围虽然很大，却是广泛而分散的。罗马的领土是紧凑的，而且只限于一个单一且容易防御的半岛上。

至于两国的海军力量，在战争初期还不存在对比的基础。罗马人缺少任何可以被称作战舰的东西，还几乎没有海战经验；与此同时，迦太基人却拥有曾经在地中海巡逻，规模最大、装备最为精良的舰队。

258.战争的起因；第一阶段海战的特点

在意大利和非洲海岸之间，有一座大岛——西西里岛。第一次布匿战争开始时，除了东海岸一条狭长的地带外，迦太基人几乎占领了整座岛屿。当时，这条狭长地带还处于锡拉库扎（Syracuse）的希腊人城市的统治之下。为了控制这座岛屿，希腊人与迦太基人已经进行了两个世纪几乎不间断的斗争，不过，那时罗马人还没有出现在那里。然而，公元前264年，罗马人以为一些朋友提供保护的牵强理由，越海来到岛上。这一行为使他们致力于一项征服事业，并注定会持续到他们的军队能够对地中海实施控制为止。

锡拉库扎人和迦太基人虽然曾经是宿敌，此刻却联合起来，共同对抗新的入侵者。经过第一次战斗，联军遭遇挫败，罗马军队因此在岛上获得了一个稳定的立足点。锡拉库扎国王希尔罗（Hiero）眼看自己处于失利的一方，便抛弃了迦太基人，跟罗马人结成了同盟，从此以后一直是他们的可靠朋友。

罗马和迦太基之间这场旷日持久战争的真正原因是出于商业上的嫉妒和对西地中海的争夺，尤其是对西西里岛的控制。起初，战争由一系列的海战构成，罗马人已经在仓促之间模仿迦太基船只建造了一支大型舰队。罗马人在赢得一次重大海战的胜利和历经许多次悲惨的遭遇后，终于给予迦太基人以致命一击。现在迦太基人乞求和平。

259.条约的条款；制海权易主

双方最后签订了一份条约，条款规定：迦太基应该放弃对西西里岛的所有的权利要求，交出所有的俘虏并支付3200塔兰同赔偿金（大约400万美元），其中，1/3要用现金支付，余额分10年支付。于是，迦太基与罗马之间持续了24年的第一次大战争结束了（公元前241年）。

战争的一个重要结果就是腓尼基人的海上力量被严重削弱——自古以来，它一直是地中海地区的一个非常突出的要素——地中海的控制权也在实际上交到了罗马人手中。

第二节　第一、第二次布匿战争之间的罗马和迦太基（前241—前218）

260.迦太基人在西班牙

在尝到第一次布匿战争的灾难性苦果后，迦太基人寻求在西班牙进行新的征服来弥补他们的损失。哈米尔卡·巴卡被派往这个国家，在9年的时间里，他致力于将自己的指挥天赋把不同的伊比利亚部落组织成一个稳定的国家，并开发半岛南部丰富的金矿和银矿。公元前228年，他在战斗中阵亡。

一般来说，天才是不会遗传的；但是，在巴卡家族（Barcine），这个法则被打破了，哈米尔卡罕见的天才在他儿子身上得到了再现。据说，他喜欢将自己的儿子们称作“狮子的后代”。长子汉尼拔只有19岁的时候，父亲就去世了，他太年轻了，无法承担指挥的重任，哈米尔卡的职务由他的女婿哈斯德鲁巴（Hasdrubal）继任。

哈斯德鲁巴于公元前221年死去，年仅26岁的汉尼拔在军队的一致要求下，成为他们的统帅。汉尼拔只有9岁时，被父亲带至祭坛前，在那里，他把双手放在祭品上，发誓与罗马人不同戴天，永世为敌。好战天赋燃烧不尽的火焰和不能被打破的神圣义务，都驱使着他去从事伟大的事业和经历艰难的命运。

汉尼拔包围了处于罗马保护下的西班牙东海岸土著人的城市萨贡托。罗马元老院向他派出使者，禁止他向罗马人的盟友开战；但是，汉尼拔无视他们的劝告，继续围困，并在8个月后占领了这座城镇。

罗马人向迦太基派出特使，要求迦太基元老院把汉尼拔交给他们，这样做将断绝元老们同他们将军之间的联系。迦太基人犹豫不决。随后，罗马使团的首领昆图斯·费边（Quintus Fabius）卷起他的托加袍，说：“和平与战争，我都带来了。迦太基人，你们自己做选择吧。”“随你们的意！”对方说。“那就战争吧！”费边说罢，便放下了他的托加袍。

261.汉尼拔的阿尔卑斯山通道

迦太基帝国现在正全力为残酷的斗争作准备。汉尼拔是每一次行动的灵魂人物。他的大胆计划就是越过比利牛斯山和阿尔卑斯山，从北边袭击罗马。公元前218年早春，他从西班牙的新迦太基出发，率领一支大约10万人的军队，其中包括37头战象。军队穿过西班牙北部，越过比利牛斯山和罗纳河（Rhone），到达了阿尔卑斯山脚下——很可能位于现在以小圣伯纳德（Little St. Bernard）著称的山口下。很快到了10月份，雪降落在小径的高处，致使山上的通道只有经过严重的辛劳和损失才得以通过。最后，从人迹罕至的山麓来到波河平原上的严重减员的队伍只剩下不到3万人。这就是汉尼拔建议用来攻击罗马——一个此时在征兵清单上就有超过70万步兵和7万匹战马的国家——的可怜的队伍。

汉尼拔

262.“拖延者”费边

在北意大利和伊特鲁里亚，经过连续三场战役，罗马人遭到了灾难性的失败，两支大军几乎被消灭殆尽。通向罗马的大门，现在敞开了。元老院认为汉尼拔会直接向罗马进军，就下令破坏了横跨在台伯河上的桥梁，并任命费边·马克西姆斯（Fabius Maximus）为独裁官。费边通过“睿智的拖延挽救了国家”。费边意识到罗马的命运掌握在自己手里，假如他冒险一战，又失败了，一切将无可挽回。他决定采取一项更加审慎的策略——用自己的小股军队跟踪并袭扰迦太基人，但是却拒绝倾尽全力与之决战，以此获得组建新的军队和完善共同防卫措施的时间。

263.坎尼（Cannae）会战（前216）

费边争取的时间有助于罗马人组建并训练了一支有希望同迦太基军队进行成功决战的军队。公元前216年初夏，罗马8万人的新征士兵，在新当选的执政官保卢斯（Paulus）和法罗（Varro）的指挥下，在阿普利亚奥凡托（Aufidus）河岸的坎尼遭遇了汉尼拔的军队。当时迦太基军队的数量不到罗马的一半。在这里，罗马军队遭遇到了悲惨的失败。据说，有4至7万人被杀死，只有少数人得以逃脱。根据李维（Livy）的描述，屠杀的数量如此之大，汉尼拔的一个兄弟马戈（Mago）在携带胜利的消息到达迦太基时，他为了证明情报的准确性，将大量从罗马骑士手指上取下来的金戒指倒在了元老院会议厅的地面上。

264.哈斯德鲁巴试图援助兄长；梅陶罗河战役（前207）

在坎尼会战之后的近10年里，战争经历了诸多变迁。汉尼拔在意大利发动战争时，他的弟弟哈斯德鲁巴（与其姐夫重名）正在西班牙同罗马军队作殊死搏斗。最后，他决心把战事转移到其他地方，以便支援他迫切需要援助的兄长。他沿着汉尼拔于公元前207年走过的相同路线，从阿尔卑斯山下来，到达北意大利平原。然后从那里向南进发，与此同时，汉尼拔则从布鲁提姆出发向北，与之会合。罗马则竭尽全力地阻止两兄弟及其军队的会合。在梅陶罗河（Metaurus）附近，哈斯德鲁巴的军队遇到一支罗马大军的阻击，他的军队就在这里被击溃，他本人也被杀死（公元前207年）。他的头被割掉并送给了汉尼拔。据说，汉尼拔一认出是他的兄弟，就悲伤地说："迦太基，我看到了你的命运。"

265.罗马人把战争引向非洲；扎马（Zama）战役（前202）

现在，汉尼拔又回到了布鲁提姆布满岩石的半岛地区。在那里，他面对罗马人，就像一头陷入绝境的狮子。没有人敢进攻他。罗马人决心把战争引向非洲，寄希望于迦太基人被迫把他们伟大的统帅从意大利召回去，保卫迦太基。出征非洲的军队由普布利乌斯·科尔内利乌斯·西庇阿（Publius Cornelius Scipio）率领。他刚到非洲不久，迦太基元老院就派人去召回汉尼拔。在离迦太基不远的扎马，两支军队相遇了，汉尼拔在此遭受了他的第一次，同时也是最后一次挫败（前202）。

266.战争结束（前201）

迦太基现在已经完全筋疲力尽了，她请求和平。和约的条款比第一次布匿战争结束时强加于这座城市的那些条款要严厉得多。她被要求放弃所有对西班牙和地中海岛屿的权力；除了10艘桨帆船外，交出她的战象，以及她所有的战船；立刻支付4000塔兰同（大约500万美元）的赔偿金，每年再支付200塔兰同，为期50年；在任何情况下，不得与罗马的盟友开战。500艘昂贵的腓尼基战舰被从迦太基的海港拖出来，当众烧毁。

这就是罗马人所称的"汉尼拔战争"的结局。西庇阿在罗马获得了巨大的胜利，为了纪念他的丰功伟绩，人们赠予他"阿非利加努斯"（Africanus）——非洲征服者的称号。

267.战争对意大利的影响

意大利从未完全从汉尼拔战争的影响中恢复过来。据说，有30万罗马公民在战斗中被杀。一些地区的农业几乎被破坏殆尽。农民不得不离开故土，被驱赶进修有城墙的城镇里。奴隶阶层人数大增，大土地所有者的财产规模在扩大，他们吞并了破产农民少得可怜的土地。在摧毁意大利农民阶层的同时，汉尼拔对半岛的入侵和长期占有使得这些经济弊端更加恶化，甚至在此之前，这些弊端就开始逐渐削弱罗马人早期的健康生活，使意大利充满了无数危险的无家可归者以及对现状不满的人。

第三节　罗马向东方扩张

268.引言

第二次布匿战争结束时，强加给迦太基的条款使得罗马成为西地中海的霸主。在汉尼拔战争结束至第三次布匿战争开始这个大事迭出的50年里，罗马的势力在东地中海也是至高无上的。而在另一个地方，也在同时讲述亚历山大大帝死后，他的庞大帝国分裂成几个最为重要国家的命运，我们跟随它们的发展历程，直到它们都为罗马军队攻陷，并入她不断增长的领土为止（第十九章）。在这里我们仅仅谈论这些征服对罗马的影响。

269.东方对罗马的反作用

进入希腊时，罗马人就进入了希腊文化的故乡，之前，他们曾在希腊殖民区与之有过紧密的接触。这种文化在很多方面都大大优于他们自己的文化，基于这个原因，它对罗马的生活和思想都产生了深远影响。似乎许多罗马人把罗马的东西当作粗鄙和过时的，继而对之生出一种突如其来的蔑视，同时，又对希腊的一切突然产生了迷恋之情。希腊的风俗习惯、希腊的教育模式以及希腊的文学和哲学都成了罗马的时尚，罗马社会看起来正在以一种平和的方式希腊化了。在某种程度上，这的确发生了：被俘获的希腊吸引住了她的俘获者。许多重要的希腊元素随着时间推移而为罗马人所吸收、消化，并导致了世界上不再有一种纯粹的拉丁文明存在。当谈及后来罗马帝国的文明时，我们把这种古典时代两个伟大民族文化间的亲密融合视为希腊–罗马文明。

但是，伴随着罗马人从东方接受的许多有益的文化元素，他们还接受了许多就社会和道德而言重要而邪恶的萌芽。希腊和东方的生活已经变得腐化堕落，它们同这个社会的密切联系以及我们稍后会注意到的其他影响，破坏了罗马的生活。“学习希腊就是学习流氓行为”成了一句谚语。早期的简朴和节约为东方的奢侈、挥霍以及荒淫所取代。随着科林斯的毁灭，我们沿着历史前行，罗马人在道德生活上滑坡的证据和共和国灭亡的预兆都将会增加。

第四节　第三次布匿战争（前149—前146）

270.“迦太基应该被摧毁”

第二次布匿战争结束后的二三十年里，迦太基又逐渐恢复了昔日的繁荣景象。恰巧罗马使团的负责人之一是监察官马尔库斯·加图。当他看到迦太基的繁荣时——她的海港中停满贸易船只的盛景，城市后方几英里的地方尽是漂亮的花园和别墅——他对这座城市增长的势力和财富很是惊奇，回国后，他确信，为了保证罗马的安全，需要摧毁她的对手。此后，他所有的演讲——无论是关于什么话题——据说都是以宣言结束：“还有，迦太基应该被摧毁。”普布利乌斯·西庇阿（Publius Scipio）给出了更好的建议，据说，为了反对加图，他所有的演讲都以如下一句话作为结尾：“还有，迦太基不应该受干涉。”

摧毁这座城市不缺借口。罗马人指责迦太基人违反了上次条约的条款——她不过是违反了她的确切措辞而已——罗马人包围了迦太基。4年时间里，这座城市一直顽强地抵抗着罗马军队。最后，执政官西庇阿·埃米利安努斯（Scipio Aemilianus）①

① 普布利乌斯·科尔内利乌斯·西庇阿·埃米利安努斯，汉尼拔的征服者西庇阿·阿非利加努斯收养的孙子。他征服迦太基后，就以小阿非利加努斯著称。

通过强攻最终拿下了它。这座城市被付之一炬，凡是大火所不能烧毁的建筑，全部被夷为平地，罗马人用犁把遗址翻了一遍，一个可怕的诅咒被施加在任何胆敢试图重建这座城市的人身上。

这就是迦太基的悲惨命运。这座城市被摧毁的见证者波利比阿记载：西庇阿盯着冒烟的废墟，似乎在它们身上读到了罗马的命运，他突然失声痛哭起来，悲哀地反复吟诵荷马的诗句：

> 神圣的特洛伊陷落时，
> 长矛的主人普里阿摩斯，以及他的子民们，
> 都将随之而去。①

迦太基在非洲的领土变成了罗马的一个行省，乌提卡是它的主导城市；通过商人和殖民者，罗马文明得以迅速地在阿特拉斯山（Atlas）和大海之间的地带传播开来。

271.罗马战胜迦太基的意义

罗马对迦太基的胜利在历史上或许可以同300多年前希腊对波斯（Persia）的胜利相媲美。在每种情况下，欧洲都得以避免成为亚洲的附属或延伸的危险。

闪米特种族的迦太基人的文明，跟波斯文明一样，缺乏成长和扩张的元素。如果这种文明通过征服而在欧洲传播，欧洲大陆上的雅利安人在政治、文学、艺术和宗教生活中的萌芽可能会受到抑制，而他们的历史就会像后来东方民族一样，缺乏政治和理性的趣味。

这些考量对梅陶罗河战役的发生做出了解释，此役标志着罗马和迦太基之间长期斗争的真正转折点，与马拉松战役一起出现在世界上具有决定意义战役这一候选名单上——那些决定了重要历史趋势，决定了民族、大陆和文明命运的战役。

---

① 《伊利亚特》，第6章，第448节。

第二十九章　共和国的最后100年：革命时期

（前133—前31）

272.引言

我们已在总体上追溯了罗马共和制度的发展，并简要讲述了她征服的精彩事业，即小城帕拉蒂尼山（Palatine）首先成为拉丁姆的霸主，其次是意大利的霸主，最后是大部分地中海世界的霸主。在这一章，我们会通过共和国存在的最后100年来关注她的命运。其间，虽然领土还在继续扩张，但是，许多起作用的机构却正在削弱共和国的制度，为帝国铺平了道路。这些机构是什么样的，我们可以通过对这一值得纪念的时期内的罗马历史事件进行简单记述，加以凸现。

273.西西里第一次奴隶起义（前135—前132）

随着这一时期的开始，我们发现，在西西里，奴隶主和奴隶之间进行着一场可怕的斗争——即著名的第一次奴隶起义。岛上的事态是罗马奴隶制度自然发展的结果。

罗马人在战争中获得的俘虏通常会卖做奴隶。不计其数的征服促成了大量奴隶的产生，他们成了地中海世界奴隶市场上的滞销货。他们的价格非常便宜，奴隶主发现，通过几年的残酷压榨来耗尽奴隶，然后再购买新的奴隶，比通过更加人道的方式对待他们以保护他们的生命更加有利可图。通常情况下，奴隶一旦生病，就很难得到照顾，只有等死的份，因为看护的支出超过了购买新奴隶的成本。有些庄园内劳动的奴隶多达2万人。

西西里奴隶的悲惨状况展示了奴隶制度的一些最为糟糕的特征，奴隶主的残酷最终驱使他们走上了起义的道路。起义蔓延至全岛，最后有20万奴隶武装了起来——如果斧头、镰刀、棍棒和烤肉叉可以被叫作武器的话。他们打败了四支前来镇压他们的罗马军队，在3年的时间里，公然对抗罗马的统治。然而，起义最终还是于公元前132年被镇压下去。据说，有2万名不幸的奴隶被钉死在十字架上。西西里因此而平静了下来，消停了将近一代人的时间。

274.公共土地

意大利的情况几乎跟西西里一样糟糕。这里大部分社会和经济问题的根本原因是公共土地制度。按照法律或惯例，那些未出售或者未分配的公共土地作为农场会向任何想耕种或者放牧的人开放。使用者通常要支付每年产量的1/5或1/10，作为对使用公共土地的回报。那些享有这种权利的人被称为占有者；我们应该称他们为“合法使用土地者”或“承租者”。

当时的实际情况是，这些公共土地的大部分通过各种形式落入到富人的手里。他们本身拥有耕种新土地所必需的牛群和奴隶这样的资本，因此，他们就是土地的唯一占有者。各地的小农场主纷纷因不公正的奴隶劳动竞争而破产，他们仅有的一点地产也通过购买、常常是欺诈或明目张胆地抢劫而转移到大地主手中。据说，大约公元前1世纪开始，大部分意大利土地由不到2000人把持着。于是，在很大程度上，罗马人通过公共土地制度而分成了两大阶级——富人和穷人，土地占有者和非占有者。

275.格拉古兄弟改革

穷人反抗富人和权贵事业最有力的拥护者是著名的兄弟俩——提比略·格拉古（Tiberius Gracchus）和盖约·格拉古（Gaius Gracchus）。这两位改革者被称为罗马建立以来最受欢迎的演说家。他们雄辩地为人民的疾苦发声。提比略说：“你们被称为土地的主人，却没有属于自己的一片土地。”他在公元前134—前133年被人民选为保民官。他在这个职位上确保了重新分配公共土地的法案通过，这给了穷人一些救济。

在保民官的任期即将结束的时候，提比略再次竞选保民官。贵族联合起来反对他。随后爆发了暴乱和巷战。提比略的支持者们被打倒了，他和300名追随者在公共广场上被杀害，尸体也被扔进了台伯河。这是罗马广场第一次经历暴力和血腥场面。

盖约·格拉古现在站出来，继承了哥哥的改革重任。人民选举他为保民官。作为保民官，他通过了一项法律，即每个罗马公民，只要个人申请，就可以从公共粮仓以半价或低于市场价格一半的价格购买谷物，这让他赢得了城里穷人的拥护。盖约不可能预见到这项法律会导致的所有弊端。它最终导致了谷物向所有提出申请的公民免费发放。不久，罗马的大部分人口都过着无所事事的生活，在公共食槽里饱食终日（第352条）。

盖约提出的其他为人民谋利益的措施遭到贵族们的强烈反对，最后，贵族和平民爆发了冲突。盖约用一把友好的剑结束生命，他的3000名追随者被杀死。

平民把格拉古兄弟当作他们事业的殉难者，后来，他们对这对殉难者的记忆以雕像的形式在公共广场上保存了下来。他们的母亲，科涅莉亚，人们为她树立了一座纪念碑，上面刻着简单的铭文："格拉古兄弟之母。"

276. 同盟者战争（前91—前89）

在公元前最后一个世纪的开端，意大利所有的自由民都被包含在三个阶层内——罗马公民、拉丁人以及意大利盟友。罗马公民包括首都的居民、被称作城邦的城镇内的居民以及罗马殖民地的居民（第255条），还有分布在于意大利各处孤立农场和村落里的居民。拉丁人由拉丁殖民地的居民构成。意大利盟友就是那些被征服的民族——罗马已经完全将其城市公民的权利排除在外。

同盟者战争（Social War）是一次源于意大利盟友要求罗马公民权利的斗争。他们的要求遭到了罗马贵族和平民的顽固抵制，于是，他们拿起武器，决定建立一个独立的国家。亚平宁山里一座叫做科菲尼乌姆（Corfinium）的城镇被选做新共和国的首都，它的名字变成了意大利卡（Italica）。就这样，仅用了一天时间，卢比孔河以南的大部分意大利地区就不再为罗马所有。

贵族和平民平息了他们之间的争吵，开始肩并肩地为共和国的危险局面而英勇战斗。战争持续了3年，最终靠罗马作出的谨慎让步而非战争才得以结束。公元前90年，因为觉察到一些现在仍然对罗马保持忠诚的群体内心不满的迹象，罗马将城市的公民权授予了所有尚未宣布反抗她抑或那些已经放下他们武器的意大利人群体。接下来的一年里，城市的全部权利被授予了所有的在两个月内能够找到一位罗马行政官，并向其表达获得公民权希望的意大利人。这种对意大利人正义要求的迟到让步实际上结束了战争。①

---

① 战争结束后，那些到现在为拉丁城镇享有的权利被授予了所有位于波河和阿尔卑斯山之间的城市。

277. 对同盟者战争政治结果的评论

因此，作为战争的结果，几乎所有波河南部的意大利自由民在公民权利和政治权利方面都获得了平等。这是个具有重大意义的事件。“意大利在她所有的公民中进行登记可以被视为，”历史学家梅里维尔（Merivale）宣称，“整个共和国历史上最为伟大的政策。”拉丁和意大利同盟被全体授予公民权，使得罗马公民的数量增加了两倍多。①

意大利半岛上这种不同阶层的平等化只是早期罗马导致贵族和平民两个阶级平等化运动的后期阶段。但是早期和后期革命的纯粹政治结果非常不同。早期时，那些要求并获得公民权的人，要么生活在罗马，要么生活在罗马的附近地区，他们因此有能力行使获得的投票和担任公职的权利。

但是，现在却非常不同了。这些新晋公民生活在分散于意大利各处的城镇、乡村或农场里，因此，他们中很少有人去罗马参加选举，或就立法建议进行投票，或成为罗马行政官的候选人，就是很自然的事情了。因此，他们获得的权利在政治上终究是不存在的。然而，没有人会为这种情形而受到责备，城市宪法和全体公民大会制度（第233条）已经不适用于罗马了。她不断扩大的帝国需要一个像今日美国一样的代议制政府；但是，代表只是一种政治手段，如果不是源自那个时代人们的思想，它就会与现实脱钩。

居住在罗马以外的罗马公民基本上不可能参加在首都召开的公民大会，国家的职位实际上都落入了生活在罗马或者居住在其附近的那些人手里。自从粮食的发放和公众演出是免费或几乎免费的，吸引聚集到首都来的是四面八方的穷人、懒人以及心怀不满的人们，这些大会正在迅速沦为只是被决心攫取国家的最高权力的聒噪的煽动家和不择手段的军事首领控制的暴民聚会。

这种情形在罗马公民中造成了一种严重的分裂。那些身居首都的人逐渐认为他们就是国家的真正统治者，因为，他们实际上就是带着蔑视来看待那些生活在其他城市和半岛更远地区的人。他们独自收获了被征服世界的果实。同时，外面消极的公民——我们似乎可以这样称呼他们，逐渐带着嫉妒来看待罗马那些骄奢的贵族，富有的投机商，衣衫褴褛、放荡不羁的食客和攀附权贵者。他们只好屈从于权力从这样一个群体而转入某个人手中的想法。各地人们的情绪都为革命做好了准备——

① 公元前70年的人口普查显示，当时的公民人数是90万，远远多于战争前的39.4336万人。

推翻共和国，采用帝国的形式。

278.马略和苏拉争夺征讨米特拉达梯战争的指挥权

同盟者战争正在意大利进行时，一个可怕的敌人在东方出现了。有“大帝”称号的本都国王米特拉达梯六世（Mithradates VI），利用共和国涣散的状态，几乎摧毁了罗马在东方的权力，使他自己成了小亚细亚、马其顿和希腊的主人。罗马元老院现在振作了起来。他们招募了一支军队，用来恢复对东方的统治。马略和苏拉之间立刻就产生了一场争夺军队指挥权的斗争。元老院把指挥权授予了当时是执政官的苏拉。但是，通过暴力手段，一项违背宪法的措施在公民大会上通过了，苏拉军队的指挥权被剥夺，然后授予了马略。苏拉现在认识到，必须用刀剑来解决这一争端。他率领军团向罗马挺进，并进入了城门，“这是有史以来罗马军队第一次在罗马城墙内安营扎寨”。马略一方遭遇挫败，他同他的10位同伴被宣布为国家公敌。苏拉很快率领军团，去东方迎战米特拉达梯（前88）。

米特拉达梯大帝

279.马略屠杀贵族（前87）

马略从他逃亡的非洲返回后，同执政官秦纳（Cinna）结成了同盟，试图通过武力来镇压元老院一派。罗马的食物供给被切断，城里面的人因饥饿而屈服。

马略对他的敌人施以可怕的报复。代表贵族利益的执政官格涅乌斯·奥克塔维乌斯（Gnaeus Octavius）遭到暗杀，人头被悬挂在演讲台前面。在罗马，这样的事情从未发生过——一位执政官的头颅被暴露在大庭广众之下。在整整5天里，一场残忍的屠杀一直进行着。首都每个人的生命都掌握在复仇者马略手中。这场暴行的后续，便是马略和秦纳以一种完全不合法的方式，被宣布为执政官。这是马略第7次担任执政官。但是，他只做了13天的执政官，便在任上去世，时年71岁（前86）。

280.苏拉被宣布为国家公敌（前82）

随着米特拉达梯战争的结束，苏拉写信给元老院，说他现在正要对马略一派——他自己与共和国的敌人——进行报复。经过艰苦的战斗，苏拉手握独裁者所有的权力而进入罗马。马略一派的首领都被宣布为国家公敌，他们的人头被悬赏购买，他们的财产都被没收。人们要求苏拉就他要处死的人列出一个名单，以便让他想宽恕的那些人可以从担惊受怕的忧惧中解脱出来。他列出了一份80人的名单，并将其粘贴在演讲台上。人们对着长长的名单发出抱怨。几天后，名单增至300多人，很快又加上了很多人的名字，直到它包含了成千上万意大利有头有脸人物的名字。数以百计的人被杀，只是因为苏拉的一些亲信觊觎他们的庄园。一位富有的贵族走进广场，在被宣布为国家公敌的名单里读到自己的名字后，高呼："唉！我的别墅要了我的命啊！"当时只是18岁小伙子的尤利乌斯·恺撒（Julius Caesar）由于与马略的关系也被宣布为国家公敌，但在朋友们的调解下，苏拉宽恕了他；然而，他在这么做时，却警告说："在这个年轻人身上，有很多个马略。"

这些被宣布为国家公敌的受害者人数已经传下来的有4700人。他们几乎非富即贵，在公共事务中起着重要作用。被宣布为国家公敌的人财产被没收和拍卖，或由苏拉赠给他的亲信们。我们听说过的一些拥有巨额财富的人的基础就是在此期间通过剥夺和抢劫打下的。

这一恐怖统治遗留给后代的就是一种可怕的、充满"仇恨和恐惧的遗产"。它的可怕场景一直萦绕在罗马人的脑海，历经几代人都不曾磨灭，共和国事务每发生一次危机，公众的思想都会不由自主地陷入痛苦的恐惧中，唯恐苏拉带来的这些可怕日子会再次出现。元老院通过了一项法令，任命苏拉为独裁官。在职位上掌控了3年无限的权力后，出乎所有人意料的是，苏拉突然放弃了独裁权，然后退休了。他十退位后的一年去世（前78）。作为绝对的独裁官，苏拉统治的一个重要后果就是人们习惯了一个人进行统治的想法。他的短期独裁统治是长久的绝对统治者进行统治的前奏。

281.斯巴达克斯；角斗士战争（前73—前71）

苏拉被宣布为国家公敌约10年后，意大利又开始动荡不安起来。角斗成为当时圆形竞技场里人们最为喜爱的运动。来自卡普亚（Capua）培训学校的角斗士个个勇猛无比，他们用自己精彩的表演供人们消遣娱乐。角斗学校里有个叫斯巴达克斯（Spartacus）的色雷斯人，对此极为不满，于是动员他的伙伴们起身反抗。他们逃到维苏威（Vesuvius）火山口，把那里当成他们的大本营。随后，其他培训学校的角斗士，各个部落中的奴隶和心怀不满的人们也陆续加入到他们的队伍当中，队伍最终达到15万人。起义3年的时间里，他们不仅与罗马政府相对抗，还把意大利南部的大部分地区一度掌握在自己手中。只可惜起义最终失败了，斯巴达克斯也惨遭杀害。

282.地中海海盗的猖獗；同海盗的战争（前78—前66）

罗马贵族统治极端无能的另一表现是：地中海水域长期以来海盗活动猖獗。罗马人征服地中海沿岸国家，不仅摧毁了这些陆上维持秩序的各国政府，同时，正如迦太基一样，也摧毁了各国海上的舰队。这些舰队，自从希腊开始在爱琴海上镇压海盗，就一直维持着地中海水域的秩序，保障了来往商船的安全运行。

实际上，当时的地中海已无巡逻可言，海盗因此而日益猖獗。在非洲、西班牙，尤其是希腊和小亚细亚的沿海国家中，成千上万的冒险者跳上他们的小船，通过抢劫海上商船谋生。海盗甚至还在意大利本土海岸线上从事劫掠活动，把商人和游客从阿庇乌大道上抓来并坐等赎金。后来，他们又开始拦截西西里和非洲的运粮船，进而使罗马陷入饥饿之中，粮食价格飞涨。

罗马人再也无法忍受了。公元前67年，当时已经被授予了“伟大”称号的格涅乌斯·庞培（Gnaus Pompey）——一位新崛起的年轻将领，在地中海及所有陆上50英里范围内海岸线上获得了3年的独裁权。他的舰队很快就歼灭了这些海盗，摧毁了海盗在奇里乞亚（Cilicia）的要塞，并稳定了奇里乞亚及希腊两地的殖民统治，安置了2000多名落入他手中的犯人。在这场肃清海盗的战争中，他精力充沛、卓有成效的行为，为他赢得了巨大的荣耀与声誉。

283.庞培在东方；米特拉达梯之死

镇压海盗的战争尚未结束，庞培就被人们投票选举负责统率攻打米特拉达梯的军队。在小亚美尼亚（Lesser Armenia）的一次大战中，庞培几乎将米特拉达梯的军队全部摧毁。米特拉达梯国王从战场上仓皇逃走，不久之后，为避免自己落入罗马人手中，选择了自杀身亡。他的死，去除了罗马人心中的一个最可怕的敌人。另外两个最可怕的敌人分别是哈米尔卡和汉尼拔。当时的罗马人对这三个人物是十分敬畏的。

284.喀提林阴谋（前64—前62）

当庞培忙于在东方带兵打仗，远离意大利的时候，一场大胆的反政府叛乱正在罗马酝酿。路西乌斯·塞尔吉乌斯·喀提林（Lucius Sergius Catilina）是一个恣意挥霍之人，他聚集了一大批同样是挥金如土、债台高筑的亡命之徒，他们意图谋杀执政官和国家要人，抢劫焚烧首都，然后成立新政府，由谋反者瓜分政府的职位。更新苏拉的国家公敌名单，所有的债务都将被免除。

幸运的是，这些谋反者的所有图谋并未得逞，一位伟大的演说家、当时的执政官西塞罗揭穿了他们的阴谋。元老院立即赋予执政官以独裁权，提议他们“应精心保护共和国，使其免受伤害”。人们随后在城墙上配备了守卫；国家及首都各个角落都调遣了武力以防“隐身的敌人”。 接着，西塞罗在元老院趁喀提林本人在场时，发表了被称为《第一次反对喀提林的演说》（*First Oration against Catiline*）的著名的猛烈抨击言论，揭露了整个阴谋。元老们纷纷从这个谋反者身边走开，剩下他自己孤零零地坐在那里。对于西塞罗的质问，喀提林的回答显得苍白无力，他深感自己罪恶滔天。在元老们“叛国贼”和“叛逆者”的叫骂声中，他跑出元老院，慌慌张张地逃离了罗马城，来到他追随者的营地伊特鲁里亚。在比斯多利（Pistoria）近郊的一场垂死之战中，他和很多追随者被杀死（前62）。他的头颅被作为战利品割下来示众。

285.恺撒、克拉苏和庞培：所谓的“前三头同盟”（前60）

尽管喀提林的阴谋失败了，但人们不难看出罗马共和国的衰亡已近在眼前。确实，这次事件发生后，罗马共和国已名存实亡，罗马自由的时代也早已结束。现在的罗马政府或是掌握在野心勃勃、受人追捧的领导者手里，或是掌握在腐朽的联合体和“小圈子”手中。历史事件主要集中在少数几位大人物身上，共和国的编年史也成为传记史而非历史了。

现在，罗马共和国有三位大人物——恺撒、克拉苏和庞培——他们注定会不甘寂寞。盖乌斯·尤利乌斯·恺撒出生于公元前100年，虽来自于一个古老的贵族家族，但他仍旧认定自己属于马略党或民主派。他想方设法争取大众的支持。他会在公众节目及饭桌上花费大量金钱。他极受欢迎，无人可比。在西班牙的一次胜仗中，他向自己也同时向他人证明了自己具有将帅之才。

马库斯·李锡尼·克拉苏（Marcus Licinius Crassus）属元老或贵族派。他的影响力归功于他巨大的财富，他是罗马世界中最富有的人之一。据估计，他的资产高达7100塔兰同（887.5万美元）。

我们已经对格涅乌斯·庞培及其所取得的辉煌战绩非常熟悉了。他在整个罗马世界影响巨大；因为，他在安置和重组许多他所占领的领土时，会让当地政府的职位上满是他的朋友和追随者。这种关系使他得以在诸行省中享有无尽的威望。

众所周知的“前三头同盟”（The First Triumvirate ）就仰仗着恺撒的天赋、克拉苏的财富和庞培的战功。这三人为了保障他们对公共事务的控制权，私下达成共识，结成同盟。每个人都承诺维护其他人的利益。恺撒是“小圈子”负责人，在其他两位的帮助下，他稳固了自己的执政官地位。

286.恺撒征服高卢（前58—前51）

在执政官职位将要到期之时，恺撒确保了自己作为地方总督对阿尔卑斯山南北高卢行省以及伊利里库姆（Illyricum）等行省的管理权。在阿尔卑斯山外，高卢和日耳曼部落处于动荡不安之中。恺撒发现那里是一处良好的用武之地，可以为他赢得像在其他地方赢得、现在为庞培享有的荣誉和特权一样。随着荣誉和特权的获得以及拥有一支忠于他利益的久经沙场的军队，他可能希望轻而易举地获得对各种事务的领导权，他的雄心壮志也敦促他这样做。

公元前58年春，传自阿尔卑斯山外地区的警报促使恺撒急匆匆从罗马赶往阿尔卑斯山北部的高卢地区，从而开启了他与高卢、日耳曼和不列颠诸部落之间的8次激战。在他令人赞赏的《往事纪》（*Commentaries*）里，作为罗马人曾经写就的最好的历史作品，恺撒自己给我们留下了一个忠实而生动的记载，其中，所有著名行军、战斗和围攻都发生在公元前58年至公元前51年之间。

公元前55年，这一年因为两大引人注目的成就而为人所牢记。这一年早春，恺撒修建了一座可以跨过莱茵河的大桥，并率领他的军团在原始森林和沼泽地中对阵日耳曼人。同一年秋天，他通过突击造船，越过了把不列颠同欧洲大陆分割开来的海峡，并在那个岛上维持一个据点两周后，又将其军团撤往高卢过冬。翌年春天，他再一次入侵不列颠岛，但是，在经过多次同凶猛野蛮人的交锋后，没有在岛上建立任何永久性要塞，然后再次返回了欧洲大陆。几乎100年后，不列颠当地居民才再次受到罗马人的骚扰。

恺撒对高卢人的胜利在罗马激起了人们巨大的热情。“让阿尔卑斯山沉没吧，”西塞罗高呼，“诸神让它们矗立在那儿是为了防止意大利遭受野蛮人的攻击，我们现在已经不需要它们的存在了。”

287.高卢战争的结果

恺撒高卢之战的一大重要结果就是高卢的罗马化。这个国家被迫对罗马商人和移民者开放，他们还带来了意大利的语言、习俗和艺术。进而言之，高卢罗马化意味着拉丁国家又增加了一个新成员。他们将会从罗马帝国的四分五裂中兴起。毫无疑问，如果恺撒未占领高卢，它将受到日耳曼人的蹂躏，并最终成为日耳曼版图的一部分。如此一来，在阿尔卑斯山和比利牛斯山的北部就不存在伟大的拉丁国家了。如果这个带有一半意大利风情、天性和传统的法兰西国家不存在，欧洲史会是什么样子就很难想象了。

恺撒高卢战争的另一大重要结果是他对这些民族迁徙活动的控制。这使得希腊–罗马文明有时间在高卢、西班牙和其他地方生根发芽。

288.恺撒与庞培之间的较量；恺撒渡过卢比孔河

恺撒在阿尔卑斯山那边征战时，克拉苏正率领一支军队攻打帕提亚人，他希望能以此来抗衡恺撒在高卢的辉煌战绩。但是，他的军队几乎全军覆没，他自己也战死沙场（前54）。

现在整个世界都属于恺撒和庞培两人的了。两位野心勃勃的竞争者迟早会发生冲突，这是无法避免的事情。他们在“三头同盟”中的联合只是充满私心地相互利用，绝非是出于友谊。恺撒在高卢征战时，庞培正在罗马嫉妒地关注着劲敌日益增长的名望。他慷慨解囊，尽力赢得普通百姓的喜爱。他举办大型活动，安排公共娱乐节目，当人们对圆形广场上的体育活动失去兴趣时，他就安排角斗供人们消遣。

同样，恺撒也为这场他能预见到的斗争而加强了与人民的关系。他想方设法讨好高卢人；给士兵增加薪水，赋予不同城市的居民以罗马公民权；为罗马送去大量的黄金用于建造神殿、剧院和其他公共建筑，同时还用于投入各种表演和庆典活动，目的是使这些活动更为壮观，赛过庞培。

出于对庞培的支持，元老院任命他为唯一的执政官，任期为一年（前52），这几乎相当于使他成为独裁官；元老院还颁布法令，让恺撒在规定的日期之前辞职，解散它的罗马军团。于是，危机到来。恺撒命令他的军团火速从高卢赶往意大利。在它们尚未到达的情况下，他便在拉韦纳（Ravenna）率领一小股跟随自己的老兵，渡过了标示行省边界的卢比孔河。这就是宣战行为。他跳入河中时，大呼：“木已成舟！”

289.恺撒成为罗马世界的唯一主宰

恺撒在意大利向南推进时，一座又一座的城市向他敞开了大门，一个接一个的军团加入到他的队伍中来。庞培带着他的几个军团逃到了希腊。在60天的时间里，恺撒让自己成了全意大利的主人。他的温和使他赢得了所有阶层的支持。很多人曾认为马略和苏拉时代的可怕场景会重现，然而，恺撒却向人们保证，生命和财产是神圣不容侵犯的。

随着意大利秩序的恢复，以及西西里、撒丁岛和西班牙也被置于他的权威之下，恺撒现在可以自由地向东方的庞培进攻了。双方的军队在塞萨利的法萨罗（Pharsalus）平原相遇，庞培的军队被击溃，他本人则从战场上逃脱，跑到埃及去了。就在刚登陆时，他却遭暗杀而死。

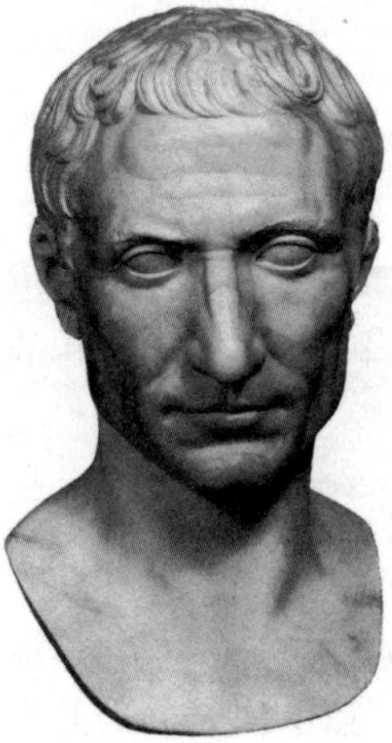
恺撒

东方和西方的其他战役及胜利接踵而至，恺撒现在事实上就是罗马世界的唯一主宰。他虽然避免接受国王的头衔，却接受了象征王权的紫袍；他还追随君主制的习俗，把自己的肖像印在了流通的硬币上。他的雕像引人注目地与早期罗马的七位国王并列在一起。他被授予这个国家的所有官职和权力。元老院使他成为了终身独裁官（前44），还授予他监察官、执政官和保民官的权力，以及最高祭司和元首的头衔。因此，他虽然没有国王之名，却享有国王之实，是个专制统治者。

290.政治家恺撒

恺撒不但是位伟大的将军，还是一位杰出的政治家。他的主要目标就是在帝国的不同阶层内建立平等的权利，使各个行省与意大利处于同一地位，将各种各样的民族融合成一个真正的民族——一言以蔽之，就是完成早就开始的使整个世界罗马化的工作。为此，他在各行省内建立了大量的殖民地，并在其中安置了生活在首都的10万贫困公民。带着使许多人吃惊又冒犯了许多人的慷慨大方，他让自由民的儿子有机会进入元老院，尤其是从高卢人中选出来的代表，并赋予首都以外的人以及各行省的所有阶层和社会以城市的部分和全部权利。他的行动在罗马历史上开创了一个新纪元。城市的豁免权与特权，迄今为止，除了一些特殊情况外，从未被授予意大利民族以外的其他民族。恺撒向各行省的非意大利人敞开了城门。因此，这预示着整个帝国的所有自由民都应该有享有罗马人的荣誉和特权的那一天。

在行省的管理方面，恺撒引入了改革，就是重视对贪财的管理者、包税人和高利贷者这些首都以外的人的调查。在罗马，他通过限制对真正需要谷物救济的人来纠正弊端。这项改革使接受公共慈善的人数减少了一半以上。

作为最高祭司，恺撒对历法进行了改革，再次将节日安排到它们合适的季节，为防止一年由365天组成造成进一步混乱，他提出了每4年增加1天。这就是所谓的罗马儒略历（Julian Calendar）。①

除了这些成就，恺撒还规划了许多庞大的事业（其中包括测量国家的辽阔疆域和编纂罗马法律），但是，他的骤然去世却阻碍了他实施这些计划。

291.恺撒之死（前44）

恺撒有一群对他怀恨在心的仇人，他们从未停止过密谋将他赶下台。同时，还有一些旧共和国的热爱者，对这些人来说，恺撒就是共和自由的破坏者。他会将自己加冕为王的印象开始盛行。执政官马克·安东尼（Mark Antony）多次在公共场合献给他王冠；但是，他看到人们脸上明显不悦的表情，每次都把它推到一边去。不过，毫无疑问，他私下里很想得到它。据说，他提议重建传说中罗马民族的摇篮特洛伊城，以及使古老的都城作为新罗马帝国的所在地。其他人则声称，为他在罗马生了一个儿子的埃及女王克利奥帕特拉（Cleopatra）的手段和魅力会诱使他把亚历山大城作为他设想的王国中心。因此，很多人出于对罗马和旧共和国的热爱，同那些由于个人原因想除掉独裁者的人走到了一起，密谋取他的性命。

公元前44年3月15日，在元老院的召开会议上，暗杀发生了。七八十个阴谋家，在盖乌斯·卡西乌斯（Gaius Cassius）和马库斯·布鲁图斯（Marcus Brutus）的领导下，参与了这次阴谋。占卜者一定知晓阴谋家的计划，因为他们警告恺撒“3月15日那天”要当心。恺撒一坐到座位上，阴谋家便向他围拢过来，好像要提出请求。得到他们一伙人中的一个发出的信号后，他们便拔出匕首。片刻之后，恺撒起身自卫；但是，当看见曾经慷慨地给予过礼物和恩惠的布鲁图斯（Brutus）也在阴谋者中间时，据说，他惊呼道：“还有你，布鲁图斯！”（“Et tu, Brute！”）然后把外套蒙在脸上，任凭他们向自己刺来。

罗马人曾杀死了他们中的很多大人物，并中断了他们的工作；但从未杀死一个

---

① 这种历法以旧有的埃及历法为基础，在欧洲得到了普遍使用，直到1582年教皇格里高利十三世对其进行了改革，改革后的历法就是著名的格里高利历。除了希腊教会（俄罗斯等）这些继续使用罗马儒略历的国家外，新历法在所有的基督教国家都得到了采用。

像恺撒一样的人。他是他们这个民族中有史以来产生的最伟大的人物。

恺撒的工作尚未完成。让他的工作具有非凡历史意义的事实是，恺撒通过自己的改革和政策而描绘的大致轮廓为其继任者所遵循，他还指明了将来的政府必须作为基础的原则。

292.“后三头同盟”（前43）；西塞罗之死

恺撒的朋友和秘书安东尼获得了他的遗嘱和文件，现在，他根据元老院的法令，打着贯彻独裁官遗嘱的旗号，开始其专横篡夺的过程。他的计划得到了恺撒的副官之一马尔库斯·埃米利乌斯·雷必达（Marcus Aemilius Lepidus）的帮助。很快，他就开始行使一个真正独裁官的所有权力了。西塞罗说：“暴君死了，但是暴政仍然活着。”

至于安东尼的篡夺事业还要持续多久，如果恺撒年轻的甥孙、他在遗嘱中指定为继承人并收为养子的盖乌斯·屋大维（Gaius Octavian）不反对，是很难回答的。内战因此而产生。经过几个月的敌对之后，刺杀恺撒的凶手在东方实力的增长成了一个共同的担忧，这导致屋大维、安东尼和雷必达决定暂时搁置对抗，联起手来，共同对付他们。会议的结果就是一个同盟的形成——得到了平民大会的认可——即著名的“后三头同盟”（The Second Triumvirate）（前43）。

三头同盟的计划很是臭名昭著。他们决定了一个普遍性地宣布为国家公敌的方案——标志着苏拉权力到来的那种。他们达成一致：每个人都要把曾招致三头同盟中其他人厌恨的自己的朋友交给暗杀者。按照这个秘密协议，屋大维放弃了他的朋友西塞罗——他因反对安东尼的计划而招致他的仇恨，允许将他的名字置于被宣布为国家公敌名单的榜首。

西塞罗

这位演说家的朋友们都敦促他逃离这个国家，他说：“让我死在这个我经常挽救的国家吧！”他的随从们都催促他，他才不情愿地向海边逃去，这时，他的追捕者追上来，在他常坐的轿子里杀死了他。他的头颅被带到了罗马，摆到了演讲台的前面，“那可是他经常向人们做演讲，雄辩地呼吁自由的地方”。据说，安东尼的妻子富尔维娅（Fulvia）用一只金锥子刺穿了他的舌头，为的是报他曾猛烈抨击自己丈夫的仇。受害者的右手——写出雄辩演讲的那只手——被钉在了舰首讲坛[①]上。

西塞罗只是成百上千的受害者之一。所有苏拉在位时的场景都得到了重演。2000名骑士和200至300名元老遭到杀害。富人的财产被没收，并且进行了公开拍卖。

293.共和国在腓利比的最后一搏（前42）

旧共和国的拥趸和三头同盟的敌人同时在东方集合。布鲁图斯和卡西乌斯是最活跃的灵魂人物。屋大维和安东尼一处置完他们在意大利的敌人，就穿越亚得里亚海进入希腊，驱散共和派在那儿的军事力量。双方的军队在色雷斯的腓利比（Philippi）相遇（前42）。经过连续两次交战，解放者召集的新兵被击溃，相信共和事业会永恒的布鲁图斯和卡西乌斯失败后自杀。事实上，这是共和派做出的最后一次努力，而介于腓利比行动和帝国建立之间的历史却只是记录了三头为了获得最高权力而进行的斗争。经过对各行省的重新划分，雷必达最终被从三头中排挤掉，接着，罗马世界再次像恺撒和庞培时代一样，落入了两个主人的手中——东方的安东尼，西方的屋大维。

294.亚克兴（Actium）海战（前31）

事情不可能按照它们现在的轨道继续了。安东尼为了美貌的克利奥帕特拉[②]，把他忠实的妻子、屋大维的姐姐屋大维娅（Octavia）冷落在一旁。在罗马，人们不无道理地私下议论，安东尼打算使埃及的亚历山大城成为罗马世界的首都，并宣称让恺撒与克利奥帕特拉的儿子恺撒里昂（Caesarion）作为帝国的继承人。整个罗马都被搅动起来。显然，一场斗争即将来临，目的就是为了决定应该是西方统治东方，还是东方统治西方。所有人的目光都本能地转向了意大利的守卫者和永恒之城最高统治权的支持者屋大维。

双方都为不可避免的冲突作了最为充分的准备。屋大维在希腊西海岸亚克兴海角附近遇到了安东尼和克利奥帕特拉的联合舰队。在战与不战的问题还没有决定下

---

① 公共广场讲演者的讲台。之所以这样称之，是因为它饰有俘获的敌舰舰首。

② 腓利比之战后，安东尼进入亚洲，旨在解决那里的行省和附属国的事务。在奇里乞亚的塔尔苏斯，他遇上了著名的埃及女王克利奥帕特拉。就像此前的恺撒大帝一样，安东尼完全被“尼罗河之蛇”的魅力给迷惑住了。他在她的陪伴下，受她魅力的役使和才华的诱惑，忘记了其他一切——抱负、荣誉和国家。

来的时候，克利奥帕特拉却调转了她的船头，逃跑了。埃及的船只有50艘，也争相逃走。安东尼一觉察到克利奥帕特拉撤退了，便忘记了一切，带着一艘快速战舰追随她而去。赶上逃跑的女王后，这个痴情的男人被接到了她所在的战舰上，成了她不光彩逃跑路上的同伴。

被抛弃的舰队和军队向屋大维投降。① 这个征服者现在是文明世界唯一的主宰。共和国的结束和帝国的开始，通常会追溯到这场决定性的战役（前31）上来。

---

① 屋大维一直追赶安东尼到埃及，在那里，安东尼被自己的军队抛弃，再加上奸诈的女王派一位信使告知他她已经死了，安东尼便自杀了。克利奥帕特拉接着便试图运用自己的魅力来征服屋大维，但是失败了，由于意识到他会把她带到罗马，去为他的胜利锦上添花，她也自杀了，时年38岁。随着克利奥帕特拉的死亡，著名的托勒密（Ptolemies）王朝也画上了句号，埃及从此成为罗马的一个行省。

第三十章　帝国建立和奥古斯都的元首统治

（前31—14）

295.帝国政府的特点

百年冲突随着亚克兴战役而结束了，战后的罗马共和国既虚弱，又无助，它现在掌握在一个英明而又强大的人手里，他足以以一种可以延长其存在时间达500年的方式重塑它支离破碎的片段，而当时，这个国家看似就要分崩离析了。从无政府和混乱中创建一个新国家是一项巨大的工程，在某种程度上，这就是一种应该展示永久性和活力的政治结构。梅里维尔说：“罗马帝国的建立终究是人类曾经创建过的最为伟大的政治事业。亚历山大、恺撒、查理曼（Charlemagne）和拿破仑的功绩都难以望其项背。”

从东方返回后不久，屋大维就放下了他作为军团唯一主宰时所掌握的惊人权力。然后，元老院无疑是按着之前对屋大维的理解，或者根据他众所周知的愿望，重新授予他虽然具有共和国头衔，但实质上跟从前一样的实际权力；因为，他铭记着恺撒的命运，所以他想在新安排下所接受的真正绝对权力上面装饰着旧共和国的形式。他不想接受国王的头衔，他知道那个称呼自从塔克文家族被驱逐以来，人们对它一直是多么的深恶痛绝，他牢记着很多罗马的优秀人物，包括伟大的恺撒，之所以会毁灭，就是因为他们让人们认为，他们的目标就是王权。他也没有接受独裁官的头衔，这个称呼自从苏拉时代以来，对人们来说，就成为像国王一样令人无法容忍的头衔。不过，他采用或者接受了元首（Imperator）这个头衔——皇帝的称呼就是由此而来的——虽然它拥有军团统帅的绝对权威，但是却没有附带令人不适的记忆。他还从元老院接受“奥古斯都”（Augustus）这个荣誉姓氏，这个头衔到目前为止对神明来说都是神圣的，它因此就摆脱了所有不吉利的联想。对这一行为的纪念被体现在了历法上。元老院颁布法令，罗马年的第6个月应该被叫作奥古斯都

奥古斯都

奥古斯都的这个雕像被认为是最好的罗马肖像作品之一。

[公历一年中的第8个月（August）便由此而来]，以纪念元首；与此类似，把这个月之前的一个月命名为尤利乌斯（Julius）[就是7月（July）]，为的就是纪念尤利乌斯·恺撒。“第一公民”的称号也授予了屋大维，它只是礼貌和尊严的一种称号，只是指出他作为一个自由共和国的第一公民而接受它。

屋大维很注意避免接受任何暗示帝王权威和特权的头衔去伤害旧共和国遗老们的敏感神经，他还很注意避免因取消任何共和国职务或大会而激起他们的反对。他允许所有的旧行政官像以前一样存在；但是他自己却掌握和行使它们权力和功能中最为重要的部分。①

元老院仍然存在，但是，一切真正的独立性都被其第一成员元首给剥夺了。屋大维努力把这个机构提升至一个更高的标准。他把元老的人数——安东尼已经将人数提升至1000人——减少至600人，从名单上剔除了那些不值得尊敬的成员和顽固的共和政体拥护者。

我们可以通过说此前被废除了500年的君主制现正在缓慢地崛起于共和国旧有的形式中，来总结所有的这些变化。这就是现实中正在发生的事情；古代国王的主要权力在共和国时期已经逐渐被分解，并授予许多的行政官、社团和代表大会手中，而现在它们正再次被集中在一个人手里。这种朝向个人不受约束统治的趋势就是帝国前300年罗马宪法史的本质；自此以后，所有权力便完全集中在了元首的手中，屋大维的含蓄君主制在戴克里先（Diocletian）明目张胆的东方君主制里便显露出其真相（第311条）。

① 执政官通常由奥古斯都提名，为了使他大量的朋友和亲信会觉得有尊严，任期被大大缩短。后来，保民官的任期被缩短至2到3个月。

296.行省的管理

帝国革命让行省的状况得到了极大的改善。所有那些动荡不安，需要奥古斯都[①]从元老院那里收回的庞大军队的存在，并由他亲自管理的行省，它们被称为“恺撒行省”。不像那些实际上由不负责任的地方总督和地方长官管理的地区，从此以后，这些恺撒行省就由皇帝的钦命大臣治理了，这些钦命大臣由皇帝任免，向皇帝负责，他们要忠实、诚实地履行自己的职责。

比较稳定的行省依然由元老院控制，它们被称为“人民行省”。这些行省也因变化而受益，因为皇帝也很关照它们，作为终审法官，皇帝可以拨乱反正，惩罚那些侵犯权利和正义的明目张胆的犯罪者。

297.日耳曼人在阿米尼乌斯的率领下大败瓦卢斯（9）

奥古斯都的统治因曾经降临在罗马军团上最可怕的灾难之一而为人所铭记。奎因克提里乌斯·瓦卢斯（Quintilius Varus）将军错误地以为，他能够统治在某种程度上被置于罗马权威之下热爱自由的日耳曼人，就像他统治东方行省里顺从的亚洲人一样。他因此激怒了他们，使他们决心叛乱。在瓦卢斯率领一支由三个军团组成、人数大约2万人的军队穿越几乎人迹罕至的条顿堡森林时，遭到了在勇猛首领赫尔曼（Hermann）——被罗马人称为阿米尼乌斯（Arminius）——带领的野蛮人的突袭，他的军队被摧毁。

阿米尼乌斯对罗马人的胜利在欧洲文明史上是个具有重大意义的事件。当时的日耳曼人几乎被彻底征服，处于被罗马化的边缘，就像高卢的凯尔特人曾经遭遇的一样。此役之后，欧洲的历史就发生了改变，因为日耳曼元素成为对后面1500年的重要历史事件产生重要影响的因素之一。在这些野蛮人中，也有美国人的祖先。假如罗马成功地消灭或征服了他们，就如克雷西（Creasy）所说的，不列颠可能就不会有英格兰这样的名字了。

298.奥古斯都统治期间的文学和艺术

奥古斯都的统治持续了44年——从公元前31至公元14年。正如我们所了解的，虽然奥古斯都的统治受到了一些来自前线祸患的干扰，然而，或许文明世界以前从

---

① 从现在起，我们应该用这个荣誉姓氏来称呼屋大维。

未享有过这么长时间的一个可以远离战乱的休养生息时期。在这个繁荣的时期，罗马在战争时期开启以及和平时期关闭的雅努斯神殿的大门关闭了3次。在此之前——自罗马建城以来，雅努斯神殿的大门只关闭过两次，罗马人一直处在不断地征战之中。

长时间的休养生息，与之前所有岁月里都充斥着冲突的时期相比，非常有利于文学和艺术的发展。在皇帝和他的亲信大臣米西纳斯（Maecenas）的赞助下，诗人和作家辈出，出现了拉丁文学的黄金时代。许多人感叹共和国的崩溃，在对文学的追逐中寻求慰藉；在这方面，他们得到了奥古斯都的鼓励，因为它让许许多多不安分的灵魂有了消遣对象，否则，他们就会投入到反对政府的政治阴谋中去。在这个时期的文学领域，出现了四个重要的名字：维吉尔（Vergil）、贺拉斯（Horace）、奥维德（Ovid）和李维。

奥古斯都还是建筑和艺术方面的慷慨赞助者。他用许多辉煌的建筑，包括神殿、剧场、柱廊、浴池和沟渠来装饰首都。他不无骄傲地说："我发现罗马时，它是一座砖做的城市；我把它变成一座大理石做的城市。"当时的罗马城约有100万人口。

299.奥古斯都之死及其神化

公元14年，奥古斯都死了，时年76岁。他最后对聚集在床边的朋友说："倘若我在生活这部戏中很好地扮演了我的角色，请你们用掌声来回应我的离去。"根据元老院法令，他受到了神一样的崇拜，为了对他表示敬意而建立了神殿。

奥古斯都在世的时候，对他的膜拜已经发展起来，尤其在东方。这种恺撒崇拜的泛滥，对我们来说似乎有点奇怪和不够虔诚。但是，如果从古人的角度来看，就不是这样了。在东方，国王在某种程度上会普遍被视为神圣的。因此，在埃及，法老们被认为是神族，那么，罗马东方的臣民把帝国的首领视为凌驾于凡人之上并具有神性品质的人便是很自然的了。这种思维导致东方行省里的人成为神殿里和"神圣恺撒"祭坛前真诚而热心的崇拜者。

膜拜从东方传到西方，成了所有地方大众最喜爱的崇拜形式。正如我们将会看到的，这种崇拜的建立有着深远的影响；自那以后，希腊–罗马世界的多神信仰就以这种形式表现出来，而在帝国的一个偏远角落，一种新的宗教正在兴起，帝国教会必定要与之发生激烈的冲突。在奥古斯都昌明的统治时期，祥和的气象在整个文明世界内盛行起来，基督就是在这个时候出生在朱迪亚的伯利恒（Bethlehem of Judea）。

共和国与帝国不同时期罗马公民人数表①

王政时代后期（蒙森的统计）	20000
公元前338年	165000②
公元前293年	262322
公元前251年	279797
公元前220年	270213
公元前204年	214000③
公元前164年	327022
公元前115年	394336
公元前70年	900000
公元前27年	4063000④
公元前8年	4233000
公元13年	4937000
公元47年（克劳狄乌斯治下）	6944000

① 这些数字或许包含着罗马史上最重要的事件，也就是说，逐渐承认外国人享有城市的所有权利，直到文明世界的每一个自由人都成为罗马公民。

② 这些数字既不包括拉丁殖民地上的居民，也不包括同盟国内的居民。

③ 公元前220年之前的数字开始跌落，是汉尼拔战争导致的结果。

④ 这些数字和公元前8年到公元13年的统计都来自《安奇拉铭文》。公元前70年的人口普查数字多于公元前115年的，显示出同盟者战争后，罗马对意大利人城市的承认。公元前70至公元前27年之间数字的巨大飞跃，不仅可以通过在这个阶段对外国人选举权的承认，或许还可以通过监察官在共和阶段未能在他们的统计中包含那些生活在远离首都的罗马公民而得到解释。然而，E.迈耶认为，公元前27年的人口普查包括整个罗马的公民人口（男人、女人和儿童），不过，共和时期的人口普查只提供17岁以上男性公民的人数。

第三十一章　从提比略到戴克里先即位

（14—284）

300.提比略的元首统治（14—37）

提比略（Tiberius）是奥古斯都的养子与继承人。统治早期，尽管提比略的权力并不受约束，但他还是有所节制，表面上看，他希望增加庞大帝国内各个阶层的利益；甚至直到最后，他对各行省的统治都是公正而仁慈的。

但不幸的是，提比略具有阴郁、多疑和妒忌的天性。他与首都政治上和私人的敌人争斗时所遭遇的反对，让他很快开始实行高压暴政。提比略任命一个品质极为低劣、生活极为堕落的人塞扬努斯（Sejanus）为首席大臣和禁卫军[①]统帅，然后退隐到那不勒斯湾的卡普里岛（Capreae）上，把首都的一切事务都交给了这个人。塞扬努斯在罗马一度按照自己的意愿进行统治。他杀死了一些最优秀的公民，清除掉可能的皇位继承人，以便提比略能让他继承皇位。他甚至胆大包天到计划刺杀皇帝本人。然而，他的阴谋为提比略获知，这位臭名昭著的奸臣受到逮捕并被处死。在余下的时光里，提比略更加冷酷地统治着这个国家。很多人通过自杀来逃避他的专制统治。

正是提比略统治期间，在罗马帝国的一个偏远行省，耶稣被钉在了十字架上。在一种无与伦比的传教精神激励下，他的信徒踏遍了帝国的每一寸土地，四处宣扬“福音”。人们对旧神祇的失望，影响日渐减弱的希腊文化，集权政府下文明世界的统一，被奴役阶层的普遍苦难和无法言说的疲惫——所有这一切都为新的教义提

① 这是由奥古斯都创建的一支精锐部队，本意是为皇帝提供贴身保护。它的编制为1万人左右，且在城门边沿城墙有永久的营地。很快，禁卫军就成了帝国一股强大的力量，能够左右皇帝的废立。

供了土壤。不到300年，一个基督教的帝国就已实至名归了。

301.尼禄的统治（54—68）

作为提比略之后的第三位皇帝，尼禄是幸运的，伟大的哲学家和道德家塞涅卡（Seneca）是他的老师（第344条）；但有这样的学生却使塞涅卡成为世界上最不幸的老师。在塞涅卡和禁卫军统帅浦路斯（Burrhus）的影响下，即位后的前5年，尼禄公正而谨慎地治理着他的国家；然后他渐渐地与塞涅卡的教导背道而驰，走上了一条充满了令人难以置信的穷凶极恶的道路。

在他统治的第10个年头（64），一场大火把半个罗马城烧成灰烬。整整6个昼夜，火海掠过谷地，掠过这个城市坐落的群山。据传是尼禄自己下令放的火，为了清理地面，好让他重建一座更加宏伟的城市。据说，他站在宫殿的最高处，欣赏着大火，心情愉快地哼唱着一首自己写的诗，名叫“洗劫特洛伊”（Sack of Troy）。为了转移人们的注意力，尼禄指控是基督徒阴谋烧毁城市，以实现他们的预言。而当时新宗教的教义宣扬基督的复活以及世界毁于大火，这似乎给指控涂上了可信的色彩。随之而来的迫害是教会有史记载以来最残酷的。许多受害人的尸体被撒上沥青，作为皇宫花园里的火把在夜间焚烧。传说保留了这次受迫害的牺牲者：使徒彼得和保罗。

皇帝穷奢极欲，钱总是不够挥霍，谋杀和罚没别人财产就成为他敛钱的手段。连他的老师塞涅卡也成为受害者。塞涅卡极其富有，尼禄指控他叛国，将他杀害，并没收其财产。

最终，元老院宣布尼禄为全国公敌，判处他被鞭打至死。为了免于这一刑罚，尼禄在一位仆人的帮助下自行了断。

302.韦帕芗（69—79）

弗拉维·韦帕芗的即位标志着一个新王朝的开始，从他到接下来的三位君主的统治，被称为弗拉维时代（Flavian Age）（69—96）。韦帕芗的统治中最令人难忘的事件就是耶路撒冷的陷落与毁灭。经历了有史记载的最混乱的围城之后，耶路撒冷被韦帕芗的儿子提图斯（Titus）攻陷。因为正值逾越节，大量的犹太人在此之前进入了这座城市，也死于这场战争。与尼布甲尼撒（Nebuchadnezzar）一样，提图斯洗劫了神殿中的圣器并把它们当作战利品带走了。今天，我们在罗马提图斯的凯旋门上依旧可以找到七分枝黄金烛台的雕刻，那是战争的纪念。

提图斯凯旋门上的凯旋式

图中展示了七分枝的烛台和其他来自耶路撒冷神殿的战利品。

10年的繁荣过后，公元79年，韦帕芗去世，他是奥古斯都后第一位得以善终的皇帝。

303.提图斯（79—81）

经过短短两年的执政，提图斯就赢得了“人类的朋友和快乐”的称号。他不知疲倦地行善。提图斯的统治尽管短暂，却有两次大的灾难。第一次是罗马大火，几乎与尼禄时代的大火（Great Fire）一样严重。第二次是维苏威火山爆发，毁掉了庞贝和赫库兰尼姆（Herculaneum）城。城市被埋葬在火山灰和岩浆中。伟大的博物学家老普林尼（Pliny the Elder）冒险进山去查探，结果一去不返。①

304.五贤帝

图密善之后，元老院在帝国事务上恢复了一些以前的影响，它选举了五位皇帝——涅尔瓦、图拉真、哈德良和两位安敦尼。这些英明仁慈的统治者被称为“五贤帝”，在他们的统治下，元首与元老院的共治几乎成为事实。这一时期标志着古代文明发展的高峰。

涅尔瓦是位年长的元老和前执政官，他的统治如慈父一般。然而，他却在统治

① 19世纪大规模的考古，挖掘出了庞贝城的大部分，展现了这座古老城市的街道、房子、剧院、澡堂、商店、神殿及各种纪念碑——形象地向我们展示了一幅1800年前罗马帝国时代的画卷。

16个月后就去世了，权杖则被传到了他曾经的副手、更有能力的统帅图拉真手里。

305.图拉真（98—117）

图拉真出生于西班牙，既是职业军人，又是位天才的军事家。他是第一个坐上恺撒宝座的外省人。从这一刻开始，外省人开始在国家事务中发挥着日益重要的作用。

从奥古斯都开始到他大多数的继任者，罗马帝国都是以欧洲的多瑙河和亚洲的幼发拉底河为边界的。但是，图拉真却决心把疆土扩展到这些河流以外的地方。统治早期，他忙于与盘踞多瑙河下游的达契亚人（Dacians）的战争。最后，麻烦的敌人被解决掉了，达契亚（Dacia）成为帝国的一个行省。达契亚现在被称为罗马尼亚，就是为了纪念罗马人的征服和殖民跨越了多瑙河的。今天的罗马尼亚语中有很多元素都来自拉丁语。①

在统治后期（114—116），图拉真挥师东进，跨过幼发拉底河，攻陷了亚美尼亚，从帕提亚人（Parthians）手里夺取了构成古代亚述帝国核心地带的大部分地区。

图拉真把帝国的疆界扩展到了罗马的野心和实力所能允许的最大限度。

306.哈德良（117—138）

哈德良是图拉真的宗亲，继承了他的帝位。哈德良雄才大略，为人沉稳，在处理国家事务中展示了良好的判断力。他谨慎地放弃了幼发拉底河以东由图拉真获得的领土，让这条河流再一次成为帝国的东部边界。

哈德良耗时15余年，巡视了帝国的各个行省。他来到不列颠，建了一座长城用来防御皮克特人（Picts）和苏格兰人，以便巩固罗马的统治。该长城长约70英里，从泰恩河（Tyne）到索尔威湾（Solway Firth），横穿不列颠岛。它的位置比当年阿格里科拉的堡垒要靠南一些。在今天英国低矮的山丘上和大沼泽内还能找到哈德良长城的遗迹，有些地方保存完好，古代的观测站和岗哨则破败了。② 再没有哪个罗马曾经的行省能有这样令人叹为观止的建筑来证明她那广阔的疆域了，300年

---

① 罗马尼亚及邻近地区说罗曼语的人大概有1000万。看起来，中世纪有大量说拉丁语的移民从多瑙河南部来到这一地区。

② 关于城墙，最好的作品是由J. C.布鲁斯撰写的《罗马城墙》（伦敦，1851），《罗马城墙手册》由同一个作者撰写，是前者的缩减版。从泰恩河畔的纽卡斯尔和卡莱尔之间的霍特惠斯尔火车站，你便能轻易看到保存最好的一段城墙。旅行者不应该错过这些有趣的罗马占领英国时的纪念性建筑。

来，帝国的哨兵站在墙头观察着野蛮的苏格兰侵略者，保卫着文明。

307.两位安敦尼（138—180）

奥勒留·安敦尼（Aurelius Antoninus）（“庇护”为其姓氏）是哈德良的养子、继承人，他仁慈地统治着罗马。在他长达23年的统治中，帝国一直处于和平状态。没有什么重大事件引起史学家的注意，这很好地诠释了那句经常被提及的名言：“历史记载简洁的人们最幸福。”

在他统治的早期，安敦尼便与他的养子马可·奥勒留（Marcus Aurelius）联合执政，在他死后（161），后者悄然继承了他的位置。奥勒留勤奋好学的习惯为自己赢得了“哲学家”的称号。他属于斯多葛学派（School of the Stoics），是一位有思想的作家。他的《沉思录》（*Meditations*）表达了奉献、仁慈等最温柔的情感，是所有古代非基督徒作家中最接近基督精神的。

考虑到奥勒留的性格，人们会对基督教最严厉的迫害发生于他的统治期间而感到奇怪。但我们需要注意，当时对基督徒的迫害是出于政治和社会原因，而不是出于宗教动机，这就是为什么在迫害者的名单上既有好皇帝也有坏皇帝。国家利益总是与它的宗教与信仰崇拜联系在一起，所以，即使罗马的统治者通常比较包容，允许臣民用不同的方式来崇拜，但他们依旧要求人们承认罗马诸神，要在神像前，尤其是皇帝像前焚香（第299条）；而基督徒则坚决拒绝这样做。人们相信是他们对神殿的不敬惹怒了众神，危及国家安全，招致了干旱、鼠疫，以及所有的灾难。这是异教徒皇帝迫害他们的重要原因。

在奥勒留统治晚期，北部边境传来警报。野蛮人正在进攻罗马的前哨，并且还以大军压境。奥勒留身先士卒，匆匆翻过阿尔卑斯山，他制止了蛮族的侵袭，却无法制服他们。鼠疫的肆虐已经使帝国疲惫不堪，国库耗尽。最终，奥勒留虚弱的身体倒在了繁重的国事下，在他执政的第19个年头（180）死在了文多波纳（Vindobona）（今天的维也纳）的军营里。

从没有哪一个君主如安敦尼·庇护和马可·奥勒留一样英明。基于他们的美德，梅里维尔公正地评价道：“这些杰出君主无可指摘的统治，为后世的君主制提供了最好的理由。”

308.行省的状况

在伟大的安敦尼时代接近尾声时，我们来看一下帝国人口的大致状况。就像我们已经知道的，帝国崛起的伟大革命是符合地方各行省利益的。就算是在最糟糕的皇帝治下，各行省的管理事务也是谨慎的、人性化、公正的。或许，在罗马帝国内各个地区，基督之后的第2个世纪是教会史上基督徒最幸福的时代。

东方诸国的城镇，还有西班牙、高卢、不列颠及其他西方各地的成百上千个相似的地区，都享受着罗马人发明的一种优良的市政体制，这是类似于今天欧洲一些发达国家的自治市一样的自我管理制度。这种高明的体制保存或发展了地方情感和公民的自豪感。各城市之间互相较劲，争相修建更好的剧院、露天剧场、澡堂、神殿、凯旋门，还有沟渠、桥梁等实用的建筑。这些不仅得到了皇帝国库的大力扶持，还得到了公民个人的慷慨解囊。私人馈赠是这一时代的显著特征，就像今天个人对教育和慈善机构的捐献一样。

位于法国尼姆附近、可追溯至帝国早期的罗马引水渠和大桥

这是古罗马建筑现存的最精美、令人印象最为深刻的纪念碑之一。下面一排拱门承载着一条现代化的道路。

无数宏伟的建筑遗迹如今散落在曾经的罗马帝国各行省的大地上，这些遗址不仅体现了当时稠密的人口、繁荣的文化以及兴盛的城市，也佐证了帝国早期开明仁慈的统治和休养生息的政策。

309.百年混乱；帝国的拍卖（193）

两位施行仁政的安敦尼皇帝之后的100年间（192—284），帝国的皇帝都由军队拥立，因此这一时期的统治者也被称为“军营皇帝”。25位登上帝位的皇帝有21

位死于暴力谋杀，这很好地说明了这个时代的特点。除了内部的混乱，国家还面临着蛮族的入侵。野蛮的游牧民族从四面进攻帝国，大肆烧杀劫掠。

混乱时代由禁卫军的一系列丑闻开始。这些士兵杀死了康茂德的继承人，昭告天下说，要拍卖这个国家，价高者得。他们真的这样做了。一个叫狄第乌斯·尤利安努斯（Didius Julianus）的富有元老许诺给禁卫军的12000名士兵每人25000塞斯特斯的铜币，所以这时的帝国就值3亿塞斯特斯（大约1200万美元）。

关于这桩可耻交易的消息一传到边境军团，立刻引起了愤怒的反抗。每个军队都提议并拥护自己的指挥官为皇帝。多瑙河军团拥护的人是塞普蒂米乌斯·塞维鲁（Septimius Severus），这位精力无穷、极富人格魅力的人知道帝位不乏竞争者，动作快才是关键。他马上带领军队开始行动，迅速占领了罗马。禁卫军根本不是这些训练有素的边境军团的对手，他们甚至没有试着保护自己的皇帝。于是，皇帝遭囚禁，只统治65天就被处死了。作为惩罚，使国家蒙羞的禁卫军团被解散并遭到驱逐，一支新的5万人的军队取代了他们的位置。

第三十二章　戴克里先与君士坦丁大帝的统治

第一节　戴克里先的统治（284—305）

310.总论

戴克里先即位标志着罗马历史上一个重要时代的开始。他统治期间有两件重要的事情，一是对政府的改革，二是对基督教的迫害。戴克里先对政府的改革虽然激进，却是有益的，为垂死的帝国注入了新的活力，让它续了近200年的寿命。

311.帝国变成了赤裸裸的东方君主制

一直到我们现在讨论的这个时代，政府的君主专制本质还或多或少地隐藏在古共和国的面纱下。从前，奥古斯都用共和的表象来对不受限制的权力进行伪装，他的继任者也不得不继续这样做，但是现在，罗马的共和政府已经不复存在，形式上的残余也毫无意义，戴克里先抛开了所有的面具，赤裸裸地表明政府的本质——一个绝对的、亚洲式的君主专制体系。

改变的标志是戴克里先采用了亚洲皇室的头衔和东方的宫廷礼仪，他身穿华丽的织金丝质长袍，使用了“主人”（lord）的名号。所有觐见他的人，无论身份高低，都必须匍匐在地，这种东方式的奴性崇拜为西方的自由民族所不齿，他们一直拒绝使用这样的礼节。

312.行政制度的改变

戴克里先之前，罗马有一个世纪处于无政府的混乱状态，25个皇帝中有10个死于刺杀，新政府需要一个能减少刺杀和保证皇位有序继承的制度。戴克里先的体系对这两个问题做了规范。首先，他选择了马克西米安（Maximian）作为共治者，都称为“奥古斯都”。然后，两人分别又指定一位副手，称为“恺撒”，恺撒被认为是皇帝的继子和继承人。这样，帝国就有两位奥古斯都和两位恺撒。意大利的米兰是马克西米安的都城，而小亚细亚的尼科米底亚（Nicomedia）则为戴克里先的皇庭。奥古斯都们管理各自都城邻近的地区，更年轻更有活力的恺撒——伽列里乌斯（Galerius）和君士坦提乌斯（Constantius）——则管理偏远混乱的省份。这样确保地域广阔的帝国每个角落都处于有力的管理之下。

戴克里先把各行省进一步细分。他的目的是削减行省总督的权力，令他们没有反叛的能力。

为了使王权更加巩固，戴克里先实行军政分开，在各个地方指定两套人马，分别管理行政与军队。

这一制度的最严重缺点是，维持四个皇庭中无数官员和侍从的开支非常巨大，因为复杂的体系需要大量的官员和人员为之工作。人们抱怨在政府吃饭的人比交税的人还多。税收负担逐渐变得不能忍受。一些地方农牧业荒废，大量农牧民沦为乞丐或劫匪。地方元老院的元老成为对本地区税收工作负责的人，以至于当官不再是人人羡慕的荣耀，而成了避之不及的烫手山芋。猛于虎的苛捐杂税正是造成帝国人口减少、贫困和最终衰弱的主要原因。

313.等级制度的发展

为了逃避苛捐杂税，农民逃往沙漠，去做修士，还有的偷渡边境，去野蛮人那里寻求自由。富人也想方设法逃税逃官。为了应付这种局面，政府采取了把所有人都束缚在自己职业上面的政策，按照职位和职业收税。地方元老院的成员没有准许不得离开城市，佃农[①]或农民与土地捆绑在一起，实际上成为农奴，工匠要一直从事自己的手工业，商人要一直经商。而且，在尽可能的情况下，所有的行业都是世袭的，子嗣必须承袭父辈的职业。[②] 每个人的一生在他出生的那一刻就被决定

---

① 佃农（种地的人）本是自由民，他们耕种帝国的或大地主的土地，支付一定的租金或实物。到公元3世纪，他们中的许多人由于债务或者其他原因沦为半奴隶状态，被拴在他们耕种的土地上。这种地位由于文中提及的原因成为合法的阶级地位。这就是中世纪农奴制度的开端。

② 这种社会转变在戴克里先之前就已经开始了。为了加强帝国对产业的控制，行业协会已经变成了职业世袭的制度。

了，官员的儿子还是官员，农民的儿子注定要种一辈子的地，士兵的儿子则要从军，所有的职业都如此。阶级从此变成了世袭的等级，个人自由就此消失。

如果要用一句话来描述戴克里先及其后继者的改革对罗马和国家领袖关系的影响，那就是帝国现在成了君主的私人庄园，君主就像大庄园主管理自己庄园一样治理自己的国家。

314.对基督教的迫害

在戴克里先统治的后期，开始了对基督徒的迫害，并一直持续到他退位之后很久。这一次对基督徒的迫害是异教徒皇帝发起的最后一次，也是最严重的一次。正是第2、3世纪中对教会的种种迫害，使得许多基督徒不得不在地下墓穴中寻求庇护，在罗马这些巨大的地下长廊和房间里，他们埋葬死者，在墙上画上象征着他们的希望和信仰的粗犷符号，于是，在黑暗的地下洞穴里出现了基督教艺术的开端。

基督牧羊

315.戴克里先退位

在20年的统治之后，戴克里先厌倦了烦琐的国事，宣布退位，并强迫，或劝诱他的同事马克西米安也在同一天放下了手中的权力。伽列里乌斯和君士坦提乌斯进位为奥古斯都，他们的副手成为恺撒。

戴克里先退隐到亚得里亚海东岸的索罗那（Salona），据说，马克西米安曾写信给他，敦促他与自己一起拿回放弃的权力，他回复道："如果你到索罗那看到我家花园里我亲手种的卷心菜，就不会再和我说帝国的事情了。"

第二节　君士坦丁大帝的统治（306-337）

316.米尔维安桥战役（312）；"这是征服的标志"

戴克里先和马克西米安退位后，伽列里乌斯和君士坦提乌斯成为奥古斯都，然而他们的共治只维持了一年，君士坦提乌斯就死在了不列颠的约克（York）。他的士兵不顾戴克里先规定的继承顺序，拥立他的儿子君士坦丁（Constantine）为皇帝。在不同的地区有六个人争夺帝位，君士坦丁通过18年的征战才获得了最高的权力。

帝位争夺战中最著名的战役发生在距离罗马两千米的米尔维安桥（Milvian Bridge），君士坦丁击败了统治意大利和非洲的马克森提乌斯（Maxentius）。在这一战中，君士坦丁的军旗是基督十字。有一次，他向太阳神祷告时，日落的天边突然出现了一个十字，上面写着“这是征服的标志”①。君士坦丁顺应天象，立即将十字作为他旗帜的标志，正是在这一旗帜下，他的士兵在米尔维安桥战役中取得了胜利。

317.君士坦丁让基督教变成了国家的宗教

君士坦丁于公元313年，即米尔维安桥战役的第二年，在米兰颁布了一项命令，承认基督教与帝国的其他宗教具有同等的地位。这一著名的宗教宽容敕令，又被称为“教会大宪章”，它规定：“我们给予基督徒及其他人选择宗教的完全自由。”“历史上第一次，普遍的宗教宽容政策被正式确认。”②

罗马的君士坦丁凯旋门

由罗马元老院所建，以纪念君士坦丁在米尔维安桥对马克森提乌斯的胜利。

① 拉丁语 In hoc signo vince。

② 《剑桥中世纪史》，第1卷，第5页。伽列里乌斯曾颁布过一个敕令，给予基督徒崇敬上帝的自由，但并没有确认普遍的宽容原则。

然而，通过接下来的几个法令，君士坦丁让基督教成了事实上的国教，并给予它异教所没有的资助。到公元321年，他已经允许教会收受馈赠和遗产，他本人也不停地给教会捐献金钱和土地。从此，教会开始拥有大量财产，也拥有了随之而来的世俗精神。它原始的淳朴的精神开始衰败，早期高尚的道德标准开始沦丧。但丁用他的诗句来叹息帝国资助的可悲后果：

啊，慈母般的君士坦丁多么有害，
第一位富有的教父从你那带走的，
不是你的皈依，而是结婚的嫁妆！①

君士坦丁的另一个与新宗教有关的行为具有特殊的历史意义和重要性。他承认基督教的礼拜日为休息日，那一天禁止一般性的工作，而且还命令基督徒士兵必须参加教堂的礼拜仪式。承认基督教的安息日对奴隶来说意义重大。在印欧各族人民的历史上，奴隶第一次可以每周都休息一天。这是个好兆头，它预示着每一天都属于他们自己的时代就要来临了。

318.尼亚西宗教会议（325）

为了解决基督教内部不同教派之间的争议，特别是阿里乌斯派（Arians）和亚他那修派（Athanasians）②关于基督本质的争议——前者不承认他与天父的平等地位——君士坦丁于公元325年在小亚细亚的城镇尼西亚（Nicaea）召开了基督教会的第一次大会。阿里乌斯派受到谴责，大会通过的尼西亚信经成为基督教的正统信条。

319.君士坦丁在博斯普鲁斯海峡建立了新罗马君士坦丁堡（330）

继承认基督教的地位之后，君士坦丁做的最重要的事就是选择博斯普鲁斯海峡上的拜占庭（Byzantium）作为帝国的新首都。导致皇帝迁都的一个原因就是罗马居民对其非常无礼，因为他抛弃了对旧有民族神祇的崇拜。但是也有军事上的原

① 《地狱》，第19卷，第115—117节。

② 阿里乌斯派以埃及亚历山大城一位主教阿里乌斯为首。亚他那修也是这座城市的副主教和后来的主教，是东正教和天主教三位一体观的倡导者。

因，帝国的敌人现在正在东方对其构成了威胁。此外，迁都还有着商业、社会和政治上的原因，随着罗马征服东方，帝国的人口、财富和商业中心都向东转移。

帝国的邀请和宫廷的诱惑让无数人对新首都趋之若鹜，他们立即涌入进来，几乎在一夜间，古老的拜占庭就成了新的大都市。为了表示对皇帝的尊敬，城市的名字改成了君士坦丁堡，即“君士坦丁的城市”。台伯河上的旧罗马城，失去了它最重要的居民，很快便沦为次要的行省省会的位置了。

320.“叛教者”尤利安统治下的异教复辟（361—363）

君士坦丁大帝死后，帝国陷入了近25年的混乱，然后帝国的权杖落到了被称为“叛教者”尤利安（Julian the Apostate）的手里，因为他抛弃了基督教并努力恢复异教崇拜。尤利安并未采取传统的复辟手段——“剑、火和狮子”——因为就在他想消灭宗教的柔和的影响下，罗马已经变得充满温情和人性，尼禄和戴克里先式的迫害已经不可能了。尤利安的主要武器是笔，因为他是一个极有天赋的作家和讽刺家。

尤利安给基督教带来的打击很快就为继任者约维安（Jovian）终止了（363—364）。军队中十字皇旗取代了异教军旗，基督教又是帝国的国教了。

第三十三章　西部罗马帝国最后100年

（376—476）

321.引言：日耳曼人与基督教

在5世纪的希腊—罗马世界中，两个最重要的因素就是日耳曼野蛮人和基督教。它们在几个世纪之前就与罗马政府和罗马生活有了某种联系。但是，接下来我们要讨论的这个时代，两者拥有了全新的历史意义和重要性。

那么，我们即将学习的这个世纪的两个重大事件是（1）垂死的帝国和北方年轻的日耳曼民族的斗争；（2）基督教在世俗权力的帮助下取得了对异教的最终胜利。

322.哥特人渡过多瑙河（376）

公元376年，东方发生了一个重大历史事件。居住在多瑙河下游北部的西哥特人（Visigoths）成群结队地出现在了多瑙河岸边，乞求帮助，说有一个恐怖的民族侵入了他们的领地，杀光他们的人，烧光了他们的房子，而他们毫无还手之力。西哥特人请求皇帝瓦伦斯[①]（Valens）让他们过河，定居在色雷斯，并承诺，如果皇帝答应了，他们会永远是罗马忠实且坚定的盟友。请求被准许了，条件是他们放下武器，并以子嗣为人质。

让西哥特人如此害怕的敌人就是匈奴人（Huns），他们是来自亚洲大草原恐怖勇猛的游牧骑兵。逃亡者前脚刚被准许进入帝国的领土，他们的亲族东哥特人（Ostrogoths）随即也被同一个敌人逐出了家乡，大量涌至多瑙河畔，请求过河，

---

① 瓦伦斯（364—378）是东部皇帝。西部皇帝瓦伦提尼斯（364—375）已死，由格拉提安（375—383）继任。

以抵挡可怕的敌人。面对境内数量庞大的蛮族，瓦伦斯十分警惕，拒绝了他们的要求，东哥特人于是强行渡河。

一踏上帝国的领土，东哥特人就与西哥特人联合起来，在多瑙河各行省四处劫掠。瓦伦斯赶紧派人给西部皇帝格拉提安（Gratian）送信求援；格拉提安正要赶去救援的时候，瓦伦斯战败死亡的消息就传来了。格拉提安立即委任副手——后来被冠以大帝之称的狄奥多西（Theodosius，379—395）负责东部帝国。狄奥多西很快让哥特人投降。大批哥特人在色雷斯的荒地上定居下来，4万多名好战的野蛮人，也是帝国命定的颠覆者，被编入了帝国的军团。

323.取缔所有异教徒

格拉提安和狄奥多西都是狂热的基督教正统教会的支持者，他们统治时期发布的许多法令都旨在根除异教，压制异教崇拜。（总体上说，从君士坦丁到我们讲的这个时代，异教崇拜是完全被允许的。）一开始只是禁止，后来只要任何人进行异教祭祀，甚至进入神殿都是犯罪。维斯塔神殿里那个已经燃了很久的全国性壁炉内的圣火熄灭了。到公元392年，甚至连对家庭守护神拉瑞斯（Lares）和珀那忒斯（Penates）的私下供奉都遭到了禁止。基督教和异教的战斗终于结束了，基督教胜利了。当然，许多异教仪式在这之后很久依然在秘密进行着，尤其是在农村地区。

324.狄奥多西大帝和米兰安布罗斯大主教

狄奥多西在位时，有一件值得注意的小事，它很好地说明了新宗教正迅速地替代异教，并有着巨大的影响。在一场因一个车夫的逮捕和囚禁引起的叛乱中，马其顿萨洛尼卡城（Thessalonica）的居民杀死了一个将军和帝国守备军的几个军官。当消息传到身在米兰的狄奥多西那里时，他大发雷霆，野蛮的复仇情绪让他下令对萨洛尼卡人进行不顾青红皂白的屠杀。命令被执行了，至少7万人死于屠杀。

大屠杀之后，当皇帝像往常一样进入米兰大教堂去做礼拜时，被虔诚的大主教安布罗斯（Ambrose）拦在了门口，大主教以公正仁慈的上帝之名，禁止他进入这个神圣的地方，除非他为自己可怕的罪行公开忏悔。全体罗马军团的统帅不得不听从这手无寸铁的牧师，狄奥多西穿着忏悔的衣服，以忏悔的态度公开承认了他的罪行，并恭顺地履行了教会强加的赎罪苦修。这段历史值得我们注意，它标志着人类道德进步到了一个新阶段。同时，它还反映了基督教作为一支新的道德力量、一种普遍的护民权威降临于世，以正义和人道之名介入到弱者和任性专横的统治者之间。

325.帝国的最终划分（395）

公元395年，狄奥多西去世，按照他的事先安排，帝国被分给了他的两个儿子阿卡迪乌斯（Arcadius）和霍诺里乌斯（Honorius）。18岁的阿卡迪乌斯得到了帝国东部，还是一个11岁孩子的霍诺里乌斯得到帝国西部。这次划分和戴克里先时代以来的做法并无差别，也不会影响帝国的统一。不过，此后古老帝国的两部分的事态发展的差别如此之大，历史学家通常把这次划分作为帝国历史的分界线，从此把两个部分分开来看。

326.东部帝国

东部帝国的故事我们不必在此过多关注。它延续了有1000多年——直到1453年君士坦丁堡被土耳其人攻陷，所以它的历史大部分属于中世纪史。到西部帝国陷落前，东部皇帝几乎一直忙于镇压哥特人和雇佣军的叛乱，或是击退各个蛮族部落的入侵。

327.罗马的最后一次胜利（404）

伟大的狄奥多西死后没几年，野蛮人就大量涌入帝国的各个部分。先是从色雷斯和梅西亚（Mcesia）来的阿拉里克（Alaric）带领的西哥特人。在突袭希腊之后，他们穿过了尤利安阿尔卑斯山（Julian Alps），威胁整个意大利。随后，他们被著名的汪达尔人（Vandal）将军斯提里科（Stilicho）重创，便从阿尔卑斯山的峡谷撤出了意大利。罗马举行了盛大的凯旋式。这是罗马人见到的最后一次凯旋式。历史上有300次——这是对外宣称的数字——罗马人见证他们得胜归来的将军举行游行，庆祝在世界各地取得的胜利。

328.最后一次斗兽场角斗

见证罗马最后一次军事胜利的这一年，同样见证了最后一次斗兽场角斗。是基督教终止了或者说几乎终止了这种毫无人性的活动。异教哲学家对此是十分冷漠的，甚至表示喜爱。普林尼就曾经赞扬一位朋友在妻子葬礼上进行的角斗士表演。很多人认为，这项活动能培养人们的尚武精神，让士兵见识一下战场的情形，所以在士兵打仗出发前，经常会为他们举行角斗表演。

可是，基督教的教父们却认为，这种格斗是不道德的，并尽一切努力让公众反对它。终于，公元325年，君士坦丁签署了第一条反对它的法令。从此以后，斗兽场角斗就算是被禁止了。霍诺里乌斯凯旋式角斗表演中的一个意外使它最终被废除。角斗中，一个名叫特勒马科斯（Telemachus）的基督教修士跳到了表演场地上，从角斗士中间冲过，从而中断了表演，愤怒的人群向他乱扔乱掷，把他打死了。人们很快认识到了自己的鲁莽行为，感到十分后悔。霍诺里乌斯当时正在现场，也为这一幕所震撼。基督教惊醒了人们的良知，触动了罗马的心灵。这位修士的牺牲换来了帝国的政令，“永远禁止了斗兽场上人类的牺牲”。

329.阿拉里克洗劫罗马（410）

阿拉里克在首次侵入意大利后不久，再次翻越群山，打到罗马城下。自从恐怖的汉尼拔时代以来——那是600多年前的事了——罗马还从没受过兵临城下之辱。只有支付巨额的赎金，罗马才能免于被洗劫的厄运。

收到赎金后，阿拉里克从罗马撤军，然后将军队驻扎在伊特鲁里亚。这位部落首领开始为他的追随者向霍诺里乌斯索取土地，霍诺里乌斯和他的宫廷躲在拉韦纳的大沼泽后面，自谓安全，每次都带着愚不可及的傲慢拒绝野蛮人的提议。

罗马付出了代价。阿拉里克下定决心洗劫这座城市。野蛮人趁夜攻入了首都，“居民为嘹亮的哥特号声所惊醒”。距离上一次高卢人破城已经过去了800年（第248条）。现在，罗马又成了野蛮人的战利品。阿拉里克下令不得杀人，不得侵犯教会财产；然而，公民的个人财产却可以任意掠夺。抢来的财宝装满了一车又一车，因为恺撒们的宫殿和富人的家里聚集了这个被洗劫的城市里几乎所有的财富。

330. 阿拉里克之死（410）

从罗马撤军后，阿拉里克挥师南下。他们一路走来，不断洗劫坎帕尼亚及其他意大利南部地区，马车里的战利品越堆越高，在罗马贵族的别墅里，野蛮人打开满满的地窖，大开宴席，从镶满宝石的杯子里饮着葡萄酒。

阿拉里克死于公元410年，他远征非洲的计划由此中断。传说，因为宗教信仰，他的追随者不希望有人打扰英雄的尸体。他们花了大力气改变了布鲁提乌姆北部的一条名叫布森提努斯（Busentinus）的小河的流向，在河床上建了一座墓穴，把国王和他的珠宝、战利品一起埋了进去，然后又恢复小河的河道与水流。此外，他们还杀死了被逼来做这项工作的囚犯，这样就没有人知道陵墓的具体位置了。

331.帝国的瓦解与野蛮人王国的开始（410—451）

我们现在必须把目光从罗马和意大利身上移开，看看帝国西部各行省事态的发展。阿拉里克洗劫罗马之后的40年里，日耳曼部落已经占领了这些行省的很大一部分，并建立了所谓的野蛮人王国。

洗劫了罗马和意大利的哥特人，在他们的伟大首领阿拉里克死后，由他的继任者带领，重新越过阿尔卑斯山，在高卢和西班牙北部安营扎寨，最终在这一地区建立了所谓的西哥特王国（第359条）。

当哥特人迁移并定居下来时，一个类似但文明程度差一些的部落——汪达尔人——离开家乡潘诺尼亚（Pannonia），横穿高卢，越过比利牛斯山进入西班牙，并一度占据了这个国家的很大一块地方。今天，西班牙一个名叫安达卢西亚（Andalusia）的地方，依然保留着野蛮人的遗迹。然后，汪达尔人又穿过直布罗陀海峡，推翻了罗马在北非的统治，以迦太基为中心建立了一个恐怖的海盗王国（第360条）。

日耳曼人渡过莱茵河

法兰克人在罗马被阿拉里克洗劫前的一个世纪，就已经在莱茵河西部的罗马领土上定居，此时，他们在数量和力量上都大为增加，为罗马灭亡后的法兰克王国——今天法国的开端——打下了基础（第361条）。

但是，最重要的野蛮人定居点在遥远的不列颠行省。为了保卫意大利，抵抗野蛮人，斯提里科撤回了不列颠的最后一个军团，北部的哈德良长城（第306条）和面向大陆的漫长海岸线都处于无人把守状态。卡勒多尼亚的皮克特人（Picts of Caledonia）趁行省军团撤走之际，蜂拥而入，洗劫南部的城镇。半罗马化的、柔弱的行省人根本不是这些凶悍亲族的对手——这些人可从未向罗马人低过头——被残忍的敌人践踏到绝望，只得请求北海沿岸的盎格鲁-撒克逊人的援助。盎格鲁-撒克逊人驾着他们简陋的船赶来，击退了入侵者，他们对岛国的土地和气候十分满意，把这个国家据为己有，并成为今天英格兰人的祖先。

332.匈奴入侵；沙隆之战（451）

四处瓜分蚕食垂死帝国的野蛮人自身，也面临着来自另一个恐怖敌人的威胁，这个敌人在他们眼中就像他们自己在罗马外省人眼中一样可怕。他们就是来自中国西北部的蒙古匈奴人，在前面讲被他们吓坏了的哥特人渡过多瑙河（第158条）时，我们已经见识过了。这时候，他们的首领是阿提拉（Attila），惊恐的欧洲人称他为“上帝之鞭”。阿提拉吹嘘说，他的马蹄踏过的地方寸草不生。

阿提拉打败了东部帝国的皇帝，向君士坦丁堡的皇庭征收苛刻的贡品。然后，他挥师西进，在高卢北部的沙隆平原上集合了庞大的军队，准备给予罗马及其盟军以最后一击。战斗漫长而残酷，但是，上天最终没有眷顾野蛮人，阿提拉损失惨重，逃离战场，带着残兵败将渡过莱茵河撤退了。

这次胜利属于重大的历史事件；因为它决定了是印欧民族，而不是匈奴人来继承衰败的罗马帝国，以及决定欧洲的命运。

333.阿提拉威胁罗马；他的死亡（453？）

沙隆战败后，阿提拉越过阿尔卑斯山，烧毁并劫掠了几乎所有意大利的北部重镇。威尼西亚人为了安全，逃往亚得里亚海北部的沼泽（452），在多个小岛上建立了他们简陋的居所，这就是后来的威尼斯城，被称为“罗马帝国的长女”，“中世纪的迦太基”。

蛮族威胁着罗马；教皇利奥一世派使节去见阿提拉，为这座城市求情。他向阿提拉提起了阿拉里克，后者在让士兵们任意洗劫罗马城后，不久就死了，他警告阿提拉，不要招致同样的天谴。阿提拉放过了这座城市，率军返回阿尔卑斯山。渡过多瑙河不久，他就死在了自己的营帐里，并且和阿拉里克一样，也被秘密埋葬。

334.汪达尔人洗劫罗马（455）

罗马免除了一场来自北方的灾祸，然而，新的灾难却即将从南方由海路而来。罗马人曾仇恨汉尼拔，不过，这次从非洲派出的军队，其掠夺的贪欲对罗马来讲比汉尼拔更为致命。北非的汪达尔国王在地中海西部拥有的权力丝毫不亚于当年贸易兴盛时的迦太基。汪达尔的海盗船横扫海面，骚扰所有的沿岸城市，令人闻风丧胆的盖萨里克正溯台伯河而上。

恐慌笼罩在人们心头，因为，汪达尔人恶名昭著。还是那位从阿提拉手下拯救了民众的伟大的利奥（Leo）站了出来，以基督之名前去为罗马斡旋。盖萨里克（Geiseric）答应虔诚的大主教放过城中百姓的性命，不过，城中所有能拿走的财产都属于他的士兵。挤满了台伯河的汪达尔船只现在堆满了首都的财宝，就像曾经的哥特马车一样。宫殿里的家具被搬走了，神殿的墙上无数次战役的战利品也被抢劫一空。朱庇特神殿里提图斯从耶路撒冷拿来的金烛台和其他圣物都被抢走了（第302条）。①

贪婪的野蛮人终于尽兴，准备撤退。汪达尔舰队驶向迦太基，除了掠夺来的财富，船只还装满了掳来的3万名罗马人奴隶。这些野蛮的征服者终于为迦太基人复仇了。西庇阿的不祥预感应验了（第270条）。迦太基曾经的悲惨命运在汪达尔人劫掠的城市里重新上演。

335.西部帝国瓦解的最后一步（476）

帝国在西方只剩下个影子了。高卢、西班牙和非洲行省都落入了法兰克人、哥特人、汪达尔人以及其他入侵的蛮族部落手中。意大利和罗马城一次又一次地被野蛮人洗劫。盖萨里克之后20年的罗马史，就是这种事情的一次又一次的重复史。这些年里，军队扶植了数个傀儡皇帝，最后一个只有6岁。幼主名叫罗慕路斯·奥古斯都，这是命运的奇异巧合，罗马的最后一个皇帝和罗马城及帝国的建立者同名。他被称为奥古斯都路斯（Augustulus），有“小奥古斯都”之意。但是，他在位只一年，就被一个小日耳曼部落的首领奥多亚塞（Odoacer）废掉了。

罗马元老院派人给君士坦丁堡的东部皇帝芝诺（Zeno）送信，宣称西部自愿放

---

① 金烛台被运往非洲，100年后重现于君士坦丁堡，查士丁尼因为迷信的原因又把它放回了耶路撒冷。从此，历史上再没有关于它的记载——梅里维尔。

弃选举皇帝的权利，要求由已经获得贵族头衔的日耳曼首领作为总督管理意大利。奥多亚塞以这样的地位和头衔接管了半岛的政权。现在，意大利仅仅在名义上是帝国的一部分，实质上则是一个独立的野蛮人王国，像在帝国其他部分建立的那些王国一样。这一事件不仅意味着西部皇帝世系的结束，也表明旧帝国在西部行省的统治彻底消亡——长达一个世纪之久的解体过程的终结。

领导权逐渐从衰落的罗马民族向新兴繁荣蛮族转换是欧洲历史上最重大的革命之一。这一欧洲编年史上的重大事件，让罗马文明之光几乎彻底熄灭。它带领欧洲进入了所谓的“黑暗时代”。

当然，这一事件并不仅仅意味着灾难和损失，它也意味着一个新的极有天赋的民族开始为文明贡献力量。帝国境内数百年来三大文明的要素——希腊、罗马和基督教最终融合在一起。第四种力量日耳曼人也加入进来，而正是他们创造了比以往任何文明都更加丰富、更加先进的现代文明。

西部罗马帝国的灭亡，使得原本单一的帝国境内有了多个民族或国家同时成长，这对政治世界有着巨大的影响。

另一个后果则是教皇权力的发展。西方皇权的缺失使教皇迅速获得了影响和权力，他们很快建立起一个教会帝国，在某些方面取代了旧的罗马帝国，继续着它的文明事业。

第三十四章　罗马人的建筑、文学、法律和社会生活

第一节　建筑工程

336.罗马对建筑学的贡献

罗马的建筑主要是模仿希腊。但罗马人可不是一味地照搬，他们不仅改变了希腊建筑的形式，而且还大量使用希腊和东方人很少使用的拱顶，从而给予了这些巨大的建筑以独特的艺术风格。他们建造了宽阔的穹顶长廊和大厅，让宏伟的高架渠穿过最深的山谷，在最宽阔的河流上搭建了最结实的桥梁，有一些经过了1800年岁月和洪流的侵蚀依然保存至今。拱顶的使用是罗马建筑师对建筑科学和艺术的最大贡献。

斗兽场

“帝国荣耀与耻辱的纪念碑。”

——迪尔

337.圆形竞技场

罗马人的剧院是从希腊人那里学来的，然而他们的圆形竞技场却属于独创。弗拉维时代的圆形竞技场多用作斗兽场，我们之前就有所提及，它比任何古代遗址都更有力地向我们传达了一种文明的精神。这座巨大建筑的遗迹保留到了今天，是“罗马帝国权力和辉煌的象征”。

意大利许多重要城市和省份都有与斗兽场十分相似的圆形竞技场，只是要小一些，但卡普亚的那座，几乎与弗拉维时期的这座一样大。

338.水渠

古罗马的水渠是罗马人最重要的实用建筑之一。阿庇乌斯·克劳狄乌斯于公元前313年开始建设首都的用水系统，他修建了一条水渠，把水从萨宾山上引到城里。共和国时期又建了4条，帝国时期水渠的数量达到14条①。最长的水渠有55英里。水渠一般在地表之下，但要穿过山谷时，人们就用拱门把它架起来，有些高达100多英尺②。今天，罗马城外这些高大而残破的拱门延绵不断，是坎帕尼亚地区最引人注目的景物。

1885 年的罗马广场

① 很多今天仍在使用。

② 罗马建造巨大的砖石拱门来穿越洼地和山谷，不是因为他们不知道水往低处流，而是他们无法造出足够大、又足够坚固的管子来承受压力。

339.温泉或浴池

对古罗马人来说，洗浴是一种奢侈的艺术。共和国时代浴池的数量就不少，但帝国时代的浴池，或者应该叫温泉，才是真正的宏伟壮观。它们与共和国时代的浴池不同，属于帝国建筑中最精致昂贵的。里面包括冷浴、热浴、游泳等各种房间；更衣室和健身房；博物馆和图书馆；用来休息和交谈的石柱廊；美丽的院子里有雕像和其他用来增加豪华感和休闲感的装饰品。为了显示建造者的慷慨，这些地方免费向公众开放。

第二节　文学、哲学和法律

340. 罗马文学与希腊文学的关系；共和国诗人

拉丁文学基本上是模仿或借用希腊的模式，然而它却是文明传播的媒介，对希腊的文学宝藏在世界范围内的传播起了重要作用。

希腊戏剧是罗马人首先学习并模仿的。从公元前240年到公元78年，戏剧是罗马唯一发展起来的文学形式。这一时期出现了拉丁语民族能找到的所有伟大戏剧家。最有名的当属普劳图斯（Plautus，约前254—前184）和泰伦斯（Terence，约前185—前160），都是喜剧作家。他们的作品基于或者取材于希腊新喜剧。

共和国后期出现了两位卓有成就的诗人，卢克莱修（Lucretius）和卡图卢斯（Catullus）。卢克莱修（前95—前51）是个进化论者，我们可以在他伟大的诗篇《物性论》（*On the Nature of Things*）中提前看到现代科学家的很多结论。卡图卢斯（约生于公元前87年）是一位抒情诗人。他被称为罗马的彭斯（Burns），因为他的生活如彭斯的一样任性，诗歌如彭斯的一样甜蜜。

341.奥古斯都时代的诗人

三位诗人——维吉尔（前70—前19）、贺拉斯（前65—前8）和奥维德（前43—18）——为奥古斯都的统治添上了一层永不褪色的光芒。这些作家让他们所生活的时代辉煌而卓越，以至于后来人们用“奥古斯都时代”这一名词来代指一个民族历史上文学兴盛的时期。

342.罗马的雄辩术

众所周知，“公共演讲是政治自由的产物，且与之不可分割”。这句话是雅典共和国的真实写照，同时也描述了罗马的情况。罗马所有的伟大演说家都出自共和国时期。其中，以荷滕西斯（Hortensius）和西塞罗最为著名。荷滕西斯（前114—前50）是著名的法学家，西塞罗（前106—前43）是毫无争议的罗马第一演说家——“罗慕路斯最雄辩的子孙”①。

343.拉丁历史学家

古罗马产生过四位名垂青史的历史学家——恺撒、萨鲁斯特（Sallust）、李维和塔西佗。

在前面的章节中，我们对恺撒及其作品《高卢战记》有所了解。《高卢战记》一直与色诺芬的《远征记》相提并论，是叙述性写作的典范。萨鲁斯特（前86—前34）是恺撒的同时代人及挚友。《喀提林阴谋》（*Conspiracy of Catiline*）是他最主要的作品之一。

李维（前59—17）是奥古斯都时代一颗最为闪亮的明珠。他与古代的希罗多德，当代的麦考莱（Macaulay）并称。他最伟大的著作是《罗马自建城以来的历史》（*Annals*），讲述的是罗马早期到公元前9年的历史。不幸的是，这套总数达142卷的书籍，只保留下来35卷。② 很多人都对“李维佚失的书籍”表达了哀叹。李维像希罗多德一样喜欢讲故事，也像这位希腊历史学家一样容易让人相信，他叙述的口气十分真诚，对当时关于罗马早期历史的神话和传说没有丝毫质疑。现代批评家表明，他历史的第一部分是完全不可信的，不能当作真实的历史事件来看待。但是，这套书记载了当时罗马人对自己民族的起源、城市的创建、祖先的事迹和美德的看法，十分有趣。

塔西佗的代表作是《日耳曼尼亚志》（*Germania*），是关于日耳曼人风俗习惯的论述。在这本书中，塔西佗比较了未开化的日耳曼人的美德和文雅的罗马人的罪恶。

---

① 比起演讲和散文，他写的书信得到了更高的赞誉。他写给朋友阿提库斯的信——有近300封保留了下来——是书信体写作最有魅力的范本。

② 我们要注意一点，古代意义上的一本书只是一卷手稿或羊皮纸，其包含的内容无法与现在出版物的一卷相比。因此，恺撒在当时的8卷本《高卢战记》，在今天只能算上一本中等篇幅的单卷本的作品。

344.科学、伦理和哲学

这一部分的人有塞涅卡、老普林尼、小普林尼、马可·奥勒留和爱比克泰德（Epictetus）。

塞涅卡（约1—65），斯多葛学派的道德家和哲学家，我们已经知道他是尼禄的导师。他并不相信国人的宗教，对造物主的看法与苏格拉底没有什么不同。

老普林尼（23—79）是唯一获得自然学家声誉的罗马人。他留下的唯一著作是《自然史》（*Natural History*），该书是一部罗马百科全书。

皇帝马可·奥勒留和奴隶爱比克泰德在罗马的伦理导师中占据首屈一指的地位。他们是斯多葛派哲学最后的杰出代表。

345.早期罗马教会作家

前3个世纪的基督教作家，如《新约》的作者是用代表知识和文化的语言希腊语来写作的。然而，当拉丁语在西方得到普及后，基督教作家便自然而然地使用拉丁语了。所以，在帝国后期，几乎所有西部早期教父的作品都是以拉丁语写成的。这一时期让教会文学生色的诸多名字里，我们只选择两位——圣哲罗姆（St. Jerome）和圣奥古斯丁（St. Augustine）——加以特别提及。

哲罗姆（342？–420）出生于潘诺尼亚，在伯利恒过了多年的隐修生活。其为世人记住的主要成就是把圣经翻译成了拉丁文，成为通用的拉丁文《圣经》版本，这一版本略经修改，到今天依旧为罗马天主教会所使用。麦凯尔（Mackail）声称：“他对中世纪的欧洲来讲，比荷马对希腊还要重要。”

奥古斯丁（354—430）出生于非洲迦太基附近。他是罗马后期基督教会最重要的作家。他的《上帝之城》（*City of God*）是一本非常好的书，对历史学家有着独特的价值。成书时，罗马正遭受野蛮人的劫掠，异教徒认为，是因为人们抛弃对旧神的崇拜，转而相信基督教，才招致了帝国的灾难，奥古斯丁用这本书回答了他们的指控。

346.罗马法与法律文献

尽管我们已经讨论了各个文学领域的拉丁作家所做的杰出贡献，不过，罗马在文学方面还是受到了希腊的引导，其作品以模仿为主。但是，在另一领域却十分不同，那就是法律和政治。因为，罗马人在这一领域不是学生，而是老师。每一个民族都有它们的使命，罗马的使命就是给世界以法律。

公元527年，查士丁尼成为东罗马帝国的皇帝。他立即组成了由大法学家特里波尼安（Tribonian）领导的委员会，系统地收集和整理浩如烟海的罗马法律和法学家著作。这项事业就像是《十二铜表法》中的十人委员会，只是规模更大。委员会的最终成果就是《民法大全》（*Corpus Juris Civilis*），又称“法律大全”（Body of the Civil Law）。它由三部分组成：《法典》（*Code*）、《法学汇编》（*Pandects*）和《法学概要》（*Institutes*）。①《法典》是自哈德良以来颁布的所有罗马法律、对司法人员的指示告令等的修订和压缩。《法学汇编》是古罗马伟大法学家的作品及观点的节略和汇编。《法学概要》是《法学汇编》的缩减版，是给帝国法律学校的学生使用的初级教科书。

以这种方式保存并传播的罗马法律是拉丁文人对文明的最大贡献。② 它对几乎所有欧洲国家的法律体系都有着深远的影响。从这种意义上讲，这座台伯河上的小城市依旧统治着世界。犹太人的宗教、希腊人的艺术、罗马人的法律，是现代文明里三种最真实、最强有力的因素。

第三节　社会生活

347.教育

共和国时期没有公立学校，教育是私人的事情。帝国的早期流行一种混合的体系，既有公立的学校，也有私立的。后来，教育则完全处于国家监管之下，教师的工资通常由地方政府支付，有时也由帝国的金库出钱。

---

① 后来又有一部名为《新律》的法令，包括查士丁尼于《法典》完成之后颁布的法律。

② 尽管罗马人有丰富的政治经验，也有十分复杂的不成文宪法，但是，除了市政管理体系，他们对政府管理艺术和宪法并无永久性的贡献。是英国人，在没有罗马先例的情况下，制定出了现代国家宪法。罗马人的集会对立法没有起到指导作用。后世政治家也并不赞同共和国的二人执政官制度。罗马共和国元老制中唯一一个值得赞扬的特点，即在元老院中为前执政官留席位，也没有为现代宪法制定者所采纳，尽管詹姆斯·布莱斯在评价美国联邦体制时说，他们本来是打算这样做的，以促进立法体系中上议院的建立。

比起希腊人，罗马年轻人接受的教育更为实际一些。《十二铜表法》是要牢记的；特别注重修辞和演讲，因为掌握公共演讲的艺术是有政治雄心的罗马公民一项不可或缺的技能。

征服希腊后，罗马与希腊的关系更近了。罗马年轻人学习希腊语，有时甚至忽略了自己的母语；我们听见监察官加图抱怨他那个年代的年轻人说母语前先学会了希腊语。名门出身的年轻人通常去希腊完成自己的学业，就像美国的毕业生经常去欧洲一样。许多罗马最有名的政治家，像西塞罗和恺撒，都深深受益于在希腊的学习。

在14–18岁的时候，男孩都会把他们紫色卷边的托加袍换成羊毛的长袍，它在任何时候任何地方都是罗马公民身份和罗马平等的重要标志。

348.妇女的社会地位

结婚之前，女人都是东方式的深居简出。婚姻给了她们一定的自由。她们可以出席圆形竞技场的比赛，去剧院看演出——这些都是婚前所不允许的。

罗马早期，世风淳朴，妻子和母亲在家庭中享有尊贵而稳定的地位，离婚十分鲜见；据说，到公元前231年之前，尚无先例。但是，到了后期，女子的地位开始下降，离婚变得普遍起来。丈夫有权因为微不足道的原因或没有任何原因与妻子离婚。这种对家庭关系的枉顾绝对是罗马堕落的原因之一。

349.公众娱乐；剧院和竞技

剧院的文娱演出、圆形竞技场的赛事和露天竞技场的格斗是罗马人的三种主要公共娱乐活动。总体而言，这些娱乐活动随着自由的削弱而变得越来越多，各种娱乐场所的盛大节日庆典代替了共和国的政治集会。

悲剧在罗马不受推崇；人们在竞技场看了太多真实的悲剧，不喜欢舞台上演绎的悲伤故事了。剧院的娱乐形式一般是喜剧、闹剧和哑剧。最后一种最受欢迎，因为剧场太大，不可能让全部观众都听见声音，而且罗马有那么多民族，身势语是唯一所有民族都懂的语言。几乎从一开始，罗马的戏剧就是粗野不道德的。它是摧毁罗马原本淳朴道德风尚的主要媒介。

比剧院更受欢迎、更重要的另一种娱乐便是竞技场上的各式各样的赛事，尤其是战车比赛。

350.角斗士的搏杀

其致命魅力远超其他公共娱乐活动的是圆形竞技场上角斗士的角斗。角斗表演起源于伊特鲁里亚，然后流传至罗马。早期的伊特鲁里亚人在战士的墓前屠杀俘虏，认为这样的鲜血献祭会让死者的亡灵高兴。后来，俘虏被允许互相搏杀，这样比直接的冷血杀戮更人道一些。

罗马第一次角斗表演发生在公元前264年两个儿子给他们的父亲举办的葬礼上。这次表演是在广场上举行的，因为当时还没有用于角斗的露天竞技场。从那以后，人们对这种娱乐活动的爱好与日俱增，帝国初期的时候则变成了一种迷恋。现在要满足的不是死人的灵魂，而是活人的精神需求了。一开始，角斗士是奴隶、俘虏或者判了死刑的囚犯；但到最后，骑士、元老、甚至女人只要愿意都可以下场。在罗马、卡普亚、拉韦纳等地还有专门的训练学校。自由民卖身给这些学校的所有者，各阶层混不下去的人们以及花光了家产的贵族败家子，都群起效仿。奴隶和罪犯被鼓励精通这门技艺，因为如果他们数年后能在角斗场上活下来，就可以获得自由。

通常，受伤角斗士的命运掌握在观众的手里。他可以伸出食指表示乞求怜悯，如果观众挥舞手帕或者大拇指朝上，则表示这个角斗士可以活下去；不过，如果他们大拇指朝下，就是让胜利者给失败者致命一击。

角斗士

共和国后期，具有野心的领导人之间的竞争无疑会增加角斗士表演的次数，因为这是取得民心的保证。当然，特大规模的表演只能由皇帝来举行。提图斯为了庆祝弗拉维圆形竞技场的建成，举行了长达100多天的表演，大多数是角斗士的格斗。图拉真凯旋式上的表演时间更长，1万多名角斗士在竞技场上搏杀。

351.奢靡

我们用奢靡一词指代罗马人奢侈放纵的生活。这个恶习在罗马早期几乎是见不到的。早期罗马人有勤俭节约的习惯，像马尼乌斯·库里乌斯·登塔图斯一样，他们满足于贫困的生活，视富贵如浮云。然而，共和国后期，随着对东方的征服以及共和国后期腐败的行省制度的发展，罗马社会发生了很大的变化。统治阶级以不正当手段迅速积累了巨大的财富，罗马进入了一个奢靡生活的时代，其奢侈程度在世界上其他的首都都是闻所未闻的。这种奢侈在共和国的最后一个世纪和帝国的第一个世纪里达到顶峰。财富从未像这一时期的罗马一样被滥用。人们普遍暴饮暴食、沉迷赌桌。

352.国家分发粮食

国家分发粮食是罗马生活的重要特点。这一有害的做法源于盖约·格拉古（第275条）。帝国建立前夕，有30万罗马公民领受了这一国家福利。在安敦尼时代，这一数字得到继续扩大。粮食的来源主要是非洲和其他产粮行省的进贡。到了3世纪，除了粮食，国家还分发油、酒和猪肉。

这种国家赈济是错误的，它的恶果不可低估。人们整日无所事事，衍生出许多其他的罪恶，我们有足够的理由认为，这种福利是导致罗马社会道德败坏的主要原因。

353.奴隶制

共和国后期和帝国早期，罗马的奴隶数目都非常庞大，据估计和自由民的数量一样多。有些大财主拥有的奴隶达到2万人之多。富有的罗马人极爱排场，这导致家庭内部服务部门繁复，奴仆众多，每个奴隶负责不同的工作。一种称为“鞋奴”，专门负责打理主人的拖鞋；还有“记名者”，其唯一的职责就是记住别人的名字，然后跟着主人出门时提醒主人。奴隶的价格从几美元到1万或2万美元不等——当然，后者是很少见的。希腊奴隶最昂贵，因为他们有学识，可以做一些需要有一定才能的工作。擅长医术或有其他专业技能的奴隶可以出租或放归自由，只要他们把收入的一部分上交前主人即可。

就像当年希腊一样，奴隶来自战争或绑架。亚洲或非洲的一些偏远地区，几乎被奴隶贩子弄得人口荒芜。无钱交税的人被卖作奴隶，有时，穷人将自己卖掉。

瓦罗（Varro）曾把奴隶比作“会说话的农业生产工具”，监察官加图也建议奴隶主把年老的奴隶卖掉，以节省供养他们的支出。很多时候，奴隶都是戴着镣铐劳作，睡在地下的监牢内。残酷的虐待带来的是入骨的仇恨，就像一句有名的谚语所说：“有多少个奴隶，就有多少个敌人。”共和国时期的奴隶起义也证明了这一点。

帝国时代，奴隶的境遇稍好一点——这要归功于斯多葛学派和基督教。从帝国的第一个世纪开始，对奴隶的人道主义情感明显上升。帝国不允许主人杀死奴隶或卖作角斗士，甚至也不能虐待奴隶。基督教的牧师鼓励释放奴隶，宣称这是主人的善行。

除了哲学和宗教，其他社会经济因素也对奴隶境遇的改善起了作用，逐渐把残酷的奴隶制度变成了更柔和一些的农奴制度。农奴制是整个中世纪社会生活的特征。这场伟大的变革比任何改变都能够代表古代世界向中世纪的转变，它宣告了西欧历史上新的历史时期的开始。

05

第五编

中世纪

第三十五章　总论

354. 导言

我们已在前面了解，西罗马帝国灭亡后14个世纪的历史通常被划分为两个时期：从罗马衰亡到1492年哥伦布发现新大陆的中世纪时期（Middle Ages）；从发现新大陆直至现阶段为止的近代时期（Modern Age）：黑暗时代（Dark Ages）和复兴时代（Age of Revival）；而近代时期同样可以分为两个阶段：宗教改革时期（Era of the Protestant Reformation）和政治革命时期（Era of the Political Revolution）。

黑暗时代的时间跨度从罗马帝国灭亡开始至10世纪末、11世纪初叶。该阶段标志着文明的没落[1]，使得照耀了地中海地区国家千年之久的文化之光骤然暗淡。这一时期为民族、语言与制度的起源之一。

复兴时代始于11世纪初叶至发现新大陆。这一时期内，文明取得了缓慢但平稳的进步，社会秩序逐渐战胜混乱状态，政府也变得更为规范。最后的一个世纪以古典艺术与学识的伟大复兴为标志，因此被称为文艺复兴时期（Renaissance），或者“新生时期”（New Birth）。这一时期通过改良、发现与发明，极大地激发了人们的思想，如同从昏睡中将人们唤醒一样。该时期见证了以教皇为首的神权同以神圣罗马帝国为首的君权之间旷日持久的斗争。

宗教改革时期从16世纪开始到17世纪上半叶。本时期的主要事件是宗教改革这一伟大的宗教运动，以及天主教和新教之间的激烈斗争。此间的所有战争几乎都是宗教战争。最后一场大战是德意志三十年战争（Thirty Years’ War in Germany），

---

① 这一衰落是西罗马帝国瓦解之前文明没落的延续。——《古代史》，第二版，第548条。

1648年签订了著名的《威斯特伐利亚和约》（*Peace of Westphalia*），标志着战争的结束。此后，派系与国家之间的纷争或战争不再是宗教之争，而是王朝之争或政治之争。

政治革命时期从《威斯特伐利亚和约》的签订到1919年《凡尔赛条约》的签订为止。该时期充斥着政府的专制和自由之间的冲突。该时期的标志性事件是1688年的英国革命（English Revolution）、1776年的美国革命（American Revolution）、1789年的法国大革命（French Revolution）和1914年的第一次世界大战（World War I）。

讲述的这些时期标志着文明进程的三个阶段：思想革命、宗教革命和政治革命，后来人们分别将它们称为文艺复兴、宗教改革和政治革命。现在，让我们回到罗马帝国的灭亡时期，开启此次的中世纪之旅。

355.罗马帝国的灭亡与世界历史的关系

西罗马帝国在5世纪的灭亡经常被认为是古代文明消亡的标志性事件。以旧世界（the Old World）的价值被摧毁为代表，人类不得不重新开始，奠定新文明的基石。其实并非如此，所有或几乎所有古代累积的有价值的东西都会逃过劫难，而且迟早会成为下一个时期的宝贵财富。

西罗马帝国灭亡这一事件并不能单纯被定性为灾难，因为席卷而来覆盖田地的并非携带无用冰碛的山洪，而是尼罗河水裹挟的肥沃沉积物。在所有蛮族泛滥的区域，一个新的社会阶层正在涌现，能够孕育优于世界各地任何文明的土壤正在滋生。或者引用德雷珀（Draper）的比喻，将北方蛮族涌入奄奄一息的罗马帝国看作是为即将燃尽的火焰填充新的燃料，在短时间内火苗越来越小，似乎将要熄灭，但很快，新燃料被火苗引燃，一时间火焰骤起，熊熊燃烧。

356.欧洲文明的三大元素

这里必须关注，从5世纪的灾难中幸存下来的是什么，罗马传播给作为此后文明宝藏守护者的日耳曼人的是什么。此时对欧洲文明元素进行分析便显得极为必要。

欧洲文明在很大程度上是古典（Classical）、希伯来（Hebrew）和日耳曼（Teutonic）三种历史元素结合的产物。

古典元素即为整个艺术、科学、文学、法律、礼仪、思想、社交活动和各级政府模式，即除基督教以外的其他任何古希腊-罗马传给中世纪及近代欧洲的东西。这些一并构成了传给作为文明代表的北方新民族的宝贵礼物。帝国的蛮族入侵者起初似乎的确对此漠不关心，导致希腊艺术家的杰作埋在了被占领的庄园和城市的垃圾之下；而古代圣贤和诗人的珍贵写本，因其出自异教徒之手而被视为危及基督教信仰，往往遭到忽视而静静地躺在教堂和修道院的图书馆里。然而，古典时代却是中世纪的先师。

希伯来元素即为基督教，是近代文明中最为强大的因素。基督教令罗马的蛮族征服者开化；用修道院、教堂和学校覆盖了欧洲大陆；鼓舞了十字军东征并大力提倡骑士精神。总之，基督教为所有生命带来了颜色，为所有欧洲人建立了制度，历史很大程度上是该宗教的命运与影响，而其源起于朱迪亚行省（Semitic Judaea），由罗马传教士带给年轻的世界。新宗教宣扬的所有教义中包括：全神合一（Unity of God）、人皆兄弟（Brotherhood of Man）、灵魂不朽（Immortality）。这些教义将近代世界打造得与古代世界截然不同。

日耳曼元素即在罗马帝国瓦解之时定居于欧洲中部及西北部或已深入罗马各行省并参与到推翻罗马帝国政权的使用印欧语系语言的蛮族：哥特人、法兰克人、丹麦人、盎格鲁人、撒克逊人及各亲族部落。① 尽管这些民族仍旧沿用原始民族相对匮乏的社会制度与习俗，但罗马人却在此方面极为富有。他们既没有艺术，又没有科学，也没有哲学，但他们却拥有取得发展、获取文化、赢得进步的绝佳能力；正因如此，他们注定将会在未来的历史中起到至关重要的作用。

357. 凯尔特人、斯拉夫人和其他民族

我们已经知道罗马人与日耳曼人是古罗马衰落时期两个声名显赫而又至关重要的民族，如果我们还能说出凯尔特人（Celts）、斯拉夫人（Slavs）、波斯人（Persians）、阿拉伯人（Arabians）、蒙古人（Mongols）和奥斯曼人（Turks）的名字，那么，中世纪和近代历史大剧中的主角们便全部走到我们的面前来了。

在中世纪初期，凯尔特人先于日耳曼人进入欧洲大陆的西缘，并与后来进入的民族进行了激烈的斗争，在英格兰和爱尔兰的对抗注定一直延续至今。

斯拉夫人腹背受敌，后面有日耳曼部落不断打压，前面有凯尔特人奋力堵截。刚刚在近代之前脱离游牧阶段的这些民族，在中世纪的发展过程中所起的作用并不明显，但在近代时期却起到了比其他欧洲任何民族都更为重要的作用。

---

① 至于民族，现代的人类学家统称其为“北欧人”。

波斯人在其位于幼发拉底河畔的原有居住地，建立起了新波斯帝国（New Persian Empire）[①]，在7世纪萨拉森人（Saracens）崛起之前，这个国家的国王一直是君士坦丁堡皇帝最强大的对手。

阿拉伯人隐藏在他们的沙漠中，但是7世纪的时候，受到不可思议宗教热情的鼓舞，开始从半岛涌出，在不同的阶段内与东、西部[②]的基督教国家分庭抗礼，注定构成中世纪时期的重要部分。

蒙古人和奥斯曼人隐藏在中亚。他们出现在11世纪后期，大部分改信伊斯兰教；当闪语族的阿拉伯人的宗教热情逐渐消退之时，他们却狂热依旧，信徒们擎起了新月旗，奥斯曼人终于在15世纪将新月标志矗立于君士坦丁堡圣索菲亚大教堂（St.Sophia）的圆顶之上。

中世纪时期渐近尾声之时，东亚的一些偏远国家将逐渐进入人们的视野；随着近代的到来，我们也将一睹新大陆以及大西洋彼岸的陌生族群。

---

① 新波斯帝国即萨珊王朝（224—651），也称波斯第二帝国，是最后一个前伊斯兰时期的波斯帝国，疆域涵盖现今伊朗、阿富汗、伊拉克、叙利亚等国家和地区。——译者注

② 本书中涉及的东部、西部、南方、北方，除特殊说明外，均指欧洲的各部分。——译者注

第三十六章　蛮族王国

西罗马帝国瓦解的进程中已有针对日耳曼部落大迁徙的讲述，能够很好地同本部分衔接。本章将简述西罗马帝国政权垮台之后两个多世纪里的政治命运，即日耳曼首领在古老帝国的不同区域建立起来的主要王国。

358.东哥特王国（493—553）

奥多亚塞废黜了罗慕路斯·奥古斯都（Romulus Augustulus）后，便马上借机将富有的意大利贵族的财产分给自己的拥护者。可他虚弱的政府只统治了17年，就被东哥特人（Ostrogoths）领袖狄奥多里克（Theodoric）灭掉。狄奥多里克在意大利建立了东哥特王国（Kingdom of the Ostrogoths）

狄奥多里克的统治持续33年（493—527），其中的大部分时间都稳定繁荣，过上了安敦尼时代（Era of the Antonines）之后几乎没有过的幸福生活。国王证明了他的著名宣言："吾辈之目的，乃治国于主之庇护，子民若未早获恩泽，人皆惜之。"他致力于保护罗马文明，为此他修缮古罗马的道路、翻新破败的纪念碑并尽可能地维护罗马的法律与习俗。

狄奥多里克用自己非凡能力建立的王国在其死后只延续了27年，便被东罗马皇帝查士丁尼的将军所消灭，从蛮族统治下解放了的意大利于公元553年再次回到了帝国的怀抱。

359.西哥特王国（415—711）

奥多亚塞及其部下灭掉西部帝国时，西哥特人已经占据了南高卢和西班牙的大部分地区。虽然被法兰克国王赶到比利牛斯山脉以南，但西哥特人一直占据着西班牙，直到8世纪初被萨拉森人所终结（第396条）。在此期间，西班牙的征服者西哥特人已经同古罗马居民融合，所以今天的西班牙人有着伊比利亚人（Iberian）、凯尔特人、日耳曼人及最后的入侵者非洲摩尔人（African Moor）的混合血统。

360.汪达尔王国（439—533）

北非汪达尔王国的建立业已讲述，其国王盖塞里克（Geiseric）率众沿台伯河（Tiber）洗劫罗马以图获得丰厚的战利品令罗马不堪其扰（第334条）。他们属于基督教的阿里乌斯派（Arian Christians），疯狂地热衷于无情迫害作为亚他那修（Athanasius）追随者的正统派信徒。被非洲天主教教徒的恳求所感动，拜占庭的查士丁尼皇帝派大将贝利萨留（Belisarius）将蛮族赶出了非洲，并令其回到天主教会的怀抱。这次征战取得了成功，在被蛮族征服者凌霸了100多年后，迦太基和非洲的富有土地再次回到帝国的怀抱。国内其余的汪达尔人逐渐被当地人同化，几代人之后，蛮族入侵者的外表、语言或习俗都无法在非洲海岸居民中找到踪迹：汪达尔人消失了，唯有名字独存。

361.墨洛温王朝[①]时期的法兰克人（486—752）

在罗马帝国衰亡之前很长时间，法兰克人就已经定居高卢（第331条），在那里为法兰西民族和国家奠定了基础，其中一位首领便是克洛维（Clovis）。随着罗马帝国的瓦解，克洛维将自己的权力逐渐覆盖到了高卢的大部分地区，将占据该国其他地区的日耳曼部落削弱为自己的附属国。公元551年，克洛维离世，按照古代日耳曼的继承法，大片领土分给了他的四个儿子。又经历了大约一个半世纪的纷争，此时的墨洛温家族已经变得软弱无能，被称为宫相（Mayor of the Palace）的一位宫廷总管推翻，建立了成为法兰克王国的新世系——加洛林王朝（Carolingian）。

362.伦巴第王国（568—774）

东罗马帝国皇帝查士丁尼从蛮族手中收复意大利仅仅十年，半岛的大部分土地就再次落入到了名为伦巴第（Lombards）的蛮族部落手中。

公元774年，伦巴第王国被最著名的法兰克统治者查理大帝所灭。但是，入侵者的血脉已经与前帝国的臣民融合，因此，半岛的一部分至今仍被称为伦巴第。现今偶尔会看到金色头发和白色皮肤的人，他们便是当地居民与日耳曼民族的混血。

---

① 墨洛温王朝这一称呼源自其族早期首领墨洛维。

363.盎格鲁-撒克逊人征服不列颠

在罗马的危难之中，蛮族如何在不列颠获得立足之地业已讲述（第331条）。

虽然不列颠的征服者属于三个日耳曼部落，即盎格鲁人、撒克逊人和朱特人，但他们在凯尔特人那里都是以撒克逊人的名字进入不列颠的，而他们聚集到一起形成一个新国家的时候又是以盎格鲁之名，这也是英格兰（Angle-land）名字的由来。

到6世纪末，入侵的军队已经在不列颠岛被征服的地区建立了八九个或者更多王国，进入了“七国时代”（Heptarchy）——这样称呼虽然稍显牵强，但已被普遍接受。200年的时间里，大王国之间冲突不断、争权夺利。最后，韦塞克斯国王埃格伯特（Egbert，802—839）使其他王国愿意臣服或成为其附属国，让同盟变成现实。尽管埃格伯特似乎从来没有真正获得英格兰国王这一头衔，但他才是真正的首位英格兰国王。

364.帝国之外的日耳曼部落

前面讲述的是西部帝国范围内最重要的日耳曼部落，他们在被自己推翻的文明废墟之上，建立或帮助建立了意大利、西班牙、法兰西和英格兰这些近代的民族国家。在古罗马帝国的疆域之外，还有一些日耳曼民族的其他部落或氏族，注定要在欧洲历史上扮演重要的角色。

在莱茵河东部，居住着近代德意志人的祖先。尽管德意志森林和沼泽上大量的居住者涌入罗马各行省，但德意志在6世纪的时候似乎还和大迁徙开始之前一样拥挤。这些部落在生活方式上仍是野蛮人，大多数人仍信仰异教。在西北欧的是斯堪的纳维亚人（Scandinavians），即近代丹麦人（Danes）、瑞典人（Swedes）和挪威人（Norwegians）的祖先。

第三十七章　教会及其制度

第一节　蛮族皈依

365.导言

占领西部帝国的蛮族，其部落史上最重要的事件就是皈依基督教。蛮族进入帝国之前或刚刚进入帝国便皈依基督教的这一情况，使得帝国的臣民免受蛮族异教徒对被征服的敌人施加的极端暴行。阿拉里克未曾染指罗马基督教堂的宝藏，因为他自己也是基督教徒（第329条）。出于同样的原因，汪达尔国王盖塞里克也对教皇利奥一世（Pope Leo the Great）的祈求作出让步，放了帝国都城居民一条生路（第334条）。比起不列颠的艰难命运，意大利、西班牙、高卢的命运相对平和，是因为或部分因为这些占领该地区的部落绝大多数都已经在进入帝国之前皈依了基督教，但当撒克逊人进入不列颠之前，他们还是野蛮的异教徒。

366.法兰克人的皈依；法兰克人皈依的重要性

当法兰克人进入帝国之时，就如盎格鲁人和撒克逊人刚刚登陆不列颠时一样，都是异教徒。基督教在他们中间发展缓慢，直到他们在一次战争中据说得到基督教徒信奉的上帝的帮助而获得胜利，法兰克国王及其子民便抛弃旧的信仰转而皈依基督教。

历史学家米尔曼（Milman）说：“法兰克人的皈依对欧洲历史产生了重要而深远的影响。”原因是，当几乎所有其他的日耳曼部落都信奉阿里乌斯派教义时，法兰克人接受了正统的天主教信仰。这样一来，他们就得到了罗马臣民的忠诚与罗马教会的官方支持，为西部法兰克国王的统治奠定了基础。

367.奥古斯丁在英格兰传教

公元596年，教皇格里高利一世派遣奥古斯丁（Augustine）携40名随从到英格兰传教。格里高利因其在罗马的奴隶市场看到了来自该地区面容白皙的俘虏，遂对去该地区布道产生了兴趣。

修道士在英格兰受到了热烈欢迎，英格兰人认真倾听了陌生人讲述的故事，并被说服此为大势所趋；他们便焚毁了沃登（Woden）与托尔（Thor）[1]的庙宇，大规模地皈依了基督教。[2] 不列颠的皈依最重要的影响之一便是重建了因5世纪的灾难而断绝的与罗马文明之间的联系。正如历史学家格林讲到圣奥古斯丁使团时所言："修道士们吟唱庄严的祷文行进，在某种意义上是听到阿拉里克号角而撤退的罗马军团的回归……实际上，奥古斯丁的登陆恢复了被亨吉斯特登陆所毁掉的统一，新的英格兰被老的国家联合体所接纳。在征服者的刀剑面前逃走的文明、艺术、文学随着基督教的信仰而归来。"

368.爱尔兰的皈依；爱奥那岛

对爱尔兰进行精神征服始于一个名叫巴特利西乌斯（Patricius）的热情主教，后来他以爱尔兰的守护神圣帕特里克（Saint Patrick）为人所熟知。由于他的辛苦努力，到大约5世纪末他去世之时，岛上的绝大多数人都成为了基督教徒。没有任何种族接受过如此热情的福音（Gospel）。爱尔兰教会派出忠诚的传教士到皮克特（Pictish）高地、德意志森林、阿尔卑斯山脉和亚平宁山脉（Apennines）的荒野。在凯尔特传教士建造的修道院中，有一所由爱尔兰修道士圣科伦巴（Saint Columba）于公元563年在皮克特海岸不远处的爱奥那岛（Iona）上修建的最为著名。爱奥那岛成为基督教知识与传教热情的著名中心，在将近两个世纪里，一直发散着光芒，穿透着周遭异教的黑暗。

---

① 沃登即为上文提到的奥丁，是其在古英语中的表述，北欧神话的主神，为众神之王；托尔是雷神，相传为奥丁之子。——译者注

② 参见比德，《英吉利教会史》，第2章。尊者比德（Bede the Venerable，约673—735）是一位虔诚博学的诺森布里亚修道士，在其所有的著作中，有一本无价之宝名叫《英吉利教会史》。

爱奥那修道院遗址

如果一个人在马拉松平原上没有感受到对国家的热爱，如果一个人在爱奥那遗址上没有感受到对宗教的虔诚，那他就不值一提。

——约翰逊博士

369.德意志的皈依

德意志的伟大传教士是撒克逊人温弗里德（Winfrid），以圣波尼法爵（Saint Boniface）为人们所知，生于约公元688年。在紧张而忙碌的漫长岁月里，他建立学校和修道院，成立教会进行布道与洗礼，最后于公元753年殉道。正如米尔曼所言，撒克逊人对英格兰的侵略回流到了欧洲大陆。

德意志部落的皈依使得西欧日耳曼人免受其野蛮同胞的屠戮，并在中欧建立起了强大的屏障，抵御几个世纪以来一直极大地威胁着德意志东部边境的图兰异教和伊斯兰教的前进浪潮。①

第二节　隐修制度的兴起

370.隐修制度的定义；助长隐修制度的教义

在3到6世纪之间，教会逐渐形成了一种隐修制度（Monasticism）。这一术语

① 斯堪的纳维亚人、东斯拉夫人、匈牙利人皈依基督教的故事不在本部分的讨论范围内，会在后文讲述。

在广义上，指的是一种以达到提升灵魂为目的的自我否定的苦修和与世隔绝的生活。这样的定义表明该制度包含两大类修道者：（1）独居修道士（Hermits/Anchorites）——与世隔绝，在荒无人烟的地方独自生活的修道者；（2）住院修道士（Cenobites/Monks）——形成团体，过群体生活的修道者。

基督教的隐修制度源自《圣经》的文本教义。因此使徒圣保罗（Apostle Saint Paul）说："没有娶妻子的人，挂念的是主的事；……但娶了妻子的人是为世上的事挂虑。"① 基督自己也宣称："如果有人到我这里来，不恨自己的父母、妻子、儿女、兄弟、姊妹，甚至自己的性命，就不能做我的门徒。"② 而且，他对有钱的年轻人说："如果你想要完全，就去变卖你所有的，分给穷人。"③ 这些文字同其他类似的一样，从字面上看，很大程度上认定了遁世、苦行和节欲的禁欲主义理念，认为这才是最完美的生活和最可靠的救赎方式。

371.西部的隐修制度

4世纪时，禁欲的隐修方式受到了拥有温和气候的东部，特别是埃及的青睐，在某种程度上构成了修道院模式；也就是说，某位著名隐士吸引了一批门徒，他们的简陋小屋构成了修道院的核心（laura）。

隐修制度在东部建立不久便传入了欧洲，而且在极短的时间内传遍了所有基督教为主的西部国家。这里的主流生活与隐修模式格格不入，可东、西部的修道院仍在不断兴建。选择遁世的人大多是因蛮族入侵带来的混乱与恐怖以及西部帝国的瓦解。

372.圣本笃会规

为了为修道士的隐修与苦行引入某种规则，教规便被制定出来供其遵守。修道士的"三绝誓言"包括绝财（Poverty）、绝色（Chastity）、绝意（Bedience）。

最伟大的修道士教规制定者要属努西亚（Nursia）的圣本笃（Saint Benedict，480—543），著名的卡西诺山修道院（Monastery of Monte Cassino）的创始人，该修道院位于意大利的罗马与那不勒斯之间。其会规对于宗教世界来说就如同《查士丁

① 《哥林多前书》，第7章，第32、33节。

② 《路加福音》，第14章，第26节。

③ 《马太福音》，第19章，第21节。

尼民法大全》（第346条）对于欧洲的世俗社会一样举足轻重。会规中的很多规定都是最明智、最实际的，例如，一条将体力劳动作为神圣的义务，而另一条则要求修道士每天花一定的时间读圣贤经典。

接受圣本笃会规的修道士被称为本笃会修士（Benedictines）。这一会规变得极受欢迎，一度有约4万座修道院采用该会规。

373.修道士为文明作出的贡献

教会中这一早期修道制度的建立，给正在从旧世界的废墟中重塑自我的新世界带来了巨大利益。修道士，特别是本笃会修士，成了农耕者，将国王和他人赠予的荒野沼泽通过悉心开垦转变成丰饶良田，从而挽救了欧洲一些最荒芜的地区。

修道士也成了传教士，教会对蛮族取得的迅速而显著的胜利，很大程度上要归功于他们的热情与奉献。

修道士也成了教授者，修道院里宁静的空气既培养了虔诚也滋养了学识。在修道士的庇护下建立了学校，这些学校是中世纪早期学习的场所，也是欧洲几个世纪以来的最佳知识生活的中心。

修道士也成了抄写员，用极大的艰辛和勤勉收集、誊写古代写本，从而令古典学术与文学得以保存并流传至今。几乎所有现有的希腊和拉丁经典都是通过修道士之手传下来的。

修道士抄写员

修道士也成了记录者，他们将自己时代的事件写成编年史，能学到中世纪早期的知识均得益于此。因而，修道院中的缮写室或写字间在中世纪社会中的地位相当于近代的大印刷厂。

修道士还成为了赈济者，帮助虔诚和富裕之人向贫穷与需助之人分发其捐赠的物品，各处的修道院都向疲惫、虚弱和沮丧之人敞开了他们的好客之门。总之，这些隐居处在中世纪时期成了旅馆、收容所和医院。

第三节　神权崛起

374. 帝国内的帝国

早在罗马衰亡之前，神权国家便已经在罗马帝国内部滋长，而无论其制度还是其管理体系都脱胎自帝国模式。这个属灵帝国像其他世俗帝国一样拥有包括助祭（Deacons）、司祭（Priests/Presbyters）和主教（Bishops）为主的各级执事人员。主教们共同组成了主教团（Episcopate），有四个等级：区主教（Country Bishops），市主教（City Bishops），都主教（Metropolitans）或总主教（Archbishops）和宗主教（Patriarchs）。四世纪末时共有五个宗主教区（Patriarchates），分别以罗马、君士坦丁堡、亚历山大、安条克和耶路撒冷这五大城市为中心。

在所有宗主教区之中，罗马宗主教区在权力和地位方面被赋予了普遍的优先权。其进一步宣称在行政和司法管理方面同样具有优先权，并已得到广泛认可。在八世纪结束前，基督教世界已经稳固地建立起来了神权君主制度。

除了坐上圣彼得宝座的大人物如利奥一世（Leo the Great）、格里高利一世（Gregory the Great）、尼古拉一世（Nicholas I）的影响之外，还有许多历史事件促成了罗马主教至高权力的实现，并极大地帮助他们建立了中世纪神权的普世权威。下文将列举几个神权崛起与发展的过程中至关重要的标志性事件。

375. 坚信圣彼得为首席主教及罗马教会缔造者

人们开始相信基督在所有门徒中授予了彼得某种无上地位。这种说法的根据源自《圣经》文本。人们也认为罗马教堂便是彼得本人所建。他极有可能是该教堂的建设者，且在尼禄（Nero）皇帝时期殉难于此。这些历史信条和解读使罗马主教成为第一使徒及其教职的继任者，当然极大地提高了其声望，并佐证了其首席主教的主张。

376. 世界政治中心的地理优势

最初几个世纪里，罗马主教的主张极大地得益于罗马帝国良好的名声和威望。因为已经习惯于接受那里所有世俗事务的命令；那么自然而然，属灵事物也寻求其命令和指引。因此，占据世界地理和政治中心的罗马主教便拥有了高于所有其他主教和宗主教的一大优势。在几个世纪的历史里，聚集在永恒之城（Eternal City）①上的光辉，自然也赋予了基督教主教头顶的光环。

377. 皇庭迁至君士坦丁堡的影响

都城从罗马东迁并没有使罗马主教失去其原有的地理优势。戴克里先（Diocletian）和君士坦丁将皇庭东迁，不但没有削减罗马主教的权力和威严，反而大大提振了其权力与主张。正如但丁（Dante）所言，它“给了牧羊人空间”。这使得罗马教宗成为了罗马最重要的人物。

378. 牧师成为罗马守护者

当蛮族袭来，罗马主教迎来了扩大影响和权势的又一次时机。罗马的不幸便是他们的幸事。因为，当阿拉里克攻陷罗马之时，教皇英诺森一世（Pope Innocent I）通过调解使得罗马教堂免于遭受其他异教圣殿同样的命运；虔诚的教皇利奥一世通过斡旋，劝说凶猛的匈奴王阿提拉放过罗马打道回府；而且他还于公元455年想方设法平息了汪达尔国王盖塞里克的愤怒，使罗马居民免受蛮族士兵带来的沉痛苦难（第334条）。

因此，当皇帝作为理所应当的守卫者却无法保卫都城之时，手无寸铁的牧师却通过神职赋予其的敬畏与威望尽力而为其难为之事，结果却为罗马教廷带来了更多的荣誉与威严。

379. 罗马帝国衰亡对神权的影响

但是，如果帝国的不幸趋向于提高罗马主教的名声和影响的话，西罗马帝国最终衰亡所带来的好处则有过之而无不及。当西罗马帝国的主权落入东罗马皇帝手中之时，因罗马远离君士坦丁堡的皇庭，主教便成为了西欧最重要的人物，事实上逐渐承担起了君权。他们成了蛮族首领和意大利人之间的仲裁者，而城市、国家和国王之间出现纠纷也诉诸罗马教廷决断。尤其在对抗阿里乌斯派的野蛮统治者之时，西部的主教和总主教都向罗马寻求建议和帮助。这些事务如何直接而有力地强化了

---

① 永恒之城是罗马的别名，公元前一世纪罗马诗人提布卢斯首次使用。罗马也被称为世界之都。——译者注

罗马主教的权力和影响则显而易见。

380. 罗马的使团

罗马教堂早期的传教热情使其成为众教堂之母，所有的教堂都怀着深厚之情和感激之心仰望于她。因此，通过罗马传教士皈依的盎格鲁人和撒克逊人，对神圣的教廷充满崇敬并成为其最忠实的孩子。英格兰基督徒最常去罗马朝圣，将他们的彼得便士[①]（Saint Peter' s Pence）送去作为贡金。当撒克逊人成为传教士向欧洲大陆的异教亲族布道之时，他们将同样的依恋与热爱移植到了德意志人的内心。

381. 萨拉森人攻陷安条克、耶路撒冷和亚历山大的影响

公元七世纪，所有东方的大城市都落入穆斯林之手。[②]这给罗马教会带来了巨大影响，因为在每一个这样的大都城，都有或者可能会有一位罗马主教的敌手。事实上，在基督世界的版图上，安条克、耶路撒冷和亚历山大已经被抹除，只剩下君士坦丁堡可能滋养着罗马教会的对手。因而，基督教世界的大灾难却再次巩固了罗马主教不断增长的权力。

382. 教皇成为世俗君主

关于圣像崇拜的争论，在教会史上被称为“圣像破坏之争”（War of the Iconoclasts）[③]，在八个世纪时爆发于东部的希腊教会和西部的拉丁教会之间，对罗马教宗的权力增长产生了深远影响。

利奥三世（Leo the Isaurian）于公元716年登上了君士坦丁堡的宝座，是一位最热情的偶像破坏者。东部的希腊教堂圣像均被清除，皇帝决定也要清除西部拉丁教堂里的这些“偶像崇拜的象征”，为此颁布了一项法令，禁止使用圣像。教皇格里高利二世作为罗马主教，不仅反对该法令的执行，还发布教令将东部皇帝开除教籍，并禁止所有破坏圣像的教堂参加正统天主教会的圣餐仪式。尽管在公元842年

---

① 彼得便士，是直接而非通过地方教区向罗马天主教会进行的捐款，始于撒克逊时期的英格兰，并迅速传遍欧洲。1871年，时任教皇庇护九世正式确定其为教会世俗成员对罗马教廷的一种经济支持形式，近代教皇将其作为一种慈善形式。——译者注

② 详见第四十章。

③ Iconochist一词意思是“圣像破坏者”。

东部教堂恢复了仅包括绘画和拼图在内的圣像，但此时，日积月累的原因疏远了两个地区的基督教世界，使之产生了至今也无法弥合的裂痕，导致了十一世纪下半叶永久分裂为东部教会与西部教会。

在这场与东部皇帝的论争中，罗马主教与加洛林家族的法兰克君主结成同盟。这是难得一见的管鲍之交。教皇帮助法兰克君主神话其政权、巩固其权力和威严；知恩图报的法兰克国王帮助教皇抵御所有帝国和蛮族的来犯之敌，并为其献土，为建立世俗国家奠定了基础。

这就是神权崛起的大体途径，其在西部基督教世界里鹤立鸡群，注定成为中世纪时期塑造未来、引领发展的体制。

第三十八章　拉丁民族与日耳曼民族的融合

383.导言

蛮族皈依基督教以及神权在西部基督教世界的崛起为罗马的艺术与文化传入北方民族并加速意大利、西班牙和高卢地区的拉丁人与日耳曼人融合成新的单一民族铺平了道路。本章将讲述其中的重要事件，尤其是这两个民族如何在旧帝国的土地上交融着他们的血液、语言、法令、风俗和习惯，进而形成新的民族、新的语言以及新的制度。

384.罗曼民族

在一些地区，因为民族间的激烈对抗，一方被占的受伤感和另一方傲慢的优越感，导致蛮族入侵者和罗马人在很长一段时间里无法融合。但在大部分地区，蛮族入侵者同意大利、西班牙和法兰西的拉丁语居民很快经由通婚开始了自由的民族融合。

很难统计日耳曼人跟罗马人通婚的比例，当然，不同国家的比例也有所不同。然而，上述国家没有大到足以吸收拉丁化的蛮族人，相反，是蛮族人自己通过改变自身以适应新的环境，从而达到自我融合。因此，约4世纪末，意大利、西班牙和法兰西的一切，包括住宅、城市、服饰、习俗、语言、法律、士兵等，都有罗马帝国的影子。不久，蛮族入侵，巨变发生。有一段时间里举目所及，人们在街道和市场上互相推搡；在剧院和法院互相拥挤；在教堂，帝国的罗马居民和粗鲁的日耳曼征服者接踵而跪。但到9世纪时，这两种元素变得相当融合，又过了一两个世纪，罗马人和日耳曼人都消失了，出现的是意大利人、西班牙人和法兰西人，这些民族被称为罗曼民族（Romance nations），因为他们本质上是罗马人（Roman）。

385.罗曼语族的形成

在被罗马征服的5个世纪里，西班牙和高卢的居民忘掉了自己芜杂的方言，开始说蹩脚的拉丁语；历史又在重演，当年高卢的凯尔特部落和西班牙的凯尔特–伊比利亚人的粗言土语给罗马人的雅致语言让位，此时日耳曼人的粗蛮语言也让步于罗马人的文雅语言。在进入帝国之后的两三个世纪里，哥特人、伦巴第人、勃艮第人和法兰克人在很大程度上都放弃了自己的语言，而使用被征服者的语言。

但是此种通俗的拉丁语，在罗马人与日耳曼人的混血后代嘴里当然发生了很大变化。由于缺乏共同的通俗文学，一个国家发生的变化与另一个国家的变化并不完全一致，因此，随着时间的流逝，不同的方言如雨后春笋般涌现。到9世纪左右，拉丁语实际上已经在口头上消失了，而其地位被与古拉丁语或多或少相似的诸如意大利语、西班牙语、葡萄牙语、法兰西语和普罗旺斯语所取代，因为都是罗马语的衍生，所以统称为罗曼语族（Romance Languages）。

386.神裁法

日耳曼人用来裁定被起诉之人是否有罪的方法暴露了他们的司法管理是多么原始。最常见的方法被称为神裁法（Ordeals），即问题被提交给神来审判，其中最主要的是火裁法（Ordeal by Fire）、水裁法（Ordeal by Water）和决斗断讼法（Wager of Battle）。

决斗断讼

火裁法是在手里拿着一块烧红的铁，或蒙眼光脚走过一排不规则摆放的热犁头，如果此人安然无恙，则被无罪释放。另一种火裁法是穿过两个紧挨着的火堆，或者走过正在燃烧的木头。

水裁法有两种：热水裁和冷水裁。热水裁中，被告人将其手臂伸入开水中，如果三天后胳膊上无伤，则被认定无罪。冷水裁中，嫌疑犯被扔进小溪或池塘：如果他浮起来，表明有罪；如果他沉下去，表明无罪。

决斗裁，或者决斗断讼法，只是一场司法决斗。随着上帝会进行干预以维护正义的这种观念深入人心，自然而然便成为以决斗为乐之人的最佳选择，甚至宗教纷争有时也通过此种途径来进行解决。①

神裁法经常由代理人来做，也就是说，一个人受雇佣或为了友谊而为另一个人而战；因此，有了“to go through fire and water to serve one”（赴汤蹈火）这一表达方式。尤其是在司法决斗中，替代的这种情况更为常见，因为女性和神职人员一般都禁止出现在竞技场。

387.罗马法典的复兴

起初，蛮族法典同罗马法典在这些国家并存，后来罗马法典逐渐被取代，本地人远远超过入侵者的意大利和法兰西南部除外。然而出色的罗马法系注定会显示出其优越性。大约在11世纪末，具体体现在《查士丁尼法典》中的罗马法典的研究有了很大的复兴。又过了一两个世纪，罗马法典几乎成为欧洲所有民族法律体系的基础或强大的修正因素。

所发生的事情可以参考日耳曼语在高卢、意大利和西班牙的命运便可明了。蛮族语言在这些国家维持了两到三个世纪之后，还是为更优秀的拉丁语让路，使其成为了新的罗曼语的基础。所以在法律领域，此时蛮族的准则和习俗尽管仍旧占有一席之地，似乎在某种程度上无处不在，但最终也同样会让位于更优秀的罗马帝国法律体系。罗马必须完成自己的使命，把法律留给各国。

① 神裁法在所有的原始民族中都有应用，希伯来人也有采用神裁法的证据，见《民数记》，第5章，第11—31节以及《约书亚记》，第7章，第16—18节。大卫与哥利亚的搏斗，就是对天国审判的一种申诉，具有司法决斗的基本要素。以利亚对巴力先知的考验中也有神裁法的存在。希腊人也是如此，例如，在索福克勒斯的《安提戈涅》中，看守说道：“准备好拿起滚烫的铁、走过熊熊的火吧。”

第三十九章　东部罗马帝国

388.查士丁尼时代（527—565）

罗马帝国灭亡后的50年里，东罗马皇帝拼命地、却时有疑惑地抵御蛮族的洪流，忧惧于降临在西部帝国都城之上的可怕灾难同样会摧毁君士坦丁堡。如果蕴藏着千年希腊–罗马知识与文化的新罗马也会被风暴摧毁，那对文明事业造成的损失将不可估量。

幸运的是，在公元527年，东罗马帝国一位能力非凡的君主即位，而命运赋予他一位具有罕见天才的大将——他注定要跻身于世界上屈指可数的伟大统帅之列。这位君主的名字叫查士丁尼（Justinian），大将的名字叫贝利萨留（Belisarius）。这个时期便用该君主的名字命名为“查士丁尼时代”。

389.作为罗马帝国的恢复者和“文明世界的立法者”的查士丁尼

查士丁尼统治时期的最重要事件就是“帝国的恢复”，即从野蛮人手中收复他们占据的几个西部行省。他先从汪达尔人手中收复了非洲；之后又从哥特人手中收复了意大利，令其重归帝国的怀抱，并由帝国的官员拉韦拉总督（Exarch）加以管理；除了从蛮族手中收复了非洲和意大利之外，查士丁尼还从西哥特人手中收复了西班牙的东南部地区。

然而赋予查士丁尼的统治以更大荣耀的却不是他的将军带给他的胜利，而是他编纂出版了“罗马法系的主体”——《查士丁尼民法大全》（*Corpus Juris Civilis*）。这部作品汇集了古罗马人的全部法律知识，是罗马留给世界最宝贵的遗产。这部法典的出版，让查士丁尼获得“文明立法者”（The Lawgiver of Civilization）的称号。

除此之外，查士丁尼还赢得了世界上最伟大的建设者之一的美誉。他重铸了圣索菲亚教堂的辉煌，该教堂由君士坦丁大帝建造，但在他统治早期的一次暴乱中被焚毁。建筑主体依然矗立，只是穹顶之上的十字架在1453年被穆斯林的新月取而代之。这一宏伟建筑的内部装饰被认为是基督教艺术中最美丽的创作之一。

390.帝国的希腊化

查士丁尼死后不到一代人的时间，我们下一章将会讲到的阿拉伯人就开始了他们惊人的征服过程，在很短的时间里彻底改变了东部帝国的面貌。阿拉伯人占据了帝国那些最缺乏希腊元素的行省，使得皇帝的臣民在构成上更加一致，几乎全是希腊人。罗马元素消失了，尽管政府还保留着帝国特色，君士坦丁堡的宫廷却从语言、精神到礼仪都是希腊式的。因此，此后的许多历史学家都愿称它为希腊或拜占庭帝国，而不是东罗马帝国。

391.东部罗马帝国对欧洲文明的贡献

东部罗马帝国为欧洲作出了卓越贡献，因此理应在世界历史上占据重要的地位。

第一，作为军事前哨，为欧洲文明在东部前线抵御了千年的亚洲野蛮入侵。

第二，作为守护者，几百年来守护着古代文明的瑰宝，并成为新兴西部国家的法律、行政、文学、绘画、建筑和工艺的先师。[①]

第三，作为看管者，保持了帝国思想和原则的生命力，并在查理大帝时代把这一富有成果的思想和已经成型的原则还给了西部。没有东罗马帝国，绝不会有西部的罗马–德意志帝国（第257条）。

第四，作为传授者，教授了东欧斯拉夫民族宗教和文明。俄罗斯得以成为当今文明世界的组成部分，实际上得益于新罗马的熏陶。

---

① 此处主要指通过意大利城市，尤其是威尼斯的连接，在几乎整个中世纪时期都与君士坦丁堡保持着密切的政治和商业联系。

第四十章　伊斯兰教的兴起

北方的日耳曼蛮族侵袭了罗马帝国并夺去了西部的所有行省。此时，南方的阿拉伯人同样侵袭了罗马帝国，并从东部皇帝手中夺去了大部分土地且统治至今。

麦加城和神圣的天房克尔白

392.穆罕默德之前阿拉伯半岛的宗教状况

在穆罕默德的改革之前，阿拉伯人都是偶像崇拜者。他们的圣城为麦加（Mecca），那儿有古老的、最受敬畏的天房克尔白（Kaaba），保存着一块据说是天使送给亚伯拉罕的神圣黑石。即使阿拉伯半岛最偏远的地区，也要到麦加天房朝圣。

尽管一种低下的多神教在阿拉伯部落盛行，但仍有很多其他信仰的追随者。半岛上居住着数量众多的犹太教教徒，从他们那里，阿拉伯的导师们熟悉了一神论的教义。毫无疑问，正是通过犹太教教徒和基督教教徒，穆罕默德学到了诸多其所讲授的教义。

393.穆罕默德

阿拉伯人的伟大先知穆罕默德，在约公元570年出生于圣城麦加。早年他是一个牧羊人与羊群的守夜人，在他之前，伟大的宗教先师摩西（Moses）和大卫（David）都是如此。后来他又成了商人和赶驼人。

穆罕默德（的心灵）早就深深地被曾经吸引宗教人士敛心默祷的那些主题所打动。他宣称天使吉卜利勒（Gabriel）出现在他面前并给了他启示，命令其转达给自己的同胞们。他要传布的新信仰的精要便是："安拉（Allah）之外别无他神，穆罕默德是安拉的使者。"

很长一段时间，穆罕默德努力通过劝导来获得追随者；然而他到处被怀疑，3年后只有区区40个门徒。

394.逃亡麦地那（622）

最后，古莱什部落中强大的一方被穆罕默德的布道所激怒，开始迫害穆罕默德及其追随者。为了躲避迫害，穆罕默德逃到邻近的城市麦地那（Medina）。

这次圣迁（Hegira）发生在公元622年，穆斯林认为这一事件在其宗教历史上极为重要，因而把这一年作为新伊斯兰历的元年，此后一直沿着此年记录历史年代。

穆罕默德受到麦地那居民的热情拥护，此时他集立法者、精神导师、战士的角色于一身。他宣称真主的旨意便是用刀剑传播信仰，此后不到10年的时间，便占领了圣城麦加，新的教义则传遍了阿拉伯的各个部落。

395.征服波斯、叙利亚、埃及与北非

在穆罕默德离世后整整一个世纪里，哈里发（Caliph）或先知的继任者[①]进行着几乎不曾间断的一系列征战。征服了波斯，《古兰经》的权威在古拜火教教徒的土地上树立起来；从东罗马帝国手中夺去了叙利亚；侵占了小亚细亚；从拜占庭皇

---

① 首任哈里发是穆罕默德的岳父艾布·伯克尔（632—634），其后分别是奥马尔（634—644）、奥斯曼（644—655）和阿里（655—661），后三位均被刺身亡。阿里是最后一位所谓的正统哈里发。

帝手中夺去了埃及和刚刚从汪达尔人手中收复的北非。

通过征服叙利亚，使得基督教世界失去了基督教的发源地；通过征服北非，使得与对岸的欧洲大陆有着1000多年紧密联系的历史，一度似乎注定要向欧洲大陆人民敞开怀抱、分享自由与进步的历程的土地，都被这次征服打回到东方的宿命论、专制统治与大萧条之中。从一个欧洲的延伸，再次沦为只为亚洲的延伸。

396.入侵欧洲；图尔战役（732）

在穆罕默德死后的50年里，其继任者的将军们把先知的信条一侧从小亚细亚传播到赫勒斯滂，另一侧穿过非洲宣扬到西班牙。正如德雷珀（Draper）所描绘的那样：新月，呈巨大的半圆形跨于非洲北岸和亚洲海湾，一角挂于博斯普鲁斯，一角勾住直布罗陀，似乎很快就会形成一轮满月覆盖整个欧洲。

第一次尝试是在东部。公元673年，阿拉伯人徒劳地从东罗马皇帝手里夺取君士坦丁堡，以控制博斯普鲁斯海峡。在东端被击退之后，他们成功地在西班牙获得了立足之地。西哥特的最后一位国王罗德里克一败涂地，除了西北部的一些山区外，整个半岛很快就向侵略者屈服了。此役之后，西班牙的绝大多数省份脱离基督教世界800年之久。

在征服西班牙几年之后，萨拉森人越过比利牛斯山脉，在高卢站稳了脚跟。穆斯林军队越过西班牙的高山北进令基督教世界大为警觉。穆罕默德去世整整一百年后的公元732年，法兰克人在伟大领袖查理（Charles Martel）的带领下，会同其盟友与穆斯林在高卢中部的图尔平原遭遇，并将基督教的命运与历史的未来进程孤注一战。阿拉伯人惨败，旋即撤退到了比利牛斯山脉以南。

西欧年轻的基督教文明因而得以绝处逢生，从自匈奴王阿提拉（第332条）之后再未遇到过的恐怖威胁中解脱出来。

397.哈里发的黄金时代

起初，哈里发在麦地那施行其统治；之后，从公元661年到公元750年的大约一百年时间里，他们在大马士革发号施令；再后来，他们在底格里斯河下游古巴比伦的代表巴格达那里建立其宫廷，这座城市在此后五百多年的时间里一直是灿烂辉煌的阿拉伯文明的中心。

巴格达哈里发政权的黄金时代从8世纪晚期到9世纪，大致在曼苏尔（Al-Mansnr，754—775）和著名的哈伦·拉希德（Harun-al-Raschid/Harun al Raschid，

786—809）统治期间。这一时期，阿拉伯学者孜孜不倦地促进科学、哲学和文学的发展，而哈里发的宫廷在文化和奢华方面都与西方基督教世界统治者粗鲁、野蛮的宫廷形成了鲜明对比。

398.哈里发帝国的分裂

吉本写道：“在圣迁后的第一个世纪末，哈里发是世界上最有权力的专制君主。”但在很短时间内，阿拔斯的庞大帝国便因派系斗争，以及为争权夺利而相互对立的野心家们搞得支离破碎，三个首都，从底格里斯河畔的巴格达，到尼罗河畔的开罗，再到瓜达尔基维尔河（Guadalquivir）畔的科尔多瓦，由三位敌对的哈里发发号施令，每个人都被他的追随者尊为先知唯一合法的精神与宗教继承者。然而，所有信徒都对伟大的阿拉伯先知同样敬畏，都对神圣的《古兰经》保持同样的热情，而且祈祷之时都同样面向圣城麦加。

399.阿拉伯的伊斯兰文明

萨拉森人和日耳曼人是古代的共有继承人。阿拉伯人尤其专注于古代文明的科学累积，并把它们传给基督教的欧洲。他们从希腊人和印度人那里获得了天文学、几何、算术、代数、医学、植物学和其他科学的启迪。亚里士多德、欧几里得和盖伦（Galen）的科学著作，以及印度教关于天文学和代数的论述，分别从希腊文和梵文翻译成阿拉伯语，进而形成了阿拉伯研究和调查的基础。几乎所有他们所能触及的科学都被其加以改进和充实，然后再传播给欧洲学者。[①] 他们首次把医药变成了真正的科学。从他们那里得知其设计了阿拉伯记数法或十进制记数法，[②] 并将这一所有科学研究都不可或缺的数学计算工具传到欧洲。

阿拉伯人写的传奇和诗歌这两种较为大众的文学形式，达到了炉火纯青的地步。《天方夜谭》（*The Arabian Nights Entertainments*）的独特的故事，除了对处于东方文化高峰时期的巴格达皇宫里阿拉伯生活和习俗的解说之外，也为世界文学增

---

① 欧洲从阿拉伯获得科学知识的来源被如下词汇所承载：炼金术、酒精、蒸馏器、代数、碱、年鉴、方位、化学、万灵药、天顶和天底。那些阿拉伯主要城市在多大程度成为中世纪世界的制造中心，通过这些地方给各种织物及其他物品起的名字便可窥其一斑：棉布一词来自底格里斯河畔的摩苏尔、锦缎来自大马士革、纱布来自加沙。大马士革和托雷多的刀片说明了阿拉伯冶金工人的熟练程度。

② 阿拉伯记数法中使用的零以外的数字，似乎都借用于印度。

添了不朽的作品。

所有这些文学和科学活动都能在学校、大学和图书馆的建立中很自然地找出其印迹。在欧洲可以炫耀教堂学校或修道院学校的几个世纪前，阿拉伯帝国所有的大城市，如巴格达、开罗和科尔多瓦，伟大的大学就吸引了大批热心的年轻穆斯林并营造出了学识与教养的氛围。

建造清真寺和其他公共建筑的阿拉伯建筑师发明了一种有着独特风格的新建筑形式，其中的一个最美丽的样本便是保存在格拉纳达的摩尔王宫①，这一风格给现代建设者提供了一些最佳范例。

① 摩尔王宫即阿尔汗布拉宫，又称“红宫”，建于1354—1391年，是阿拉伯式宫殿庭院建筑的优秀代表，1984年入选联合国教科文组织《世界遗产名录》。——译者注

第四十一章　查理大帝与西部帝国复兴

400.概述

我们再次把注意力放回西方。在同盟者的帮助下，法兰克人于图尔战役中挡住了萨拉森人的进攻，让欧洲免于《古兰经》的统治。加洛林王朝（第361条）第二位国王查理曼，或称查理大帝。他的堂堂身影出现在此时的所有历史事件当中；实际上，是他制造了这些事件，使其所处的时代成为了世界史的新纪元。

401.查理大帝的战争

查理在近半个世纪的漫长统治中，一直致力于开疆拓土，最后，帝国的版图囊括了西欧的大部分地区。他发动了52次战役，其中主要针对伦巴第人、萨拉森人和萨克森人。

查理的第一次战役是攻打伦巴第王国。该国国王狄西德里乌斯（Desiderius）正在困扰着教皇。查理曼将其领土攻占，并将这位不幸的国王关在了一个修道院里，并将伦巴第王国著名的铁王冠[①]戴在了自己的头上。

公元778年，查理集结兵力，对西班牙信奉伊斯兰教的摩尔人发动圣战。他越过比利牛斯山，成功从穆斯林手中夺回了半岛的整个东北角。这些为基督教世界夺回的土地成为了帝国的一部分，称为“西班牙边区”（Spanish March）。[②]

---

① 据说该王冠由耶稣钉在十字架上受难的一颗铁钉融入锻造而成。

② 查理率领他的得胜之师翻越比利牛斯山回国，其后卫部队在穿越龙塞斯瓦列斯峡谷时，被野蛮的山地居民加斯科尼人所阻截，在他返回救援之前已全军覆没。本事件的详情未有官方记载，但很久以后，与英雄罗兰的传奇事迹联系起来，形成了法兰西北部游吟诗人最喜欢的故事和诗歌主题（第508条）。

但此时与查理交战最多的还是异教徒萨克森人，他们是仅存的保留古老异教信仰的日耳曼部落。萨克森人不仅是在为自己的家园而战，而且为自己的宗教信仰而战；因为确立基督教的权威是查理企图征服他们的目的之一。

402.复兴西部帝国（800）

此时，一个看似很小的历史瞬间，却能极大地影响未来发展的蝴蝶效应值得注意。教皇利奥三世（Pope Leo III）呼吁查理帮助打击罗马内部的一个敌对派系，国王很快亲自出现在教皇的都城，立即惩罚了教会和平的扰乱者。利奥三世感激涕零，对法兰克国王作出的贡献涌泉相报。

在相当长的一段时间里，各种情况导致意大利人与君士坦丁堡皇帝之间的敌意越来越强烈。而就在此时，伊琳娜女皇（Empress Irene）为了自己登上皇位，废黜了儿子君士坦丁六世，并刺瞎了他的双眼。在意大利人看来，拜占庭王位出现了空缺，因为他们主张恺撒的皇冠不可以戴在女人头上。在此情况下，教皇与其身边的人自然而然地谋划，将皇冠从异端、软弱的希腊人头上摘走，授予一位真正强大、正统、匹配的西部君王。

此时，所有西部基督教的日耳曼人首领中，查理家族声名显赫，是年轻基督教同异教徒敌人英勇作战的最强大的斗士，推举他一定毫无争议。因此，公元800年，当查理在罗马的圣彼得教堂参加圣诞节仪式时，教皇走近跪地的国王，把金冠戴在他的头上，宣布他为“罗马皇帝暨奥古斯都”（Emperor and Augustus，800）。

教皇利奥三世此举的意图是想逆转当年君士坦丁大帝迁都的行为，将皇庭从东部再转回西部；但他真正实现的只是复兴了西部帝国的皇帝世系，而这在324年前就被奥多亚塞给中止了（第335条）。

西部帝国的复兴是欧洲历史上最为重大的事件之一。这赋予接下来的几个世纪与教廷所代表的普世教会的宗教理想相匹敌，并且打造了大部分中世纪历史的“最伟大的政治理想”。

403.统治者查理大帝

查理大帝不能仅仅被视为一位武士，因为他最杰出的贡献是作为立法者兼管理者来实现的，他却始终如慈父般管理着帝国。他施政的特征体现在了著名的《查理曼法令集》（*Capitularies of Charles*）中，其实这些并非是真正意义上的法律，而是涉及各种民事、宗教、公共、国内事务的法令、裁决与指示的汇编。其中有些是在定期会议期间收集整理的；而更大一部分则表达了查理以建议、意见或命令的形式将个人的观点给予所需的首领或臣民。

特别是在加冕为帝之后，查理对宗教事务的管理与对民事的管理一样小心谨慎。他主持召集神职人员开宗教会议，在会上修订教会教规，用慈爱的话语向修道院院长和主教们提出忠告、责备与劝诫。

教育也是查理热心关注的问题。只要繁忙的生活允许，他自己自始至终都是一位勤奋的学生。他从未停止学习，晚年还试图学习写作，但发现为时已晚。查理苦恼于周遭的极度无知，通过建立学校、由寺院的抄写员通过誊写增加和传播书籍，不辞辛劳地教导世俗和宗教的臣民。查理从英格兰请来当时最优秀的学者阿尔昆（Alcuin），并在他的帮助下组建了宫廷学校，皇子、朝臣以及皇帝自己都成了那里的学生。

404.查理大帝之死；他统治时期的成就

查理在加冕称帝仅14年后就去世了，时间为公元814年。研究中世纪的学者几乎持有统一意见，认为查理大帝是从罗马帝国的灭亡到15世纪之间最显赫的人物。他的伟大正如其名，而他的名字则是一座屹立着的不朽丰碑，这个家喻户晓的名字就是——查理曼。

在查理大帝统治时期的众多成就中，有以下两个方面值得注意：

第一，他为日耳曼做了恺撒大帝为高卢所做的事情，把这片野蛮之国带进了文明的曙光之中，并将其打造成了新形成的罗马–日耳曼世界的一部分。

第二，查理将各种族的元素融为一体，构成他统治范围内的多元社会。在他长期有力的统治时期，罗马人和日耳曼人融合迅速。查理的确未能将庞大帝国中的各个种族团结起来形成一个永久的政治统一体，但却在其中打造了后世永不断裂的宗教、知识及社会纽带。一言以蔽之，从此之后，便有了西部基督教世界。

405.帝国分裂；《凡尔登条约》（843）

查理大帝死后，其子虔诚者路易（Lewis the Pious，814—840）继位。路易死后，激烈的争夺在活着的诸王子之间再次爆发，无数人在残酷的冲突中丧失了生命。最后，公元843年，他们签订了著名的《凡尔登条约》（*Treaty of Verdun*），将帝国瓜分：路易得到莱茵河以东的部分，即后来德意志的核心；查理得到罗纳河（Rhone）及默兹河（Meuse）以西地区，后来成为法兰西；而洛泰尔则保留了狭长的中间地带，从北海到地中海纵跨欧洲，包括莱茵河下游的肥沃土地、罗纳河谷及全部意大利，还继承了皇帝的称号。①

这一条约非常著名，不仅因为它是欧洲国家中第一个大条约，而且作为分水岭，在某种意义上催生了近代欧洲两个伟大的国家——拉丁的法兰西和日耳曼的德意志。就如著名的双语《斯特拉斯堡誓词》②（*Oaths of Strasbourg*）中所体现的那样，生长于高卢，经过通俗拉丁语与日耳曼元素的结合，法兰西语作为一门新的语言，成为罗曼语族的长子。

公元962年，强有力的德意志国王奥托一世（Otto the Great）再次复兴了帝国（已经有一代人未享有皇帝名号了），此时帝国称为神圣罗马帝国（Holy Roman Empire）。帝国的思想在后来的历史中扮演了重要的角色（详见第四十五章）。

① 依此划分之后，即为东法兰克王国（843—962）、西法兰克王国（843—987）和中法兰克王国（843—855）。——译者注

② 该誓词是由路易和查理在《凡尔登条约》签订之前的公元842年所发的友谊与互信之誓言。该誓词存有古日耳曼语和新罗曼语两种文本。这为这些语言提供了最为古老的现存文本。

第四十二章　北欧人：维京人的到来

406.北欧民族

北欧人（Northmen）、挪威人（Norsemen）、斯堪的纳维亚人（Scandinavians），是对丹麦、挪威和瑞典早期居民不同的称呼。因为定居在英格兰的大部分人来自丹麦，所以“丹麦人”（Danes）这个词也经常被英格兰作家用来泛指北欧人。这些人构成了日耳曼家族北方的分支。

维京海盗船

将死去海盗王的尸体置于他生前驾驶的船上，然后埋在海边，并在该地堆起高大的坟丘是北欧人的习俗。图中所示船只于1880年发现于挪威南部的哥斯塔的一处古墓。船长78英尺。从墓地的形态可以推测出其安葬时间应为公元700年至1000年之间。

这些北欧人最值得关注的特点是，欣然放弃自己的礼仪、习俗、观念与制度，转而去接受定居国家的。“到罗斯，他们就成了罗斯人；到法兰西，就成了法兰西人；到意大利，就成了意大利人；到英格兰，起先是丹麦人，后来是诺曼人，都成了英格兰人。”

407.冰岛和格陵兰岛的殖民；发现美洲大陆

北欧人于公元9世纪定居于冰岛①。约1个世纪后，北欧人发现了格陵兰岛，并很快在那里定居。北欧人的舰船早在11世纪初就到达过美洲了；其传说中所用的“文兰”（Vinland）可能就是新大陆海岸的某个地区。这些新大陆上的第一批来访者是否在这里定居过一直存有争议。

408.罗斯的北欧人

当挪威人大胆地进入大西洋占领岛屿和海岸之时，瑞典人驾驶舰船跨过波罗的海对沿岸进行侵扰。起初，这些海盗主要针对栖于东海岸的芬兰人和斯拉夫部落。约9世纪中叶，无论是凭借征服或是通过争执的斯拉夫部落的邀请，留里克在公元862年获得了国王名号，并成为罗斯王族的创始人。

409.丹麦人征服英格兰

丹麦人在8世纪末开始登陆英格兰海岸。作为异教徒，他们并不满足于掠夺，还饶有兴致地焚毁此时属于盎格鲁-撒克逊人，或此后称之为英格兰人的教堂与修道院。在极短的时间内，英格兰土地的整整一半落入了北欧人之手。可怜的英格兰人受到当年他们对待凯尔特人时完全一样的待遇。当他们似乎就要完全被异教入侵者奴役或赶出岛屿之时，阿尔弗雷德（Alfred，871—901），后来被称为阿尔弗雷德大帝②，登上韦塞克斯王位。最终，阿尔弗雷德取得了一些优势，但还是无法把丹麦人从岛上赶出去，并于公元878年签订了《韦德莫尔条约》（*Treaty of*

① 冰岛成为了斯堪的纳维亚世界的文学中心。冰岛之于北欧种族就如希俄斯岛之于早期希腊人。在这里出现了一类吟唱诗人，或称吟游诗人，在采用书写之前，他们通过口头保存并传播了北方民族的故事或传说，即萨迦。到13世纪中叶，这些古老的神话诗歌和传说被结集成《老埃达》或《诗体埃达》以及《新埃达》或《散文埃达》。这些北方民族的诗歌和传说在北大西洋荒凉岛屿的冰雪之中保存于世，是现存早期日耳曼文学记录中最令人瞩目、也最为重要的部分，忠实地反映了北欧人的信仰、礼仪、习俗及海盗王的狂热冒险精神。

② 阿尔弗雷德是唯一获得“大帝”称号的英格兰君主。他之所以获得这个荣耀，是他作为立法者和学术赞助人的贡献。他所编纂的法典为英格兰法律体系奠定了基础。阿尔弗雷德还让自己成为翻译者来培育学识，这才有了英格兰散文文学的发端。“无数卷散文书籍填满了英格兰的图书馆，”格林写道，“始于阿尔弗雷德的译著，加之他统治时期的编年史。”此处提及的《盎格鲁-撒克逊编年史》可能从阿尔弗雷德统治时期开始有计划地编纂，详细地按照时间记录事件，一直持续到1154年。这本史书由不同地区的修道士保留，形成了早期英格兰历史方面最为宝贵的资源。

Wedmore），将英格兰东北部的所有土地赠予他们。

阿尔弗雷德死后整整一个世纪，他的继任者一直同已经在这片土地上定居的丹麦人进行持续斗争或保护国土免于新的侵袭。最后，丹麦人获得了统治权，丹麦国王克努特（Canute）于1016年成为英格兰国王，并睿智、慈父般地统治了英格兰18年。尽管丹麦人统治了英格兰近1/4个世纪，但在1042年，古英格兰国王世系的忏悔者爱德华（Edward the Confessor）复辟成为英格兰国王。

410.高卢的北欧人

在查理曼的有生之年，北欧人已开始登陆高卢海岸进行劫掠。公元845年，距查理曼去世不过30年，这些海盗便登上塞纳河岸洗劫了巴黎。最后，在公元912年，国王“天真汉”查理（Charles the Simple）做了一件与不久之前海峡对岸的阿尔弗雷德所做的极为相似的事情。以效忠和皈依为条件，他将高卢北部的很大一片土地赠予了曾在鲁昂（Rouen）定居的北欧人首领罗洛（Rollo）。在很短的时间里，他们接受了法兰西人的语言、习俗和宗教，还捕获了他们活泼与冲动的精神，然而却未丧失自己任何的天然美德。这种习惯与生活的转变，可以从其名称的变化中想象出来：北欧人（Northmen）软化称为诺曼人（Norman）。

411.法兰西历史上的诺曼底

斯堪的纳维亚人在高卢建立定居点被证明，不仅对法兰西人民的历史，而且对欧洲文明史来说，都是极为重大的事件。多种民族因素在古代高卢的土地上融合并创造出拥有丰厚天资的法兰西民族，而北欧因素注定是重中之重。因为法兰西历史上最传奇的阶段得益于这些狂野海盗后裔的冒险精神。诺曼底骑士团为法兰西骑士增色不少，并大大有助于使法兰西成为骑士精神以及11、12世纪十字军运动的中心。

斯堪的纳维亚种族的到来对法兰西历史的影响不止于此。诺曼底成为出发点，进而征服了英格兰及地中海国家，并对整个欧洲产生了持久而深远的影响（详见第四十四章）。

第四十三章　封建制度与骑士制度

第一节　封建制度

412.封建制度的定义

“封建制度”是一种基于特殊土地占有权之上的社会与管理体制。中世纪后期盛行于欧洲，在11、12和13世纪取得了最完美的发展。

采邑（fief）或封地（feud），可以是几亩地，也可以是整个王国。这也是“封建制度”（Feudalism）一词的由来。授予他人封地之人被称为封建主（suzerain）、封建君主（liege）或封君（lord）；接受封地之人则被称为其封臣（vassal）、臣下（liegeman）或侍从（retainer）。

413.理想的制度

上述定义可以使封建制度的原理更易理解，理论上，帝国土地之上的所有国王都是皇帝的封臣，而忠诚的帝制拥护者认为皇帝是上帝的封臣，但虔诚的教会人士却认为皇帝是教皇的封臣。国王将采邑作为领土，其条件是对宗主的忠诚和对自己权利和公正的恪守。如果某位国王不忠、不公乃至无道，其封地会因此而被没收，由宗主收回并将其封给另外一位称职的臣下。

同样，国王从皇帝那里得到封地之后，再分块授予其要员，一般来说，作为对分封的回报，他们会许诺效忠、侍奉并援助他。同样，这些国王或封建主的直系封臣，可能把他们的封地以类似的方式再分给其他人，以此类推，直至任何阶层。

到目前为止，讨论的只是一国的土地，然而，必须要注意的是，此种分配制度下人民将如何分配。国王得到封地之时，便得到了统治居住在这片土地上的所有人的权力，成为了他们的统帅、立法者和法官，实际上就是绝对且无须负责的统治者。然后，国王把自己的封地再封给他的要员之时，便也附带了所封土地内的统治权；各封臣也成为自己封地上实际上的最高统治者。当这些封臣再将自己的封地分封给他人，便也将该封地上被赋予的统治权或多或少地赋予了他的封臣。[①]

为了说明这个制度的运行机制，假设此时国王或封建主需要一支军队。他要求自己的直系封臣给予援助；封臣则要求他们的封臣给予援助；命令这样一级一级地向下传达。每个封君只能向自己的封臣发号施令。最底层的封臣集合在他们的封君周围，封君带着队伍再集合到自己的封君那里；这样逐级向上，直到封建主或最高封君的直系封臣带领训练有素的追随者出现在他面前为止，他们便组建了一支封建军队。这在理论上有条不紊，但在实战中却糟糕透顶。

这是理想的封建国家，然而毫无疑问，理想从未完全实现。该制度只是在欧洲几个国家或多或少地接近理想而已。

414.臣服之礼

封地会举行一场庄严而特殊的授予仪式，称为“臣服之礼”（Ceremony of Homage）。即将成为封臣的人脱帽跪地，将双手放在他未来封君手中，庄严地宣誓此后便是他的封臣[②]，要忠实地侍奉他，即使付出生命也在所不惜。在效忠宣誓之后，封君吻一下封臣表示接受他的臣服，仪式的这一部分告一段落。而整个仪式会以授权典礼收尾，封君将封臣送于封地之上，或通过将一块泥土或一根树枝交到其手里，象征着将这块他刚刚行过臣服之礼的封地移交给他。

415.封君与封臣的关系

一般来说，封臣的义务就是侍奉；而封君的义务则是保护。封臣义务中最为光荣且战时必须心甘情愿提供的是军事援助。臣下必须随时准备跟随封君进行军事远征；但一年内服役的时间一般不超过40天。封臣必须在战斗中捍卫自己的封君；如

---

① 小块采邑所有者不允许行使统治权中的某些重要职权。因此，估计10世纪时法兰西有7万采邑所有者，但其中只有一两百人拥有“铸币、征税、立法、司法”的权力。——基钦，《法兰西史》，第1卷，第191页。

② 拉丁词“homo”（人），衍生出“homage”（效忠）。

果封君没了马骑，封臣必须把自己的坐骑让给他；如果封君被囚禁，封臣必须把自己作为人质以换取他的获释；还必须在封君及其随从的征程中款待他们。

还有其他主要涉及财务性质的权利附属于封地之上，如继承金（reliefs）、充公（escheats）及特征税（aids）。

继承金是继承人要继承封地时须向封君缴纳金钱的名称。继承金通常数额巨大，几乎为封地一年的全部收入。

充公即封地没有继承人时由封君收回。如果封臣不忠或有其他不法行为，其封地则被没收。

特征税是封君为满足其例外花销有权要求封臣缴纳的金钱名称，特别是当他的长子授爵、长女出嫁以及他在战争中被俘需要赎回时。封君回馈封臣的这些侍奉与援助的方式是忠告和保护，而绝非动荡不安时期的小回报。

416.农奴和农奴制度

在封建制度盛行的国家中，各级封臣或封地所有者的数量只是很小的一部分，约为总人口的5%或更少。而绝大多数人是农奴①，这些人才是真正的土地耕种者。这一被奴役阶层到底是怎样出现的已经不得而知。有人认为中世纪农奴的祖先是奴隶，还有人说基本都是自由人。至少在有些国家，他们似乎是罗马时期奴隶的直系后代，其地位在不同的国家和不同的时期有着很大的差异；也就是说，真正的奴隶和完全的自由人之间有许多不同等级的农奴。因此，对任何特定时期内的这一群体的真实状况进行总体描述都绝无可能。所以，只能是通过最笼统的方式描述其义务与权利。

首先，农奴身份最重要的特点就是他们依附于土地。他们不能自由离开自己所属的土地或庄园；而另一方面，封君也不能剥夺他们的所有权并将其驱逐出去。当土地改变归属，他们也随土易主，就像“属地的树木或石头”。

每位农奴获得农庄广阔田野上的一个小屋和数亩土地——正常标准为30亩，并为此支付租金，在封建时代早期通常是以某种个人劳役来代替。个人劳役包括一般每周两到三天在领主留作私人农场的土地上的劳动，包括：犁地、耕种、除草、挖

① 有一些自耕农，以及城镇中大量的自由工匠、商人和居民，真正奴隶的数量很少，几乎在10世纪末之前就消失了，要么被解放，要么被升到农奴的最低等级，这是迈向自由的进步。在著名的《末日审判书》（第432条）中记载，英格兰只有约25000名奴隶。

沟、筑墙、修路、建桥、伐树并运至领主的家、洗剪羊毛、喂狗以及为城堡里的人采摘坚果和野生浆果。可怜的农奴常常只能在月夜或雨天才能有时间耕种自己的那一小块土地。而且，他还必须要在领主的磨坊磨谷、葡萄榨机上压榨葡萄、炉子上烤面包，并常为此付出不合理的费用。

当农奴把所有的地租都以某种方式交给领主，而且通常并非按照法律而是按照惯例，剩余的农产品便归自己所有了。一般来说，所剩部分也就只够果腹而已。

前面所述传递了一些关于领主与农奴之间现存关系本质的思想，而且表明了农奴只是占有一间小屋和一小块地的土地占有制度对其来说是多么沉重的奴役和负担，以及农奴将如何从地役权的沉重枷锁中逐渐解脱出来成为自由人。

417.封建制度的发展

9、10世纪的大部分时间里，各地社会的混乱状况促使作为军事制度的封建制度迅速发展。因为查理曼的去世及其帝国的分裂使得世界似乎再次陷入了混乱之中，社会的纽带似乎完全断裂。

内部的混乱不堪加之外部蛮族入侵，因为没有查理大帝的强大军队抵御，他们再次开始劫掠。北部有北欧海盗袭扰德意志、高卢和不列颠的海岸。这些异教徒海盗引起的恐慌被流传至今的连祷文所记录：“主啊，从北欧人的愤怒中拯救我们吧。”东部有可怕的匈牙利人；而南部海路是萨拉森人，这个同样可怕的敌人已经在西班牙和西西里建立了据点。

正是这种混乱状况，社会各阶层都急于成为该制度的一员，进而享受唯有封建制度才能给予的保护。有大量土地却从未作为采邑的国王、贵族和富人此时都加入了这一行列，这样他们的土地就由履行过神圣的臣服之礼的佃户使用。因此，国君和贵族们变成了封建主和封君。然而，小的土地所有者自愿将自己的绝对所有土地交给某个临近的封建主手中，然后再把它作为封地接受过来，从而成为其封臣，以获得保护。他们认为成了封臣比所有财产都被掠夺强得多。

此外，出于类似的原因并以类似的方式，教堂、修道院和城镇都成为了封建制度的成员。他们把自己的大片领地作为采邑分封，从而成为封建主和封君。主教和修道院成为拥有大量采邑的首领，常常像世俗首领一样领导军事远征。另一方面，这些寺院和城镇经常将自己置于某个强大领主的保护之下，使自己也成为了封臣。有些时候，主教和修道院院长不是通过服兵役，而是代之以为封君及其家人做一定数量的弥撒来履行自己的义务。

通过这种方式，教会和国家，从富有的封建主到最卑微的封臣在内的社会各阶层，都由封建制度的纽带联系在了一起。一切都盖上了封建制度的烙印。

418.贵族城堡

通过封建制度盛行时贵族为自己兴建的住宅类型便很好地表现出来了当时无法无天与暴力横行的时代特征。这些坚固的石头城堡，通常坐落于岩石高地上，拥有用以防御的护城河和塔楼。

在封建制度全面发展的法兰西、德意志、意大利、西班牙北部、英格兰和苏格兰，矗立的贵族城堡多如牛毛。坚固的城墙是那个普遍暴力年代的唯一保护。

当时欧洲许多地区最优美动人的景色，便是这些封建城堡那爬满常春藤的塔楼和城墙，现今却已然一片废墟。

典型的中世纪城堡

419.封建制度衰败的原因

破坏和最终推翻封建制度最主要的原因有：国王和平民对封建制度的反对、十字军东征、城镇的发展以及战术中火器的引入。

国王反对并企图打破这一制度，是因为它只给他们留下了权力的表象，使得国王再次成为孤家寡人（第五十一章）。12、13世纪期间搅动整个欧洲的十字军东征或圣战大大削弱了贵族的力量；为了给东征筹集资金，贵族经常出售或抵押自己的土地，而其权势也随之传给了国王或城里的富商。许多大贵族还在与异教徒的战斗中阵亡，导致其土地充公转归封君，进而扩大了封建主的领地。

城镇的发展也导致了同样的结果。财富与影响的增加使得城镇有实力抵抗万一碰到的封君的苛捐杂税与暴政，并最终能够从封建领主的管辖下独立出来，把自己的领地变成一个小共和国。

加之作战方式的改善与变化，特别是火药的运用，使自耕农步兵顶得上披着盔甲的骑士，从而加速了封建制度的衰落。正如卡莱尔（Carlyle）所说：“这让所有人都有了同样的身高。”

封建制度作为一种管理制度已随中世纪一起烟消云散，但广义上讲，它仍作为一个社会团体继续存在。贵族失去了作为君主的权势，但仍保留了头衔、特权、社会地位以及大片土地。

420.封建制度的主要缺陷

封建制度最大的缺陷是难以形成强大的国家政府。每个国家都被分割且再分成大量几乎独立的封邑。例如，10世纪的法兰西被大约250个封建领主瓜分，都行使平等的权力，拥有同等的统治权。这些大领主的广阔土地又被分割为约7万块小的封地。理论上，这些小块封地的所有者一定会服从其贵族领主，而这些贵族又宣誓臣服于法兰西国王。但是这些贵族中的许多人比国王本人更富有、更强大，如果他们选择放弃效忠，国王就无法再次令其臣服。总之，法兰西同其他封建制度盛行的国家一样，不是一国之君用权势迫使举国臣服，而只是100多个实际上的君主国组成的联盟，以极为松散的纽带联系在一起，可以毫无顾忌地剪断。国王的时间主要用来徒劳地打压傲慢而倔强的贵族，以使其适当地臣服，并用来无力地干预、平息贵族之间没完没了的争执。很容易想象此种事物状态所致的混乱与不幸。

421.封建制度的有益影响

封建制度对欧洲文明作出的最突出的贡献，是查理曼帝国分裂后给社会带来的保护。奥曼（Oman）写道：“正是身披铠甲的骑士和坚不可摧的封建城堡挫败了丹麦人、萨拉森人和匈牙利人的袭击。”

封建制度对社会作出的另一个突出贡献是培养了特权成员之间的个人主义及对人格独立的热爱，这是日耳曼人性格的显著特点。欧洲封建贵族强横、暴力、倔强，在中世纪后期为保持自由精神的活力作出了巨大贡献。封建贵族们不允许国王对他们傲慢；他们作为自由人拥有自己的权利。因此，君权本应专制，但却被有效阻止。例如，在英格兰，封建贵族们控制着像约翰王（第486条）这样残暴的统治者，直到自耕农与市民都足够勇敢、足够强大，可以单独抗拒他们专制倾向的君主为止。

封建制度的另一个有益的影响是激发了某种形式的纯文学。就如修道院的与世隔绝培养了学识和哲思，贵族大厅里开放与欢乐的盛宴培养了诗歌和传奇。城堡的大门总是向流浪歌手和说书人敞开着，正是在这些欢宴的场面之中，诞生了中世纪诗歌集和文学中的民谣及传奇。

封建制度还有一个对文明的贡献是贵族城堡中观念与情怀的发展，其中包括良好的荣誉感及对女性的崇高关怀，均在骑士制度中找到了最高贵的表述。

第二节 骑士制度

422.骑士制度的定义；它的起源

骑士制度被巧妙地定义为“封建之花”，是一个军事机构或团体，其成员被称为骑士（knights），承诺保护教会、弱者及被压迫者。骑士制度是通过以下方式从封建制度之中衍生的：所有的封地拥有者都必须服骑兵役成为规则，在马背上战斗逐渐成为常态，并一直延续了几个世纪。封建武士阶层逐渐发生转变，成为独立于封建制度以外的部分。封建制度只在土地范围内，但一个人如果出身良好，而且被恰当地授予相关知识，可能会在没有封地的情况下成为骑士。后来的骑士很大一部分是没有继承权的贵族子弟。

423.骑士训练

骑士制度刚刚建立起来后，所有贵族的子弟，除了那些要出任教会圣职的，都会被送去接受骑士训练。稍穷一点的贵族子弟通常被寄养于一些声望显赫、家产丰盈的封君家里，并按照骑士职责与礼仪进行训练，城堡俨然成了某种学校。

这种教育早在7岁时开始，年轻人的名头是“学习骑士”（Page）或“骑士侍童”（Varlet），直到年满14岁，才可以晋升为“骑士随从”（Squire）或“候补骑士”（Esquire）。封君与麾下骑士训练这些男孩的男子气概与军事职责，而城堡的贵妇人们则教导他们宗教职责和所有的骑士礼仪。学习骑士虽然偶尔也会陪同领主去野外，但责任通常只限于城堡内。候补骑士总是跟他侍从的骑士一起参加战斗，帮助骑士携带武器，必要时也会参战。

424.骑士晋封仪式

骑士随从在20岁时可以晋升为骑士，然后通过一场别具一格且印象深刻的仪式正式将其纳入骑士队伍。在一个长长的禁食和守夜祈祷之后，要聆听其作为骑士的职责的长篇训诫。然后如臣服之礼中一样跪于封君的面前，并宣誓捍卫宗教、保护贵妇人、救人于困苦并永远忠于他的骑士战友。同时被授予武器，领主将宝剑的平面按于他的肩部或颈部，说："以上帝、圣米迦勒和圣乔治之名，册封你为骑士；你须勇敢、无畏、忠诚。"

425.比武大会

比武大会（tournament）是骑士时代最受欢迎的娱乐项目，是贵族骑士之间的模拟战斗，武器是无尖的宝剑或钝头的长矛。骑士时代后期，比武大会成为了一项愉快而优雅的纪念活动。君主或贵族为这一活动做广泛的宣告，甚至到远方邀请勇敢而尊贵的骑士们到场展示自己的技能和高超本领，从而为比武大会增光添彩。竞技场是一个用绳子或栏杆围出的水平空间，周围有供观众观看的看台，装饰了艳丽的旗帜、挂毯和纹章。

两位骑士持矛冲刺比武

获胜者的奖品包括珠宝、盔甲或披着骑士马饰的战马，而最重要的是赢得了比他人更多的尊重及爱慕之人的赞美与欢心。

426.骑士制度的衰落

15世纪是骑士制度的衰落期。封建制度被推翻的原因也正是导致骑士制度衰落的原因。战争形式的改变有助于破除封建贵族及身着盔甲的侍从，同样也毁掉了骑士精神。而且，随着文明的进步，新的感情与情怀开始引起人们的注意，并在人类的想象中发挥作用。人们追求卓越的雄心壮志可以通过骑士冒险以外的其他形式去实现。国家管理日渐规范，社会秩序和安全日益改善，使得英勇的骑士为弱势群体及被压迫者打抱不平的需求逐渐减少。

427.骑士制度的益处

骑士制度将北方民族对女性特有的尊重感，极大地提升为构成了近代显著特征的对女性的体贴敬慕，骑士精神功不可没，进而使其有异于此前任何一个文明阶段。

而且，骑士精神创造了礼貌、温柔、仁慈、忠诚、慷慨、守信的品格典范，超越了任何先前的时代。正如基督教给了世界一个完美的人性，世人努力去企及，同样，骑士也树立起了一个典范，人们也会学习仿效。实际上，人们从未完美地实现基督教的理想或骑士精神的理想；但是，这两种理想在塑造和赋予人生品质方面的影响怎样高估都不为过。通过热情与努力使之合二为一，便产生了一种新的人性特征，称为“兼具骑士与圣徒品格之人”。

第四十四章　诺曼人征服英格兰[①]

428.导言

诺曼人（Normans）由定居在高卢北部的斯堪的纳维亚人发展而来（第410条），其历史就是北欧人故事的延续。没有什么能更好地说明已经过去的时代与即将到来的时代之间的差异，没有什么可以更突出地表现出欧洲社会面貌与精神的逐渐变迁，唯有时间和有益的交流带给这些人的转变：9世纪时的诺曼人还是异教徒；此时已是基督徒了；彼时他们是粗野、荒蛮、无情的海盗，此时成了欧洲最有修养、最文雅、最有骑士精神的人。但是，躁动不安的勇敢精神驱使这些北欧海之王继续踏浪冒险，而且战利品的诱惑依然激荡在他们后代的胸膛。其实他们只是从喜欢狂野海盗生活的异教维京人，转变成了渴望朝圣与十字军东征的基督教骑士。

诺曼人最重要的事业，其结果不仅对被征服的民族且间接对全世界产生了重大影响的，便是征服英格兰。

429.征服的起因

1066年，丹麦人夺位之后得以复辟的古英格兰世系的国王忏悔者爱德华（Edward the Confessor，第419条）去世，贤人会议[②]遵其遗愿，立即选择了韦塞克斯伯爵哈

---

① 诺曼人即将征服英格兰之前先在意大利南部站稳了脚跟。他们在那里建立了一个封建国家，这个国家最终囊括了西西里岛。国家的第四位君主为罗伯特·圭斯卡德（卒于1085年），他将诺曼的名声传遍了地中海地区。这一诺曼国家最终成为了一个王国，一直延续至12世纪末的1194年。

② 贤人会议，意为“智者的会议”，是王国的高层会议。这个早期国民大会的遗留就是现在议会上议院的雏形。

罗德（Harold）为其继任者，他是著名的戈德温（Godwin）的儿子，是全英格兰最优秀、最强大的男人。

当贤人会议的决定和哈罗德接受英格兰王位的消息漂洋过海传到诺曼底公爵威廉耳中时，他勃然大怒。他宣称他的远房表亲爱德华生前许诺，死后王位由他继承，而哈罗德也表示同意，并庄严宣誓鼎力支持。于是立即要求哈罗德交出篡夺的王位，并威胁如果遭到拒绝则立即登岛夺权。哈罗德将跟随爱德华回到英格兰的诺曼人驱逐出境作为回应，并且调兵遣将保卫国土。此时，威廉公爵已经为登陆英格兰作好了准备。

430.黑斯廷斯战役（1066）

诺曼的入侵大军在英格兰南部港口黑斯廷斯（Hastings）登陆，因此接下来爆发的决定了英格兰命运的战役也就被命名为“黑斯廷斯战役”。战役一旦打响，战斗便漫长而可怕。时运最终还是不利于英格兰人。哈罗德被箭射穿了眼睛，倒下了；威廉成了战场的主宰（1066）。现在，威廉向伦敦进军，并于1066年的圣诞节在威斯敏斯特（Westminster）加冕为英格兰国王。

431.土地分配与索尔兹伯里盟誓

威廉在英格兰成功夺权之后，几乎立即履行了自己的承诺，将在黑斯廷斯战役中保卫国王与国土的英格兰人未赎回之土地分配给助其建功立业的贵族。法兰西被许多封建首领和领主搞得动荡不安，其中许多人几乎和国王实力不相上下，威廉从这一悲惨状况中吸取了教训，在分封的过程中小心翼翼，保证除了两三个特殊情况以外，没有一个封臣受封一个完整的郡。遇到他必须封给大片土地的大封君，他也不会给他们分连续的大片土地，而是分布于全国不同的地区的几处地产或领地，为的是使封臣手中不会有过于集中的财产或权力。

威廉对封臣实施的另一个限制措施是，要求无论封地大小，所有受封者都要宣誓直接效忠于他这位最高领主。这是对封建时期习俗的一大革新，那时规定封臣应该只发誓效忠于自己的领主，而且其领主在战争中即使倒戈攻打自己的国王也要跟随他的旗帜。威廉要求每位封地所有者将原来向直系领主宣誓改为直接向他宣誓效忠。1086年，在索尔兹伯里盟誓会（Great Gemot Or Military Assembly of Salisbury）上“英格兰所有的实际土地所有人”庄严地向威廉宣誓效忠。

威廉也拒绝给予封臣铸币权和立法权；并且对他们的权力采取了其他明智的限

制，例如，所有的领地法庭都必须服从皇家法庭的管理。他将英格兰从无尽的纷争与战事中解救出来，而与此同时，几乎每个其他的欧洲国家都被这些纷争与战事搞得极为涣散。

诺曼的威廉在英格兰登陆时的场景

出自著名的《贝叶挂毯》。这是一条200英尺长、19英寸宽的亚麻帆布，上面绣有72幅彩图，呈现了诺曼人征服英格兰的情形。作品在其所描述的事件发生后不久便告完成，并以其所保存的法兰西大教堂命名。其重要意义在于承载了该时代的生活、风俗、服饰、武器与盔甲。

432.《末日审判书》

征服者最著名的行动就是《末日审判书》（*Domesday Book*）的编制。这部著名的册籍包括对英格兰除了一些主要集中在北部仍未征服或动荡的郡县之外的所有土地的描述与估价，牛羊的详细数目，以及每个人的收入报表。总之，它的目的是对整个王国进行完整的勘查和普查。

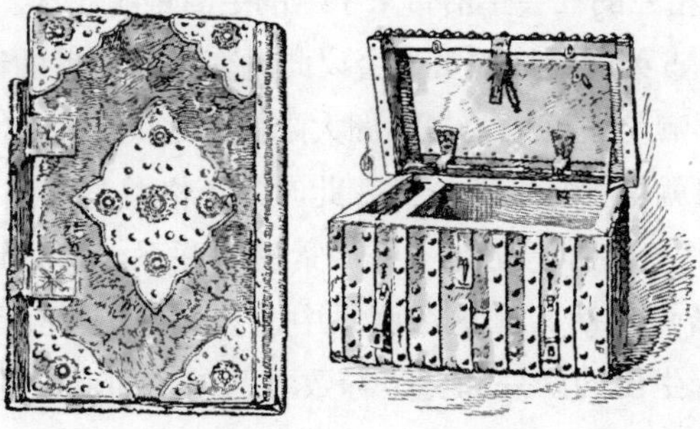

《末日审判书》

《末日审判书》有两大卷，一卷为对开760页，另一卷是八开900页。图中所示的箱子即为装载《末日审判书》所用。

433.宵禁

在被征服者引入英格兰的法令中，有一种叫宵禁钟（Curfew-bell）的特殊规定。该法令规定，在入夜的教堂钟声敲响之后，每个人都应待在家中，并且熄灭炉火[1]和灯光。

本条法令的发布可能出于以下两种原因：一种认为其目的是防止人民晚上计划集会或实施谋反；另一种表示单纯就是为了防火。本法令肯定是诺曼征服之前便在诺曼底施行；实际上，帕尔格雷夫称它为中世纪欧洲治安的普遍做法。

434.征服者的诺曼继任者

征服者威廉死后的七八十年里，英格兰都被诺曼人国王统治着。这一历史时期的后期为多事之秋，王位的继承出现了争端，内战爆发。纷争的结局是王室权力没落，诺曼贵族上位，使得英格兰出现了同欧洲大陆一样的封建混乱状态。最后，1154年，诺曼王朝被金雀花王朝（Plantagenets）所取代。在该王朝首位国王、精力充沛的亨利二世的坚强领导下，贵族们再次屈服于国王的脚下，而许多在先前纷争阶段未经皇室允许建立起来的城堡，有些仅比匪窟好那么一点点，均被拆除捣毁。

435.诺曼征服的影响

征服的最重要和最显著的影响就是在英格兰建立了一个强大的中央集权政府。这在很大程度上源于对封建制度的改良和征服者威廉所影响的实践。英格兰以前只是徒有王国之表，至此才有了王国之实。

征服的第二个影响是建立了新的封建贵族统治阶级，撒克逊的大乡绅被诺曼贵族所取代。这不仅给英格兰的社会生活带来了新的更高雅的元素，也改变了国民大会的成员、性质和名称，古英语所称的贤人会议此时变成了后世的议会（Parliament）。

征服的第三个影响是在英格兰与欧洲大陆国家之间建立起了更为紧密的关系。在这方面，诺曼征服就像罗马征服一样。此时，英格兰与欧洲大陆之间在政治、社会、商业和宗教等诸多方面建立起了更加紧密的联系，极大地改善了英格兰的贸易、建筑、宗教和智识生活。在这个联系中，尤其是英格兰与法兰西之间密切的政治和封建关系，滋生出的妒忌和竞争导致了两国之间漫长的百年战争（Hundred Years' War）。

---

① 因此有了“Curfew”（宵禁）这个词，couvrir即cover（覆盖），加上feu即fire（火）。

第四十五章　神权与君权

436.两个天下大权

詹姆斯·布莱斯（James Bryce）说："从古代流传下来的两个伟大理念，就是君权天下与神权天下。"在中世纪早期的有利条件下，一个理念建立了君权，而另一个理念产生了神权。这两大权力的历史，其与欧洲统治者及各民族之间的关系，加之相互争夺霸权的斗争，占据了中世纪的大部分历史时期。而需要努力去理解的正是这些重要事件。

此前讲述的封建思想与原则将对理解本章的内容大有帮助，因为这两大势力之间的漫长斗争都被深深地打上了封建观念与习俗的烙印。

437.关于教皇与皇帝关系的三大理论

在西部君权复兴和神权崛起之后，对于"国王天下"（World-King）和"主教天下"（World-Priest）之间的神圣关系逐渐出现了三种不同的理论。第一种理论认为教皇和皇帝分别受神的委派，前者掌管人的灵魂，后者掌管人的肉体。各自根据上帝授予的权力进行统治，一方不高于另一方，但应相互合作、互相帮助。世俗权力的特殊职责是维护世界秩序，成为教会的保护者。

第二种理论为皇帝一方所持，认为皇帝在世俗事务中高于教皇。《圣经》和历史事件中的证据却不支持这种观点。因此，基督上缴贡金被用来引证世俗权力高于属灵权力；而且，他服从罗马法庭的管辖，也证明其认可民事权力的至高无上。再者，难道他没说："恺撒的应当归给恺撒"吗？此外，丕平和查理大帝赠予罗马的土地造就了教皇（第382条），这就支持教皇实际上为皇帝封臣的观点。

第三种理论为教皇一方所持，认为双方注定的关系是，世俗权力从属于属灵的

属灵权力与世俗权力

圣彼得将古罗马已婚妇女穿的外套和罗马的旗帜作为属灵权力和世俗权力的标识物分别赐予教皇利奥三世和查理大帝。此处展示的无疑是查理大帝现存的最古老的画像了。

权力，即便在民事事务中也是如此。这种观点由《圣经》文本佐证："属灵的人能看透万事，却没有人能看透了他。"[1]"我今日立你在列邦列国之上，为要施行拔出、拆毁、毁坏、倾覆，又要建立、栽植。"[2]还有人认为基督给了圣彼得两把剑，说"足矣"，代表着他被同时赋予了世俗和属灵的权力。因为中世纪时，论据经常使用寓言故事和比喻手法，因此这一概念通常会通过比较的形式进一步解释如下：上帝在天上设定了两束光芒，太阳和月亮，因此他在人间也建立了两种权力，即属灵权力和世俗权力；因为月亮次于太阳而且接受太阳的光芒，所以皇帝应居于教皇之下，他的权力也来自于教皇。

教皇与皇帝分而治之的理论是崇高灵魂的黄粱梦，忘记了人类终究是人。基督教世界几乎是分成两个敌对的阵营，其成员分别是教皇和皇帝理论的支持者。

438.教皇格里高利七世（1073—1085）及其改革

神权至上理论的杰出支持者为教皇格里高利七世（Pope Gregory VII），他先前的俗名希尔德布兰德（Hildebrand）更为人所知，是继查理大帝之后中世纪里最值得关注的人物。当格里高利坐上教皇宝座时，神职人员的婚姻极为严重地威胁着教会。此时，绝大部分低级神职人员都结婚。格里高利让所有的神职人员遵守独身誓言。通过将其从家庭依附中分离开来，并从家庭事务和责任中解脱出来，旨在让神职人员更加全心全意地奉献于自己的职位，并更加完全地信赖教会。这一改革政策遭到大多数神职人员的顽强抵抗，但最终还是得以实施——只是格里高利并未亲眼看到其成果；如此一来，独身就像对僧侣一样，对普通神职人员也有了约束力。

① 《哥林多前书》，第2章，第15节。

② 《耶利米书》，第1章，第10节。

格里高利的第二项改革是纠正了圣职买卖[①]（Simony）行为，其终极目标就是将教会土地和职位从世俗领主和贵族手里解脱出来，使之完全掌控在罗马主教的手中。教会买卖圣职的恶行主要表现在以下几个方面：当封建制度占据欧洲社会时，教会同个人与城镇一样具有封建关系。因此，作为修道院和教堂首领的院长和主教们为了寻求保护，成为了贵族或王公的封臣。一旦某个大主教承诺以其个人土地或不动产效忠，这些便成为了最高领主的永久封地，且归属于封建土地所有制。当神职出现空缺之时，封君则认为自己有权填补人员，就像世俗封地充公的情况一样。[②] 这样一来，整个欧洲的世俗统治者几乎行使着所有教会大主教的提名和选举确认权。

当时这些世俗王公对教会职位和土地的授予就像对待自己的封地一样。如果提名任命和授予修道院院长或辖区主教的职位，他们则要求从其职位收入中按一定比例提成。这严格遵照了封建制度的规定：封君有权要求其封臣为封地支付继承金。这一规则也适用于教堂的土地和职位后，自然而然滋生了罪恶与腐败。神职空额几乎都卖给了出价最高的人；因此，最不合适的人成为了主教和修道院院长。

为了消除邪恶，格里高利于1078年和1080年两次颁布教令，禁止任何神职人员从世俗王公或封君那里接受主教或修道院长职务。任何一个敢于违反教令的人都会被开除教籍。

439.开除教籍和停止教权

格里高利施行其计划依靠的主要工具是教会的精神武器：开除教籍（Excommunication）和停止教权（Interdict）。

第一个是针对个人。开除教籍之人与其他教职人员的关系被切断。如果被开除教籍的是国王，那么他的子民将不再受制于对他所发的效忠誓言。任何为开除教籍的人提供食物和住所的人均会受到教会的惩罚。活着，开除教籍的人如染瘟疫一般被世人躲避唾弃；死后，将被拒绝以正常仪式下葬。

停止教权则针对某个城市、行省或国家。在这一禁令下，整个教区的教堂都被关

---

① 圣职买卖指的是买卖教会的圣职，这一罪名来源于“行邪术的西门”想通过给彼得金钱以购买受圣灵的力量。参见《使徒行传》，第8章，第9—24页。

② 神职人员和修道士仍然保留了名义上的选举权，但通常选举对他们来说只是一种形式而已。典型案例详见第459条。

停；禁止敲钟、禁止主持婚礼、禁止举行葬礼。只可以主持受洗和涂油两大圣礼。

在现今怀疑论时代要去认识这些禁令在“信仰时代”的影响并非易事。桀骜不驯的违反者极少能够逃脱制裁，要么迅速低头忏悔，要么自食恶果、自取灭亡。

440.授圣职权之争；卡诺萨之辱（1077）

强烈反对格里高利改革措施的正是德意志。候任皇帝亨利四世（1056—1106），被教皇威胁开除教籍并废黜帝位，却于1076年在帝国召开宗教会议予以应对，甚至要求教皇退位。格里高利反过来在罗马召开宗教会议废黜皇帝并开除其教籍。

亨利被罢黜鼓舞了其统治区域内不满臣民的反抗。他成了被天国诅咒的人，人们唯恐避之不及。他的权力几乎完全不在掌控之中，王国也即将土崩瓦解。在如此恶劣的条件下，等他去做的只有一件事情：去拜见格里高利，谦恭地请求原谅，并恢复对教会的支持。

1077年，亨利前往位于亚平宁山脉（Apennines）的卡诺萨（Canossa），这是著名的托斯卡纳的玛蒂尔达女伯爵的城堡，格里高利当时正在那里，但拒绝见他。时值隆冬，国王身穿麻衣，赤足立于满是积雪的城堡院落里，连续三天等在那里请求教皇接见，并准备跪于其足前接受宽恕。第四天，格里高利同意接见国王，免除了开除其教籍的处罚。

后来，亨利对此次的屈辱进行了报复。他召集了一支军队突袭罗马。格里高利被迫到萨莱诺（Salerno）寻求避难，并于1085年客死他乡。他的遗言是：“我喜爱公义，恨恶罪恶，所以我客死他乡。”①

但争端并未就此停息。格里高利的继任者继承了他的遗志，亨利再次被开除教籍。在与教会势力作了长期斗争并遭到被煽动的儿子起兵反叛之后，他最终于1106年心力交瘁而死。

441.沃尔姆斯宗教协定（1122）

亨利的继任者还是继续同教皇争斗。经过多年的艰苦斗争，事件终于以著名的沃尔姆斯宗教协定（Concordat of Worms）告终。协定规定：经过自由教会选举产生

---

① 此言部分参引《诗篇》，第45章，第7节，“你喜爱公义，恨恶罪恶。所以神就是你的神，用喜乐油膏你，胜过油膏你的同伴”。——译者注

的所有帝国主教和院长，都应由教皇授予象征属灵管辖权的戒指与权杖；而皇帝则是通过触摸其世俗权力象征的权杖行使其授职权。此次双方都承认，所有的属灵权力源于教会，而所有的世俗权力来自国家。这是一种妥协："恺撒的物当归给恺撒，神的物当归给神。"

国王通过授予主教权杖进行的授权仪式

教皇和皇帝的权力之争告一段落，而此时的欧洲人民开始一致对同一事务产生了惊人的高涨热情：十字军东征，或圣战。神权在同君权斗争的过程中获得了威望与力量，令教皇得以施加影响，组织并实施了十字军东征；而与此同时，又正是这一伟业反作用于神权，极大地帮助教皇实现格里高利欲把教皇的权力打造成西方基督教世界无上权力的理想。

第四十六章　十字军东征

442.十字军东征的定义及其在世界历史中的地位

十字军东征是由欧洲基督教徒发起，旨在从穆斯林手中夺回圣城巴勒斯坦并维系东部拉丁王国，而持续了两个世纪的间歇性军事远征。历史学家通常认为其中有8次东征尤为值得讲述。在这8次中，前4次通常被命名为大规模十字军东征（Principal Crusades），剩下的四次被称为小规模十字军东征（Minor Crusades）。但除了这些之外，还有儿童十字军东征和几次其他征讨，因其在数量和成果上微乎其微，通常忽略不计；还有几次欧洲自身具有东征性质的战事。

443.十字军东征的诱因

在早期的基督教徒中，人们便认为去神圣的地方参访是一种虔诚且值得称颂的行为。据信，在这样的圣地祈祷会更加灵验。人们尤其认为，到救世主曾经驻足的土地上以及见证其殉教的圣城朝觐极为虔诚，并能由此获得天国的特别垂青与恩惠。

在4个多世纪里，萨拉森人的哈里发掌控着巴勒斯坦，通常对朝圣者持开明政策，甚至鼓励朝圣将其作为一种收入来源。但11世纪时，作为一支卓越的鞑靼部落，塞尔柱突厥人（Seljuk Turks）热诚地皈依了伊斯兰教，从宽容的萨拉森哈里发手中夺得了叙利亚。基督教徒很快便认识到权力已经易手，朝圣者开始受到各种各样的侮辱与迫害。耶路撒冷的教堂在某些情况下被损毁或变为马厩。

如果去圣墓堂朝圣是值得称颂的事情，那将圣地从异教徒的亵渎中拯救出来岂不是功德无量。正是此种信念将朝圣者变为武士；正是这种情感，在两个多世纪里，激荡在西部基督教世界的内心最深处，使得欧洲人如潮水般一波一波地涌向亚洲。

尽管宗教热情是十字军东征的主要诱因，然而还有一些其他共生的因素不能被忽视。其中有欧洲日耳曼民族不安的、冒险的精神，这是蛮族本性未及褪去的产物。此时正被高涨的骑士精神激励的封建骑士和封建主们时刻准备着参加维系其尚武情怀与骑士誓言的事业。

444.第一次十字军东征（1096—1099）；耶路撒冷拉丁王国的建立

第一次十字军东征的直接诱因是教皇乌尔班二世（Pope Urban II）在欧洲人民内心激起的将圣墓堂从异教徒手中解救出来的强烈召唤。教皇以教令的形式给予那些拥有正确动机的人“免除所有教规处罚”，并许诺真诚的忏悔者，万一他们死于征途，将得“永生之乐”。在这样的诱因下，王爵与贵族、主教与司铎、修士与隐士、圣徒与罪人、富人与穷人都迫不及待地应征加入十字军团。据说有300万人参加了远征。

十字军战士通过不同的路径穿越欧洲并会师于君士坦丁堡。穿过博斯普鲁斯海峡（Bosphorus），他们首先占领了位于比西尼亚（Bithynia）的土耳其人都城尼西亚（Nicaea），然后穿越了小亚细亚，进军叙利亚。可怕的行军使得他们人员折损近半，行军路线两边是累累白骨。剩余的军队最后抵达安条克（Antioch），并将其占领。在此拖延了好长时间之后，大军直压耶路撒冷，并将其一举攻克。

十字军团为这个他们征服的城市和国家建立的是一个典型的封建国家，称为耶路撒冷拉丁王国（Latin Kingdom of Jerusalem）。王国的领导权被赋予最忠诚的十字军骑士布永的戈弗雷。但这位君主拒绝接受国王头衔及王袍，宣称在主头戴荆冠之城他绝不头戴金冠。他只接受了“圣墓保卫者”（Baron of the Holy Sepulcher）这一称号。

考虑到解救圣城的誓言已经兑现，许多十字军战士便通过水路或陆路返回了家园。

445.军事宗教骑士团的起源

在第一次和第二次十字军东征之间，建立了两个著名的军事宗教骑士团：善堂骑士团（Hospitalers）和圣殿骑士团（Templars）。[①] 之后不久，在第三次十字军

① 善堂骑士团，或称圣约翰骑士团，因最初由耶路撒冷圣约翰医院的修道士于约1130年建立而得名；而圣殿骑士团，因修士会的一座建筑位于所罗门圣殿遗址附近或之上而得名。这两个骑士团的目标都是照顾生病和受伤的十字军战士、款待基督教朝圣者、守卫圣地，一直为十字架而战。善堂骑士团是修道士在其原有的修道誓约之外附加骑士誓约；而圣殿骑士团则是在骑士誓约的基础上附加宗教誓约。因此，它们将不和谐的修道士理想与骑士理想结合在了一起。

东征期间，成立了条顿骑士团（Teutonic Knights）。这些宗教组织的目的都是救助伤残的十字军战士、款待基督教朝圣者、保卫圣地、为基督教不懈战斗。这些宗教组织的军事声望很快在基督教世界传播开来。他们中加入了很多来自西部的最著名的骑士，并通过虔诚信徒的赠予获得了大笔财富，在欧洲和亚洲拥有数量众多的庄园与城堡。

446.第三次十字军东征[①]（1189—1192）；腓特烈·巴巴罗萨、萨拉丁和狮心王理查

第三次十字军东征是因耶路撒冷于1187年被埃及著名的苏丹萨拉丁（Saladin）占领。这一灾难性的消息给整个基督教世界带来了极大惊恐和悲痛。

德意志的腓特烈·巴巴罗萨、法兰西的腓力·奥古斯都（Philip Augustus）、英格兰的理查一世三位欧洲的最高统治者，擎起十字架，各自率大批人马前去收复圣城。为了纪念英格兰国王理查在巴勒斯坦的英雄事迹，后来其被授予“狮心王”的称号；他是此次东征中基督教骑士的焦点人物。

腓特烈皇帝与他的军队尝试从陆路行进，他在小亚细亚横跨一条涨水的小溪时溺亡，失去领袖而心灰意冷的幸存者们很快撤回了德意志。英格兰和法兰西的国王取道海路，最后在叙利亚会师。腓力与理查起了争执，之后退出战争。为了夺取圣母堂，理查同萨拉丁，一位在编年史家笔下具有侠义、慷慨品格的对手，徒劳地苦战两年。最终理查与萨拉丁签署了相对满意的休战协议后打道回府。但他在伪装穿越德意志的时候被发现，并被他的政敌亨利六世下令逮捕关押。亨利把他关进了地牢，不付大笔赎金亨利就不放人，最终英国人民只能支付赎金了事。

447.第四次十字军东征（1202—1204）；拉丁人占领君士坦丁堡

第四次十字军东征的集结地是威尼斯城，参与其中的大多是毫无原则的冒险家和威尼斯的海军力量。远征最初的目的地是埃及，后为肮脏的利益所驱动转而攻击君士坦丁堡。

此次东征的结果是占领了洗劫了君士坦丁堡，并将拉丁君主佛兰德斯的鲍德温

---

① 第二次十字军东征（1147—1149）由一位雄辩的修道士、克莱尔沃的圣伯纳德鼓动发起，然而并未取得什么重要的战果。

立为东部皇帝。拜占庭帝国被改造成第一次十字军东征时骑士们建立的耶路撒冷王国一样的封建国家。大多数的希腊岛屿和旧帝国某些的海岸土地都被作为战利品的一部分给予威尼斯。

一个可悲的后果就是，十字军团的野蛮行为削弱了都城的军事实力。1000年来，君士坦丁堡一直是西方文明阻击亚洲野蛮力量的伟大堡垒。此时它的阻击能力被摧毁，给西部基督教世界带来了极大的影响。

君士坦丁堡的拉丁帝国只维持了半个多世纪（1204—1261）。最后，希腊人成功地夺回了皇位，直到1453年君士坦丁堡被土耳其人占领。

448.儿童十字军东征（1212）

在第四和第五次十字军东征期间，长期以来鼓动欧洲人民的宗教热情开始令孩子们躁动不安，导致了所谓的儿童十字军东征（Children’s Crusade）。

这次东征的鼓吹者是一位大约12岁的法兰西农民的孩子，名叫史蒂芬（Stephen），他确信耶稣基督命令他率领儿童十字军去解救圣墓堂。孩子们兴奋得发狂，成群结队地涌向集结地，什么都无法阻止或妨碍他们达到目的。一位古代的编年史家写道：“甚至门栓和窗闩也不能阻止他们。”到达集结地的绝大多数是不满12岁的男孩，但也有一些女孩。

根据编年史家的记载，法兰西的儿童十字军有3万之众，从集结地出发前往马赛港（Marseilles）。抵达马赛港，孩子们对大海没有分开两边而形成一条通往巴勒斯坦的大路而感到极为失望。大多数人心灰意冷，在此时返回家乡；然而，仍有五六千人欣然接受了两名商人提供的“慷慨”帮助，免费送他们去圣地。于是，他们挤满7艘小船，驶出了马赛港。但是他们遭到背信，在亚历山大和其他伊斯兰奴隶市场被卖为奴隶。

449.小规模十字军东征；耶路撒冷王国的终结

第五、第六、第七和第八这最后四次东征是欧洲基督教徒对东部异教徒发起的征讨，可以便捷地归类为小规模十字军东征。此时的东征热情没有最初特别是第一次十字军东征时的那般真诚，而且参加其中的人们也表现出了各种各样的目的与野心。十字军东征的火焰已经燃烧殆尽，而亚洲的小基督教王国孤立于欧洲之外，外部强敌环伺，内部斗争不断、自相削弱，它们的命运也逐渐变得明朗。最后，1291

年，基督教徒手中的最后一片土地阿卡，在埃及马穆鲁克（Mamelukes）的攻击下沦陷，至此，耶路撒冷王国终结。伊斯兰教和基督教之间的第二次大战结束，如吉本之言：“寂静再次回到了这片喧嚣已久的海岸。”

450.欧洲内部的十字军东征

尽管欧洲的基督教徒团结一致，奋力抗击伊斯兰教徒，但却未能在东方成功建立起西部文明持久的前沿阵地。

但在欧洲的西南部与东北部却有所不同，这里的十字军从穆斯林和异教徒的手中夺取了大片土地，并在这些收复的或新夺取的土地上建立了一些基督教小国，后来逐渐形成了新的国家或成为国家的一部分，并将在未来几个世纪的历史中发挥重要作用。起源与十字军时代有关的国家是葡萄牙、西班牙和普鲁士。此处简述欧洲内部的各次圣战。

451.伊比利亚半岛上对摩尔人发动的十字军东征

在对东方穆斯林开始真正的十字军东征之前，一队以勃艮第的亨利为首的北部骑士，前往伊比利亚半岛西部帮助那里的基督教徒抗击穆斯林。这队骑士建立了一个小封建国家，是后来葡萄牙王国的核心。

此后，严格意义上的十字军东征一直在东地中海地区进行，西班牙最北端的自由基督教山地人已经在此建立了数个小公国（第510条），对穆斯林入侵者进行着不间断的征讨。到13世纪中叶，基督教徒们已经把摩尔人挤到了半岛南部的一小块地区。在基督教世界收复的失地上建立了一些小的基督教国家，最后合并成了近代的西班牙王国。

452.条顿骑士团对异教斯拉夫人发动的十字军东征（1226—1283）

在十字军东征时期，维斯瓦河（Vistula）以东的波罗的海沿岸地区，都在异教的斯拉夫人的手中。早在13世纪，1226年，一些条顿骑士团的骑士们便将他们征讨的方向转到了这些北方异教徒的土地上。在这个世纪的大部分时间里，骑士们都进行着令人绝望的连年征战。周围的斯拉夫人要么被灭要么臣服，整片土地逐渐逐渐德意志化。因此，原本是斯拉夫人的土地被转变成了德意志的土地，并为后来小公国（普鲁士公国）奠定了基础。

453.对阿尔比派发动的十字军东征（1209—1229）

十字军时代宣扬圣战，不但向异教徒（heretics）宣战，也同无宗教信仰者（infidels）和非基督教徒（pagans）[①]作斗争。

在法兰西南部，有一个被称为阿尔比派（Albigenses）的基督教派，因其过于远离正统信仰，教皇英诺森三世宣称其“比萨拉森人更邪恶”。所以，在尽力让阿尔比派改邪归正却又徒劳无功之后，他呼吁对阿尔比派来一次十字军东征。两次征讨的结果是，将阿尔比派美丽的家园朗格多克（Languedoc）夷为平地，居民被大肆屠杀，城市化为灰烬。阿尔比派的异教徒很快被在该地区设立的宗教裁判所（Inquisition）审判定罪，连根铲除。

454.十字军东征对文明的影响

十字军东征有着许多意义重大且深远的间接影响。城镇以东征的王公贵族为代价，收获颇丰。在12和13世纪，资金主要掌握在市民阶级手中，并反过来作为特别税和借款回报给最高统治者或封建主，他们则被授予格外有用的特权。通过大力推动商业及扩大贸易往来，圣战进一步促进了城镇的繁荣。意大利的城镇尤其如此。它们的商船不断往返于欧洲和叙利亚沿海的港口城镇，地中海里举目可见货船的白帆。

国王也在十字军东征中受益颇多。贵族中的许多人踏上东征之路便再也没有回到家乡，而他们的土地因无人继承便充公转归国王所有；更多的人为了东征而散尽钱财。因此，贵族在数量和影响力上都大打折扣，而国王的权力和地位有了相应的提升。

另外，十字军东征对西部国家社会及产业生活有着显著而重要的影响。东征给传奇冒险提供了机会，极大地促进了骑士制度的发展。通过让西部未开化的民族将自己的文化与东部进行对比，对其产生了更为广泛而进步的影响。同时，欧洲从亚洲引进了各种闻所未闻的艺术、制造和发明，其中就包括风车[②]，这都有助于丰富和改善欧洲人民的产业生活。而且，十字军战士通过东征获得的东部或希腊–阿

---

① heretic、infidel、pagan这三个词均表示不信仰基督教的异端人士，如不同时出现，则视上下文翻译为“异端”或“异教徒”，但其实各有侧重：heretic指信仰与基督教相对的异教信仰之人；infidel多指没有宗教信仰之人；pagan则多指信仰世界主要宗教以外的宗教之人。——译者注

② 风车主要在尼德兰使用，用于将低洼之地的积水泵出，从而成为创造荷兰的重要工具。

拉伯科学与学问，极大地激发了拉丁才智，并唤醒了西欧的智力活动，最终导致了被称为文艺复兴的智识大爆发。

中世纪的风车

最后，对地理探索的极大兴趣，引领包括著名的威尼斯人马可·波罗（Marco Polo）在内的诸多旅行家，周游到了最遥远的亚洲国家。① 不仅如此，甚至在中世纪末期，激励了哥伦布（Columbus）、瓦斯科·达·伽马（Vasco da Gam）和麦哲伦（Magellan）的远洋冒险精神，均可追溯到十字军东征所唤醒的对地理知识的浓厚兴趣。

这些欧洲社会的宗教、商业、社会、思想、政治、地理等方面的发展与进步，虽然不是起源于十字军东征，但被其赋予了新的活力。

① 亨利·裕尔上校谈到马可·波罗的旅行及其作品的影响之时表示："他的书最终给了地理研究的激励，以及在地球东极竖起的灯塔，都有助于为匹敌共和国的伟大儿子……指明了目标。他的作品至少是将新世界拖到我们眼前的幸运链的一环。"——《〈马可·波罗之书〉导读》，第103页。

第四十七章　神权巅峰及其世俗权力的衰落

455.导言：神权的鼎盛时期

前面的“君权与神权”一章，讲述了皇帝与教皇开始争夺最高权力的斗争。本章首先讲述神权的鼎盛时期；之后再讲述当君权衰落，教皇似乎将要实现其普世教会并将世俗君权集于一身的理想时，新兴民族国家这一新生的反作用力，如何破碎了其世俗权力之梦。

456.教皇亚历山大三世与腓特烈·巴巴罗萨皇帝

《沃尔姆斯宗教协定》（第441条）签订后不久，霍亨斯陶芬家族（Hohenstaufen）首次登上德意志王位，此后就开始了这个骄傲家族成员出任的皇帝同教廷宝座上的教皇之间一个多世纪断断续续的激烈斗争。斗争的故事因为篇幅的限制，不能详叙，在此只简单叙述教皇亚历山大三世和霍亨斯陶芬家族最显赫的十字军战士腓特烈·巴巴罗萨之间的斗争事件。争斗多年之后，腓特烈败北受辱，无奈于1177年向教皇寻求和解。这是君权的第二次卡诺萨之辱，距离亨利四世皇帝受辱正好100年（第440条）。

457.教皇英诺森三世与法兰西国王腓力·奥古斯都

查理大帝之后的所有皇帝中最强大、最独断的皇帝之一被迫俯首于教皇，欧洲其他各国的国王也屈服于这样的淫威便不足为奇了。在英诺森三世统治时期，法兰西和英格兰的历史都为欧洲君主臣服于罗马教廷提供了鲜明的例证。

此时的法兰西国王为腓力·奥古斯都（1180—1223）。腓力以一个借口抛弃了自己的妻子，开始了另一个婚姻联盟。教皇英诺森三世作为国王及其臣民的共同道德监察官，命令他让被其遗弃的王后复位。当他表示拒绝之后，教皇停止了法兰西的教权，腓力最终被迫屈服，且不得不改过自新。

教廷在对抗如此强大、专横的最高统治者时取得胜利被认为是“罗马盾牌上最骄傲的战利品装饰”。

458.教皇英诺森三世与英格兰约翰王

英诺森战胜英格兰约翰王（1199—1216）的故事似曾相识。坎特伯雷大主教的职位出现空职，约翰命令有权选举的修道士将此位给予他的亲信，他们服从了。但教皇立即宣布选举无效，并将此职位授予自己的朋友斯蒂芬·兰顿（Stephen Langton）。约翰宣布禁止教皇任命的主教进入英格兰，并开始没收大主教辖区的土地。英诺森下令停止整个英格兰的教权，将约翰开除教籍，并鼓动法兰西国王腓力·奥古斯都对这一拒不服从的叛教行为发动圣战。

最后的结果是，约翰被迫屈服于教会的势力，归还了被其没收的土地，承认兰顿是英格兰合法的大主教，甚至到了将英格兰和爱尔兰赠予教皇，并接受为永久封地（1213）的地步。为了表明其封臣的地位，他同意每年支付给教皇一千马克银币。这笔贡金虽然并不定期支付，但却一直持续到爱德华三世统治时期（第462条）。

459.托钵修会或乞食修会①

英诺森三世的继任者们获得了两个修会的大力支持，一个是多明我会（Dominican），另一个是方济各会（Franciscan）。名称分别来自于各自的创始人：旧卡斯蒂利亚（Old Castile）的圣多明我（Saint Dominic，1170—1221）和意大利亚西西（Assisi）的圣方济各（Saint Francis，约1182—1226）。这些宗教组织建立的原则同先前修会建立的原则截然不同。

而且，这些新修会也同老修会一样，宣布放弃所有世俗的领地，并称“娶贫困为新娘”，完全依靠虔诚者日常及自愿的施舍度日②。迄今为止，虽然修会中的个人必须过极为贫困的生活，但教会或修会可以拥有一定数量的公共财富，只是新

① Begging Friars（乞食修会、乞食修士）一词源自fratres / frères，意为brethren（兄弟）。

② 托钵修会没有长期完全依赖“志愿体系”作为支撑。他们开始更为自由地解释自己的绝财誓言，并认为当他们把自己获得的财产交到教皇手中时，就已经履行了自己的义务，而他们自己只是单纯享有使用权。新的宗教组织逐渐进入了修会中最富有的行列。

的修会中“兄弟会的成员必须同样贫穷”。

起初两个宗教组织之间有着巨大差异。圣方济各以自我牺牲的博爱精神吸引了众多门徒奉献自我，他们模仿基督及其使徒们，向贫苦与流浪之人宣讲福音，看望病痛与被囚之人。圣多明我将目标定在了更高、更有教养的阶层，以打击异端为使命，并让时代的智识充满基督教世界。

新的宗教组织快速成长、迅速传播，重新诠释了自我牺牲与情感共鸣的真正力量，在不到一代人的时间里，已经夺取了教会中其他老修会以及那些持异议的正式神职人员的光彩。但新兴修会同教皇之间的关系也需注意。教皇授予了它们许多特权，并逐渐使其脱离了所有主教的控制；反过来它们也成为了罗马教廷最忠实的朋友和最坚定的支持者。它们组成了所谓的教皇的后备军，更准确地说，是一支教规严明、训练有素、服从教皇的军队，占据着西部基督教每一处有利的位置。这些新修会对于13世纪的教皇，就如本笃会对于教皇格里高利七世一样，或者后期的耶稣会对于宗教改革时期的教皇一样（第565条）。

460.民族国家的反抗

14世纪是教皇世俗权力史上一个的转折点。在这一世纪的进程中，欧洲几个主要国家的统治者在其臣民的支持下，成功地恢复了业已失去的独立。法兰西、德意志和英格兰先后以温和的方式反抗神权，并且正式否决了教皇干涉其政治或政府事务的权力。但这里应特别注意，反抗教皇世俗统治权力的领袖们并未考虑挑战教皇在教会的最高属灵权威与权力。他们当时的态度同现代意大利人极为相似，当剥夺教皇最后一点的世俗权力时，并未危及其作为上帝代理人的一切道德与属灵尊严（第858条）。

461.教皇波尼法爵八世与法兰西国王美男子腓力

正是在教皇波尼法爵八世任职期间（1294—1303），教皇的世俗权力受到严重打击并开始迅速衰落。波尼法爵八世同格里高利七世一样持有神权高于君权的崇高观念。1296年，教皇颁布了一道诏令，禁止所有神职人员在未经教皇许可的情况下，向世俗统治者缴纳任何形式的税赋，违者开除教籍。所有世俗统治者，无论是男爵、公爵、王爵、国王还是皇帝，都被禁止擅自对神职人员征收各种形式的税赋。

法兰西国王腓力认为教皇诏书是对世俗权力的侵犯，他与教皇的争论迅速上升为激烈的、不体面的争吵。在他给波尼法爵的一封信中，腓力有意用不得体的粗鲁言语称呼教皇。腓力如此大胆，是因为他知道人民会跟他站在一起。这种受欢迎的感觉在国王分别于1302年和1303年连续两年召开的著名的三级会议（States-General/Estates-General）中有所表现。这三个阶级是：贵族、神职人员和平民。会议宣布教皇无权管理法兰西的政治事务；除上帝外，没有人的地位高于法兰西国王。

462.教廷迁至阿维尼翁；德意志和英格兰的反抗

几年之后，各种因素叠加导致教廷从罗马迁到了普罗旺斯（Provence）的阿维尼翁（Avignon），毗邻法兰西边境。教廷迁于此地近70年，这一时期在教会历史上被称为“巴比伦之囚”（Babylonian Captivity）。在此期间，所有的主教都是法兰西人，教会的政策在很大程度上取决于法兰西国王。在此种情况下，法兰西域外的国家自然而然对教皇介入世俗事务提出越来越多愤怒的抗议。德意志和英格兰此时采取的措施是召开国民大会，两国的民族情绪开始萌发，这使神权作为一种公认的权威已经失去其威望。

1338年，德意志王爵反对教皇的主张，从他手中收回了选举本国国王的权力，并声明德意志皇帝的权力直接来自上帝，而非转自教皇。德意志的定期会议支持这一声明，而且此后，帝国皇帝由选举产生并行使职权，独立于教廷之外这一原则成为了德意志宪法的一部分。

不久之后的1366年，在爱德华三世统治时期，英国议会以一种相似的精神和情绪，通过了拒绝给付约翰王承诺的贡金，① 从而结束了英格兰作为罗马封臣的历史，并坚决拒绝接受教皇宣称英格兰是罗马教廷封地的主张。②

463.教皇仍是属灵领袖

14世纪的教会大分裂后，罗马教廷再没能像12、13世纪那样：教皇的权力凌驾

① 详见第458条，该笔款项业已拖欠。

② 教廷的“巴比伦之囚”导致的另一个灾难性的后果就是造成了意大利对教廷的不满，使得其与教廷之间公开决裂。从1378年起，对立双方各自选举一名教皇，一个在阿维尼翁，而另一个在罗马。这是天主教会大分裂（1378—1417）的开端。一代人后，天主教世界才再次团结在一个属灵领袖的统治之下。

于欧洲各国国王之上，并且在世俗事务上要求他们屈膝服从。希尔德布兰德的崇高理想尽管几乎实现了，但最后，他的目标有一半被证明是彻底失败了。

未能在世俗事务中取得至高无上的权力，导致罗马教皇的目标有一半没有达成，但他们确实成功地建立并延续了一种绝对的精神统治，在宗教事务上的绝对权力至今仍然被一半以上基督教徒认可。

尽管神权中的世俗部分已经完全被剥离，而且其属灵的权力也被北方的民族国家普遍抵制，但正如麦考莱（Macaulay）所言，它“并未衰败，也不是古董，且充满了青春的活力”。现在，基督教世界一半以上的观点认为教皇是教会至高无上、绝无谬误的领袖，用刚刚引用的那位才华横溢的作家的名言：“在撒克逊人踏上不列颠之前，在法兰克人跨过莱茵河之前，当希腊的雄辩术仍然盛行于安条克之时，当崇拜的神像仍供奉在麦加之时，天主教已然伟大而受敬。而当某个新西兰来的旅行者，在无尽的孤独之中，立于伦敦桥的残拱之上，描画圣保罗大教堂的废墟之时，她[①]却依然活力不减。”[②]

① 此处“她”指代被引文字上文所描绘的“罗马天主教”。——译者注

② 散论《兰克教皇史》。

第四十八章　图兰人的征服：蒙古人与奥斯曼人

464.匈奴人与匈牙利人

前文已经讲述过的匈奴人（Huns），是最早在信史时代闯入欧洲诸民族中的图兰人[①]（第332条）。

此处需要提及的另一个入侵欧洲的图兰民族为马扎尔人（Magyars），或称匈牙利人，是匈奴民族的另一个分支，在9世纪之时便成功地冲入欧洲大陆的纵深处，并在此地建立起了极为重要的匈牙利王国（Kingdom of Hungary）。他们很快就采用了当地人的风俗习俗及宗教，当然，他们保留了自己的语言。简而言之，他们已经被欧洲化了；而且，在14世纪的时候，他们在很长一段时间内成为抵御其同族的突厥部落入侵基督教欧洲的主要防御力量。

465.蒙古人

匈牙利人入侵欧洲两个多世纪后，桀骜不驯的蒙古人或鞑靼人游牧在中亚和东亚地区的大草原上，那里是好战民族的温床。蒙古人在蒙古的各个部落之间建立了新的统治。他们的第一个伟大首领是成吉思汗（Jenghiz Khan，1206—1227），曾给人类带来最可怕的痛苦与折磨。成吉思汗对以突厥人为主的无数部落展开了冷酷无情的屠杀，似乎他们属于另一个物种，其刀剑和火把横穿了亚洲大部。他们征

---

① 该称呼通常指代蒙古人种的北方分支，即芬兰人、匈奴人、匈牙利人、蒙古人或鞑靼人、突厥人等。这些民族中的一些已经通过同西部的白种人或者同东南部的中国人的民族融合进而发生了变化，但其语言仍能体现出他们之间的亲族关系。

服了现今中国北部的大部分地区，然后挥师西进占领了突厥斯坦（Turkestan）和波斯。大军所到之处，城市全部被夷为平地，人口稠密的平原变成了寂静的荒漠。成吉思汗生前权力范围已囊括罗斯的第聂伯河及印度河谷，即使死后还需殉葬，在他的墓前，40名少女被杀，以便她们的灵魂可以去另一个世界里服侍他。

伟大的征服者成吉思汗将自己的广阔疆土传给了一位称职的继任者，他的儿子窝阔台（Oghotai/Oktai/Ögedei，1186—1241）。他将帝国疆域向东亚推进的同时，也向西亚扩展，并入侵欧洲。这次西征由著名的拔都（Batu，1209—1256）率领，并采用了军事专家所谓的"完美策略"。罗斯、波兰和匈牙利的大部分地区被占领并被破坏；莫斯科（Moscow）、基辅、佩斯（Pesth）及许多其他城市被焚毁，居民被杀戮。在1238年至1241年这两到三年的可怕时光里，几乎一半的欧洲都惨遭蹂躏。另一半的居民如若没有疯狂地专注于教皇和皇帝之间的纷争的话，似乎也不知所措。他们没有共同努力阻击入侵的进程，显然把这次天罚视为大自然给予的破坏性灾难，难以避免，无法补救。幸运的是，值此紧要关头，窝阔台去世了，拔都被召回亚洲，西方文明就此逃过一劫。

后期最著名的蒙古首领是忽必烈汗（Kublai Khan，1259—1294）。他迁都汗八里（Cambalu），即为现在的北京，并在此接见世界各地的使节与访客。意大利著名旅行家马可·波罗，也在这位君主的皇宫里居住多年，获取了关于远东珍贵而鲜活的知识，并在其著名的《马可·波罗行记》中将之传递给了欧洲。

中世纪时期蒙古人的游动式蒙古包

忽必烈汗死后，无节制扩张且松散联合的帝国陷入混乱并分裂成了诸多小国。后来成吉思汗的一位远亲帖木儿（Timur/Tamerlane，1369—1405），又将帝国恢复，亚洲大部都被置于他的统治之下。

帖木儿死后，广阔的帝国一样土崩瓦解。他的后代之一巴布尔（Babar/Baber）于1525年入侵印度，并建立了莫卧儿帝国（Kingdom of the Great Moguls）。这个蒙古王国持续了200多年，直到18世纪被英国人摧毁。莫卧儿帝国在德里（Delhi）和阿格拉（Agra）的宫殿的富丽堂皇是东方最灿烂的艺术风格之一。

阿格拉的泰姬陵（Taj Mahal）

这一宏伟的陵墓是由莫卧儿皇帝沙·贾汗（Shah Jehan，1628—1658）为其死于1631年的宠妃所建。

亚洲从未从蒙古征服者制造的可怕灾难中复苏过来。许多生机勃勃的地区被这些民族毁灭者扫荡一空，至今仍如墓地般荒无人烟。但蒙古的入侵与西方历史之间的联系最令人瞩目。这场剧变对欧洲历史有着重要意义，蒙古人统治了东斯拉夫人近300年之久。这对于罗斯来说，就像后来的奥斯曼人征服东南欧一样，都是灾难。

466.奥斯曼帝国[①]的开端

历史上所有图兰人国家中，最新、最长、最重要的由奥斯曼人建立。该帝国的

① 源自奥斯曼一世（Othman I，1288—1326），或Osman，该词不仅源自Ottoman，还源自奥斯曼人最喜欢用在自己身上的Osmanlis。

核心是13世纪一队突厥武士在小亚细亚建立的小国。当蒙古人西征至小亚细亚时，周边的部落开始逐渐臣服于奥斯曼，与此同时，她逐省地吞并拜占庭皇帝的亚洲领地。在14世纪后半叶，现在土耳其的大部分地区落入了奥斯曼人之手。

467.加尼沙里军团

奥斯曼人的征服极大地得益于一个极有战斗力的兵团，它组建于14世纪初期，被称为加尼沙里军团①（Janizaries）。其主要成员起初是基督教俘虏中的优选儿童，这些儿童在伊斯兰的信仰中成长。当战争导致没有足够的兵源之时，苏丹向信仰基督教的子民强征儿童服兵役，有时一年强征多达2000名男孩。这种征兵的方法维持了大约300年。

468.君士坦丁堡的陷落（1453）

由于蒙古人在亚洲袭击了奥斯曼人，君士坦丁堡的陷落因此而延迟了一段时间。最后，1453年，穆罕默德二世（1451—1480）以庞大的军队和舰队围攻君士坦丁堡。经过短暂的包围，君士坦丁堡彻底沦陷。据说都城的10万居民中有4万人被杀，5万人沦为奴隶。圣索菲亚大教堂圆顶之上的十字架被新月所取代。

这样一来，在旧罗马落入西部蛮族之手整整1000年后，新罗马也落入了东部蛮族之手。君士坦丁堡的陷落是历史上最令人痛心却又命中注定的事件。此时的穆罕默德二世，像西庇阿在迦太基时一样，凝视着君士坦丁堡的废墟和空荡的宫殿，据说他感慨于命运无常，若有所思地吟诵了波斯诗人菲尔多西（Firdusi/Ferdowsi）的诗句：“蜘蛛网是恺撒宫殿的窗帘；猫头鹰是阿夫拉西亚普望楼上的哨兵。”②

奥斯曼人对欧洲文明的影响相当无感，他们一直被视为欧洲的入侵者，在当地的存在导致了几场最为血腥的近代战争。奥斯曼人逐渐被排挤出了欧洲的领土，就如盘踞在欧洲大陆另一角的穆斯林摩尔人在很早以前被西班牙的基督教骑士驱逐一样，而其被从博斯普鲁斯海峡赶回去的日子也可能为时不远了。

---

① 加尼沙里军团，奥斯曼苏丹的禁卫军、皇家卫队，第一只欧洲常备军。又译耶尼切里军团、新军、苏丹亲兵等。——译者注

② 阿夫拉西亚普是波斯历史传说中的人物名字。

第四十九章　城镇的发展

469. 10世纪城镇的快速发展

古罗马城镇作为进攻和防御的中心，在蛮族入侵时期遭受了很大的损失。在猛烈的进攻之后，许多城市的坚固城墙都成了荒原之上的“环形废墟”（Rings of Ruins）。但无数城镇化为废墟，不只是帝国毁灭者的暴力所致。城镇人口减少与衰败的主要原因是蛮族喜欢开阔的乡村而不是城镇，他们不喜欢城墙内的生活。截至11世纪，欧洲人口基本上同现在的俄罗斯一样，绝大部分都是农村人口。

然而入侵者一旦定居下来，文明便开始复苏，古罗马的城镇开始逐渐恢复以前的地位。10世纪时，北欧人、匈牙利人和萨拉森人正严重困扰着西欧（第417条）。没有强大的中央政府，城市只能依靠自己的资源进行防御，武装自卫队，完善市政管理，而最重要的是修建城墙，这些有时能得到、有时得不到王室或帝国的支持。在那些充满邪恶势力的时代，坚固的城墙是唯一可靠的防护。因此，与封君的城堡是用来保卫乡村有所不同，欧洲此时开始密布高墙防卫的城镇。

470.城镇的工业生活；行会

城镇是中世纪晚期的工场。其工业生活的显著特征是某些商人或行业联合起来所形成的行会（Gilds），主要分为两类：商人行会和手工业行会。一般来说，行会的成员是该地的主要土地所有者和商人。手工业行会就是制鞋工、烘焙工、织布工、纺纱工、染色工、碾磨工等的协会。在一些城镇甚至有50个以上的行会。

14、15世纪期间的城镇内部史在很大程度上是行会多种多样的活动史。然而，此处限于篇幅，难描梗概。只能指出这些令人关注的行会在中世纪城镇生活中的重要地位。

中世纪时期位于阿尔勒的古罗马剧场

471.汉萨同盟

在11、12世纪，北欧的城镇开始扩大其商业联系，但普遍存在的不安全和混乱状况给贸易带来了极大的不利因素。商人通过陆路将货物运往意大利的市场上销售，但却冒着落入对各条路线虎视眈眈的强盗贵族之手的风险，要么被全部劫走，要么交一笔很不合理的买路钱。在这些强盗贵族的眼中，平民商人没有权利得到他们的尊重。经由波罗的海和北海前往意大利的水路也不安全。海盗船在这些水域游荡，将任何一艘他们可能制服或诱撞于危险海岸的不幸商船作为战利品。

这种混乱的状态导致德意志的城镇在14世纪中叶联合起来保护它们的商人免受海盗和强盗的侵袭，这些临时联盟最终形成了著名的汉萨[①]同盟（Hanseatic League）。德意志北部有80多个主要城镇加入同盟。为了促进成员的交易业务，同盟在不同的外国城镇设立商栈和仓库。同盟中最著名的外贸商站是布鲁日（Bruges）、伦敦、卑尔根（Bergen）、维斯比（Wisby）和诺夫哥罗德（Novgorod）。同盟因此成为了巨大的垄断集团，为其成员的利益努力控制整个北欧的商业贸易。

多种原因导致汉萨同盟城镇繁荣的衰落以及同盟的解散。其中最主要的是15、16世纪的航海大发现，使得商业活动中心从波罗的海和地中海港口转移到了大西洋沿岸港口。最后，德意志的宗教改革和与之相伴的宗教战争导致许多汉萨城镇沦为废墟，从而使同盟彻底解散。

① 该词源自古日耳曼语“hansa”，意为“同盟”或“联盟”。

472.意大利城市早期发展的原因

中世纪自治城市获得最大的发展、权力和影响还是在意大利。诸多情况和原因促成了其早期的快速发展。但意大利城市繁荣的一个主要原因是它与东部的贸易，以及十字军东征所赋予的巨大推动力。

随着财富而来的是权力，因而几乎所有意大利的主要城镇都变成了与众不同的自治城邦，只是在名义上依附于教皇或皇帝。到13世纪末，意大利北部和中部分裂成了约200个纷争不断的小城邦，意大利成为了另一个希腊。

473.暴君的崛起

意大利城市间的不断战争及党派间的无尽纷争，同古希腊城邦之间无休无尽的斗争与分裂导致了同样的问题：两败俱伤的战争与冲突导致了混乱，民主制度被推翻。在13世纪末，几乎所有意大利北部和中部的共和国都落入内部的暴君之手，他们的累累罪行以及无法容忍的暴政，使其同篡夺古希腊自由城市最高权力的僭主一样可憎（第123条）。

474.威尼斯

意大利最著名的城市威尼斯，起源于5世纪为躲避匈奴王阿提拉（第333条）的狂暴而逃到亚得里亚海湿地中的一些难民所建的简陋棚屋。几个世纪后，征服与谈判逐渐扩展了威尼斯的领地，直到最后控制了东地中海的海岸和水域，正如第一次布匿战争时迦太基掌控着西地中海一样。

威尼斯在13、14和15世纪达到了鼎盛，在地中海的霸权，就如现今英格兰对海洋的掌控一样彻底，每年都会通过向海里扔下一枚戒指这样的独特仪式举行威尼斯与“亚得里亚海的婚礼”（Wedding the Adriatic）。该习俗由此而来：1177年，教皇亚历山大三世感激威尼斯人在他同皇帝腓特烈·巴巴罗萨的斗争中为其助阵，赋予总督一枚戒指，并说：“以此作为统治海洋的象征，你与你的继任者每年为威尼斯和亚得里亚海举办一次婚礼，这样人们便知海洋属于而且服从威尼斯，就如新娘服从她的丈夫一样。”一年一度的庆典是中世纪最光辉灿烂的场面。

威尼斯的衰落始于15世纪，当时奥斯曼人的征服剥夺了亚得里亚海以东的大部分土地，而哥伦布发现新大陆以及瓦斯科·达·伽马开辟了去印度的连续水路，给了威尼斯的商业致命一击。此后，东方贸易的起点便从地中海的港口转为大西洋的港口。

威尼斯在“亚得里亚海的婚礼”中使用的国家驳船

贞淑如处女，明艳而从容自在，
阴谋和暴力都对她丝毫无损；
当她有意为自己找一个情人，
她便选中了万古如斯的大海。

——华兹华斯

475.中世纪城镇对文明的贡献

近代文明从中世纪生活的三大中心——修道院、城堡和城镇之中继承了很多遗产。修道院孕育了隐修制度，贵族城堡打造了封建制度，而居于其中的修道士和贵族也促进了文明的进步（第373和421条）。这里要关注的是城镇给欧洲的生活和文化作出了什么贡献。

首先，城镇是中世纪时期工商业生活的中心，并为大宗国际贸易奠定了基础，进而形成了近代欧洲文明的鲜明特征。

其次，中世纪的自治城镇及修道院孕育了被誉为“自由城市生活的美丽之花”的建筑、雕塑和绘画。这些别具一格的高墙古宅、精心雕饰的金色大厅、赏心悦目的门拱通道、宏伟壮丽的宫殿教堂在近代欧洲随处可见，见证了中世纪城镇的建筑与艺术的历史。①

① 建造教堂的热情在12和13世纪尤其高涨。首先采用的建筑风格是以圆拱和穹顶为特征的罗马式；但在12世纪即将结束之时，此风格被以尖角的门拱、细长的尖顶和丰富的装饰为特征的哥特式建筑所取代。

再者，这些城镇是近代政治自由的发源地。当政治社会由阶层构成的时候，城镇赋予了社会一个新的阶层，从而打造了政治自由。在 11、12 世纪，参与国家管理的只有两个阶级或阶层：贵族与神职人员。城镇的居民成长为一个被称为第三等级，或平民等级①（Commons）的新阶层，并注定拥有巨大的政治前途。在13、14世纪的历史进程中，城镇的代表开始同贵族和神职人员并肩出席国家的定期会议或议会。② 这对近代代议制政体的发展起到了至关重要的作用，并对近代代议制政府的发展具有重大意义。

米兰大教堂

① 在英格兰的郡县乡村地区，最先或几乎最先形成了这一阶层。然而在欧洲其他国家，直到晚些时候，农民阶级才加入这一等级。

② 在英格兰，城镇首先被要求派代表参加议会是在1265年（第487条）；法兰西的第三等级代表同贵族和神职人员首次并肩而坐是在1302年（第505条）；在阿拉贡和卡斯蒂利亚的城镇代表允许参加议会分别在1133年和1162年；德意志的自由城镇代表在定期会议中获得席位是在亨利七世统治时期（1308—1313）。

第五十章　大学与经院学者

476.大学的兴起及其早期发展

从9世纪初到11世纪，知识的灯火都由这些查理大帝在其帝国内建立的大教堂学校与修道院附属学校所点亮，这是查理大帝的重要功绩之一。虽然整个10世纪火光暗淡，但到12世纪初，一场新的思想运动在西部基督教世界掀起。多种因素导致了此次精神复兴：城镇世俗生活的扩大；教会和国家对训练有素的专业人员日益增长的需求；特别是西班牙和东部希腊-阿拉伯文化的激发与影响，此时通过十字军东征带给了基督教西部。这样一来，新觉醒的智识生活使得对更先进、更专业的教育产生了需求，特别是能够培养医生、律师或政治家等的更职业、更自由、更世俗的教育体系，① 这是修道院学校无法企及的。

正是为了满足这些新需求，大学应运而生。其中一些只不过是大教堂或修道院学校的延伸；另一些则是在商业城镇发展起来的世俗学校。3所最古老的大学分别是以医学教师而著称的萨莱诺大学②（University of Salerno）；以法律教育而闻名的博洛尼亚大学（University of Bologna）；以及以神学博士的权威而受人敬仰的巴黎大学。③

---

① 教学专业化在教育史上有着重要意义。“中世纪时期的人们开始将人类知识作为一个分支”，康帕亚说，“因而为近代科学铺平了道路，值得尊敬。”中世纪大学里学院的数量并不固定，通常有四个：神学院、医学院、法学院和人文学院或哲学院。文科课程包括现今的文理课程，为其进入其他三个专业课程的学习做准备，但大多数学生只是到此就打住了。

② 有些专家否认萨莱诺大学是大学，但它确实是大学，只是没有长期保持独立存在，成为1231年成立的那不勒斯大学的医学系。

③ 在上述情况中至少有两例，推动力主要源于想要把现有的学校建设成为真正的大学并赋予其强大的特性的情况：一位是博学的法学家伊纳留（1070—1138），给博洛尼亚大学带来了最早的声望；还有伟大的哲学家阿伯拉尔，在其推动下产生了后来的巴黎大学。非洲人康斯坦丁（卒于1087），与萨莱诺大学的早期历史紧密相关，是一位传奇人物。

博洛尼亚大学和巴黎大学成为后来大学组织与管理的样板。巴黎大学还赋予了其他学校可以学习的章程与规则，因而获得了“大学之母和中世纪西奈（Sinai）”的称号。

477.学生与学习生活

中世纪大学里的学生人数众多。当时最受欢迎的大学应该有15000到30000人之多。这些数无疑有夸张的成分，但人数多却是确定无疑的。当时所有渴望获得知识的人必须到某个学府求学，因为手写书本稀缺且昂贵，使得居家自学绝无可能。许多参加非专业课程的学生都是12岁左右的男孩，相当于现在的中学生；另外，学生群体中也有许多成年人，其中有教士、教长、执事和其他要人。

15 世纪时的大学学生

在寝室和校舍制度引入之前，早期的大学生活管理混乱、极不规范。在那个粗暴野蛮、无法无天的时代，学生阶层也并未好到哪儿去；事实上，在某些方面，他们似乎更糟。因为学生群体中有许多年轻富有的浪荡之徒，发现大学是最惬意的虚度时光的地方，许多野蛮粗鲁之辈，经常夜里在酒馆斗殴搞得市民惶恐不安；甚至有的在光天化日之下伏击商旅；更有犯下“许多人神共愤罪行”的人。

478.学科分支与教学方法

大学里三个最重要的专业分支是神学、医学和法学。很难说自然科学已经存在，当然在炼金术中隐藏着化学，而在占星术中也隐含着天文学。托勒密学说（Ptolemaic Theory）认为地球是旋转天体的静止中心，描绘并模拟了宇宙结构的图景。

所有大学都用拉丁语授课，且教学方法都一样：缺乏独立性的文本研读，且达到一种崇拜甚至近乎迷信的程度。即使在自然科学中，也没有对体验、观察和实验的任何严格要求；在解剖学上，讨论代替了解剖[1]。书本被认为比自然本身更权威。宇伯威格（Ueberweg）说："即便视亚里士多德为宗教创始人也不会被质疑。"如若谁胆敢批评"知者之师"，就会被视为傲慢与不敬。

479.经院哲学；经院学者的学术领域

一种哲学方法在早期教会学校出现，并在后期的大学中得以发展，因其发源地而得名为经院哲学（Scholasticism），而其代表则被称为经院学者（Schoolmen），或经院哲学家（Scholastics）。经院学者的首要任务是将基督教教义改变成科学形态，将神示与理性、信仰与科学加以调和。由此可见，这同现今神学哲学理论试图协调《圣经》与现代科学事实如出一辙。

480.皮埃尔·阿伯拉尔

最著名的早期经院学者要数皮埃尔·阿伯拉尔（Peter Abelard，1079—1142）。自苏格拉底之后，世界上似乎再没有出现过如此吸引雅典年轻人的老师了。阿伯拉尔因众所周知的丑闻而遭受羞辱与迫害，起初退隐到一个修道院，后来到特鲁瓦（Troyes）的偏僻之处。但仰慕者追随他来到穷乡僻壤，人数众多，以至于在其退隐之地形成了一所名副其实的大学。

阿伯拉尔作为哲学家的光辉形象因个人的严重错误失色不少。阿伯拉尔受人所托教育一位生性聪慧的迷人少女爱洛伊斯（Hedoise/Héloïse），但却背信弃义。师生之间的秘密婚姻注定要悲剧收场。"阿伯拉尔和爱洛伊斯的故事"成为12世纪最为浪漫却又最为忧伤的传说。

481. 13世纪的经院哲学

13世纪见证了经院哲学的新发展。这一时期的杰出代表是艾尔伯图斯·麦格努

---

① 在博洛尼亚大学，解剖学的学习最为先进，每名学生每年都会见习一次解剖。

斯（Albertus Magnus，1193—1280），或“大阿尔伯特”（Albert the Great），被称为“亚里士多德第二”；托马斯·阿奎纳（Thomas Aquinas，1225/1227—1274），被称为“天使博士”（Angelic Doctor），是阿尔伯特的得意门生。作为中世纪时期最伟大的经院学者及神学家，阿奎纳的声誉很大程度上取决于其巨著《神学大全》（*Summa Theologiae*）。该书被视为正统天主教教义的行为准则。教皇利奥十三世[①]在通谕中称其为“所有学习场所最亮的光”，并告诫所有的老师“要将托马斯·阿奎纳的学说潜移默化地深入人心”。

但在经院学者时代，科学活动最杰出的代表是英格兰方济各会修士罗杰·培根（Roger Bacon，卒于1294年），因其在力学、光学、化学和其他科学方面的奇妙知识而被称为“奇异博士”（Wonderful Doctor）。他弄清了火药或类似爆炸物的成分，并在其作品中写道：“如此一来，无马之车和无帆之船便可推动自己像离弦之箭一般迅速行驶。”[②] 因为他被同时代的人认为与魔鬼为伍，从而遭到迫害，入狱14年。然而有一点毋庸置疑，培根肯定是与所研读著作的阿拉伯学者为伍了。

罗杰·培根留给后人的最大遗产是一本叫作《大著作》（*Opus Majus*）的书，其中以一种惊人的方式预测了17世纪弗朗西斯·培根（Francis Bacon）主张的近代演绎科学原理。[③]

482.经院哲学的衰落；经院学者对智识进步的贡献

14和15世纪见证了经院哲学的衰落。学术争鸣在早期大哲学家不称职的继任者们手中沦为了对无聊无理问题的毫无价值、漫无目的的争论。经院学者失去了公众的尊敬并让位于人文主义者（第528条）。

尽管经院哲学经历了此种衰退，但经院学者作为整体对欧洲智识进步却作出了巨大的贡献。经院学者通过不断的辩论和论证激活了中世纪的思想，并在精确推理的过程中加以训练。他们把当时的大学打造成了真正的精神体育馆，欧洲人在那里愉快地接受无与伦比的正式培训，并为这座精神体育馆未来能产生更丰硕的成果作了不可或缺的准备。

---

① 教皇利奥十三世（1878—1903），本书修订再版时间为1902年，此时该教皇仍在位。——译者注

② 转引自埃德曼，《哲学史》，第1卷。

③ 近代演绎科学原理即弗朗西斯·培根提出的归纳法，是从观察和实验的事实材料出发，通过排除法来发现周围现实的各种现象间的因果关系的一种推理方法。——译者注

第五十一章　民族国家的发展：国家政府与民族文学的形成

483.导言

中世纪后期最重要的政治运动就是一些欧洲国家、小封建公国、半独立的城镇和自治城市，融合成为拥有强大中央政府的民族国家。这一运动伴随着，或者说是存在于，封建制度的瓦解、城镇自由的丧失与国王权力的增长。

然而，有一些国家的情况却与集权趋势相反，那么这些国家便进入了没有民族主义的近代社会。但在英格兰、法兰西和西班牙，情况似乎都趋于统一，并且到15世纪末，这些国家都建立了强大的君主专制制度。然而，即便那些没有出现国家政府的民族中，通过民族语言和文学的形成、共同感情和愿望的发展也取得了走向统一的进步，因此这些种族或民族显然只是在等待国民生活成熟期到来的幸福时刻。

君主制度的崛起和封建制度的衰亡，强大的中央集权政府取代了软弱无常且相互冲突的封建贵族或其他地方政权统治，都极大地有利于法律和良好秩序的建立。在这些变化中，包括市民和贵族在内的所有阶级的政治自由确实都被颠覆了。但失去了自由权，却找到了民族性。而且相信人民可以赢回自由。

第一节　英格兰

484.总述

英格兰人的起源已如前述，并追溯了其在撒克逊人、丹麦人和诺曼人统治下的发展。此处将简述金雀花王朝直系及旁系统治下的命运，一直讲述到1485年标志着英格兰近代史开端的都铎王朝（Tudors）。

这一时期主要的事件有英格兰丧失其在法兰西的领地、同约翰王斗争产生的《大宪章》（*Magna Charta*）、苏格兰战争、百年战争和玫瑰战争。

485.英格兰丧失其在法兰西的领地（1202—1204）

1066年的黑斯廷斯战役后，诺曼底公爵威廉成为了英格兰国王。但他还拥有法兰西国王的封地，因此仍是他的封臣。除了某些短暂间隔外，这些欧洲大陆上的土地一直由英格兰国王威廉的诺曼继承者统治。此后，安茹伯爵亨利成为金雀花王朝的首位国王，大大地扩张了他在法兰西的领地。亨利掌控着法兰西西半部的领土，实际上这比他在英格兰的领地还大；但是，因为他是法兰西国王的封臣，所以，他理所当然地要效忠于法兰西国王。

一种强烈的嫉妒感在两位君主之间产生，很明显是无法避免的。法兰西国王曾经想找些借口剥夺其对手在法兰西的领地。1199年，当约翰继狮心王理查成为英格兰国王之后，机会终于来了。约翰，这位可恶的暴君两次被法兰西国王腓力二世·奥古斯都召见，要求他在法兰西同僚面前澄清对他的指控，其中一项指控是谋杀了自己的侄子亚瑟。约翰拒绝传唤。腓力内心对约翰极度反感，趁此机会剥夺了他除阿基坦南部以外的所有法兰西领地。

这些领地的损失却是英格兰的一大收获，因为安茹的国王们已经推行了一项政策，如若取得成功，英格兰将成为欧洲大陆国家的附属国；此时危险解除了。

486.《大宪章》（1215）

《大宪章》被认为是英格兰自由的神圣保障，是英格兰贵族与神职人员同约翰王角力的工具，其中对人民的古老权利和特权进行了明确界定和保障。

从约翰王所体现出的人物性格中不难得知，其在暴政和邪恶程度上远超历代国王。他的统治导致了国内贵族的公开叛乱，暴君无奈自食其果。最后，他不得不在离泰晤士河畔的温莎（Windsor）不远的平坦草地兰尼米德（Runnymede）同贵族会谈，并在其将要接受的宪章上盖上了自己的印鉴。

《大宪章》的条款体现出了这一庄严文件的性质，以及人民借机表现出的不满，其重要条款如下：

第12条　除非得全民议事会之许可，否则王国之内不得征收免役税[①]与贡金。例外有三：即赎回本人身体之时、王长子受封骑士之时、王长女头婚出嫁之时，且以此为目的所收贡金数目应当合理；[②]……

第39条　除受同等地位之人或依照国之法律合法判决以外，不得对任何自由人采取扣留、监禁、剥夺财产、剥夺公权、放逐或以任何方式剥夺其地位等措施，也不能对其使用武力或派人对其使用武力。

《大宪章》并未创造新的权力和特权，其要点仅仅是重申和确认已有的惯例与法律。约翰很快就违反了其中的规定，且其许多继任者也都对其置之不理；但是人民始终坚持把它作为自由的保证与守护，一次又一次地强迫暴君们重申和确认其条款，并庄严宣誓遵守所有的规定。

《大宪章》保障了全世界所有讲英语的民族继承宪法赋予的自由，其深远影响必定会一直被认为是热爱自由的人民从专制君主一方得到的最重要的让步。

487.下议院的源起（1265）

约翰的儿子兼继任者亨利三世统治时期（1216—1272），见证了英格兰宪政自由的第二个重要进程，就是下议院（House of Commons）的形成。当时的大议会（Great Council）由贵族和主教组成，又是君权的失当，导致了英格兰国民议会形式的巨大变化。正如利伯（Lieber）所言，自由往往都源于昏庸的国王，不过无须对其表达感谢。

亨利的残暴与其父相比，有过之而无不及。他违背了遵守《大宪章》规定的誓言，在王室中安置外籍宠臣，其专横统治激起所有阶层的愤怒。用一位同时代人的话来说，英格兰人“就像法老手下的以色列人一样”备受压迫。最后的结果是，贵族与人民一道发起了类似于约翰王统治时期的起义。国王与自己人民之间的战争很快就打响了。

为了团结其所代表的各个阶层，起义的领袖西蒙伯爵以国王的名义发布命令，召集除亨利国王追随者以外的贵族、主教和修道院院长到议会开会；同时发出类似的命令，指示不同郡县的行政司法长官“从其郡县体制内派遣两名骑士，再从其所

① 免役税是在个人兵役减免时需要支付的金钱。

② 约翰的继任者亨利三世也遵从本条款中关于税赋的规定，直到《大宪章》签署约100年后，只能通过议会向人民征税的大原则才得以完全建立。

辖的每个城镇或区市各派两名公民或市民”。这是首次无头衔的普通市民同贵族、主教、骑士一起参加国民大会，共商国是。

1265年的这次会议，可以认定为下议院诞生的日子。参会人员的构成为骑士、市民和起初软弱而胆怯的普通群众代表，这一群体对上议院议员们大为敬畏，但却最终注定成长为不列颠议会（British Parliament）的掌权机构。

488.苏格兰战争（1296—1328）

13世纪时，英格兰国王一直宣称对苏格兰拥有宗主权。在英格兰国王爱德华一世统治期间，苏格兰国王巴利奥尔（Balliol）中断了与爱德华的封建附庸关系，转而寻求与法兰西国王结盟。在接下来的战争中，苏格兰被击败并于1296年作为被剥夺的封地再次回到爱德华手中。作为苏格兰王国走到了尽头的标志，爱德华把一块象征苏格兰王权的大石头运回了伦敦——这块石头被称为斯昆石（Stone of Scone），不知曾几何时，苏格兰的国王们便在这块石头上加冕，传说其为雅各（Jacob）在伯特利（Bethel）作枕头的那块石头①。这块神圣的“命运之石”被带到威斯敏斯特教堂，并安放在一个庄严的宝座之下，时至今日，一直在英格兰国王的加冕典礼中使用。

威斯敏斯特教堂内的加冕椅

在宝座下方放置着苏格兰著名的斯昆石，该石由爱德华一世从苏格兰运来。

双方的统一并不长久。苏格兰人不愿意屈服，很快，所有东南部的低地地区展开了坚决的反抗。1314年，在班诺克本战役（Battle of Bannockburn），英格兰军队几乎全军覆没。这是自哈罗德在黑斯廷斯那次令人

① 雅各是以色列十二支派的先祖。《圣经·创世记》中记载雅各为躲避其兄以扫的怒气，前往哈兰，途径路斯一地，天色已暮，遂枕石而睡。他梦见天梯，上帝重申了与其祖先的誓约，将其所卧之地赐予他和他的后人。雅各醒来便立所枕之石为柱，献祭于上帝，并命名此地为伯特利，意为上帝之屋。——译者注

难以忘怀的战败之后，降临在英格兰军队之上的最可怕灾难。

苏格兰在班诺克本战役之后所获得的独立持续了近3个世纪（尽管战争持续更长一段时间，但班诺克本战役之后，苏格兰就已经取得了实质性的独立），直到1603年，苏格兰的詹姆斯六世和平地成为英格兰和苏格兰共同的国王，称詹姆斯一世，缔造了斯图亚特王朝（Stuart Dynasty）。但在此300年的大部分时间里，两者一直是争吵不休的邻居。

百年战争（1338—1453）

489.战争的起因

英格兰和法兰西之间漫长的消耗战被称为“百年战争”，是历史上最为重大的事件之一，对两国均产生了重大而深远的影响，使之在中世纪末期占据了突出位置。

英格兰同苏格兰的战争是此次战争的导火索之一。在这场斗争中，法兰西作为英格兰的宿敌，一直在向苏格兰人提供援助和鼓励。当时英格兰在法兰西的属地成为双方持续争夺的焦点，因其表明英格兰国王应效忠于法兰西国王并尊其为最高领主。

490.克雷西会战（1346）

百年战争中的第一场大战是著名的克雷西会战（Battle of Crecy）。此役中，英格兰弓箭手重创法兰西军队，被誉为“法兰西骑士之花”的12000名骑士，加之数千步兵战死。

冲锋中的法兰西骑士和飞翔中的英格兰弓箭

克雷西会战之所以重要，主要是因为封建制度和骑士制度遭到了致命一击。除此之外，还有以下几个原因。格林写道：“英格兰在班诺克本得到的教训，在克雷西会战中教给了全世界。整个中世纪的社会和政治结构都依赖于军事基础，而此基础被突然撤出。农民打垮了贵族；在无比艰难的战斗中，弓箭手是骑士无法匹敌的。从克雷西会战之后，封建制度慢慢地、稳稳地走向了坟墓。”此后，世界上的战役想要获胜，就不能再依靠手持战斧和长矛、身披铠甲的骑士，而是靠手持弓箭与火枪的普通步兵了。①

491.黑死病（1347—1349）

就在此时，被称为黑死病（Black Death）的可怕瘟疫降临欧洲。瘟疫经由地中海的贸易路线从东部传入欧洲，并在几年时间里从南方国家蔓延至整个大陆。拥挤的城镇、不洁的卫生状况和贫穷阶层悲惨的生活方式，无疑大大地增强了它的致病性。在许多地方，几乎所有的人都成为这场灾祸的受害者。一些村庄空无一人；许多修道院也几乎空置；人们看到空无一人的船只在地中海和波罗的海上飘荡。尸横遍野却无人收殓而腐于田间；牛羊无人看管而四处游荡。据估计，欧洲损失了1/3到1/2的人口。一位研究此次瘟疫的历史学家海克尔（Hecker）估计，遇难者总人数在2500万左右。这是人类遭受过的最可怕的灾难。

492.阿金库尔战役（1415）

英格兰的亨利五世统治期间，法兰西却不幸地出现了一位疯子国王查理六世，法兰西在此情况下自然陷入混乱。亨利借机率一支装备精良的大军入侵，其中大多数为弓箭手。在阿金库尔（Agincourt）战场上，法兰西经历了最羞耻的一次惨败，惨重的损失同克雷西会战一样，而其主要问题在于骑士制度。5年后，双方签订一项条约②，根据其条款，法兰西国王查理六世去世后，王位将由英格兰国王继承。

493.圣女贞德

但是法兰西人民的爱国主义情怀并没有完全消减。很多人认为《特鲁瓦条约》的让步不仅软弱与可耻，而且对法兰西王太子（Dauphin）查理不公，因为他因此而被剥夺了王位继承权，所以拒绝履约。当可怜的疯子国王去世后，该条约的条款不能被充分执行，于是硝烟再起。被法兰西党派支持的本国王子，被拥戴为查理

---

① 接下来的两个重大事件是1347年英格兰占领加来和1356年的普瓦捷战役，后者对于法兰西来说就是第二次克雷西战役，此役之后，双方于1360年签订了《布雷蒂尼和约》。

② 该条约为1420年签订的《特鲁瓦条约》。

七世，他最终被逼上了绝境。该国的大部分地区都掌握在英格兰人手里，他们于1428年将重镇奥尔良（Orleans）围得水泄不通。

但这一切都是黎明前的黑暗，备受苦痛折磨的国家即将迎来美好的明天。一位不可思议的拯救者此时出现了，就是著名的圣女贞德（Joan of Arc）。这个年轻的乡下女孩，想象着自己国家所承受的不公与苦难，似乎看到了幻象并听到了声音，命令她担起拯救法兰西的重任。于是她遵守了上天的旨意。

圣女贞德

圣女贞德的真实容貌不得而知，上图应为理想中的肖像。

少女被一些人拒绝，但却被其大部分国人认作天国的信使，在这片国土上燃起了无人能敌的热情之火。她赋予了颓废的法兰西士兵以新的勇气，迫使英格兰解除了对奥尔良的围攻，因此功绩而被誉为“奥尔良少女”（Maid of Orleans），并迅速促成查理于1429年在兰斯（Rheims）加冕。不久之后，她落入了英格兰人的手里，被教会法官以巫术和异端审判，并被判处火刑。1431年，她在鲁昂（Rouen）殉难。

但圣女的精神已经注入了法兰西民族。此后，尽管战争仍然漫长，但却不断地向有利于法兰西的方向发展。英格兰人一点一点地被赶出了其所征服的土地，也被从其南方的加斯科尼（Gascon）赶了出来，直到最后只剩下了加来这一片立足之地。因此，正是在君士坦丁堡被奥斯曼人攻陷的1453年，百年战争结束了。

494.百年战争对英格兰的影响

百年战争对英格兰来说最重要的影响就是议会下议院权力的增加与民族精神的觉醒。维持旷日持久的战争所需的高额人力与财力使得英格兰国王比以往任何时候都更依赖人民的代表，因为政府开支款项需要他们根据国王权力滥用的改正或对他们特权的确认而小心翼翼地批准。因此，此次战争使得国会下院在英格兰政府中得以掌握实权。

此外，所有阶层都同样参战，因而平民和贵族都受此鼓舞并关注其结果，克雷西会战以及其他战役的胜利唤醒了民族自豪感，使得社会中的不同元素紧密地团结在一起。诺曼人和英格兰人为相同的事业而奋战，为相似的情感和悲悯而动容，被同一种爱国热情融合成了一个民族。标志着英格兰真正民族生活的开始。

495.玫瑰战争；博斯沃思战役

玫瑰战争是英格兰王室的两个敌对旁系约克家族和兰开斯特家族之间漫长而可耻的私斗。争斗以此为名是因为约克家族的徽章是一朵白玫瑰，而兰开斯特家族的徽章则是一朵红玫瑰。博斯沃思战役（Battle of Bosworth Field，1485年）标志着战争的结束。在这场战役中，约克家族的最后一位国王理查三世被里士满伯爵（Earl of Richmond）亨利·都铎斩于马下，并用理查头上掉落的王冠在战场上直接加冕并被拥立为国王亨利七世。就此开启了都铎王朝。

496.玫瑰战争的影响

玫瑰战争的第一个重要结果是英格兰贵族阶级的覆灭。有一半贵族死于非命。那些幸存的也已破产，因其地产在斗争中已经荒芜或是被迫充公。没有一个大家族依然保留着昔日的财富与影响。玫瑰战争标志着英格兰封建制度的最终瓦解。

斗争的第二个结果衍生自第一个，就是贵族的覆灭给英格兰的自由带来了巨大威胁。迫使约翰王签署了《大宪章》以及约束他和他的继任者不会进行绝对的君主专制统治的主要力量来源于贵族。贵族阶层的覆灭建立了君主专制，直到17世纪人民发起革命推翻了斯图亚特王朝，才恢复了所失去的自由。

英语语言文学的发展

497.语言

从诺曼征服到14世纪中叶，英格兰有三种语言在使用：诺曼法语（Norman French），一种完全不同于纯正巴黎法语（Parisian French）的方言，是征服者的语言与纯文学用语；撒克逊语，或古英语（Old English），是被征服人民的语言；而拉丁语则是法律条文、审判记录、教会礼拜和学术著作的语言。

近代英语（Modern English）是一种经过使用而损益与改进的古撒克逊语，并注入大量诺曼法语与少量拉丁语和其他语言的词汇而丰富起来。14世纪中叶的1362年，近代英语在法庭文书方面取代了诺曼法语。

498.诺曼征服对英语文学的影响

黑斯廷斯战役打击了哈罗德国王及其英勇的领主们，使得英语文学的声音沉默了一个世纪之久。征服者的语言成为宫廷、贵族和神职人员用语；而被鄙视的英格兰人的语言就像他们自己一样，被从各个荣誉之地排挤出来。但是，几代人之后，被蹂躏的民族开始重申自己的权利。英格兰文学从默默无闻到崭露头角，用语有了某种改变，但毋庸置疑仍是同一种语言，重新开始了一度中断了的早晚读经课与诗歌。

499.乔叟（1340？—1400）

杰弗雷·乔叟的地位比其他任何早期英格兰作家都要高，居使用英语的民族的伟大诗人之首，或许才华仅次于莎士比亚（Shakespeare），且被虔诚地称为“英国诗歌之父”。

乔叟最伟大也是最重要的作品是《坎特伯雷故事集》。诗人将自己描绘为去坎特伯雷大教堂的托马斯·贝克特墓朝圣的一行人中的一位。32人分别代表了英格兰社会中产阶级的几乎各个职位与身份。序言是作品中最有价值的部分。它就像一个画廊，忠实地展示了14世纪英国人的肖像。

500.威廉·兰格伦

和蔼的乔叟向人们展示了英格兰社会和生活中令人愉快、迷人的一面；同时期的另一位作家威廉·兰格伦（William Langland），在一首名为《农夫皮尔斯》（*Vision of Piers the Plowman*，1362）的诗中，却揭示了贫苦、压迫的世界。这首诗同情饥饿、劳苦的农民，注定终日疲惫而绝望地生活，被高傲的贵族鄙视，被无耻的教士掠夺。与法兰西的长期战争已经使国家士气低落；黑死病毁了这些缺吃少穿、身居寒舍的穷人的收获。对既得利益阶层偶尔爆发出的愤怒便是山雨欲来风满楼，世俗世界中迸发为农民起义的怒火，① 在后来的宗教世界里转化为宗教改革的剧变。

犁地的场景

① 1381年，英格兰农民揭竿而起，要求废除农奴制，但起义被残酷镇压了。

501.约翰·威克里夫（1324—1384）

这个时期首屈一指的改革者兼宗教作家是约翰·威克里夫（John Wycliffe），他被称为“宗教改革的晨星”。这位大胆的改革者首先抨击了教会的很多做法，之后又批评某些教义。他首次将足本《圣经》用英语翻译给英格兰人，以手抄本的形式广为流传与阅读。其影响巨大，且该版本《圣经》的面世可以视为英格兰宗教改革的开端。

第二节　法兰西

502.法兰西王国的开端

法兰西单独的历史可以从公元843年《凡尔登条约》三分查理大帝的帝国开始，由加洛林家族（详见第四十一章）行使王权。在10世纪末的公元987年，卡佩家族得到了王位。首位卡佩王朝的国王与自己的封臣诸公爵、伯爵没有太多的不同，不过是在名号上更尊贵一点而已；他的势力几乎不比那些效忠于他的领主大多少。但在中世纪结束前，法兰西已经成为欧洲最强固有力的王国之一了。以牺牲大封君和教会的势力为代价，各种各样的事件和形势共同打造了国王的权力。

503.吞并英格兰在法兰西的领地

在英格兰发展进程的概述中，讲到早期的安茹国王在法兰西的广阔领地，也讲述了因约翰王的不当行为而失去了大部分的封地，而被他的封君法兰西国王腓力·奥古斯都所没收充公（第309条）。法兰西国王吞并了这些繁荣的大省，大大增强了自己的权势，从而轻而易举超过了任何大封臣。

504.法兰西与十字军东征

卡佩王朝统治时代就是十字军东征的时代。三位卡佩王朝的国王，路易七世、腓力·奥古斯都和路易九世，都是东征十字军的领袖。因为说法语的人在第一次十字军东征时占据主导地位，东部诸民族便称所有的十字军为法兰克人。东征大大地削弱了封建贵族的势力和影响，相应地加强了国王的权力与尊严；同时铲除了阿尔比派异端，扩展了新的领地。

505.第三等级跻身国民大会（1302）

卡佩王朝时期最重要的政治事件是城镇代表跻身于国民大会。腓力为了与教皇争夺法兰西教会的管理权与收入（第461条），争取全国各阶层人民的支持，于1302年召开了国民大会，并邀请市民或城镇居民代表参加。该大会此前一直由贵族和神职人员两个阶层构成，此时增加了所谓的“第三等级”。此后，国民大会便被称为三级会议。

506.百年战争对法兰西的影响

已经在讲述英格兰相关事件时讲述了该场战争的诱因及相关事件，此处只论述战争对法兰西王国及人民的影响。其中最值得关注的是法兰西封建贵族的彻底瓦解、国王权力的增加以及民族意识的觉醒。总体来讲，战争结束之时，法兰西的封建制度已经终结，而且很大程度上是由于这场战争，法兰西不仅成为了一个强大的君主国，也成为了一个伟大的民族国家。

法语的形成与法兰西文学的开端

507.南方的吟游诗人

古拉丁语与日耳曼入侵者的语言接触之后，给高卢带来了两种截然不同的方言，实际上，将这两种方言视为不同的语言并不为过。这两种方言，一种是在法兰西南部及其与西班牙和意大利毗邻地区使用的欧西坦语（Langue d' Oc），或普罗旺斯语；另一种是在法兰西北部地区使用的奥依语（Langue d' Oil），或标准法语（French proper）。①

大约在12世纪初，当普罗旺斯语已经定型并在某种程度上变得精炼之时，法兰西文学首次以南方吟游诗人的诗歌形式出现了。吟游诗人的诗句唱遍每一片土地，

① Langue d'Oc（欧西坦语）和Langue d'Oil（奥依语）这两个术语源自其各自使用“是”这个词时的差异，在南部语言中为“oc”，而北部为“oil”。

几乎激发了所有欧洲人的早期诗歌。

508.北方的吟游诗人

北方的吟游诗人用奥依语或古法语（Old French）进行创作。在12和13世纪里大放异彩。正如南方的诗歌有图卢兹伯爵这样的赞助人，北方的诗歌也同样有诺曼底公爵这样的鼓励者。北方诗人的诗歌主要是史诗或叙事诗，被称为传奇。这些作品大都集中刻画三个人物：查理大帝、亚瑟王和亚历山大大帝，从而形成了特定的查理曼、亚瑟王和亚历山大组歌。①

这些法兰西传奇对欧洲文学的兴起却是极大的鼓舞与助益，而且其影响仍在继续。因此，英格兰的文学作品中，不仅乔叟、斯宾塞（Spenser）和所有早期不列颠诗人都从这些欧洲大陆诗歌中获得灵感，而且后来丁尼生（Tennyson）的《国王叙事诗》（*Idyls of the King*）也表明了古吟游诗人的亚瑟王组歌所具有的想象力。

509.傅华萨

法兰西文学上首个真正的著名散文家是傅华萨（Froissart，约1337—1410），栩栩如生的叙事风格和技巧为其赢得了“法兰西的希罗多德”（French Herodotus）的称号。他出生于百年战争开始不久，因此亲身经历了这场漫长的战争，认识了其中的各个角色，使其成为这一动荡时代的编年史家。

第三节 西班牙

510.西班牙的开端

8世纪时，萨拉森人横扫西班牙，半岛西北角的阿斯图里亚斯（Asturias）和坎塔布里亚（Cantabria）的山脉为坚决抵抗穆斯林统治的基督教领袖提供了避难所。

① 这些史诗代表了西欧文明的三要素：日耳曼、凯尔特和古希腊-罗马，而正是十字军东征带来了东部地区新鲜的故事和传奇。

这些勇敢而坚强的战士不仅成功地保卫了自己位于山区的避难所，还逐步逼退入侵者，收复了部分先前失去的乡村与城镇。11世纪初，几个基督教小国在被收复或一直被控制的地区建立起来，其中应特别注意卡斯蒂利亚和阿拉贡，因其在后来的历史上发挥了重要的作用。卡斯蒂利亚（Castile）起初只是用来防御摩尔人的“一串城堡”（a line of castles），这也是其名字的由来。

511.卡斯蒂利亚和阿拉贡联盟（1479）

几个世纪以来，这些小国的君主不断与穆斯林邻邦作战；但是，由于各自之间的纠纷，他们无法完全联合起来收复失地。但1469年，阿拉贡君主斐迪南和卡斯蒂利亚女君主伊莎贝拉的联姻为1479年两国实现真正联盟铺平了道路，自11世纪以来两国都极大地扩大了自己的版图且合并为一个王国。通过这一幸福的联盟结束了两个敌对公国之间的争端，此时他们可以团结一致、共同努力，实现基督教君主无论如何争斗也从未放弃的主张——把摩尔人驱逐出伊比利亚半岛。

512.征服格拉纳达（1492）

当卡斯蒂利亚和阿拉贡联盟奠定了西班牙君主政体的基础时，通过自8世纪起基督教首领的不断推进，伊斯兰的领地已经逐渐缩减至西班牙南部一个很小的区域。此处，摩尔人建立起了一个强大而巩固的国家，称为格拉纳达王国（Kingdom of Granada）。当斐迪南和伊莎贝拉解决了他们本国的事务，便开始着手征服格拉纳达，并渴望通过消减摩尔人在半岛上最后的势力范围来巩固自己的统治。

摩尔人奋不顾身地保卫自己的小国家。斗争持续了10年，一座一座的城池落入基督教骑士之手。最后，格拉纳达面对7万大军，只能缴械投降。1492年，十字架取代了斐迪南的银十字旗和伊莎贝拉的圣詹姆斯旗取代了摩尔国王阿尔汗布拉宫塔楼之上的新月。

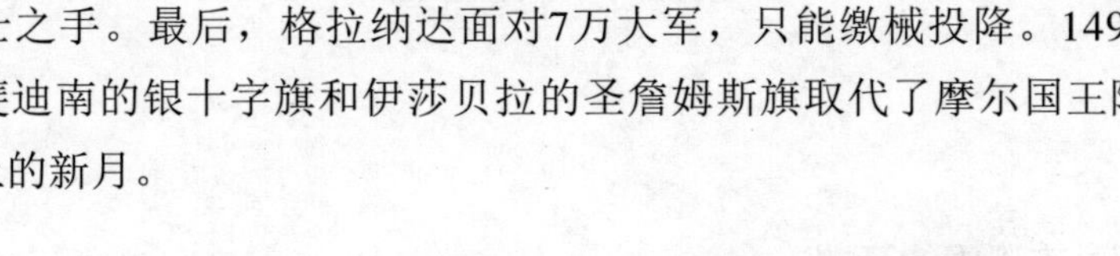

伊莎贝拉女王的仰卧雕像

格拉纳达被征服，在15世纪后半期的标志性事件中有着重要地位。陷落标志着伊斯兰教在西班牙半岛将近800年统治的结束，因而削弱了东欧的穆斯林势力，并抵制了其在夺取基督教世界的君士坦丁堡之后的西进。

513.宗教裁判所

以发现与惩治异端为目的的西班牙宗教裁判所（Inquisition）或宗教法庭（Holy Office）的建立，成为斐迪南和伊莎贝拉辉煌统治投下的一个阴影。它早期的主要受害者是犹太人。伴随着宗教法庭的庄严宣判产生了被称为会审判决仪式（Auto-da-fé）或信仰判决（Act of Faith）的公开仪式。仪式在某个教堂或广场举行，那些判处死刑的人将于次日在城墙之外被处以火刑，尤其是因为这一最终处决，“会审判决仪式”一词才开始被广泛应用。

宗教裁判所确保了西班牙宗教信仰的统一，但只通过压制思想自由的方式，便削弱了西班牙人民的力量与活力。任何充满希望和活力的事物都难逃枯萎与凋零或被逐的命运。1492年犹太人被驱逐出境，据估计有二三十万人被迫背井离乡到其他国家寻求庇护。

514.斐迪南和伊莎贝拉的离世

伊莎贝拉女王于1504年去世，斐迪南于1516年随她而去，此后西班牙的王位传给了他们的孙子查理，称为查理五世皇帝，进而开启了西班牙的近代史。

第四节　德意志

515.德意志王国的开端

德意志作为独立王国起源于约9世纪中叶查理大帝帝国的分裂（第405条）。此处关注的莱茵河以东被称为东法兰克王国，与莱茵河以西被称为西法兰克王国的地区相区别。东法兰克王国由几个部落组成，东法兰克人是他们的领导者。所有这些民族在种族、语言、习俗和社交活动方面都联系紧密，似乎随时准备融为一个团结而坚定的民族国家。但在中世纪时，德意志的统一并未实现，主要被德意志的皇帝们为打造世界帝国的不幸政策所累。

516.奥托大帝复兴帝国对德意志的影响

德意志的奥托一世（936—973）效仿查理大帝意图复兴帝国。然而，德意志国王对这一幻想的追求却导致了最可悲的后果。德意志的统治者追求太多，结果却落得两手空空；想要成为大帝国的皇帝，却未能护住德意志的王冠。当他们忙于外部事务的时候，国内的事务却被忽视，德意志的封建王公们乘机增强势力，获得了实际上的独立。德意志的统一因此而往后推迟了好几百年。

德意志文学的开端

517.《尼伯龙根之歌》

《尼伯龙根之歌》是中世纪伟大的德语史诗，成诗于1200年左右，由某位荷马式的天才根据六七世纪的德意志古老传说与诗歌改写而成。故事的主人公是齐格飞（Siegfried），日耳曼传说和歌曲中的阿喀琉斯。

518.吟游诗人

十二三世纪歌颂爱情的吟游诗人开始活跃起来，他们是“日耳曼的行吟诗人”。

与吟游诗人的这些抒情诗密切相关的是一种称为宫廷叙事诗的骑士传奇。其中一些作品采用了古典主题，但为其打下最好基础的是凯尔特-法兰西的《圣杯传奇》（*Holy Crail*）及《亚瑟王和圆桌骑士》（*Knights of King Arthur's Round Table*）。骑士传奇的代表作是沃尔夫拉姆·冯·埃申巴赫（Wolfram von Eschenbach，卒于约1220年）的《帕西法尔》（*Parzival/Parsifal*）。该诗的道德和精神教义是：只有通过谦卑、纯洁和人道，灵魂才能达到最完美的境界。

第五节　俄罗斯

519.俄罗斯的开端；蒙古人的入侵

瑞典冒险家留里克建立的国家（第408条）名为罗斯（Russia），源自斯堪的纳维亚定居者的名字“Ros”。留里克的后裔的权力逐渐扩张到其邻近部落，直到几乎所有的西北斯拉夫人都纳入了他的统治之下。

13世纪时，灾难降临到罗斯人头上，蒙古游牧民族征服了这个国家（第465条）。蛮族征服者在这片不幸的土地上实施了令人发指的暴行，罗斯的君主被奴役了250年，被迫效忠进贡。这段时期几乎是罗斯历史的空白。这一不幸使得斯拉夫人的民族化进程推迟了几百年。

520.莫斯科大公国的兴起；罗斯人从蒙古人手中解放出来

莫斯科公国正是在伊凡大帝（Ivan the Great，1462—1505）的领导下经过一场恶战，成功地摆脱了可恶的鞑靼人的统治，让自己的国家开始具备稳固君主制的特点。因此，在中世纪末期，俄罗斯已经成为一个真正的强国；但因其被敌对国家封锁，所以很难在欧洲事务中产生什么影响。

第六节　意大利

521.民族政府缺失

意大利与除德意志外迄今讲述的所有国家形成了鲜明的对比，直到中世纪末，都没有形成统一的民族政府。然而，中世纪时期确有爱国精神影响半岛上不同的城市和国家形成某种政治联盟。其中最值得关注的要数爱国英雄里恩佐在14世纪发起的运动，该运动使得爱国的星星之火得以发展成为燎原之势，燃起了每一位意大利人心中国家统一的激情。

522.罗马保民官里恩佐（1347）

在14世纪的绝大部分时间里，教廷都设在阿尔卑斯山以外的阿维尼翁（第462条）。在整个“巴比伦之囚”期间，失去了自然监护人的罗马陷入了极大的混乱之中。贵族中最大的两个家族之间的苦斗使得城市街头经常动荡不安。由于具有极高的禀赋和雄辩的口才，里恩佐轻而易举就鼓动人们起义反抗贵族的统治或者说是暴政，并成功成为了罗马新政府的首脑，头衔为“保民官”（Tribune）。他迫使贵族屈服，并在很短的时间里给都城及其周边国家带来了一次最美妙的变革。秩序与安全取代了混乱与暴力，罗马共和国的美好时光似乎突然恢复，罗马民众也热情无限。这场非凡的革命引起了整个意大利以及半岛以外世界的注意。

先前计划取得的成功鼓舞了里恩佐，他开始实施以罗马为首都，将意大利所有的公国和自治区统一成共和国的措施。他向整个意大利派出使节，从君主的宫廷，到自治区的议会，劝说他们共创意大利的统一与自由。

其他意大利的爱国者也拥有同里恩佐一样的伟大梦想，其中就有这位平民保民官的朋友兼鼓励者诗人彼特拉克，“希望加入到光辉事业中并能青史留名”。

但意大利统一的时机未到。里恩佐被证明是一位不称职的领袖。他完全被自己的平步青云与惊人成功冲昏了头脑，很快便表现出了最令人难以置信的虚荣与弱点。人们不再支持他；教皇以反叛者与异教徒的罪名而开除了他的教籍；贵族们群起而攻之。他最终在一次突发的人民起义中被杀。

因此，英雄里恩佐和诗人彼特拉克的梦想均化为乌有。几个世纪的分裂，可耻地屈从于法兰西、西班牙和奥地利等外国君主的战争与苦难之后，罗马却仍未成为自由、有序、团结的意大利的中心。

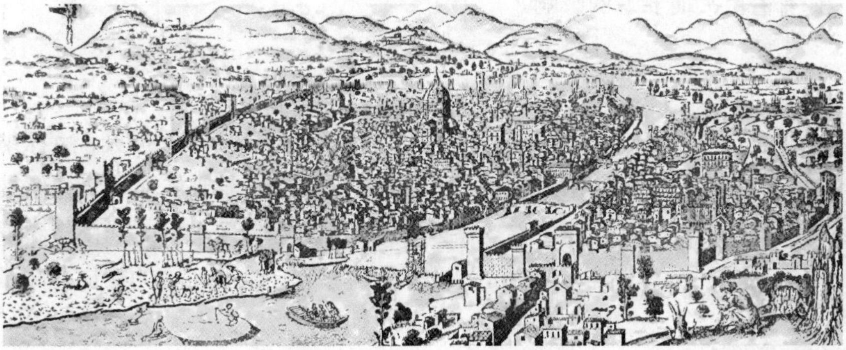

约 1490 年意大利佛罗伦萨的视图

523.文艺复兴

尽管在此期间为创造共同的理想与情感做了很多事情，但直到中世纪结束时，意大利也没有建立起民族政府，可这却是唯一能够达到政治统一的方法。在意大利，文学艺术承担了其他国家里战争的角色，激发了民族自豪感与民族精神。文艺复兴的启发和成就使得意大利人认清了自我，为创造民族和国家共同的自豪感作出了巨大贡献；因此，这种灿烂的文学与艺术热情是国家发展进程中的第一步，它将引导意大利人民在时机成熟之时走向共同的政治生活。

524.马基雅维利的《君主论》

此处，关于意大利文艺复兴时期的文学，必须讲到马基雅维利的《君主论》（*The Prince*）。在这本杰出的著作中，作者满怀爱国深情，指出了在现有的混乱、物质与精神条件下，意大利如何能够像英格兰、法兰西或西班牙一样建立起一个强大的国家。

他认为一个统一的意大利缔造者必须是一位强大的专制君主，建立大业的过程中不应有任何道德顾虑，要准备使用一切手段，不管多么残忍、不公、邪恶，都要不达目的决不罢休。在君主建立了统一的意大利之后，那么他必须代表人民正义施政。

马基雅维利指导王公们依此方式在中世纪破败的制度上建立起一个国家，事实上正是此时意大利的独裁者们建立各自公国的方式；但是，他应该认真地告诫任何一位以无德之道治国且很快反对他和他的教义的人，特别是在北方，猛烈的抗议与谴责仍未平息。然而，马基雅维利有足够的追随者，因此，该作品对16、17世纪的政治道德有着巨大而邪恶的影响。

525.萨沃纳罗拉

萨沃纳罗拉

对佛罗伦萨的修道士兼改革家季罗拉莫·萨沃纳罗拉（Girolamo Savonarola），这里需要多言几句。他是16世纪最后一位伟大的中世纪宗教改革先行者。萨沃纳罗拉曾是希伯来先知兼罗马监察官，他强有力的布道警醒了佛罗伦萨的良知。在萨沃纳罗拉建议下，妇女们将自己的服饰和其他美丽的艺术品拿出来，堆在佛罗伦萨的街头，像对待废品一样付之一炬；他甚至还敦促佛罗伦萨建立神权政体，尊基督为国王。但最后，敌人采取行动打垮了这位改革者，将他判处死刑，绞死焚烧，骨灰撒入阿尔诺河。

第五十二章　文艺复兴

526.文艺复兴的定义

“文艺复兴”一词狭义上指中世纪末期在意大利兴起的对古典文学、学术和艺术的新热情，以及由此在15和16世纪期间给欧洲带来的新文化。

527.意大利文艺复兴运动的诱因

宗教改革始于德意志，政治革命起于法兰西，文艺复兴源于意大利。文艺复兴起源于意大利的一大原因是意大利的旧文明与新文明之间的断裂不像西欧其他国家那样彻底。意大利人在语言和血统上比其他新兴民族更接近古罗马人。从确切意义上讲，意大利城市本身就是古罗马帝国的碎片；半岛的土地上到处都覆盖着古罗马建造者留下的遗迹。这些辉煌的过往提醒着每一个敏感的灵魂，在布雷西亚的阿诺德（Arnold of Brescia）、维拉尼（Villani）、里恩佐（Rienzi）和彼特拉克的传记中都有体现。

528.意大利文艺复兴的两个阶段

此次运动包含两个截然不同却又紧密相关的阶段：（1）古典文学与学术的复兴；（2）古典艺术的复兴。文学与学术复兴阶段是关注的要点。复兴运动的这一特点被专门称为“人文主义”（Humanism），而其提倡者则被称为“人文主义者”（Humanists），因为他们对研习经典即人文科学或称“更人类的文学”很感兴趣，以此抵抗“神类文学”，即构成旧有教育的神学。

529.文艺复兴的先驱但丁

但丁·阿利吉耶里（Dante Alighieri），“托斯卡纳人的名望”（the Fame of the

Tuscan People），1265年出生于佛罗伦萨。1302年，他被佛罗伦萨人放逐，并在朋友的宫廷学习“攀爬庇护人的楼梯”有多难。1321年，但丁长眠于拉韦纳，其墓地至今仍是人们瞻仰的胜地。

正是在流放的这些年里，但丁写下了不朽诗篇，因其快乐的结局，所以自己将其命名为《喜剧》（*Commedia*）；他的崇拜者称之为《神曲》（*Divina Commedia*）。

但丁

《神曲》被称为“中世纪的史诗”，是中世纪时期生活和思想的缩影。但是，虽然本质上但丁站在正在逝去的中世纪时期看待这个世界，但是在深远意义上他仍是即将到来的新时代的先知——文艺复兴的先驱。他对古典文化深有感情。但丁亲切地谈到他把维吉尔（Vergil）当作自己的导师，学到了给他带来荣耀的优美风格。但丁对古希腊-罗马文化的近代态度在其自由使用古典作家的作品中有更进一步的体现；他在伟大诗篇中引自古典来源的说明材料几乎同引自希伯来和基督教的一样广泛。

530.首位人文主义者彼特拉克

首位也是最伟大的人文主义者是彼特拉克（Petrarch，1304–1374）。了解彼特拉克就是了解文艺复兴。彼特拉克是意大利文艺复兴时期人文主义阶段的首位也是最伟大的代表。他是充分认识与欣赏古典文学的出类拔萃、赏心悦目及文化价值的首位学者。他对古代作家的热情是一种崇拜，投入了极大的时间和辛劳，收集了200卷经典写本。在这些最上等的拉丁宝藏中，有一些西塞罗（Cicero）写给阿提库斯的书信，是他自己在维罗纳（Verona）的一个古老图书馆中发现的，并虔诚地手抄下来。他不懂希腊语，但在收集拉丁写本的同时也收集希腊写本，其中包括柏拉图的16部著作，以及从君士坦丁堡得来的荷马珍本；因此，正如他本人所表述的：第一诗人兼第一哲人与他同在。

彼特拉克

彼特拉克对古典作家的热情蔓延开来，导致孩子的父亲责备他诱使自己的儿子从学习法律转向了阅读经典及拉丁诗作；但彼特拉克引发的这场运动无法被阻止。时至今日，他给予人文研究的推动力在文学与学术中仍有影响。

531.搜寻古代写本

意大利学者首先关注的是将现存的古代经典从被湮没的危险中拯救出来。正如现今的古文物研究者在巴比伦王国（Assyria）的土丘上挖掘东方古代文明的遗迹一样，人文主义者们为了获得古典作家的古代写本，也遍寻修道院与教堂的图书馆，翻遍欧洲的各个偏僻角落。

珍贵的写本经常在发现时就已处于令人羞愧的被忽视状态，且已残破不堪。有时在潮湿的小屋里已经霉变，又或在修道院的阁楼上落满灰尘。人文主义者此时搜寻古代作家的著作为时已晚，但却为世界挽救了无数珍贵的手稿，如果再疏忽一段时间的话，可能就永难挽回了。

532.君士坦丁堡的陷落如何促进了文艺复兴

15世纪降临于东罗马帝国的灾难极大地推动了人文主义运动，特别是有关希腊文学与学术的运动。君士坦丁堡于1453年被奥斯曼人占领，但半个世纪前，蛮族的可怕攻势导致希腊学者向西部迁徙，这些逃亡者带来了许多不为西部学者所知的珍贵古希腊经典写本。意大利人对一切希腊事物的热情使得许多流亡者被任命为学校和大学的教师与讲师。因而，此时罗马发生的一切又是罗马共和国晚期的重复：希腊天才们又一次征服了意大利。

533.印刷术的发明

15世纪后半叶，活字印刷术幸运的及时问世，对意大利的人文主义运动产生了巨大的推动作用，哈勒姆认为这是人类有史以来最重要的发明。

通过雕刻石头或木版进行印刷的方法似乎同文明一样古老；中国很早就采用这种方法进行印刷了。这门技艺似乎在中世纪后期的欧洲再次兴起了。在15世纪上半期，许多整书都是用雕版印刷术印制而成的了。但木版印刷耗时且价高。这项技艺后来被德意志美因茨人（Mainz）约翰·古腾堡（John Gutenberg，1400—1468）发明的称之为活字的可移动字母所革新。已知的最早使用活字印刷的书籍是1454年和1456年之间在美因茨由古腾堡和福斯特的印刷厂印制的拉丁文版《圣经》。这一技艺迅速传播，在15世纪结束前，而单单威尼斯市就已有200多家印刷厂，欧洲各国的印刷厂都开足了马力，以修道院誊写员做梦都想不到的速度印制书籍。

印书

534.艺术复兴：美术四杰

意大利人被唤起对古典时代的新感情不止使其接受了希腊-罗马的文学与哲学，还有艺术。意大利文艺复兴时期的后一阶段在这里只能稍加提及。

在建筑上，其实就是古希腊和古罗马的建筑风格的复兴。所有的柱、窗、门都是罗马式的穹顶和圆拱，希腊式的额枋或横梁；取代了哥特式尖角的门拱成为了此时的主要风格。文艺复兴时期最为雄伟的建筑之一便是罗马的圣彼得大教堂。① 圣彼得大教堂的宏伟穹顶是米开朗基罗的杰作。

但文艺复兴时期最具为典型的艺术是绘画。意大利文艺复兴美术四杰：列奥纳多·达·芬奇（Leonardo da Vinci，1452—1519），代表作是画于米兰圣玛利亚修道院墙壁之上的《最后的晚餐》（*Last Supper*）；拉斐尔（Raphael，1483—1520），最受喜爱的艺术家，所绘制的圣母像（Madonnas）为世界瑰宝；米开朗基罗②（Michelangelo，1475—1564），以绝妙的壁画而著称，代表作为罗马西

---

① 其他文艺复兴时期建筑的杰作包括：位于伦敦的圣保罗大教堂，位于巴黎的卢浮宫，以及位于西班牙的埃斯科里亚尔建筑群。

② 米开朗基罗既是画家，又是建筑师与雕塑家。他是唯一一位可以同古希腊的伟大雕塑家比肩的近代雕塑家。他迫使雕塑做出不习惯做的事情——使用绘画的情感语言，即他通过高超的技艺，为大理石注入了本必以绘画表达的思想与情感。

斯廷教堂（Sistine Chapel）的《最后的审判》；提香（Titian，1477—1576），[①] 威尼斯画师，擅长肖像画，他将同时代的许多著名人物活灵活现地保存了下来。

拉斐尔

早期意大利画家的选材主要源于基督教，绘画作品代表了所有中世纪时期有关死亡、裁判、天堂和地狱的理念与想象，几乎覆盖了所有意大利教堂、宫殿和民房的墙壁。后期的艺术家受到了古典复兴更大的影响，将异教同基督教的主题与思想自由地结合，从而能够成为比其文艺复兴运动中的前辈更为真实的代表，更重要的是导致了异教和基督教文化的调和与融合。

535. 古典复兴对于教育和大众文化的影响

古典复兴革新了教育。在其影响之下，希腊和拉丁语言与文学的大学教授职位此时不仅在新学识激励下的新大学，而且也在老大学设立起来。经院教学方法逐渐被所谓的古典教育制度取代，并一直主导各个学校和大学，直到现代科学研究的到来。

古典复兴不仅赋予欧洲完美的文学典范，而且还有大量宝贵的知识。（辛辛那提大学）前任校长伍尔西（Wolsey）表示："古文明中所蕴含的永恒价值对于这个世界来说不可或缺，也永远不能或不愿或缺。这些被带入生命之流，并成为集所有时代的美与真于一身的文化发展的真正助力。"

---

① 如果继续列举意大利的著名画家，至少包括以下几位：契马布埃（约1240—1302）和乔托（1276—1337），为复兴的先驱；弗拉·安杰利科（1387—1455），科雷乔（约1494—1534），丁托列托（1518—1594）以及委罗内塞（约1530—1588），都为文艺复兴时期的代表。

GENERAL HISTORY

· 迈尔斯教授讲世界历史 ·

世界通史（下）

[美] 菲利普 · 范 · 内斯 · 迈尔斯◎著　　王国锋　李江艳　宋雪莹◎译

天 地 出 版 社 | TIANDI PRESS

目录

第六编　近　代

06

第六编

近　代

第五十三章　地理大发现与近代殖民的开始

536.中世纪向近代的过渡

1492年哥伦布发现美洲新大陆经常被用来作为中世纪结束与近代社会开始的标志，其对新大陆开发有着如此重大意义，我们非常应该根据其功绩而给予这个热那亚人以荣誉。然而我们必须牢记：人类历史上没有哪一单个事件或条件可以真正标志着旧秩序的终结和新秩序的开始。新世界的发现并没有开创新时代，而是新时代发现了新世界。哥伦布的创举是商业进取精神与科学好奇心的自然结果。自十字军东征后几个世纪以来，正是这样的进取精神和好奇心，一直不断扩展着欧洲大陆商业活动的规模并拓宽了欧洲人的视野。而哥伦布海上航行之旅只不过是15世纪末与16世纪初欧洲人几次伟大航海征程中比较幸运的一次而已。

这个时期出现了重要的思想、政治和宗教运动，这些运动昭示着人类文明即将——或已经——进入了一个新的发展阶段。①

与这些运动紧密相连的是三项伟大的发明，和当代的重大发明一样，这些发明

① 文艺复兴在科学领域的真正代表人物是尼古拉·哥白尼。当哥伦布和其他人都在探索地球上的未知海域和开拓新的文明世界时，哥白尼却执着于探索宇宙并发现了宇宙的真正体系。哥白尼的理论体系在1507年已经完善并成熟，但由于担心被攻击为异端邪说，他在36年后（1543）才发表了阐述自己观点的伟大著作。然而，需要注意的是，哥白尼的理论对16世纪的思想界几乎没有任何影响。他的理论被认为违背了天主教和新教所奉行的《圣经》教义，因此在其出版后的100多年时间里几乎被完全否定。甚至在伽利略（1564—1642）发明了望远镜后，神学家们对哥白尼真理学说的传播仍然予以阻挠，从而使得其理论直到18世纪才取得完全的胜利。参见安德鲁·D.怀特，《科学与神学的斗争》，第1卷，第3章。

也是一个新时代的标志，并且有力地推动了思想和社会领域的变革。文艺复兴和宗教改革都受到了印刷术的极大促进和推动；君王同贵族阶级的斗争在物质上得到了火药的助推，火药的出现使得曾经昂贵的盔甲和坚固的城堡变得不堪一击，同时真正有战斗力的军队取代了封建贵族的军队，这些常规的战斗部队成为了皇权的支撑与保障；而指南针①的发明使得当时的伟大航海壮举成为可能，其可靠的方向指引为这些航海家带来了出海远航的勇气并踏上了之前从未涉足的海域。

537.航海探索；海洋恐惧

为了体会当时地理大发现的航海家和探索者的丰功伟绩，我们需要牢记中世纪人们对地球未知区域一直拥有的恐惧。当时人们头脑里惯有的想法就是这些人类从未涉足的地方到处都是各种妖魔鬼怪和能喷火的黑龙并且一直笼罩在浓雾和黑暗之中。而海上布满可怕的漩涡和湍急的洋流，浅水区则是广袤的沼泽之地。当时一个迷信的说法认为大西洋就是地狱的入口处，日落时太阳发出的红色光芒即为明证。而在赤道以南，人们相信那里是无法通过的火焰带。这样的想法根深蒂固地存在于人们的思想深处，直到航海家真正探索到赤道地区之后才逐渐打破了这样的想法。

538.葡萄牙人的海上探索与“航海者”亨利王子

中世纪末期海上探索发现之旅有着众多的刺激因素，而其中主要原因之一就是要找到一条连通欧洲与印度的新的海上贸易之路。

通过水路到达印度的首批尝试者是那些沿着非洲大陆西海岸不断探索的水手们。葡萄牙在大西洋海域有利的地理位置使得它成为海上探索的先驱。整个15世纪期间，葡萄牙水手年复一年慢慢地向神秘的热带海域不断推进，并到达了非洲西海岸地区。而引领这些海上探索之旅的灵魂人物则是有“航海者”之称的亨利王子（1394—1460）。

1442年，葡萄牙航海者来到了几内亚湾，并在这里发现了非洲黑人的家园。他

① 人们对发现磁针的特性应该给予怎样的评价，一直存有争议。指南针最初是由中国人在8世纪开始应用的。在13世纪中叶之前，关于欧洲航海者使用指南针，并没有可靠的记载。很可能是十字军在东征期间在东方掌握了指南针的相关知识。

们把一些皮肤乌黑的土著当作奴隶带回了葡萄牙。这成为近代非洲奴隶贸易的开端。奴隶贸易甚至得到了当时最博爱的人士的肯定，原因就是，人们相信这些奴隶在自己主人的调教下会为失去的自由获得补偿。

最终在1486年，航海家巴尔托洛梅乌·迪亚士（Bartholomew Dias）成功抵达非洲大陆的最南端，就此通过水路到达印度的构想成为现实，后来这里被命名为“好望角”。但与此同时，非洲大陆能够延伸到如此远的区域的发现也令葡萄牙人感到有些失望。即使能够通过水路达到印度，但其过程却是如此的漫长和危险。这样的看法驱使着人们开始去努力找寻一条到达印度的更为便捷的路线。

539.哥伦布探索向西到达印度的路线的过程中发现新大陆（1492）

克里斯托弗·哥伦布（Christopher Columbus）出生于热那亚，当时他提出了一个大胆的计划，就是向西航行到达这个东方地区。当时很多真正的有识之士都已经接受地球是一个球体的思想。尽管学者们对地球的形状为球形以及陆地和海洋的表面都是弧形的，都能达成一致的认识，但是对陆地和海洋在地球表面所占的比例还存在着分歧。比较普遍的看法是：地球表面海洋所占的面积更大。然而，一些人却认为地球表面3/4的地方，甚至更多是由陆地组成，中间只有狭窄的海洋将西海岸的欧洲大陆和东海岸的亚洲大陆分开。哥伦布赞同第二个观点，并对地球的面积存在错误的认识，认为地球要比实际的面积小很多。因此，他确信向西航行三四千英里就可以到达印度。正是这个错误的想法，支撑着他的梦想并最终引导着他发现了新大陆（the New World）。

克里斯托弗·哥伦布

哥伦布为航行所做的努力在最开始时遭受了反复的拒绝和挫折，最后终于得到了卡斯蒂利亚王国伊莎贝拉女王的认可。只有三艘小船组成的舰队开启其航程，并最终发现或者更应该叫作重新发现了新大陆。

哥伦布带领船队装载着从新大陆带回来的动物、蔬菜和几个当地人——这对欧洲人而言是一个全新的种族——返回西班牙，这在各阶层中间都引起了极大的震动。所有人都对哥伦布的航海之旅充满无限的好奇。这样的冒险精神在西班牙苏醒，并促使了随后卡斯蒂利亚王国冒险家们的纷纷效仿，从而书写了西班牙历史上的最令人震撼的篇章。

哥伦布总共4次航行到达新大陆，但是直到去世，他仍然不知道自己发现的是一个崭新大陆的事实。他一直以为自己发现的只是印度的一部分，直到现在，南北美洲之间的群岛仍被称作“西印度群岛”（West Indies），而当地的居民则被称为“印第安人”（Indians）。直到16世纪中叶，人们才普遍接受，这个被比大西洋还要广阔的海洋与亚洲大陆分开的区域，原来是一片新的大陆。

540.瓦斯科·达·伽马的航行（1497—1498）；葡萄牙人建立东方殖民帝国

我们已经了解，葡萄牙航海家已于1486年在探索通往印度海上路线的航行中到达了非洲的最南端。不久，在哥伦布进行首次海上航行的6年之后，葡萄牙海军上将瓦斯科·达·伽马（Vasco da Gama）绕过好望角，穿越印度洋，最终在印度的马拉巴尔海岸登陆。

通往印度的连续海上路线的发现为世界贸易航线和交通带来了巨大变化。里斯本港（Lisbon）成为东方贸易的补给站。威尼斯商人的贸易遭到了毁灭性打击。亚历山大港上的仓库都空置起来。经红海到印度具有悠久历史的路线曾是远东和地中海地区的交通干线，这时变得无人问津，直到苏伊士运河修建之后才重新开通。

葡萄牙人的据点遍布非洲、亚洲海岸，以及太平洋群岛中的摩鹿加群岛（Moluccas）和其他岛屿。葡萄牙人修建了堡垒和工厂，并在这里逐步建立了强大的商业帝国。葡萄牙人的冒险精神和野心给了他们强大的动力，并谱写了葡萄牙历史上最为辉煌壮丽的篇章。

541.教皇分割线（the Papal Line of Demarcation）

哥伦布航行成功归来后，教皇亚历山大六世为了调解西班牙和葡萄牙之间的争端，颁布一道诏令，在亚速尔群岛以西300海里从北极到南极经大西洋划了一条分界线（后来又调整为向西810海里）[①]，并将分割线以西不属于基督教王公所有的

---

① 这种变化的结果之一就是将南美洲突出的部分（巴西）向东划到分界线以东，从而使其成为葡萄牙而非西班牙的领地。

土地划归西班牙所有，分隔线以东由葡萄牙航海家发现的异教徒土地及臣民归葡萄牙所有。[①] 根据协议和教皇的诏令——这是以当时的理论为基础的，即海洋可以像陆地一样被任何强国所支配，并对其进行绝对控制[②]——葡萄牙人不得航行到西班牙所属的海域及不得到西班牙的领地进行贸易，反之，西班牙人也不得擅自进入葡萄牙所属水域与陆地。

这样，西班牙人就被达·伽马开通的经由好望角到达印度群岛的航线拒之门外，从而不能分得一杯令人垂涎的香料贸易的羹，除非西班牙人能够通过哥伦布发现的新大陆的一些新的入口进入这些香料产区。

542.麦哲伦环球航行（1519—1522）

当麦哲伦在委任哥伦布的伊莎贝拉女王的外孙——年轻的查理五世皇帝（Emperor Charles V）面前，提出他通过向西航行而到达摩鹿加群岛或“香料群岛”（Spice Islands）——他认为那位于西班牙水域[③]——的计划时，当时的局势大致如此。查理五世很赞同麦哲伦的航行计划，将一支由五艘小船组成的舰队置于麦哲伦的指挥之下。

麦哲伦率领舰队向西南方向横渡大西洋，希望在哥伦布发现的新大陆的南方找到一个新的突破口。在南美洲的最南端，麦哲伦发现了后来以他的名字命名的一条狭长的海峡。经过这条海峡，勇敢的麦哲伦命令自己的舰队继续前进，并在西方发现了一片广袤的海域。这片海域平静安宁，与波涛汹涌的大西洋完全不同，麦哲伦将它命名为“太平洋”。

在这片人迹罕至的新海域经历了一场极为冒险的航行之后，他们到达了今天的菲律宾群岛，并将这些群岛命名为“菲律宾”（the Philippines），以此纪念查理五

---

① 教皇对异教徒土地所有权的主张得到了《圣经》经文的支持：“你求我，我就将列国赐你为基业，将地极赐你为田产。”（《诗篇》，第2章，第8节）。西班牙和葡萄牙都认可教皇的主张，而天主教的君主们认为只要不与他们的利益相冲突，他们都认可。在路德反对天主教之后，新教国家的统治者们对此则根本不予理睬。

② 雨果·格劳秀斯（Hugo Grotius，1583—1645），荷兰著名法学家，在《海上自由论》中反驳这一理论，并表示海洋应该属于所有人，这一法理最后成为国际公法的一部分。

③ 很难确定东南亚岛屿的分界线应该如何划分。

世的儿子及西班牙王位的继承人腓力二世（Philip II）。在发现菲律宾群岛后的第二年，舰队中仅存的破烂不堪的舰船“维多利亚号”搭载着200多名水手中幸存下来的18位驶入了西班牙塞维利亚港（Seville）。世界航海史上第一次实现了环球航行的壮举。德雷珀评价说：“这是人类历史上最艰辛的创举，没有任何其他成就可以超越甚至媲美麦哲伦的环球航行。与之相比，哥伦布的航行都黯然失色。”

同样令人印象深刻的是，麦哲伦的环球航行完全激发了那个时代的想象力。作家理查德·伊顿（Richard Eden，约生于1521年）如此评价麦哲伦的航行：“毫无疑问，它是如此奇特和令人惊叹，这样的壮举从未有过，未来似乎也不会再次发生。西班牙人的航行超越了伊阿宋和阿尔戈英雄们到达科尔基斯地区及之前所有的成就。”同时代的另一位西班牙人宣布：“自从我们的始祖诺亚航行以来，航海史上再也没有听说过如此令世界瞩目的壮举”。

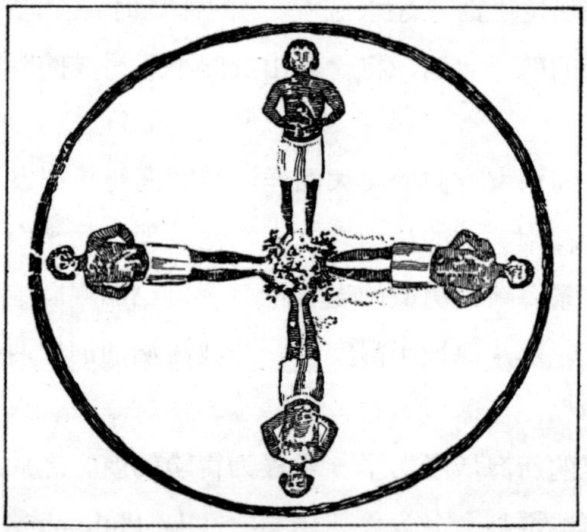

对跖点的嘲弄

（来自科斯马斯《基督教诸国风土记》，依照比兹利《近代地理发端》中的资料）

科斯马斯生活于公元6世纪。在《基督教诸国风土记》中，他嘲笑了地球是圆形的思想，认为地球两端的人头朝下站立的说法是荒唐的。科斯马斯对地球对跖点存在人类的质疑和嘲弄的观点在整个中世纪都有捍卫者。

麦哲伦环球航行的壮举在思想界的影响超越了其对商业和政治领域造成的震动。它变革了中世纪理论和思想的整个体系，让过去狭隘的地理观点靠边站，对地球形状和面积的争论就此永远终结。地球“下边”的那一边是否有人类存在的学术界的两极论画上了句号。当时人们对行星上是否有人居住的认识和今天别无二致。

543.航海和地理发现进入新时代

一些地理学家认为人类文明经历了三个阶段——河川时期（Potamic or River Stage），内海时期（Thalassic or Inland Sea Stage）和海洋时期（Oceanic Stage）。以古埃及和古巴比伦为起点的人类文明，其发展阶段和时期很好地界定或标记了文明发展的三个大的时期。

河川时期是指文明主要局限于河谷，如尼罗河流域、底格里斯河流域和幼发拉底河流域。这个时期的主要城市如古埃及的孟斐斯和底比斯，美索不达米亚的尼尼微和巴比伦等都诞生于这些大河两岸。河流是这个时期的贸易通道。这时的船只较小，而航海技术还几乎不被人所知。

内海时期，地中海是文明的主要舞台。这个时期是由第一批技术成熟的航海者腓尼基人开启的。贸易和人口从河岸转移到地中海附近，提尔、西顿、迦太基、以弗所、米利都、拜占庭、科林斯、雅典和罗马等城市在内海时期你方唱罢我登场，演绎着各自的风流。这个时期的大部分事件都是以地中海为中心，因此，这里也被称为古代世界的主舞台。

海洋时期由我们前文所谈到的航海和地理发现所开启。在这个时期，海洋已经不再是国家之间的壁垒，反而成为了世界交流和贸易的天然航道①。

544.五大早期殖民帝国

海洋时期早期的一个最为重要的事件就是，大西洋海岸五个欧洲国家的扩张，即葡萄牙、西班牙、法国、荷兰和英格兰在东西两个半球发展殖民地和附属国，从而都成为强大的帝国。欧洲扩张成为更大的欧洲，其在现代历史上的地位，如同古代史中古希腊和古罗马扩张成为更大的希腊和罗马。

---

① 海洋时代被认为包括两个阶段——大西洋时期和太平洋时期，而后者则刚刚开始。参见本书第七十五章“在整个19世纪和20世纪初的扩张”。

殖民帝国之间的相互嫉妒和利益冲突，成为自16世纪宗教战争以来近现代世界大规模战争的主要动因。因此，尽管探究欧洲历史发展的进程是我们的主要任务，但是我们也应当提醒读者注意这些欧洲帝国在欧洲大陆之外的利益争夺。接下来，我们就谈一谈西班牙的一系列征服行动和其在新大陆的殖民扩张。

545.墨西哥征服（1519—1521）

西班牙人探索和征服的历史记载是由哥伦布的航海开启的，这比历史上任何其他篇章更像一部传奇。也许这个勇敢浪漫的时期里最为壮丽的探索之旅就是西班牙骑士发起的征服墨西哥的壮举。强大而又富有的“帝国”在西方大陆的传说不断地在西班牙殖民者中间传播，在发现新大陆之后，西班牙殖民者很快就在墨西哥海湾定居下来。这些传奇故事激发了西班牙殖民者的冒险精神和想象力，以埃尔南·科尔特斯（Hernando Cortes）为首的五六百名步兵和16名骑兵的远征军向墨西哥进发，企图让这个荒蛮之国彻底“皈依”。这次征战大获成功，西班牙人成为墨西哥大部分国土的主人。

西班牙征服者们摧毁的并不是当代西班牙编年史作家口中的“帝国”，而是一个由三个印第安部落组成的类似于北美洲易洛魁族联盟（Iroquois confederacy）的联邦。[①] 其中阿兹特克人（Aztecs）的部落是联邦的首领，因此得名阿兹特克联邦。而联邦首领或酋长名叫蒙特祖玛（Montezuma）。

墨西哥印第安人的文明相对落后，但也发展到了一定的程度。他们采用的是图形文字系统，建立了城市和庙宇。他们是食人族，祭祀时就拿俘虏作为祭品。他们除了狗之外，对马、牛或其他有用的驯养动物都一无所知。[②] 粮食作物中，他们培育玉米，但不种植小麦、燕麦或大麦。

---

① 普利斯科特对墨西哥国家的描述，尤其是对其政治机构的描述，完全是误人子弟。参见书末的参考文献。

② 据推测，美洲土著居民的文明之所以落后，一部分原因就是其有用家养动物的缺乏。参见费斯克，《美洲的发现》，第1卷，第27页。新大陆动物群与旧大陆的相比，它们在驯化的物种方面极其匮乏。除美洲鸵、羊驼和火鸡外，新大陆对动物的驯化几乎没有什么贡献，而动物的驯化构成了现代工业基础很大的一部分。

546.秘鲁征服（1532—1536）

征服墨西哥的印第安人不久，对秘鲁印第安人的征服也开始了。秘鲁印第安人的文明程度要高于墨西哥印第安人。秘鲁文明中有几个要素都被拿来与古老的亚述文明相比较。不仅帝国的大城市里到处都有辉煌的庙宇和宫殿，整个国家到处都可以见到雄伟的公用设施，如公路、桥梁和沟渠。印加的政府，皇室或统治阶层，施行的是一种温和的父权专治。

关于印加帝国的巨大财富，宫殿里随处可见黄金物品——据称是纯金的——热情洋溢的传说，传到达里恩[①]西班牙人的耳朵里。不久之后，一只不足200人的远征军被组织起来，去征服这个国家。其领导者就是残忍无知、铁石心肠的冒险家弗朗西斯科·皮萨罗（Francisco Pizarro）。

由于叛徒的出卖，印加国王阿塔瓦尔帕（Atahualpa）被皮萨罗俘虏。阿塔瓦尔帕提出用填满他能够摸到顶的用于囚禁他的囚室的黄金器皿作为释放自己的赎金。皮萨罗接受了这个条件，整个印加帝国的宫殿和庙宇里的金器都被洗掠一空，那个囚室塞满了珍贵的文物。据估计，这些金银财宝的价值超过了1500万美金。当这笔巨大的财富落入西班牙人手中之后，西班牙人却背信弃义地处死了国王（1533年）。随着阿塔瓦尔帕的死去，印加王朝的统治也永远地瓦解了。

547.西班牙在新世界殖民的开始

直到哥伦布发现西半球的100多年后，英国人才在现在的美国范围内建立了自己的唯一一个永久居住点；但是在西班牙探索和征服的新世界土地上，开始涌现出大量的找寻财富和功名的西班牙冒险家和殖民者。在西印度群岛、墨西哥、中美洲，沿着安第斯山脉朝向太平洋的一面高原地带，那些曾经组成印加王国中心地带的陡峭的、宜人的高原土地，作为矿业、农业和商贸中心的城市如雨后春笋般崛起。像墨西哥城、基多和库斯科等，这些新城市不过是被征服土著城镇的翻新和重建。

就这样，一个更强大的西班牙帝国在新世界崛起了。在16世纪结束前，西班牙在新世界建立的这些领地组成其强大帝国的一部分，而那里的金银矿则成为西班牙

---

① 巴尔沃亚探险生涯的发生地，它位于现在巴拿马共和国的最东端。

王室的主要财源。正是因为来自这些新领地的财富，使得西班牙在发现美洲大陆的随后百年欧洲事务中起到了举足轻重的作用。①

① 在掠夺了印第安人的金银财富之后，西班牙人又通过奴役印第安人进一步积累自己的财富。这种在鞭子抽打下的奴役，其苦难程度甚至超过了埃及监工对奴隶的迫害。几百年间，仅在墨西哥和秘鲁的金矿和西印度群岛的糖厂，就有几百万印第安人丧生。超过半数的秘鲁人口被这里的金矿吞噬了生命。一位作家说："在50年的时间里，西班牙人压迫和奴役当地人民，强迫他们做劳工，当地人民对此根本无法承受；西班牙人对当地土著居民大肆屠杀，几乎没有受到任何反抗。有统计说，在此期间，有4000万土著居民丧生，最保守的数字也达到了1000万，恐怕前边的数字更接近真实情况。可以肯定的是，西印度群岛曾经拥有600万人口，此时人口几乎灭绝；而仅仅在海地，人口在15年里就从100万减少到6万，而在50年后，这个数字又降低到了只有200人。"（佩恩，《欧洲殖民地》，第89、90页。）黑奴作为替代劳动力又被引进，这就是新大陆非洲奴隶贸易的开端。奴隶贸易的开始得到了素有"印第安人使徒"之称的仁慈主教拉斯·卡萨斯（1474—1566）的批准。然而，卡萨斯在其去世前认识到了黑人奴隶和印第安奴隶制度的邪恶，并对自己当初的决定感到后悔。参见费斯克，《美洲的发现》，第2卷，第454—458页。

第五十四章　宗教改革运动的开始

548.背景介绍

当人类进入近代的时候，欧洲人正处于一场伟大的宗教革命的前夜。这场伟大的宗教革命就是著名的宗教改革运动。本章我们将探讨一下宗教改革运动在德国发生的原因及开始。

549.16世纪初罗马精神统治的范围

在前边关于神权崛起的章节，我们已经了解到西方世界不但一度几近完美地臣服于教皇的精神统治之下，而且还臣服于教皇的世俗权力之下。我们还了解到，教皇所宣称的对世俗事务或政府事务的特定监督权，在14世纪时实际上已被欧洲的统治者们所抵制。在16世纪到来之前，欧洲有极少的宗教力量，如法国南部的阿尔比派、英国的威克里夫派、波希米亚的胡斯派，对罗马主教在纯宗教事务上的至高无上、不容置疑的权威是予以否认的。总体而言，说到15世纪末西欧所有的国家都信奉罗马天主教并服从罗马教廷的精神统治，是没有问题的。

550.宗教改革发生的原因

我们必须要探求能让一半的欧洲国家脱离罗马教会的原因。这里有诸多原因。

首先是文艺复兴（Renaissance）。这场伟大的思想觉醒标志着中世纪的结束，近代社会的开始。新的人文思想的倡导者和旧的神学思想的守卫者之间的对立，为这场宗教大分裂铺平了道路。

第二个原因是当时的教会存在着最为严重的丑闻。对宗教领袖到教会成员展开彻底的变革，成为所有接受新思想洗礼的有识之士的共识。唯一的分歧就在于，这场革新到底以一种什么样的形式进行，是从教会内部还是从外部，是通过改革还是革命来进行。

第三个原因就是当时各国君主对教皇权力的嫉妒和教皇统治与各国爱国主义思潮的激烈碰撞。中世纪某些教皇提出的权力至高无上的思想已经无法维持；然而在很大的范围内，比如宗教职位的提名和任命、对牧师和教会财产征税、婚丧嫁娶等，都由作为宗教卫护者的教皇一手把持。因此，很多国家根本没有独立可言。很多我们现在认为属于国家管理的事务，当时实际上都由以罗马为中心的教会世界帝国所掌控。

这些直接原因中，最重要的，以及作为这场革命爆发现实诱因的，是关于“赎罪券”引发的论战。这里有必要对与这场伟大革命的开端关涉甚大的名词“赎罪券”（Indulgences）加以解释。

551.赎罪券；炼狱

赎罪，按照路德时代德国神学家们的理解与定义，指的是对那些基于原罪，其过错被原谅后仍留在人身上的罪恶免于现世的惩罚。它是对虔诚、慈善和怜悯行为的嘉奖，其行为往往包括对穷困者施舍钱和物，从而促进全社会的善行，只在某些特定的条件下生效，其中最主要的是对原罪的供认不讳和真诚忏悔。

由于反对赎罪券主要因其对炼狱灵魂的应用及与之相关的滥用，所以，这里也有必要对“炼狱”（Purgatory）加以解释。

根据天主教教义，来世包括三个地方——地狱（Hell）、炼狱和天堂（Heaven）。这种思想就包含在中世纪伟大的诗人但丁的《神曲》（*Divine Comedy*）之中。炼狱指的是处于天堂和地狱之间的地方或状态，在这里，灵魂注定历经磨难而得到净化，进而获得永生。这种惩罚的中间地带具有重大历史意义，因为根据天主教教义，灵魂在这个净化之所能够得到帮助，而死者活着的友人以他的名义进行祷告和善举都能让死者灵魂因赎罪而让这种磨难期缩短。因此，但丁在净化山上遇到神灵告诉他由于其朋友们的祷告使得他经历的磨难期得以缩短。中世纪的教堂里很多都对捐助者的灵魂安息进行弥撒。但是，不仅现世朋友的祷告可以将灵魂从炼狱中释放，而且因为友人的善举和施舍而进行赎罪也可以让这些灵魂从苦难中解脱。

在宗教改革运动之前，赎罪券经常被教皇们以各种目的发放。在十字军东征时期，大赦（plenary indulgence）经常被授予所有戴上十字架的人。授予赎罪券经常作为修建和维护教堂、修道院、桥梁和为了促进其他地方公共事业募集资金的一种方式。修建罗马圣彼得教堂的大部分资金就是如此得来的。

552.台彻尔及其对赎罪券的宣传

利奥十世（Leo X）1513年当选为教皇后，发现教会的财库几乎空空如也，他急需资金来开展自己的各项工作，其中之一就是修建圣彼得教堂，而他能利用的权宜之计就是兜售赎罪券。他将在大部分德意志地区发放赎罪券的权力授予美因茨的大主教阿尔伯特（Archbishop Albert of Mainz），而阿尔伯特任用了来自多米尼加的修道士约翰·台彻尔（John Tetzel）作为其代理人。大主教在选用自己的代理人上是不幸的。台彻尔执行大主教的委托的方式却引起了巨大的丑闻。他和下属在规劝人们遵从赎罪条件——其中一个条件是捐钱——时所使用的语言有失得体且夸大其词。

结果就是，关于赎罪券效果的错误的观点开始在无知而又盲信的人群中传播开来，许多人受到了台彻尔及其手下宣传的误导，以至于认为只要他们为罗马圣彼得教堂的修建捐款，就可以免于所有原罪的惩罚，而根本不用考虑其他条件，比如悔过和弥补罪恶的目的等。因此，正义之士发动起来，反对狂热的修道士的做法。这些抗议活动如同长期积累的暴风雨的低语，很快就在所有的西方基督教国家引起巨大的震动。

553.马丁·路德九十五条论纲

站在反对和谴责台彻尔兜售赎罪券这种方式最前列的，就是奥古斯丁教会修道士同时也是维滕贝格大学神学教师的马丁·路德（Martin Luther）。这位伟大的宗教改革者1483年出生于德意志的萨克森。路德出身卑微，父亲是一名穷苦的矿工。在台彻尔出现在德意志之前，路德已经由于其学识和虔诚而声名远扬。

马丁·路德

当台彻尔在维滕贝格附近开始他的丑陋不堪的赎罪券宣传时，路德为此大为沮丧。于是他起草了抗议赎罪券的《九十五条论纲》（*Ninety-five Theses*），并把这些论纲钉在维滕贝格教堂的大门上。这在当时是学者们的常见做法，将自己对所有外来思想的不同意见形成自己的主张并张贴出来。研究这些论纲，我们可以发现，路德仍然秉持着当时人们普遍接受的观点，包括炼狱和赎罪券的合法性，他抗议的只是赎罪券的滥用。

通过出版，《九十五条论纲》传播开来。所有阶层，尤其在德意志地区，都渴望对这些论纲进行阅读和评价。台彻尔针对这些论纲也提出了自己的反驳论纲。空气中弥漫着双方辩论的味道。一开始，教皇利奥十世本打算对整个事件轻描淡写地处理，但是最后，教皇感觉到了压力，决定对路德采取措施。教皇颁布诏令，禁止路德在各个场合发言。

554.路德《致德意志基督教贵族公开书》

路德听说了教皇很快就会针对他颁布诏令，他对德意志贵族阶级发表了著名的《致德意志基督教贵族公开书》（*Address to the Christian Nobility of the German Nation*）来迎接诏令的到来，这篇演讲被称作"宗教改革宣言"。这毫无疑问是这个时代最具历史意义的论纲和反驳、诏令与禁令、宣言和呼吁。实际上，它就是德意志民族向罗马教皇发出的独立宣言。路德主张，王公、贵族和市民都应该停止对教皇支付圣职者首年捐①（Annates），或者首年捐全部被废除；"所有任命都不应由罗马确定"；除了涂圣油和加冕，教皇没有任何高于神圣罗马帝国皇帝的权力；在俗教士（不受出家戒律约束的教士）有结婚或不婚的自由②。

555.路德焚烧教皇诏令（1520年）

最终，罗马的诏令（the Papal Bull）传到了路德手中。诏令从路德的《九十五条论纲》中选取了41条并冠以"异端"或"诽谤"的罪名，禁止所有人阅读他的著作，并命令将他的书籍烧毁。如果他本人在60天内无法改正自己的错误，他和他的支持者都将"因异端邪说而遭受惩罚"。

路德做出了令人震惊的决定。他决心焚烧教皇的诏令。在维滕贝格大学校门外

---

① 圣职者首年捐指教职人员将任职第一年的全部或部分收入交给教皇以确认自己的任职。这是罗马教廷比较重要的收入来源。各国君主自然对这些收入心怀妒忌，因为大量的资金从国库流入到罗马教廷。因此圣职者首年捐成为欧洲各国政府和罗马教皇之间无休止的争议和分歧。在英国，禁止向教皇缴纳首年捐就成为英国政府同教皇分裂所采取的早期手段之一（第593条）。

② 路德当时并没有打算让教士放弃他们的独身誓言。不过，路德的观念逐渐发生了改变，他开始认为教士们的独身主义违反了《圣经》的教义。1525年，思想更加成熟的路德同曾经的修女凯塞玲·波拉结婚。路德违背教士独身誓言的做法受到了敌人猛烈的攻击。

燃起熊熊大火，面对聚集的医生、学生和市民，路德将诏令连同罗马教皇的教令还有反对者的书籍统统抛入烈火之中。这一大胆的举动引起了狂风暴雨，其声势“响彻天宇，通达八方”。路德写信给自己的一个朋友说，自己相信这场风暴绝不会平息，直至审判日的到来。

556.沃木斯议会（1521）

局面发展到了不可控制的地步，整个德国都在抗议，教皇的权威受到了威胁。教皇的禁令已经不起任何作用，教皇利奥现在寻求刚刚登上皇位的查理五世的帮助来终止路德异端邪说的传播。教皇希望能够把路德送到罗马进行审判，而路德的友人却劝说查理不要听从教皇的要求，而是允许路德在德意志陈词。因此，路德收到皇帝的诏令，要求他前往沃木斯参加由王公、贵族和德国牧师组成的会议，仔细研究国家事务，尤其是关于当前巨大宗教争议的事务。这种大集会被称为帝国议会（Diet）。

路德在帝国议会上被要求放弃他的错误观点，但他回答说：“我不能，也不会收回自己写过的任何东西，除非能够证明我写的一切违反了《圣经》或绝对的理性，因为违背良知的事情既不安全也不正确。”他的结束语更是令人印象深刻：“我义无反顾；我站在这里，上帝与我同在。”

尽管一些人希望把路德投入烈火中烧死，然而皇帝发给他的让他能够来到议会的安全通行证保护了他。路德虽然得以安全地离开，但是帝国的禁令也随之而来。

557.路德在瓦尔特堡（1521—1522）

庆幸的是，路德有很多有权势的朋友，他自己母邦的领主萨克森选帝侯智者腓特烈（Frederick the Wise）就是其中之一。由于担心路德的安全，选帝侯命令一队骑士戴着面具在路德离开沃木斯议会后就开始护送他一直到达瓦尔特堡（Wartburg）。路德在瓦尔特堡隐居了一年的时间，只有几个朋友知道这个秘密。

在这一年的时间里，路德忙于撰写宣传册和翻译《圣经》。[①]当时德国的改革者经常用《圣经》经文来挑战反对者，“《圣经》里可以得到证明”，“《圣经》里就是这样写的”，改革者时不时搬出这样的话语来反驳不同意见的人。因此，有必要使《圣经》能够让所有人都能读懂。路德给了德意志德文版的《圣经》，他对

---

① 在此之前已经有多人将《圣经》翻译成德文，但是这些版本发行量十分有限。

德语的贡献堪比但丁凭借《神曲》对意大利语的贡献。

558.农民起义（1524—1525）

沃木斯议会过去一段时间后，德意志士瓦本（Suabia）和法兰哥尼亚（Franconia）的农民被封建领主的疯狂压迫所激怒，再加上宗教狂热的刺激以及宣道者的鼓动，他们发动反抗贵族、教士等一切权威的起义。① 城堡和修道院被抢掠和焚烧，并发生了可怕的骚乱。起义最终被镇压，但是10万人付出了生命的代价，德国南部大部分地方遭受重创。很多人指责改革者，认为他们的布道才是这次狂热的农民起义的根本原因。②

559.教会财产世俗化

尽管出现了这么多的曲折，改革还是取得了迅猛的进步。对于世俗的王侯来说，路德认为教会应该受到限制，他们的财产应该被罚没充公并应用到教堂、学校和慈善机构的维护方面，这样的主张完全赢得了王公们的青睐和支持。③

王公们很快采取了行动，并走得更远。在路德发表对德意志贵族的演讲和对隐修誓言的抨击，并指出这样的誓词有违真正的基督教教义的数年之后，所有转变为新教的德意志邦国的教会财产都被没收。

在瑞典，路德的信条很早就获得了立足之地，几乎所有老教会的财产都通过国家议会法案收缴到国王古斯塔斯·瓦萨（Gustavus Vasa）手中（1524）。这笔财富极大地提高了瑞典君主制的权力和威望。

而在英格兰，国王亨利八世（Henry VIII）镇压了修道院，并把修道院的大部分财富用于世俗的用途。

然而，在这一时期，教会财产世俗化的经典案例则是条顿骑士团提供的（453条）。在新教徒起义的初期，这些修道士骑士统治着二三百万人。当改革运动遍及

---

① 农民们的要求体现在了一份名为《十二条款》的文件之中。参见《翻译与转载》（宾夕法尼亚大学），第2卷，第6条。

② 农民起义被镇压大约10年之后，宗教狂热诞生了所谓的“新天国”或明斯特重洗派王国，是一种神权政体，首领是莱顿的约翰（1510? —1536）。这场运动出现了令人震惊的宗教狂热。与农民起义一样，它们带来的结果只是让真正的改革派丢脸。

③ 政府接收教会财产的做法叫作“世俗化”。

整个德意志的时候，骑士团大团长[①]（Grand Master of the Order）成为了新教徒，并把原来兄弟会的领地变成名为“普鲁士公国”（Duchy of Prussia）的世袭君主国（1525）。骑士们可以结婚并变成贵族。从而在原来的天主教土地上诞生了重要的世俗国家。

560.改革者被称作新教徒

革命的迅猛发展惊醒了古老教会的支持者。1529年，教会再次集会（第二次斯拜尔帝国议会，the Second Diet of Spires）商讨对策。议会中天主教占据多数席位，他们通过了法案剥夺新教王公和城市决定自己领地信奉何种宗教的权力，并且在议会授权之前禁止宣讲新教教义。

德意志的6位王公和许多帝国城市联合发布对帝国议会法案的正式抗议，不承认在宗教和良知方面的多数约束少数的观点。因为这样的抗议，这些改革者从这时起就开始被称为新教徒（抗议者，Protestants）。

561.天主教反击及其原因和动力

在路德1546年去世前[②]，宗教改革运动在除西班牙和意大利外的大部分西方基督教国家都获得了强有力的立足点，即使在西班牙和意大利，新教的传播也取得一些进展。但是几大因素的联合作用抑制了新教的发展，使得天主教会得以收复大片失地。这些主要因素包括新教徒之间缺乏共识、天主教采取反改革措施、宗教裁判所的兴盛、耶稣会的兴起、西班牙对天主教的狂热支持。

562.新教徒的分裂

在反抗罗马教皇的开始阶段，新教徒就分裂为几个相互敌对的教派，其中最重要的是路德派（Lutherans）和加尔文派（Calvinists）。路德派教义主要在德意志北部盛行，在丹麦、挪威和瑞典也被广泛接受，也曾传播到尼德兰，但很快就被加尔文派取代。在所有新教教派中，路德派对罗马天主教教义变更得最少。

---

① 阿尔伯特（1490—1568），霍亨索伦家族一个分支的首领。

② 路德死后，德意志境内宗教改革运动的领导权落入了菲利普·梅兰希顿的手中，他是路德曾经的朋友和同事。梅兰希顿的做法与路德恰恰相反。他经常对路德的轻率和狂热做法表示反对，并不断通过在天主教和新教之间相互妥协来推行自己的想法。

加尔文派是约翰·加尔文（John Calvin，1509—1564）的追随者。加尔文出生于法国，由于受到迫害，离开法国来到日内瓦避难，并将这里作为该派运动的中心。① 我们应该了解加尔文派传播的地域之广以及在十六七世纪的影响之大，法国的胡格诺派（Huguenots）、苏格兰的圣约派（Covenanters，盟约派）、荷兰的尼德兰人（Netherlanders）（大部分）、英国的清教徒（Puritans）和清教徒前辈移民都属于加尔文派。②

这些大的新教教派最后分化成诸多小的宗派，每个宗派都固守着不被其他宗派认可的教义的某些次要点或坚持某些礼拜仪式，然而所有宗派都信奉宗教改革运动的核心教义——"因信称义"（Justification by Faith Alone）。

现在，这些教派之间的斗争十分激烈。这些宗派之间的斗争和分歧给改革运动带来了相当灾难性的影响。面对团结一致而又虎视眈眈的敌人，这些纷争大大削弱了新教的实力。他们的不和与纷争给了天主教强大有力的证据来反对整个改革运动。

563.天主教反改革；特伦托会议（1545—1563）；卡罗·巴罗梅奥

天主教会过去的邪恶和丑闻大大削弱了它的权威性以及对人们敬畏和良知的掌控。而对这些邪恶的纠正和丑闻的消除又使它重新恢复了失去的影响力和权威性。

这种改革早在新教运动兴起之前就已经在罗马天主教中开始，而它在很大程度上由值得纪念的特伦托会议展开。特伦托会议是自公元325年尼西亚会议以来最重要的宗教集会，会议上讨论了改革者提出的所有观点。会议宣布天主教的经外传说在权威性上等同于《圣经》，它再次强调了教皇权力神授的观点，谴责路德派提出的因信称义的教义。它让一切都变得那么清晰，甚至连徒步旅行者都不会对

① 在加尔文的影响下，日内瓦成为了一个神权政体的国家，它的宗教改革者成了新教教皇。这个小城邦的法规让人想起了后期的清教徒英联邦。加尔文主义在世界各地都是如此。它是对古希伯来人神权政治的一种复兴。加尔文被称作"《旧约》的先知"。他的作品《基督教原理》被看作是加尔文主义神学思想的完美展示。

② 所有这些教派都是政治自由史中响当当的名字。加尔文主义对人民自由的积极影响，毫无疑问要归功于加尔文主义的民主宪法而不是其教义——尽管个人良知最终裁定的信条在削弱教皇至高无上的权力的同时也削弱了国王的神权。每个教堂都形成了各自的民主形式，而教会民主自然也就强化了政治民主。

教义产生误解。它还要求所有的牧师和主教的生活都应该是基督教的纯洁和美德的典范。

会议的这些举措极大推动了对新教运动的抵制。对滥用职权这个引起教会大分裂行为的纠正也为成千上万“迷途羔羊”回归天主教会铺平了道路，并摆脱了过去教会传统信仰和权威松散化的危险。

特伦托会议精神在意大利改革者卡罗·巴罗梅奥（Carlo Borromeo，1538—1584）身上得到了最好的体现，会议的改革精神在他那里得以实体化。巴罗梅奥成为米兰的大主教，他把12个世纪前罗马帝国衰退时期的圣·安布罗斯作为自己的偶像，并且也获得了圣徒的地位。巴罗梅奥革新并恢复了已经四分五裂的教会，改革了牧师们涣散放荡的生活方式，重新在教会中恢复了严明的教规，建立了一批教会学校和大学。正是因为他的辛勤工作和言传身教使得米兰城和周边地区诞生了新的精神生活，过去对罗马教会的普遍敬重重新被唤起，新教在意大利前进的步伐被遏制，而对罗马教皇的膜拜由摇摆不定再次变得虔诚坚定起来，很多被新教“异端邪说”带走的教徒重新皈依到天主教门下。

564.宗教裁判所

经过重新净化自身和清晰定义自己的教义信仰，罗马天主教要求所有信徒从今以后要绝对的服从。宗教裁判所开展了新的活动，异端邪说受到严酷的镇压。在所有拉丁国家，宗教裁判所裁判的执行都得到了世俗王公的支持，而在这些地方之外，当时的王公并不认可这样的宗教裁判，尽管荷兰和德国的一些地方在一定时期内也建立了这样的宗教裁判所。对顽固的异端分子，死亡——通常是烧死和剥夺财产是最常用的惩罚方式。毫无疑问，宗教裁判所对在欧洲南部遏制宗教改革运动起了重大的作用，尤其是帮助意大利和西班牙保持了对古老教会的忠诚。

在此，关于宗教裁判所的迫害，我们不应忘记，在16世纪，拒绝服从既定的信仰会被大多数新教徒及天主教看作是反社会的行为，并因此受到惩罚。在日内瓦，我们发现加尔文不遗余力地对塞尔维特（Servetus）进行审判并将其烧死，因为他发表了一些加尔文派认为属于异端邪说的思想；在罗马，我们看到布鲁诺（Giordano Bruno）因为不信仰天主教的教义而被烧死在火刑柱上；在英格兰，我们看到英国国教教徒（Anglican Protestants）不仅对天主教教徒，而且对所有拒绝遵从英国国教的新教徒，发动了最为残忍、激烈而又持续的迫害。

565.耶稣会；伊格纳修·罗耀拉；圣方济各·沙勿略

耶稣会（Society of The Jesuits）是另一个强大的重建教皇权威的附属机构。其创始人为西班牙人伊格纳修·罗耀拉。伊格纳修是西班牙宗教狂热的化身。他的目的是成立一个宗教团体，团体的成员无比忠诚且精力充沛，足以应对改革者的热情。1540年，教皇颁布诏令建立耶稣会。

伊格纳修·罗耀拉

耶稣会对社会的影响主要体现在教育上。他们的目的是在世界各地建立学校和大学，就像征服一个国家首先要派驻军队一样。伊格纳修生前成立了100多所教会大学和神学院；在他死后150年的时间里，耶稣会建立了超过700所神学院。

新教曾经纪律严明、时刻警觉并毫不妥协，现在却分裂成相互敌对的派系，耶稣会在对新教的反击上做了大量的工作，麦考莱（Macaulay）曾经宣称："耶稣会的历史就是天主教反击新教的历史。"正是因为他们在匈牙利、波兰、波希米亚和德意志南部直接或间接的影响，曾经被新教侵袭并或多或少地远离旧信仰的地区再次回归罗马天主教的怀抱，比在教皇的统治下更为紧密地团结在一起。到16世纪末，天主教收复失地的工作已大体完成。在这些曾经的天主教国家重新恢复天主教构成了欧洲宗教史最为重要的事件之一。

耶稣会的努力不仅促成了天主教在欧洲的恢复，而且把天主教的教义和权威传播到了世界各地。在异教徒的土地上建立的所有神学院中最杰出的代表人物就是圣方济各·沙勿略（Saintly Francis Xavier，1506—1552），人称"印度使徒"。

566.西班牙对天主教的狂热支持

正如英格兰成为新教的捍卫者和堡垒一样，西班牙也成为天主教在欧洲的坚固堡垒。西班牙的君主们将自己看作是天主教正统信仰的守护者，不仅在自己的领土上尽其所能的根除新教的影响，并且还将这样的举措推广到其他地区。他们重建天主教的统一的努力，让他们成为天主教收复失地的最重要的工具。

567.百年宗教战争

特伦托会议通过的法案使得天主教和新教之间的矛盾不可调和。双方的争论在

16世纪中叶上升到武力层面，随后爆发了百年宗教战争。在此期间，双方谁都不想退让半步。新教为了生存而竭力死战，而天主教会为了消弭分裂力量，让脱离而去的国家重新回到教会帝国的怀抱，修复基督教世界受损的统一，也是全力以赴。

在接下来的章节里，我们会粗略地追寻敌对的教义在主要欧洲国家中的命运变迁。而作为本章的结束，我们简要地谈一下宗教改革运动所造成的影响。

568.宗教改革运动的政治影响：脱离罗马及其意义

新教革命作为一场革命，广而言之，其后果就是德意志北部、丹麦、挪威、瑞典、英格兰、苏格兰，以及瑞士和尼德兰的部分地区，脱离了罗马天主教——基本上都是日耳曼种族或语言占主导地位的国家。而主要的拉丁国家，即法国、西班牙、意大利，连同德意志南部、波兰、波希米亚、匈牙利和爱尔兰等，还是信奉古老的天主教，即使在某段时期曾经有过动摇，但最终还是返回到天主教阵营中来。①

脱离天主教在政治上的影响，在历史学家泽博姆（Seebohm）的阐述中可见一斑：“曾经教皇作为宗教帝国的首领所拥有的政治权力被各国君主夺走。牧师和修道士们作为教皇的信徒被看作外来分子——因为他们是教皇教会帝国的臣民。凡是反抗教皇统治的地方，向教皇效忠的思想都被废除，而君主们则取得了绝对的统治权。有关婚姻和遗嘱的事宜主要还是由教会管辖，但是宗教法庭已经成为国家法庭而不再向教皇负责，所有这些事务都已由各国君主掌控。”

总之，教政分离意味着国家已经完全从罗马教皇的统治中脱离出来，并取得了完全的独立。这时的国家政府已经在宗教和政治事务上实现以自我为中心、自我管理的政体，这在中世纪时期是从来没有过的。

569.宗教改革运动的宗教和道德影响

从宗教和道德的角度来看，北欧国家脱离教皇统治意味着这些国家从向教会效忠转向《圣经》。教皇法令和教会决定不再被看作是神授和具有约束力的，而《圣经》则被看作是神圣的并拥有无上的权威。从理论上来讲，每个人都可以对宗教信仰和宗教活动拥有自己的解释。

---

① 由于宗教改革运动得到了德意志民族的普遍拥护，而天主教则受到了拉丁民族的广泛支持，因此有时候新教也被称作德意志基督教，而天主教则被称为拉丁基督教。

宗教改革运动的另一个重要影响是，让这个世界走向了宗教宽容。改革者虽然坚称自己有权对宗教事务做出自己的判断，但在实际上，他们却不容许别人拥有这样的权力。当他们拥有了这种权力之后，他们又前后矛盾地成为了疯狂的迫害者。他们认可天主教教义中的异端思想应该受到惩罚，只不过他们对异端有着不同的定义。在整个16世纪，宗教的不容异己的原则，用历史学家林加德（Lingard）的话来说，是“基督教世界国家公法的一部分”。不过，宗教事务的自我判断思想从逻辑必要性上给宗教宽容带来了有利的影响；因为你无法授予个人宗教事务权力的同时又对其宗教结论给予惩罚。因此，近代科学的发展、世界思想总体的进步、国家之间联系的紧密等，都在过去3个世纪里给宗教宽容带来了有益的影响，16世纪的宗教改革运动必须要在宗教宽容史上给予一个突出的地位。

第五十五章　西班牙的崛起；西班牙与天主教的关系

第一节　神圣罗马帝国皇帝查理五世的统治（1519—1556）

570.导言

公元1500年，在尼德兰的根特市，一位王子诞生了，他注定要对16世纪的历史产生重大影响。他就是查理，奥地利大公美男子腓力（Philip the Handsome）和西班牙斐迪南二世与伊莎贝拉女王的女儿胡安娜（Joanna）的儿子，后来著名的查理五世皇帝。

查理幸运地成为四大王室的继承人——奥地利、勃艮第、卡斯蒂利亚和阿拉贡——这些王室由于政治联姻而结合在一起。[①] 在查理19岁之前，由于先辈的去世，四个王朝的王冠都落到了他一个人的头上。

尽管有这么多的世袭的王位等着他，年轻的查理最先得到的却是通过德意志选帝侯选举产生的圣罗马帝国的皇冠。选举完成后，他成为查理五世皇帝，而在此之前，他只有卡洛斯一世的头衔。

---

① 卡斯蒂利亚和阿拉贡由于阿拉贡的斐迪南和卡斯蒂利亚的伊莎贝拉的联姻而结合在一起；奥地利和勃艮第则由于奥地利的马克斯米利安和最后一位勃艮第公爵勇敢者查理的女儿及继承人玛丽的联姻而结合在一起；这两个世系随后又被斐迪南和伊莎贝拉的女儿胡安娜和马克斯米利安与玛丽的儿子腓力的联姻而结合在一起。

查理五世

571.权力平衡被西班牙打破

在欧洲近代的大部分时间里，著名的“大陆均势政策”[①]（Balance of Power among the European States）一直是欧洲各国外交的基础。政治家们都尽力确保没有国家可以获有过多的权力或影响力来威胁到其他国家的独立。尽管如此，仍然不断有某个欧洲国家的过度崛起来打破这种均衡的局面。

16世纪西班牙的强大引起了邻国的恐惧并很大程度上决定了这些国家的政策和军事行动。下边我们来谈谈查理五世及其儿子腓力二世（Philip II）统治西班牙时期的主要政治事件。

572.查理五世与宗教改革运动

与他在政治领域的举措同等重要，查理五世和路德的宗教改革运动的关系构成了他生活和工作的重要部分。对罗马的天主教会来说，年轻的皇帝把自己摆到了天主教派领袖的位置上，是非常幸运的。在他统治期间，不仅举全国之力来排除改革异端，而且还把这一政策传给了自己的后继者。

573.查理的两大劲敌

如果查理一开始就把全部的精力放在压制宗教改革运动上，改革的思想将很难在他的领地内立足。但是对改革者来说，幸运的是查理在自己统治的前半期并没有多少精力来考虑宗教的问题，因为当时两个强大的君主，法国的弗朗索瓦一世（Francis I，1515—1547）和土耳其的苏莱曼大帝（Solyman the Magnificent，1520—1566），不断地攻击查理的领地。当查理想要对德意志的新教王公采取严厉措施的时候，这两位君主的单独行动或是同时行动总是给他带来威胁，迫使他不得不推迟

① 然而，这一法则并没有得到各国官方的普遍认可，直到1668年英国、荷兰和瑞典三国阻止路易十四成为低地国家的主人的同盟形成（在威廉·坦普尔爵士的仲裁下），才被正式接受。

自己对异端的征伐。

574.查理和弗朗索瓦之间的战争（1521—1544）；战争的影响

弗朗索瓦成为查理在帝国权威竞争中的主要对手。当德意志选帝侯将权力授予西班牙君主查理的时候，弗朗索瓦非常失望。在其统治的余下时间里，由于查理的领地几乎包围了法兰西王国，弗朗索瓦一直对查理心存嫉妒并不断地发动战争。① 意大利成为了两位君主的主要战场，因为西班牙和法国都想拿下亚平宁半岛来作为自己的领地。②

弗朗索瓦和查理之间战争的直接和间接影响涉及广泛而又意义深远。

首先，新教获得了充足的时间在德意志北部和其他国家巩固自己的实力并最终使得后来的所有破坏行动都无能为力。

其次，战争阻止了欧洲天主教国家的联合，在此期间，很多国家遭到了奥斯曼帝国的攻击而损失惨重。匈牙利战火纷飞，罗德岛沦陷，而地中海几乎成为土耳其人的内海。

最后，这些战争的主战场为意大利，使得意大利遭受可怕的打击，摧残了文艺复兴所有美好的前景；但是，与此同时，战争风云也越过阿尔卑斯山为法国和其他北欧国家播下了文学艺术的种子。法国的文艺复兴就起于这时的意大利战争。

575.弗朗索瓦对瓦勒度派的迫害（1545）

弗朗索瓦和查理之间的停战使双方都腾出精力来处理国内的宗教异端问题。两

---

① 在与查理交战前，弗朗索瓦想方设法去寻找一个盟友。英国的年轻国王亨利八世似乎成为最好的选择。弗朗索瓦因此而邀请亨利到法国会晤，这场会晤被看作是对抗查理的结盟。两国国王都带着自己豪华的随从队伍在加来附近会晤（1520）。因为两位国王的随从都是盛装出席，奢侈空前，所以这场会晤历史上称作“金缕地”。一位同时代作家说道：“很多会晤人员恨不能将自己的工场、森林和草地都背在背上。”但是会晤并没有取得任何成果，反而是查理最终赢得了亨利的支持。

② 战争表

第一次战争（以签订《马德里条约》而结束）	1521—1526
第二次战争 主要事件是洗劫了罗马（以签订《夫人和约》而结束）	1527—1529
第三次战争（以签订《尼斯停战协定》而结束）	1536—1538
第四次战争（以签订《克列比和约》而结束）	1542—1544

个国家都有大量的工作要做，因为在双方交战期间，改革派的教义在各个阶层都得到了迅速传播。

弗朗索瓦对异端教徒的最严厉的打击落到了瓦勒度派[①]（Waldenses）头上。瓦勒度派信徒是皮埃蒙特和普罗旺斯高山地区很多小村庄里的简朴而又平和的居民。这些人在中世纪后期却被当成了异端教徒，同新教改革者一起遭到了迫害。成千上万的人被斩首，更多的人被烧死在火刑柱上。后来，更多的迫害降临到他们头上，最后，那些不幸的幸存者在深山里找到了避难之所，得以将自己的宗教信仰一直流传到了现在。

576.查理与德意志新教王公之间的战争

查理开始把注意力转向德意志的宗教改革者。出于对自己宗教信仰的激励，更是因为担心德意志新教——新教王公和自由城市已经联合成为施马尔卡尔登同盟（Schmalkaldic League）——的发展会危及自己的权威，查理决定镇压所有的改革运动。

因此，在路德去世的1546年，查理在德意志天主教徒的援助下，对新教联盟发起了进攻。刚开始，进攻取得了成功，但最终，这场战争被证明是查理统治时期最为耻辱和灾难性的战争。他的军队遭受的严重失败，最终他不得不放弃让自己的德意志臣民都在宗教上达到统一的行动。

577.《奥格斯堡宗教和约》（1555）

1555年，在奥格斯堡召开会议，讨论德意志宗教分离的问题，会议最终达成一致：所有的王公都可以选择罗马天主教和《奥格斯堡信纲》[②]（*Augsburg Confession*），并且有权把自己的宗教变成自己臣民的宗教[③]。但是，需要注意的是，这里的宗教自由只是对王公和政府而言的；人民个人并没有选择的自由，每个臣民必须遵从自己王公的选择，信仰王公的宗教信条。

但是这份和约制定了一个重要的例外情况。天主教坚持主张教会的王公——主

---

① 因教派创始人彼得·瓦勒度得名，瓦勒度一直活到了12世纪末。

② 《奥格斯堡信纲》是路德追随者的信条。《奥格斯堡宗教和约》没有关于茨温利派和加尔文派的相关条款。

③ 帝国自由城市并没有获得这项权力，城市内部各派别必须相互容忍。

教和修道院长——在选择成为新教教徒之后需向天主教教会上交其职位和收入。而这一重要条款作为“教产保留”最终成为了《奥格斯堡宗教和约》（*The Religious Peace of Augsburg*）的一部分。我们要把《奥格斯堡宗教和约》认真地记在心里，因为双方对其条款的误解和违反，为后来可怕的三十年战争埋下了伏笔。

578.查理退位

奥格斯堡会议取得了宗教上的和平，而查理五世扮演着第二个戴克里先（Diocletian）的角色。他长期以来都想着要在人生最后的日子去修道院过着归隐的生活。与德意志新教王公们的较量所带来的失望，随着年岁的增长，以及统治晚期如阴云般缠绕的麻烦促使查理采取行动。随后，他把自己最喜爱的儿子腓力扶到尼德兰[①]（1555）和西班牙及其殖民地（1556）统治者的位置上，最后，他隐退到西班牙西部的尤斯特修道院（Monastery of Yuste），在那里度过人生最后的短暂时光。

曾经有一个传说：查理五世在尤斯特修道院摆放了几座钟表，想让它们同步调运转，结果徒劳无功。为此，他反思道：“我曾经愚蠢地认为能够让所有人拥有共同的宗教信仰，现在我甚至无法让两座钟表保持相同的时间。”

这个故事可能是虚构的，因为查理似乎从来没有怀疑过只有武力才能保证信仰的统一。在尤斯特修道院归隐期间，他对当初自己没有在沃木斯烧死路德表达了深深的遗憾。他还不断地敦促腓力采取更为严厉的手段对付异教的臣民。

第二节　腓力二世统治下的西班牙（1556—1598）

579.腓力的性格和统治原则

与他的父亲不同，腓力是典型的西班牙人。他代表了典型的西班牙民族的性

---

① 之前一年（1554），腓力获得了那不勒斯的王位。因为当年他与英格兰的玛丽女王结婚，为了与玛丽女王的头衔对等，神圣罗马帝国皇帝的皇冠被授予查理的弟弟斐迪南德大公。

格、理想和信念，就如同路德代表了德意志民族的性格一样。作为一个真正的西班牙人，腓力拥有很强的宗教性格。腓力治国理政的工具之一就是宗教裁判所。他利用宗教裁判所压制异端，这不仅因为他是一个虔诚的天主教徒，相信异端邪说是蓄意的罪恶，应该受到严厉处罚，而且更因为他认为异端邪说是叛国的。

腓力具有非凡的治国才能，他工作起来不知疲倦，全身心投入到无休止的国事中。他凡事亲力亲为，不容他人置喙，大臣都只是办事员而已。他甚至干涉或试图干涉臣民的私事——如何着装，什么时候可以使用车辆，如何教育后代等。在这样的制度下，整个西班牙只有一个大脑，只有一个思想指引国家。所有地方的自由和个人主动性都被压制。这种高度集权的政府体系被腓力传给了继任者，也在很大程度上决定了西班牙人民的不幸。

腓力统治下最重要的事件当然是，他对尼德兰起义的武力镇压和用“无敌舰队”（Invincible Armada）进攻英格兰。这些事件与尼德兰和英格兰各自的历史联系在一起，我们在这里只是一笔带过。①

580.土耳其舰队勒班托海战的失败（1571）

总体而言，腓力至少为基督教文明做了一个很大的贡献。他帮助基督教世界抑制了奥斯曼土耳其在地中海的发展。在这之前，土耳其人攻占了重要的塞浦路斯岛（Cyprus）并且袭击了马耳他（Malta）的医院骑士团（Hospitalers）——马耳他岛曾因骑士团的杰出的防御而免于落入异教徒之手。整个基督教世界大为震动，教皇、威尼斯人和腓力二世等人结成一个联盟。一支庞大的舰队被组建起来，腓力二世的同父异母弟奥地利的唐·胡安（Don John of Austria）为其统帅。

联军舰队在希腊西海岸的勒班托海湾（Gulf of Lepanto）遭遇了土耳其的分舰队。这场战争之惨烈在地中海军事史上自罗马人和迦太基人的第一次布匿战役之后再无可比。奥斯曼舰队几乎全军覆没，成千上万被关在土耳其桨帆船上的基督教战

---

① 继承父亲的衣钵，腓力同法国交恶。腓力在两场大战役中击败了法国（1557年圣昆廷战役和1557年格拉沃利讷战役）。战争以签署《卡托-康布雷西斯和约》（1559）而结束。腓力为纪念圣昆廷战役而建立的纪念碑凸显了他的性格。战争之前他曾发愿，如果能够获胜，他会在圣劳伦斯河边建造一座最为壮丽的修道院。腓力没有食言，几年之后，他在马德里附近为著名的埃斯科里亚尔修道院——一座宫殿、修道院及陵墓——奠基。这座建筑以烤架为模型，原因就是圣劳伦斯曾在烤架上被烧死。它是西班牙的威斯敏斯特教堂，这里摆放着自查理五世皇帝以后的大部分西班牙国君的骨灰。

俘被解救出来。所有基督教国家为之欢欣鼓舞，其意义不亚于第一批十字军攻克耶路撒冷。

勒班托海战在历史上具有重要地位，因为它标志着伊斯兰教和基督教之间长达1000年斗争的转折点。尽管穆斯林也曾经遭受过许多挫折，但是在此之前笼罩在基督教世界南部和东部的威胁——前有阿拉伯，后有奥斯曼土耳其这样的穆斯林强国——从来没有像这次战役那样得以解除。勒班托海战的胜利彻底驱散了基督教世界的恐惧乌云。奥斯曼土耳其人虽然后来在其他地方取得了一些进展，但是再也没有恢复这一场灾难中丧失的威望，并且从此之后逐步走向衰落。

581.腓力去世（1598）

1588年，腓力以他的“无敌舰队”向英格兰——当时新教的坚固堡垒——发动了著名的袭击。但是，腓力的这一行动却以失败告终。10年之后，腓力去世，从而也结束了他对西班牙的长期统治。

582.驱逐摩里斯科人（1609—1610）；丢失尼德兰

腓力二世去世以后，西班牙在权威、声望和影响力上都逐渐衰退。这很大程度上是因为西班牙统治者的偏执和暴政。因此，在腓力三世（Philip III）统治时期（1598—1621），由于对摩里斯科人[①]的驱逐而使西班牙的制造业和其他产业都遭受了沉重打击，再也没有恢复过来。腓力三世相信驱逐异教徒是取悦上帝的仪式，就像当初希伯来人将迦南人（Canaanites）从巴勒斯坦赶走一样。但是腓力三世这样做还有其他的动机。摩里斯科人被控告——并非没有根据，他们因对受到的压迫和迫害如此的绝望，就与非洲的摩尔人以及奥斯曼土耳其人一起谋划入侵西班牙，从而威胁到西班牙的和平和领土完整。

在1609年至1610年间，所有摩尔人的后代——超过50万最聪明、技术精湛而又勤劳的所有摩里斯科人后裔的半岛居民——基本上都被驱逐流放到北非地区。曾经人口众多、风景优美的地方变成了空荡的村落和荒芜的土地，由此我们可以看到西班牙遭受了多么沉重的打击。它确实实现了宗教统一，但是却付出了巨大的代价。

---

① 在格拉纳达被征服后，仍然留在这个国家、因迫害而表面上改信基督教内心仍然信奉伊斯兰的摩尔人。

西班牙在半岛遭受重创的时刻，她在外部的属地也遭到损害。在我们称之为《1609年停战协定》（*Truce of 1609*）中，西班牙被迫承认新教尼德兰（荷兰）事实上的独立。在这些省份脱离出去后，西班牙失去了它最宝贵的属地。西班牙现在已经从历史舞台上第一流强国的序列中消失了。①

对西班牙16世纪历史的简单回顾，至少能揭示其失败和迅速衰落的两个原因：第一，在欧洲错误的帝国政策让其卷入了永无休止而又毫无结果的战争；第二，政治上的专制和宗教上的偏狭。

① 然而直到1643年，西班牙军队才在大战中被击败。在1495—1507年的意大利战争中，“伟大的统帅”贡萨洛·德·科尔多瓦开创了一种适合于西班牙士兵的特殊战术，而其他国家则在100多年后才学会如何在开阔的战场打败西班牙人。尽管军事上的优势依然存在，但西班牙已经丧失了她的支配地位。

第五十六章　都铎王朝和英国宗教改革运动

第一节　概述

583.都铎王朝

对英国人民来说，都铎王朝[①]时期是一个令人激动而又充满变故的时代。它见证了雅典文明以来世界在艺术、科技、贸易和文学等领域的蓬勃发展。但是这个时期的伟大事件是宗教改革运动。正是在都铎王朝的统治下，英格兰脱离了罗马教皇的统治，新教在英伦三岛上站稳了脚跟。本章主要讲述这些伟大的事件是如何发生的。

584.英格兰的宗教改革运动及其先兆

与其他地方相比，英格兰的宗教改革运动明显带有双重性。首先，英格兰从罗马教会帝国的统治下脱离出来，然而在教义、宗教仪式和信仰形式上并没有什么实质性的改变。这在亨利八世的统治下实现。其次，英格兰教会摆脱了罗马天主教而取得了独立后，逐渐改变了其教义和仪式。这主要是在爱德华六世的统治下完成的。因此，英格兰的宗教改革运动首先是一场反抗，然后才是一场改革。

---

① 都铎王朝的君主有亨利七世（1485—1509）、亨利八世（1509—1547）、爱德华六世（1547—1553）、玛丽（1553—1558）和伊丽莎白（1558—1603）。

585.牛津人文主义改革者

英格兰培育宗教改革种子的土壤，在很大程度上是由人文主义者耕耘的（第528条）。其中，科利特、伊拉斯谟和莫尔作为新智识运动的推动者而拥有卓越的地位。

约翰·科利特（John Colet，1466—1519）是这一人文主义小团体的领导者。他的激情在意大利被点燃。科利特横穿阿尔卑斯山拜入希腊流亡学者的门下学习希腊语，成为了宗教改革运动历史上的重要事件。他回到英国时不仅带回了人们对古典学问不断增长的热爱，更让人们对宗教改革产生了狂热的激情，这种宗教改革的激情极有可能是由萨沃纳罗拉激动人心的口才所激发的。

荷兰鹿特丹的德西德里乌斯·伊拉斯谟（Desiderius Erasmus，1467？—1536）前往英国学习希腊语。在英格兰，伊拉斯谟与科利特和莫尔以及其他的古典文学爱好者结下了深厚的友谊，他宣称自己在塞西亚会无比快乐。伊拉斯谟是北方人文主义运动的领导者，而彼特拉克则是南方人文主义运动的创始人。伊拉斯谟著名的讽刺作品《愚人颂》（*Praise of Folly*，1509），是对社会所有阶层愚昧者，尤其是对“占据圣职的邪恶之人”罪恶的鞭挞。不久之后（1516），伊拉斯谟发表了希腊文《圣经》的拉丁文译本。这些作品必定在人文主义运动历史上占据重要地位，它们为北方诸民族的宗教改革运动在思想上和心理上做好了准备。

托马斯·莫尔

托马斯·莫尔（1478-1535）被科利特称为所有英格兰人中唯一的天才。所有见过莫尔的人都会“为之倾倒”。作为《乌托邦》（*Utopia*）的作者，莫尔也许是伊拉斯谟之后北方人文主义者中最为著名的一位。莫尔被卷入政治——更多是被迫，关于他的生平和著作，我们将在亨利八世（第599条）统治时期相关的部分加以介绍。

没有比早期的牛津运动更能说明北方的人文主义复兴与宗教改革的关系了。这里，人文主义学者就是改革者。但是需要注意的是，牛津改革者并非新教改革者。他们仍然信奉教皇至上论。他们确实希望改革罗马天主教，但绝不是为了摧毁它。他们并不想看到中世纪基督教王国的统一遭到破坏。他们对天主教教义并没有发出不同的声音。伊拉斯谟谴责路德的信条，莫尔更是作为天主教的殉道者而死，而非为了反对教皇至上论而献身。

第二节　亨利七世的统治（1485—1509）

586.“仁爱”王税

都铎王朝的首位国君亨利七世（Henry VII）的主要罪恶是贪婪和专制。他从富裕的臣民手里聚敛钱财的手段之一就是冠以“仁爱”之名的王税（Benevolences）。《大宪章》（*Magna Carta*）禁止国王在没有获得议会同意的情况下强行收税，但是亨利七世并不喜欢和议会商谈，他希望自己能够像欧洲大陆的其他君王一样自主决定如何管理国家。所以，“仁爱”王税就成为正税的替代品，而它们实际上不过是富贵阶层迫于道德压力馈赠给国王的礼金。亨利七世的大臣红衣主教莫顿（Cardinal Morton）在推动这一馈赠方面尤其成功。对那些生活富足的人，莫顿会说他们完全有能力向自己的君主慷慨解囊；对那些生活窘迫的臣民他又会说他们的节俭生活会让他们变得富有。这种颇具讽刺意义的自相矛盾在历史上得名“莫顿之叉”（Morton’s Fork）。

587.航海大发现

正是在亨利七世在位期间，地理大发现扩大了世界的疆域。在哥伦布向欧洲宣布西方还有大陆存在不久，亨利七世便委派在英格兰经商的威尼斯航海家约翰·卡伯特（John Cabot）和他的儿子前往西部和北部海域进行航海探索。在向西航海的过程中，卡伯特沿美洲大陆到达纽芬兰并以英国的名义将其占据（1497）。在这些发现之后，卡伯特和他的儿子塞巴斯蒂安（Sebastian）宣布美洲海岸从拉布拉多到佛罗里达都归英国所有。这次宣称拥有的领地包括了北美洲的最好的地方，而这里也成为盎格鲁-撒克逊人的第三个，也是最为广阔的家园。

第三节　亨利八世（1509—1547）切断英格兰与教皇的联系

588.红衣主教沃尔西

1509年，亨利七世去世，王位传给了18岁的儿子亨利八世（Henry VIII）。亨利八世精力充沛又倔强固执。在年轻的亨利八世统治①的开始，我们必须要介绍一下他最伟大的大臣托马斯·沃尔西（Thomas Wolsey，1475？—1530）。沃尔西是这个时代最受人瞩目的人物之一。历史学家霍林斯赫德（Holinshed）如此形容沃尔西，“口才出众，充满智慧；但是又野心勃勃”。亨利八世委任他为约克郡的大主教，后来又任命他为王国大法官；而罗马教皇任命他为红衣主教，并作为教皇在英格兰的使节。沃尔西实际上已经成为了掌管政府和宗教事务的双重首脑。

589.“护教者”亨利

在亨利八世统治的第8年，马丁·路德在维滕贝格发表了著名的《九十五条论纲》。和其他西方基督教国家一样，英格兰也受到了影响。不久之后，当路德直接

---

① 1512年，亨利八世加入神圣同盟——一个反对法国国王，以教皇为领袖的联盟——亨利八世在法国发动了自己的第一场战役。亨利八世在横穿英吉利海峡时，苏格兰国王詹姆斯四世考虑进攻英国以援助法国国王。苏格兰军队在切维厄特丘陵（Cheviot Hills）的弗洛登遭遇英国军队，几乎全军覆没（1513）。詹姆斯国王被杀，苏格兰的贵族精英几乎在这场战斗中完全凋零。这是苏格兰民族历史上所遭受的最沉重打击。斯科特的长诗《马米恩：弗洛登战役的故事》，就是为纪念这场战争而作。

向教皇权力发起攻击之时，亨利八世写了一篇拉丁文论文来反驳路德的论点。教皇利奥十世（Leo X）为了表彰亨利对天主教的支持而授予他“护教者”（Defender of the Faith）的头衔（1521）。这一头衔在亨利带领英格兰国教脱离教皇统治之后仍然保有，并一直被他的后继者保留下来。然而，亨利八世所维护的信仰和他刚开始获得这个头衔时已经完全不同了。

亨利八世

590.亨利寻求与凯瑟琳离婚

我们现在需要讲述一下，一些情况的出现很快将亨利从一个狂热的教皇支持者变成教皇的敌人。之前，亨利娶了自己的寡嫂阿拉贡的凯瑟琳（Catherine of Aragon）——他已去世的哥哥亚瑟的妻子，但是这桩婚姻只是政治联姻而不是出于爱情。亨利和凯瑟琳一共生了5个孩子，除了体弱多病的女儿玛丽存活下来，其他几个都不幸夭折。没有儿子能够继承自己的王位，亨利好像看到这是上天对他娶了自己嫂子的不满的信号。

而亨利爱上了安妮·博林（Anne Boleyn），女王身边的一个美丽活泼的侍女。这份新的感情快速升温，亨利确信自己应该结束与凯瑟琳的婚姻了。因此，亨利请求教皇克莱门特七世（Clement VII）允许他离婚。克莱门特没有立即作出决定，拖了两年之后，克莱门特下令亨利和凯瑟琳到罗马来见他。

591.沃尔西失宠；他的去世（1530）

亨利的耐心几近耗尽。有人告诉他，沃尔西在帮助他离婚这件事上并没有尽力，亨利于是将沃尔西从大法官的位子上赶了下来。沃尔西树敌过多，博林和其他人对他的憎恨造成了他的下台。最终他因莫须有的叛国罪而遭到逮捕。在前往伦敦的路上，沃尔西的情绪和健康都受到了严重打击，并染上了致命的高烧。临终之际，沃尔西躺在莱斯特修道院的修士怀里进行了自我反省，他说："如果我能够像忠于我的国王那样向上帝尽责，上帝绝不会令我如此狼狈。"

沃尔西在宗教事务上确实不像他作为一个政治家那样尽职尽责，作为政治家，他对国王的要求和命令完全服从，甚至有时候都甘于抛弃自己的良知。

592.托马斯·克伦威尔

沃尔西下台之后，他亲自提拔起来的托马斯·克伦威尔（Thomas Cromwell）迅速上位。在接下来10年的时间里，强势而又不择手段的克伦威尔重新塑造了亨利政府的政策。他掌权的这段时期被称作"英国的恐怖统治"时期。对那些反对他或让他和国王不开心的人，他都让他们付出了血的代价。

亨利对克伦威尔的大胆建议言听计从。克伦威尔建议他立即同教皇谈判，立即宣布脱离罗马教皇的管辖，宣称自己是英格兰教会的最高领袖，并通过自己的法庭获得了批准离婚的判决。

593.与罗马决裂的首批法案（1533—1534）

克伦威尔的建议立即得到执行，英格兰很快就脱离了罗马教皇的统治。亨利首先不顾教皇不得擅自行动的威胁，秘密和博林结婚，从而解决了这一难题。亨利任命自己的朋友托马斯·克兰麦（Thomas Cranmer）担任坎特伯雷大主教。克兰麦阻止法庭对亨利和凯瑟琳的婚姻进行审判，并随后宣布国王和凯瑟琳的婚姻无效。接下来的一年（1534），亨利利用议会通过了重要的《教职收入法案》（*Act of Annates*），该法案禁止大主教和主教职位的圣职首年捐交给罗马教皇，并下令所有这些收入都应该上交英国国王。

594.《至尊法案》（1534）

亨利和他的议会法案在罗马被认为是对教皇的不敬。教皇事先并没有和亨利有任何沟通，迅速颁布诏令：宣布其基督教臣民无需向亨利效忠。

亨利采取了最后的决定性行动，他从议会通过了著名的《至尊法案》（*Act of Supremacy*，1534）。这项法案使亨利成为“英格兰国教的唯一至高的首领”，对教会职务和事务拥有绝对的控制权，并且将之前流入罗马教皇财库的收入转到了自己手中。而法案还规定任何拒绝国王授予的头衔的行为都属于叛国。

这一与过去决裂的行为自然招致了很多不满，很多人因此而被处死。这场暴行中最著名的牺牲者就是罗切斯特主教约翰·费舍尔（John Fisher）和曾经多年作为亨利主要执政顾问之一的托马斯·摩尔爵士（Sir Thomas More）。两个人都被送上断头台（1535），因为他们拒绝承认亨利和凯瑟琳离婚的有效性和国王在宗教事务方面有着至高无上的权威。托马斯·摩尔被处死尤其招致了广泛的谴责和恐慌。

595.镇压修道院（1536—1539）

对修道院的镇压是亨利作为英格兰国教最高领袖发动的初步行动之一。他决心拆毁这些宗教建筑物，首先因为他觊觎他们的财富，当时修道院拥有的财产很可能占据英国国土的1/5。另外，修道院公开或秘密反对亨利在宗教事务方面的至尊地位，这自然引起亨利对他们的嫉恨和不满。

为了让自己的行动有个合理的借口，亨利计划给这些修道院的行为定性为不道德。因此，他委任了一些专员来检查修道院并向他汇报他们的所见所闻。报告中指出一些小的修道院行为不端，而大的修道院则没有什么过失。很多大修道院都是作为学校和旅馆向求上门来的穷人发放赈济。

但是，这些大修道院最终也没有逃脱被毁掉的命运。在1537年到1539年这段时间里，所有的修道院都被拆毁，它们的主人一般都自愿把财产交到国王手中以免发生比损失房屋和财产更糟糕的事情。共有645座修道院被拆毁。这些修道院被拆得七零八落，每一条铁块或铅块都被抽出，没有保护的院墙最终沦为爬满常青藤的废墟。

被没收的修道院的巨额财产进入亨利手中后，一部分用于修建学校和安置新的教会人员，还有一部分作为其他公用事务的资金；但是最大的一部分土地财产则被贱卖或直接赏赐给国王的亲信。今天很多英国大家族的财富就是来自这时罚没修道院的财产。因此，新的贵族阶层出现了，他们的利益使他们反对重返罗马天主教会；因为那样的话，他们的财产很可能重新被修道院收回。

596.镇压修道院对议会的影响

解散修道院对议会上院的影响是，它对英国宪法自由的影响是灾难性的。议会上院在此之前一直是对王权的制衡，对议会修道院一系的重创使得已经衰退的在上院保有席位的世俗贵族的力量因为解除大小修道院院长的职务进一步被削弱。①与此同时，保留下来的神职人员，两名大主教和主教完全变成了国王的附庸，《至尊法案》使得国王成为英国教会至高无上的宗教首领。

上院几乎终止了其作为独立思想和意志的主体机构。由于下院里都是对国王言听计从的议员，英国政府现在已经变成了绝对的君主专制。后来经过漫长的斗争，就像我们看到的，英国人民才从国王手里夺回了部分权力——当初通过脱离罗马天主教的进程而获得，重新恢复了政府初期的特征。

597.信仰统一法案（1539）

议会将修道院财产和权力移交国王手中的同一年，又根据国王的意见通过了一项所谓的“在基督教某些教义方面取消差异观点法案”。根据这项法案，旧教会的圣餐礼布道、牧师的禁欲、私人弥撒、向牧师忏悔，还有其他信条都被认为符合上帝的法理，任何人对这些教条提出、传播或实施反对意见都是犯罪。否认圣餐礼变体论（Doctrine of Transubstantiation），甚至在其他方面对法案涉及的内容有间接的冒犯，都会受到烧死的惩罚。

很难说亨利统治下的英国教会应该叫什么，它既不是新教，也远不是真正的天主教。它的惩罚方式特征决定了它非此亦非彼。天主教和新教教徒都受到迫害，甚至被处死。某次，3名天主教徒拒绝承认国王才是英国教会的合法领袖，另有3名新教教徒质疑圣餐礼，都被处以死刑。

---

① 26位大修道院长和2名小修道院长遭到驱逐。

598.亨利去世及他的性格；他的功绩

亨利死于1547年。关于他的个性，一直有不同的见解。但是都承认亨利为人残忍专制，自私而好干涉。尽管他将英国国教从罗马天主教会那里独立出来，但是英国人民并没有因此对他心存感激；因为他这么做完全是出于自己不可告人的目的，而不是为了臣民的福祉，也不是对宗教改革的同情。

另一方面，亨利在位时期，英国掌握了海上霸权，这令英国人感到骄傲并对亨利国王感恩不尽。亨利高瞻远瞩，认为英国必须在海上开拓自己的国土，而不是在欧洲大陆。因此，他对海军情有独钟。当其他欧洲大陆的君主创建优秀的陆军的时候，他已经为英国建立了“常驻海军部队”。他对战舰不断改良完善，首次取代了划桨船，而这走在了世界海军发展的前列。按照一位著名的海军军事家的说法，亨利统治下的英国海军“完全是一个全新的部队，之前世界上从未见过的海军”。他对英国海军的改造某种程度上类似于蒸汽发动机取代人力。

599.亨利八世时期的文学；莫尔的《乌托邦》

这一时期最杰出的文学人物是托马斯·莫尔爵士。作为作家，莫尔最负盛名的作品就是《乌托邦》（*Utopia*），这是一部类似于柏拉图的《理想国》（*Plato's Republic*）或者菲利普·西德尼的《世外桃源》（*Sir Philip Sidney's Arcadia*）的传奇之作。它描绘了一个位于新大陆的岛上的理想国度，那里的人们的法理、行为规范和风俗习惯都如理想般完美。下层人民生活的痛苦、宗教偏执和政府专制给了作者创作《乌托邦》的灵感。历史学家格林说，“自从《农夫皮尔斯》（*Piers Plowman*）之后，再也没有听到这样为穷苦人民呐喊的声音”。但是莫尔的呐喊绝非郎兰德（Langland）一样的绝望之音，他看到了一个更好的未来；他指出了社会的恶疾，并给出了治疗方案来改革它们。他讲述了乌托邦里的和谐景象，这里的房屋和土地非常吸引人，街道宽阔整洁；所有人都接受教育，每天工作不超过6个小时；这里没有酗酒、斗殴和战争，没有政党的更替；罪犯都被用改造的目光来对待；在这个快乐的理想国度，每个人都可以参与管理国家和选择自己的宗教信仰。

莫尔以一种智慧的方式向人们提出了社会、政治和宗教事务的改革建议。很显然，他并没有指望亨利国王能够完全接受自己的建议，实际上，莫尔自己在去世之前对宗教宽容的观点都有所改变。他在自己著作的最后都承认：“我承认乌托邦里的很多事情都是我的理想，我并没有希望看到它们都会被我们这个时代所接受。”

第四节　爱德华六世统治时期宗教教义和宗教仪式的改变（1547—1553）

600.宗教方面的变革

根据亨利在位时通过的《即位法案》（*Succession Act*）的条款，爱德华作为亨利唯一的儿子得以即位。年轻的爱德华六世（Edward VI）认真学习改革者的信条，英国教会的很多教义和仪式发生了改变，这使得英国教会离罗马教会越来越远。这些宗教上的变革引起了我们的关注。

在新的制度下，教堂的所有图画和十字架都被撤掉；细烛、圣水和熏香都不再使用；敬奉圣母和庆祝圣日的做法遭到禁止；炼狱思想被当作功利迷信，为死者祈祷被禁止；包括面饼和葡萄酒的圣餐仪式被废除；教士结婚的禁令被取消；宗教仪式在除了亨利统治时期的最后3年外，大部分时间里都是用拉丁语进行，到了爱德华统治时期，下令要以英国人民自己的语言来进行。

为了使上面提到的法案条款能够有效执行，大主教克兰麦准备了《英国国教公祷文》（*English Book of Common Prayer*），并在1549年发行第一版。这本著作只不过是古拉丁文版的《弥撒书和祷告书》的简单译文，里边对个别词语和篇章做了改动来适应新的教义。直到今天，英国国教会所使用的仍然是这部作品。

1552年，著名的《宗教四十二条》（*Forty-two Articles of Religion*）出版，它是对改革思想的简要声明。这些条款最后缩减为三十九条，构成了英国教会现在的信仰和教义的标准。

601.为确保宗教统一而实施的迫害

如果所有人都像莫尔的《乌托邦》里所说的那样能够自由选择自己的宗教信仰，这些变革和革新将不会遇到任何困难和阻力。但是不幸的是，自由选择宗教信仰只是理想国里的理想。除了一些大度和视野宽广的人士在一些欢快时刻能够实现外，乌托邦里的宗教宽容并没有降临到这个世界。

按照王室诏令，所有布道者和牧师都要签署《四十二条》（*Forty-two Articles*）。对于那些违背新的祷告书的宗教仪式的行为都会按照《宗教统一法案》（*Acts for the Uniformity of Service*）的法令受到严厉惩罚。很多人在爱德华在位时期因为拒绝遵从新的宗教仪式而被投入监狱；至少有两人因为"公祷文的异端和诋毁者"的罪名而被烧死。

第五节　玛丽统治下的反动

602.玛丽即位；与罗马天主教会妥协（1554）

爱德华去世后，他的姐姐玛丽（Mary）登上王位。玛丽即位后不久，就嫁给了西班牙的腓力二世。这桩婚姻早就被腓力的父亲查理五世计划好，希望通过与英格兰联姻可以使其成为西班牙帝国的一部分。

大部分英国人内心深处从来没有接受过近年来的这些宗教变革，他们对天主教的狂热，加上玛丽的，快速推动了天主教在英国的重新崛起。议会认为英国应该重回向教皇效忠的老路上来；上下两院的议员都对教皇使节宽恕他们的异端和分裂而心存感激。他们的忏悔是真诚的，这一点从他们废除所有支持英国信奉新的宗教法案上就可以得到证明。罗马对此喜出望外，曾经的教徒终于迷途知返，回归到天主教门下。

但是，并不是改革者的所有努力都一无所获。英国议会拒绝返还已经没收的修道院土地，这也很自然，因为很多这样的财产现在就掌控在这些议会议员手中。然而，玛丽对天主教无比狂热，她将收归王室的财产的大部分拿出来重建了那些遭到毁坏的教堂和修道院。

603.殉道者：拉蒂默和黎德利（1555）、克兰麦（1556）

随着天主教的复兴，又轮到新教徒遭受迫害了。总共有二三百人因为其宗教信仰在此期间被处死，其中最突出的三位殉道者是拉蒂默（Latimer），黎德利（Ridley）和克兰麦。拉蒂默和黎德利在同一根火刑柱上被烧死。当火把燃起的时候，已经70岁高龄的拉蒂默鼓励自己的同伴黎德利说："黎德利大师，尽情享受吧，拿出男人的气概；我们今天以上帝的名义点燃英格兰的火把，这样的火焰永不熄灭。"

玛丽女王不应为实施的这些迫害受到严苛指责。这并不是她的错误，而是时代的过错。几乎所有天主教和新教教徒都认为对这些异端的惩罚是执政者的职责，否则就会有触犯上帝的危险。

第六节　伊丽莎白统治下新教的最终建立（1558—1603）

604.女王

玛丽去世时，将王位传给了25岁的伊丽莎白。伊丽莎白是亨利八世和安妮·博林的女儿。她似乎继承了父母的所有性格，因此也继承了他们的性格中的不稳定性。她具备男人的智慧、坚强的意志、令人钦佩的判断力和伟大的政治智慧。正是这些品格使她的统治在英国历史上最为强大和杰出，她将英国从一个相对无足轻重的位置带到了欧洲最强大国家的高度。伊丽莎白不仅拥有良好的女王品质和成就，同时也具备了很多难以接近的性格和非一般女子所能有的手段。她性格多变，反复无常，阴险狡诈而又忘恩负义。欺骗和谎言是她在外交中常用的武器。

伊丽莎白女王

尽管议会不断敦促她结婚，但是伊丽莎白还是终身未嫁，众多追求者都希望得到这位贞女的垂青，西班牙的腓力二世就是其中之一。在执政的末期，她宣布自己在加冕王位的那天起就已经嫁给了英格兰整个国家，不会再有其他丈夫。她也成为了“西方世界登上王位的最后一位贞女”。

605.女王的大臣们

伊丽莎白的统治之所以强有力和受爱戴，秘诀之一就是女王在挑选大臣时的出色的判断力。尽管朝臣中也有着华而不实之辈，但是在议会中伊丽莎白所聚集的都是整个英国最具智慧和强大的人选。伊丽莎白的政府完全听命于她。当然，我们现在知道了她的顾问们对英国政策的影响并没有之前传说的那样大。

606.重建归正教会

玛丽并没有完成亨利和爱德华改革宗教的任务，伊丽莎白也没有完成。伊丽莎白垂青改革教会更多是出于国家政策，而不是出于自己的信仰。她只能从新教教徒那里寻求支持；她的王位遭到了英国每个真正天主教徒的否认，因为她父母的婚姻就是罗马教皇禁止的。

玛丽女王重建的宗教机构再次解体，议会通过两大重要法案《至尊法案》和《统一法案》（1559）重建了英国国教的独立。《至尊法案》要求所有的牧师和王室大臣都要宣誓效忠女王并宣布女王是英国所有宗教事务和国家事务的最高领导，拒绝所有外来王公和主教的权威和管辖权。因为拒绝否认教皇的至尊地位，很多天主教徒在伊丽莎白统治时期被判死刑，更多的人在伦敦塔内遭受恐怖的酷刑折磨。

《统一法案》禁止牧师使用除英国国教礼拜仪式之外的任何其他宗教仪式，并要求所有人在礼拜日和其他圣日必须到英国国教教堂做礼拜。这项法案之下的迫害，使很多天主教教徒前往其他国家追求自己的信仰自由。

607.新教不信奉国教派：清教徒和分离派

天主教教徒并不是伊丽莎白统治时期唯一反对英国国教的人。还有新教不信奉国教派（Nonconformists）——清教徒和分离派——都给女王的统治制造了同样多的麻烦。

清教徒（Puritans）之所以得名，是因为他们渴望比英国国教更加纯洁的信仰形式。这个称谓用在他们头上有点可笑，但是其中一些优秀分子将这种带有嘲笑的称呼变成了光荣的徽章。他们并没有从英国国教中退出，而是继续努力去改革并按照自己的理念去重塑风纪。这些清教徒注定会在英国后来的事务中起到突出的作用。

分离派（Separatists）是一群比清教徒更为狂热的改革派。他们憎恨一切和罗马天主教相似的宗教信仰，他们丢掉白色法衣和圣书，并与英国国教断绝所有联系。在《统一法案》的管制下他们遭到了严厉迫害，所以大量分离派教徒不得不前往新大陆寻求避难所。这些流放到荷兰的分离派教徒后来成为“五月花号”和“斯碧维尔号”船上的清教徒前辈移民，正是这些人为新大陆的民主自由打下了基础。

玛丽·斯图亚特

608.苏格兰女王玛丽·斯图亚特

伊丽莎白统治时期的大部分时间都和她的表妹苏格兰女王玛丽·斯图亚特（Mary Stuart）交织在一起。玛丽素有“近代海伦”（Modern Helen）之称，又被称作是“这个世界上最美丽最虚弱最有魅力又最禁不住诱惑的女子”。她是苏格兰国王詹姆斯五世的女儿，一出生就在英国王位的继承权上排在了玛丽·都铎（Mary Tudor）之后，因为所有天主教教徒都不承认亨利八世和安妮·博林的婚姻。

1560年，玛丽的丈夫——法国的弗朗索瓦二世（Francis II）去世后，玛丽放弃了自己法国宫廷的生活，回到了苏格兰。当时她只有19岁，她的魅力似乎吸引了除狂热的改革者外所有见到她的人，改革者永远不会忘记他们年轻的君主是一个天主教徒。严厉的老约翰·诺克斯（John Knox）使得玛丽的一生痛苦不堪，他称玛丽为“摩押人”（Moabite）——摩押是罗得跟大女儿乱伦所生的儿子，其后代便被成为摩押人——和其他难听的名字。

还有其他事情让玛丽无法获得人民的爱戴。她的第二任丈夫达恩利勋爵（Lord Darnley）被人暗杀。有人怀疑玛丽与此事有关系。她被投入监狱，被迫让位给襁褓中的儿子詹姆斯。

从监狱逃脱后，玛丽逃往英格兰（1568）。在这里，她的表姐伊丽莎白对玛丽盛情款待并尽力帮助她重回王位。但是传言中的参与暗杀自己的丈夫，对英国王位的觊觎，还有她是天主教徒的事实，都决定了她的命运多舛。她受到了监禁，在监牢里度过了19年。在此期间，玛丽是所有天主教阴谋的中心，目的就是让她重新获得王位。教皇庇护五世（Pius V）为此颁布诏令，将伊丽莎白逐出教会，并给全部臣民以信仰自由（1570）。最终，一个精心策划的刺杀伊丽莎白扶正玛丽的阴谋诞生。西班牙国王腓力二世也牵涉进来，他写道：“这个事件是向上帝尽职，因此必须全力支持。我们希望上帝会为此开心，即使为此付出罪恶的代价。”

玛丽因共谋而接受审判，并被判有罪。几经犹豫之后——不管是不是假装，伊丽莎白下令将玛丽处死（1587）。即使伊丽莎白签署了执行死刑的命令，她仍然试图为此逃避责任，建议玛丽的看守能够秘密将她杀死。

609.无敌舰队；英国的萨拉米斯战役（1588）

处死玛丽·斯图亚特，立即引来了西班牙“无敌舰队”向英格兰进攻。玛丽在临死之前把王位传给了儿子，并把英国王位赠给西班牙国王腓力二世。为了实现这些权利，为玛丽复仇，也是为了教训一下伊丽莎白支持尼德兰反抗西班牙，更是为了给欧洲的宗教改革运动以致命打击，腓力决心全力出战征服英格兰异端分子。腓力二世对作战计划精心准备，再三运筹。西班牙港口聚集了大量军舰，并在尼德兰（第624条）集合了大量陆上部队以配合海军行动。

教皇希克斯图斯五世（Sixtus V）鼓励腓力的军事行动，并认为这是一场圣战。最终，一支由130条舰船组成的舰队在大西洋上集结，从里斯本（Lisbon）向英吉利海峡进发。这支舰队规模之大，前所未有，号称“无敌舰队”。即将到来的危险在英格兰激起了所有英国人的愤怒。所有英国人团结起来，誓死保卫自己的国家。大敌当前，似乎让所有阶层都团结起来，贵族、农民、新教徒、天主教徒，同仇敌忾。天主教徒也许密谋让玛丽·斯图亚特登上王位，但是他们并不希望背叛自己的国家，将国土交到可恨的西班牙人手里。

1588年7月19日，无敌舰队首先被安排在山崖上的哨兵发现。无敌舰队以月牙形向英吉利海峡进发，在海面上排开的宽度达到了7英里。英国舰船大约有80艘，但是轻便的结构和迅疾的行动，再加上海军配备的精良装备，让他们面对笨重的西班牙舰队时占据了优势，几乎立刻就挡住了无敌舰队前进的道路，连续7天不断打击无敌舰队。一天夜间，当受损的无敌舰队停靠在加来（Calais）港口的时候，英国人（集中的舰船达140艘，大部分是小船，15或16艘为主力舰）在西班牙的舰队中间燃起大火，很多舰船被烧毁，并引起了极大的恐慌。第二天，霍华德（Howard）、德雷克和亨利·西摩尔爵士（Lord Henry Seymour）共同率领的英军向西班牙舰队发动决定性进攻，让本已遭受重创的无敌舰队雪上加霜。

西班牙人仓皇逃命，有人提议向北部逃窜，但是北部海上的暴风将很多剩余的船只在苏格兰和爱尔兰海岸拍碎。等到他们终于驶进港口的时候，战船只剩了不到1/3。

这场在英吉利海峡击溃西班牙无敌舰队的伟大战役被称作“英国的萨拉米斯战役”（Britain's Salamis）；它像雅典的萨拉米斯战役一样揭露了专制帝国的虚弱和衰退，与此同时，它宣示了一个新的伟大国家的力量及其必然的崛起。无敌舰队的摧毁影响到的不仅是英国和西班牙两个国家，它标志着天主教和新教之间较量的转折点。它为天主教的反击设定了明确的限制，它不仅决定了英格兰会作为一个新教国家存在，而且也预示着新教尼德兰的独立并保证了或者至少有助于保证了斯堪的纳维亚和德意志部分新教的未来。

610.航海和殖民活动

西班牙海军力量的受挫让英格兰在航海事业上蒸蒸日上。作为一个小岛国，英格兰开始进入自己历史上最为辉煌的时期。这些时期真的是“伟大的伊丽莎白拓展疆土的时代”。英国人受到近期事件的激励，似乎对航海探险表现出一种狂热。在伊丽莎白统治时期，很多海上探险活动就像是维京人曾经叱咤海洋的翻版。

这个时期，尤其值得一提就是沃尔特·雷利爵士（Sir Walter Raleigh，1552？—1618）的探索活动。他几次派人到新大陆进行航海活动，其中一次到达了北美洲的中心海岸，并将关于富饶美丽的美洲大陆的描述带回来献给童贞女王伊丽莎白，这里也因此得名弗吉尼亚（Virginia，贞洁之地）。

雷利企图在这片新土地上建立殖民地（1585—1590），但是并未成功。然而，这些殖民者返回英国时带回了烟草，并将吸烟习惯带入了英格兰。同样也是在这个时期，新大陆的当地作物土豆被带到了爱尔兰。这些作物连同印第安人的玉米一起，都成为新大陆给欧洲大陆的回报。

611.伊丽莎白女王去世（1603）

伊丽莎白统治的最后时期对伊丽莎白本人来说有些黑暗和忧郁。她似乎陷入了莫名的忧伤和对衰老的恐惧之中。伊丽莎白于1603年去世，享年七十岁，而她在位的时间长达四十五年。随着她的去世，都铎王朝的统治也就此终结。

612.对文学的积极影响

伊丽莎白统治时期成为英国历史上最为辉煌的一段时期。这个时期，深受宗教改革运动的影响，同时也是地理和思想大发展的时期。哥伦布和其他航海家发现了新大陆。而文艺复兴重新振兴了欧洲大陆，并且成为人类文明史上的思想宝库。这些发展交织在一起，促进了人类思想的迅速发展并激发了人们的想象力。

这个时期的航海活动和成就几乎必然产生强大有活力的文学。在这个时期，英国和英国人民对宗教改革运动和文艺复兴运动的感受最为深刻，因此其文学的创造性、丰富性、活力都走在世界前列。一个著名的文学评论家说道："伊丽莎白时代闪耀文坛的伟大作家是这个刚刚觉醒充满思想的国家发展的自然产物。"

要讲述所有闪耀于伊丽莎白时代的伟大作家超出了本书的范围，在这里，我只想说伊丽莎白的文学时代也是莎士比亚、斯宾塞和培根的时代。①

① 威廉·莎士比亚（1564—1616），埃德蒙·斯宾塞（1552？—1599），弗朗西斯·培根（1561—1626）。值得注意的是，莎士比亚和培根都比伊丽莎白女王去世晚。

第五十七章　荷兰独立战争：荷兰共和国的崛起

（1572—1609）

613.国家

尼德兰（Netherlands）——低地之国——之前适用于所有的欧洲西北部地区，大部分土地位于海平面以下，现在（编者：20世纪初）主要指的是尼德兰王国（荷兰）和比利时（Belgium）王国。大部分地区为莱茵河（Rhine）和其他流入北海（North Sea）河流的冲积三角洲，最开始的时候，经常被河流和海水淹没而变成汪洋泽国。

典型的荷兰景观——赞丹市

但是，这片毫无希望的沼泽之地因大坝阻挡了海水的侵袭，坚固的堤岸防止了河水的泛滥，而注定要成为欧洲最具潜力的城市群以及近代史上第一个共和国的所在地。在中世纪，没有哪个欧洲国家能在文明发展的程度上取得比尼德兰更大的进步。16世纪初，那里已经有300万熙攘忙碌的人口了。古老的沼泽已变成精心培育的花园和果园了。带城墙的城市的数量达到二三百座。安特卫普（Antwerp）甚至可以和意大利最大的城市相媲美。一位威尼斯的使者曾经写道："当看到安特卫普时，我感到伤心，因为威尼斯已经被它超越了。"

614.查理五世统治下的低地国家（1515—1555）

查理五世皇帝通过世袭权获得了这些低地国家的统治权。在他统治的后期，在这里建立了宗教裁判所，目的就是镇压宗教改革者的异端思想。很多人或被送上了火刑柱，或被推上绞刑架，或被活埋。[①] 但是当查理退隐到尤斯特修道院时，这里的改革教义广泛传播并深深扎根下来，他火与剑的根除并没有达到目的。

615.腓力二世即位

1555年，在布鲁塞尔的一个庄严盛大的大会上，查理五世将他无力戴在头上的王冠戴到了他的儿子腓力的头上。上文我们对腓力是什么样的人已有所了解（第579条）。

腓力在尼德兰4年，将大部分时间用于根除新教的异端邪说。1559年，腓力乘船前往西班牙，再也没有回来过。他到达西班牙半岛时，巴利亚多利德（Valladolid）当地一个宗教法庭举行了盛大的庆祝活动，最后以烧死13个被宗教裁判所判定的异端分子作为结束。这些让腓力在他回家路上作为一个旁观者看到的可怕肃杀景象，其痛苦的场面，谁看到都不会感到愉悦。然而，他希望通过自己的到场，对宗教法庭所做的工作给与认可，并给所有的人留下一个印象：西班牙的宗教统一是国家和平与统一的基础，他将不惜一切代价来实现它。

616.偶像破坏者（1566）

腓力离开尼德兰后，那里对新教徒的迫害更为残酷。人们长期积累的愤怒终于爆发，他们发起暴动，在全国范围内捣毁所能见到的每一处偶像。修道院也被洗劫

---

① 查理的迫害从1521年持续到1555年。这些年间被杀死的人数一直被夸大，荷兰著名法学家格劳秀斯（卒于1645年）认为这个数字高达10万，而布洛克则认为实际数字不到1千人。参见布洛克，《荷兰人民史》，第2卷，第317页。

一空，图书馆被焚烧，被收容的人被赶出了他们的隐居地。暴乱毁坏了不计其数的艺术珍品，这让很多艺术爱好者痛心不已，就像亚历山大图书馆里的大量藏书被焚烧而让爱书者痛不欲生一样。

617.阿尔瓦公爵和奥兰治的威廉

偶像破坏运动发生的第二年，腓力向尼德兰派遣了一支由阿尔瓦公爵（Duke of Alva）率领的久经沙场的西班牙军队。阿尔瓦公爵的性格和腓力二世非常相像，狡诈狂热而又冷酷无情。阿尔瓦是那时最具才干的将军之一，他即将到来的消息传来，立即在尼德兰诸省引起了极大的焦虑与恐慌。所有尼德兰人的目光都聚集在奥兰治的威廉亲王（Prince William of Orange）身上——低地国家最重要的贵族成员，他们把他看作唯一的救星。奥兰治亲王虽然从来都不是一个狂热的教会信徒，但却是一个深信宗教的人，他相信自己是上帝选出的把自己的国家从西班牙暴政手里拯救的不二人选。在此之前，他是一个天主教徒，作为查理五世皇帝的侍从在他的宫廷长大。现在，他成为了一名新教徒；无论是作为天主教徒还是新教徒，奥兰治亲王都反对宗教迫害。他的这一态度尤其值得关注，因为这使他与同时代的大部分大人物不同，并对这个自己创建的渺小而又伟大国家的政策和命运带来了巨大的影响。

沉默者威廉

与其说奥兰治的威廉是一位军事家，不如说他是一位政治家；但是作为军事领袖，他也展示出了自己出色的作战才能。西班牙军队相继由欧洲最杰出的将领来指挥，但是奥兰治亲王都能够从容应对，正是因为他对自己国家的伟大功绩为他赢得了“荷兰自由的奠基者”（Founder of Dutch Liberties）的美誉。

618.“西班牙人的愤怒”；《根特协定》（1576）

1576年，一群西班牙士兵因为没有拿到军饷而发动叛乱，因为这场耗资巨大的战争几乎掏空了腓力二世的国库。叛军攻城略地，用抢掠的物品为自己发饷。美丽的安特卫普遭到毁坏。叛军的暴行引起了所谓“西班牙人的愤怒”（Spanish Fury）的爆发。可怕的局势导致了尼德兰的荷兰、西兰以及其他15个省份结成联盟，签订了历史上有名的《根特协定》（*Pacification of Ghent*，1576）。除了几个地区，对西班牙统治者的反抗进一步深入、协调地展开。

619.《乌德勒支条约》（1579）

在能力出众的统帅的指挥下，西班牙军队节节胜利，战争的天平开始摇摇晃晃地向西班牙方面倾斜。尼德兰人之间相互不满，结果造成北方省份和南方省份的分裂。北方以荷兰和西兰为首的7个新教省份签署了《乌德勒支条约》（*Treaty of Utrecht*），团结在了“尼德兰七省联合共和国”（Seven United Provinces of the Netherlands）这个永久的联邦之下，奥兰治亲王为执政。这个联邦为著名的荷兰共和国奠定了基础，那是一个未来的海上强国，并在200年的时间里一直是欧洲历史的强大影响因素。

南方的10个天主教省份同腓力二世斗争的时间尽管更长一些，但最终还是向西班牙的专制统治屈服了。这些省份一部分最后被法国吞并，剩余的省份几经变迁，最后组成现在的比利时王国。对南方省份的历史我们就不过多讲述了，现在我们把注意放到正在崛起的北方共和国的命运上。

620.“公告”和“申辩”（1580—1581）

奥兰治亲王是《乌德勒支条约》所形成的七省联合共和国的灵魂人物。在腓力二世和他下边总督们的眼中，奥兰治亲王就是他们平定各省令他们重新俯首称臣的主要障碍。腓力二世派出了那个时代最杰出的将军去镇压，还通过高官厚禄去引诱，都没能打动奥兰治亲王。

腓力二世决心实施公开的刺杀[①]来清除这位不可战胜的将军和收买不动的爱国者。他颁布一项公告，宣布奥兰治是罪犯以及“整个基督教世界尤其是尼德兰的首要捣乱分子”，并给出悬赏：无论谁把奥兰治亲王——不管是死的还是活的——交到他的手里，无论之前犯过什么样的罪行，都将得到赦免，此外，这个人还会得到贵族的头衔和25000克朗的黄金或土地。

针对这份臭名昭著的法令，奥兰治亲王起草了一份名为“奥兰治亲王的申辩

---

① 这里采用“公开刺杀”的说法目的是为了表明腓力手段上的改变。他一直试图通过暗杀来除掉奥兰治亲王。此时他非法化的法令使得蓄意的刺杀行动公然地成为公共的或政府的事务。为了理解这一点，我们应该了解16世纪的刺杀活动并不像今天认为的那样非正义。在意大利的一些小城邦，刺杀已经成为一种不涉及良知的普遍手段，即使在北方，很多统治者也时常会采取这种手段。

书”对暴政给以前所未有的严厉谴责。申辩书传遍整个欧洲，在各个地方都产生了深刻的影响。①

621.《独立宣言》（1581年7月25日）

联省共和国之前从未正式宣布不再效忠西班牙国王。现在，他们宣布废黜腓力作为他们的君主，打碎腓力二世的印章，并发表了举世瞩目的《独立宣言》（*Declaration of Independence*）。这份宣言对荷兰，就像1776年的《独立宣言》对美国一样神圣。

宣言的前言写道："上帝创造人类，不是为了让他们作为君主的奴隶而听从他发号施令，无论对错都要服从于他；而是让君主本着公正、仁爱、支持的原则来统治他们，就像父亲对自己孩子、牧羊人对自己的羊群那样，甚至为了保护他们可以牺牲自己的生命。当君主不再为臣民谋福利，而是压榨他们，侵犯他们古老的习俗和权利，苛求他们像奴隶般的顺从，那么，他就不再是他们的君主，而是一个恶霸。臣民们不仅可以拒绝他的权威，而且可以依法另选一位君主来保护他们。"

在腓力二世和其他像他这样的君主听来，这样的说法闻所未闻。他们从来没有听到过全体人民发出这样的声音，但是这样的呼声注定会广泛传播。在后来的政治革命时代，我们会听到足够多的这样的声音，它在英格兰、美利坚、法兰西，几乎世界各地都会传播开来。

622.刺杀奥兰治亲王

"公告很快就产生了效果。"1584年7月10日，在5次未遂的刺杀行动之后，奥兰治亲王最终被一位名叫巴尔萨扎·杰勒德的刺客射杀。腓力称赞这次刺杀行动是"对基督教世界有着无可估量价值的壮举"。随后，刺客被严刑拷打后处死，但是他的后人拿到了腓力的赏金，被赐予奥兰治亲王的部分财产和西班牙的贵族头衔。

623.1609停战协定

奥兰治亲王被刺尽管给了荷兰爱国者以沉重的打击，但是他们没有丧失信心，而是继续进行英勇无畏的战斗。威廉的第二个儿子，年仅17岁的莫里斯亲王，被选

① "申辩"本意为在法庭上进行辩护。在柏拉图的《苏格拉底的申辩》中，这个名词被用于在舆论法庭前为生命辩护。

为荷兰执政，接替父亲的位置。他也证明了自己是这位伟大的领袖和爱国者的可靠继任者。

战斗更加激烈。法兰西和英格兰都卷了进来，他们向宣布继承这两个国家王位的腓力二世宣战。战况复杂，讲述陆地战争的胜负和几乎每一处海域的战斗都将是没有穷尽的故事。1588年，西班牙“无敌舰队”（Armada）被摧毁成为战争的转折点，但绝不是终点。最终，欧洲厌倦了这场无休止的战争，西班牙的将军们相信凭借武力无法镇压尼德兰的起义，双方进行了谈判，并签订了著名的《1609停战协定》（*Truce of 1609*）。这份协定实际上是西班牙对尼德兰的联省共和国独立的承认，当然西班牙国王并不愿意承认自己无力镇压起义的事实，因此这份协定被称为“十二年休战协定”。西班牙直到40年后才在三十年战争终结时（1648）的《威斯特伐利亚和约》中正式承认荷兰的独立。

624.荷兰共和国的建立对宗教革命和政治革命的影响

荷兰反抗西班牙的成功对宗教改革运动意义重大。新教低地国家在天主教和新教的斗争中形成了一种战略点，如果失去这一点，对新教事业将是致命的，而改革者们维持这个战略点也是对天主教的反击设置了限制。

荷兰共和国的建立也对政治革命具有重要意义。在17世纪，荷兰是反对波旁王朝独裁统治、追求政治自由的捍卫者。当英国人在反抗斯图亚特王朝暴政的关键时刻产生动摇时，是奥兰治亲王的继任者们给予他们帮助，并将英国人的自由从危险中拯救出来。

第五十八章　法国的胡格诺战争

（1562—1629）

625.法国宗教改革运动

路德在维滕贝格发表《九十五条论纲》之前，在巴黎大学和法国其他地区，一些研习《圣经》的人们就抱有与这位德意志的改革者非常相似的想法。法国的宗教改革运动因此从路德在德意志领导的反抗中获得新的推动力。宗教改革的新教义在少量的贵族和市民阶层中获得了追随者，并在法国南部曾经阿尔比教派的区域深深扎下根来。

626.国王弗朗索瓦二世；凯瑟琳·德·美第奇和吉斯家族

要了解法国的宗教战争，我们首先需要知道这场历史大剧的主要角色。这场大戏以弗朗索瓦二世（ Francis II，1559—1560）开场，他是瓦卢瓦王朝[①]的国王。他的妻子是苏格兰美丽迷人的玛丽·斯图亚特。弗朗索瓦继位时不过是一个性格软弱的16岁男孩。幕后操纵大权的是吉斯家族（Family of The Guises）的首领（他们是狂热的天主教徒），以及国王的母亲凯瑟琳·德·美第奇（Catherine de’ Medici）。

凯瑟琳是意大利人，她似乎没有任何宗教信仰，但是她通过在两大教派之间搞权力平衡来进行统治。哪个符合她的统治，她便青睐哪个教派，因此，她时而支持新教徒，时而支持天主教徒。通过她的建议和政策，她为三个儿子统治期间法国的悲惨命运以及自己家族的凄惨结局出了大力。

---

① 16世纪瓦卢瓦王朝统治者包括路易十二（1498—1515），弗朗索瓦一世（1515—1547），亨利二世（1547—1559），弗朗索瓦二世（1559—1560），查理九世（1560—1574）及亨利三世（1574—1589）。

627.胡格诺派[1]领袖：波旁王公和科利尼上将

与吉斯家族针锋相对的是波旁王公纳瓦拉国王安东尼和孔代亲王（Princes of Condé）路易斯。他们是排在弗朗索瓦二世兄弟之后的法国王位继承人。

法国海军上将加斯帕尔·德·科利尼（Gaspard de Coligny）是“法国宗教改革运动的军事英雄”。他在年轻时就拥护改革者的教义，直到最后，他一直是新教徒可信赖的领袖。他是这个动荡时期里最具英雄气概的人物。

通过事先对所涉及党派和领袖的了解，将有助于我们讲述接下来的重要事件。

628.战争的开始（1562）

弗朗索瓦二世的短暂统治之后，他的弟弟查理继位为查理九世（Charles IX）。他当时只有10岁，所以王太后以他的名义掌握大权。凯瑟琳的执政理念就是让两个党派相互制衡，她给波旁的王公们在政府里安排一个职位，同时又颁布诏令对胡格诺派给予一定的宽容并禁止对他们进行进一步的迫害。吉斯公爵的支持者们难以接受这些对胡格诺派的让步，最终两派之间的敌对愈演愈烈，最后引发了内战。西班牙的腓力二世派出一支军队来援助天主教徒，而英格兰的伊丽莎白女王则向胡格诺派教徒伸出了援助之手。

629.圣巴托洛缪大屠杀（1572年8月24日）

战争爆发8年之后，凯瑟琳·德·美第奇为了巩固两派之间已经达成的协议，提议将查理九世的妹妹玛格丽特公主嫁给年轻的纳瓦拉国王波旁王朝的亨利。这场联姻让天主教派和新教派都同样欢欣鼓舞，两个教派的领袖们齐聚巴黎，出席两个人的婚礼。

婚礼仪式后的欢宴还没开始，世界就被有史以来最可怕的罪行所震惊——在圣巴托洛缪节那天对胡格诺派的大屠杀。导致这场可怕悲剧的有如下背景：参加这场婚礼的新教贵族中有科利尼上将。因为嫉妒科利尼上将超过了自己儿子的影响力，凯瑟琳决定处死科利尼上将。刺杀没有成功，科利尼上将躲过了刺客致命的子弹，只受了一点轻伤。胡格诺派教徒聚集在受伤的首领身旁，威胁着要报复。凯瑟琳被一种极度疯狂的恐惧所驱使，决定把杀光巴黎的所有胡格诺派教徒作为确保安全

---

① 法国新教徒被称作胡格诺派教徒，这个名字是他们敌人起的，词的来源并不确定。

的唯一手段。8月23日这天，屠杀的计划都安排好了。当晚，凯瑟琳去找自己的儿子，告诉他胡格诺派教徒正密谋要刺杀王室成员和天主教的首领，只有立即消灭巴黎城内的所有新教徒才能避免自己的家族被彻底毁灭。屠杀的命令放到国王的面前，等待他来签字。年轻的国王在这个行动面前恐惧地退缩了，一开始，他拒绝在命令上签字；但最终被他的母亲所说服，他大喊："我可以批准行动，但前提是，法国境内的胡格诺派教徒不能留一个活口，以免他们以后向我复仇。"

圣巴托洛缪节（1572年8月24日）的午夜刚过，约定的信号一发出——敲钟——大屠杀便开始了。科利尼上将是最早的遇害者之一。屠杀行动持续了三天三夜。巴黎的受害人数估计在1000至10000人之间。巴黎市内的胡格诺派教徒清洗完毕后，王室下令法国的主要城市都要对异端分子实施同样的行动。很多地方拒绝执行命令；但是大部分地方还是执行了命令，法国境内可怕的大屠杀开始了。全国的死亡人数并不确定；估计的数字也大相径庭，从2000人到10万人不等。

圣巴托洛缪大屠杀引发了整个文明世界——无论是天主教，还是新教——的一片咒骂之声。但是，据说腓力二世得到这样的消息却难掩喜悦之情；教皇格里高利十三世举行庆祝弥撒来纪念这一事件，在罗马的圣马可大教堂进行唱诗活动。关于这一说法，天主教作家认为教皇有如此举动是因为接到了错误信息，说是胡格诺派教徒对法国王室和天主教发动政变受阻才导致了大屠杀。

630.亨利四世即位（1589）

圣巴托洛缪大屠杀并没有消灭法国的新教徒，相反，它更加激发了胡格诺派保卫自己信仰的决心。法国因此而完全陷入动荡和战争的旋涡。最终在1589年，当时的法国国王亨利三世被刺杀。他的死宣告瓦卢瓦王朝的终结。纳瓦拉国王波旁的亨利四世多年来一直是胡格诺派最突出的领袖，现在他登上王位，成为波旁王朝的第一位法国国王。他的即位让欧洲最著名的王室之一变得举足轻重，从此时起到法国大革命和革命后的一段时期，法国乃至整个欧洲的政治史，在很大程度上都是波旁王朝的历史。

亨利四世

亨利四世（Henry IV ）得到和维持王位颇为不易。当时的法国仍然是一个天主教占主导地位的国家，天主教徒还没有准备好接受一位新教的君主。天主教徒宣称支持亨利的叔叔波旁红衣主教，法国因此陷入内战的旋涡。

631.亨利四世改信天主教（1593）

内战持续4年后，因为亨利改信天主教而暂停。就个人而言，即使天主教的领袖们也喜欢亨利，但他也清楚自己的胡格诺派信仰阻止天主教徒成为他忠心的支持者。因此他决定改变信仰来除掉执政道路上的唯一障碍，给战乱不断的法国带来和平与安宁。

632.南特敕令（1598）

亨利四世成为举国公认的国王后立即着手管理国家的事务。他所采取的措施中最值得介绍的是颁布了著名的《南特敕令》（*Edict of Nantes*）。通过这个法令，胡格诺派获得了信仰和思想的自由。所有公职都向胡格诺派信徒开放，就像向天主教派开放一样。另外，胡格诺派还被允许拥有若干要塞城镇来保卫自己的信仰和财产。拉罗谢尔（ La Rochelle）就是这些城镇中重要的一座。

《南特敕令》的颁布具有重大的意义，因为这是欧洲大国首次正式承认宗教宽容和平等的原则。自从罗马帝国基督教战胜异教崇拜以来，欧洲主要国家第一次允许两种不同教义和平共处。这要比英格兰赋予国民宗教和信仰自由提前了将近一个世纪。

633.亨利四世统治的特点；他的计划和去世

随着天主教徒和新教徒长期争斗的暂时缓解，法国进入了多年来不曾有过的繁荣时期。亨利四世对臣民非常关爱，他也因此赢得了“人民之父”的称号。在制定和执行自己的改革计划过程中，亨利四世得到了精明而富有远见的苏利公爵（Duke of Sully，1560—1641）的大力帮助。

亨利四世在统治后期感觉自己的权力逐渐稳固，开始筹划扩展法国的疆土和削弱宿敌哈布斯堡家族两个分支的计划。[①] 他正为战争积极做着准备，刺客拉瓦亚克（Ravaillac）的匕首却终结了他的生命和计划（1610）。

---

① 在反对哈布斯堡家族的计划中，亨利四世构思了一个非常宏伟的方案，这在苏利公爵的《回忆录》中有所体现，那就是将欧洲所有的基督教国家联合起来组成一个庞大的邦联或联邦，并通过设立一个国际和平法庭来消除战争。这一方案被称作“伟大计划”。

红衣主教黎塞留

634.路易十三（1610—1643）；红衣主教黎塞留和他的政策

亨利四世的儿子路易十三（Louis XIII）继位，他的统治因他的宰相红衣主教黎塞留（Cardinal Richelieu，1585—1642）的能力变得举足轻重。黎塞留，人称“法兰西的沃尔西”，是17世纪最有影响力的人物之一。在18年的时间里，这位神职人员就是法国的实际统治者，他不仅改变了法国的命运，而且在某种程度上改变了欧洲的命运。

黎塞留施行双重政策：首先，让法国国王的权力在法国至高无上；第二，让法国的权力在欧洲至高无上。

635.包围和攻陷拉罗谢尔（1627—1628）；胡格诺派政治权力的瓦解

为了实现法国国王在自己的领土上至高无上的权力，黎塞留认为必须要瓦解胡格诺派首领的政治权力，因为他们“首先是新教徒，其次才是法国人”的思想一直在挑战法国王室的权威并威胁国家的统一。因此，黎塞留亲自率军包围了拉罗谢尔，胡格诺派教徒当时正计划将拉罗谢尔作为一个独立的新教联邦的首府。经过一年的顽强抵抗，拉罗谢尔最终还是被攻陷了。

法国南部的胡格诺派教徒多坚持战斗了几个月，最终还是被迫全部投降。这次战斗完全摧毁了法国新教徒的政治权力。然而一个名为《恩典赦令》（*Edict of Grace*）的和平协议根据《南特敕令》保留了胡格诺派的信仰自由。这一赦令的颁布标志着困扰了法国两代人之久的宗教战争宣告结束。

636.黎塞留和“三十年战争”

当红衣主教黎塞留成为法国的幕后统治者时，德意志境内正如火如荼地进行着“三十年战争”。尽管黎塞留碾碎了在法国作为一支政治力量的新教势力，但他却援助了德意志的新教王公，因为他们的成功便意味着德意志的分裂和奥地利的屈辱。他先是以财政援助的形式，向作为德意志新教徒捍卫者的瑞典国王古斯塔夫·阿道夫提供援助，后来他直接派法国军队参加战争。

黎塞留生前没能看到三十年战争及法国与西班牙战争的结束；但是他的政策被后来者继续执行下去，并最终造成了哈布斯堡家族的两支的屈辱，让法国一跃成为欧洲最强大的国家。

第五十九章　三十年战争

（1618—1648）

637.战争的性质与起因

漫长而悲惨的三十年战争是欧洲天主教和新教之间的最后一场大战。它开始时是德意志新教王公和天主教王公之间的争斗，但是，渐渐地，它把欧洲大陆的所有国家都卷了进来，最终演变成一场争夺权力和领土的可耻而残酷的斗争。

战争的真正起因是德意志天主教徒和新教徒之间的相互敌对。但是，更具体一点来讲，就是著名的《奥格斯堡宗教和约》（第577条）中条款的内容造成的。天主教徒和新教徒对和约里的条款有着不同的解读，每一方对条款的侵犯都给了对方抱怨的借口。新教徒最终成立了具有互保性质的“福音派联盟”（Evangelical Union，1608），与之针锋相对，天主教教徒则组成了“神圣同盟”（Holy League，1609）。整个德意志都在为宗教战争的最终爆发做准备。

638.波希米亚阶段（1618—1623）

这把使德意志凋零了一代人之久的战火首先在波希米亚点燃。波希米亚的新教徒发动了反抗他们天主教国王的起义，并将耶稣会士赶出了波希米亚。但是起义很快被刚刚当选的神圣罗马帝国皇帝斐迪南二世（Ferdinand II）镇压——他为天主教联盟所支持。起义的领导者被处死，波希米亚的新教信仰几乎被完全清除。

639.丹麦阶段（1625—1629）

德意志的新教教徒似乎正遭受着灭顶之灾的威胁。不仅德意志的新教王公，甚至所有的北欧新教强国都对这样的局面感到震惊。丹麦国王克里斯蒂安四世（Christian IV）在英格兰和荷兰的支持下，投入到战争中来——它仍以断断续续的方式进行——成为了德意志新教的捍卫者。而在天主教这边，出现了两位著名的将领——神圣同盟军队的统帅蒂利（Tilly）和出身于波希米亚富有的贵族、担任神圣罗马帝国军队统帅的华伦斯坦（Wallenstein）。三十年战争丹麦阶段就此开始。

战争对新教联盟是灾难性的，克里斯蒂安最终被迫与神圣罗马帝国皇帝签署和平协议并退出了战争。

640.瑞典阶段（1630—1635）

就在此时，瑞典国王古斯塔夫·阿道夫（Gustavus Adolphus）召集了16000名英勇善战的瑞典士兵出现在了德意志北部，成为了这里士气低落、群龙无首的新教徒的捍卫者。瑞典国王参战，有着多重原因：首先，他是新教教义的强烈支持者并对新教派抱有同情。另外，神圣罗马帝国军队在德意志北部高歌猛进，威胁到了瑞典在波罗的海的利益——建立哈布斯堡家族的霸权[①]对把波罗的海看成是自己内湖的瑞典君主而言是个威胁。

古斯塔夫·阿道夫

瑞典阶段中的一个令人震惊的事件就是蒂利的帝国军队洗劫了马格德堡（Magdeburg）城，成千上万的居民悲惨地死去。蒂利写给斐迪南的信中说，这是自从特洛伊和耶路撒冷陷落以来从未有过的胜利。他补充道："我非常遗憾，尊贵的皇室夫人们没有亲眼观赏这一壮观的景象。"

马格德堡的悲惨命运令新教王公们极为震惊，勃兰登堡和萨克森的选帝侯们将自己的军队和瑞典国王的部队联合在一起。蒂利两次被打败，并在最后一场战役中遭受致命伤（1632）。随着蒂利的去世，斐迪南失去了最为信任的将军。

神圣罗马帝国的事业似乎陷入绝境。现在，德意志只有一个人能够扭转瑞典君主的破竹之势，他就是华伦斯坦，不久前被皇帝解除职务。皇帝现在只好向他求助。华伦斯坦同意招募一支军队，前提是他要有绝对的领导权。斐迪南被迫同意了这个宿将的所有要求。华伦斯坦又提高了自己的标准，他需要招募的不仅是德意志

① 皇帝斐迪南是哈布斯堡家族的领导者。

的，而是整个欧洲的冒险家。这是一群乌合之众，他们不是因为爱国主义或信仰，而是因为华伦斯坦的名声与威望而组织在一起。

华伦斯坦招募了4万完全听命于他的军队，经过多次的进攻与撤退，最终在萨克森的吕岑（Lützen）与古斯塔夫决一死战。结果瑞典人虽然获得了胜利，却失去了自己的首领和国王（1632）。

我们可以用历史学家金德利（Gindely）的话来总结古斯塔夫·阿道夫参加三十年战争的结果："他让新教避免了在德意志陷入绝境。"

尽管他们伟大的国王和统帅阵亡，瑞典人却没有从战争中退出。随着战争的继续，新教联盟取得了优势。恰巧这个时候，斐迪南对华伦斯坦起了疑心。他坚信华伦斯坦背叛了皇室，因此派人刺杀了华伦斯坦（1634）。这一事件标志着三十年战争瑞典阶段进入尾声。

641.瑞典-法国阶段（1635—1648）

若不是法国出于自私和野心的干预，这场困扰德意志半代人之久的战争或许可以早点结束，因为交战双方都已经疲惫不堪，并且希望能够展开和平谈判。但是黎塞留不愿意就此结束战争，因为奥地利还没有完全屈服。因此，黎塞留鼓励瑞典继续战斗，并许诺法国军队会给予援助。

这场战争在很大程度上已经失去了最初的德意志天主教和新教王公之间的斗争的特征，变成了奥地利王朝和波旁王朝之间的政治斗争，其中奥地利是为生存而战，而法国波旁王朝则是为扩张而战。

所以，这场可怕的战争一年一年地持续进行，它已经成为了一场残忍无情的掠夺战利品的争斗。瑞典人抓紧控制德意志的河流入海口，而法国人则希望控制莱茵河畔的土地。战争大戏开始时的参与者已经退出了舞台，但是他们的角色又被其他人接替。

642.《威斯特伐利亚和约》（1648）

战争终于随着著名的《威斯特伐利亚和约》（*Peace of Westphalia*）的签订而结束了。这一重要和约的主要条款可以分为两个方面——领土和宗教。

关于前一条，这些条款在三个方向缩减了神圣罗马帝国实际和名义上的领土面积。瑞士和尼德兰联邦从中分离出来，尽管这两个国家在过去很长一段时间里已经取得独立，但是并没有得到任何正式的承认。法国对洛林地区（Lorraine）的梅茨（Metz）、图勒（Toul）和凡尔登（Verdun）三个教区的管辖已经有大约一个世纪之久，现在得到了确认，整个阿尔萨斯地区（Alsace）除了自由城市斯特拉斯堡（Strasburg）外都落入了法国之手。

已经是海上强国的瑞典，又获得了德意志北部的领土——西波美拉尼亚（Western Pomerania）和其他地区，这让她因为控制了德意志境内三条重要河流——奥德河（Oder）、易北河（Elbe）和威悉河（Weser）——的入海口，而影响力大大提升。但是这些地区并不是把所有的主权都给了瑞典，它们仍然是德意志的一部分，瑞典国王通过与这些地区的关系而成为神圣罗马帝国的王公并在帝国议会中获得了席位。

帝国内发生了很多变化，其中一些变化是很重要的。勃兰登堡——未来一个伟大国家的核心——获得了大量的土地。她获得了东波美拉尼亚（Eastern Pomerania）和有价值的教会土地。

德意志的不同邦国——算上帝国的自由城市，数量超过400个——在战后变成了事实上独立于帝国权威之外的存在。继续存在的神圣罗马帝国不过是一个松散的邦联，德意志民族的统一被推迟到遥远的将来。

和约中关于宗教的条款比那些建立邦国边界的条款更为重要。天主教、路德派和加尔文派都被赋予了相同的地位。每个王公都有权决定自己的宗教来作为自己人民的信仰，拒绝接受国教的人将被驱逐，这些不奉国教者有5年的时间用于移居国外。这样的条款被称作王公们的“宗教改革权”，而臣民们的则被称为“移民权”。①

这些就是著名的《威斯特伐利亚和约》中最重要的条款。200多年的时间里，它们成为德意志的基本法律原则，并且在欧洲各国之间实现了权力平衡。尽管法国的路易十四对这些条款有所异议，但是这些条款还是一直被维持到法国大革命时代。

643.战争对德意志的影响

三十年战争给德意志留下的创伤几乎难以形容。战争开始的时候，德意志的人口有3000万，战争结束的时候，只剩下1200万。2/3的个人财产被破坏。很多曾经繁荣的大城市被削弱到只剩下躯壳。符腾堡（Württemberg）在战争开始时有50万

---

① 巴拉丁领地（Palatinate）的历史阐述了和平协议的这一条款；在长达60年的时间里，这里的人们被统治者四次逼迫改变自己的宗教信仰。但是这属于例外情况。

居民，而战争结束时只剩下5万。曾经强大的汉萨同盟实际上已经解体。到处都是农民茅舍和贵族宫殿被烧焦的废墟。大量地区由于没有人居住而荒芜不堪。很多地区的土地复为原始的蛮荒之地。贸易路线中断，一些工商业和贸易被席卷一空。

战争对艺术、科学、教育和道德的影响更加令人痛心。绘画、雕塑和建筑已经消亡，曾经作为艺术家家园的城市躺在废墟中。诗歌不再发展，教育完全被忽视，整整一代人的生活完全被战争占据，孩子们根本没有受教育的机会。道德法律被人遗忘，到处弥漫的罪恶却甚嚣尘上。① 曾经具有巨大发展潜力的德意志文明遭受重创，久久不能恢复，而人们的道德观念已经完全麻木。

虽然如此，仍然有一个可以洗刷战争罪恶的好处。战争的暴行和恐怖激励了杰出的荷兰法学家雨果·格劳秀斯（Hugo Grotius，1583—1645）创作了他的伟大著作《战争与和平法》（*The Laws of War and Peace*）。这部法律著作被权威人士评价为“所有非宣扬君权神授的法律著作中最有裨益的一部”。其主要目的是改革战争法，减少战争的灾难，限制战争胜利者的“权力”。这部法律著作对欧洲各国法律的发展有着如此深刻的影响，以至于格劳秀斯被认为是国际法的创始人。

644.结论

《威斯特伐利亚和约》是整个欧洲历史的标志性和约。它是两个伟大时代的分界线，标志着宗教改革时代的结束和政治革命时代的开始。从此之后，人们不再为了教义而战，而是为宪法而战。我们发现人们会对民主政府和政治权力问题比对宗教政府和宗教教条问题更加关注。我们不再看到一个国家或一个党派因为宗教观点的分歧而向另一个国家或党派发起攻击。②

但是我们认为《威斯特伐利亚和约》标志着宗教改革时代的结束并不意味着人们开始接受宗教宽容思想。实际上，还没有达到真正的宗教宽容，只不过是形式上的宽容而已。一个多世纪的冲突和权力拥有者的更迭使一个党派今天是迫害者，明天就成为被迫害者，这迫使所有人得出了一个结论就是：他们必须相互宽容，任何

---

① 在战争结束之前，双方阵营的支持者人数超过了士兵的人数。在行军途中，军队召集了那些像在罗马帝国横行的哥特人和汪达尔人的游牧部落。战争过后，这些被解散的士兵成了盗贼和土匪，成千上万的人被处决。德意志在《威斯特伐利亚和约》签订后的一个世纪里，仍不断受到这些匪帮的侵扰。

② 英国的清教徒革命可能看起来像一场宗教战争，但是我们需要了解它主要是一场政治较量，一场反对英国政治独裁的斗争。

一方不要试图用武力来消灭另一方。两个多世纪的教训使人们至少在部分程度上看清楚他们必须做的事情也就是他们应该做的，那就是人们不仅要在外在行为上，更要在精神上保持宽容。

接下来我们就要讲述政治革命时代，这个时代的主要特征就是君权神授思想的发展以及政府专制主义和自由主义的斗争。

第六十章　君权神授思想和开明君主专制

645.“君权神授”思想

贯穿于17、18世纪的政府管理理论对欧洲的历史发展有着巨大的影响，就像中世纪时期的帝国和教皇统治理论对当时欧洲的影响一样。这个理论就是著名的“君权神授”（Divine Right of Kings）思想。

根据这个理论，国家好比一个大家庭，而国王就是这个家庭里由上帝任命的家族领导者。国王有义务像家长一样来管理国家，而人民有义务像孩子遵从父母那样来服从国王的领导。如果国王做错事，或者残酷不公，这只不过是人民的不幸；但人民绝对没有权利来反抗国王的权威，就像孩子决不能反抗父亲一样。国王只对上帝负责，而人民也对上帝负责，所以只能默默服从，不可以进行任何报复行为。①

路易十四的宫廷牧师博须埃（Bossuet）说过：“国王是上帝委任的代理人”，“王权不是一个自然人的王权，而是上帝的王权。国王是神圣的，伤害王权就是对上帝的亵渎。国王就是上帝，按照上帝的旨意来独立管理国家。”

在这一时期结束之前，君权神授的思想已经逐步由理论变为现实；君主和人民为此都付出了沉重的代价，人民希望通过革命的有力方式来展示他们拥有神圣不可侵犯的自治权利。

646.“君权神授”思想的历史

“君权神授”思想的历史值得追根溯源。在原始民族中，如早期的希腊人，我

---

① 当国王滥用他的权力时，人们所能做的就是祈求他“改正他的错误”以及“向上帝祈祷”。

们发现国王就是以神授的权力——他是神的后裔——进行统治的。在古埃及，法老被看作是神性的共享者。在古代的朱迪亚，君主就是上帝任命的代理人。在罗马帝国时代，东部的臣民们就认为皇帝天生与众不同，他们修建庙宇来向“神圣的恺撒”致敬。

但是为了探究近代史上的“君权神授”的起源，我们只需回顾中世纪的教皇权力的建立。教皇就是以神授的权力进行统治的。所有教皇都认为自己的职位和权威是来自神明。但是当神圣罗马帝国皇帝与教皇产生分歧时，皇帝的支持者们提出了与“教权神授”相对的“君权神授”理论。但丁在他的《论世界帝国》（*De Monarchia*）中提出了君主权力的超自然特征，并认为君王的统治和教皇一样都是上帝授予的权力。后来到了14世纪，当神圣罗马帝国在实际上被教皇所摧毁，国王们开始反抗教皇，君王的支持者们自然开始倡导王权神授的思想。这就是这一理论的近代雏形。

最后，当宗教改革运动到来时，起而反抗的国家的世俗统治者与罗马教廷产生了更大的争执，“君权神授”理论开始广泛传播。当教皇将国王逐出教会并敦促教民反抗他们的君主时，保王主义的作家和牧师们响亮而又狂热地提出了“君权神授”理论并宣布任何对君王的不尊和反抗都是邪恶的行为。就这样，“君权神授”和完全服从君主的统治在人民的心中开始产生根深蒂固的影响。

647.绝对君主专制的特点及它们与政治革命的关系

国王们对历史环境和政治理论的发展所赋予他们的巨大的权力又是如何利用的呢？作为一个阶层，他们背叛了这样的信任。太多的君王采用了法国国王路易十四的信条：“自我扩张是国王的最高贵最适宜的行动。”他们认为百姓生来似乎就是供自己利用的，公共力量和公共财富是为了实现他们个人目的的工具，战争成为了皇家的消遣游戏。17、18世纪被看作是绝对君主专制统治的时代，这一时期大部分的血腥战争都是源于个人妒忌、邪恶的野心或者是为了王位的继承而发动的。因此，一些历史学家称这个时期为“王朝战争时代”（Era of Dynastic Wars）。

现在，所有这些对王权的滥用，所有为争夺王权而发动的邪恶的战争都使得“君权神授”的信条名声扫地，从而催生了人民自己管理国家的思想。爱默生（Emerson）说：“如果够坏，坏国王是在帮助我们。”这个时期的很多国王都是足够败坏，这反而帮助了人民。正是在这个时期，文艺复兴和宗教改革运动所带来的王权的力量引起了人们的反抗，人们开始对王室贵族的神授权力产生怀疑，从而开始声讨和反抗。

648.开明君主专制

但是，这个时期的国王并不都是愚蠢和邪恶的，他们中间也有很多智慧而又仁慈的君主。尤其是在18世纪后半期出现了一些开明君主（enlightened despots），他们在法国哲学思想的影响下开始接受作为君王的职责和对臣民的义务。

这些开明君主并没有放弃"绝对的君主专制才是最好的政府形式，人民不应该参与公共事务的管理"这一思想。他们认为国王的权力应该是无限的，但是他们强调这样的权力是应该为人民的利益行使的。公共收入应该用在公共事业上，官员的任命应该根据他们的才能和品德。因此，王权是来自于人民的信任，王位是要为人民谋福祉的思想愈发突出。国王成了人民的仆人。

开明君主统治时期最著名的代表人物包括俄罗斯的叶卡捷琳娜二世（Catherine the Great）、普鲁士的腓特烈大帝（Frederick the Great）。这些开明君主和他们的事迹，我们将在后面专门描述。如果稍加观察，我们就会发现，古希腊时代的暴君和古罗马时代皇帝的统治已经足够说明，在这个政府体制的伟大试验中，绝对的权力置于一人之手是不安全的，它迟早会被滥用。

如果君主具有完美的智慧和人格，那么大权集于他一人身上也算是好事。但是不幸的是，这些理想君主的特质很少能够聚集在同一个人身上，更少能从父亲传给儿子。正是因为这个原因，绝对的世袭君主制作为一种实际的政府形式便毫无希望、无药可救，最终不得不土崩瓦解。

第六十一章　路易十四统治下法国的支配地位

（1643—1715）

649.路易十四，君权神授的典型代表

法国国王路易十四（Louis XIV）是君权神授专制君主的代表。他亲自向我们阐述了他的执政理念。[①]“国王是绝对的主人；所有臣民连同他们的财产的支配权自然属于国王，无论他是神职人员还是世俗人员。”[②]“无论君王多么的邪恶和暴虐，臣民的反抗都是彻头彻尾的犯罪。上帝将权力授予国王，国王就应该得到臣民的尊敬和拥护，只有上帝才有权评判国王的言行。凡是国王的臣民，就应该无条件地服从国王的旨意。”

路易十四提出的治国理论可以用更简练的语言表述，那就是“朕即国家”（I am the State）。也许他从来没有说过这样的话，但是这样的格言至少完美地阐释了他的治国思想。按照他的观点，他就是上帝委任的法国唯一的立法者、法官和管理者。

路易十四所阐述的治国理论对17世纪的欧洲当然算不得什么新思想，但是路易十四是如此理想的独裁统治者，他的政府在整个欧洲都极具吸引力，其他国家的统治者纷纷效仿。君权神授，人民在政府管理中不起任何作用的思想就此流行开来。

---

① 应该注意的是，路易的臣民，至少他们中的大多数人也相信应该由一个人来治理国家。这样的想法是有道理的，他们都曾拥有过贵族政体多人统治下的苦难经历。所有人共同治理政府，或者由他们自己管理政府的话，他们根本无法形成清晰的理念。在经历了100多年的独裁暴政和迫害之后，才催生了革命思想。

② 《路易十四作品集》（巴黎，1806），第2卷，第336页。

650.马扎然执政（1643—1661）

1643年，德意志的宗教战争仍在进行，这时，法国国王路易十三（Louis XIII）去世了，他将黎塞留巩固强化下来的巨大权力传给了只有5岁大的儿子路易十四。

由于路易十四年幼，法国的大权实际上掌握在他的母亲摄政王奥地利的安妮（Anne of Austria）手中。安妮任命意大利的神职人员红衣主教马扎然为首相（Cardinal Mazarin）。马扎然和自己的前任黎塞留一样能力出众，在外交政策上也是完全效仿黎塞留的做法（第636条）。马扎然去世之前，奥地利哈布斯堡家族的两支已经丢尽颜面、一蹶不振，波旁王室已经做好了领导欧洲事务的准备。

651.路易十四成为自己的首相

马扎然于1661年去世，此时的路易十四已经23岁，他将政府各部门的首脑召集在一起宣布自己将要全权处理国家的各项事务。他随后命令所有下属没有他的命令不得私自签署任何文件。

从这时起，在超过半个世纪的时间里，路易十四自己就是法国的首相。他事无巨细都要亲自过问。除了西班牙的腓力二世外，路易十四可以说是在国王的位子上做得最辛苦的君主。他身边其实不乏能力出众的大臣，但他仍然事必躬亲，即使有时候也为此焦躁不安。

路易十四

652.路易十四的战争

在路易十四统治乾纲独断的统治时期，法国参与了四次规模浩大的战争：（1）和西班牙属尼德兰的战争；（2）和新教尼德兰（荷兰）的战争；（3）和巴拉丁领地或奥格斯堡同盟的战争；（4）西班牙王位继承战争。所有这些战争都是法国王室发动的征服和侵略战争，或者说是为了实现自己野心和入侵政策的战争。路易十四在这一阶段最主要的敌人就是代表和捍卫自由的荷兰共和国。

653.和西班牙属尼德兰的战争（1667—1668）

1665年，西班牙国王腓力四世（Philip IV）去世，路易十四以妻子的名义宣布西班牙属尼德兰（Spanish Netherlands ）的部分领土归法国所有，并率领军队进入西属尼德兰。荷兰人（Hollanders）则自然而然地惊恐起来，担心路易十四也会吞并他们的国家。因此，他们和英国、瑞典结成三国同盟来抵制法国的入侵，并迫使路易十四放弃自己占领的很多领土。

654.和新教尼德兰的战争（1672—1678）

路易十四发动的第二次战争是对尼德兰联省共和国（荷兰）的战争。他对这个小国的进攻出于两个动机：第一，荷兰人在前边第一次战争中的干预引起了路易十四的愤怒；第二，荷兰人代表了他所反对的一切——自治政府、新教和自由思想。

在这场战争中，路易十四发现自己面对的是半个欧洲的军队。几年时间里，这场战争在海上和陆地全面发动，尼德兰、莱茵河畔、英吉利海峡、地中海，还有新大陆海岸线。战争以和约的签订而宣告结束，根据条约，路易十四放弃了对荷兰的征服，但是还是保留了西属尼德兰的大量城镇和堡垒，以及法国东部边境勃艮第地区的自由县。通过这场战争，路易十四提高了自己的声望并获得了很多领土。法国人民开始称路易十四为“伟大的君主”（Grand Monarch）。

655.路易十四占领斯特拉斯堡（1681）

接下来的10年，西欧相对安宁。在此期间，路易十四的许多令人不可原谅的行为中有两件事引起了特别注意，因为它们不仅标志着路易十四的权力到达顶峰，还展示了他对权力的傲慢和不公的使用，这是他人生命运的转折点。第一件事就是他攻占了自由城市斯特拉斯堡及属于德意志莱茵河左岸的许多其他重要的地方。斯特拉斯堡对于路易十四而言有着重要的军事意义，因为这里的防御工程非常坚固，并被看作是莱茵河畔的主人。

656.废除南特敕令（1685）

路易十四的第二个既不公正又愚蠢至极的行动就是废除《南特敕令》——亨利四世许诺保证法国新教徒宗教自由的仁慈法令（第632条）。路易十四迫害新教徒臣民的动机在本质上和西班牙的腓力三世驱逐（Philip III ）自己境内的摩尔人的动机相同。他认为消除法国的异端分子是自己对上帝的献礼，而且他早已觊觎根除法国异端的荣耀。废除《南特敕令》的法令在1685年颁布。通过这一残忍法令，所有新教教堂都被迫关闭，每个拒绝信奉天主教的胡格诺派教徒都被宣布违法。胡格诺派教徒一直以来遭受的迫害再次在暴力等级上增加，这种迫害被称作“龙骑兵迫害”（Dragonnades），很多龙骑兵就驻扎在新教教徒的家中，并得到授权可以随意骚扰和迫害他们，无论生死，直至这些受迫害者被迫宣布放弃自己的信仰。

在龙骑兵的残酷迫害下，有30万最有技术和勤劳的臣民从路易十四的王国逃离。胡格诺派教徒逃离法国行为的影响是灾难性的。法国几大最重要和繁荣的工业遭到了破坏，而其他国家尤其是荷兰、英国、勃兰登堡的制造业却因这些逃到他们国家的胡格诺派教徒带来的活力、技术和资金而获益。很多逃亡的胡格诺派教徒前往美洲避难，并在那里成为了除英国清教徒外新大陆上最重要的一支力量。①

657.和巴拉丁领地或奥格斯堡同盟战争（1688—1697）

废除《南特敕令》对法国的间接影响和直接后果一样充满灾难性。这一法令的通过在新教国家所激起的愤怒促成奥兰治的威廉亲王组织起来一个强大的联盟来反抗路易十四，史称“奥格斯堡同盟”（League of Augsburg）。

路易十四决心向同盟者发起进攻。为了为自己的进攻寻找一个借口，路易十四以妻子妹妹的名义宣布巴拉丁领地（Palatinate）的所有权归自己所有，然后急忙派遣大部队进入巴拉丁领地，不过很快就被联军击败。眼看着自己的征服无法完成，路易十四下令将巴拉丁领地夷为平地。这些遭受毁坏的地方包括海德堡（Heidelberg）、施佩耶尔（Spires）和沃木斯（Worms），甚至果树、葡萄架和庄稼都被破坏。

另一个更加强大的同盟被组建起来对抗路易十四（1689），它包括英国、荷兰、瑞典、西班牙、萨伏依（Savoy）、神圣罗马帝国皇帝以及德意志的几位王公。在10年的时间里，几乎整个欧洲都成为战场。这场战争堪比一个世纪后的欧洲大陆为了追求独立而发动的反抗拿破仑的战争。

最终，交战双方都因战争而疲惫不堪、资源耗尽，《里斯维克和约》（1697，*Peace of Ryswick*）的签订终于结束了这场战争（1697）。战争期间双方都互有胜负，路易十四被迫放弃了很多在战争之前就占据的领地。

658.西班牙王位继承战争（1701—1714）

《里斯维克和约》签订之后仅仅3年，欧洲列强就卷入了另一场战争——西班

① 参见贝尔德，《胡格诺派教徒美洲迁移史》。

牙王位继承战争（War of the Spanish Succession）。

这场战争爆发的背景是这样的：1700年，西班牙国王查理二世（Charles II）——查理五世皇帝在西班牙的最后一位男性后代——去世了。他去世后没有子嗣来继承王位，于是他把王位传给了路易十四的孙子安茹公爵腓力（ Philip，Duke of Anjou）。腓力公爵当时只有17岁，他得到王位后被称为腓力五世，并成为了波旁王朝在西班牙的创建者。路易十四在得知法国和西班牙实质上合并的消息后无比喜悦，他声称“从此之后，再无比利牛斯山”。

面对共同的危险，欧洲成立了另一个大同盟来反对法国，[①] 其主要目的就是将腓力赶下西班牙王位，并安排一个奥地利王子即位。在13年的时间里，整个欧洲因为战争而动荡不安，直到《乌得勒支和约》（*Treaty of Utrecht*，1713）和《拉斯塔特和约》（*Treaty of Rastadt*，1714）签订，战争才宣告结束。但是这些和约的条款还是保留了波旁家族的王子腓力在西班牙的王位，条件是法国和西班牙永远不能合并成为一个王国。西班牙的统治从各个方面都被削弱。直布罗陀和米诺卡岛被割让给英国；米兰、那不勒斯和撒丁岛，以及天主教尼德兰割让给了奥地利；西西里岛被割让给萨伏依公爵。西班牙因此几乎被剥夺了在欧洲的半数领地。

法国也在殖民统治上遭受沉重打击和削弱，被迫将新斯科舍（Nova Scotia，阿卡迪亚）割让给英国，并承认英格兰在纽芬兰和哈德逊海湾地区的统治权。

659.路易十四去世（1715）

在祸患、困惑和痛苦中，路易十四长期、多事的统治终于走到了尽头。为了支撑不计其数的战争支出，维持奢华的宫殿，建造昂贵的建筑，他不得不征收沉重的赋税，这使法国不堪重负、濒临破产，而他可怜的子民们为了面包所发出的哀号一直萦绕在皇宫周围。而王太子和两个孙子的先他去世也沉重打击了路易十四，他只好把王位传给了只有5岁大的曾孙。1715年9月1日，“伟大的君主”走完了自己的一生，将一个债台高筑、痛苦不堪、危机四伏、民不聊生的国家交到了一个孩子手中。路易十四似乎在生命的最后时刻对自己的错误进行了反思，给自己的继承人留下了下面的忠告：“不要效仿我的错误做法。我对战争的认识不够深刻，为了虚无

---

① 同盟在最初的时候包括英国、新教荷兰、奥地利和其他德意志邦国，后来葡萄牙和萨伏依也加入进来。

缥缈的东西不断挑起战乱。不要模仿我，做一个平和的君主，把解救臣民于水火作为你从政的主要任务。”

路易十四的去世并没有得到臣民们的一滴眼泪，人们得到这个消息时欢呼雀跃。当时的一位讽刺作家宣称：“在路易十四活着的时候，人们已经流尽了所有的眼泪，他死的时候已经没有眼泪可流了。”

660.路易十四的宫廷

路易十四的宫廷生活之奢华是欧洲历史上从未有过的。自古罗马的尼禄在烧毁的罗马区修建黄金宫，置身于其中奢华的陈设时感叹“现在的房子才是人应该住的地方”后，再没有哪个君主如此挥霍一个帝国的财富。路易十四有6处宫殿，最豪华的当属凡尔赛宫（Versailles）。在这个最初是荒原的地方，路易十四建起了一个美丽的微型宇宙，而他本人就是这个宇宙的中心，绚丽的太阳——路易十四选择太阳作为自己的标志——宇宙万物都围绕太阳转动又从太阳那里获取光与生命。这里聚集了全国的美色、智慧和学识。王室超过15000人，都过着富贵奢华而又空虚的生活，而一切都要人民来负担。这个庞大家族的一个重要的组成部分就是众多的封建贵族。虽然被剥夺了古代的权力和财富，他们却因为出没于皇室家族中——从国王手里领取养老金并成为他宫廷的漂亮点缀——而心满意足。

不难想象，这个时期的宫廷生活腐朽至极。然而，罪恶披上了镀金的外衣，丑陋的道德败坏被表面的丰功伟绩和精致的愉悦以及做作的举止装扮得花枝招展。虽然如此的虚伪和腐败，路易十四的奢华宫廷还是令整个欧洲眼花缭乱。邻国的宫廷纷纷效仿并追求奢侈的生活方式。在品味和时尚方面，法国给整个欧洲大陆制定了规则，而法语也成为了整个文明世界的宫廷用语。

661.路易十四时期的文学

尽管路易十四本人不是学者，但是他给了文学家们最自由的鼓励，因此，他的统治时期成为了法国文学的黄金时代。当然，他这么做有着自私的想法。他与各个阶层的诗人和作家交友并授予他们各种荣誉，为的就是让这些文人能够宣扬自己宫廷的声誉。这些作家在他那里领到高额的奖赏，从而在整个欧洲大肆赞美路易十四，为他的青睐和自由给出了最丰厚和感激的回报。

这个时期，几乎所有的文学种类都得到了法国作家的培育和发展，然而最杰出的作家出现在了戏剧领域。三个最伟大的剧作家高乃依（Corneille，1666—

1684）、拉辛（Racine，1639—1699）和莫里哀（Molière，1622—1673）都出现在这个时期。①

662.路易十四的统治与1789年法国大革命的关系

历史学家冯·霍尔斯特（Von Holst）说："如果要问，是谁在打破旧的制度方面做的贡献最大？毫无疑问，正确的答案是，路易十四。"路易十四通过滥用自己无限的权力使君主专制信誉丧失。他发动的多次战争和为了维持闲置奢华的皇宫而大肆挥霍财富令法国因沉重的税负而江河日下。他的"世间万物，皆为我一人所用"的可怕理念使劳苦大众痛苦不堪，从而为大革命做好了思想和精神上的准备。

663.路易十五统治下法国君主政体的衰落（1715—1774）

波旁王朝的霸权连同路易十四一起永远地消失了。伟大君主将自己的王位传给了继任者，法国历史也从最强大辉煌的统治时期过渡到最虚弱和最耻辱的阶段。路易十五（Louis XV）是一个专制暴君，但又不具备任何君主的美德。在他的统治下，法国迅速衰落并逐渐滑向1789年大革命的深渊。法国在这个时期参加的所有战争都给她的军事声望带来伤害。其中最重要的一场战争就是七年战争（Seven Years' War，1756—1763），在美国称之为"法国印第安人战争"，它导致了法国在新大陆失去了加拿大，在旧大陆失去了印度。

---

① 为路易十四时期增光添彩的世界著名法国作家、哲学家、牧师和演说家包括：现代哲学之父笛卡尔（1596—1650）；数学天才、著名的《致外省人书》作者帕斯卡（1623—1662）；小说家、无可匹敌的性格与举止描述者拉布吕耶尔（1645—1696）；著名书信体作家塞维尼夫人（1626—1696），其书信体作品即使在今天也是法国文学珍贵的部分，并构成宫廷历史学家的信息宝库；雄辩的宫廷传教士和君权神授思想的捍卫者博须埃（1627—1704）；杰出的主教、讽刺路易十四统治的著名作品《忒勒马科斯探险记》的作者费奈隆（1651—1715）。

第六十二章　斯图亚特王朝和英国革命

（1603—1689）

第一节　詹姆斯一世的统治（1603—1625）

664.詹姆斯一世的执政思想

随着都铎世系的终结，玛丽·斯图亚特的儿子苏格兰国王詹姆斯六世继承了英格兰王位并成为英格兰的詹姆斯一世（James I）。斯图亚特家族的即位让英格兰和苏格兰处于一个共同的君主统治之下，但是每个国家都还保留了各自的立法机构。

詹姆斯一世和其他继任的斯图亚特王朝的国王一样都是君权神授思想的坚定拥护者。他认为王位世袭是上帝赋予的权利，人民、神职人员和议会都不可以对国王的权力有任何的怀疑和限制。他的原话是这样说的："质疑上帝的做法属于大不敬和亵渎神灵，忠诚的基督教徒对上帝的旨意永远满意；作为臣民对国王的做法和旨意或者对国王不能做什么指手画脚都属于对王权的冒犯和蔑视。"①

665.詹姆斯一世和下议院的斗争；"至高无上的国王和至高无上的人民"

但是英国下议院（Commons）和大多数英国人民关于政府性质尤其是英国政府的性质与斯图亚特王朝的国王的观点并不相同。这种观点上的差异就蕴藏着内战和所有由此产生的事件——共和国、护国政体和1688年革命的萌芽。

一个事件形象地说明了这种形势。下议院的委员会等待着国王的出现。詹姆斯

---

① 出自国王在星室法庭的演讲，1616年。

一世对自己的随从说："放置十二把椅子，我要迎接十二位国王的到来。"国王辛辣讽刺的言辞道出了一个简单的事实。当詹姆斯一世接见下议院议员时，这些委员确信自己和国王一样拥有神授的权力来管理国家。正如历史学家基佐（Guizot）所描述的那样："国王和人民都认为自己有统治权。"这样就产生了不可调和的矛盾。

国王和下议院的主要分歧就在于对国王在立法和征税方面权力的限制和议会在权利及司法权方面的性质和程度。

关于对王权的限制，从詹姆斯一世的言行来看，他给人的感觉，自己的权力是无限的。他发表了具有法律效力的公告，然后通过罚款和监禁来实施这些诏令，让它们看起来就像是议会的常规立法。而且，他还利用法律在涉及国王对国内港口征收关税权力方面的不确定性，对进出口的货物征收新的、特别的关税。国王的法官们对詹姆斯一世言听计从，他们中的一些人甚至表示："海港是国王的大门，他可以向他喜欢的人关闭和开放。"

关于下议院的权利，这个机构坚持认为他们有权决定自己成员的选举，可以自由辩论涉及公共福利的所有问题而不受迫害或监禁惩罚。詹姆斯一世否认下议院的这些权力，并不断向议员们透漏，只有获得他的恩准和他祖先们的支持，他们才能行使这些自由权，如果他们的行为不慎或者对国王不敬，他有权剥夺他们的权利。

有一次，下议院就国王禁止他们参与国家事务问题进行辩论，詹姆斯一世对此极为不满，发布了更为严厉的法令否认议会的权利。这使得议会积累已久的愤怒彻底爆发，他们在议事录上发表了勇敢的抗议，史称《大声明》（*The Great Protestation*）。《大声明》宣布"议会的自由、权利和司法权都是英国臣民自古以来不容置疑的权利，有关国王、国家、领土防卫和保护英国国教等事务都是英国议会正当的议题"（1621）。

当议会发表《大声明》的消息传到国王耳朵里，詹姆斯一世愤怒地下令议会休会，并派人去取这份下议院的声明，并亲自删去了那些可憎的决议。随后他解散了议会，甚至将几个下议院议员监禁起来。通过对这些高压手段的些许了解，我们就知道了斯图亚特王朝的执政理念，并从中看出其为国王和人民之间斗争的最终爆发铺平了道路。

666.殖民地和贸易定居点

詹姆斯一世的统治因殖民体系的开始而为人所知，这个殖民体系导致了英格兰民族几乎在世界各个角落都建立起来。1607年，詹姆斯顿（Jamestown）在北美的弗吉尼亚建立起来，之所以如此命名，就是为了纪念国王詹姆斯一世。这是英国在美洲建立的第一个永久定居点。1620年，一些曾在荷兰发现能够暂时躲避宗教迫害的临时避难所的分离派教徒（Separatists）或清教徒（Pilgrims），穿过大西洋，在经历了无数的痛苦艰难之后，在新英格兰建立了第一个殖民地，从而为新世界的公民自由奠定了基础。

这一时期的英国人除了在新大陆建立殖民定居点，还在古老的印度土地上定居下来。1613年，东印度公司在苏拉特（Surat）建立了他们的第一家工厂。这是大英帝国在东方卑微的开始。

同时，我们还需注意他们在爱尔兰阿尔斯特的移民。这个岛屿的北部由于长期的叛乱而荒无人烟，大片土地被英国王室没收，现在王室又把这些土地授予了英格兰和苏格兰殖民者。一些凯尔特人部落被全部赶走，然后在岛上的其他地方得到土地。这项运动开始于1610年，其目的是将爱尔兰新教化和英国化。最终，他们所追求的目的得到了最好的结果。在拓殖运动开始后的不到一百年里，人数超过100万的长老派（Presbyterian Sect）的新教徒定居在阿尔斯特。对爱尔兰当地人的残酷与不公正对待让他们对殖民者怀有深深的敌意，而后来新的暴行更加恶化了爱尔兰人和英格兰人之间的关系，时至今日，这种敌对的情绪仍然存在。

667.文学

这一时期最负盛名的文学成就是圣经的新译《钦定本》（*King James' Version*），于1611年出版。这一译本直到今天仍然被新教教会普遍使用。

詹姆斯一世统治时期的最著名的作家都是伊丽莎白辉煌时代的遗留。[①] 沃尔特·雷利爵士（Sir Walter Raleigh）曾是伊丽莎白女王的宠臣，随着女王的去世而倒了大霉。他被指控参与反对国王的阴谋，最后被投进伦敦塔，关押了13年之久。在长期囚禁的苦闷之中，他通过写作《世界历史》（*History of the World*）而加以缓解。雷利最终被砍头（1618）。

哲学家弗朗西斯·培根（Francis Bacon）结局之悲惨不亚于雷利爵士。他曾担任大法官（Lord Chancellor），在位期间禁不住诱惑收受了诉讼人的贿赂。他因此

---

① 莎士比亚死于詹姆士执政期的中期（1616）。与莎士比亚同时代的几个剧作家都像莎士比亚一样在伊丽莎白统治期间开始自己的写作生涯，活得比伊丽莎白女王要长，他们的大部分作品都是创作于伊丽莎白女王继任者的统治时期。

受到起诉并被移交到上议院的法庭，他坦白了自己的错误，但是强调自己虽然收了贿赂但是并没有影响到自己的司法判断。他向法官乞求“对一根折断的芦苇施以仁慈”。培根被判处巨额罚金并被关进伦敦塔囚禁。但是国王可怜他而免除了他的罚金并将其释放，甚至还赐给了他一笔退休金。获释后培根仅仅活了5年，便于1626年去世了。

培根在说英语民族的哲学家中居于最重要的位置，他的哲学体系被称作“哲学归纳法”（Inductive Method of Philosophy），这一体系坚持主张实证和对事实的仔细观察才是获得关于自然规律知识的唯一有效的方法。

第二节　查理一世的统治（1625—1649）

668.《权利请愿书》（1628）

查理一世（Charles I）继位后也继承了他父亲关于君权神授的思想。他将《圣经》里的一段话当成了自己的执政圣典：“王的话本有权力，谁敢问他说，你做什么呢？”① 因此，国王和议会立即开始了新的斗争。查理一世在位时期的前两届议会被迅速解散，因为他们坚持调查民众的不满，而非投票满足国王的需求。

在第二次解散议会后，查理试图通过“仁爱王税”和强迫借贷来筹集政府运行所需的资金。但是他的所有伎俩都没有得逞，只能被迫向议会求助。议会召开会议，答应给查理提供资金，但要求他批准通过议会起草的《权利请愿书》（*Petition of Right*）。这是《大宪章》之后，英国宪制史上最为重要的一份法律文件。它提出了禁止国王四种滥用职权行为：（1）没有得到议会的同意就以借贷、恩税、税收等形式筹集资金；（2）无故监禁；（3）在民宅驻扎军队——这颇令人烦恼；（4）按照戒严法进行审判，即在没有陪审团出席的情况下进行审判。

就像当年约翰王（King John）不情愿批准《大宪章》一样，查理一世也很不情愿批

① 查理在1649年接受审判时引用。

准《权利请愿书》，但最终，他还是被迫同意让这份文件“成为了法律”（1628）。

669.查理一世无议会的统治（1629—1640）

很快，查理就证明了他批准《权利请愿书》绝非自己的意愿。他立刻违反了其中的条款，企图以征税和贷款的方式筹集资金。查理在没有议会的情况下统治了11年，将一个由国王、上议院和下议院共同组成的英格兰政府变成了实际上像法国和西班牙那样的无须负责任的君主专制政府。

查理一世

查理最积极的大臣中比较突出的两位是后来的斯特拉福德伯爵托马斯·温特沃思和伦敦主教后来成为坎特伯雷大主教的威廉·劳德。这两个人都凭借其勤奋和成功帮助查理在英格兰自由的废墟上建立起国王的绝对权力而声名远扬。

查理及其大臣高压独裁的举动通过三个邪恶法庭篡夺的和武断的判决得以强化。这三个法庭就是著名的“北方法院”（Council of the North）、“星室法庭”（Star Chamber）和“高等宗教事务法庭”（High Commission Court）。[①] 所有这些法庭的审判都没有陪审团参加，都由国王的亲信组成，当然也就成为了国王发号施令的工具。他们的判决往往随意而不公，惩罚残忍而严酷。

670.约翰·汉普登和造船税（1637—1638）

在此期间，查理征收的众多非法税金中有一种叫“造船税”（ship money）。

① “北方法院”由亨利八世创建，此时被斯特拉福德作为加强国王在英格兰北部骚乱地区独裁统治的工具。星室法庭由亨利七世组建，当时主要用于处理威胁到政府的犯罪行为，像暴乱、诽谤及谋反。高等宗教事务法庭由44名委员组成，在伊丽莎白统治时期建立，目的是为了施行《至尊法案》和《宗教信仰统一法案》。

在早期，当国家遭遇危险时，为了公共的利益，国王便要求海港和沿海地区捐献船只和造船物资，“造船税”由此而来。查理和自己的大臣仔细考虑后，产生了让内陆地区和沿海地区都缴纳造船税的想法。

在众多反对缴纳造船税的人中，其中有一位名叫约翰·汉普登（John Hampden）的绅士。案件被交到财政法庭（Court of Exchequer），由全部的十二名法官出庭审理。整个英格兰都关注着这起诉讼案的进展。支持汉普登和国王的双方律师展开激烈辩论。尽管十二名法官中有五人支持汉普登，但最后的裁决还是对国王有利。官司虽然输了，但是英格兰人认为有些法官是害怕触怒国王才不敢做出对国王不利的判决的。

政府在民事和宗教事务方面的专横，以及对法庭申冤和保护的失望，促使成千上万的人前往新大陆寻求自由和安全。

671.主教战争（1639）

英格兰准备通过公开的起义反对让他们难以忍受的暴政。苏格兰发生的一系列事件加剧了危机。国王企图强迫苏格兰长老派信徒进行英格兰国教的礼拜仪式。对苏格兰人来说，这有点类似于让他们恢复自己所反对的罗马的天主教教义（Popery）。所有阶层，无论农民还是贵族，都通过庄严的《国民誓约》（*National Covenant*）团结在一起——誓约者（Covenanters）便由此而得名——抵制所有改变他们宗教仪式的企图，直至最后一刻（1638）。

国王决心通过武力来镇压这场运动。苏格兰人为了自己的信仰怀着满腔热情迎接挑战。查理很快就发现，没有钱，战争便难以为继。于是他被迫召集议会，并希望能够得到议会的支持。但是下议院首先将注意力放在了解决民怨上，而非为国王拨款上，这促使查理解散了议会。苏格兰军队越过边境向英格兰进攻，国库空虚，再加上士兵的叛乱，让查理陷入非常无助的境地，他被迫再次召集议会。

672.长期议会

1640年11月3日，议会召开会议。这届议会的会期长达12年，合法存在近20年，因此，这届议会也称作“长期议会”。下议院中占微弱多数的议员是一批坚定的君主专制反对者，在他们完全认识到了英国人的传统自由权利受到威胁后，便下定决心限制国王的独裁统治。

下议院的第一个法案就是弹劾作为国王专制和强权统治工具的斯特拉福德。他最终被判处剥夺财产和公民权，并被送上了断头台。[①]

为了防止做完自己的事情之前遭到解散，议会两院通过法案，决定没有议会同意，国王无权休会或解散议会。三个专制的法庭，高等宗教事务法庭、北方法院和星室法庭，被废除。最后，一项法案被通过，宣布造船税是非法的；对约翰·汉普登的判决因“违背国家法律”而宣告无效。

处决斯特拉福德伯爵

673.查理企图逮捕议会五名成员

查理的轻率决定让英格兰陷入了内战的深渊，此后，局势发展得如此迅速，超出了国王的掌控。为了恐吓下议院，国王计划对议会的五名主要成员以叛国罪提出上诉，并派人前去逮捕他们，其中就包括汉普登和皮姆（Pym）。但是，当国王派遣的官员到达议会时，这五名被控者已不知去向。第二天，查理亲自带领全副武装的随从前往议会实施逮捕，但事先得到消息的议会成员早已撤离。国王已经意识到了事态的严重性，观察到“鸟儿已经飞走了”，便撤出了议会。

查理犯了致命的错误。整个国家都无法原谅国王对自己的代表的侮辱和冒犯。整个伦敦武装起来反抗国王。查理被因自己的鲁莽而引起的暴风骤雨吓坏了，他匆忙逃往约克。查理逃离伦敦的这一天被看作是英国内战的开始（1642年1月10日）。

① 劳德大主教于1645年被处死。

第三节 英国内战（1642—1649）

674.两大党派

英国这时分成了两大党派。那些聚集在国王的旗帜下——大部分是贵族、士绅及神职人员，他们被称为“保皇派”（Royalists）或“骑士党”（Cavaliers）；而聚集在议会旗帜下的，主要是市民和自耕农阶层，他们被称作议会党（Parliamentarians）或“圆颅党”（Roundheads），之所以叫圆颅党是因为这些人很多都将头发剪短至头顶，因为这个原因，为了表明立场，骑士党长期以来都留着长发。骑士党信奉已建立的圣公会（Episcopal Church），而圆颅党则是清教徒。在不断的斗争中，长老会和独立派（Independents，后来成为公理会）成为了清教徒的领导者。

675.奥利弗·克伦威尔和他的“铁甲军”

双方的战争持续了3年后，议会派军队的军官中出现了一个举足轻重的人物，他也是英国历史上最伟大的人物之一——奥利弗·克伦威尔（Oliver Cromwell）。在战争初期，克伦威尔作为骑兵上校已经展示了非凡的指挥和管理才能。他的骑兵部队以“克伦威尔铁甲军”的名号威震四方。这支铁甲军完全由宗教人士组成。脏话、酗酒等军营常见的恶习在铁甲军中闻所未闻。他们高唱圣歌冲锋陷阵。铁甲军百战百胜，从无败绩。

676.纳斯比战役（1645）

在英国内战的关键战役——纳斯比战役（Battle of Naseby）中，保皇派被一举击溃。查理从战场上逃走，最终逃到了苏格兰。他原以为可以依靠苏格兰人对斯图亚特王朝的忠诚而东山再起，但是由于查理拒绝签署《国民誓约》和某些其他的条款，苏格兰人最终还是把他交给了英国议会。

677.“普莱德清洗”（1648）

现在，议会中有很多人在没有从国王那里得到充足保障的情况下，支持国王只要保证按照宪法和其他法律行事，就可以重返王位。独立派，即克伦威尔和他的军队，看到胜利的果实极有可能全部丧失，便采取高压手段，将下议院中所有支持查理复辟的人清除出去。

于是，一名叫做普莱德的军官守在威斯敏斯特大教堂门口驱逐和逮捕那些与军队为敌的议会成员。143人被从下议院的席位上赶下来，议员人数减少到了50人。这一行动被称为“普莱德清洗”（Pride’s Purge）。“现在，少数派成了多数派”。只不过这种变成多数派的做法不是合法的。

678.审判和处死国王（1649年1月30日）

下议院在清洗掉国王的支持者之后，立刻通过决议，以叛国罪审判查理。一个由135人组成的最高法院被组织起来，随后，查理被传唤到庭。站在法庭前，查理拒绝承认这个法庭拥有审判他的权力，并坚持认为世间没有法庭具有质疑他行动的资格。但是审判继续进行，将近一周后，查理被以“暴君、叛国者、杀人犯和整个国家善良人们的公敌”的罪名被判处死刑。

几天之后，判决执行。面对死亡，查理表现得镇定自若而富有尊严。他在绞刑架上发表了演说，真诚的程度毋庸置疑。他说：“我和任何人一样都希望英国人民能够获得自由和民主；但是我必须要告诉你们，他们的自由和民主存在于政府的安排；……不是让人们参与政府事务，这些政府事务和他们没有关系。”

第四节　共和时期与护国公时期（1649—1660）

679.共和国的建立

处死查理几个星期以后，下议院投票表决决定取消“对于人民自由安全和公共利益毫无意义、负担沉重而又危险重重”的国王之位，并以同样的名义将“对于英格兰人民无用而又危险”的上议院取消，随后以“共和国”的名义建立了自由的国家。新的国玺上印着“上帝复佑，自由元年，1648”的字样。① 国家的行政权力

① 根据当时流行的纪年方法，1648年直到3月24日才结束。

被赋予由41人组成的国务委员会。著名爱国者亨利·范恩爵士（Sir Henry Vane）是该机构的领导人。

680.共和国的困境

宗教和政治热情交织在一起的共和国从诞生开始就面临着各种危险。处死查理的举动令欧洲的君主们惊恐万分。俄罗斯、法国、荷兰共和国都拒绝和共和国的大使们有任何联系。苏格兰人为自己曾经将查理交到敌人手中一直悔恨不已，现在他们为了洗刷不忠的罪名急忙宣布拥护查理的儿子为国王，称之为查理二世；在爱尔兰的保皇党人也宣布支持查理二世；同时，荷兰人也积极准备帮助查理二世重新夺回他不幸父亲丢失的王位。在英格兰本土，保皇派也积极活动，不断地威胁着共和国。

681.同爱尔兰的战争（1649—1652）

就像古罗马共和国一样，英格兰共和国似乎从各种危险处境里积聚了力量。克伦威尔被任命为爱尔兰总督（Lord Lieutenant），率军前去镇压那里的保皇党人。依靠着“铁甲军”，克伦威尔迅速而恐怖地镇压了爱尔兰的天主教保皇党人。由于拒绝克伦威尔投降的要求，德罗赫达（Drogheda）被攻占后，三千守军被屠杀殆尽（1649）。其他被攻占城镇的命运也大致如此，但少了些许的血腥。克伦威尔自己曾描述过对待这些被俘守军的手段：“当他们投降的时候，军官们的脑袋都被敲碎，1/10的士兵被杀掉，而剩下的士兵则被用船运到了巴巴多斯[①]。”克伦威尔对待爱尔兰人时的残忍野蛮是他的记忆中永远无法抹去的污点。

天主教的保皇党人被击败后，爱尔兰最好的土地都被没收，然后再被授予英格兰和苏格兰殖民者。这种确立新教徒在爱尔兰优势地位的方式在英国历史上被称作“克伦威尔式殖民”，但是爱尔兰人则愤恨地将之称为“克伦威尔的诅咒”。清教徒在爱尔兰的疯狂举动煽动了爱尔兰人仇恨的情绪，再加上之前英国殖民者对爱尔兰人的暴行，让爱尔兰人心中复仇的火焰熊熊燃烧，直到今天都没有熄灭。[②]

---

① Barbados，实际上被卖到热带地区当奴隶。

② 在1641—1652年间，岛上超过50万居民丧生或被驱逐；普兰德加斯特（《克伦威尔时期的移民》，第177页）指出，在此期间，岛上5/6的人口都消失了，他说：“走上二三十英里都看不到一个活物。”

682.同苏格兰的战争（1650—1651）

随后，国务委员会命令克伦威尔撤出爱尔兰，率军前往苏格兰。克伦威尔的名字让人闻之色变，他所到之处，苏格兰人四散奔逃。在邓巴，克伦威尔与苏格兰军队相遇。面对狂热的圆颅党人的进攻，苏格兰军队如风中的谷壳一般四处溃散。上万人被俘，所有辎重和大炮都被缴获（1650）。

第二年，在邓巴战役周年之际，克伦威尔又在伍斯特（Worcester）取得另一场重大的胜利。整个苏格兰很快被迫向共和国投降。查理二世在历经千难万险后，横渡英吉利海峡到达诺曼底。

683.克伦威尔解散长期议会（1653）

苏格兰战争之后又爆发了英荷战争。在此期间，英国议会和军队之间发生了公开的争吵。克伦威尔下令解散议会，呼吁建立一个新机构。议会予以拒绝；克伦威尔便带领士兵前往议会，在听了一会儿议会的公开辩论后，克伦威尔突然站起来恶狠狠地宣布："我要终结你们的空谈。你们都需要离开；让位给更优秀的人。你们不是议会。上帝已经受够了你们这些家伙。"按照事先约定的信号，克伦威尔的士兵闯进议会。整个议会大厅都被清理干净，门被锁上。

奥利弗·克伦威尔

就这样，长期议会或"残缺议会"——"普莱德清洗"之后的戏称，在当权12年之后被解散了。长期议会已经彻底失去了各方的信任和尊敬，所以它在被非法、专断地解散时，几乎没有任何反对的声音。

684."小议会"和护国政体的建立（1653）

这时，克伦威尔召集了一个新议会，更确切地说，是召集了一个会议，他尽可能地招徕宗教人士与敬畏上帝的人。这个经常被叫做"小议会"的议会由156名成员组成，基本上都是宗教狂热分子，他们把大部分时间都花在解释圣经、做祷告和说教上。其中有一个叫做"赞美神的贝尔邦"（Praise-God Barebone）的伦敦皮毛商人，尤其专注于此。这个名字令人感到好笑，因为这位布道者是议会相当一部分人典型的代表，所以他们给这个议会取了一个绰号——贝尔邦议会——通过这个绰号，这个议会成为英国历史的一部分。

“小议会”只存在了5个月，然后把所有的权力都交到了克伦威尔的手里，自行解散。一部可以说是宪法的《政府组织法》（*Instrument of Government*）由军官委员会起草，并由克伦威尔批准通过。这份法律文书是第一部成文宪法，它规定议会由下议院、国务委员会和终身制的行政长官组成。行政长官的头衔为“英格兰、苏格兰和爱尔兰联邦护国公”（Lord Protector of the Commonwealth of England，Scotland，and Ireland）。通过这部宪法，克伦威尔成为了终身制的护国公。

685.护国政体时期（1653—1659）

克伦威尔的权力几乎不受任何限制。他基本上是一个独裁者，身后拥有强大的军队作为支撑。护国公可以随意召集、挑选和解散议会。在他的独裁统治下，几乎没有任何机构能够或愿意与他进行顺利的合作。当克伦威尔最后一次解散他倔强和难以驾驭的议会时说：“让上帝来在我和你们之间做出裁判吧。”

在5年的时间里，克伦威尔独揽政府大权。他的统治虽然专制，但却开明。他让英格兰拥有了自沃尔西和伊丽莎白以来的最强大的政府。他的目的就是“让英格兰变得伟大并配得上这样的伟大”。作为狂热的清教徒，克伦威尔认为只有由教职人员按照圣经的教义管理国家事务，英格兰才配得上这样的伟大。

另外，克伦威尔认为英国能够成为上帝的子民并变得伟大，就是因为英格兰在欧洲高举新教的大旗。正是这样的宗教信念，引领他成为所有地方被威胁的新教的保护者。他曾成功地为法国胡格诺派教徒的利益而对法国政府施加影响，让他们在饱受折磨的困顿中获得了喘息的机会；他还迫使萨伏依公爵停止对沃州人（Vaudois）的迫害，并告知教皇：如果任何地方的新教徒继续受到攻击或迫害——克伦威尔把一切反对新教徒利益的行为归咎于教皇——英格兰的炮火将迅速在整个圣安格罗（St. Angelo）附近回响。

686.克伦威尔去世

尽管克伦威尔拥有不可动摇的决心和钢铁般的意志，但是他仍然感觉到了管理政府的沉重负担，并为自己所在位置的焦虑而饱受折磨。他从成功的表象中感觉到了彻底的失败。他曾经希望建立一个立宪政体，然而到头来，他却发现自己不过是个军事篡夺者，他的头衔只是武力的附属品。我们可以相信，他对自己建立的政府的憎恨同英国人民是一样的。由于焦虑和超负荷工作的摧残，他染上了高烧，再加上担心自己死后英国不知会陷入什么样糟糕境地的深深忧惧，他一病不起，撒手人寰。他去世的那天，就是他一直认为是“幸运日”的那天，就是取得邓巴和伍斯特战役大捷的那天（1658年9月3日）。

687.理查德·克伦威尔（Richard Cromwell，1658—1659）

奥利弗·克伦威尔在去世之际，将护国公的头衔传给了自己的儿子理查德（Richard）。理查德行事完全与父亲相反，他胆小怕事，优柔寡断，毫无信仰。父亲掌控全局所要最大限度运用的才干和资源，对无能而又缺乏经验的儿子来说，是不能承受之重。理查德自己比任何人都更快地意识到了这一点，再加上迫于已对他不满的军队的压力，理查德在统治英国短短几个月之后就宣布退位。

688.王政复辟（1660）

护国政体垮台后的几个月里，整个英国陷入了无政府的边缘。对未来的悲观和对共和政体的不满让绝大多数英国人迫切希望君主政体复辟——实际上，大多数英国人从来没有希望君主制被废除。查理·斯图亚特正在荷兰，忠诚的大潮正向他那里回流。蒙克将军，驻苏格兰军队的统帅以及苏格兰民族情感的代表，率军南下，向伦敦挺进，实际上已经掌控大局。

长期议会，包括被普莱德清洗（第677条）的那些议会成员再次聚集起来，通过决议宣布“根据王国古已有之的根本大法，政府理应由国王、上议院和下议院组成”。随后，议会邀请查理重返英格兰，并坐上国王之位。

在万众的欢呼下，查理经过9年的流亡之后重新踏上不列颠岛的土地。英格兰为他的回归做了精心准备，各派政治力量都对他热烈祝贺。面对这一切，查理以一种喜悦的讽刺言语说道：“这些年来，我一直在一个非常乐于见到我的国家之外流亡，确实是我的过错。”

689.清教徒革命失败的原因

清教徒革命失败了。要探寻革命失败的深层原因，无论是从当时的社会环境，还是从克伦威尔或是其他领导者的个人性格等方面去分析，都是一件很困难的事情；但是我们还是毫不犹豫地要说这次革命失败的原因之一就是清教徒自己犯下了错误，革命的步伐迈得太快走得太远，这也几乎是所有革命分子都会犯的错。革命开始时，革命者的目的很简单，那便是合理限制君主的权力。然而很快，国王的职位、世袭的上议院和苏格兰圣公教会（Episcopal Church）都被废除。这些极端措施都为革命树立了很多难以安抚的敌人。

而且，清教主义在很多方面越来越难以得到英国人民的支持。清教徒对无害娱乐的管制，对安息日的恪守，以及其他一百多个极端而荒谬的行为激起了无神论者的嘲讽。所以，在很多方面，清教徒确实是走在了英国人民的前面，但是，在其他方面，他们在英格兰应该走或者将要走的道路上已经偏离得太远了。因此，清教主义注定会失败。

但是，如果分析到此为止，就要误入歧途了。在更深的意义上，清教主义其实并没有失败。历史学家卡莱尔（Carlyle）曾说过："存在于人和他生命中的英雄主义和永恒之光……将作为宇宙一个新的神圣部分而永存。"清教主义就是如此，它所蕴含的英雄主义和真理被融入全部的英国历史之中。直到今天，这样的思想仍然是英格兰人和英联邦人民的最正确、最真的追求，而17世纪清教徒革命让这样的思想在整个英伦三岛生根发芽。

690.清教徒文学；照亮英国革命的宗教方面

历史上没有哪个时期能够像清教徒革命那样能用文学研究加以生动的解释了。如果忽略了这个时期的文学成就，而只是希望通过外部事件来对英国人民的生活加以真正的诠释，就好比历史学家格林所说的只通过阅读《列王纪》（*Kings and Chronicles*），而不读《诗篇》和《先知书》（*Psalms and Prophets*）就想清楚地了解古代以色列人的生活一样。英国革命的真实特性，尤其是宗教方面的特性，必须要从弥尔顿的壮丽史诗和班扬的无与伦比的寓言中去寻求。

这些伟大著作都是在王政复辟后完成的，但是它们都受到了推翻独裁统治建立共和国的精神的鼓舞和激励。史诗是一个孤独失望的共和党人的作品，而寓言则是一个被监禁的清教徒的著作。

弥尔顿（Milton，1608—1674）是清教主义最伟大的代表人物。查理一世去世后，他用拉丁文写下了著作《为英国人民申辩》（*The Defense of the English People*），在书中，弥尔顿对处死查理的行为做了辩解。他更早创作的《论出版自由》（*Speech for the Liberty of Unlicensed Printing*）则是对思想和传教自由的大声呼吁。王政复辟迫使弥尔顿隐退，他最后14年的人生远离尘世。但是正是在此期间，在饱受孤独和失明折磨的状态下，弥尔顿完成了不朽的诗篇《失乐园》（*Paradise Lost*）和《复乐园》（*Paradise Regained*）。前者是"清教主义的史诗"，清教徒性格中所有最真实最伟大的一面都能在这部伟大的基督史诗中从道德提升和宗教热情方面找到答案。

约翰·班扬（John Bunyan，1628—1688）是一个不信奉英国国教的清教徒。王政复辟后，他被投进贝德福德监狱长达12年，罪名是不尊奉英国国教。在被监禁期间，他创作了英国文学史上最为人所称道的《天路历程》（*Pilgrim's Progress*）。清教徒的生活习惯，从不断的研读《圣经》到借用各种形式的语言和意象进行论述，都在这部非凡的著作中得到了最完美的诠释。在这部作品中，我们看到了《圣经》中所阐述的原罪、忏悔、赎罪、天堂和地狱在清教徒现实生活中的真实体现。

第五节　查理二世的统治（1660—1685）

691.对弑君者的惩罚

查理二世恢复了君主制，议会对曾经参加反对君主革命的人给予大赦，但是亨利·范恩和那些判处查理一世绞刑的法官被排除在外。13个人被以令人作呕的残忍方式处决，他们都被活活地剖腹挖心。其他的弑君者（regicides）被判处终身监禁。范恩最终也被处死。那些已经死去的主要革命领导者——克伦威尔、埃尔顿（Ireton）和布拉德肖（Bradshaw）等——虽然没有被活着处死，但保皇党们对他们的仇恨难以消解，他们对死尸进行了疯狂的报复。这些革命领导者们的尸体从威斯敏斯特教堂中被挖出来，拖到泰伯恩刑场（Tyburn），在查理一世被处死的同一天被吊起来，然后砍头（1661）。

692.誓约者

查理二世统治初期，议会恢复了英国国教会，针对所有不信奉国教的人制定了严苛的法令。《非国教徒秘密聚会法令》（*The Conventicle Act*，1664）认定“非来自一个家庭的”五人或五人以上集会进行宗教活动，如果不是按照英国国教的形式进行都属于犯罪。

在苏格兰压制非国教徒集会和引入主教制（Episcopacy）的企图遭到了苏格兰

誓约者的坚决抵制。誓约者坚持以自己的方式信仰上帝，他们因此而受到了最为残酷和持续不断的迫害。誓约者在自己的土地上受到了英格兰骑兵的疯狂猎杀，但是他们仍然私下里进行自己的祈祷和礼拜活动。苏格兰誓约者遭受英格兰新教的迫害构成了宗教迫害史上的最为恐怖的篇章。

693.大瘟疫和伦敦大火

1665年初夏，伦敦爆发了可怕的瘟疫，这是自中世纪黑死病以来伦敦经历的最为恐怖的瘟疫。在短短6个月的时间里，就有10万人死去。

瘟疫发生后的第二年，伦敦又爆发了一场大火，超过13000栋房屋、89座教堂和大量的公共建筑被烧毁。但是这场大火也让伦敦因祸得福。英国对烧毁的地区进行了全面的重建，街道修得更加宽阔，住宅也建得更为通畅，伦敦在大火之后成为更加美丽和健康的城市。①

第六节　詹姆斯二世的统治（1685—1688）

694.詹姆斯继位；他的独裁统治

查理二世死后，他的弟弟詹姆斯继位，詹姆斯的统治注定动荡而又短命。②像其他所有斯图亚特王朝统治者一样，詹姆斯也信奉君权神授，他一继位，便立即鲁莽地推行这些思想。虽然信誓旦旦地表示要尊奉英格兰国教，但是他却直接恢复了罗马天主教。他还专断地让议会休会乃至解散。他和自己的哥哥查理二世一样，与法国的查理十四密谋来对付自己的臣民。詹姆斯的独裁统治激起了各方面的敌

---

① 圣保罗大教堂就是被毁的教堂之一，后来得以重建。其设计者就是著名的建筑设计师克里斯托弗·雷恩爵士。他在教堂内的墓碑附近刻有下列铭文：“如果你想找寻他的墓碑，请环顾四周。”

② 查理二世的私生子蒙茅斯公爵提升叛乱标准的时候，詹姆斯的王位还没有坐稳。伴随着这场反叛的，是各种形式的报复。臭名昭著的首席大法官杰弗里斯在“血腥巡回法庭”判处320人死刑，并将841人流放。杰弗里斯以令人难以置信的残忍进行了所谓的审判。参见科尔比《英国历史文献选读》，第81条。

对。除了狂热的天主教徒，没有任何党派站在他一边。托利党（Tory）的贵族确实青睐君主制，但是他们也不喜欢暴君。

695.1688年的光荣革命和《权利宣言》

迫在眉睫的危机随着小王子的出生而加速爆发，因为这断了整个国家希望詹姆斯去世后王位能够传给他的新教徒女儿荷兰执政、奥兰治威廉亲王的妻子玛丽的念想。国王最积极的敌人们决定不必等到他死后，而是立即行动起来，他们向威廉发出邀请，敦促他立刻率领军队前来接管政府，并保证他会得到整个英国的衷心支持和拥护。威廉接受了邀请，立即集合舰队前往英格兰。

威廉的船队一在英国靠岸，英国的军队和百姓立即全体一致地前去迎接。詹姆斯被彻底抛弃了。他仓皇而逃，王后和襁褓中的孩子秘密前往法国，很快，詹姆斯二世和他的王后在法国会合了。詹姆斯在离开英格兰之前，做的最后一件事就是解散军队并将国玺扔进了泰晤士河。

威廉亲王的第一个行动就是召集大会商议王位的永久存续问题。这次会议并没有重复议会之前的错误——他们让查理二世复辟，在把王位给予王子和公主时，并没有让政府的行为要符合王国古老的法律这一原则得到很好的保障。这一次，议会起草了著名的《权利宣言》（*Declaration of Rights*），它清楚地重申了英国人的所有古老权力和自由；国王没有得到议会的允许不得征税和保留军队；并重申议会两院的言论自由神圣不可侵犯。威廉和玛丽被要求接受宣言并同意根据宣言的条款进行统治，之后他们被宣布成为英格兰的国王和王后。这成为了英国历史上著名的“1688年光荣革命”（Glorious Revolution of 1688）。

696.复辟时期的社会与道德生活

斯图亚特王朝复辟时期是英国社会最腐败堕落的时期。道德的堕落和生活的腐化，尤其是上层社会的堕落，部分原因可以归结于宫廷的放荡无耻，而更大程度上或许可以看作是对之前清教主义过于严厉和令人厌烦的生活方式的自然反弹。毫无疑问，清教徒对于所有形式的娱乐和无害的活动的全部抵制是错误的。他们不仅反对赌博、酗酒和挥霍，并停止了捕熊活动①，而且关闭剧场，禁止人们跳五月柱舞，谴责圣诞活动是异教行为，认为雕塑是偶像崇拜且有伤风化，在服饰上增色和

---

① 麦考莱戏称清教徒之所以反对捕熊，不是因为它给熊带来的疼痛，而是因为它给观者带来了快感。

装饰都是与严肃的生活方式不相容的。

所有这一切对于人性而言，都是沉重的负担，反抗自然而然地发生。斯图亚特王朝复辟后，英国社会又倒向了另一个极端。追求享乐的骑士党取代了高唱圣歌的圆颅党。信仰让步于不忠，冷静屈服于酗酒，清淡的生活方式屈服于荒淫无度，节俭让步于奢华，阅读《圣经》，高唱圣歌和诫勉让步于享乐，亵渎神灵和酗饮狂欢。

这个时期的文学是对抗议清教徒“酸腐的简朴生活方式”的完美记录，也是对这个时期厚颜无耻的不道德生活的忠实反应。这个时期作家的作品如此不道德和不雅的揭露让这些作者获得了“腐朽的剧作家”（Corrupt Dramatists）的称号，而其中的突出代表就是诗人德莱顿（Dryden）。

第七节　威廉和玛丽的统治（1689—1702）

697.《权利法案》（1689年12月16日）

1688年光荣革命和威廉与玛丽王位的解决标志着英格兰宪法史上的一个新的时代的诞生。它在议会占据上风的前提下，一劳永逸地解决了国王和议会之间长期以来的斗争。《权利法案》（*The Bill of Rights*）将《权利宣言》以法律的形式固定下来，它也是威廉和玛丽统治下议会的早期法案之一，实际上“将国王的最高统治权转移到了下议院”。

通过将詹姆斯赶下王位，让威廉登上王位，并规定了王室的所有天主教后代都无权继承王位，《权利法案》实际上清楚地宣布英格兰国王的权力和头衔不是来自出身而是来自人民的意志，议会可以废黜国王并剥夺其子嗣的继承权，并将王权交由另一家族掌管。这就彻底根除了君主根据神授权力继承王位并作为上帝的代理人管理国家不受人民的谴责和控制的思想。在英格兰，我们越来越少听到政府可以威胁英国人民自由的理论。

法案的各项独立条款，紧随《权利宣言》之后被制定出来，它们否定了国王的豁免权，即斯图亚特王朝通过皇家诏令废除某项法律的权力；禁止国王篡夺法庭的职能，禁止国王征税或在没有得到议会批准情况下在和平时期保留军队；重申公民的请愿权来纠正不平之事和自由选择他们代表的权力；作为上下两院的古老权力，重申了辩论自由权；要求经常召集议会。

以查理二世曾经企图重建天主教信仰为鉴戒，《权利法案》的制定者进一步宣布所有和罗马教会有所关联或者与天主教徒通婚者都应该“永远不能拥有、继承或者享受王国的政府和王位”。自1688年的光荣革命以后，再也没有天主教徒坐过英国的王位。

所有这些条款后来都写入了英国宪法，并从此以后被认为是英国基本法的一部分。

698.詹姆斯企图重夺王位；博因河战役（1690）

威廉统治的前几年不断受到詹姆斯企图夺回王位行动的干扰。詹姆斯得到了法国国王路易十四和雅各比派（Jacobite）[①]的支持，雅各比派是詹姆斯二世的忠实拥护者。爱尔兰人给威廉制造了最大的麻烦，但是博因河战役（Battle of the Boyne）让威廉取得了决定性的胜利。很快，整个爱尔兰都承认了威廉的权威。[②]

① 出自Jacobus，它是“詹姆斯”的拉丁名称。

② 英国参加的巴拉丁战役（参见第657条）占据了威廉统治时期的大部分时间。威廉1702年去世，玛丽去世的时间比他早。由于两人没有子嗣，王位便传给了玛丽的妹妹、丹麦乔治亲王的妻子安妮公主。

第六十三章　俄罗斯的崛起与彼得大帝

（1682—1796）

699.概论

中世纪结束时的俄罗斯还只是一个半文明、半亚洲式的大国，到处都是野蛮部落和好斗的种族，几乎和欧洲文明世界完全隔离开来（第521条）。在这一章里，我们将会看到俄罗斯的疆土是如何从各个方向上向海洋扩张的——里海、黑海和波罗的海，以及它是如何成为欧洲大家庭的重要一员的。我们这里的讲述主要围绕彼得大帝展开，其超人的能力和精力让俄罗斯这个曾经的蛮荒之地首次从西方国家里脱颖而出。

700.彼得大帝即位（1682）

由古代的北欧人留里克在罗斯创建的王朝世系于1598年结束。① 随后，俄罗斯进入了一段混乱的和遭受外来侵略的时期，史上称作“动荡时代”（Troublous Times）。1613年，米哈伊尔·罗曼诺夫（Michael Romanoff）当选为沙皇（Tsar），开始了罗曼诺夫王朝的统治。罗曼诺夫王朝统治开始后的半个多世纪的时间里，这个王朝的影响和事迹几乎没有引起特别的关注。但是在17世纪即将结束之际，俄罗斯出现了一个“奇人”（A Man of Miracles），他的天才、精力以及成就，立即引起了同时代人的注意，也得到了后世人们的钦佩和赞叹。他就是彼得一世（Peter I），史称“彼得大帝”（Peter the Great），是历史上最为杰出的人物之一。当他全权掌管俄罗斯政府的时候，只有17岁。

---

① 这一王朝最著名的统治者是“恐怖的伊凡”（1533—1584）。伊凡驱逐鞑靼人，扩大和巩固了俄罗斯的领土。

701.彼得的性格

当彼得登上历史舞台开始上演他的历史大剧之时，我们必须了解他是一个什么样的人。像西班牙的腓力二世一样，他是俄罗斯民族真正的代表。在他身上体现了俄罗斯民族的全部性格。他曾经被拿来和俄罗斯以及哥特民族的所有传奇的英雄进行比较。他拥有原力和激情。他会因暴怒而痉挛——在这种狂暴之中，他身边没有人是安全的。他耽于饮酒，并对插科打诨和讲粗鲁的笑话乐此不疲。

但是在这些恶习之上，他拥有更多的美德。作为沙皇，他勤于执政，这不是出于对职位的热爱而完全是将此作为自己的责任。他身上具备所有开明君主的特点，对王位的性质有着清醒的理解和判断。据说他曾经发出这样的感叹："我是人民的第一仆人。"这绝非仅仅是他的煽情之辞，下边的真实故事就可以见证他对子民的真心。一天，他到自己修建的公园里游玩，却惊讶地发现公园里空无一人。他询问道："人们是认为我安排这么多人、花费这么多财力修建的公园是为了我自己而建吗？"随后，他下令发出通告：这个公园属于所有人，俄罗斯人民可以将公园作为自己的园林来享受。

702. 征服亚速海（1696）

当时的俄罗斯只有一个海港，就是位于白海（White Sea）的阿尔汉格尔港（Archangel）。由于高纬度带来的极寒天气，这里的海港一年中的大部分时间对过往船只关闭。因此，俄罗斯没有海上贸易，俄语中也没有"舰队"一词。彼得很清楚自己帝国最紧急的需求——出海口。因此，彼得的第一要务就是要将波罗的海东海岸从瑞典人手中夺过来，把黑海从土耳其人手中夺过来。

1695年，彼得沿顿河（Don）南下向通往黑海的要道亚速（Azov）发起进攻，但是没有成功。第二年，彼得再次进攻亚速，这一次他成功了，因此而取得了他在南方的第一个港口。

703.彼得首次出访西方（1697—1698）①

为了推进自己的海军建设的计划，彼得派出大量俄罗斯年轻贵族前往意大利、荷兰和英国学习，并禁止这些年轻人在成为优秀的海员之前回国。

① 彼得在1716—1717年间对欧洲做了第二次巡回访问。

不满足于只派年轻的贵族到国外学习，彼得做出惊人决定，他要亲自到荷兰造船厂学习造船技术。1697年，彼得将政府交给三个贵族掌管后，动身前往荷兰。

彼得与他粗鲁野蛮的随从在西进途中引起了巨大的轰动。他和他的宫廷所到之处就像一群未驯服的哥萨克骑兵所到之处的景象一样。彼得自己也经常像个野蛮人一样行事，给大众带来无尽的麻烦和困扰。在哥尼斯堡（Königsberg），他要求观看对犯人实施轮刑（Broken on the Wheel）。当地官方向他解释说无法满足他的愿望，因为手头没有犯下这样罪行的犯人。彼得对此大为吃惊，他说："要杀死个犯人就这么麻烦吗？"

彼得大帝

彼得和随从入住的宫殿在他们走后，就像遭到长期的围攻一样什么都没有留下。谨慎的主人搬走了所有可以被摔碎的东西专门招待这群"未受教化的皇室人马"。

一到达荷兰，彼得就前往阿姆斯特丹的东印度公司的码头。在这里，他以普通工人的身份工作了4个月，与他一起工作过的工人们都称他为老板或主人彼得。随后，他又作为学习者到其他国家访问，但是国内发生叛乱的消息让他急忙返回莫斯科。

704.彼得的改革

一回到俄罗斯，彼得立即投入到改革的事务中来。改革涉及方面众多，他对改革的态度也是迫不及待、不遗余力，正如他自己所说，他是"鞭打着俄罗斯人进入了文明时代"。

彼得访问西方时的所见、所闻和所感，促使他回国后发行新货币，创建学校，建造工厂，修路，建造运河，建立邮政体系，开发矿藏，按照西方模式修订法律，改革俄罗斯历法，改变城镇的管理模式让市民在管理地方事务上可以表达自己的观点，这些改革措施都是彼得在荷兰和英国访问时学到的。

彼得实施的政治和宗教改革中最重要的一项是对俄罗斯宗教体系的改革。此时的俄罗斯教会实际上是国中之国。教会的首领冠以大牧首头衔（Patriarch），其实就是俄罗斯的教皇。通过对当局的审查和行政事务的干预，教会首领阻碍并干涉了国家机器的运转。彼得终结了这种局面。他取消了大牧首的职务，创立管理机构来取代主教区，并亲自任命圣会议来负责宗教事务。这样，束缚在沙皇头上的最后一道枷锁也被完全打碎了。

705.瑞典的查理十二世；瑞典君主制

现在，彼得的历史和一个同样伟大的名字交织在一起，他就是瑞典的查理十二世（Charles XII）。1697年，当查理的父亲去世，将王位交到他手上的时候，他只有15岁。①

当时的瑞典属于欧洲强国中的一员。瑞典的强大起始于宗教改革运动。古斯塔夫·阿道夫的光荣传统给瑞典王位留下了耀眼的光环。这位伟大君主的理想就是建立一个把波罗的海沿海所有地区都囊括在内的强大国家。从某种意义上来讲，这个伟大的构想已经实现。波罗的海实际上成为了瑞典的内湖——正如罗马帝国时期的地中海，瑞典也渴望成为整个北欧的主人。

但不幸的是，瑞典无法维持这样的海上霸主地位，在领土和贸易扩张的过程中难免要遭到几个邻国尤其是俄罗斯、波兰和丹麦的干扰。在这种情况下，这些冲突就埋下了艰苦漫长的我们称之为“瑞典战争”的种子——本质上，就是各国争夺波罗的海控制权的战争。

年轻没有经验的查理登上瑞典王位，令那些一直对瑞典虎视眈眈、垂涎三尺的敌人似乎等来了把瑞典赶回北欧半岛的千载难逢的机会。于是丹麦的腓特烈四世（Frederick IV），萨克森选帝侯，波兰国王大力的奥古斯都（Augustus the Strong），俄罗斯的彼得大帝结成联盟进攻瑞典，目的就是要将他们早已觊觎良久的瑞典领属地区进行瓜分。

706.纳尔瓦战役（1700）

但是阴谋家们低估了年轻的查理。尽管查理时常有愚蠢之举，但是他却拥为突出的才能；尽管缺乏伟大统帅的品质，但是他的军事才能仍然令人钦佩。

查理手下有一支沿袭古斯塔夫·阿道夫的严明军纪的军队。查理首先率军全力进攻丹麦，两个星期之内就让丹麦国王签下停战协议；随后他又带领由8000人组成的军队抗击在芬兰海湾包围了纳尔瓦（Narva）城俄罗斯的2万军队，并让俄罗斯人遭受了耻辱性的失败。

① 瑞典政府此时已经是绝对的君主专制国家。1693年，瑞典国会宣布瑞典国王为“统帅一切之王，对世俗世界不承担任何责任，他拥有基督教国王一样按照自己的意志加以统治的权力”。

707.彼得堡的建立（1703）

在纳尔瓦战役中羞辱了俄罗斯沙皇的查理随即南下，向波兰进发，查理要给参与密谋的波兰国王奥古斯都以教训。当查理忙于和波兰作战时，彼得已经从纳尔瓦战役失利的阴影中走出，重新集结力量并逐渐成为波罗的海瑞典领地的主人。位于涅瓦河口（Mouth of the Neva）的沼泽地成为建立圣彼得堡（St. Petersburg）的基础，彼得希望将这里建成俄罗斯帝国的西大门。

彼得选择作为自己帝国新首府的涅瓦河口地势低洼，容易遭受洪灾，因此要完成修建任务需要大量的人力物力。但是彼得从来不会向困难低头，他从全国各地征集了大批工人砍伐整片森林拉到新都的所在地堆积起来，全力修建，几乎魔术般地在沼泽地上建起了一座新城。圣彼得堡作为首都，直到今天仍然是见证彼得大帝不屈不挠精神的最伟大丰碑。

708.查理十二世入侵俄罗斯；波尔塔瓦战役（1709）

在击败奥古斯都之后，查理准备再次将矛头对准俄罗斯沙皇。他率领4万人侵入俄罗斯并最终包围了波尔塔瓦城（Town of Poltava）。彼得率军驰援波尔塔瓦，双方在城前展开决战，最终，瑞典人几乎全军覆没，查理带领几个逃脱的随从南下，前往土耳其寻求避难。①

709.俄罗斯对波罗的海的统治被确认；彼得大帝去世

1721年，干扰欧洲多年的瑞典战争终于在签署《尼斯塔德条约》（*Peace of Nystad*）后画上了句号。根据条约，俄罗斯从瑞典人手里得到了波罗的海东部的全部土地。俄罗斯对波罗的海毫无争议的统治令俄罗斯的重要性和影响力大为增强，并奠定其欧洲一流强国的地位。

不过彼得大帝的统治也行将结束。瑞典战争结束4年之后，54岁的彼得大帝由于过分的放纵和操劳染上高烧去世。或许整个欧洲都没有人能够像彼得大帝那样在俄罗斯社会和历史上留下如此深刻的印迹。他在广袤的俄罗斯大地上撒下了西方文

---

① 查理在土耳其流亡了5年，在此期间他的所作所为完美诠释了他“北欧疯子”的称号，随后他回到了瑞典。不久，查理就在一场战役中战死。查理去世时只有36岁。也许我们通过查理的传记作者伏尔泰对他的描述能够更好地理解他，伏尔泰认为查理更像一个晚生了1000年的北欧海盗之王。他确实是“最后的维京人”。

明的种子，凭借自己巨人般的力量，让俄罗斯从一个亚洲化的蛮荒之地跻身于西方强国之林。

710.叶卡捷琳娜二世（1762—1796）；瓜分波兰

从彼得大帝去世到18世纪末，俄罗斯的最高统治权大部分时间都由女性操控，其中最著名的就是叶卡捷琳娜二世（Catherine II），当时开明君主中最突出的代表人物之一（第649条）。但是，尽管拥有出众的才干，叶卡捷琳娜也有着性格上的缺陷，那就是不择手段且挥霍无度。

叶卡捷琳娜二世

叶卡捷琳娜继续奉行彼得大帝的政策，她将俄罗斯面向西方的门户打得更开。除了国内的改革，叶卡捷琳娜统治时期最令人关注的事件就是参与瓜分波兰。叶卡捷琳娜与普鲁士的腓特烈大帝（Frederick the Great of Prussia）、奥地利的玛丽娅·特蕾莎女王（Maria Theresa of Austria）曾密谋将波兰瓜分。第一次瓜分发生于1772年，几个国家都拿到了自己所得的一份。

很难恰当地说谁是这起瓜分别国领土公案里最该受到谴责的人。玛丽娅·特蕾莎是这笔不齿交易中唯一在良知上有所顾忌的人，她自己也认为这样的瓜分行为是彻头彻尾的强盗行径并长期反对，但是当她最终意识到根本无力阻止别人执行瓜分政策的时候她也不得不屈服并拿走了自己的一份。

1793年，俄罗斯和普鲁士对波兰进行了二次瓜分。1795年，在镇压了波兰爱国者科希丘什科（Kosciuszko）领导的起义后，俄罗斯、普鲁士和奥地利三个国家对波兰进行了最后一次瓜分。从此之后，波兰被瓜分完毕，并在欧洲版图上被抹掉了。

在瓜分波兰的过程中，俄罗斯获得的领土令她的版图向西推进到了中欧文明腹地。用叶卡捷琳娜的话讲就是，波兰成为了她今后造访西方的“门垫”。

到叶卡捷琳娜统治结束时，俄罗斯毫无疑问已经成为欧洲最强大的力量之一，并在以后所有的欧洲事务中拥有足够的发言权。俄罗斯注定要在拿破仑战争和人民与专制统治者之间的伟大斗争中发挥重要作用——法国的革命者已经在欧洲大陆上展开他们的斗争了。

第六十四章　普鲁士的崛起与腓特烈大帝

（1740—1786）

711.普鲁士的发端

普鲁士王国的核心是德意志北部的一个小国，被称作“马克”或“勃兰登堡侯国”（Mark or Electorate of Brandenburg）。在15世纪初期，霍亨索伦家族开始统治普鲁士——一个注定会在后来欧洲历史中发挥重大作用的家族。从17世纪开始，由于和强大的军事国家普鲁士公国合并，以波兰为其宗主国，其在波罗的海沿岸的重要性大大增强。①

712.大选帝侯腓特烈·威廉（1640—1688）

在“三十年战争”即将结束时，强人腓特烈——更为人所知的称号为“大选帝侯”，成为这个二元国家的君主。根据《威斯特伐利亚和约》，腓特烈得到了新的领土，这极大提升了他在德意志王公中的权力和影响力。

大选帝侯腓特烈统治普鲁士将近半个世纪，给自己的继任者留下了一个高度集权的国家。腓特烈是绝对君主专制制度最理想的代表。像所有绝对专制的统治者一样，腓特烈的信仰是军队，通过创立常备军为普鲁士奠定了军事强国的基础。

713.勃兰登堡选帝侯是如何获得普鲁士国王的头衔的

大选帝侯腓特烈的儿子腓特烈三世（1688—1713）一直渴望获得国王头衔，而他的父亲为普鲁士取得的地位和影响力足以让他追求这样的地位。他留意到自己身

---

① 自1525年以后，普鲁士公国一直是由霍亨索伦家族的一支世袭所有。

边的其他没有他强大的王公都享有这样的尊荣，他觉得自己也应该“要成为国王，戴上王冠”。

然而，腓特烈需要得到神圣罗马帝国皇帝的同意，这有一定的难度，因为奥地利王室的天主教顾问们坚决反对一个新教徒选帝侯加冕为王。但是西班牙王位继承战即将爆发，皇帝迫切需要得到腓特烈的帮助。因此，皇帝同意腓特烈在普鲁士公国获得新的头衔和尊荣——那不像勃兰登堡，不在神圣罗马帝国的范围之内——条件是他要在王位继承战中给皇帝以军事援助。因此，1701年初，腓特烈在哥尼斯堡加冕成为国王。之前他是勃兰登堡选帝侯和普鲁士公爵，现在他成为了勃兰登堡选帝侯和普鲁士国王。

于是，欧洲众国王中诞生了一个新国王，哈布斯堡家族有了对手霍亨索伦家族。这在德国甚至欧洲历史上都是一个里程碑式的事件。从此时开始，德意志的历史线索就成为普鲁士国王权力不断增长、稳步发展并逐渐掌控了日耳曼民族事务的过程。

714.腓特烈·威廉一世（1713—1740）

普鲁士首位国王的儿子和继位者腓特烈·威廉一世（Frederick William I）是一个非凡的人物。他坚强、凶暴、残忍而满脑子奇怪的想法。他对大个士兵有着狂热的喜爱。腓特烈·威廉一世不计代价并克服了很大的困难召集了他所能找到的高个子男子加入军队，这些高个子士兵被称作“波茨坦巨人”。不仅他自己领地的高个子都加入军队，甚至整个欧洲的高个子都被他利诱招募进来。对威廉一世来说，没有比高个士兵更好的礼物能够打动他了。另一方面，最让他恼火的就是对他招募士兵的干预。荷兰人曾绞死了他招募的两个高个子士兵，后来荷兰人想要普鲁士为他们的一所大学物色一个著名的学者时，腓特烈·威廉一世怒气冲冲回复道：“杀我高个军士，还想找我要教授？”

考虑到腓特烈·威廉一世在召集“巨人们”时所遭遇的麻烦及付出的代价，他对这些“巨人”格外关切就很自然了。他像婴儿一样呵护他们，他很小心，决不让他们暴露于战争的危险之中。

尽管粗鲁、残忍、凶暴，但是腓特烈·威廉一世作为统治者能力出众。他为巩固普鲁士国力做了大量的工作，去世时为继任者留下了一个大幅度扩张的领土和一支训练有素的8万人的军队。历史学家卡莱尔（Carlyle）曾称他为普鲁士第一伟大教官。

715.腓特烈大帝即位（1740）；他的青年时代

腓特烈·威廉一世的继承人是他的儿子腓特烈二世，史称“腓特烈大帝”（Frederick the Great）。围绕他的名字，在法国大革命之前46年发生了很多吸引世界注意的事件。

腓特烈从小就受到残忍父亲的粗鲁对待。他的妹妹威廉敏娜讲述了兄妹二人受到野蛮父亲的折磨。他们的父亲将王宫变成了对兄妹俩来说不折不扣的地狱。腓特烈·威廉一世会在餐桌上突然将盘子砸向兄妹俩，这让他们总是处于恐惧之中。腓特烈对音乐、艺术和阅读的喜爱让他尤其吸引父亲的注意，用威廉敏娜的话说就是父亲“用拳头和棍棒来表达对他的喜爱”。

腓特烈有着杰出的军事才干，他的父亲为他准备了自古罗马军团以来最有效的战争工具。腓特烈亲自参加了两场让普鲁士跻身于欧洲一流军事强国的战争，它们分别是“奥地利王位继承战”（War of the Austrian Succession）和“七年战争”（Seven Years’ War）。

716.奥地利王位继承战（1740—1748）

腓特烈即位的这一年，恰逢哈布斯堡家族直系的最后一位男性皇帝查理六世（Emperor Charles VI）去世。在去世前不久，查理六世向所有欧洲强国发布了《国事诏书》（*Pragmatic Sanction*），其中规定，如果他死后没有儿子继承王位，那么，他所有的领地都应由他的长女玛丽娅·特蕾莎（Maria Theresa）继承。[①] 但是查理六世刚一去世，很多君主就宣布自己对哈布斯堡家族有着全部或部分的继承权。在此前，各方已是剑拔弩张，腓特烈的父亲已经在《国事诏书》上签字，但是他在没有宣战的情况下就率兵进入西里西亚并将其据为己有。腓特烈的行动纯粹属强盗行径。他对自己的后人也坦承之所以如此做，有几个动机，渴望增强自己领地实力，为自己和普鲁士赢得欧洲的尊重，以及“取得功名”。

很快，几乎整个欧洲都卷入战争。英国、新教尼德兰（荷兰），最后还有俄罗斯，都作为特蕾莎的盟友参与进来，而战场也扩大到印度以及英国和法国在美洲的殖民地。麦考莱（Macaulay）曾对腓特烈点燃的战火有过形象的描述，他说：“腓特烈曾经承诺保卫邻国，但是他却掠夺了这个国家，黑人在科罗曼德尔海岸

---

① 当然，玛丽娅是不能戴神圣罗马帝国皇冠的。

（Coast of Coromandel）投入战斗，而印第安人在北美洲的五大湖区互相厮杀。”

战争持续到1748年，各方最终签订了《亚琛和约》（*Peace of Aix-la-Chapelle*），从而结束了战争。卡莱尔对和约条款的总结令人印象深刻，他一语中的：“对于腓特烈，他得到了西里西亚；而对于其他人，他们什么也没有得到。”

717.七年战争（1756—1763）

在随后8年的和平时期，玛丽娅·特蕾莎忙于和欧洲主要国家建立联盟来对抗觊觎自己领土的不择手段的掠夺者。俄罗斯、瑞典、许多德意志邦国和法国都最终加入到特蕾莎的同盟中来。腓特烈在最开始，除了英国，几乎没有任何盟友，而在战争即将结束时，俄国曾短暂地站在了他的一边，因此，他几乎一直是在单独对抗欧洲大陆一半的国家。①

这场漫长的战争在欧洲历史上被称作“七年战争”。刚开始时，七年战争和美洲历史上所称的法国印第安人战争（French and Indian War）交织在一起。有一段时期，幸运女神站在了腓特烈一边。在著名的罗斯巴赫（Rossbach）、洛伊滕（Leuthen）和曹恩道夫（Zorndorf）会战中，他先后击败法国、奥地利和俄罗斯，震惊了整个欧洲，最终欧洲不得不承认普鲁士军队的首领是历史上最为杰出的军事统帅之一。

但是，好运最终远离了腓特烈。在这场持久的战争中，双方军事力量的不均衡导致普鲁士人员匮乏，不可避免的毁灭似乎即将降临在腓特烈和他的国家身上。但是就在这个时候，俄罗斯最高统治者的去世却让局势出现了转机。1762年，俄罗斯的伊丽莎白女皇（Empress Elizabeth）去世，彼得三世（Peter III）即位。彼得是腓特烈的狂热崇拜者，他即位后立即将俄国军队从盟军中撤出，加入到了普鲁士的一方。双方的联盟仅仅维持了几个月，彼得就被妻子叶卡捷琳娜二世废黜并谋杀，随后叶卡捷琳娜即位。叶卡捷琳娜采取了中立政策，召回了俄国军队；但是，就是这短短几个月的联盟，给了腓特烈决定性的优势。在俄国军队撤出之后，英国和法国也乐于停战并签订《巴黎和约》（*Peace of Paris*，1763）。不久，另一项和平协议[《胡贝尔图斯堡和约》（*Treaty of Hubertsburg*）]在奥地利和普鲁士之间签订，扰动欧洲多年的最可怕的战争之一终于结束。特蕾莎最终落在了腓特烈的手中。

① 当时普鲁士的人口约有500万，而反对普鲁士联盟国家的人口有1亿左右。

七年战争是历史上具有决定意义的战争之一。除了英法的印度问题，它还解决了两个重要的问题。首先，它解决了，或者至少接近最终解决了奥地利和普鲁士之间的问题——到底谁才是德意志的领导者。七年战争使得普鲁士取得了和奥地利平等的地位并预示着其地位的上升。第二，它解决了英法在美洲的争议，这个问题有点类似于欧洲的奥地利和普鲁士之间的地位问题。它决定了北美洲应该属于盎格鲁–撒克逊民族，而不是拉丁民族。

718.腓特烈牺牲波兰来扩张自己的领土

在七年战争结束后的10年时间里，如前所述，腓特烈和俄国的叶卡捷琳娜二世还有奥地利的特蕾莎联手对波兰进行第一次瓜分（第710条）。

腓特烈高度评价了在这笔交易中所得到的领土对普鲁士的价值，在他的《我自己的时代记录》（*History of My Own Times*）中，他说："这是我们可以做出的最重要的占有之一，因为它将波美拉尼亚（Pomerania）和东普鲁士连接起来，并且让我们成为了维斯瓦河的主人，我们可以保卫自己的国家并且可以对维斯瓦河实施掌控，整个波兰贸易都是在这条河上进行的。"普鲁士的这种扩张是依靠腓特烈吞并西里西亚那样的不正当的手段取得的。

719.腓特烈的政治思想和治国理念

如前文所述，在所有外交事务上，利己主义是腓特烈的唯一准则；他所做的一切都是为了扩张普鲁士领土和为自己增添荣耀；他从来不考虑公理、正义和名誉。下边是腓特烈自己所推崇的法则："如果可以，我们也愿意诚实正直；但是如果欺骗是必要的，那么就让我们做个骗子。""君主的永恒法则就是尽其所能地扩张自己的领土。""是让人民在这个世界上消失好呢？还是让君主违反和约好呢？到哪里才能找到对这样的问题犹豫不决回答的笨蛋呢？"①

正是腓特烈大帝这种不道德的政治思想和治国理念后来被新近的霍亨索伦家族成员（德皇威廉二世）继承和实践，成为了1914年世界大战的根本原因。

---

① 注意第932条阿尔伯特国王对这个问题的回答。

720.作为开明君主的腓特烈

腓特烈对待下属和对待自己君权的道德标准完全不同。他对王位有着极高的看法和发挥其尽可能的作用，他被看作是18世纪的开明君主之一。

在战争间隙的和平时期，在他统治的后半期——《胡贝尔图斯堡和约》签订之后的时期，腓特烈努力开发自己国土上的资源，提高人民的物质生活水平。他开凿运河，修建公路，排空沼泽地，鼓励农业和制造业的发展，想尽一切办法来提高政府的管理水平。

但是腓特烈的注意力并没有全部放在人民的物质财富方面。他是一位哲学家并自认为是一个诗人，每天都要花上几个小时的时间放在哲学和文学的追求上。有人说他“和伏尔泰一起分享了18世纪知识界的君主地位”。他身边聚集了一大批当时最杰出的作家、科学家、哲学家，其中就有和他“共主知识界”的伏尔泰（Voltaire）。腓特烈将伏尔泰哄骗到柏林，为他的宫廷增光添彩，并让他改正和批评自己的诗歌。某一段时间，腓特烈对自己的这一招徕感到非常骄傲，他为自己众多的头衔中增加了一个“伏尔泰的所有者”而高兴。但是，这是一个不相配的友谊；两位“君主”很快就发生了争吵，伏尔泰被很不体面地赶出了王宫。

腓特烈是一位自由思想者。他的异教信仰让他对所有宗教漠然但又包容。正如卡莱尔记录的那样，腓特烈曾经说过：“在这个国家，每个人必须拥有自己到达天堂的方式。”他把自己招徕的精英都安置在他最喜爱的、距离柏林很近的波茨坦的无忧宫，这些精英集合了众多的异端邪说者、不可知论者、异教徒和无宗教信仰者。这个团体代表了18世纪文学和哲学界的最高思想成就，他们的思想和学说为法国大革命铺平了思想道路。

1786年，就在政治和社会大动荡的前夕，腓特烈去世了。卡莱尔称他为“最后的君王”（Last of the Kings）。他当然不是名义上最后的君王，但是他是最后一个被称为“大帝”的君王。就在他死后的第3年，法国大革命爆发，它终结了君主时代，开创了人民时代。

第六十五章　18世纪的英国

721.18世纪英国历史的准则

希利（Seeley）教授说："英国在新大陆和亚洲的扩张，就是对英国18世纪的历史最好的总结。"这场扩张运动实际上就是16世纪开始的海上贸易的延续，通过为英国带来先与西班牙、后与荷兰的激烈竞争，进而决定了英国大部分时期的历史发展方向。在17世纪结束前，英国实际上已经超越了另外两个商业竞争对手。英国在18世纪最大最危险的敌人是法国。谈及1688年到1815年这个时期的历史时，希利教授说："这个时期的历史整个就是英国和法国的激烈竞争史，是两个国家的第二次百年战争。"

从英国的历史角度来看，讲述英国和法国之间在贸易和殖民世界的较量是本章的主要内容。然而，为了更加全面地勾勒出这个世纪的英国历史，我们也会谈及其他一些具有特殊意义的事件，尽管这些事件和英国的扩张运动并没有什么直接的联系。

722.西班牙王位继承战争（1701—1714）

关于这场战争的起因和结果，我们在叙述路易十四时期的历史时已经讲过了（第659条）。我们这里要回顾的是这个阶段英国在领土扩张上的收获，即旧大陆的直布罗陀海峡和米诺卡岛，以及新大陆的新斯科舍连同纽芬兰和哈德逊海湾。

其中有着特别意义的是，英国和西班牙签订的条约让英国从法国手里为自己国家的商人拿到了名为"阿西恩托"（Assiento）的契约。根据这份契约，英国的臣民享有每年运送4800名奴隶到西班牙美洲殖民地的专有权30年。奴隶贸易像过去的香料贸易一样利润丰厚，此时，英国像过去的西班牙和荷兰一样，成为欧洲贸易国家的主要竞争对象。

因此，作为18世纪的第一场战争的结果，英国实际上控制了地中海，垄断了在西班牙美洲殖民地的奴隶贸易，并开始在新大陆攫取法国的领地，且获得海上霸权。美国历史学家马汉（Mahan）说道：“在这场战争之前，英国是世界上的海上强国之一；而在战争之后，英国成为海上霸主，其他国家不能望其项背。”

723.英格兰议会和苏格兰议会的合并（1707）

在安妮女王统治期间，英国国内最引人注目的事件是英格兰议会和苏格兰议会的合并。① 当时，英格兰只把苏格兰当作外国来看待，不仅英国殖民地将苏格兰商人排斥在外，就是在英格兰国内市场，也同样不让苏格兰商人染指。苏格兰对英格兰的敌意变得强烈，甚至威胁说要打破连接两国之间的王朝纽带。英格兰政府也意识到了局面的危险，最终本着合理妥协的精神与苏格兰人谈判。最终，双方同意两国的议会合并，建立完全的自由贸易关系，英格兰的所有殖民地向苏格兰商人开放。在此基础上，两个王国合并成一个，那就是大不列颠王国（Great Britain，1707）。从这个时候起，两个国家由坐落于威斯敏斯特的一个议会共同代表。

724.君主政治影响力的丧失；首相和内阁

汉诺威王朝②的第一个国王乔治一世（George I）对人民的语言和事务几乎一无所知，因此，他被迫委托自己的大臣来管理政府。乔治二世（George II）亦是如此。乔治三世（George III）出生长在英格兰，重新获得了过去国王的一些影响力，但是他是能对政府决策拥有个人影响力的最后一位英国国王。

国王失去的权力被转移到了首席大臣的手里，这个首席大臣普遍称之为首相（Prime Minister），他的任职不是取决于君主的喜好，而是依靠议会下院的支持。这种权力转移不是一下子完成的，但是到18世纪中期基本上已经全部完成了，当然，国王对这样的事实并不总是完全认可。在今天的英国政府中，首相是实际上的、完全获得认可的最高行政官。国王是名义上的君主，所有的实权都在首相手里。

罗伯特·沃波尔（Sir Robert Walpole）是第一位现代意义上的英国首相，在他

---

① 英格兰和苏格兰两个国家的王位在1603年斯图亚特家族继承英格兰的王位时而合并到一起。

② 汉诺威王朝的君主包括乔治一世（1714—1727）、乔治二世（1727—1760）、乔治三世（1760—1820）、乔治四世（1820—1830）、威廉四世（1830—1837）、维多利亚（1837—1901）、爱德华七世（1901—1910）和乔治五世（1910— ）。

任职期间，内阁最终具备了现在的形式。内阁实际上是由议会成员组成的委员会，内阁的诞生要取得议会下院的支持，首相作为内阁领袖，与内阁成员荣辱与共。当内阁不再取得议会下院多数席位的时候，内阁成员就要辞职，国王就要任命新的首相，但实际上是由下院占据多数席位的党派任命，新首相再组建新的内阁。

725.宗教复兴；循道宗的崛起

现在我们暂且把政治事件放一放，来关注一下这个时期的英国宗教生活。

汉诺威王室统治初期，英格兰的思想和道德生活还是斯图亚特王朝复辟时的样子。整个国家仍然受反清教徒政权制度的影响，憎恨“圣者”的统治。整个教会上层普遍对信仰不忠；宗教成为玩笑和戏谑的谈资。教会已死；上层传教士都玩忽职守，布道冷漠，流于形式；而下层传教士也是冷漠无情而又残忍无比。酗酒成为整个教会的习气。整个国家都陷入了对物质享受的追求，精神和理想上的事情无人关注。

社会生活的这种状况从来都会引起有识之士的强烈抗议，现在也是如此。大约在1730年，牛津的一群满腔热情的年轻人组成一个小团体，其中就有约翰·卫斯理（John Wesley）、查理·卫斯理（ Charles Wesley ）和乔治·怀特腓德（George Whitefield），这个团体的目的是在真正的宗教生活上相互帮助。因为其严格而循规蹈矩的生活方式，他们被嘲弄地取了一个外号：循道宗信徒（Methodists）。

约翰·卫斯理

这场起于牛津的宗教运动是英国宗教复兴的起点。约翰·卫斯理是组织者，怀特腓德是演说者，而查理·卫斯理是为运动鼓吹的诗人[①]。他们和援助者们露天集会，向那些忽视了宗教生活的人们布道。他们在田野里、街道边、大树下、矿井旁进行布道。他们狂热的规劝和布道如同当初的十字军布道者一样效果惊人。

起初，宗教复兴运动的领导者们并没有想过要建立一个不同于英国国教的教会，只是希望在英国国教中组建对宗教真诚热情的教众，就像今

① 查理·卫斯理创作了超过6000首赞美诗，很多作品直到今天仍深受喜爱。

天教堂的基督教奋进协会（Christian Endeavor Societies ）那样。然而，他们的热情和过度的举止还是冒犯了那些冷漠无情的保守派，因此最终受到了排挤和迫害，不得已脱离国教成立自己的教会。

宗教复兴运动，像17世纪的清教主义运动一样，给英格兰的生活留下深刻印象。正是因为这场复兴所产生的真正的宗教情感、社会净化、道德真诚和人性进取，使得今天的英国与乔治一世和乔治二世统治时期的英国截然不同。

726.七年战争（1756—1763）

在18世纪中期，在美洲的法国和英国殖民者之间爆发了一场被称为“法国印第安人战争”的大战。这场战争和欧洲历史上著名的“七年战争”混合在一起（第717条）。战争开始时，英国遭受到重大打击。当老威廉·皮特[（Elder William Pitt），后来的查塔姆伯爵（Earl of Chatham），著名的“伟大的下院议员”（Great Commoner）]成为英国事务的首脑时，英国人的沮丧陷入了最低谷。皮特是英格兰民族出现的最伟大的人物之一。腓特烈大帝如此评价皮特：“英格兰终于出现了一个真正的男子汉。”

与法国的战争现在不仅在美洲和海上进行，英国还以新的活力在印度和欧洲与法国开展。就美洲而言，战争的转折点是年轻的英国少将沃尔夫（Wolfe）率军在魁北克高地（Heights of Quebec）大败蒙卡尔姆（Montcalm）率领的法国军队（1759）。这场胜利让英格兰得到了魁北克，这是扭转新大陆局面的关键。

在印度，英国也在与法国和她当地盟友的战斗中获得胜利。① 魁北克战役爆发前两年，在英国东印度公司任职的罗伯特·克莱武上校（Colonel Robert Clive）率领1100名英国士兵和2万名土兵②在著名的普拉西战役（the Battle of Plassey, 1757）中一举击溃当地人的6万步骑兵，从而在半岛东北部地区奠定了英国庞大殖民帝国的基础。

1763年，英法签订《巴黎和约》（*Peace of Paris*），七年战争宣告结束。法国将自己在加拿大和北美洲位于密西西比河东部除新奥尔良和周边地区外（这一区域连同密西西比河以西地区早已经割让给西班牙）所有领地都割让给英国，包括纽芬

---

① 这里的情况与新世界的情况有些类似。法国和英国之间长期较量，但也只局限于贸易领域，而不是作为帝国建设者之间的较量。到18世纪中叶，他们开始征服整个世界，并为领土主权打基础。

② 对欧洲雇佣军中当地士兵的称呼。

兰附近的两个小岛，法国只保留在这里晒鱼的权力。法国在印度作为英国的主要竞争对手也退出了竞争。[①] 英国的殖民地霸主和海上的霸主地位现在完全地确立起来。尽管后来遭受了沉重的损失，但英国还是将这种地位一直保持到了第一次世界大战后。

727.美国独立战争（1775—1783）

法国印第安人战争是美国独立战争的序曲。法国的势力在美洲被推翻，使得英国在美洲的殖民者不再像过去那样依赖英国，因为新大陆唯一的危险对手已经被消灭。精明的政治家早已预言：当殖民者不再需要英国的帮助来对抗法国，一旦与母国联系的纽带与他们的利益相冲突，他们便会斩断这根纽带。

很快，殖民地与母国就发生了冲突。议会中的多数人认为殖民者应该承担英国在保护殖民地上产生的开支，因此坚持要求对美洲殖民者征税。但是美国殖民者却认为英国议会里没有自己的议员，拒绝纳税。英国政府不承认殖民者的说法，美洲的殖民者便拿起武器捍卫自己祖辈经过艰苦斗争从英国国王手里获得的权利和自由。

法国政府趁机抓住美洲殖民者与母国发生战争的机会报丢失加拿大的仇，[②] 并向殖民者提供援助。西班牙和荷兰也加入进来，对抗他们曾经的敌人——英国。

战争随着《巴黎和约》的签署而结束（1783）。英国承认13个殖民地的独立，大英帝国开始了在新大陆与自己殖民地的分离。同时，英国被迫重建或割让原属于法国和西班牙的岛屿和领地。从七年战争后诞生的强大帝国似乎遭到重创，难以恢复。

但加拿大和印度仍然属于英国，随后，澳大利亚也归英国所有。英格兰仍然是海上霸主；她的贸易统治地位丝毫没有动摇。身处1783年失去美洲殖民地的境地，没有英国人可以预见到第二个强大的大英帝国能够在第一个大英帝国统治的废墟上再次崛起。

---

① 法国位于印度东海岸的贸易据点本地治里被归还给法国，并一直作为贸易据点存在；但是她的政治权力就像在北美洲一样，已被战争摧毁了。

② 还有许多其他令人钦佩的动机激励很多像拉法耶特这样的法国人站在了美国爱国者一边进行战斗。

728.爱尔兰的立法独立（1782）

在美国独立战争进行期间，爱尔兰利用英国政府的颓势要求获得立法独立。自从诺曼时期以来，爱尔兰就拥有自己的议会，但是它的议会依赖于英格兰国王并从属于英格兰议会。英格兰议会根据自己的法律对爱尔兰实施管辖权。对此，英裔爱尔兰的爱国者做出顽强抵抗，并起草了《权力宣言》（*Declaration of Rights*），在宣言中，爱尔兰人要求爱尔兰的立法独立。对爱尔兰人反抗的担心让英格兰答应了爱尔兰爱国者的要求，并承认爱尔兰议会的独立。

729.废除奴隶贸易

与卫斯理和怀特腓德领导的宗教复兴运动密切相连的是某些博爱运动。这些博爱运动不仅在英国，而且在全人类的道德和社会生活史上都占据着重要的地位。其中最著名的就是非洲奴隶贸易的废除。

我们已经注意到，在18世纪开始时，英国从西班牙手里拿到向美洲殖民地输送黑奴专有权的契约。对于这一极不公正的贸易，当时的人并没有在道德上加以反对。但是宗教复兴运动的影响之一，就是诞生了很多真正的博爱情感。这种情感在取缔非人的奴隶贸易中得到充分表达。

取缔奴隶贸易运动的领导者是托马斯·克拉克森（Thomas Clarkson，1760—1846）和威廉·威尔伯福斯（William Wilberforce，1759—1833）。对贩卖奴隶者反人类暴行的揭露激起了民众的愤慨，并促进了民族良知的苏醒。最终在1807年，经过20年的斗争，取消奴隶贸易的法律终于获得通过。[①] 这标志着英国议会史上最伟大的道义胜利，因为它激发了民族道德情感，而这种情感是推动议会两院改革的主要力量。[②]

730.工业革命

我们现在将目光从政治、宗教和道德领域转向工业领域。英国人的生活在18世纪后半叶经历了一场伟大的革命。英国在商业上的统治地位为工业革命铺平了道

---

① 丹麦期望英国能够谴责奴隶贸易。英国在1802年废除了奴隶贸易。而在美国，1808年后买入奴隶是违法行为。1820年以前，大多数文明国家都禁止了奴隶贸易。

② 本世纪另一场重要的人道主义运动就是监狱改革。这主要是受到博爱主义者约翰·霍华德（1726—1790）的推动。霍华德毕生致力于监狱条件和管理的改革。

路。人口和商品的外流为英国的产品创造了世界市场，而英国也成为了“世界工厂”。自然而然，生产制造得到鼓励，创造发明受到极大刺激来改进工业技术的发展，结果就出现了历史上前所未有的工业革命。

为了获得正确的观点以及能够更好地理解工业革命的重要意义，我们有必要首先注意一下这样一个重大的事实：在信史时代，人类的文明在很多行业和诸多领域都取得了重大的进步，但是自文明发端诞生以来，工业领域的发展几乎处于一种静止的状态。在18世纪中期，所有工业技术几乎还和六七千年前的古埃及和古巴比伦时代相差无几。

所有这一切突然被几项发明所改变。1767年，哈格里夫斯（Hargreaves）发明了多轴纺纱机，也叫珍妮纺纱机。从人类历史开始甚至是从史前很长一段时期里，在纺织过程中，所有的纺线都是一次只能纺一根。而完善后的多轴纺纱机只需要一名工人就可以同时纺织几百根线。① 自多轴纺纱机发明后的20年的时间里，在英国就有400到500万纺锤被使用。

这时，生产无限数量的纺线变成一种可能。接下来，还需要能够把这些纺线织成布的机器。很快，卡特赖特（Cartwright）的动力织布机（power loom）就让这一切成为可能（1785）。下边就需要能够让织布机运转的动力了。就在这时，詹姆斯·瓦特（James Watt）推出了他发明的或者说是改进了的蒸汽机（1785）。未改良的蒸汽机最初被应用在采矿业，现在它被引入到工厂里。

工业革命的原动力——多轴纺纱机、动力织布机和蒸汽机——开始投入使用。19世纪上半叶，蒸汽机应用到交通运输领域后，给世界带来了蒸汽铁路和蒸汽轮船。

这些工业发明和发现标志着人类文明史进入了一个新纪元。我们必须回到史前时代，去寻找像它们一样在这一领域对人类进步产生如此重大意义的发明创造。从埃及的美尼斯（Menes）到英国的乔治三世这段时期里，没有任何发明创造能和工业革命时期相提并论。火的发现、金属工具的发明和动植物的驯化，这些史前人类的发明和成就对人类社会的影响，每一项都值得称道，而工业革命中的发明对人类的影响，与前面几项相比，有过之而无不及。

---

① 1779年，阿克莱特和克朗普顿将其完善。

731.工业革命对英国的重要意义

我们能够注意到工业革命在历史进程中是极为重要的一段。它对法国大革命和拿破仑战争的进程和结局都有着决定性的影响。它为英国提供了精良的武器装备，并让英国在这个巨大的战争时代起着举足轻重的作用。杰夫雷勋爵（Lord Jeffrey）在为瓦特写的悼词（写于1819年）中说道：“是我们的改良蒸汽机，在欧洲的战争中冲锋陷阵，保持并提升了英国在政治领域里的实力和竞争力。”蒸汽机为英国创造的财富让英国足以一再地发动对拿破仑的战争，并且无与伦比地决定了拿破仑掌权期间事情发展的方向。①

732.结论

随着法国革命的爆发，我们必须从法国的视角来看待英国的这段历史。确实，在拿破仑执掌法国政权之后的半代人的时间里，所有欧洲历史都围绕着拿破仑的独特性格为中心展开。因此，现在我们要将英国历史同法国大革命和拿破仑帝国联系在一起。

我们这里需要指出的是，拿破仑战争在英法战争的阶段实际上是双方第二次百年战争的继续和终结。已经攫取了法国最高统治权的拿破仑竭力去打破英国在商贸方面的至高地位并为法国重新夺回其在殖民世界被英国取代的地位。但是这场庞大的战争就像英国参与的所有其他战争一样（除了唯一的让她失去美洲殖民地的那一次），面对老对手法国，英国最终将更多的殖民领地占为己有，并让其海上霸权和贸易地位有了更为坚实的基础。

---

① 英国工业革命要比她侵略欧洲大陆早了几十年，部分原因是英国的商业霸权和世界市场对英国制造商的开放，还有一部分原因是英国煤矿和铁矿储量的充足。

第六十六章 法国大革命

（1789—1799）

第一节 革命的原因；1789年议会

733.序言

法国大革命是法国人民反抗君主专制和阶级特权的一场革命。“自由、平等、博爱”是革命的口号。革命的过程中虽然以这样的名义犯下了可怕的罪行，但是这并不能与革命的真正精神和目的混淆在一起。1789年法国人民的革命要求在本质上与1642年和1688年英国以及1776年美国殖民者发起的独立运动的革命诉求是一样的。只有本着这样的观点，我们才能以同情心和同理心来看待法国历史上这个动荡时期的人物和事件。

734.革命的原因

法国大革命爆发的主要原因有波旁王朝的荒淫暴虐和奢侈无度，贵族和上层神职人员享受的不平等特权，下层人民的悲惨生活状况，以及法国哲学和文学的革命品质和革命精神。但是必须要补充的一点是，美国革命的影响。我们将简述一下这几个革命要素。

735.波旁王朝的专制统治

当我们再次说到统治法国的波旁王朝时，这个王朝的统治已经变得非常的暴虐和具有压迫性。法国每个人的生命和财产都由国王随意处置。很多人在根本不知道自己犯了什么罪的情况下就被投进了监狱。国王独自征收的赋税，沉重打击了穷人而非富人，因为贵族和神职人员都拥有免于纳税的权利。由于征税体系的严苛和腐败，[①] 从纳税人那里搜刮的钱财只有一半或2/3进入国库。

各项税赋中最为沉重的就是盐税，而食盐为国家所垄断。在某些地区，每个家庭被迫为家中每个7岁以上成员每年购买七磅食盐。

通过残酷和强制性的手段搜刮的公众财富用于维持宫廷荒淫奢侈的生活，而他们这种奢靡的生活方式甚至让土耳其苏丹自愧不如。

736.贵族

大革命前，法国约有2到3万个贵族家庭，10到15万贵族人口。尽管拥有法国1/5的土地和享有众多的封建特权，但是他们却几乎不用缴纳任何税收。

高等贵族主要是国王的随从和他宫廷里有头面的人物，他们一年中的大部分时间里在巴黎和凡尔赛过着奢华的生活。尽管被剥夺了一些古老的特权，但是他们仍然保持所有过去的荣耀和傲慢，固守自己的封建特权和免税优待。他们从领地上可怜租户那里残酷搜刮的地租，再加上国王赏赐，足以让他们挥霍无度。而低等贵族越来越多地生活在自己的庄园里，很多人过着跟农民相去不远的卑微与贫困的生活。

737.神职人员

上层神职人员形成了一个腐朽的僧侣统治集团（hierarchy）。法国1/3的土地掌握在他们手中，而如此广阔土地的收入几乎完全被免除赋税。主教和修道院长通常来自贵族阶层，他们加入教会并非出自虔诚的信仰，而是被其巨额的收入和社会地位所吸引。他们的职位都由皇室任命，而他们往往把来自教会财产和农民上交什一税的巨额收入挥霍在奢华的宫廷生活当中。作为一个阶层，他们已经失去了民众的全部敬意和尊重。

低级的神职人员主要由卑微的教区牧师组成，他们大部分来自农民阶层，生活同样贫困。他们的收入与主教和修道院长相比少得可怜。他们对宗教的虔诚和克制的模范生活方式与上层神职人员的荒淫无耻形成鲜明的对比。他们对下层民众有着天然的同情，因为他们本来就来自他们中间，因此，他们与普通民众一样，对这些

---

① 大部分税收被分包出去，也就是说，大量资本家与政府签订收税的合同，然后再向国王的臣民收税。这些所谓的包税资本家按照合同的规定向政府交纳一定数量税收收入，超过这部分的税收收入就是他们的利润。

上层教士的自私傲慢有着相同的厌恶之心。

738.平民或第三等级

在两个特权阶层之下，是没有特权的平民阶层，也被称作第三等级（Third Estate）。这个阶层包含了除贵族和神职人员外的所有人，也就是说，占了人口的绝大部分，大约有2500万人。这个阶层主要分为两个等级：中产阶级和农民阶级。

中产阶级人数相对较少，主要包括富裕的零售商贩、商人、律师和其他专业性人员。它构成了法国最为开化的人群。大革命初期的大部分领导者都是来自这一阶层。

农民构成了第三等级的绝大多数。尽管法国农民早已经从中世纪的农奴制中获得解放，很多人已经成为耕种自己土地的主人，但是他们当中的绝大多数还是要向封建领主缴纳道路费、船舶费和其他市场费用。另外，他们必须使用领主的磨坊来研磨粮食，用他的葡萄汁压榨机来压榨葡萄，用他的烤炉来烘焙面包，这些都需要缴纳高额的费用。在封建时代初期，这些东西本来都是为农奴提供便利的，现在却成了领主进行压迫垄断和敲诈勒索的工具。

在18世纪，大部分法国农民的生活条件确实有了很大的改善，在法国革命的前夕，法国农民的处境要比中东欧农民好很多。自耕农的数量变得庞大，而且稳步增长，在很多地区都比以往增加了。然而再也没有比这个时期更能激发农民的反抗精神。其中的原因并不是因为法国农民的生活状况更加恶劣，而是更加令人憎恨——之所以更加令人憎恨，是因为1789年的法国农民更加开化，他们对自己遭受的不公有着更加深刻的认识，相比于之前的麻木无知，他们更加了解自己作为一个人的权利。

739.法国哲学的革命精神

18世纪的法国哲学是具有怀疑精神的和革命性的。代表其普遍精神和趋势的伟大作家有伏尔泰（Voltaire）、卢梭（Rousseau）。[①] 伏尔泰（1694—1778）是那个时代思想趋势的化身，他强有力地表达了人们的所思所感。他被称为“写作艺术的魔法师”。他在凝聚思想方面才华出众，能够把复杂的哲学思想用格言警句表达

① 其他的伟大哲学家还有孟德斯鸠（Montesquieu，1689—1755），他最重要的作品为《论法的精神》（*The Spirit of Laws*）；还有狄德罗（Diderot，1713—1784）和达朗贝尔（D' Alembert，1717—1783），是百科全书派的领袖，28卷百科全书的编纂者。

伏尔泰

出来，为法国人提供了一个世纪的哲理格言。他的目标是让正义和理性在人类事务中占据统治地位。他不相信天启教（Revealed Religion），倡导人们遵从内心正确和理性的感觉。[①] 他的作品像撼动了整个法国一样撼动了整个欧洲，并为法国大革命做了思想和精神上的准备。某种意义上，他宣称“我在这个时代做的事要比路德和加尔文大得多”，是非常有道理的。

卢梭（1712—1778）像伏尔泰一样，对现存的制度不抱任何信心和希望。对他来说，社会和政府似乎都是强者设计出来奴役弱者的产物。他抱怨现有的制度：“人生而自由，但却处处受到束缚。”因此，他愿意消除这一切不自由的东西。他希望人们能够放弃做作复杂的生活方式，重新回到他所说的“自然状态下”的简单生活。他将野蛮人的生活方式理想化，并宣称这些未开化的部落其实比文明社会的人们幸福得多。他描绘了人们在自然状态下的田园生活，伏尔泰在读了他的作品之后给他写信说自己渴望能够继续以爬行的方式生活。这一充满质疑的精神哲学，其趋势和影响就是对政府和教会制度产生憎恨和蔑视，并增加对已有社会秩序的不满。

740.美国革命的影响

美利坚合众国的成功建立是法国大革命的最有利的近因之一。新生国家共和主义者的质朴，与凡尔赛宫的奢侈与做作形成了鲜明的对比，并引起了法国人民的无限向往。在美国这个新生的国家身上，法国人看到了他们哲学思想创造的世外桃源。这不再是梦想。他们亲手帮助新大陆的殖民者将梦想变成了现实。在这里，人的权利得到恢复，并被证明是正确的。现在，法国人民帮助美国殖民者实现的自由，让他们迫不及待地要在法国实现。

741.路易十五统治的结束；“我死之后，哪怕洪水滔天”

聚集已久的暴风雨即将在法国爆发。1774年，路易十五去世。在他执政的早

① 伏尔泰的一些门徒将他的思想发展成了无神论；但是伏尔泰本人是一个自然神论者，他对无神论的抨击和对基督教的抨击是一视同仁的。

期，法国人民亲切地称他为“受人爱戴者”（Well Beloved），但是很快，初期的爱戴和赞美就变成了憎恨和鄙视。傲慢专横的路易十五生活懒散而又挥霍无度。在统治法国的20年间，他完全处于臭名昭著的蓬帕杜夫人的影响之下。

路易十五愚蠢奢靡的生活成为法国不容忽视的问题，这场历史大剧中的主角们对此十分清楚，这可以从国王与他亲信间的漫不经心的谈话中可见一斑：“我死之后，哪怕洪水滔天！”但是他死之后，洪水真的来了。在他去世之前，暴风骤雨的隆隆雷声已经奔腾而来。

742.路易十六即位（1774）；财政问题；贵族会议（1787）

路易十五将摇摇欲坠的法国王位传给了20岁的孙子路易十六。路易十六刚刚娶了美丽的、无忧无虑的奥地利女大公玛丽·安托瓦内特（Marie Antoinette）。

如何筹措资金成为政府紧急和迫切需要解决的问题。法国处于破产的边缘。国王先后任命杜尔哥（Turgot）、内克尔（Necker）和其他杰出的政治家来做自己的财政大臣，但是他们的政策和修补措施都无济于事。宫廷的传统、长期确立并存在的制度的僵化和特权阶层的残忍自私，使得税收改革和缩减财政开支的措施都不可能实现。法国的债务变得愈发沉重。

1787年，国王召集由大领主和高级教士组成的贵族开会（Notables），这些贵族自从1626年以后从来没被国王召集过。然而他们都是无能之辈，给不了任何有效的建议，他们拒绝放弃自己的封建特权，并拒绝为他们的财产交税，摧残平民阶层的公共财产负担根本得不到减轻。因此，贵族会议的召开没有产生任何实际效果。

743.三级会议的召开；议会选举；陈情书

作为最后的手段，国王下令召开三级会议（States-General），以图集举国智慧来解决当前的问题。这个几乎被遗忘的国民大会由三个阶层的代表组成——贵族、教士和平民。

1788年12月，国王宣布号召法国人民选举三级会议的代表，以这种方式处理法国事务，已经中断了177年了。自认神授君权的皇室一直认为没有必要寻求人民的意见。

与三级会议代表选举相关的，是国王的顾问又做出了一个重大决定，这个决定实际上涉及君主制的命运。平民阶层意识到自己是这个国家的绝大多数，坚持要求自己代表的数量加倍，与另外两个阶层一样多。财政大臣内克尔同意这样的要求。

平民阶层代表的人数达到了600人，而贵族和教士的代表各有300人。

当选代表得到授意，起草声明和改革主张，对三级会议的构成和方向进行改革。这些声明和改革文件被称作陈情书（*Cahiers*），它们由律师和其他人撰写为模板，然后被大量复印并广泛散发；不过，这些文件成为对1789年法国人民疾苦、改革思想和诉求的珍贵记录。陈情书中的一个共同的要求就是国家要通过他们的代表来进行管理。第三等级（Third Estate）的代表要求取消封建地租和徭役，各个等级之间的税负平等。总之，这些要求成为了平民阶层追求平等、公平的请愿书。

744.三级会议变为国民会议

1789年5月5日，是个值得纪念的日子，三级会议的代表在凡尔赛宫集会。全国上下都满怀希望和期盼地将目光投向这里。如果法国的局面还能通过人类的智慧挽救的话，那么它将开始了。一开始，特权阶层和平民阶层就在选举方式上产生了分歧。三级会议的传统就是每个等级在自己的会议厅议事，而后按等级（一个等级1票）对所有议题进行投票。① 但是平民现在要求过去的这种做法应该被抛弃，投票应该按照代表人数来进行；因为如果按照等级来投票，平民的双倍代表人数将毫无意义，只不过是个笑料而已，而教士和贵族阶层联合起来总会在投票上超过他们。整整5个星期，双方不断争吵，一切陷入了僵局。

最终，平民阶层由于有公众的支持而勇敢地采取了决定性的革命措施。他们宣布自己的阶层就是国民会议（National Assembly），然后邀请另外两个等级加入他们的审议，让他们知道：如果他们不这样做，国民议会就会考虑在没有他们参加的情况下讨论国家事务。

国王、贵族和高级教士对平民阶层的大胆举措感到震惊。陷入绝望无助的国王中止了反叛代表的席位，并派人守住议会大厅的门口。但是平民阶层聚集在网球场——没有座位、谷仓一样的建筑，宣誓要团结在一起，直到他们制定出法国的宪法。

不久，少量的贵族和大量的教士加入了他们。三个等级看似就要联合起来了。而宫廷党则竭力阻止这种事情的发生。一个皇室会议，或者说是三个等级的联合会

---

① 换句话说，每一个等级代表的多数票决定该等级的意志，而两个等级的多数票则决定着所有代表的意志。

议召开了。受到顾问们的影响，路易十六以英国斯图亚特王朝的口吻发表了演说，他警告平民等级不要攻击其他阶层的特权，然后下令三个等级的代表都退回各自的议事大厅。教士和贵族服从命令，而平民阶层却不为所动。

在这个关头，典礼官有些傲慢地质问平民："你们听到国王的命令了吗？"平民阶层的领导人之一，举止和声音都有些像朱庇特的米拉波，立即转身对使者，以这样值得纪念的话回复道："去告诉那些派你来这里的人，我们根据人民的命令来到这儿，我们会一直待在这里，除非刺刀将我们赶走。"可怜的典礼官被愤怒的米拉波吓坏了，想立刻夺门而逃，边走边退，就像过去习惯于向国君告退的样子。他的直觉是对的。他确实面对的是统治者，法国新生的统治者。

第三等级很快就获得胜利了。意识到再去反对平民的意愿将是徒劳而又危险的，国王命令那些没有加入的贵族和教士也加入其中，这些人遵照做了。这样，三级会议变成了国民会议。

第二节　国民会议（1789年6月17日—1791年9月30日）

745.国民会议里的重要人物

米拉波

拉马丁宣布国民会议是"人类最壮观的机构，代表的不仅是法国，而且是全人类"。国民会议之所以影响巨大，不在于其中的每个个体的能力或才华，尽管当时法国的精英都聚集于此，而在于它手里掌握的巨大利益。虽然如此，但国民会议里仍然有很多响当当的名字不容忽视。

在贵族里有爱国的、心胸开阔的拉法耶特，他因在美国独立战争中的突出贡献而赢得了国人的钦佩。他的影响力也许超过了这个时代任何的法国人。

同样出身于贵族却成为平民阶层代表的米拉波，是一个脑袋很大、放纵不羁、肆无忌惮的人，他是一个冲动的演说家，是法国革命的代言人。他在演说时言辞激烈，但提建议时却很温和。他想纠正人们的错误，但是又不想损及王位。他希望改革，而非革命。米拉波非常自信，渴望成为领袖，但因为他过去的生活，刚开始时并没有人信任他。亚瑟·扬评价米拉波："他的性格是他致命的负担。"虽然他的私德有亏，但是米拉波的领导才能最终为他赢得了人们的认可，他曾做过国民会议的主席。但他的放荡生活方式最终损害了他的健康。1791年，米拉波去世，临死还在为法国的未来担忧。

平民阶层里的另一个杰出代表是西哀士神父，他在制定宪法方面才能卓著。法国非常需要他的这种才干。西哀士曾经凭借一部《第三等级是什么》（*Qu'est-ce que le tiers-état?*）的宣传册轰动整个法国。在书中，西哀士回答了这个问题，"一切！""之前第三等级是什么样的？""无关紧要！""它希望如何？""举足轻重"。

746.巴士底狱风暴（1789年7月14日）

整个巴黎的形势处于一触即发的状态。国王免去人民高度信赖的内克尔的职务，点燃了革命的熊熊大火。7月14日早晨，大批民众袭击了古老的国家监狱巴士底狱（Bastille），在他们眼中，这是君主专制的象征。几个小时后，巴士底狱落入人民的手中。它的管理者和守卫都被杀死，头颅被挑在长矛尖上游街示众。遭人痛恨的巴士底狱的护墙被夷为平地，人们在原地跳起胜利的舞蹈。地牢的钥匙被拉法耶特作为打破君主专制的战利品送给了美国总统华盛顿。拉法耶特还专门写了一封信，信中说："美国的原则打开了巴士底狱，这一点是毋庸置疑的，巴士底狱的钥匙被送到了正确的地方"①。

巴黎民众摧毁巴士底狱不仅为法国的波旁王朝，也为各地的专制政权敲响了丧钟。摧毁巴士底狱的消息传到美国时，美国人民对此感到欢欣鼓舞，在那里，自治政府的思想和原则是普遍受到欢迎的。当消息传到英格兰时，伟大的政治家福克斯（Fox）认为这对自由有着重大意义，他宣称："这是全世界发生的最伟大事件，这是最好的结果。"

路易十六却对此有着截然不同的感受。当消息传到凡尔赛宫，路易十六大喊："这是反叛！"得到的回复却是："不，陛下，这是革命。"伟大的法国革命真的开始了。

---

① 这一生锈的纪念品今天仍然可以在弗农山庄的展柜中看到。

747.废除特权（1789年8月4日）

当攻占巴士底狱的消息传遍法国时，很多地方的农民也效仿巴黎，摧毁了各地的监狱，推翻、焚毁了贵族的城堡。农民的主要目的是打破封建庄园主的特权，烧毁压迫他们的封建契约，因为这些契约是贵族阶层欺压他们、愚弄他们和征收各种苛捐杂税的证物。农民的恐怖行动让贵族们开始穿过法国边境外逃。

凡尔赛的国民会议也受到了人民革命的影响。特权阶级意识到，为了能从民众的愤怒中幸存下来，他们必须放弃那些封建特权，因为这些特权是人民痛苦和愤怒的主要原因。在国民会议上，两位年轻并拥有自由思想的贵族宣布他们愿意放弃他们的封建特权和豁免权。这种爱国主义的慷慨举动唤醒了一种快速蔓延的热情。高卢人的冲动得到了最好的证明。每个人都愿意为了共同的目标做出牺牲。贵族和教士相互较劲，看谁在放弃地租、公路税和封建税方面牺牲最大。[①] 一夜之间，被推翻的封建制度的垃圾被彻底清除。

748.《人权宣言》（1789年8月26日）

废除封建制度之后，国民会议的下一个工作就是起草《人权宣言》（*The Declaration of the Rights of Man*）。这也是效仿美国革命者的做法。

《人权宣言》的主要思想包括：（1）人人平等——“人生而自由、平等”；（2）人民统治——“所有权力从根本上属于全体国民”；（3）法律公正——“法律是共同意志的体现……应该对所有人公正”。

749.教会财产国有化（1789年11月2日）；《教士公民宪法》（1790年7月12日）

在《权力宣言》颁布后不久，一群巴黎民众将国王从凡尔赛带到了巴黎。他们这么做的目的是将国王作为人质，让贵族和外国君主不敢轻举妄动，从而为国民会议准备新的宪法争取时间。

在此之后的两年里，革命风暴相对缓和下来。国王在杜伊勒里宫（Tuileries）被秘密囚禁。国民会议对国家和教会都进行彻底的改革，并加紧起草新宪法。其

---

① 过路费和使用费是领主分别对道路、渡口、桥梁和市场，以及对碾米、榨葡萄汁和烤面包等行为拥有的收费的权利。这些税费后来都被无偿废除。其他令人厌恶的封建税费，则被农民缴纳某些固定的费用所代替。

中最重要、影响最为深远的一条议案就是没收教会财产，这类似于16世纪德意志和英格兰新教改革者的主张。[①] 所有教会财产，主要是土地，价值估计超过10亿法郎，根据法律变为国家的财产。[②]

教会财产的国有化后，需要制定相应的条款来确保教士的生活。不久之后，一部名为《教士公民宪法》（*Civil Constitution of the Clergy*）的法令出台，它规定政府应该为神职人员提供合理的薪水。所有的教士、主教和教区牧师都应由选举产生，所有神职人员都要宣誓支持新宪法。

法国的天主教会成为国家教会，自然引起了国家的分裂。在134名主教中，只有4名主教愿意在宪法前宣誓。从这时起，法国教士成为革命最坚定的敌人。

750.国王逃跑和被捕（1791年6月20日）

国王企图逃离法国与外逃的贵族会合成为革命进程中一个全新的转折点。趁着夜色，王室成员乔装打扮后逃离杜伊勒里宫，他们乘坐邮政马车逃往边境。只需要几个小时，他们就可以安全地与逃亡在外的贵族会合，但是国王波旁家族的特征出卖了他，王室成员全部被捕并被带回了巴黎。

王室出逃成为君主制度的致命打击。它加深了民众对国王的不信任。很多人认为逃跑行为等同于国王自动退位，人们开始谈论共和。刚开始的时候，共和的声音还不是很响亮，但不久之后，那些没有高喊“共和万岁”的人就被送上了断头台。

751.俱乐部：雅各宾俱乐部和科德利埃俱乐部

为了更好理解法国革命的进程，我们有必要谈谈两个俱乐部，它们在这个阶段崭露头角，并注定成为比国民议会还要有权势的组织，成为开创恐怖统治（the Reign of Terror）的主要工具。它们就是雅各宾俱乐部（the Jacobins）和科德利埃俱

---

① 见第559条和第600条。

② 国民会议发现将这样庞大数量的房产立即以合理的价格卖掉几乎不可能。随后国民议会以国有化的土地作担保发行纸币，这种纸币被称作“指券”。这种做法几乎无一例外地会造成通货膨胀。法国发行的指券贬值到无法流通，这一点和美国独立战争时期大陆会议发行的大陆纸币的情形几乎如出一辙。

乐部（the Cordeliers）。① 这些俱乐部建立的目的是防止保皇派的阴谋和时刻保持革命的火焰不熄灭。

752.新宪法

国民会议的使命即将终结。1791年9月14日，国民会议制定新宪法，它成为维持法国君主立宪政体的法律依据。新宪法获得了国王的批准。维持两年的国民会议随后休会。

第三节　立法会议（1791年10月1日—1792年9月19日）

753.立法会议的成员；立宪派和吉伦特派

新宪法为被称为立法会议（the Legislative Assembly）的国家立法机构的成立做好了准备。立法会议由几个团体或党派组成，这里我们只专注于讨论立宪派（Constitutionalists）和吉伦特派（Girondins）。立宪派，就像他们的名字一样，支持新宪法，拥护有限制的君主制。吉伦特派，因其重要的领导人主要来自吉伦特省而得名，希望在法国建立像美国一样的联邦共和国。

754.立法会议的特性

一些看似微不足道的小事足以说明新的立法会议的特性。起初，立法会议的成员为如何称呼国王“既不伤害国家尊严也不伤害王室尊严”而苦恼。一些人支持用“陛下”来称呼国王，但是这招致了其他人的强烈抗议，他们宣称“法律和人民才是唯一的陛下”。他们最终决定以“法兰西国王”称呼路易十六。

---

① 雅各宾派因其第一次会议在巴黎的一家古老的修道院召开而得名；科德利埃派则因其在一家方济会修道院集会而得名。科德利埃派只建立了一家巴黎俱乐部；而雅各宾派则在法国组建了无数的分支机构。

另一件困扰共和成员的烦心事是国王在出席立法会议时所坐的镀金王座如何处置。最终的决定是：搬走金座，用普通椅子代替，并与立法会议主席的位置并列。

再有就是，国王出现时大会成员的起立仪式也遭受反对。最后的决定是，大会成员今后在开会时，国王如果出现，仍然保持坐姿不动，也不需要脱帽致敬。

755.与古老君主制战争的开始（1792年4月20日）

欧洲的君主们对法国大革命的进程保持最大的关注。他们将路易十六的命运看作自己的命运。如果法国人民被允许推翻世袭的君主制度，那么谁还会尊重神授的王权？

奥地利已经做好了战争的准备——他们已经同普鲁士达成攻守同盟——这令革命者感到忧虑，并最终促使立法会议向奥地利宣战。不久之后，普奥联军就穿过了法国的边境线。这被看作是持续1/4世纪的系列战争的开端，在这系列战争中，法国在面对欧洲盟军时，几乎一直是孤军奋战，他们也展示了热情和天才所能创造的奇迹。

756.对瑞士卫队的屠杀（1792年8月10日）

战争开始时，普奥联军轻松战胜了立法会议军纪涣散的军队，普军总司令布伦瑞克公爵（Duke of Brunswick）迅速向巴黎挺进。布伦瑞克公爵发出了一份傲慢的公告，在这份公告里，他命令法国国民向他们国王投降，并威胁说如果巴黎人民敢对王室造成任何伤害，他们将摧毁整个巴黎，这一傲慢举动激怒了法国人民。

民众的怒火首先在巴黎爆发。巴黎民众的数量随着法国其他地区挑选的人员的到来而不断扩大。从法国南部来了“600名马赛敢死队员”。他们高唱自己“要比一万长矛军还要有力量”的《马赛曲》[①]（*Marseillaise Hymn*）——后来它成为大革命的军歌。

8月10日清晨，整个巴黎的民众开始聚集。作为皇家卫队的残余力量，守卫杜伊勒里宫的几百名瑞士卫队受到攻击。王室人员为了安全起见，逃到附近的立法会议会议厅。在大厅的走廊和台阶上，双方发生激烈的交战。瑞士卫队“像他们阿尔卑斯山的岩石一样”顽强，但是他们最终还是被击败。在会议大厅里，在附近的长

① 这首著名的战斗歌曲由一位年轻的法国工程师鲁热·德·利尔在1792年创作完成。

街短巷里，瑞士卫队士兵被全部杀掉。①

卢塞恩垂死的狮子像

757.九月屠杀（“清空监狱”）

普奥联军急忙进攻巴黎，企图为被屠杀的瑞典卫队复仇并营救国王。整个巴黎都亢奋起来。丹东（Danton）高呼：“我们要给保皇分子以震撼人心的恐怖来阻止我们的敌人。”为了达到这个目的，革命者采取了最为残忍的手段。革命者决定将所有关押在巴黎监狱里的保皇派杀掉。100多人担当刽子手，所有罪犯在接受草率的判决后被交到这些刽子手手中。这次恐怖的“九月屠杀”（September Massacre）的受害者大约有800—1400人。欧洲之前从来没有听说过这样“清空监狱”。②这是法国大革命中最大的罪恶。

758.联军在瓦尔密的失败（1792）

与此同时，在狂野的战斗中，胜利的天平也倒向了革命者一方。法国军队在北

① 瑞士卫队被杀的人数超过700人。他们的忠诚和奉献精神被位于瑞士卢塞恩的欧洲最令人印象深刻的纪念像所铭记，那就是“卢塞恩垂死的狮子”。在悬崖的凹处，一只被长矛刺穿的奄奄一息的狮子用爪子护卫着波旁百合花。这个栩栩如生的狮子像由一块天然的岩石雕刻而成。设计师就是丹麦著名的雕刻家托瓦尔森。

② 现在得知之前估计的数字都有所夸大。见史蒂芬斯，《法国大革命史》，第2卷，第146页。

部成功地遏制了联军的推进，并在瓦尔密（Valmy）一举将其击溃，取得决定性的胜利。联军仓皇撤出法国边境。随着法国军队的胜利，立法会议宣布解散，国民公会开始。

第四节　国民公会（1792年9月20日—1795年10月26日）

759.国民公会中的党派

国民公会由749位代表组成，著名的自由思想家托马斯·潘恩（Thomas Paine）也是代表之一。国民公会里有两大活跃的党派，吉伦特派和山岳派（Mountainists），后者因在开会时都坐于会议大厅的最高处而得名。国民公会里没有君主主义者，所有人都是共和派。没有人敢提君主制。

山岳派是国民公会里政策的制定者。他们的领导人是巴黎的代表丹东和罗伯斯庇尔。山岳派在人数上少于吉伦特派，但在能量和勇气上却在吉伦特派之上，此外，他们还得到巴黎民众的支持。

760.共和国的建立（1792年9月21日）；革命宣传的开始

国民公会的第一个行动就是废除君主制。废除君主制的动议甚至根本没有经过讨论就通过了。其中一个代表高呼："所有人都赞成废除君主制，还有什么好讨论的？宫廷是罪恶的温床、腐败的中心；国王的历史就是国民的殉道史。"

共和国建立后的第二天（1792年9月22日）被看作是一个新时代的开始，是"元年"的第一天。这一天被看作是自由的生日。不久之后，受法国军队胜利的鼓舞，国民公会号召所有国家起来反抗专制统治，并表示会对所有希望获得自由的人民提供援助。

对欧洲各国人民反抗国王、建立共和政府的号召将法国的革命运动变成了革命宣传，这很自然地让所有旧制度的拥趸和既得利益者无比仇恨。革命的宣传成为建立反对共和国的新的反法同盟及1793年战争的主要原因。

761.对国王的审判和执行死刑（1793年1月21日）

国民公会的下一个工作就是对国王进行审判和处决。国王被带到法庭上，被指控同法国的敌人共谋、反对人民的意志及导致了8月10日的大屠杀。国民公会宣判立即对国王执行死刑。1793年1月21日，不幸的国王在和妻子孩子见过最后一面后被送上了断头台。随着断头台的刀落下，国王的人头也掉了下来，人群中爆发出“共和万岁”的呐喊，回声在附近的杜伊勒里宫空荡的大厅上空回荡。

762.反法同盟；旺代爆发的反抗革命运动

处决国王和前一年的革命宣传惊醒了欧洲所有的旧君主，他们对法国革命者充满了切齿之恨。包括英格兰、奥地利、普鲁士、荷兰、西班牙、葡萄牙、撒丁王国、托斯卡纳（Tuscany）、那不勒斯（Naples）和神圣罗马帝国的联军集结起来，试图摧毁法国的共和运动。超过25万的联军同时在法国的各个方向的边境上威胁着她。

外部面临强敌，但是法兰西共和国更大的危险来自国内的敌人。法国西部旺代地区（La Vendée）的农民对国民公会的征兵法令感到愤怒，同时他们对教会和国王仍保持着忠诚，于是，他们发动了对革命者的叛乱。

763.革命法庭（1793年3月10日）和公共安全委员会（1793年4月6日）的创立

法国军队在北部的战败和反法同盟军队的挺进，在巴黎平民中引起了巨大的骚动，他们要求国民公会应该通过建立法庭专政来震慑国内的敌人，法庭专政是一种可以审判所有反对共和国罪行的法庭。

丹东承认法庭专政有可能会对很多受到不公怀疑的人造成伤害，但是他坚持建立这样的法庭，认为和平时期为了不伤及无辜可能会让有罪的人逃脱，而在公共安全受到威胁的时候宁可错杀一千，也不放过一个有罪的人。正是根据这样的原则，法国进入了可怕的统治之年。

不久之后，公共安全委员会（Committee of Public Safety）又建立起来，由国民公会的9名成员组成。该委员会被赋予了独裁权。独裁权的行使期限为一个月，但下个月又会重新生效。

为了理解法国革命的后续进程，我们需要对这两个机构的特点有所了解，并要理解恐怖统治时期的残暴专制是如何施行和维持的。

764.吉伦特派的垮台（1793年6月2日）

每个角落都出现了令人沮丧的势头，面对反法同盟的军队，共和国的军队接连失利，旺代反革命党不断取得胜利，不利的消息纷至沓来。国民公会中的山岳派敦促采取极端措施，吉伦特派反对这样的措施。巴黎的暴动者布满整个城市，高喊着“打倒吉伦特派！”的口号。吉伦特派的一位演说者发出警告：“如果人民的代表被侵害，巴黎就会被摧毁，很快，不明真相的人就会被迫询问巴黎应该站在塞纳河的哪一边。”

吉伦特派最终还是被打倒了。一大群暴动者包围了国民公会大厅，要求交出成为共和国敌人的吉伦特派领导人。31位吉伦特派领导人被交出，并被逮捕，这是恐怖统治开始对这些领导人实施清算的前奏。就这样，巴黎暴动者清除了法国国民公会里的异己分子，就像英国革命当时的普莱德清洗一样（第677条）。

765.大公共安全委员会；它的施政纲领

国内的暴乱和国外势力的入侵造成的危险局势需要法国拥有一个强有力的行政部门。这个部门适时地出现了。国民公会重组了公共安全委员——它现在被称为大公共安全委员会（Great Committee of Public Safety），中止了宪法，赋予新的委员会以最高的行政权力。在一年的时间里，委员会里的12名成员——罗伯斯庇尔是最引人注目的——对法国所有人的生命财产行使绝对的统治权。委员会的施政纲领非常简单，用恐怖进行统治。因此，这一时期称为“恐怖统治时期”（Reign of Terror）。因为当时的法国人都被说服，只有通过对所有国内的反叛进行迅速镇压才能令法国解除无政府和外来入侵的状态，所以，他们中绝大多数人对政府的这种恐怖统治采取了默许顺从的态度。

766.皇后玛丽·安托瓦内特被处死（1793年10月16日）；处决吉伦特派（1793年10月31日）和罗兰夫人（1793年11月8日）

最早成为恐怖统治时期断头台刀下之鬼之一的，是法国的王后玛丽·安托瓦内特。由于反法同盟接受法国王太子作为法国国王以及同盟军队不断的胜利，令法国革命者将目光再次转向了法国王室的幸存者。[①] 玛丽已经被关进监狱9个月，然后被带到了革命法庭（Revolutionary Tribunal）接受审判，随后被判处死刑。一群可

---

① 王太子当时不过是一个8岁的孩子，他在1793年1月被欧洲诸强国承认为法国国王。那个时候，他还在坦普尔的监狱中。王太子死于1795年，狱卒的虐待是直接导致或至少加速其死亡的原因。

断头台

怕的暴徒围着载着王后的囚车狂吼乱叫，直到她被送上断头台。

断头台每天都被新鲜的血液所浸染。在王后被处死的两个星期后，20位吉伦特派的领导人，自从被国民公会逮捕后一直关押在牢房里，现在也被送到断头台斩掉脑袋。紧随他们之后的，是几百名吉伦特派的成员。紧随王后而被处死的人中，罗兰夫人（Madame Roland）最为著名，她被指控是吉伦特派的朋友。发生在断头台上一个小插曲会让我们记住她。据说在即将行刑之际，她的眼睛正好看到位于绞刑架旁边的自由女神雕像。罗兰夫人高喊："自由！多少罪恶假汝之名！"

事实也的确如此。人类历史上最丑恶的罪行都是以最神圣的东西为名——自由、正义或信仰——犯下的。

767.新历法

革命法庭通过断头台快速地清除共和国的敌人，而国民公会则忙于改革法国的古老制度和传统。他们憎恨国王和贵族为了提升自己地位和奴役大众而创立的一切。他们决心将一切旧的东西推倒，让世界重新开始。

国民公会已经计划推出新的度量衡体系，这种新的体系被称为米制[①]（Metric）；引入了一种新的纪年方式。月份都有了符合自己特点的新名字。每个月被分为三个时段，每个时段称为一旬；每天也被划分为十个时段。每旬的第十天取代了旧历的安息日。在新纪年方式中没有作出安排的五天被定为节日。

768.试图废除基督教（1793年11月7日）

旧的纪年方式被废除后，革命者想进一步废除基督教。巴黎革命公社的一些领袖宣布直到"人间的国王和天上的国王都被废黜"，革命才会停止。极端主义者试

① 这是一项令人赞赏的改革，必须被看作法国大革命的有益成果之一。

图通过国民公会的法令取缔基督教，但国民公会谨慎地将这些问题交给人民自己来决定。无神论的革命领导人决心通过教会本身来达到目的。他们说服法国主教戈贝尔（Gobel）放弃自己的职位，随后整个法国的许多神职人员都效仿戈贝尔的做法，放弃了自己的职位。

巴黎和其他城市的教堂都被关闭，教堂圣坛上的财宝都被收归国有。就连教堂的大钟都被熔炼成火炮。圣母玛利亚和耶稣的头像都被打倒，马拉和其他爱国者的半身塑像取而代之。解放全世界的重担现在不是落在了十字架身上，而是落在了断头台身上，断头台取代了圣十字架并获得了“圣断头台”（Holy Guillotine）的称谓。在很多地方，古老宗教的象征被彻底摧毁；一些公墓的所有标志都被去除，而公墓的门口刻着这样的文字：“死亡是永久的睡眠。”

769.理性崇拜的开始（1793年11月10日）

人们的疯狂在理性崇拜（Worship of Reason）上达到了顶峰。作为致敬和崇拜的对象，一座美丽的女性雕像作为理性女神的人格化而被安放在巴黎圣母院（Notre Dame）的圣坛之上。整个法国都纷纷效仿巴黎的做法。教堂成为新的崇拜的圣殿。安息日已被取消，教堂的礼拜活动每十天举行一次。在这一天，市长或其他公众领袖登上讲坛向公众发表演说，演说大部分是关于新的消息——共和国军队的胜利、革命的非凡成就、生活在一个没有国王和神王压迫的时代的荣幸等等。

770.埃贝尔和丹东被处死（1794年3月和4月）

在革命发展的过程中，雅各宾派分裂为三个派系，首领分别是丹东、罗伯斯庇尔和埃贝尔（Hébert）。为了拥有最高的统治权，罗伯斯庇尔决心除掉另外两位领袖。埃贝尔及其党派成为了第一个被打击的对象，丹东及其追随者与罗伯斯庇尔一起将他们摧毁。接着，丹东及其党派成为了下一个被打击目标。丹东最后对行刑者说：“把我的头展示给法国人民；他们不会每天都看到这样的头的。”这个残忍的要求得到了满足。

罗伯斯庇尔

罗伯斯庇尔现在成为了最高统治者。他的野心实现了。“他孤独地站在圣山令人敬畏的最高峰。”但是他命运的转折点很快就到来了。

771.对至高力量的崇拜

罗伯斯庇尔除掉自己最强有力的敌人后的第一个行动就是给法国带来新的宗教，以取代理性崇拜。罗伯斯庇尔希望将基督教作为一种迷信一扫而光，但是他却在自然神论那里停了下来。他认为国家不可能建立在无神论的基础之上。他说：“如果上帝不存在，人类就有必要把他创造出来。”

1794年5月7日，罗伯斯庇尔在国民公会上发表著名演说来为上帝和永生辩护，随后在演说的结束部分呼吁法国民众接受下列法则：“（1）法国人民认识到至高力量和灵魂永恒的存在；（2）他们认识到对至高力量的崇拜是人类履行自己的使命；（3）这些使命中排在第一位的是抵制错误的信仰和暴政，惩罚暴君和叛国者，拯救不幸的人，保卫受压迫者，尽可能对他人行善，对所有人公正。”国民公会以最大的热情接受了这些法则。已经变为理性女神崇拜场所的教堂现在又开始对至高力量产生了新的崇拜。

772.巴黎恐怖的高潮（1794年6月和7月）

就在罗伯斯庇尔创立新的崇拜的同时，以他为精神领袖的大公共安全委员会以从罗马最恐怖的日子过去以后再也没有见过的恐怖主义来统治法国。巴黎与各地的监狱里塞满了嫌犯，有20万名囚犯挤在了共和国的这些巴士底狱中。在巴黎，为了给新进来的罪犯腾出空间，每天都要处死很多囚犯。革命法庭可笑地每次审讯10个、50个甚至更多嫌犯的速度加紧工作。身份和才华都是不可饶恕的罪过。法庭主席审讯一个嫌犯：“不是贵族吗？”答道：“不是。”“好了，下一个！”这就是法官的裁定。就这样，每天审讯的名单不断增加。

断头台的行刑场景似乎可以从但丁的《地狱篇》（*Inferno*）中找到影子。断头台旁为观者准备了长凳，就像剧场里安排的座位一样。巴黎市场上被称作“断头台复仇女神”（Furies of the Guillotine）的女人们一边欣赏着断头台上血腥的杀戮，一边忙着手里的针线活。在短短7个星期（6月10日至7月27日）的时间里，在巴黎被推上断头台的人数就达到了1376人，平均每天28人。

773.罗伯斯庇尔的垮台（1794年7月28日）；对恐怖主义者的惩罚

恐怖统治持续了9个月后引起了反抗。共和国军队的胜利和各地国民公会权力的建立使人们认为每天发生的大规模屠杀既残忍又没有必要。他们开始对屠杀感到厌恶，对被处死的人表示同情。罗伯斯庇尔成为了人民清算的第一个目标。国民公会宣布他和追随者都是共和国的敌人。罗伯斯庇尔被逮捕，后来被巴黎的暴徒营救，随后又被逮捕并直接送上了断头台，同他一起被处死的还有他的几个朋友和巴黎革命公社的绝大多数成员。

罗伯斯庇尔和他的追随者被肃清后，人民的反抗仍然继续进行。人民要求惩罚恐怖主义者。雅各宾俱乐部被关闭，这个曾经集结和指引很多城市暴徒的机构终于解散。基督教崇拜再次被建立起来。

774.恐怖统治的影响

恐怖统治对法国的影响达到了恐怖主义者想要得到的效果。它有效地震慑了法国国内所有反对革命的力量，维护了法国的统一，使她能够将外敌赶出法国领土。

在法国境外，恐怖统治的影响对革命分子的真正目的并非有利。它破坏了一些慷慨人士如英国的柯勒律治（Coleridge）、华兹华斯（Wordsworth）和骚塞（Southey）的幻想，使得早期对革命者抱有同情的人士在情感上完全翻转。他们不再是革命的积极支持者，而变成了保守派和所有改革创新最坚定的敌人。法国革命在它最好的朋友眼中名誉扫地，它在人们心中成为无神论和恐怖主义的代名词，直到今天，在很多人心中法国大革命除了亵渎神灵和制造恐怖屠杀外毫无意义。

775.波拿巴保卫国民公会（1795年10月5日）

事实证明了革命政府的缺陷，尤其是它将立法权和行政权连接在一起由同一伙人掌握。国民公会现在着手制定新的宪法，新宪法将行政权授予一个由5人组成的督政府（Directory）。它还成立了两个立法机构，分别是五百人议会（Council of Five Hundred）和长老议会（Council of Ancients）。

新宪法的某些特点令巴黎的暴徒感到不满。动荡不安的首都的街区再次聚集了大群的暴徒，1795年10月5日，一支4万人的暴徒军队进攻杜伊勒里宫，国民公会当时正在那里开会。在暴徒行进的路上，他们遇到了“霰弹飞溅”，暴徒们四散奔逃。下令将霰弹枪枪口对准这群暴徒的人是一位年轻的炮兵军官、科西嘉岛（Island of Corsica）出生的拿破仑·波拿巴（Napoleon Bonaparte）。大革命终于为法国带来了一个能够控制和指挥它巨大力量的天才人物。

第五节　督政府（1795年10月27日—1799年11月9日）

776.共和国由守转攻

在督政府的统治下，之前一直采取防御政策的共和国开始进入进攻。法国大革命已经实现了废除君主专制和等级特权的目标，现在，它可以专心地完成其在开始时给所有人以自由的承诺（第759条）。

如果法国所有邻国的人民在思想上和情感上不准备接受新的秩序，法国大革命绝不会影响如此之广。但是欧洲各地遭受压迫太久而难以抑制的对平等和自由的渴望激励了各国人民。法国军队所到之处，人们夹道欢迎，把他们看作解放者。因此，法国可以让自己被一连串的共和国所簇拥。法国征服欧洲靠的不是军队，而是她的思想。雨果说过："军队入侵可能招致抵抗，而思想入侵却无法抵抗。"

确实，很多新建立的共和国只是昙花一现，因为民主思想取得完全胜利的时机还不成熟。但是自由思想已经取得了重大胜利。我们后来会看到，重新建立的君主政权再也不敢像那些被革命推翻的政权那样专制了。

777.督政府的计划

奥地利和英国是唯一仍然对法兰西共和国抱有敌意的强国。① 督政府决心给予这些宿敌以沉重打击。为了实施这一计划，两支各由7万人组成的大军在两位年轻将军莫罗（Moreau）和茹尔当（Jourdan）的统帅之下在中莱茵地区集结，直接入侵德意志。第三支大约42000人的部队在法国东南部的尼斯（Nice）附近集结，拿破仑担任统帅，他的任务是将奥地利人赶出意大利。

778.拿破仑在意大利的征战（1796—1797）

接到命令后，27岁的拿破仑的热情被在意大利军事行动上可以大展拳脚的激情所点燃，他急忙奔赴驻扎在尼斯的军队。他发表了短小而富有煽动力的演讲来激发士兵的战斗激情，拿破仑在他的著名演讲中说道："士兵们，你们现在食不果腹，

① 普鲁士、西班牙和其他一些国家与法国签订了《巴塞尔条约》，承认了法兰西共和国（1795）。

衣不蔽体。我要带领你们进入世界上最为肥沃的土地；在那里，你们会发现大城市、富裕的行省、荣耀、辉煌、财富。意大利的战士们，现在你们还缺乏勇气吗？”

如果把这篇演讲与国民公会颁布的法国将要援助各国人民追求自由的法令放在一起，你就能看到拿破仑在法兰西共和国军中激发的情绪与前面的是多么的迥然不同。他向法国士兵描绘了这样一幅图景：意大利是一个可以去掠夺的满是富裕城市的国家，是一片法国人可以征收无数贡品的土地。这篇演讲标志着短短的几年内，法国的解放部队向欧洲灾祸的转变。

在积雪还未化尽的山路前，拿破仑调动了他已在热那亚附近海岸集结的军队，然后强行通过了亚平宁山（Apennines）与滨海阿尔卑斯山（the Maritime Alps）之间的结合处。接下来，法国取得了对奥地利和其盟军的一系列的胜利。作为这一系列战役的结果，意大利北部的相当大的一片区域组成了一个名为奇萨尔皮尼共和国（Cisalpine Republic）的联邦，而热那亚也成为了利古里亚共和国（Ligurian Republic）。

779.《坎波福米奥和约》（1767年10月17日）

当拿破仑在意大利取得一连串惊人的胜利的时候，莫罗和茹尔当却在德意志遭遇惨痛的失败。完成在意大利的使命的拿破仑登上东阿尔卑斯山，向维也纳进军。法国军队逼近维也纳，令神圣罗马帝国皇帝弗朗茨二世（Francis II）开始倾听和平建议。双方达成停战协议，随后签订了重要的《坎波福尔米奥和约》（*Treaty of Campo Formio*）。

根据其中的条款，奥地利将自己的比利时省割让给法国，作为奥地利取得已经纳入法国领土的除伊奥尼亚岛之外的威尼斯地区的补偿。拿破仑已经对在东方建立一个法兰西帝国的愿景神往不已。希腊群岛成为连接法国和其未来东方属地的纽带。

《坎波福尔米奥和约》签订以后，拿破仑迅速前往巴黎，在那里他得到了自古罗马征服者以来从未有过的胜利欢呼。

780.拿破仑在埃及的征战（1798—1799）

督政府表面上对拿破仑给予了热情的迎接，但他们内心深处却担心拿破仑会成为第二个恺撒大帝。他们决心让拿破仑承担一项法国境外的使命。这次任务是对英格兰进行他们一直在考虑的进攻。拿破仑认为这个任务难以实现，于是提出反对，不过他提议去征服埃及。这将使法国掌控东方的贸易，并将英格兰和其印度的殖民地隔开。督政府同意了这个建议。看到拿破仑从法国土伦港（ Port of Toulon）起航前往埃及，督政府终于松了一口气。

躲过英格兰舰队在地中海上的巡逻，拿破仑在埃及登陆。金字塔已经进入法国军队的视野，但是他们受到了著名的马穆鲁克骑兵的顽强抵抗。拿破仑发表了最为欢快的演说来激励士兵的斗志。他指着金字塔高呼：“士兵们，4000年的历史正在注视着你们。”接下来的战斗在历史上被称作“金字塔战役”（Battle of the Pyramids）。拿破仑赢得了胜利，打开了通往开罗的道路。他刚刚进入开罗城就接到了他的舰队在尼罗河口被英国海军上将纳尔逊（English admiral Nelson）摧毁的消息（1798年8月1日）。

1799年春，奥斯曼土耳其政府派军队重新夺回埃及，拿破仑率军进入叙利亚与土耳其人交战。最终，他包围了阿卡（Acre）。土耳其人在守卫阿卡的过程中得到了著名的英国海军准将西德尼·史密斯（Sir Sidney Smith）的援助。拿破仑希望迅速拿下阿卡的努力化为乌有。后来拿破仑说：“我在阿卡错过了自己的命运。”夺得叙利亚的阿卡港，拿破仑便能效仿亚历山大，率领自己的士兵一直打到喜马拉雅山（Himalayas）脚下。感到失望的拿破仑放弃了对阿卡的围攻，带领军队回到埃及。

781.泰伯利亚、赫尔维蒂和帕登诺帕共和国的建立（1798—1799）

现在，我们必须回过头来了解一下欧洲的情况。1798年是大革命以来对法兰西共和国非常有利的一年。在1798年和1799年的1月份，法国建立了三个新的共和国。

首先，法国在罗马煽动了一场叛乱，让教皇成为阶下囚，并宣布成立罗马或泰伯利亚共和国（Tiberine Republic）。随后法国又介入瑞士的革命，他们入侵了瑞士各州，并将这些州联合起来成立了赫尔维蒂共和国（Helvetic Republic）。不久之后，法国军队将那不勒斯国王赶出了意大利，使得他逃往西西里岛，将半岛的国土变成了帕登诺帕共和国（Parthenopean Republic）。就这样，三个新的共和国加入了法国大革命创立的联邦。

782.反击；拿破仑推翻督政府（1799年法国雾月18日和19日）

共和国的很多工作很快就遭受了挫败。受尼罗河战役中纳尔逊摧毁法国军舰胜利的鼓舞和对督政府侵略的恐慌，欧洲的大国，包括俄罗斯——沙皇对法国将势力推进到东方尤为恼火，因为俄罗斯统治者一直把东方看作是他们的势力范围，组成了一个新的反法同盟。

战争在1799年初开始，在意大利、瑞士和荷兰同时展开。南方的战争对法国人来说是灾难性的。他们被赶出了意大利，几乎连法国南方的边境线都守不住。奇萨尔皮尼、泰伯利亚和帕登诺帕三个共和国被废除。

尽管法国军队在其他地区取得胜利，但是在意大利却遭受了沉痛的打击，这导致督政府失去了人们的支持。人们指责督政府出于嫉妒将拿破仑流放海外，而拿破仑才是唯一可以拯救共和国的人。混乱和分裂在法国各地蔓延。

法国国内局势动荡的消息传到了刚刚从叙利亚回到埃及的拿破仑耳中，他立即作出一个大胆的决定。在将埃及军队的指挥权交给亲信将领克莱贝尔（Kléber）之后，拿破仑乘船返回法国，一句意味深长的话透漏出他的意图，“法国由律师统治的时期结束了”。

拿破仑受到了法国人民最狂热的欢迎。绝大多数法国人在本能上感受到目前的紧急状况需要有一个独裁者。一些督政官加入拿破仑的阵营，与他密谋推翻督政府。在五百人议会那里受到了抵制，拿破仑率领一队掷弹兵将代表们赶出了议会。

法国大革命最终出现了他们的克伦威尔。拿破仑现在是法国的主人。法兰西第一共和国走到了尽头，被人们特别指称的法国大革命结束了。从这时起，法国开始了执政府（Consulate）和法兰西第一帝国（First Empire）的历史——这是一段拿破仑像太阳一样升起于奥斯特里茨（Austerlitz），而最终在滑铁卢（Waterloo）落下的生涯史。

第六十七章　执政府与拿破仑帝国

（1799—1815）

第一节　执政府（1799—1804）

783.含蓄的军事独裁统治

推翻了督政府以后，新的宪法——1789年以来的第4部宪法——已经备好并提交给人民来批准，最终以300多万人支持、不足2000人反对获得通过。新宪法将执政权授予三位执政，任期10年，而第一执政实际上行使全部的权力，其他两个执政只不过是第一执政的顾问。拿破仑自然是第一执政（First Consul）。

政府的其他职能由参议院（Council of State）、议政院（Tribunate）、立法院（Legislature）和元老院（Senate）行使。但是，所有这些机构的成员都直接或间接地由执政任命，所以整个政府的权力实际上掌握在执政或者第一执政手中。法国仍然被称为共和国，但是共和之名和形式只不过是如路易十四个人的、绝对的统治的面纱。简而言之，此时的法国就是军事独裁政府。

784.第一执政的战争

拿破仑继续从督政府时期开始与奥地利还有英国的战争。当向两个国家提出的和平建议遭拒后，拿破仑开始集结部队。在意大利著名的马伦哥（Marengo）战役及巴伐利亚的霍亨林登（Hohenlinden）战役中，奥地利军队遭受惨败，皇帝弗朗茨二世不得不在吕内维尔（Luneville ）签订和约（1801）。这份和约最重要的作用是促成了德意志主体的重建。但是，由于中欧重组直到奥斯特里茨战役（Battle of Austerlitz）之后才完成，我们会推迟到事件发生的时间再对它作详细介绍（第792

条）。法国和奥地利签署和平协议之后的第二年，英国也和法国签订了《亚眠和约》（*Peace of Amiens*）。

785.开明君主拿破仑

与奥地利和英国的和平协议的签署让拿破仑腾出精力来对法国国内的事务进行改革和完善。正是这方面的成就令拿破仑真正地功成名就。用拿破仑传记作家斯隆教授（Professor Sloane）的话说，拿破仑是“世界上最伟大的社会改革家之一”。如果我们把拿破仑看成18世纪开明君主的继任者，我们就会更好地理解他作为改革者的作用。他的使命是继续和完善开明君主的工作，使改革圆满，管理和巩固法国革命的社会成果。

拿破仑·波拿巴

治愈革命给法国造成的创伤是拿破仑的首要目的之一。法国大革命给法国造成的最大创伤是《教士公民宪法》所造成的宗教分裂（第749条），这将法国分成两个敌对的党派。另外，自1794年以后，政府已经不再为牧师提供薪水，造成很多教区完全没有固定的宗教活动。为了应对这种状况，拿破仑与罗马教廷签下协议——《宗教事务协约》（*Concordat*，1801）。第一执政在两个党派中公平地任命大主教和主教，两个党派指的是革命中顺从革命的一方和反对革命的另一方，国家恢复给神职人员发放薪水。① 教皇被看作是法国教会的领袖，有权对政府提名任命的教职人员加以确认。《宗教事务协约》填平了革命在法国教会里造成的鸿沟，并将天主教归到第一执政的政府管辖之下，第一执政被称作“新君士坦丁”（New Constantine）。

拿破仑在恢复革命中大受损伤的法国物质财富和利益方面的努力同样取得成

① 法国神职人员包括新教牧师和犹太教拉比的薪水都由国家财政支付。这一做法一直持续到1905年政教完全分离时《宗教事务协约》被废除才得以终止。

功。他修缮和建造公路、桥梁，开挖运河，疏浚河道，改良海港。拿破仑促成在阿尔卑斯山上修建的军事公路成为工程技术的奇迹，并且直到在山中打通隧道之前，一直作为意大利和北欧之间交流沟通的主要通道。

法国的公共建筑和名胜古迹已经荒废不堪。拿破仑恢复旧建筑并建造新的场馆。他为巴黎和其他主要城市建造了公共大厦和纪念场馆。这些作品中很多直到今天仍然是法国的骄傲。

但是拿破仑作为第一执政或皇帝的所有功绩中对法国文明进程最突出、最持久、影响最深远的是其编纂的《民法典》（*Civil Code*）或称《拿破仑法典》（*Code Napoléon*），这让他的名字同历史上最伟大的立法者之一的查士丁尼（Justinian）的名字并辉。拿破仑在执掌政权之后几乎立即任命一个由5位杰出法学家组成的委员会来承担这项任务，而这项任务早在立宪会议和国民公会的时期就已经开始。①这些法学家辛苦工作4年之久（1800—1804）。

法典由法国古代典籍和罗马法，尤其是革命纲领和立法组成。这些素材经过类似于查士丁尼大帝时期的立法者当初对新的、旧的、异教徒的和基督教的等素材的压缩、整合和修订创立著名的《民法大全》一样的过程才编纂完成（第346条）。

《民法典》对西欧自由主义发展的影响非常有利。它将革命的成果保留下来，去除了来自封建时期的不平等、令人厌恶、压迫人的旧传统、法规、诏令和法律条文。它从法律的视角厘清了贵族和农民之间的平等地位。其法理和直接条款很快被引入到欧洲的半数国家。

786.拿破仑成为终身第一执政（1802）

元老院和参议院里的大多数成员对拿破仑都是完全效忠的，通过这两个机构向法国人民提议拿破仑应该成为终身第一执政，这样，他所追求的恢复和改革的宏伟工程就能不受干扰地进行下去。全体法国人民几乎完全同意这样的提议。就这样，拿破仑向帝位又迈进了一步。

---

① 现在，人们认为《民法典》并不像一些作家宣扬的那样是一个新鲜的事物。立法是开明君主们比较喜爱的做法（比如俄罗斯的叶卡捷琳娜二世、奥地利的约瑟夫二世、普鲁士的腓特烈大帝等）。《民法典》几乎就是康巴塞雷斯为国民公会准备的《民法典草案》的翻版。

第二节　拿破仑帝国；解放战争（1801—1815）

787.拿破仑称帝（1804）

密谋刺杀第一执政和敌人日益增加的活动令法国发起了增加拿破仑权力、确保他的安全和政府稳定的运动，而这需要将拿破仑推上帝位。拿破仑虽然在表面上拒绝大众的意愿，实际上却在暗中煽动和指挥它。元老院授予拿破仑法兰西皇帝头衔的诏令被提交到人民面前，而最终以一致性支持获得通过。1804年12月2日，加冕仪式在巴黎圣母院教堂进行，教皇庇护七世（Pope Pius VII ）受邀从罗马赶来参加加冕仪式。①

788.法国大革命创立的共和国变身成为王国

在共和国成为帝国不到两年的时间里，周围有三个按照革命理想和由军队建立的联邦共和政体摇身一变，成了法兰西帝国的附属国或者被直接并入了法国。总之，这些国家实际上已经是拿破仑帝国的封地，成为新罗马帝国的行省或附属国。

就这样，奇萨尔皮尼共和国或意大利共和国变成了王国，拿破仑在米兰佩戴伦巴第人的“铁王冠”而加冕为王②，并以意大利国王的头衔篡夺其政府（1805年5月）。不久之后，就在同一年，拿破仑将利古里亚共和国并入法兰西帝国。然后，他又如法炮制，将巴达维亚共和国（Batavian Republic ）并入荷兰王国，并将王冠戴到他最喜爱的弟弟路易头上。

就这样，大革命的政治工作没有完成，政治自由被夺走了。拿破仑说：“当它挡住我前进的道路时，我就会把它推到一边。”公民的平等则被保留了下来。

789.法兰西帝国和旧专制君主

绝不要以为当法国将自己和周边国家变成帝国和王国时，欧洲列强会无动于衷。拿破仑建立的强大帝国是对整个欧洲的威胁，而法兰西帝国要比法兰西共和国

① 从此时起，波拿巴仿效王室的一贯做法，用自己的名“拿破仑”作为王朝的名字。而“拿破仑”这个名字注定要在历史上占据着极其重要的位置，我们后面将对这个名字逐渐加以了解。

② 这里，拿破仑再次效仿查理曼。他说：“我就是查理曼，因为我像他一样统一了法兰西和伦巴第。”

还要可怕，因为这是一个军事独裁的政权，而其强大的权力又掌握在拿破仑这样一个具有杰出才干的人的手里。他们组织了一个又一个的反法同盟，来对抗他们心目中的“篡位者”（Usurper），而英国就是这些同盟的“军需官”（Paymaster）。盟国的目的，开始是将法国赶回到她原来的疆土之内，后来就变成要将拿破仑作为欧洲和平的破坏者和很多国家的压迫者赶下台。从1804年拿破仑加冕称帝到1815年滑铁卢战役，整个欧洲对抗法国的战争几乎从未停息。这是巨人之间的战争。自从薛西斯一世后，整个欧洲再也没有被军事力量燃起的炮火弄得如此风雨飘摇。拿破仑手下有众多军事才能出众的将领，他带领法国军队创造了众多的军事奇迹。他的出色成就令人炫目，令世界震惊。

详细阐述拿破仑从奥斯特里茨战役到滑铁卢战役需要大量的篇幅，我们在这里就简单地摘取其军事生涯中的几个片段来勾勒出他是如何到达权力和名望的顶峰之后又迅速滑落的过程。

790.拿破仑准备入侵英格兰；将路易斯安那卖给美国；布洛涅的军营（1803—1805）

在拿破仑加冕之前，英国和法国之间的战争就已经开始了。拿破仑为这场战争做的准备之一就是以1500万美元的价格将他刚刚从西班牙手里得到的路易斯安那卖给了美国（1803）。之所以这样做，是因为海上军事力量的不足让他不可能守得住这片遥远的领地。

这片资源丰富的巨大土地交易是历史上最为重要的领地交易之一。拿破仑似乎已经认识到这笔交易对美国发展的重要意义。他说：“我为英国准备了一个强大的对手，这个对手迟早会让她低下高傲的头颅。”

早在1803年，拿破仑就开始在英吉利海峡法国这一侧的布洛涅（Boulogne）集结大批军队，并建造了大量的平底船，准备入侵英国。当时法国的媒体不断地喊出口号——“摧毁迦太基”。拿破仑说：“我们控制海峡6小时，就能成为世界的主人。”为了用历史的记忆激励法国士兵的爱国热情，他将著名的用来纪念诺曼人征服英格兰的贝叶挂毯（Bayeux Tapestry）带到了巴黎。

拿破仑的战斗准备令整个英国感受到了自西班牙无敌舰队以来的最为惊恐的时刻。小威廉·皮特（Younger Pitt）——当时英国政府的首脑——不遗余力地寻找强国来组建一个同盟共同对抗法国。1805年初，英国和俄国结成同盟，希望成为欧洲同盟的核心。奥地利和其他国家也很快加入了这个同盟。

791.对奥地利的战役：奥斯特里茨（1805年12月2日）

拿破仑得到奥地利和俄国军队都在抓紧行动的情报，他立刻解散了布洛涅的军队，急派“大军”——名副其实——穿过莱茵河，在乌尔姆（Ulm）奇袭并俘虏了奥地利大军。随后，他又胜利穿过维也纳，来到奥斯特里茨，在这里，拿破仑大败8万人的俄奥联军，取得他一生中最为重大的胜利之一。奥地利被迫割让了大片领土，其中就包括威尼西亚（Venetia），拿破仑将其并入意大利王国。

792.重组德意志；神圣罗马帝国的终结（1806）

拿破仑在马伦哥和霍亨林登战役之后就开始对德意志主体部分进行重组，到这时，重组的工作已基本上完成。他将组成德意志体系的300多个邦国缩减为40个左右。其中宗教邦、帝国自由城市和小王公的小国成为主要的受害者，他们的大部分土地被强行授予那些保留下来邦国的王公。其中最受宠的是巴伐利亚选帝侯（Elector of Bavaria）和符腾堡公爵（Duke of Württemberg），他们都被拿破仑封为国王并获得了足够多的领土来适当地维持他们的尊荣。巴登侯爵（Margrave of Baden）被封为大公，他的领地得到扩大。所有这些王公都和拿破仑家族联姻。

这些最受宠的邦国连同其他的邦国——共有16个，宣布从古老的神圣罗马帝国中独立出来，成立一个名为莱茵邦联的政治联盟，拿破仑是这个联盟的保护者。①神圣罗马帝国皇帝弗朗茨二世意识到自己的权力实际上已经被废除，于是放弃神圣罗马帝国皇帝的头衔，开始采用奥地利皇帝弗朗茨一世作为最高头衔。②

就这样，神圣罗马帝国在查理曼之后维持了将近千年，最终灭亡。如果从恺撒·奥古斯都开始算起，罗马帝国存在了1800年，是最长寿的人类秩序之一——如果把这种存在看作生命的话。

793.特拉法尔加战役（1805年10月21日）

拿破仑在德意志的辉煌胜利却被其舰队遭受的重创蒙上了一层阴影，这场灾难就发生在奥地利的乌尔姆投降后的第二天。纳尔逊勋爵在西班牙海岸的特拉法尔加（Trafalgar）海角与法国和西班牙的联合舰队遭遇——此时的西班牙是拿破仑的盟

---

① 莱茵邦联最后包括37个邦国，总人口约1500万。

② 弗朗茨二世已在1804年8月采用奥地利皇帝的名号，恰在拿破仑加冕成为法兰西帝国皇帝之后。

友——然后，他几乎完全摧毁了法西联合舰队，而这位英勇的海军上将却在胜利的那一刻倒下了。

这场决定性的战役让英国掌控了海上霸权并将其从法国入侵的威胁中解脱出来。甚至拿破仑一直习惯于称作“小水沟”的英吉利海峡自此以后也成为拿破仑的野心无法逾越的鸿沟。拿破仑或许可以统治欧洲大陆，但是海洋和岛屿的统治权却对他说了不。

794.与普鲁士的战争：耶拿-奥尔施泰特战役（1806）

奥地利之后，普鲁士是下一个挨到拿破仑重拳的国家。普鲁士国王腓特烈·威廉三世（Frederick William III）因为被难以忍受的侮辱所驱使，他鲁莽地向奥斯特里茨的胜利者宣战了。兵贵神速，拿破仑迅速在耶拿（Jena）和奥尔施泰特（Auerstädt）两场同时开打的战役中痛击普鲁士的军队。普鲁士的大部分领土迅速被法国军队占领。首都柏林也被法国军队长驱直入。腓特烈大帝的宝剑、柏林勃兰登堡城门驶过的胜利战车和很多从柏林城的博物馆还有艺术馆中掠夺的珠宝，都作为战利品被运往巴黎。

795.与俄罗斯的战争：埃劳战役和弗里德兰战役（1807）

沙皇亚历山大派出支援腓特烈·威廉三世的俄罗斯军队，仍然在维斯瓦河（Vistula）以东普鲁士的领土上同拿破仑军队作战。

在1807年初，拿破仑在一个狂风怒号的冬日向在埃劳（Eylau）的俄罗斯军队发起进攻。这是一场血腥的战役，双方的伤亡都超过3万人。在同年夏天，拿破仑再次在弗里德兰（Friedland ）与俄国军队交战，这次法国军队大获全胜，俄罗斯沙皇被迫请求停战。

796.《提尔西特和约》（1807）；分割世界

拿破仑在提尔西特（Tilsit）同俄罗斯沙皇进行了几次会晤。第一次谈判是在俄国边境的涅曼河（Niemen）中间的一艘小船上进行的。

拿破仑和亚历山大的这些会晤标志着欧洲历史上最富戏剧性的情节之一。旧秩序被打破，新秩序正在建立。谈判的主要话题是如何划分各自在世界的势力范围。“拿破仑向俄罗斯沙皇展示了他倾向于重建古老的东西帝国的想法。他们会是忠诚的盟友。法国要成为拉丁民族和欧洲中心的最高统治者；俄国将代表希腊帝国，并将势力扩展到亚洲。这些宏伟的设想吸引了亚历山大，他相信接受这样的构想是在继续推行彼得大帝和叶卡捷琳娜女皇的政策。拿破仑认为法国唯一担心和需要击垮的敌人是英国。”①

新的世界秩序将会以古罗马-拜占庭模式进行。但是在重新绘制欧洲中部版图上出现了麻烦。两位统治者尤其在如何对待和处理波兰的领土和普鲁士的问题上产生了利益分歧。重建已经解体的波兰符合拿破仑的利益，但是他这样做就会让沙皇亚历山大疏远法国。于是他只是将普鲁士所属的波兰国土的大部分并入他命名的华沙大公国，并将其赠予自己的附属国萨克森国王。②

为了实现拿破仑的帝国野心，波兰爱国者的希望被牺牲掉了。一个拥有1500万灵魂的国家被这些强盗国王像牲畜一样任意宰割。波兰爱国者曾满怀希望地跟着拿破仑东征西讨，就指望他能够统一和重建他们的祖国。拿破仑曾经给他们希望。但是这些希望到头来却都残忍地破灭了。如果拿破仑能够做一个真正的解放者，他就不会犯下历史中的最大错误之一，而得到救赎的波兰民族会出于感激为他讴歌和树立一座人类最伟大施助者的不朽丰碑。

普鲁士，拿破仑本打算将其从欧洲版图上抹去。然而亚历山大的干预，让这个国家免于亡国。③ 但是，无论沙皇代表其盟友威廉三世的调停，还是在提尔西特美丽爱国的路易莎王后在拿破仑面前谦卑的恳求，都没有使得普鲁士从解体和深深的屈辱中幸免。除了割去其波兰省外，拿破仑还将其易北河（Elbe）以西的所有领土都划出来，连同其他一些土地建立了一个新的威斯特伐利亚王国（Kingdom of Westphalia），并将它赐给了自己的弟弟热罗姆（Jerome）。这个由24个小公国和自由城市组成的王国，被拿破仑并入了莱茵邦联。就这样，普鲁士失去了整整一半的领土，剩下的实际上也只是拿破仑帝国的一个行省而已。

797.大陆封锁；《柏林敕令》和《米兰敕令》（1806—1807）

《提尔西特和约》签订以后，英国成了拿破仑唯一的敌人。拿破仑对这个强大而又顽强的所有反法同盟的操纵者所采取的手段，成为解读拿破仑从1807年的强盛

---

① 史蒂芬斯，《大革命期间的欧洲》，第249页。

② 在耶拿之战后，拿破仑将萨克森选帝侯扶上王位。

③ 亚历山大希望将普鲁士作为俄罗斯和拿破仑帝国之间的缓冲而保存下来。他对拿破仑向东推进直逼自己的领土而心存忧虑。

到1815年的滑铁卢垮台这段历史的钥匙。这些手段被称作“大陆封锁”或“大陆体系”（Continental Blockade or System）。我们已经看到拿破仑的舰队在特拉法尔加遭受的重创，这让他所有偷袭不列颠海岸的希望都化作泡影。既然无法直接用武力打到敌人，拿破仑决心通过贸易来打击英国。他颁布了两部著名的敕令：《柏林敕令》和《米兰敕令》（*Berlin and Milan decrees*）。拿破仑对英国商船关闭了欧洲大陆的所有港口，并禁止任何欧洲国家与英国进行贸易往来。拿破仑采取的这些政策确实破坏了英国的贸易，但是对法国而言，这也是一种自杀式行为，并最终导致了拿破仑帝国的衰落。

798.半岛战争的开始（1808）

拿破仑的大陆封锁政策在欧洲南部造成的结果之一就是和葡萄牙产生冲突。葡萄牙的摄政王拒绝了拿破仑关于英国贸易和财产的所有要求。拿破仑派了一名元帅率军攻占了葡萄牙。葡萄牙王室连同很多贵族逃往巴西。这时的葡萄牙实际上成为了拿破仑帝国的一个行省。

799.拿破仑让自己的哥哥约瑟夫成为西班牙国王（1808）；西班牙起义

西班牙成为下一个被法国非法占有的国家。拿破仑傲慢地干涉西班牙的内部事务——当然，必须要说的是西班牙政府也确实腐败无能——拿破仑诱惑软弱的波旁王朝国王查理五世（Charles IV）作为“亲爱的朋友和盟友”交出自己的王位，然后拿破仑转手就将王位给了他的哥哥约瑟夫（Joseph）。约瑟夫之前在那布勒斯的王位转给了拿破仑的妹夫缪拉（Murat）。[①] 就这样，爱冒险的拿破仑随意罢免和任命国王，将王位和王国玩弄于股掌之间。

但是勇敢的西班牙人民并不会向拿破仑带给他们的屈辱屈服。从比利牛斯山脉到直布罗陀海峡，整个西班牙都拿起武器战斗。葡萄牙人也揭竿而起，英国派遣亚瑟·韦尔斯利爵士（Sir Arthur Wellesley）——也就是随后的滑铁卢战役的英雄威灵顿公爵（Duke of Wellington）——率军前往支援。法国军队很快就被赶出葡萄牙，并被逼到埃布罗河（Ebro）以外。刚坐上西班牙王位的约瑟夫仓皇逃窜。拿破仑意识到，如果想重塑法国军队的威望，他必须亲自出马。他率领大军进入伊比利亚半

---

① 1806年，拿破仑将那不勒斯的波旁王朝废黜。

岛，重新把约瑟夫扶上西班牙的王位。但是欧洲另一个角落传来的威胁令他不得不急忙返回巴黎。

800.拿破仑同奥地利的第三次战争（1809）

利用拿破仑在伊比利亚半岛（Iberian Peninsula）陷入麻烦之际，奥地利皇帝弗朗茨一世集结军队做好战争的准备。战争在1809年春天开始，在为期不长的系列战斗——其中最著名的就是阿斯佩恩–艾斯林战役和瓦格拉姆战役[Battles of Aspern（Essling） and Wagram]——之后，奥地利再次臣服于拿破仑的脚下。奥地利遭到进一步的瓦解，除了其他土地被夺走外，亚得里亚海沿岸的狭长海岸地带，被拿破仑作为伊利里亚诸省（Illyrian Provinces）纳入了法兰西帝国的版图。

801.教皇辖地和拿破仑帝国合二为一（1809）

拿破仑的大陆封锁政策让他和教皇产生了矛盾。教皇庇护七世拒绝实施对英国的封锁，并进一步想对拿破仑的其他命令不予理睬。因此，拿破仑宣布教皇“不再是俗世王公”，并占有了教皇的领地。庇护七世直接将拿破仑开除了教籍，而拿破仑则将教皇逮捕并关进监狱长达3年之久。

802.拿破仑第二次婚姻（1810）

在战胜弗朗茨一世不久，拿破仑为了能够和奥地利女大公玛丽·路易丝（Marie Louise ）结成新的同盟决定与妻子约瑟芬（Josephine）离婚。[①] 约瑟芬不敢违逆拿破仑，只有委屈自己伤心地离开了皇宫。拿破仑希望通过和欧洲古老的皇室之一联姻来平息有人对他出身庶民的责难并能够留下继承人保证自己的统治能够世代传下去。

拿破仑建立王朝的渴望和野心在第二年儿子出生后似乎得到了实现，他的儿子被授予“罗马王”的头衔。这样，他的敌人们再也不会拿他的出身和没有子嗣来说事了。现在，他在法国的王位不但得到了巩固而且还能继续传下去。

① 拿破仑在1809年12月15日与约瑟芬离婚，他与玛丽·路易丝的婚礼在1810年4月2日举行。约瑟芬得以保留皇后的头衔，并在马尔迈松保有自己的行宫，每年领取200万法郎的津贴。直到生命的最后，她和拿破仑都保持着良好的友谊。她于1814年5月20日去世。

803.荷兰和德国北部海岸的土地被纳入拿破仑帝国（1810）

在拿破仑开始第二次婚姻的这一年，又有两片土地被纳入拿破仑帝国的版图之中。

荷兰国王路易·波拿巴（Louis Bonaparte）对哥哥的大陆封锁政策并不赞同，因为它毁了荷兰的贸易，因此决定放弃王位。于是拿破仑将荷兰并入法兰西帝国。不久，拿破仑同样把德国海岸从荷兰到吕贝克的土地纳入了自己的帝国，目的是封闭这里的包括汉萨同盟城市不来梅、汉堡和吕贝克同英国的贸易。

804.拿破仑帝国版图的最大化（1811）

这些新增加的土地，是拿破仑帝国的领土最后一次扩张。拿破仑现在看起来已经达到了人生的巅峰。[①] 马伦哥、奥斯特里茨、耶拿、弗里德兰、瓦格拉姆，一步一步地让拿破仑爬上了军事权力和荣耀的顶峰。

拿破仑帝国的版图从吕贝克到罗马，包括法国本土、荷兰、德意志西部和西北部、意大利西部、那不勒斯王国，再加上伊利里亚行省和伊奥尼亚诸岛。

帝国的四面是同盟国、属国和附庸。欧洲几个古老王国的王位都由拿破仑的亲属或最亲信的元帅们占据。他自己是意大利王国国王、莱茵河联邦的保护人以及瑞士的纠纷仲裁者。奥地利和普鲁士也都完全听命于他。俄罗斯和丹麦则是他的盟友。

这些曾经强大独立的欧洲国家现在都成了“科西嘉冒险家”（Corsican adventurer）的附庸。自从罗马帝国的皇帝以来，还没有谁能够像拿破仑这样支配过文明世界。

805.帝国弱点的暴露

尽管此时的拿破仑对外看起来如日中天、强大无比，但是他从奥斯特里茨战役开始后的巨大影响力已经走过巅峰，开始走下坡路了。有很多因素造成了他帝国的脆弱和预示着其迅速解体。整个法兰西的建立和存在都是依靠着他个人的能力，而其能否永远持续则完全依赖于他的生命和权力的持续。

另外，拿破仑的大陆封锁政策给欧洲沿海国家带来了无尽的痛苦和损失，在整个欧洲大陆范围内逐渐引起了不满。

还有，拿破仑的穷兵黩武几乎让整个国家的男性损失殆尽，后来部队里只能招募尚未成年的男子，而这些孩子根本无法承担拿破仑东征西讨的战争负担和疲劳。

---

① 《提尔西特和约》很可能决定了拿破仑实际权力的极限。

为了支付战争开销和开展公共建设，拿破仑征收繁重的赋税，这也造成了整个帝国巨大的痛苦和不满。

再有，拿破仑对庇护七世的粗鲁和不公的处理令整个天主教和他疏远，各地的虔诚的天主教徒对他也产生了极大的愤恨。

与此同时，被罢黜的王公和削职的贵族们自然也是对拿破仑建立新的政体和权力体系心怀仇恨，他们一直等待着机会来重新夺回自己失去的权力和特权。

原来将拿破仑当作法国自由平等思想的化身，当他推翻旧的王位，剥夺贵族阶层的种种特权时鼓掌欢迎的平民阶层和曾经的大批追随者们在拿破仑实行帝国统治、建立帝国法庭之后也开始反对他，尤其是拿破仑抛弃约瑟芬同最受欧洲憎恨的皇室之一联姻更是将这些人变成了他的敌人。

806.摧毁拿破仑帝国的新力量：民族国家

战胜拿破仑帝国，将欧洲从拿破仑的暴政中解脱出来的活跃力量是民族爱国主义情绪——这种情绪在被瓜分的国家、附庸以及独立受到威胁的国家中都被激发了出来。法兰西帝国威胁要成为欧洲民族国家的坟墓。面对这种威胁，各国的爱国主义热情被唤醒。我们已经看到西班牙人民的反抗，后边我们还将看到德意志和俄罗斯爆发的类似反抗。

807.普鲁士重生

爱国主义运动在普鲁士得到了最热情的体现。在耶拿战争中惨败的普鲁士成为法兰西帝国的附庸，遭受了各种屈辱和摧残。这唤醒了德意志内部沉睡已久的爱国热情。这种爱国热情的增长受到了各种因素的刺激和指引，其中科尔纳（Körner）和席勒（Schiller）还有其他诗人的爱国诗歌点燃了成千上万德意志人心中对祖国的激情。

教育成为加速民族觉醒和重生的另一个手段。1808年，哲学家费希特（Fichte）在柏林发表著名的演讲《告德意志民族书》（*Addresses to the German Nation*）。自从路德发表他的《致德意志基督教贵族公开书》以来再也没有如此打动德意志人民心灵的演讲了。费希特认为公共教育是唯一可以促进德意志民族道德和政治觉醒的手段。德意志青年必须接受教育为国民福祉无私奉献并享受为祖国牺牲的快乐。整个德意志的教育和哲学领域都被这种精神所感染。成千上万的德意志年轻人感受到对国家和国土前所未有的热爱。

与此同时，诗人、哲学家和教师都通过他们的呼吁和研究方法在普鲁士社会创造了一种新的精神，杰出的爱国政治家施泰因男爵（Baron vom Stein）和哈登堡亲王（Prince von Hardenberg）实行的社会和经济改革唤醒和影响到了普鲁士人民大众。

当时普鲁士2/3的人口是农奴。施泰因的主要思想是国家的力量存在于人民的爱国热情之中，但是他的远见告诉他“爱国者不能出自农奴”。于是他实施了解放农奴，给农奴以公民权的政策。

通过著名的《解放法令》（*Edict of Emancipation*），农奴制被废除了。这项法令，由于其深远意义，获得了与林肯的《解放黑人奴隶宣言》（*Emancipation Proclamation of Abraham Lincoln*）以及亚历山大二世（Emperor Alexander II ）颁布的解放俄罗斯农奴的法令同等重要的历史地位。

随着农奴制的废除，将普鲁士人民划分为不同阶层的等级特权也被废除。很多城镇获得了地方自治，为人民代表参与国家管理铺平了道路。

在施泰因和哈登堡进行社会改革的同时，战争部长沙恩霍斯特（Scharnhorst）按照法国模式对普鲁士军队进行重组。过去普鲁士军队在耶拿战场上遭受耻辱失利是因为它主要是由农民和无能而又傲慢的贵族组成的。当时士兵哪怕稍有冒犯就会遭受鞭刑。新军队是由自尊自爱的公民组建而成，他们是真正意义上的国民军队，接受统一的军事管理。

这些改革对人民精神的影响是巨大的。它们促进了普鲁士政治和道德的重生。普鲁士在随后的解放战争中成为了德意志民族的领导者，而这个时刻正在逼近。

808.拿破仑入侵俄罗斯（1812—1813）

德意志和欧洲其他地区大起义的导火索是拿破仑入侵俄国时降临在他头上的厄运。各种因素交织，削弱了法俄两国的友谊并破坏了沙皇和拿破仑之间的同盟，但是双方相互失去信任并彼此疏远的主要原因还是拿破仑的大陆封锁政策。这一政策给俄国的贸易带来巨大损失，沙皇最终拒绝执行拿破仑的敕令，并加入了反法同盟。

拿破仑决心像对待其他欧洲国家一样用武力逼迫俄国俯首称臣。从所有的附属国召集军队后，拿破仑便率领这支大军穿过俄罗斯边境，这是名副其实的“大军”——人数达到40万。在斯摩棱斯克（Smolensk）做了单独的抵抗后，俄罗斯军队并没有正面迎战，而是向俄罗斯腹地撤退，而国家遭到了向前推进的敌人的破坏。最终，在距离莫斯科只有70英里的博罗季诺（Borodino），俄军停止撤退，开始与敌军展开浴血奋战。这场战斗血流成河，双方的伤亡达到了7万人，俄军的抵抗终于被摧毁，法国入侵者终于胜利地进入莫斯科。

但是拿破仑却惊讶地发现莫斯科城内的居民已经撤离，他在俄国沙皇空荡荡的克里姆林宫（Kremlin）安营扎寨两天后，在城市的各个角落同时燃起了奇怪的大火。大火烧了整整5天，直到莫斯科城市大部分地方都被烧为灰烬。

莫斯科的克里姆林宫

拿破仑此时的局势十分危急。他原本以为法国军队一旦进入莫斯科，亚历山大很快就会乞和。但是亚历山大对拿破仑的答复是，只要还有一个法国士兵站在俄国的土地上，他就不会和拿破仑进行谈判。

怀着沙皇会很快放弃自己的决定的希望，拿破仑又在已经被大火烧毁的莫斯科城停留到10月中旬，随后拿破仑下令撤退。这次延误是一个致命的错误，导致了历史上最大的悲剧。在撤退之前，法国军队的队列覆盖了距离帝国边境一半的地方，可怕的冬天袭击了他们。未带御寒衣服的士兵们遭受了恶劣天气的折磨和摧残，成千上万人被活活冻死，每个军营的营火周围都堆放着成堆的死尸。有时候一夜之间就有200到300名士兵丧命。而游弋在法国撤退大军周围的俄罗斯农民和哥萨克骑兵（Cossacks）日夜骚扰着法国人，几千法国士兵为此丧生。

法军在渡过别列津纳河（the river Beresina）时也是损失惨重。渡过别列津纳河之后不久，拿破仑意识到他帝国的命运需要他出现在巴黎，于是他将剩余的军队交给自己的元帅们率领，自己急忙返回巴黎。

法国及其盟军在这场灾难般的战争中死亡的人数高达25万人，而俄罗斯军队的死亡人数据估计大致相同。

809.解放战争；莱比锡战役，“民族会战”（1813年10月16日—19日）

拿破仑的好运和他的“大军”都被埋葬在俄罗斯的皑皑白雪中。他在俄国遭受的惨痛失利，再加上在西班牙的巨大损失，给欧洲各国带来了信心，他们认为是时候摧毁拿破仑了。第六次反法同盟组建起来，它包括俄罗斯、普鲁士、英国、瑞典和后来加入的奥地利。

拿破仑为准备最后一战付出了巨大努力。1813年春天，他集结一支新的部队，人数超过30万，但里边招募了大量的我们应该称之为男孩的未成年人。拿破仑的军队先后在吕岑和包岑（Bautzen）同俄罗斯与普鲁士联军交战，拿破仑在这两个战场上都取得决定性胜利。但是奥地利随后加入了联军，在萨克森的莱比锡（Leipzig），拿破仑受到了反法联军的猛烈进攻。这场著名战役卷入了如此多的国家，在历史上得名“莱比锡国家会战”（Battle of the Nations）。战斗持续了3天，拿破仑战败并被迫撤回法国。

联军开始向法国边境全面进攻。拿破仑竭力阻挡联军的入侵，但是徒劳无功。巴黎向联军投降（1814年3月31日）。随着反攻无望，拿破仑最信任的将军们背叛和抛弃了他。法国元老院，在曾经担任拿破仑外交大臣的著名外交官塔列朗（Talleyrand）的授意下，发布了废黜皇帝的法令，恢复波旁王朝的统治。拿破仑被迫退位，并被流放到位于地中海上的厄尔巴岛（Elba），在那里他被允许保留皇帝的称号，身边保留少许跟随他多年的士兵。但是厄尔巴岛对于曾统治半个欧洲的拿破仑来说似乎有点太小了，所以我们对拿破仑的不满不应该感到惊奇。

810.“百日王朝”（1815年3月20日—6月29日）

应法国元老院的邀请，路易十六的弟弟现在加冕成为路易十八（Louis XVIII）。反法同盟为这位新波旁王朝的国王安排了一份条约①，而反复无常的塔列朗作为路易十八的代表与同盟谈判。这份条约让法国回到了1792年的边境线。

按照之前的承诺，路易为法国制定了一部宪法，但是他的权力却不受任何限制。他称自己为“根据上帝的恩典作为法国和纳瓦拉的国王”。他总是暗指自己开始统治的这一年是他统治法国的第19年，这样就等于完全忽略了法兰西共和国和法兰西帝国的统治。这引起了人们的警觉，因为他似乎怀疑自路易十六退位和被处死以来这段历史的有效性。一些人担心革命的所有成果都被抹杀，开始渴望拿破仑的回归，而这种愿望导致到处都在流传拿破仑将带着春天的紫罗兰回到法国。

1815年3月，欧洲各国代表齐聚维也纳重新设置被法国“洪水”毁掉的地标和

---

① 第一次《巴黎和约》，1814年5月30日。

边境线。有消息传来，说拿破仑已经逃离了厄尔巴岛来到了巴黎。开始时，会议代表们还不相信，只把它当成是玩笑，但后来还是艰难相信了报道的真实性。

利用对复辟的波旁王朝的普遍不满，拿破仑决心大胆恢复自己的皇位。他带领大约800名卫兵在法国南部的一个港口登陆，发表了极具鼓动性的演说后，拿破仑立即向巴黎挺近。在前往巴黎的途中，拿破仑受到了热烈欢迎。一个团又一个团的军队忘记了最近向波旁国王的效忠誓言，迅速加入了拿破仑的队伍。他的旧部更是兴高采烈。① 内伊元帅（Marshal Ney）被派去捉拿皇帝并保证把他装在笼子里带到巴黎。然而，当他看到自己的老长官时，便立即投入到他的怀抱，并以自己的宝剑和生命作抵押。路易十八被军队抛弃而无能为力，当拿破仑逼近巴黎的城门时，他舍弃王位，仓皇逃走。

拿破仑渴望与欧洲各国达成和平协议，但是欧洲各国却认为只要拿破仑坐上法国王位，欧洲大陆就无法保持和平。第七次也是最后一次反法同盟集结军队对抗“欧洲和平的破坏者”。

拿破仑希望在反法同盟的军队联合起来之前将他们各个击破，于是他率领一支13万人的大军迅速进入比利时，目的是摧毁那里的威灵顿公爵率领的英国军队和布吕歇尔（Blücher）率领的普鲁士军队。他先遭遇并击败了普鲁士的军队，随后在滑铁卢迎战英国军队（1815年6月18日）。

滑铁卢战役无须多说，法国军队与英国军队激战一整天也没有决出胜负，随着夜幕降临，威灵顿渴望布吕歇尔或者深夜的到来。这时，布吕歇尔带领3万普鲁士军队扭转了战局。著名的禁卫军宁死不降，② 发动了最后一次进攻后，把迄今为止所向披靡的方阵留在了失守的阵地上。

拿破仑被迫第二次退位，③ 而路易十八也第二次登上他不稳定的王位。④ 拿破仑逃往海岸，希望在那里乘船前往美国；但是英国警觉地封锁了那里，拿破仑被

---

① 拿破仑的回归得到了军队的欢迎，尤其是那些从俄国和德国返回的战俘，但是法国人民普遍不欢迎他回来。

② 卫队长康布罗纳将军对投降的命令作出了如此的回答：“禁卫军可以倒下，但绝不会投降。”这句名言的出处一直存有争议。

③ 他希望逊位给自己的幼子，并宣布他为“法兰西皇帝拿破仑二世”。

④ 反法同盟的军队与路易十八签订了第二次《巴黎和约》（1815年11月20日）。此时的法国不得不接受1789年时的边界线，并付出了70万法郎的赔款。

迫向英国柏勒洛丰号战列舰的长官投降。拿破仑说："我来了，像地米斯托克利一样来了，将自己投进英国人民友好的怀抱。"

但是没有人会相信：如果让拿破仑获得自由，或者是只要他还在，即使被严密看守，欧洲大陆未来的安全和平静就不能得到保证。一些人甚至敦促将拿破仑作为反叛者和逃犯交给路易十八处死。但是，最终的决定是将拿破仑流放到南太平洋上的圣赫勒拿岛（Island of St. Helena）。就这样，拿破仑由英国士兵押送到圣赫勒拿岛并严加看管，直至1821年去世。

根据流放期间同伴的描述，拿破仑最后几年的事迹是历史上最让人怜惜的遭遇之一。他在52岁时去世。作为一个军事天才和统帅，他比历史上其他任何一个人给世界留下的印象都要深刻，占据的位置更为广大。"他的伟大无人可及！"①

---

① 德·托克维尔（De Tocqueville）。

第六十八章　维也纳会议与梅特涅

811.法国革命产生的思想

欧洲自推翻拿破仑统治后的社会和政治史，就是伟大的社会和政治动荡历史的持续。在整个时期起作用的主要力量就是法国大革命中流传下来的思想和原则。

作为历史中的革命力量，在探究法国大革命和法兰西帝国的发展过程中，有三条基本的思想原则。第一是平等原则，法律面前人人平等。第二个是人民主权原则。第三个是民族原则。这些原则或思想是19世纪从法国大革命收获的宝贵的政治遗产。[①] 它们充满了活力和力量。它们的实行，它们在社会制度、法律和政府中的具体体现，构成自拿破仑垮台后世界历史中的很大的一部分。

在这个时期里，1789年大革命的慷慨之情，所有人生来就拥有自由和平等的权利，对解放和提升当时未获自由和被践踏的社会秩序，对消除宗教、民事和民族阶级差别都起到了重大的作用。尤其是，这个时期产生了大量的解放法令和条例。奴隶制、农奴制和中世纪各种形式的封建不平等，在新的平等精神的影响下，已经或正在从文明世界中消失。

主权在民的思想同样是这段时期改变历史的潜在力量。这个时期的一个主要特征就是代议制政府（Representative Government）取代君主专制。正是这种民主和自治政府的事业，激发了那个时代最为崇高的奋斗和自我牺牲精神。所有经历思想启蒙的国家和人民，都热情地拥护这样的思想原则，为自己和孩子建立更美好的未来

---

① 当然，这些思想并非新的学说。所有所谓的法国大革命思想，都是通过法国大革命为它们注入新的权威，并在世界范围内被赋予新的进程。

而奋斗。

作为同样强大的革命性力量的是民族感情。它既有创造力又有破坏力。在它的号召下，很多国家诞生了；但一次世界大战的消耗下，它造成很多历史上的伟大帝国全部或部分解体，并按照民族关系重塑了或正在重塑国家的基础。

但是这些思想并非是按照自由的过程产生的。它们在社会制度和政治形式上的实现，在大多数国家，都经历了暴力和革命的过程。这些自由思想是从与某些反对它的保守思想的不断冲突和争夺中得来的。而这把我们带到了19世纪历史的起点——著名的维也纳会议（Congress of Vienna）。

812.维也纳会议（1814年9月—1915年6月）

在拿破仑第一次退位之后，欧洲君主或亲自或派代表齐聚维也纳，来讨论欧洲大陆的事务。我们后边会结合各国历史探讨他们各自与维也纳会议的关系，这里我们只简单地介绍一下这次会议的精神和总体的特点。

参加维也纳会议的代表们似乎只有一个目的——尽可能将一切恢复到法国大革命之前的样子。他们根本不考虑人民，只关心各自的君主。民主思想完全被忽视，在绝大多数代表眼中，人民政权只不过是无序统治并且要尽可能地压制。当时一个自由政治家简洁而又真实地归纳了维也纳会议的特征就是“国家的交易和君主的狂欢”。

会议采用的第一个原则是合法性原则。根据这一原则，王位被看作是君主的财产。长期占有给了他们一个很好的、不可剥夺的所有权。按照这一原则，拿破仑扶植的新当权家族都被毫不客气地排斥，而流亡在外的古老王朝都被恢复起来。其中最重要的恢复——由维也纳会议直接行动或由各国已经实现后再由会议确认——就是波旁王朝在法国、西班牙和那不勒斯的复辟。

这一原则只适用于世袭统治者，它并不适用于共和国或像威尼斯和德国自由城市那样的半共和制国家，也不适用于教会国家。拿破仑曾经剥夺其领土和王位的大量德意志教会国家便没有被恢复。但是教皇是例外的例外。庇护七世重新获得了教会国家的统治权。这是欧洲唯一留下来的宗教国家。

这一原则适用的另一个例外情况是，几百个德意志小国家，它们的领土在拿破仑对德意志进行重组时被送给了大的国家，这些小国家也没有获得恢复。

合法性的问题得到解决，下一个问题就是从拿破仑手里夺回的领土如何在各国之间进行分配。对于大部分君主来说，这才是他们最关心的议题。一个会议代表坦承道："会议的真正目的是如何在征服者中间分割他们从被征服者手中夺得的战利品。"在分配领土和特权的过程中根本不会考虑关于民族性的权利和诉求，这些领土被分割国家的人民像牲畜一样被主人随意处置和分割。领土争端的解决是当时最重要的问题之一。

比利时和荷兰诸省在尼德兰王国的名义下被统一为一个单独的国家，被分给了奥兰治家族的君主。这样做的目的是在法国身边建立一个屏障以阻止法国未来可能的进攻。但是荷兰和比利时由于在民族、宗教和工业发展上的差异，实际上是两个不同的国家的事实却被完全忽略了。

曾经属于波兰的大部分领土被并入俄国。波兰人被告知他们必须放弃恢复他们民族独立的所有想法和希望。①

萨克森公国的一半领土，莱茵河两岸的广阔区域，以及其他一些土地都给了普鲁士，这就让普鲁士在德意志取得了比法国大革命之前更为主导的地位。

上意大利的伦巴第和威尼西亚连同其他一些土地给了奥地利。奥地利在意大利统治的延伸是维也纳会议对民族性法则最肆意的践踏，而当意大利统一和独立的时刻到来，奥地利也就遭到了报复。

在德意志，维也纳会议建立在拿破仑设定的基础之上。被拿破仑从构成旧德意志体系的数百个国家中削减出来的42个独立国，其中的39个，包括普鲁士和奥地利，组建了一个类似于莱茵邦联的联邦。②

另一方面，在意大利，拿破仑的改革被废除，旧的秩序被重新建立起来。除了北部诸省，其他领土都被交到了奥地利手中，意大利半岛被分割成为诸多独立的国家，就像法国大革命前的状况。

尤其吸引德意志事务委员会注意力的第三件事，就是不同君主对自己臣民颁布的宪法。在精神和性情上，这些复辟的统治者大部分都是革命前的旧专制君主，现在他们重掌大权，却对所发生的一切感到害怕了。他们渴望按照旧的方式来统治国家，但是他们当中也有些人意识到世界局势已经发生了变化，过去的绝对专制统治已经无法安全重建。

---

① 瑞典被确认占有挪威，丹麦由于与拿破仑结盟而失去了挪威。瑞典和挪威形成了一个双元君主制国家，两国各有自己的议会，但在同一个国王的统治之下。这种局面一直持续到1915年，挪威宣布联合的解体，并选择丹麦的查理亲王作为自己的国王，并从此成为一个独立的王国。

② 关于德意志重组的细节，参见第792条。

因此，宪法成为了维也纳会议的一个议题。路易十八被要求遵照《巴黎和约》（*Treaties of Paris*）的规定为法国制定宪法，盟国完全清楚，如果复辟的波旁王朝敢实行绝对君主专制，将会再次出现令整个欧洲动荡不安的麻烦。维也纳会议也建议德意志的王公们采用代议制政府（它们被称为“各等级代表大会”[Assemblies of Estates]，而宪法的字眼被小心翼翼地回避掉了）。除了法国，在这个阶段唯一在实际上接受宪法的国家包括荷兰、瑞士、波兰和挪威。①

即使在宪法已经存在或是被准许制定宪法的国家和地区，法律赋予人民参与政府管理的权利还是很少的。这些宪法是贵族式的，在君主制的形式下，将政府交到了君主和少量选民团体手中。实际上，古老的专制统治几乎在每个地方被重建起来。② 对独裁统治而言，世界又变得安全了。

813.梅特涅

1815年君主复辟的精神和掌控整个维也纳会议的精神都在奥地利外交大臣梅特涅（Prince Metternich）身上得到了具体体现。梅特涅憎恨法国大革命，在他眼中，法国革命就是邪恶精神在世界上的随意游荡。他宣称民主精神就是无序精神，这种精神肯定会“将白天变成最黑的夜晚”。他把人民参与政府管理的要求看成是胆大妄为，他完全相信如果向这些要求让步就会导致可怕的混乱和流血事件。他认为世界唯一的希望就是过去的君权神授专制主义。

梅特涅

因此，梅特涅的制度是一种压迫制度。他的信条就是“保持一切不变”。梅特涅是一个异常精明、阅历丰富、对整个欧洲的公共事务十分了解的外交家，他对欧洲1815年到1848年的这段历史有着巨大的影响

① 同英国一样，匈牙利从中世纪起就拥有自己的宪法。瑞典也在法国大革命时期拥有了自己的宪法。

② 除了重建了欧洲的国家体系，维也纳会议还处理了几个普遍关注的次要问题，比如河流的水上运输、外来移民的权利和奴隶贸易等。关于最后一个问题，维也纳会议在英国的影响下，对奴隶贸易作出了清晰的判定，承认法国大革命所提出的人生而平等和自由的思想。维也纳会议还发表宣言谴责奴隶贸易，几个主要的国家同意竭尽全力限制奴隶贸易。这几乎是维也纳会议唯一同社会和道德力量站在同一战线上并塑造了新的世纪开端的行动。

力。我们完全可以将这段历史称为“梅特涅时代”。正是因为有了梅特涅，旧时的专制政府在这个时期的欧洲非常盛行。

814.梅特涅和神圣同盟

梅特涅处于支配地位的早期阶段的活动都与一个著名的联盟“神圣同盟”（Holy Alliance）联系在一起，这里我们有必要对该联盟的起源做个简单的介绍。

神圣同盟是在拿破仑垮台后，由沙皇亚历山大发起，主要成员有俄罗斯、奥地利和普鲁士组成的联盟。它表面上是为了维持欧洲的宗教、和平和秩序，将基督教教义化为政治上的实践。加入该同盟的几个国家的君主们都承诺会像父亲一样对待他们的子民，用爱来治理国家，致力于增加臣民的福祉。

所有这一切看上去都那么的神圣。但是很快，神圣同盟就变成了实质上维持政府的绝对统治，反对时代的自由倾向的一个联盟。在维护宗教、正义和秩序的外衣下，该联盟的君主们联合起来压制自己臣民对政治自由的追求。

815.其他原则、运动和利益

为了避免读者对法国大革命之后的这段历史产生错误的印象，我们必须要提醒读者没有一个简单的公式足以概括任何一段历史。历史从来都是非常复杂的，因为很多思想和力量交织在一起，塑造和影响着各种事件的发生。

维也纳会议之后的这段历史就具有特别的复杂性。来自法国大革命的思想赋予这个时代主要的特征，但是，贯穿于这个历史时期的，还有其他不同的思想、原则和利益，为这个时期，尤其是这个时期的后半段，增加了巨大的——思想、宗教、工业和殖民运动的复杂性。

文艺复兴的思想在这个时期的社会中有着广泛而又强大的影响。各种思潮更加广泛地传播，现代科学作为文艺复兴的特殊产物，持续不断地为世界带来新的奇迹，为人类的研究和征服自然提供了新的工具。

宗教改革运动的真正精神也在发挥着作用。随着时间的流逝，信条更加自由，宗教更为包容，这些被看成是“过去4个世纪最有益的成果”①，让世界获得更快速的发展。

---

① 这是哈佛大学校长查尔斯. W.艾略特于1893年在芝加哥哥伦布纪念博览会水门上的题词。

另外，这个时代还见证了由幸运的发现、灵巧的机械发明及诸多其他原因导致的无与伦比的工业发展。我们需要辟出专门的章节来对这个改变世界的运动进行简单的回顾。

这个时代还被欧洲各国人民不可思议的扩张运动所标记，这种扩张运动让整个世界掌握在那些在过去三个世纪里掌握了新的更高文明成果人们的手里。对于这样一场重要的扩张运动，我们也会在“欧洲的扩张”这一章做专门的讲述。

这个时期被人类历史上规模最大的一场战争（在第二次世界大战之前，第一次世界大战是人类历史上规模最大的一场战争）所终结，这场战争的最终结局影响广泛而又深远，它标志着人类历史新纪元的开始。回顾这场惊人的战争的深层原因，总结这场战争的突出事件，以及简单概述由这场大灾难引起的世界的改变将会在我们接下来有限的篇幅里进行。

第六十九章　二次复辟后的法国

（1815—1914）

816.路易十八的统治（1814—1824）

“你们的国王，他的祖先统治你们的祖先长达8个世纪，现在，他回来把自己的余生投入到保护和安慰你们中去。”这是路易十八在滑铁卢战役后再次回到法国对法国人民的演讲。“百日王朝”的产生给了路易深刻的教训并让他学会了谦卑。正是由于这样的经历，路易在他后来的统治中尽可能理性地考虑法国革命带来的改变。但是，随着年龄的增大和态度上的不够坚决，他越来越对极端保皇派屈服让步，保皇势力有所抬头，法国政府进入恢复过去统治秩序的轨道上来。

817.查理十世的统治（1824—1830）；1830年革命

1824年，路易十八去世，查理十世即位，这种反动政策变得更加明显。查理似乎根本没有从过去的历史经验中吸取任何教训，他盲目、固执的执政路线让人们产生了这样一种说法：“波旁的国王什么也没学到，什么也没有忘记。”

我们没有必要详细地叙述查理做到了什么和没有做到什么。他的目的是消除大革命的影响，就像英格兰的詹姆斯二世消除清教徒革命的影响的做法一样。他漠视宪法，恢复教士的权力，重建严厉的出版审查制度，并通过王室公告来改变法律。他似乎执着于重新恢复法国君权神授的专制制度。他宣称自己宁愿伐木求生，也不愿效仿英国国王的做法。

查理执政的下场应该可以预见。巴黎人民起而反抗，街道上布满了路障，查理被护送到海边，在那里他乘船前往英国。当时的法国并没有想要建立共和，她倾向于进一步试验君主立宪制度。奥尔良公爵路易·菲利普（Louis Philippe）代表波旁家族更年轻的一支，被推上了王位，并修订了宪法。在路易十八批准通过的宪法中，他自称“上帝恩典的法兰西国王”。新宪法宣布路易·菲利普为“根据上帝恩典和国家意志当选的法兰西人民的国王”。法国大革命的第一思想——人民主权——就这样在国家的根本大法中体现了出来。

818.1830年的“七月革命”对欧洲的影响；比利时王国的起源

巴黎的震荡使得欧洲复辟的君主们不得安宁，梅特涅和其他维也纳会议上的政治复辟主义者精心培护的绝对君主专制体系一度受到了威胁。在尼德兰，1815年人为建立的新秩序被完全破坏。比利时人奋起抗争，宣布自己脱离荷兰而独立，采用了自由宪法，推选萨克斯–科堡（Saxe–Coburg）家族的利奥波德（Leopold）作他们的国王（1831）。独立的比利时王国就这样诞生了。欧洲所有大国确保了比利时在战争中保持独立和中立的地位。

819.1848年革命和法兰西第二共和国的建立

从即位到1848年，路易·菲利普的统治并不平静，但是也没有什么太大的扰动。但是，在此期间革命思想在法国民众中间传播，民主党派不断地积攒力量。最终，人民提出扩大选举权的主张。这时，法国只有20万选民，拥有一定的财产是获得选举资格的基本要求。政府始终如一地拒绝所有的选举改革。法国国王的首相基佐（Guizot）宣布“这个世界上根本不存在所谓的普选权”。

法国出现了像1830年一样的起义。动荡的中心自然是巴黎。路易·菲利普逃往英国。菲利普逃离法国后，巴黎暴动者将国王的宝座拖出杜伊勒里宫，一把火烧掉。

法兰西第二共和国建立。新宪法确立了普选权。人民开始大选，拿破仑的侄子路易·拿破仑·波拿巴（Louis Napoleon Bonaparte）当选为新共和国的总统（1848）。

巴黎的“二月革命”（February Revolution）点燃了欧洲的自由之火。“毫不夸张地说，在1848年3月，每一天都有新宪法通过。”

820.第二帝国（1852—1870）

第二共和国只维持了3年。与他叔叔登上帝国皇位的步骤几乎完全一样，路易·拿破仑现在也获得称帝的尊荣，他的崛起把共和国碾得粉碎。

共和国总统和国民大会之间暗中较量，总统开始谋划政变——第二次雾月政变（Eighteenth Brumaire）。路易下令乘夜逮捕议会中一些反对他最有力的代表，随后解散了议会。他呼吁法国民众同意他的做法，得到了人民的异乎寻常的响应。

拿破仑三世

700万人中的大多数投票赞同总统发动的政变，甚至为了奖励他的做法将他的任期延长到10年。这实际上就是1799年督政府的恢复。第二年，路易就变成了法兰西皇帝（1852），称号拿破仑三世（Napoleon III）。

路易·拿破仑的政变之所以能够成功，部分原因在于人们害怕再出现1793年那样的恐怖统治，另一部分原因在于拿破仑这个名字在法国具有神奇的魔力，到处都在流传拿破仑的传奇经历。时间已经将第一帝国的创立者理想化了。

法兰西第二和第三共和国只是第一共和国的恢复和延续，同样，第二帝国也只是第一帝国的恢复和延续。它在起源、思想和政策上几乎和第一帝国完全相同。

路易·拿破仑宣布帝国意味着和平。但是事实却与此相反，这段历史时期充满着各种战争。其中法兰西第二帝国参加了三场重要的战争：克里米亚战争（Crimean War，1853—1856）、奥撒战争（Austro-Sardinian War，1859）和普法战争（1870—1871）。前两场战争，我们会在后边涉及俄国和意大利的事务时专门讲述①，这里我们需要说的就是，这两场战争，每次都让路易·拿破仑在欧洲的威望获得极大的提升。

关于第三场战争——普鲁士和法国之间的战争，我们需要结合德国作为帝国力量的崛起来谈谈战争的起因。因此，这里我们只涉及与战争有关的主要事件。

战争一开始，三支庞大的德国军队就攻入法国。一支法国大军在著名的格拉沃洛特战役（Battle of Gravelotte）中被击败，在梅斯（Metz）被敌军团团围住。随后，法军在色当（Sedan）投降，连皇帝在内的83000名法国官兵成为俘虏。②

德国军队向巴黎进发，开始全力围攻这座城市（1879年9月19日）。成功守卫巴黎的希望很快就随着在梅斯的巴赞元帅率法军向德国投降而告破灭。173000名士兵和6000名军官成为俘虏，这是军事史上最大的全军被俘虏的战例。巴黎还在顽强抵抗，在严寒和饥饿的双重折磨下，又坚持了3个月之久。随着城外所有试图冲破包围努力的失败，巴黎终告失守，宣布投降。

---

① 参见第852条和854条。

② 战争之后，路易·拿破仑在英国找到了一处避难所。他于1873年1月9日去世。

821.《法兰克福条约》（1871）

根据巴黎投降后签订的条约，法国需要向德国赔偿50亿法郎（10亿美元），[①] 并将莱茵流域的阿尔萨斯和洛林的一部分割让给德国。这些地区的割让是对民族原则的践踏，因为这些被割让地区的人民尽管不全是法国血统，他们在情感上和归属感上都偏向于法国一方。他们成为了“丑恶的滥用武力”可怜的牺牲品。他们在波尔多（Bordeaux）的议会代表从大会席位上撤出时，发表了如下郑重而又具有预言性的抗议：“欧洲不能允许或批准将阿尔萨斯和洛林放弃。文明国家，作为正义和民族权力的守卫者，不能对遭受战火痛苦的邻居的悲惨命运保持冷漠和麻木。现代欧洲不能允许人民像牲畜一样被随意捕杀；她不能再继续对受到威胁的民族的抗议充耳不闻。我们郑重宣布：这样的没有经过我们允许的条约完全无效。此时此刻，我们从议会大厅撤出，我们内心深处最崇高的想法就是对自己的土地遭受暴力表达我们的关切。我们在阿尔萨斯和洛林的兄弟此时从大家庭中暂时离开，但是我们会心系法国，我们相信总有一天我们会再次回到这个位置上来。”[②]

822.第三共和国（1870—）

取代了第二帝国的政府实行共和制。[③] 从政府成立到第一次世界大战爆发前，法兰西第三共和国的局势有些动荡不安。总统和内阁经常变动，党派纷争经常上演。尽管面临这么多的棘手问题，共和政府还是稳步前进，与此同时，君主政体和帝王统治却在节节后退。像英国的斯图亚特王朝一样，波旁王朝和波拿巴王朝的君主们都流亡在外，再也没有回来。

第三共和国所面对的麻烦和问题都是君主专制和帝国时期的遗留问题。战争摧毁了法兰西第二帝国，遗留下来的最棘手问题就是阿尔萨斯–洛林问题。对德国分割法国的深深的愤恨和对德国军队进一步入侵的担心，迫使法国在1891年与俄国结盟，后来，这个同盟连同它所引发的重大结果而被遗弃。[④]

---

① 最后一笔分期赔款于1873年交付后，德国最后一批占领军随即撤离。

② 乔丹，《阿尔萨斯-洛林》，第20—22页。

③ 法兰西第三共和国的宪法与美国宪法不太一样，它不是一份单一的法律文件，而是由不同时期通过的法律组成。她的立法机构由参议院和下议院构成，两院的联合会议选举总统，任期7年，并组建内阁，对立法机构负责。选举为普选制。

④ 两国协约在1907年达成，后来英国加入进来，形成了三国协约。

第二个遗留问题是君主专制主义者和帝国者留下来的实力强大的党派一直试图破坏共和的声誉，等待时机重新建立君主制或帝国统治。这些党派的阴谋在1886年导致共和国政府将所有波旁王朝和拿破仑帝国的王位继承人统统逐出法国。

第三个遗留问题就是教育问题——因为人民的教育是共和政府的必然结果。在法国大革命之前，法国的教育主要是掌握在教会手中。大革命取缔了这些教会团体，将教育俗世化。君主专制的复辟带来了教会的恢复。此时的教育体系是一种混合体系，部分世俗化，部分教会化。自由民主人士强烈要求压制教会学校，实行完全的世俗化教育。反抗教会对教育和民事问题影响的最终结果是1895年政教的完全分离。这意味着罗马天主教会（新教和犹太教同样如此）与政府编制的脱离以及拿破仑与教皇1802年签订的《宗教事务协约》的解除（第785条）。①

至于法国在这个时期的工业发展和殖民活动，尤其是在非洲大陆的文明开化过程中所起到的作用，我们将有专门章节进行讲述。② 随着1914年第一次世界大战的开始，法国历史开始和整个欧洲与世界的历史融合在一起。③

---

① 随着教会与政府的分离，由政府支付给牧师们的薪水也停发了。教堂留给天主教徒自由使用，但是主教的宅邸和其他宗教建筑都作为教育和非宗教活动的场所使用。

② 见第七十五章。

③ 见第七十七章。

第七十章　从滑铁卢战役到第一次世界大战前的英国

（1815—1914）

823.四大主要事件

英国在滑铁卢战役和第一次世界大战爆发之间的这段历史包含了很多事件。用短短的一章来涵盖整个这段历史并不会有太多有意义的东西，除非它能够将众多的历史事实按照事件发生的原因合并为某种一致性，这样就能够将这些事件和几个广义的国家运动和趋势联系在一起。

按照这样的方式来探讨这段历史，我们会发现很多事件可以按照下边四个方向来分别加以总结：（1）民主运动；（2）宗教平等思想的影响的扩大；（3）英格兰与爱尔兰的关系；（4）英国殖民帝国的发展。

我们这里只是沿着前三个方向将这个时期的重大历史事实与读者分享，至于英格兰殖民的发展我们会在后边的章节专门讲述。

第一节　走向民主的进程

824.概述

1688年的英国革命将国家的权力从国王转移到议会手中。然而议会的选举权却只局限在很狭小的范围内。在本应参与国家事务的500多万英国人中，只有不到20万人拥有选举权，这些人主要是富裕的上层阶级。这个世纪英格兰的政治民主化进程主要在于扩大选民的范围，赋予每个有思想、正直的人以选举权，参加自己政府的管理。

825.法国大革命对英格兰自由主义的影响；改革与革命

法国革命刚开始时，为自由趋势注入了新鲜的动力。英国的自由主义人士密切关注着法国共和主义者的革命进程。政治家福克斯听到巴士底狱被攻陷的消息后开心不已，他从这样的事件中看到了希望。年轻作家柯勒律治、华兹华斯和骚塞等人都被民主思想所感染，对政治自由和平等产生了极大的热情。但是法国革命者的过度野蛮化革命令英国自由主义者受到了惊吓，对自由思想突然出现了情感上的厌恶。自由主义思想被当成了危险、具有革命性的东西而被排斥。

但是几年之后，随着拿破仑的倒台，法国革命的恐怖被人逐渐遗忘。自由主义思想开始在民众中传播。英国民众抱怨说英国政府宣称自己是人民的政府，但是实际上人民根本无权参与政府事务。

我们应该注意到英国政府和欧洲其他国家统治者对待自由主义思想的方式上的不同。在欧洲其他国家，民主精神的兴起遭受到了残酷和专横的压制。统治者在管理政府事务上将人民拒之门外。我们已经在法国看到了这种政策的结果，后面也将看到在欧洲其他国家的结果。自由主义思想确实最终取得了胜利，但是这种胜利只有通过革命才能取得。

而在英格兰，政府对民众的民主要求并没有太大的抵制，它会适时地对不断发展的民主精神作出让步。因此在英国，并没有发生一系列的革命事件，我们看到的是一系列的改革措施，它逐渐让下议院越来越平民化，使得英国成为不仅是名义上的，也是现实中的民主自治民族。

826.《1832年改革法案》

议会改革迈出的第一步是在1832年。为了理解这一改革行动的重要意义，我们有必要回顾一下历史。

1265年，平民首次进入议会，这些成员仅仅来自那些财富和人口都由资格成为代表的城市和选区。随着时间的推移，这些地区中一部分地方的人数减少，而新的城市则不断成长；然而这些落寞的选区还保留着他们向议会输送成员的古老特权，而新的城市则被排除在议会之外。老塞勒姆（Old Sarum），一座已经完全没落、根本没有人居住的古城镇，却仍然在议会下院占有两个席位。另外，君主为了保持对议会下院的影响力，不断地给一些不那么重要的地方以把它们的成员送回下院的权力。这些小地方的选举总是由君主或大地主的腐败影响来决定，几乎是不可避免的。于是，议会下院塞满了国王的提名者或者花钱买到席位的议员，他们对自己的这种行为几乎毫不隐瞒。与此同时，刚刚发展起来的大的制造业城镇如伯明翰（Birmingham）、利兹（Leeds）和曼彻斯特（Manchester）却在下院中没有代表。

对这种腐败和荒谬的代表制度进行改革的呼声越来越高。这场运动得到了18世纪后半期刚刚诞生的报纸的支持，因此，由于报纸的影响，这场运动比之前更早的任何改革更具普遍性。辉格党（Whigs）和托利党（Tories），也即自由党（Liberals）和保守党（Conservatives）之间的较量由来已久，愈演愈烈。保守党反对所有改革，认为根本没有必要改革。最终，民众的情绪变得强烈而可怕，议会上院的贵族阶层本来是想阻挡这些改革措施的，也被迫让步。《1832年改革法案》（*Reform Bill of 1832*）成了真正的法律。通过这一法案，英国的选举制度得到了根本改变。86个"有名无实的腐败选区"被完全剥夺或者半剥夺推举议员的权利，而下院来自这些选区的142个席位被分给了之前没有代表的不同县郡或者大的城市。这个法案也通过将选举权扩大到所有在城镇拥有一定数量财产的人员，并通过降低县郡选民的财产资格增加了选民的数量。

这项改革法案的重要意义怎样形容都不为过，它就是英国政治民主史上的《大宪章》。

827.1835年的《市政改革法案》

这个时期英国城镇政府对于改革的需求同英国议会一样迫切。这时的市政制度基本上还是沿袭中世纪的体系。大部分城镇有腐败的寡头统治。长期以来，对推翻这些寡头统治的鼓动终于导致1835年《市政改革法案》（*the Municipal Reform Act*）的通过。这项法案对于城市政府的影响不亚于《1832年改革法案》对英国议会的影响。

828.宪章运动：1848年革命

尽管《1832年改革法案》在其建立的原则方面极具革命性，但是在其原则的应用上只是向前走了一小步。它只承认了中产阶级的选举权，而广大劳动群众根本没有得到管理政府的权力。因此，他们开始了更加激烈的革命行动，史上称作"宪

青年维多利亚女王

章运动”（Chartism）——得名于一份名为“人民宪章”（People’s Charter）的文件，其中体现了他们渴望的改革。其中最主要的改革要求就是普选权和投票表决。

之前的革命骚动还只是或多或少地带有一点暴力色彩，而到了1848年受到动摇欧洲大陆上各国君主专制的革命的鼓舞，宪章派开始大规模的暴力革命，这令守法的城市民众有些害怕，从而对他们产生了不信任，他们的组织机构分崩离析。然而他们努力倡导的改革从根本上还是令人渴望的和正义的，而这些改革中最重要的思想已经被采纳并在英国宪法的制定中起到了重要作用。

829.1867年的改革法案和1870年的教育法案

1867年的改革法案只不过是英国政府根据《1832年改革法案》的方向迈出的另一步。同样，它的通过也是在议会内外经历了漫长的暴力行动才得以完成的。这项法案的主要影响是扩大了投票权——赋予“第四等级”公民权。

就像《1832年改革法案》通过后一样，现在议会的注意力转到了民众教育的问题上来。所有人都认识到实行普选，必须要普及教育。议会通过第二项改革法案3年后又通过了教育法案（1870），其目的是为英伦三岛的每个孩子提供初等教育，赋予地方政府建立和维护学校并强制儿童入学的权力。

830.1884年的改革法案

保守派领导人之一德比伯爵（Earl of Derby）在谈论1867年的改革法案时说：“毫无疑问，我们正在进行一场伟大的实验，并在黑暗中迈出了一大步。”就在该法案通过17年后，英国人民又开始迈出另一大步。但是他们不是在黑暗中前行。允许更下层的人民参与政府管理体现了智慧。

1884年，当时的首相格莱斯顿爵士（Mr. Gladstone）引入并推动了一项比之前的法案更具颠覆性的新改革法案。它将选民人数从300万增加到500万。县郡选民的资格和选区选民的资格要求一样。这样，它就赋予广大农民阶层以选举权。①

831.农村地方政府改革

城市的议会和政府已经相当民主化。农村地区是最后感受到英国政府为重建民众利益开展的自由运动的影响的角落。但是最终，自由运动还是来到了这里，通过议会各项法案，民主重建工作逐渐完成。它将更多的权力直接交到更小选区的人民手中来管理他们自己的地方事务。

832.取消议会上院的“否决权”（1911）

《1832年改革法案》后英国宪法最激进的变革在1911年的一项法案中得以实现，该法案限制议会上院的立法权，从而将其否决下院通过的法案的权力永久取消。② 上院的“否决权”（Veto Power）之所以会被取消是因为它经常被上院用来阻止和打击下院自由派发起的改革议案。制造这场危机的是上院否决了由财政大臣劳合·乔治（Lloyd George）提出的财政预算案。为了满足养老金政策和庞大海军的开支，对土地、财产继承和大额收入征收新的特别税等都需要制定新的预算案。在下院获得通过后，该预算案却遭到了上院的否决。上院的这一举动被自由派看作是违宪的行为，他们认为财务和税收法案应该完全属于下院的管辖范畴。经过激烈辩论和政府呼吁人民进行新的投票选举后，上院最终让步，通过了该预算案。但是他们胆敢阻止法案通过的行径惹恼了下院自由派，于是下院自由派决心限制上院的立法权，最终该提案获得通过。

这场改革使得英国人民通过在下院代表表达的意愿被认为是至高无上和独立的，因为国王的否决权早在一个多世纪以前已经被取消，议会批准的法案再也不用通过国王御准才能生效了。

---

① 1918年，在世界大战的压力下，英国通过《人民代表法案》，选举权的民主化工作完成。这部选举法比之前任何相似法案都要深入。它实际上建立了普选制，完全取消了当初的财产限制，并赋予所有“建立了自己的家庭，无论财产或土地价值多少”30岁以上女性以选举权。这些措施使选民人数成倍增加，选民人数增加了800万人，其中女性选民600万人。1919年，英国议会历史上首位女性（阿斯特夫人）获得了英国下院的席位。

② 这项法案与《1832年改革法案》类似，上院通过对贵族进行一种威胁性的封授而加以抵制。该法案规定议案（除某些特别指定的议案外）如果连续三次在下院获得通过——程序合法——则无须上院同意即可上升为法律。而且根据这项法案，每届议会的任期时间从原来的7年缩短为5年。

第二节　宗教平等思想影响的扩大

833.宗教自由和宗教平等

与政治运动同时进行的是宗教领域内的相似运动。英国人民逐渐认识到宗教宽容的真正要义。

在19世纪初，英格兰存在宗教自由，但是却没有宗教平等。也就是说，一个人可以自由选择做一个罗马天主教徒或是不信奉英国国教的新教徒而不用担心受到迫害。不信奉英国国教并不违法，但一个人选择了做天主教徒或不信奉英国国教的新教徒后就失去了担任公职的资格。既然存在着对宗教领域的歧视或者政府喜爱或限制某个宗教教派，当然也就没有宗教平等了。

在这方面的进步，就在于真正宗教宽容精神的发展，从而消除了天主教徒、新教徒和犹太教徒在民事权利上的限制因素，并让所有的教派在法律面前完全平等。

834.解除对不信奉英国国教的新教徒不能担任公职的限制（1828）

这个世纪议会法案中最早最重要的认可宗教平等原则的法案之一就是撤止《机构和考验法案》，该法案长期以来压迫不信奉国教的新教徒。这些法案在查理二世统治时期通过，它们规定所有机构组织的官员或者担任民事或军事职务的人员要根据国教的仪式进行宣誓或参加教会活动。这些法令确实没有得到严格执行，然而，这些法令却令人反感，因此，不信奉国教的新教徒要求撤销这些法令。

而反对撤销这些法令的人却认为宗教宽容思想并没有要求这么做。他们坚持认为每个人有完全的信仰自由，政府拒绝雇用反对国教的人担任公职并没有违反宗教宽容原则。议会辩论的结果是将这些旧法案中的新教徒没有担任公职权利的部分撤销，这样就解放了不信奉国教的新教徒。

835.撤销罗马天主教徒不能担任公职的限制（1829）

1828年的法案并没有让天主教徒解脱出来，他们仍然被排斥在议会和各种公职之外，因为担任公职需要宣誓和公开信仰是这些天主教徒无法做到的。① 他们要

① 在英国，罗马天主教徒被排除在选举权和担任公职的权利之外。

求和不信奉国教的新教徒一样获得同样的权利。爱尔兰天主教教会威胁以起义来加速议会通过了《天主教徒解禁法》（*Catholic Emancipation Act*）。该法案将议会和国王以下除摄政王（Regent）、英格兰和爱尔兰大法官（Lord High Chancellor of England and Ireland）、爱尔兰巡抚（Lord Deputy of Ireland）和其他少量的职位外的所有公职向天主教徒开放。

836.撤销犹太教徒不能担任公职的限制（1858）

信奉犹太教的人仍然无法像天主教徒和不信奉国教的新教徒那样获得担任公职的工作。1858年一项法案[《犹太教解放法案》（*Jewish Relief Act*）]在议会获得通过，该法案改变了人们担任公职时宣誓的誓词“作为虔诚的基督教信徒”，除了少数几个特殊的职位外，其他的所有公职都向犹太教徒开放。

该法案通过的这一年，受人尊敬的犹太人巴伦·罗斯柴尔德（Baron Rothschild），以《旧约》宣誓就职，成为议会下院的一名议员。

837.爱尔兰教会的政教分离（1869）

《天主教徒解禁法》通过40年后，英国政府沿着宗教平等的方向又向前迈了一大步，那就是对爱尔兰国教进行政教分离。

迪斯雷利

爱尔兰人一直拒绝接受英格兰统治者强加给他们的信仰。大部分爱尔兰人一直是天主教徒，但是这时他们还一直被迫向英国国教缴纳什一税和其他费用来维持国教的管理。与此同时，他们自己接受洗礼的教会却只能凭借自愿捐款来维持。

等级不公迫使爱尔兰人去支持一个他们自己根本不信奉甚至对其感到厌恶和憎恨并给他们带来压迫和迫害的教会，这种不公甚至很多英国新教教徒都感受到了。爱尔兰人提出用政教分离来取消这种不公的主张受到了以德比勋爵和迪斯雷利爵士（Mr. Disraeli）为首的保守党人的强烈反对。但是最终经过令人难忘的辩论之后，以布赖特（Bright）和后来成为英国首相的格莱斯顿（Gladstone）为首的自由党的力主下通过了这一提议。这事发生在1869年，但是真正的政教分离直到1871年才完成，此时的爱尔兰教会已经不再是爱尔兰国教，而成为了一个自由的圣公会。延续多年的错误就这样被纠正过来了。①

838.对英格兰、苏格兰国教提出的政教分离

在很多自由派人士看来，宗教平等的思想要求在英格兰、苏格兰的国教中也要采用相同的政教分离政策。②他们认为政府维护任何一个特殊的教派都会造成该教派在这个国家的宗教垄断。他们希望所有教派都能够完全平等。在苏格兰支持政教分离的呼声尤其强烈。

第三节 英格兰和爱尔兰的关系

839.英格兰和爱尔兰的立法机构的合并（1800）

19世纪爱尔兰的历史，像她之前所有时期的历史一样，主要是爱尔兰对英格兰的反抗史。这些反抗主要体现在三个独立但又密切相关的方面：宗教、自治权和领土。关于爱尔兰宗教上对英格兰的反抗我们在前边的宗教解放运动中已经提到。要理解爱尔兰的自治权问题，我们有必要回顾一下爱尔兰议会的历史。

爱尔兰于1782年从英格兰那里取得了独立的立法权。不久之后，拿破仑成为法国的执政者，英国政治家们担心拿破仑会利用爱尔兰人的不满在岛上取得立足点。作为防范手段，英国政府决心取消爱尔兰议会。通过贿赂手段，爱尔兰议会成员通过了一条可以说是《忘我条例》的法案，通过该法案，爱尔兰议会要么被废除，要么与大不列颠的议会合并，然后爱尔兰在威斯敏斯特被赋予议会代表席位。此后，这两个岛屿就有了一个共同的名字，“大不列颠及爱尔兰联合王国”。

---

① 在1914年世界大战爆发前，英国议会通过威尔士政教分离的法案，但是该项法案的实施却被推迟到第一次世界大战结束之后。

② 苏格兰的国教是长老会。

840.废除合并的努力

爱尔兰的大部分爱国者从来也没有承认过英格兰将他们的议会夺走的《合并法案》（*Act of Union*）的效力。在19世纪40年代初期，废除《合并法案》，重建爱尔兰自己立法机构的呼声，在爱尔兰爱国者丹尼尔·奥康奈尔的鼓动下，几乎带有起义的特征。一些年过后，在60年代，废除《合并法案》的呼声已经成为真正的起义，但是爱尔兰爱国者们的起义很快就被镇压，其领导人也受到了惩罚。

格莱斯顿

841.格莱斯顿与爱尔兰自治

不久之后，爱尔兰问题再次走到前台。1886年，威廉·尤尔特·格莱斯顿（William Ewart Gladstone）第三次成为英国首相。他的第一个法案就是向下院提交《爱尔兰自治法案》（*Home Rule bill for Ireland*）。这个法案的主要特点就是在都柏林建立爱尔兰立法机构，全权处理爱尔兰的内部事务。

而法案反对者的主要观点是爱尔兰的立法机构会对在爱尔兰的英国地主不公，且会压制爱尔兰的新教徒，更重要的是在出现民族冲突时，爱尔兰会从大英帝国中分离出去。经过漫长的辩论之后，该法案被下院否决。

1893年，格莱斯顿第四次当选英国首相，并再次提出新的爱尔兰自治法案，其根本思想和第一部法案别无二致。法案坚定的支持者和反对者之间进行了漫长而又激烈的辩论。下院通过了该法案，但是却在上院遭全票否决。1894年，由于年事已高，格莱斯顿辞去首相职务，并从公职上退休。1898年格莱斯顿去世，终年88岁，整个国家都陷入了巨大的悲痛之中，他被安葬在威斯敏斯特教堂。他的名字在英国历史上占据着非常重要的位置。

842.土地问题和土地立法

在救济立法以前，爱尔兰的很多痛苦和不满都是来自在外的地主所有制。爱尔兰的大量土地被几百名英国业主所有，他们主要代表着从爱尔兰人手中夺走土地的英格兰和苏格兰的土地继承者或购买者，这些土地在克伦威尔统治时期及其他新教徒定居爱尔兰时就被馈赠给爱尔兰人。这些在外地主的代理人对佃户非常苛刻，从他们本已困苦不堪的收入中榨取每一分租金。如果佃户对自己耕作的土地进行改良，挖通水渠来增加粮食产量，他的租金立刻就会上涨。如果佃户无力偿付更高的租金就会遭到驱逐。“驱逐”记录构成了爱尔兰农民阶层最悲惨的历史篇章。

一系列爱尔兰土地法律的出台标志着英国议会努力减轻爱尔兰佃农的疾苦。1903年，一部比之前任何措施更加激进和全面的爱尔兰土地购买法案获得通过成为法律。这部法律区别于之前的土地法律，它规定农民购买土地不仅可以获得政府提供的长期低息贷款，还可以得到政府承担一部分资金的帮助。这一措施在20世纪初逐渐生效，将爱尔兰的大部分佃户变成了土地所有者，因此变革了爱尔兰农民和爱尔兰土地之间的关系。

843.第三次爱尔兰自治法案（1914）

但是土地改革和其他减轻爱尔兰农民负担的措施都无法让爱尔兰爱国者放弃建立独立的爱尔兰议会的诉求。在20世纪初期，这个议题再次被提交到议会下院，第三次自治法案被制定并推出（1912）。格莱斯顿上一次的自治法案触礁的主要障碍——上院的“否决权”已经被取消，但是这时阻碍法案通过的更大障碍是爱尔兰东北部阿尔斯特（Ulster）新教徒的强烈反对，他们甚至威胁说如果让他们接受爱尔兰议会的统治，他们就会发动起义和反抗。另一方面，大多数爱尔兰人民坚决反对任何不能将所有爱尔兰人一视同仁的自治法案。

最终，经过激烈辩论，已经连续三次被下院通过的（每次都是遭到了上院的否决）法案终于得到了国王的签字。但是法令还没生效，欧洲大规模的战争就爆发了，爱尔兰新政体的建立被推迟到了第一次世界大战之后。①

---

① 这个推迟引起了爱尔兰境内极大的怨愤。战争结束后，英国政府发现爱尔兰问题比以往任何时候都更加严重。一个强大的政党——新芬党，要求完全从大英帝国独立出去。1921年，一个新的自治法案提出建立两个爱尔兰议会，一个是新教的阿尔斯特的，另一个是爱尔兰余下地区的，得到恩准，正式生效。

第七十一章　意大利的解放和统一

844.拿破仑垮台时的意大利

意大利诸民族最受法国大革命思想的感染，他们因此而被维也纳会议处以最严苛、最耻辱的奴役。先前的共和国不被允许重建他们古老的制度，而小公国们被交到暴君或暴君的继承者手中——他们在大革命之前就统治着这些小国家。如前文所述，奥地利获得了威尼西亚和伦巴第，并在意大利北部直接干预整个意大利半岛的事务（第812条）。意大利人已经变成了“希洛人之国”（Helot nation），而用梅特涅的话说，意大利只不过是“地理上的一个表述”而已。

但是法国大革命已经播下了自由的种子，只需要时间来等待这些种子的成熟。奇萨尔皮尼、利古里亚、帕登诺帕和泰伯利亚这些共和国，尽管存在的时间都不长，但是它们已经唤醒了人们的自治思想；尽管拿破仑统治下的意大利同样不够真实，但是却激发了成千上万意大利爱国者的民族统一情感。因此，尽管法国革命似乎有些令人失望，但是它确实为意大利第一次注入了追求自由和国家统一的动力。

845.复辟君主们的专制统治

当然，重新确立被推翻了的王位意味着恢复过去的暴君统治。复辟的君主们归来后对一切法国的东西都有着难以宽恕的仇恨。革命时期的自由宪法都被抛到一边，所有被认为支持自由思想倾向的法国制度被统统废弃。在撒丁王国，国王维克托·伊曼纽尔一世，被称作“皇家瑞普·凡·温克尔”（Royal Rip Van Winkle），建立了更为反动的政策。任何带有法国标签、被法国人建立的东西都不允许继续保留。甚至连都灵（Turin）王宫里的法式家具都被扔出窗外，王家园林里的法国植物也被连根拔起。

846.1820—1821年的起义

复辟君主专制统治的自然结果就是造成了深刻而广泛的不满。在革命的1820—1821年，那不勒斯和撒丁王国发生了多次起义。在奥地利军队的直接或要挟性的干预下，专制君主们巩固了他们的专制统治。

在梅特涅眼中，对自由运动的镇压似乎就是上帝的恩典。他欢欣鼓舞地写道："我看到更美好一天的开始。上帝似乎不愿意看到这样的世界消失掉。"

847.1830—1831革命

接下来的10年，意大利都是附属于奥地利的。1830—1831年的革命见证了1820—1821年一幕的重演。革命的中心是教皇国。但是奥地利军队"忠于他们灭火器的使命，意大利任何地方火山喷发，他们都会赶到那里灭火"，因此，大批奥地利军队涌入意大利中部地区，迅速扑灭那里的起义火焰。

848.三个党派

奥地利军队两次击溃了意大利人对国家统一和自由的渴望。意大利对这些外来干预力量的仇恨更加强烈，"去死吧，德意志人！"成为了团结亚平宁半岛所有人民的响亮战斗口号。

尽管对奥地利的仇恨是一致的，但是意大利人对国家统一的最佳方案却存在分歧。一个党派希望建立一个由各个邦国组成的联邦；第二个党派希望在意大利建立君主立宪政体，由撒丁王国国王担任国家元首；而被称作"青年意大利党"的第三个党派希望建立共和国。

849.爱国者与先行者朱塞佩·马志尼

第三个党派或共和党派的领导人是爱国者朱塞佩·马志尼。马志尼并不是一个狭隘的民族主义者，他认识到了民主革命的统一特性。不仅意大利的人民受到压迫，而且在西班牙、葡萄牙、匈牙利、波兰、俄国和土耳其，几乎所有地方的人民都是如此。他们的革命是共同的事业。为了反抗欧洲君主为镇压革命而建立的神圣同盟，必须建立一个人民的神圣同盟来解放他们。他说，法国大革命曾经倡导个人的自由、平等和博爱，而新的革命应该倡导国家的自由、平等和博爱。

在这场解放和统一全世界的伟大革命中，意大利是各国的领袖和向导。她的领导地位依赖于意大利过去的领导才能。异教徒的罗马曾管理和统治过世界，后来的罗马教皇统治世界达一千年之久。现在，第三次世界的统一正在形成，这是意大利自由的联邦，意大利作为一个共和国，成为这个联邦的中心和领导者。三次居于领袖地位的罗马，第一次是恺撒的罗马，第二次是教皇的罗马，而第三次则是意大利人民的罗马。

这就是马志尼对世界历史大剧的解读，这就是他的宏伟理想。通过点燃意大利青年的热情，唤醒他们的爱国情怀，以及保持起义精神的永不熄灭，马志尼对意大利的解放和统一事业做出了伟大贡献。

850.1848—1849革命

从1830年起义被镇压到1848年，意大利一直承受压迫而无法安宁。整个欧洲的共和运动鼓舞着意大利爱国者再次做出了实现独立和民族统一的努力。整个亚平宁半岛都起来反抗他们反动独裁的统治者，迫使他们颁布宪法及实施改革。

但是由于奥地利和法国的干预，第三次意大利革命又归于失败。法国对意大利革命的干预是出于对奥地利的嫉妒以及路易·拿破仑的渴望，通过支持教皇而赢得法国国内天主教士们的支持。

然而革命还是取得了不少收获。爱国者们认识到想要获得成功，就需要进行统一行动。因此，所有人更倾向于把君主立宪的撒丁王国作为自由和统一的意大利的唯一可能基础和核心。

851.维克托·伊曼纽尔二世、加富尔伯爵和加里波第

撒丁王国逐渐成为亚平宁半岛东北角的一个强大的王国。这时的国王是维克托·伊曼纽尔二世（1849—1878），他是意大利唯一的立宪君主。意大利爱国者的希望都寄托在他的身上，而他也没有让他们失望。维克托·伊曼纽尔二世注定是意大利的解放者，或者更准确地说他的伟大成就都拜加富尔伯爵（Count Cavour）的英明决策和民族英雄加里波第（Garibaldi）的英勇无畏所赐。

加富尔

加富尔伯爵是意大利的俾斯麦，是欧洲民族形成时期获得“国家制造者”（Nation Maker）称号的伟大人物之一。他并不擅长于演说和诗歌，他曾

说过："我不会作诗，但是我会创造意大利。"这一言论毫无疑问让人想起了雅典政治家地米斯托克利自诩"虽然对音乐和歌曲一无所知，但是他确实知道如何将一个平庸的城邦变得伟大"。加富尔伯爵是现代意大利的真正的创造者。

"红衫英雄"（Hero of the Red Shirt）加里波第是意大利独立的游侠骑士，拥有着非凡的个人魅力。尽管刚过中年，他的人生已经写满各种浪漫的冒险和传奇的经历。正是因为他的暴力共和思想，他曾两次遭到放逐。

852.克里米亚战争中的撒丁王国

1855年，为了执行一项富有远见的国家政策，加富尔伯爵派遣了一支撒丁王国的军队参加克里米亚战争（Crimean War），协助英国和法国对抗俄国。加富尔伯爵出兵主要有两大目的：其一是使撒丁王国在欧洲列强中获得身份认同；其二是赢得英法的感激，这样未来在同奥地利作战时，意大利就不会陷入孤立。

发生在塞瓦斯托波尔（Sevastopol）盟军战壕里的一个事件就可以说明撒丁人参战的精神。一个连续挖战壕的士兵疲惫不堪，满身泥土，对自己的长官发出了抱怨。长官安慰他说："没关系，意大利就是要从这些泥土中诞生的。"

853.加富尔准备与奥地利开战

克里米亚战争结束后不久，加富尔就得到拿破仑三世的承诺，法军会在合适的时机出兵支援撒丁王国，将奥地利人赶出意大利。法国国王之所以愿意这么做，并不只是出于对撒丁军队曾经在克里米亚战争中帮助法国的回馈，更多是因为法国渴望削弱奥地利在意大利的实力并让法国来取代奥地利在意大利的影响，并且因为支持撒丁王国可以得到萨伏依和尼斯作为回报。

854.奥撒战争（1859—1860）

撒丁王国开始武装起来。奥地利对此极为惊慌，敦促撒丁王国立即解除武装，否则战争不可避免。加富尔欣然接受了挑战。法军加入了撒丁军队。在马真塔（Magenta）和索尔费里诺（Solferino）两场伟大的胜利将奥地利人赶出了伦巴第，赶到了四角地区的后边，这里有四个坚固的防御工事保护着威尼西亚。就在这时，普鲁士和其他德意志国家发出了威胁，因为他们感受到了法国在未来的强大，而意大利革命运动的迅速蔓延预示着亚平宁半岛上的所有小国将统一成为一个国家（其实路易·拿破仑也不希望看到意大利的完全统一[①]），这种新的局面加上其他方面的考虑，导致法国撤回自己的军队，并与奥地利皇帝弗兰茨·约瑟夫（Francis Joseph）在维拉弗兰卡（Villafranca）进行和平谈判。

谈判的结果是奥地利保住了威尼斯，但是伦巴第的大部分地方都给了撒丁王国。撒丁人对自己没有得到威尼西亚而感到非常失望，强烈谴责法国国王背信弃义，因为一开始他就答应撒丁人他会将意大利“从阿尔卑斯到亚得里亚海”完全解放。

但是作为补偿，撒丁王国得到了托斯卡纳、摩德纳、帕尔马和罗马涅（Romagna）地区，这些地区的人民抛弃了过去的统治者，请求维克托·伊曼纽尔能够把他们统一到他的王国。就这样，撒丁国王在战后增加了700万臣民。这是意大利迈向统一和自由的一大步。

855.西西里和那不勒斯，连同翁布里亚和马尔凯地区都加入了维克托·伊曼纽尔的王国（1860）

民族英雄加里波第英勇的冒险将西西里和那不勒斯，随后间接地将翁布里亚和马尔凯都交到了维克托·伊曼纽尔手中，并因此将撒丁王国变成了意大利王国。

加里波第

这些重大事件的发生有着以下条件：1860年，西西里岛国王波旁·弗朗西斯二世的臣民发动起义，维克托·伊曼纽尔和加富尔对起义运动非常同情，但是却不敢派兵支援，因为他们担心这种举动会招致奥地利和法国的嫉妒。但是加里波第根本不受这些考虑制约，在撒丁政府的默许下，他召集了一千名志愿军，从热那亚出发，前往西西里。在西西里登陆后，加里波第成为了意大利国王伊曼纽尔的西西里独裁者，并很快将弗朗西斯国王的军队赶出了西西里岛。随后，加里波第率军横穿大陆，向那不勒斯胜利进军，那不勒斯的百姓夹道欢迎他

① 拿破仑三世并不希望看到一个统一的意大利，就像不想看到一个统一的德国一样。他的目的是在意大利北部建立一个王国，将奥地利排除在亚平宁半岛之外，然后将意大利各邦联合在一个以教皇为首的邦联之下。他认为，以这种方式重建的意大利很乐意将法兰西皇帝作为自己的捍卫者和守护者。

们解放者的到来。

加富尔看到撒丁政府引领革命运动的时机已经成熟，翁布里亚和马尔凯地区的教会领地随后被撒丁军队占领，同时举行全民公决，翁布里亚、马尔凯、那不勒斯和西西里的人民几乎全票支持将这些地区并入撒丁王国。

这是意大利统一进程中迈出的又一大步。又有900多万人口成为了伊曼纽尔的臣民。现在，除了威尼西亚和罗马，再加上北部的一些意大利领土和亚得里亚海沿海地区外，意大利的统一几乎全部完成。

856.威尼西亚加入意大利王国（1866）

1866年，普鲁士和奥地利之间爆发“七星期战争”（Seven Weeks’ War），这给了意大利爱国者将他们一直期盼的威尼西亚变成意大利王国一部分的机会。伊曼纽尔与普鲁士国王结成同盟，提出的条件之一是除非奥地利将威尼西亚交给意大利，否则不会同奥地利讲和。战事的迅速发展，将意大利期盼已久的威尼西亚地区并入到了伊曼纽尔的王国中去。

857.罗马成为首都（1870）

意大利人民一直期盼着亚平宁半岛和全世界的古老主人罗马能够成为他们的首都。然而，教皇的权力由法国所支持，法国从1849到1870年间一直在罗马教皇国派驻军队，因此，意大利人如果不和法国发生冲突，就不可能实现他们的愿望。意大利政府很快就得到了这样的机会。1870年，法国和普鲁士之间爆发迅速而激烈的战争，法国驻罗马军队被急忙调回国内。法兰西帝国被推翻建立共和国之后，伊曼纽尔被跟告知法国不再支持教皇的权力。意大利政府立刻向教皇发出通告：罗马从此以后会被看作是意大利的一部分，随后一支意大利军队进入罗马。投票的结果以100∶1的绝对优势将罗马纳入意大利。1871年7月2日，伊曼纽尔进入罗马，并将自己的王宫设在这里。从此以后，“永恒之城”罗马就成为了意大利首都的所在地。①

858.教皇世俗权力的终结

意大利政府占领罗马标志着教皇世俗权力的终结，也标志着最后一个教会国

① 维克托·伊曼纽尔二世于1878年去世，他的儿子以“亨伯特一世”的头衔继承了王位。亨伯特一世1900年被刺杀，他唯一的儿子维克托·伊曼纽尔三世继承王位。

教皇本笃十五世

家的结束。自从查理曼以来，罗马一直作为欧洲的世俗权力而存在，它不仅是意大利政治事务中的强大要素，也几乎是整个欧洲大陆的重要力量。教皇的军队，除了保留几个卫兵外，被全部解散。梵蒂冈（Vatican）的宫殿和其他一些建筑被作为教皇的住所保留，并每年可以得到300万里拉（约合60万美金）的年金。

这些安排一直维持到现在（1921）。按照这些法律条文的规定，教皇不是意大利政府的臣民，而是住在罗马的一国元首。他拥有派遣和接受大使馆的权力。他的人身自由不容侵犯。意大利官员不得擅闯梵蒂冈及其领地，意大利政府将这片区域像外国领土一样尊重。①

教皇始终如一地拒绝承认他们被剥夺罗马世俗政府权力的合法性，并通过不迈出梵蒂冈半步，不接受意大利政府年金和其他手段来表示抗议。

859.改革和进步

梵蒂冈和奎里纳尔之间的敌对情绪，再加上其他问题，似乎要阻碍意大利新政权前进的步伐。然而，自从赢得独立和统一后，意大利还是取得了很大的进步。抢掠，这个过去遗传下来的毒瘤，连同压迫、分裂，都受到很大程度的遏制；铁路被修建；阿尔卑斯山的隧道被开通；罗马平原和其他地区通过不断延伸的灌溉体系呈现一片繁荣景象，而很多曾经长期荒芜的地区变得适宜居住且物产丰富；大众的极度愚昧和道德沦丧，尤其半岛南部——这是历史的另一个邪恶的遗留，通过公共教育系统也得到了很大程度上的克服和改善；罗马古城被重建，从一个平庸的地方城镇逐渐崛起成为现代欧洲伟大的首都之一。

至于过去50年在民族情感方面的发展进步，这是意大利新王国和平、长久、繁荣的依赖，最近发生的一场灾难反而成为衡量其进步幅度的重要转折。1902年，威尼斯圣马可教堂（St. Mark）的钟楼垮塌变成废墟。根据意大利一位编年史作家记

① 值得注意的是，就在教皇失去世俗统治权的前几个月，天主教的大公会议（1869—1870年的梵蒂冈会议）正式通过投票宣布了“教皇无谬论”，并作出决定：教皇所有关于“信仰和道德”等问题的言论都是永无谬误的。

载，亚平宁半岛上的每个城市都对钟楼的倒塌感到痛心，好像这座钟楼属于每个城市一样，随后他们开始了公开的捐款。假如这场灾难早几十年发生，威尼斯很可能只能独自修复它，但是，此时的意大利是一个国家，任何一个意大利城市的不幸都会牵动着所有城市的心。①

1915年，意大利也卷入了第一次世界大战的巨大漩涡之中。从此以后，意大利的历史就和这场世界大战的历史联系在一起。

① 1908年，自1755年里斯本大地震之后，欧洲历史上破坏力最大的地震于意大利的卡拉布里亚和西西里爆发。这次地震造成7万人丧生。墨西拿的西西里城几乎完全被摧毁，大量居民被埋在废墟之下。

第七十二章　新德意志帝国的建立

860.德意志邦联的形成（1815）

新德意志帝国的建立是19世纪欧洲历史上最为重要的事件，尽管其重要意义直到后来一些事件的发生才被那些最有远见的政治家们察觉出来。这个新的国家和帝国的建立，开始于维也纳会议。这个机构将德意志组成了一个联邦，而奥地利皇帝担任这个邦联的主席。德意志邦联由奥地利帝国和四个王国——普鲁士、巴伐利亚、萨克森和符腾堡，以及诸多的公国和自由城市组成——共有39个成员国。邦联议会由多个成员国的代表组成，坐落在美因河（Main）畔的法兰克福，解决邦联成员国之间产生的各种分歧，并决定各成员国普遍关心的事务。

本着向时代不断增长的包容精神，邦联条款规定基督教的所有宗派都享有平等的宗教宽容，每个成员国应该建立自己的政府代表机构。

861.邦联的缺陷和弱点

邦联各成员国之间的联系非常松散。在这一点上，德意志邦联有点类似于最初按照《邦联条例》（*Articles of Confederation*）建立的美国联邦。该邦联宪法的一个主要缺陷就在于其关于联邦议会（Federal Diet）的条款。几个成员国不愿意交出其任何主权，最终导致达成了一个协议，即所有最重要的事件的最终决议只有经过全体投票通过才能被邦联议会采用。这项条款所导致的不可避免的结果就是没有一项重要事务能够在邦联议会获得通过，这使得联邦议会在整个欧洲成为了低效的代名词。

邦联政府的另一大缺陷是就像最初的美国联邦一样，没有有效的机制来执行邦联议会的决议。这些决议仅仅等同于给这几个成员国统治者的建议，而这些统治者对这些建议根本不予理睬，除非它们能够和自己国内的政策和立场相同。

而真正使邦联体系无法运转的是邦联中存在着两个强大而又互相妒忌的国

家——奥地利和普鲁士，双方都不愿意看到另一方在邦联事务中占据绝对的领导地位。两大劲敌之间，虽然普鲁士起初在名义上让奥地利居于领先地位——毕竟奥地利有着辉煌的过去，并在欧洲宫廷里享有极高的声望，但是在现实中普鲁士更强大一些。普鲁士的强大，主要在于其民族成分的单一，都属于日耳曼民族，这成为其人口的一大特点。而奥地利原本就脆弱，因为在哈布斯堡家族的统治下，大部分领土上的人口都非日耳曼族，他们逐渐成为这个国家的一部分，使其民族成分比较复杂。奥地利的大部分土地都位于德意志邦联之外，其中包括近2500万斯拉夫（Slavs）、马扎尔（Magyars）、意大利等非日耳曼人口。

普鲁士和奥地利帝国人口特点上的差异预示着他们截然不同的命运，奥地利逐渐走向衰落，而普鲁士则逐渐在德意志事务上取得领导权。

862.自由和统一双重运动

维也纳会议后半个世纪的德意志历史就是一部双重运动的历史，或许更准确地说是两个运动的历史，一个是民主运动，另一个是民族运动。第一个运动的目的是在邦联各成员国建立代议制政府，而第二个运动的目的则是实现德意志的统一。这些运动在本质上与创立自由统一的意大利的革命运动是一致的。但是我们这里要讲述的是这些运动在德国采用什么样的方式和如何实现它们的目标的。

863.1830年革命：立宪政体的一些收获

在德意志统治者中，有很少几个具备自由思想的开明君主，但是总体而言，大部分君主的眼睛都是向后看的——他们反对一切变革，反对人民参与政府管理，固守过去的政治秩序。我们已经看到法国波旁王朝和意大利独裁者实施这些反动政策的结局。在德意志的情况，几乎别无二致。当巴黎“七月革命”的消息传到莱茵河畔时，整个德意志对其产生了极大的同情，在一些地方，自由派对反动统治者举行了威胁性抗议。在几个小邦国，宪法获得了通过。自由政治运动可以说是小有收获，不过在革命年代的震荡过去后，这些君主再次实行他们的反动政策，在梅特涅的影响下，他们对民主运动给予了限制和打击，人民被排除在政府事务之外。在某些地方，通过的宪法被宣布无效或者宪法的条款直接被无视。

864.关税同盟的形成；德国统一迈出第一步（1828—1836）

正是在这个革命的新时代，关税同盟（Customs Union）成立了，它标志着在形成一个真正的德意志国家上迈出了第一步。这是一种商业贸易协定，对加入的成员国具有约束力——到1836年，除奥地利外，几乎所有德意志邦联的成员国都加入了关税同盟——同盟内部实行完全的自由贸易，也就是说，对于从同盟成员一国运到另一国的货物不征收任何关税。

关税同盟的最大好处是它启发了人民去思考更完善的国家统一形式。由于普鲁士是贸易同盟的发起者，所以很多小邦国习惯于将普鲁士看作是他们的领袖和代表。

865.1848年起义；自由运动失败的致命后果

1848年，法国反抗路易·菲利普的反动统治的起义消息飞跃莱茵河。这个消息令整个德意志群情激动，德意志各地崛起的自由派人士要求建立立宪政府。在奥地利，事态更是发展到了十分危险的地步。① 梅特涅被迫出逃，人们反对他的情绪十分激烈。斐迪南一世皇帝（Emperor Ferdinand I）退位给自己的侄子弗兰茨·约瑟夫。约瑟夫答应人民通过宪法。

而在普鲁士首都柏林，人民和军队在街头发生了激烈的冲突，直到国王腓特烈·威廉四世（Frederick William IV）答应人民成立立宪政府的要求，冲突才告平息。国王兑现了自己的承诺，通过了宪法——宪法规定成立两院制议会，并宣誓要按照宪法的规定进行统治（1850）。

1848—1849年革命，在德意志，人民对人民政府的要求上似乎取得重大的收获。但是这些收获，后来被证明只不过是暂时而又虚幻的。在革命运动的兴奋过去之后，很多小国君主完全或部分地取消了宪法。奥地利宪法在1851年被取消。普鲁士宪法虽然在形式上规定普鲁士是立宪国家，但实际上还是绝对的君主专制。②1856年，霍亨索伦王朝的腓特烈·威廉国王——就是他通过宪法——成为美国密苏里州法庭上的原告。在案情陈述中，他对自己普鲁士国王的地位发表了如下声明："原告声明，他是普鲁士王国拥有绝对权力的君主，也是这个国家唯一合法政府的国王；他不受任何宪法或法律的约束，他的意志，是这个国家的唯一法律，从而具

---

① 最严重的问题出现在匈牙利。在著名政治家和演说家拉约什·科苏特的领导下，匈牙利人民奋起反抗，宣布脱离奥地利的统治而独立（1849年4月14日）。他们为了自由英勇地战斗，但是却被奥地利和俄罗斯的联军所镇压。

② 普选权在以财产为基础的狡猾的选举制度的干扰下变得毫无意义，这个著名的三级投票制度，让少数一直以来支持王权的富贵阶层占据了国会下院半数以上的席位。

备唯一的法律效力”①。

1848—1849年民主革命运动的失败和普鲁士、奥地利独裁专制事实上的胜利给欧洲带来重大的影响。② 它造成了致命的分裂，它让欧洲——一半是民主的，一半是专制的——成为一个内讧四起的大家庭。这种分裂预示着1914年击垮欧洲的巨大悲剧。

866.俾斯麦——德国的统一者

1861年，腓特烈·威廉四世去世，他已经63岁的弟弟登上普鲁士王位——注定在几乎一代人的时间里成为德国统一运动的中心人物，是为威廉一世（William I）。他很快任命奥托·冯·俾斯麦（Otto von Bismarck ）担任首相和外交部长。俾斯麦能力出众，但在思想和手段上都是极其专制和不择手段的，而这一特点在他被威廉二世罢免后亲自口述的《回忆录》中有所揭示。他成为普鲁士政府的首脑标志着历史的一个新纪元。

俾斯麦认为普鲁士的使命就是要促成德国的统一。他相信这个任务只能通过普鲁士王室才能实现，如果允许普鲁士王室的权力被削弱到英国王室那样，那么就会破坏德国的统一进程。而当普鲁士议会和王室产生冲突时，这一信念决定了俾斯麦对待议会的强硬态度。俾斯麦公开藐视议会并践踏议会的权力，因此而被称为“议会驯服者”（Parliament tamer）。他被自由主义者所憎恨和不信任，也是自然而然

---

① 摘自斯科特，《美国和德国国际关系调查》（1917），第42页。

② 德意志单个邦国自由主义运动的失败，在同时进行的将各邦连接成一个拥有真正自由宪法的统一国家失败的映衬下，得到更完整的呈现。为了达到制定全国性宪法的目的，1848年5月18日，德意志各邦在法兰克福召开了一次类似于1789年法国立法议会的制宪会议，目的就是为德意志制定一部全国宪法。不幸的是，制宪会议没有取得任何成果。这使得德国自由主义的前景看上去毫无希望。很多立宪运动的领导人为了躲避国内的独裁专制，不得不到美国寻求避难。

值得注意的是，就在德意志各邦努力建立一个真正的国家联盟时，瑞士却成为一个真正的联邦国家。维也纳会议重组了瑞士邦联，使得瑞士各州像德意志邦联一样凭借松散的联邦纽带结合在一起。像德意志一样，瑞士也出现了以瑞士统一为理想的党派，也就是说，他们渴望建立一个更加强大和集权的联邦政府。为了阻止联邦集权和保持各州的权力，7个天主教州建立了“分离主义联盟”。随后，瑞士爆发了战争（分离主义战争，1847），分离主义者被击败，重新修订了联邦宪法；修订后的联邦宪法将以松散的州为单位连接在一起的邦联转变成一个强大的联邦政府，这在某些方面类似于美国联邦政府。瑞士成了一个真正的典型的联邦政府。1874年，新宪法被制定，这部宪法进一步加强了联邦政府的权力。

的事情了。

对奥地利和普鲁士之间的棘手问题，俾斯麦有自己的定见——“铁血政策”。奥地利的权力和影响必须被摧毁，而德意志在成为真正的统一国家前必须将奥地利排除在外。

867.普鲁士军队的改革；俾斯麦与普鲁士议会的冲突

改革和加强普鲁士军队的权力一直是国王威廉的政策。他之所以选择俾斯麦作为自己的首相，就是因为他知道俾斯麦在面对普鲁士议会的反对时会坚决地执行他的改革政策。议会没有为军费通过税收，俾斯麦认为议会有义务为军队筹措军费，当议会坚持拒绝向军队提供经费时，俾斯麦凭借王室和议会上院的支持，绕过议会下院直接为军队改革筹集资金。

这是一个大胆而又危险的行动，可以和英国查理一世和斯特拉福德的改革相比。幸运的是，国王威廉和蛮横的俾斯麦的政策被证明是非常成功的，令普鲁士的军事实力在德意志和德意志的统一中占据绝对的主导的地位，而俾斯麦和威廉也避免了查理一世与他的大臣被处死的命运。

但是俾斯麦的行动还是出现了谁都没有预见到的恶果。它确立了德意志帝国思想的专制特征，而这成为了欧洲的祸根。不久之后，德意志帝国建立，普鲁士的政府体制塑造了德意志帝国政府的模式。

868.丹麦战争（1864）

俾斯麦打造的战争工具被用在了三场战争中。第一场战争就是石勒苏益格–荷尔斯泰因战争或丹麦战争（Schleswig–Holstein War or Danish War）。丹麦和德国都宣称对依附于丹麦王国的两个公爵领地拥有管辖权。俾斯麦熟练地处理双方的分歧，很快，普鲁士和奥地利对弱小的丹麦王国宣战。当然，丹麦王国很快就被击败并被迫放弃对两个公爵领地的所有权。

随后，这两个公爵领地又成为普鲁士和奥地利之间争夺的焦点。俾斯麦一心要将它们纳入普鲁士版图，因为它们会成为普鲁士未来扩张海上霸权的非常重要的领地，能够让普鲁士获得基尔港（Harbor of Kiel ）和连接波罗的海与北海的运河通道的控制权。奥地利决心不让对手得逞，除非普鲁士能够给奥地利某种补偿——西里西亚的一部分领土，以及普鲁士承诺在奥地利与自己国内一直制造麻烦的非德意志省份发生冲突时会帮助奥地利。

在这件事情上，双方发生了无休止的争论。俾斯麦最终意识到如果要确保得到垂涎已久的奖品，就必须同奥地利开战，而他也乐于冒这个险，因为战争不仅能够解决公爵领地的归属权问题，还可以确认奥地利和普鲁士谁才是德意志的主导力量。纵横交织、难以打开的戈尔迪之结（Gordian knot）只有用宝剑来解决了。

869.普奥战争或七星期战争（1866）

奥地利和普鲁士都开始为战争做准备。俾斯麦说服法国的拿破仑三世，如果普鲁士通过战争获得额外的领土，法国可以得到比利时或莱茵河流域地区作为补偿，而条件是法国只需要在普奥战争中保持中立。

俾斯麦还与意大利结成同盟，承诺意大利，一旦战争胜利，新成立的意大利王国将会得到威尼西亚作为回报（第856条）。俾斯麦还向德意志邦联的一些小国许以类似的承诺或建议来取得他们的支持，但是所有这些小国都站在了奥地利一方。这样，普鲁士虽然有意大利作为盟友，但是她的人口还不到以奥地利为首的联军人口的1/3。

战争在1866年夏初开始。7月3日，双方在波希米亚进行了著名的萨多瓦或柯尼希格雷茨会战（Great Battle of Sadowa or Königgrätz）。这是历史上具有决定性意义的会战之一，它成了奥地利的“滑铁卢”。普鲁士军队逼近维也纳，弗兰茨·约瑟夫被迫求和，8月23日，双方签订了《布拉格条约》（*Treaty of Prague*）。[1]

奥地利和普鲁士之间长期的斗争终于结束。按照《布拉格条约》的规定，奥地利同意将过去的德意志邦联解体，并同意允许普鲁士按照其意愿对德意志邦联进行重组。同时奥地利将威尼西亚割让给意大利王国。一直以来，奥地利置于德国和意大利统一进程中的障碍终于被清除了。

870.北德意志邦联的建立（1867）

很快，重组就开始了。在普鲁士的领导下，美因河畔德意志北部的国家组成

---

① 对法国干预的担心，加速了普鲁士宫廷方面的谈判。由于拿破仑三世在同意意大利统一时得到了萨伏依和尼斯作为回报（参见第853条），所以他想重施故技，欲以同意德国统一为条件获得莱茵河畔的某些地区作为回报。

了北部德意志邦联（North German Confederation）。总共有21个成员国，还包括汉堡、不来梅和吕贝克三个自由城市。普鲁士的领土随着汉诺威、黑塞-卡塞尔（Hesse-Cassel）、拿骚（Nassau），以及自由城市法兰克福和石勒苏益格-荷尔斯泰因的加入而大为增加。这些新纳入的领土使普鲁士国王增加了将近500万新的臣民，并且将先前分散的领土统一成相对集中紧凑的统治区域。

北部德意志邦联通过了宪法，规定所有与公共利益相关的事务都要由邦联议会决定，而议会下院成员需要由普选产生。普鲁士国王是邦联的世袭行政官，也是邦联诸国所有军事力量的总司令。

这样，德国的统一又向前迈了一大步。但是仍然还有许多工作没有完成。美因河南岸诸国——巴登（Baden）、巴伐利亚（Bavaria）、符腾堡和黑森-达姆施塔特（Hesse-Darmstadt）等还没与祖国完成统一。

871.普法战争（1870—1871）和新德意志帝国宣言

德意志在实现统一的道路上主要面临两大障碍：第一，南方各国反对加入由普鲁士主导的联邦政府；第二，法国皇室和军队对新崛起的普鲁士怀有很大的敌意和妒忌，担心她会威胁到法国在欧洲大陆一直以来的仲裁者的地位。法国过去对哈布斯堡王室的妒忌现在又转移到霍亨索伦王室上来。

俾斯麦消除南方各邦不愿加入邦联和克服法国对德意志在普鲁士领导下完成统一的敌意所采用的手段就是直接和法国开战。他对开战利用的有利形势是：1869年，西班牙王位空缺，提出由霍亨索伦王室的利奥波德（Leopold）继承王位。对法国国王拿破仑三世来说，这似乎是霍亨索伦王室将普鲁士和西班牙的利益联结在一起的诡计，就像当初奥地利和西班牙联合在哈布斯堡王室的领导下给欧洲和平带来的灾难后果一样。即使后来利奥波德不想惹恼法国拒绝接受西班牙的王位，拿破仑三世仍然要求普鲁士国王威廉保证霍亨索伦王室在没有得到他的同意的情况下不得成为西班牙王位的候选人。

这一要求是由法国大使贝内德蒂（Benedetti）在埃姆斯河（Ems）小矿泉疗养地向威廉国王提出的。威廉礼貌地拒绝了这一要求，并给俾斯麦发了一封电报告知他所发生的情况，同时威廉批准俾斯麦可以随意处置和利用这份电报来做文章。俾斯麦将电报编辑后，让它在法国人看起来像是法国大使受到了威廉国王的侮辱和粗鲁对待，而在德国人看来则是法国政府傲慢无礼地提出一个根本不可能答应的要求。随后，俾斯麦将这封假电报公开了。现在，战争已经不可避免了。①

德军在法国领土（第820条）的胜利在德国各地产生了极强烈的爱国主义自豪感，之前阻碍部分成员国统一的障碍在不可阻挡的民族热情浪潮前被一扫而空。包围巴黎的战斗还在进行，德意志南部各邦就派出代表前往凡尔赛宫威廉国王的司令部提出他们愿意和渴望加入北德意志邦联。随后，巴登、黑森、符腾堡和巴伐利亚都被北德意志邦联接纳，而邦联的名字也被改为"德意志联邦"。

几乎在完成统一的同时，在巴伐利亚国王的建议下——在俾斯麦的授意下——已是德意志邦联主席的普鲁士国王威廉被授予"德意志皇帝"的头衔，而且这个荣誉可以由威廉家族世袭。1871年1月18日，在凡尔赛宫——包围巴黎的战斗仍在继续——在热情地簇拥下，帝国皇帝的称号被正式授予威廉，德国从此成为了联邦帝国。②

872.帝国宪法的特点

德意志帝国③通过了宪法。宪法看起来自由民主，但实际上其条款的起草却巧妙地掩盖了真正的绝对专制思想。宪法设立了由联邦议会（Federal Council）和帝国议会（Imperial Diet）两个机构组成的议会或立法机构。联邦议会构成了立法机关的上院，由61名成员组成，这些成员由联邦国家的君主们任命。而普鲁士国王作为帝国皇帝可以任命17名代表。这些联邦议会的成员按照其代表的政府或统治者的指示进行投票表决。

而帝国议会构成了议会的下院，由通过普选产生的大约400名成员组成。最初选举的比例是联邦政府内各国按照每2万人口选举一名会议代表。

我们看到的是议会制立宪政府的形式。然而，如我们所说，这些形式只不过是掩盖了实际上皇帝的绝对专制权力。帝国皇帝可以任命和掌控联邦议会的17名代表的投票权（除此之外，他还掌控着代表皇家行省阿尔萨斯-洛林地区的3个代表名额的投票权），因此，皇帝掌控了联邦议会所有真正重要的议题，联邦议会体现的不过是皇帝的意志。

---

① 俾斯麦通过将拿破仑三世在奥普战争时对黑森和莱茵-巴伐利亚地区的领土要求公布于众，激起了德国人反法的情绪。不只是德意志南部诸邦，整个德意志都对法国产生了极大的敌对情绪。

② 关于《法兰克福条约》（1871）的主要条款，参见第821条。

③ 帝国由26个邦组成，包括阿尔萨斯-洛林的帝国属地。联邦中的一个重要事实，就是普鲁士的优势地位。1910年人口普查时，普鲁士的人口数为40165219，而所有其他邦的人口总数为24760770。

而对于帝国议会的表面权力，宪法有条款规定的这些权力只不过是表象而已。它确实可以发起议案，但实际上大部分议案，尤其是重要议案，都是由联邦议会制定；帝国议会的实权很小，因为联邦议会可以对帝国议会的任何提案都行使否决权，而这种否决权在宪法里却没有任何限制条款。

另外，帝国议会可以随时遭到联邦议会的解散，也就是遭到皇帝的解散。每当帝国议会拒绝按照帝国意志行动，其成员就会被遣送回家，进行新的选举。这样一个新的通常更容易被皇室驾驭的帝国议会就此诞生。

再者，帝国议会根本不能影响政府政策或掌控管理事务。在地位上类似于英国首相的帝国议会议长要向帝国皇帝负责而不是向帝国议会负责。因为皇帝可以随意决定他的任命和罢免。只要他的主人皇帝支持他，议长可以对帝国议会的投票不予理睬或对议案故意投不信任案，而不用担心受到惩罚。

最后，帝国议会对战争事务几乎没有任何控制权。皇帝更可以在没有得到会议建议和同意的情况下宣布进行自卫战争，既然帝国政府根本不用顾忌事实真相，可以随意将攻击战争说成自卫战争，帝国议会在这个重要领域也就没有任何权力和权威性了。①

宪法的这些条款让帝国议会只不过是权力的影子和官方辩论的一个俱乐部而已。按照俾斯麦的构想，宪法给德意志帝国创立（或者是永久保留）了“用民主饰物点缀的君主专制制度”，而不是一个真正具有代表性的议会政府。

873.作为帝国议会议长的俾斯麦；三国同盟

普法战争结束后将近20年的时间里，新的德意志帝国的事务都由俾斯麦作为第一任帝国议长（Imperial Chancellor）处理。俾斯麦的外交政策，也是他最大的成就，就是在德意志帝国、奥匈帝国（Austria–Hungary）和意大利之间组建了三国同盟（Triple Alliance）。② 三国同盟是针对俄国和法国成立的防守同盟。三国同盟的建立是19世纪末最重要的历史事件之一。在十几年的时间里，三国同盟成为促进欧洲和平的主要力量，但是后来随着普鲁士优势和傲慢的增长，三国同盟成为了邻国独立自由的最大威胁，也成为了1914年世界大战的决定性因素。

---

① 1914年的世界大战是德皇及其军事顾问发起的一场侵略性战争，但是德皇却宣称战争是为了保卫祖国，而直到战争爆发4天后帝国议会才接到正式通知。

② 同盟的开始是1879年德国和奥匈帝国签订盟约。1882年意大利的加入，使得三国同盟最终建立。

874.威廉二世在德国的统治（至第一次世界大战）

1888年，威廉一世去世，终年91岁。他的儿子腓特烈继位，当时腓特烈就患有致命的痼疾。仅仅在位三个月后，腓特烈就去世了，他的儿子登上皇位，称为威廉二世（William II，1888）。

威廉二世即位时29岁，普遍认为年轻的国王会完全在俾斯麦的影响下执政。但是很快，威廉二世就显示了自己强硬的意志。他与俾斯麦的关系非常紧张，年老的俾斯麦突然被威廉二世罢免了议长职位。① 很多人觉得年轻的国王如此对待帝国的创建者和霍亨索伦王室的帝国财富的缔造者是十足的忘恩负义。在罢免了俾斯麦后，威廉二世的统治完全成了他的独角戏。②

在1914年世界大战爆发之前，帝国的商业和工业发展都取得了惊人的成就，再加上政府统治虽然受到了倡导社会和工业改革、实行更加民主统治的社会民主党③的强烈反对，但是仍然取得了巨大的进步。工商业的发展和政府管理的民主进步成为德国历史上最令人关注的两个成就。

威廉二世外交政策的一个突出的特点就是发展德国皇帝与土耳其苏丹的友谊。威廉的目的就是得到奥斯曼帝国的支持，令德国商人和定居者获得特权，尤其是在德国建立的由君士坦丁堡到巴格达和波斯湾的铁路的特许权。这些事件都是和德意志帝国皇帝的雄心壮志及普鲁士的强大军事实力密不可分的，而威廉二世的野心和普鲁士的军事力量成为了第一次世界大战的根本因素，而关于这一点我们会在后边的章节进行适当的阐述。

875.1866年后的奥匈帝国

萨多瓦（Sadowa）会战的灾难对于奥地利来说，就如同当初耶拿会战对于普鲁士的灾难（第807条），带来了它的政治重组。

---

① 1890年3月18日。俾斯麦退休后在威廉一世赠予的福里德里斯鲁庄园颐养天年，他扮演了“德国的普罗米修斯”的角色。他对所有的敌人都投以蔑视，无所顾忌地对皇帝和大臣们的政策进行苛刻的批评。1898年，这位曾长期执掌普鲁士王国和德意志帝国权柄的大人物去世，终年84岁。

② 有7位首相曾经在他手下任职：卡普里维伯爵（1890—1894）、霍恩洛厄亲王（1894—1900）、冯·比洛亲王（1900—1909）、贝特曼·霍尔维格（1909—1917）、乔治·米夏埃利斯博士（1917）、冯·赫特林伯爵（1917—1918）、马克西米利安亲王（1918）。

③ 该党在1871年获得的投票数为124000左右，1903年超过2911000，1912年上升到4250399。

重组过程中的第一步也是最重要的一步就是，奥地利宫廷接受了马扎尔人要求与占主导地位的德意志民族的平等权利。根据《奥匈协定》（*Ausgleich*），奥地利和匈牙利在重新建立的国家中的关系已被界定好。它使旧的帝国分成两个部分，分别是奥地利帝国和匈牙利王国。[①] 两个国家都有自己的议会，一个在维也纳，另一个在布达佩斯，每个议会对自己国家的内部事务都有着完全的掌控权。双方都没有相对另一方的任何优先权。

两国的共同利益所在——包括外交、军队和财政——都会由特殊的第三方机构做出裁决，这个第三方机构叫作“议员团”（Delegations），由分别来自两国议会的60名代表组成。奥地利帝国的世袭统治者也是匈牙利的立宪国王。这一著名的协议经过匈牙利和奥地利两国议会的批准通过，马扎尔人和哈布斯堡王室长期以来的纷争终告结束。同时奥匈协议达成，奥地利立宪政府获得了自由宪法，而在1848年被中止的匈牙利宪法也得以恢复。从这时到1918年第一次世界大战结束时双方的分裂，奥匈帝国在形式上和理论上都是一个立宪议会制国家；但是其政府，在精神和脾性上，还是一个独裁专制政府。

《奥匈协议》并没有对其他民族或种族的历史、权利和自由予以认可。在奥匈帝国的东半部，马扎尔人的人口不到匈牙利王国人口的一半，[②] 但是却掌控着王国所有非马扎尔人——除了克罗地亚（Croatia）的斯拉夫人，他们保持某种形式的自治政府——如同他们在1866—1867年未解放之前所遭受的政治奴役。

在奥匈帝国的另一半，情况同样如此。在那里，居于少数地位的德意志民族掌控着波希米亚的捷克人（Czechs）和加利西亚的波兰人（Poles），这种状况类似于马扎尔人控制着匈牙利的非马扎尔民族。[③]

此时，这些独立的民族宣称他们想要得到和德意志民族或马扎尔民族一样的自治权。容易预见的是，如果这些纷争没有造成两个居于统治地位的民族对独立民族正义诉求的认可和二元君主政权使各民族能够享受平等特权的联邦共同体，那么，这种局面的唯一结果就是在面对压力的紧张时刻将造成政权的解体。

奥匈帝国的问题几乎和奥斯曼帝国的问题一样牵动着欧洲人的神经。之所以如

---

① 这个二元国家的官方名称为奥地利-匈牙利君主国。

② 1910年的人口普查显示匈牙利王国的人口总数为20886487，其中只有10050575人口说匈牙利语。

③ 1910年的人口普查显示奥地利帝国的人口总数为28571934，而日耳曼人口数（以语言为基础）为9950266。

此，是因为君主专制政权内部居于从属地位的少数民族居住区只不过是邻国具有相同血缘关系的更大民族团体的分离区域，在这些少数民族中存在着一种加入这种更大的具有相同血缘关系同族的倾向。于是，的里雅斯特（Trieste）和蒂罗尔（Tyrol）的意大利人被意大利王国所吸引；特兰西瓦尼亚（Transylvania）的罗马尼亚人被罗马尼亚公国所吸引；南部的斯拉夫人被塞尔维亚（Serbia）的斯拉夫人的国家所吸引。在后边的一章中我们会讨论这些民族问题如何成为1914年世界大战的导火索，并成为影响奥匈帝国命运的决定性因素的。

第七十三章　从维也纳会议到第一次世界大战前的俄罗斯

（1815—1914）

876.前言

自从拿破仑垮台后，俄罗斯发生了很多重大的事件。然而，这里我们只能简单介绍三件事——俄罗斯在奥斯曼帝国解体中起到的作用、俄国的农奴解放和俄国自由主义运动。在后边的章节，我们会找机会介绍俄罗斯在亚洲的情况及其在第一次世界大战中的角色。

第一节　俄罗斯与土耳其及其盟国的战争

877.1828—1829年的俄土战争

19世纪，俄罗斯对奥斯曼帝国发动了三次战争，这导致土耳其人从被他们征服的欧洲大部分地区驱逐出去。虽然其他欧洲强国的嫉妒阻止了俄罗斯享受其胜利的果实，但是她一番努力的结果就是在被收回的土地上建立了大量独立或实际上独立的基督教公国。

三次战争的第一次开始于1828年。那一年，利用苏丹在希腊遭受顽强起义的困境，[①]

① 这场战争被称为希腊独立战争（1821—1829）。这场战争属于自由主义和民族主义运动的一个阶段。它在革命的1821年引起了意大利半岛和伊比利亚半岛的骚动。拜伦爵士将自己的毕生精力致力于希腊自由的事业。他在迈索隆吉翁城被包围期间死于热病（1824）。英国、法国和俄国最终都卷入进来。土耳其和埃及舰队在纳瓦里诺海湾被联军摧毁。第二年，俄国在多瑙河省开始其行动，我们在后面详细叙述。

俄罗斯沙皇尼古拉一世①（Tsar Nicholas）对奥斯曼政府宣战。俄罗斯军队没有遭到多少抵抗就穿过巴尔干地区，并向君士坦丁堡进军。苏丹求和。双方签订了《亚得里亚堡条约》（*Treaty of Adrianople*），为第一次战争画上了句号（1829）。

土耳其的摩尔达维亚（Moldavia）省和瓦拉几亚省（Wallachia，现在的罗马尼亚）脱离苏丹的统治而取得独立。塞萨利（Thessaly）和伊庇鲁斯（ Epirus ）的所有希腊南部地区都获得解放，沿爱琴海大部分岛屿成立了一个独立希腊的王国，由英格兰、法国和俄罗斯联合保护。巴伐利亚的奥托亲王（Prince Otto of Bavaria）接受了王位，成为小希腊国的首位国王（1832）。②

878.克里米亚战争（1853—1856）

沙皇尼古拉一世在和英国大臣在圣彼得堡会晤时采用了一个著名的《圣经》故事来对克里米亚战争发生的原因进行了说明。沙皇说："我们现在支配着一个病人——病得很重；如果他在这些天，尤其是乘我们做好准备之前溜掉了，那将是极大的不幸。"尼古拉随后提议英国和俄国瓜分"病人"的财产。这里的病人当然指的是土耳其。英国可以得到埃及和克里特岛（ Crete），而土耳其在欧洲的行省则由俄罗斯沙皇加以保护。

加速病人消亡的借口很快就找到了。希腊和拉丁的基督教徒在耶路撒冷发生争执成为尼古拉要求苏丹承认俄罗斯为奥斯曼帝国领地上所有希腊基督教徒保护者的借口。沙皇的要求遭到拒绝，尼古拉准备开战。苏丹向西欧列强求助。英国和法国都答应了苏丹的请求，后来撒丁王国也加入了英法大军（第852条）。

---

① 19世纪及之后的俄罗斯沙皇包括：亚历山大一世，1801—1825；尼古拉一世，1825—1855；亚历山大二世，1855—1881；亚历山大三世，1881—1894；尼古拉二世（废黜后被杀），1894—1917。

② 1864年，希腊由于从英国割得了伊奥尼亚群岛而扩张了自己的领土，伊奥尼亚群岛在维也纳会议之后一直由英国所保有。1881年，希腊从土耳其割得塞萨利和伊庇鲁斯的部分土地，但是在1897年，由于和土耳其苏丹战争的失利，希腊不得不将北塞萨利地区的一部分按照和约归还给奥斯曼政府。作为巴尔干战争的结果（第930条），希腊又获得了希腊本土附加领土及爱琴海中大量的附属岛屿。在自由主义制度下，希腊在第一次世界大战之前取得了长足进步：人口总数从1832年的612000上升至1913年的4800000（新旧领土都算在内）；工商贸易都得到复苏；科林斯地峡由一条运河横穿而过；铁路也修建起来；雅典呈现出了现代首都的面貌。1912年，雅典城内的两所大学学生人数超过了3000人。

战争的中心在克里米亚的塞瓦斯托波尔，这里是俄罗斯庞大的海军和陆军在黑海的主要军事基地。对塞瓦斯托波尔的包围持续了11个月，这也是历史上令人印象最深刻的保卫战之一。俄罗斯的托德尔本（Todleben）将军通过巧妙的防御工事而声名大振，法国军队的英勇无畏精神为法国国王赢得了至高荣耀，而英国“轻骑旅”（Light Brigade）进攻巴拉克拉瓦（Balaklava）的战斗也让他们名垂青史。弗洛伦斯·南丁格尔（Florence Nightingale）的故事就是和英国轻骑旅的传奇联系在一起，这在英国编年史中有记载，“她的歌声和演讲一直激励着国人”。她为了减轻战壕和战地医院伤员的痛苦所付出的巨大努力成为人道主义精神最动人的篇章。①

俄国军队最后被迫撤离他们的要塞。《巴黎和约》的签订为战争画上了句号。《巴黎和约》的关键条款是通过维持奥斯曼帝国的完整来遏制俄国人的入侵。俄国收回了塞瓦斯托波尔，但是她被要求放弃对土耳其所有领地保护者的地位，并同意不再在黑海建立另外的堡垒，不能在黑海保留武装的船只，必要的警务巡逻除外。②

879.1877—1878年的俄土战争

《巴黎和约》渴望一劳永逸地解决东方问题。然而20年过去了，这一问题再次摆在了欧洲面前。苏丹不能也不愿给予基督教徒曾经承诺的保护。1876年，在保加利亚发生了骇人听闻的“保加利亚惨案”（Bulgarian Atrocities），基督教徒无论男女老幼，被大肆屠杀。

整个欧洲的怒火被点燃。俄罗斯军队迅速出动，小亚细亚的卡尔斯（Kars）和欧洲土耳其的普列夫纳（Plevna）都落入俄罗斯人的手中，沙皇的军队再次全力向君士坦丁堡挺进，他们希望能够永远地结束土耳其人在欧洲的统治。英国出兵干预，派舰队穿过达达尼亚海峡（Dardanelles），遏制了俄罗斯军队前进的步伐。

---

① 参阅朗费罗的诗篇《提灯女神》。

② 俄罗斯在1871年普法战争爆发时否认了这一条款。随后俄罗斯重新修建了塞瓦斯托波尔的防御工事，在“一战”爆发前，俄罗斯一直在黑海保持着强大的舰队。

880.《柏林条约》（1878）

欧洲列强之间签订的《柏林条约》①（*Treaty of Berlin*），再次令土耳其的动荡局面得以调整和缓解，也为这位“病人”增添了一丝活力。但是土耳其还是失去了大量的领土，因为即使它的友邦都不希望看到它的恢复和改革。土耳其在欧洲的领土，基督教徒人口是最多的，因此而出现了完全独立或半独立的基督教国家。②波斯尼亚（Bosnia）和黑塞哥维那（Herzegovina）被交给奥匈帝国管理，但是并没有从奥斯曼帝国分割出去。

根据奥斯曼帝国跟英国政府的秘密协议，塞浦路斯岛（Cyprus）被英国“占有和管理”。作为回报，英国保证苏丹在亚洲领土的完整。

就这样，土耳其失去了很多曾经的领土，但在欧洲仍有500多万人处于苏丹的直接统治之下，其中至少有半数是基督教徒和非土耳其族的人口。这些人的利益就被牺牲给欧洲列强之间的纷争和相互妒忌之中了。土耳其在这些地区的暴虐统治——因为欧洲列强的纵容——成为1912—1913年巴尔干战争的直接导火索之一，也成为了1914年世界大战的序曲。

第二节　解放农奴和自由运动

881.俄罗斯农奴的解放（1861）

沙皇亚历山大二世（Tsar Alexander II，1855—1881）的名字作为4600万俄罗斯

---

① 在这份条约中，欧洲大国重新修订了俄国和土耳其达成的《圣斯蒂法诺和约》。这份和约实际上将奥斯曼帝国排除在欧洲版图之外，并以牺牲塞尔维亚族和希腊族为代价扩大了保加利亚的领土。

② 罗马尼亚（古代的摩尔达维亚省和瓦拉几亚省）、塞尔维亚和门的内哥罗的完全独立被正式承认；保加利亚根据《圣斯蒂法诺和约》获得的领土被大幅削减，但是她享有自治权，只不过要向奥斯曼的朝廷纳贡；东鲁米利亚即将拥有自己的基督教总督，但仍在苏丹的版图之内。1885年，东鲁米利亚与保加利亚统一。人口几乎都是罗马尼亚族的比萨拉比亚被从罗马尼亚手中夺走，然后送给了俄罗斯。

农奴（serfs）的解放者将会永远地载入史册。为了更好地理解解放对于农奴意味着什么，我们需要了解一下俄罗斯之前的土地制度和农奴的社会地位。

地主的土地被分为两部分，较小的一部分会作为地主的自用土地进行保留，而较大部分的土地则分配给农奴耕种，农奴们组成的村社叫“米尔”（Mir）。

除了耕种劳动果实由自己享有的村社土地外，农奴必须要耕种地主的土地，一般每周需要至少劳动三天。农奴在人身上附属于地主，一旦违反地主的命令，还会遭受鞭打，但是地主不能像奴隶一样将农奴单独买卖。然而当地主将自己的全部家产出售时，农奴就一起被卖给了下一个主人。

1861年，俄罗斯颁布了“俄罗斯农民的大宪章”——《解放法令》（*Emancipation Code*）。法令规定农奴主必须把农奴耕种的土地分给农奴，为了得到这些土地，农奴必须通过劳动或地租作为回报。① 这样获得的土地就成为农奴村社的共同财产。所有其他的农奴，比如家仆和工厂里的操作工，在付出额外两年的劳役后就可以获得自由，而且在服役期间还应该得到工资收入。

就像美国南部的奴隶解放一样，俄罗斯农奴的解放并没有完全实现改革者的期待。其中一个原因是农奴并没有获得足够的土地，除非这些地区的土地非常肥沃，足以使他们养活自己。于是很多农奴离开自耕地前往城市，还有一些人不惜借贷，从而成为了无情的高利贷者的牺牲品。

882.俄罗斯自由主义运动；无政府主义和恐怖主义

从1815年开始，在俄罗斯对沙皇独裁统治的抗议就不断增长。这样的抗议运动不过是法国革命思想在俄罗斯的发展罢了。如果非要给这样的运动找一个起点，那么1813—1815年的事件或许可以算得上一个。在那几年，整个俄国的军队，像彼得大帝一样漫游西方，也像彼得大帝一样，从西方获得了一些新的思想。这完全就是1776年法国人前往美国参加美国独立战争的另一种翻版（第740条）。

那些高举自由主义思想旗帜的人在1862年后被称作无政府主义者（Nihilists）。

---

① 农奴数量达到了约23000000，根据特殊法令（1858年7月颁布），农奴已经得到解放。他们立即获得了长期耕作土地的所有权而不用支付任何费用。他们已经只是名义上的农奴。我们之所以称其为“名义上的”，是因为这个阶层在劳作中只受到为数不多的限制，而且只需要缴纳很少的租金。

他们主要来自教师和大学生，他们的基本要求就是建立立宪代议制政府，改革司法制度，消除对自由谈论公共事务的限制。总之，他们要求俄罗斯人民应该得到西欧人民所享有的一切权利。

在1878—1879年俄土战争期间，自由主义运动进入了暴力阶段——就像法国大革命在1793年所做的一样——并逐渐演变为恐怖主义。在政府的迫害和压制下，无政府主义采用了这种形式。极端无政府主义者或恐怖主义者认为暗杀是进行政治变革的正当手段。亚历山大二世（Alexander II）就是被刺杀身亡的（1881）。之后，俄罗斯政府的统治更加独裁残酷，并疯狂地镇压各种革命运动。

芬兰（Finland）成为了这种残忍不负责任的独裁统治的受害者。1809年，芬兰被瑞典割让给了俄罗斯。它成为了俄罗斯帝国的大公国。芬兰拥有自己的自由宪法，沙皇也曾经承诺和发誓会给芬兰完全的的自治权力。芬兰拥有大约200万人口，在自由宪法的保护下，这里的人民过着忠诚、富足的生活。但在1899—1902年期间，尼古拉二世通过一系列的皇家诏令取消了芬兰的宪法并将芬兰变为俄罗斯帝国的一个行政区。简而言之，芬兰成为了第二个波兰。

883.召开国家杜马（1905）

当然“全体俄罗斯的独裁者”①（Autocrat of All the Russias）沙皇和臣民之间的较量只有一个结果，俄罗斯沙皇进行的是一场众多独裁君主不断发起不断失败的绝望的战斗，这样的战斗从来都有一个共同的结果——自由主义思想的胜利和人民参与政府管理。

1904—1905年的日俄战争（The Russo-Japanese War），彻底暴露了沙皇政府的腐败无能，事态变得很严重。俄罗斯人民被迫接受闻所未闻的生命财产牺牲来参加一场不能实现他们的理想和保护他们利益的灾难性的战争，于是俄罗斯人民起而反抗。俄罗斯沙皇最终迫于压力向人民保证让他们参加政府事务。于是，1905年召开了由 俄罗斯人民选举代表产生的国家杜马或国民大会。

---

① 从理论上说，沙皇是俄罗斯专制统治者。王位背后权力的真正统治者，是各个等级的官员，他们构成了所谓的官僚机构。这种狭隘的、自私的、腐败的官员被比作雪莱夫人小说《弗兰肯斯坦》中的怪物。像小说中一样，怪物超越了它创造者的控制，犯下了肆无忌惮的罪行。

尽管国家杜马起初只不过是一个参政议政机构，但它很快就获得了立法权，并逐渐在政府中获得这样一个位置——在欧洲大战争的重压下，它一度成为推翻君主制、建立共和国（1917）运动的焦点。1917年的俄罗斯革命构成了第一次世界大战历史的重要部分，也是这场巨大的战争的成果之一。①

① 19世纪和20世纪初俄国历史上另一个重要事件是她在亚洲的扩张并与日本爆发冲突。关于俄国历史的这一重要阶段和其在“一战”中所扮演的角色，我们会在下边的章节中介绍。

第七十四章　新工业主义

884.新工业主义的物质基础

我们已经介绍过英格兰新工业主义（New Industrialism）是由18世纪后半期几个标志性的伟大发明而开启的。（第730条）在1830—1840年这10年间，对早期发明的不断完善和新发明发现的兴起为工业发展注入了巨大的动力。其中比较著名的发明包括蒸汽铁路、电报和蒸汽轮船。1830年，乔治·斯蒂芬森（George Stephenson）展示了第一台真正成功的火车机车。1836年，摩尔斯（Morse）完善了电报。1838年，蒸汽轮船进行了首航。这些发明同新工业时代的关系可以拿来同开辟了近现代社会的三项伟大发明（印刷术、火药和航海罗盘）相比。

不久之后，在这些发明的基础上又出现了电气引擎（electric engine），它带来了有轨电车（trolley car）；汽油发动机（gasoline motor），给世界带来了汽车（automobile）和飞机（airplane）；此外，还有其他无数的发明和科学机械装置。这些构成了新工业主义的物质基础。

885.新工业主义的特征

首先，新工业主义用机器生产取代了手工制造。这意味着产品数量的巨大增长。

其次，新工业主义将主要的工业模式从家庭式作坊变成大工厂生产。这对家庭成员，尤其是女性成员有着重大而又深远的影响。

最后，新工业主义加快了生产的发展，并引进了资本主义生产体系。在这样的制度下，从事工业生产的人被划分为两个主要的社会阶级：即资本主义雇主阶级，人数相对较少，他们为企业生产提供所需的大量资金；工人阶级，占据工业人口的大部分，以靠向雇主阶级出卖自己的劳动力获得工资收入为生。

886.新制度的逐渐发展

除了要牢记新工业的重要特征外，我们还应注意新制造方法是逐渐引入到各个国家的。我们知道工业革命起于18世纪后半期的英国，在法国大革命爆发前，工业革命已经革新了主要的制造工业，尤其是金属器件、棉纺和羊绒产品的加工制造方法。二三十年后，主要欧洲国家的产业模式都得到了革新。在俄国，1914年世界大战爆发时其工业革命还在进行中。而中国才开始感受到新的生产方式的影响。随着时间的推移，工业革命肯定会不可避免地延伸到各个国家，因为古老的手工生产模式已近无法同新的机器生产相竞争。

接下来我们要谈到新工业主义对受到其变革性影响的人民在政治、社会和经济生活上巨大影响。

887.新工业主义的政治影响

新工业主义极大地推动了政治革命，过去两个世纪的民主运动都受到了新工业主义的影响。它主要靠发展城市生活来实现这种影响。制造业生产体系需要劳动人口在大的工业中心聚居，因此，受新工业主义影响的国家的人口已经从过去的乡村农业人口占主导变成了城市工业人口占主导。而且城市生活加强了民主意识。通过相互之间的日常交往、思想交流和更多地采取集体行动的机会，城市居民变得不再像乡村居民那样保守，而是更加乐于参加政治活动和改革行动。① 因此，随着工业化国家大城市人口的聚集，新工业为人民自治政府的发展注入了强大的动力。

新工业主义的另一个重要政治结果就是加剧了国家之间的竞争。大工厂、作坊和劳动车间生产效率的提高迫使生产者去寻找过剩产品的国外市场。这就加剧了工业化国家之间为控制世界市场而展开的竞争，它也促使一些政府建立贸易保护、获得附属关系甚至对落后的、半文明、腐朽的地区实施完全的政治占有，这样来为他们过剩的国内工业产品获得新的销售渠道，或者确保他们能够获得海外产品来作为他们国内生产的原材料。这种激烈的国家间的竞争关系是这二三十年历史的重要特征之一，也是引发第一次世界大战的一个重要因素。

---

① 我们还记得，这些中世纪的城镇曾经是政治自由的诞生地。

888.新工业主义和女性运动的关系

新的工业主义将过去在家庭里主要由女性成员承担的工业模式转移到了工厂里进行生产。女性也就随之从家庭走向了社会，与男性一同进行竞争。很自然，这种在工业生活中的新的地位和角色促使女性追求各种解放，要求获得普选权并和男性平等参与立法和执政。女性主义运动毫无疑问是新工业革命创造的最重大的成果，或者说它为女性运动增添了新的力量和紧迫性。

889.劳工问题

新工业主义制造了很多经济性质的问题。毫无疑问，最受人诟病的对社会影响巨大的问题就是劳工问题。这个问题从其最重要的一方面来阐述的话就是：如何将世界工业生产的产品进行公平的分配？

当时的状况是这样的：通过雇用劳动力和采用改良的机械装备，能够满足人民需要的商品几乎可以不受限制的生产。但是工业生产效率的增加并没有完全解决我们的经济问题，因为还有许多人生活仍然十分贫困，尽管总的社会财富非常巨大。按照现有的分配模式，资本和劳动力生产出来的产品以租金、利息、工资和利润进行分配，这样，少数的资本家就得到了新工业产值的绝大多数价值，产生了大垄断集团和托拉斯（Great monopolies or trusts）。巨大的财富被少数人攫取，而绝大多数依靠工资生存没有技术的劳工劳苦程度虽然减轻了，但薪水增加的速度却要慢得多。

社会财富分配的不均、物质财富增长的缓慢和享受现代文明带来的成果的缓慢使得手工业者产生了极大的不满，尤其是那些受教育程度不高和对社会进步进程缓慢——大规模和持续的进步常常由此而来——不那么熟悉的工人，不满更甚。这种不满在寻求迅速改善经济条件的罢工和骚乱中得到宣泄。

第七十五章　欧洲在整个19世纪和20世纪初的扩张

第一节　扩张运动的原因和阶段

890.欧洲扩张成为更大欧洲的重要意义

谈到16、17世纪欧洲殖民地和定居点的建立，我们可以将欧洲扩张成为大欧洲与古代的希腊扩张成为大希腊及罗马扩张成为大罗马相比较。我们接下来要说说欧洲诸国的这场外扩运动的后期的几个阶段。

首先我们要知道正是因为这个扩张运动，才使得欧洲人民在思想、道德和政治上取得长足的发展。这个发展过程可以和古犹太人的宗教扩张运动相比较。新宗教的发展有着极其伟大的意义，因为新的信仰不是为了世界某一个角落，而是为了整个世界。同样，文艺复兴、宗教改革和工业革命在欧洲创造的新的、富有的、进步的文明是一个对世界历史都有着重大意义的事件，因为这样的文明不是只为某一个洲或某一个种族创立的，而是为了整个世界、为全人类创造的文明。

接下来我们要看看这种新文化的承载者是如何将其带到了或正在带到世界各个角落同所有的民族进行交流，从而不仅为欧洲也为全世界开创了一个新的历史纪元。

891.早期殖民帝国的命运；对殖民地兴趣的衰落与复兴

我们已经讲述的历史展示了欧洲各国在16和17世纪建立的殖民帝国的命运。辉煌的葡萄牙帝国很快成为荷兰和英国的战利品；法国将大量殖民领地割让给了英国；而荷兰的大量殖民地最终也落入到英国的手里；在18世纪末，英国因为美国独立战争而失去了其在北美洲的13个殖民地；而在19世纪初，西班牙也以同样的方式失去了其在新大陆的所有附属国。

在遭受了这些令人沮丧的经历之后，欧洲各国政府对到海外占领新的殖民地一时失去了兴趣。政治家们开始信奉一个原则，就是殖民地“就像水果，一旦成熟，很快就会从树上掉下来”。而英国首相迪斯雷利在谈到英国的殖民地时曾经说：“这些可怜的殖民地就是我们脖子上的重担。”

但是在19世纪末，对殖民地和附属国却产生了兴趣上的复苏，很多欧洲国家开始为了海外殖民地展开激烈争夺。在19世纪最后15到20年里，几乎所有欧洲老牌殖民国家都尽其最大的努力去建造新的殖民帝国来取代旧的已经失去的殖民地，而其他之前没有建立殖民统治的国家也开始同更早开展海外扩张的老牌殖民帝国进行激烈的竞争。

892.斯坦利的发现开辟了“黑色大陆”

然而，到这个时候，几乎所有欧洲以外适合欧洲人定居的地方都向他们的殖民事业关闭了，因为它们要么已经被英国所占据，要么那些曾经由欧洲移民建立的殖民地已转化成了独立的国家。

然而，还有非洲。一个世纪以来，勇敢的探险家们一直努力去揭开这片神秘大陆的面纱。其中之一就是著名的传教士探险家戴维·利文斯顿（David Livingstone）。利文斯顿在1873年去世，他未竟的事业就落在了亨利·斯坦利（Henry M. Stanley）肩上。在利文斯顿去世后不久，斯坦利就开始了他对非洲的冒险探索[①]（1874—1877），并因此发现了刚果河的流向，也了解了其大片盆地的地质构造。在地理大发现的历史上，自哥伦布发现新大陆以来，还没有任何其他地理发现要比斯坦利的发现更为重要。斯坦利在自己的《穿越黑暗大陆》（*Through the Dark Continent*）一书中对自己的探索之旅进行了描述。这本书的出版标志着非洲历史的新纪元，它激励了无数政治、商业和人道主义的探险活动，它们目的是为了开发

亨利·斯坦利

① 斯坦利为了追寻利文斯顿的足迹，比较早地进行了探险考察（1871—1872）。

非洲大陆的自然资源并将其向世界文明开放。

893.瓜分非洲

斯坦利的发现和刚果自由邦的建立[1]是欧洲列强抢夺非洲领土的预兆。英国、法国和德国是最强有力的竞争者，他们也因此得到了最大的份额。在不到一代人的时间里，非洲大陆就成了欧洲的附庸。在1914年第一次世界大战爆发时还保持独立的非洲国家只有阿比尼西亚（Abyssinia）和利比里亚共和国（Negro republic of Liberia），而利比里亚共和国政府掌控在美国自由民或他们后代的手中。

非洲事务的掌控权从非洲土著居民或亚洲穆斯林入侵者的手中转移到欧洲人手中，这毫无疑问是非洲大陆历史上最重大的交易，而它也肯定会影响非洲未来的命运。

在接下来的章节里，我们会简要叙述一下欧洲主要国家在非洲扩张运动中所扮演的角色，我们也必定会谈及各国在瓜分非洲中所起的作用和得到的回报。

第二节　英格兰的扩张

894.英国在美洲；加拿大自治领

1776年美国13个殖民地从英国独立出去似乎给英国在美洲建立一个伟大的殖民帝国的希望以致命打击。但是北美洲的大半领土仍然掌握在英国人手里。渐渐地，英属北美殖民地作为欧洲定居者的定居地的吸引力逐渐为世界所知。大部分来自英伦三岛的移民在数量上急剧增长，美国人口数量的增长是惊人的，从19世纪开始的大约25万人增加到1914年的700万人以上。自从加拿大转到英国的统治下，

---

① 从刚果自由邦实际建立的1882年，直到1908年，刚果只不过是比利时国王的个人领地。1908年，利奥波德国王将刚果让与比利时政府。这个国家的重要产品是橡胶、棕榈果和可可。棉花和烟草也被培育成功。最近估算这块殖民地人口，大约在9000000到15000000之间。

其政治历史上最重要的事件之一就是在1841年给各省建立责任政府。[①] 将完全的自治政府赋予殖民地各省逐渐延伸开来，1867年，在加拿大自治领（the Dominion of Canada）的名义下，上下加拿大（Upper and Lower Canada）、新斯科舍（Nova Scotia）和新布伦瑞克（New Brunswick）统一成为一个联邦国家。后来英属哥伦比亚、爱德华王子岛和其他省份都加入了联邦，而纽芬兰则一直拒绝加入联邦。

加拿大各省的政治联合使得这个时代最伟大的工程项目之一的实现成为可能，这就是从蒙特利尔（Montreal）到温哥华（Vancouver）洲际铁路的修建[加拿大太平洋铁路（Canadian Pacific Railway）]。这条铁路的修建巩固了联邦的联合和自治领工业的发展，类似于美国修建的一条洲际铁路。[②]

在1914—1919年的第一次世界大战时，加拿大自治领坚决忠于英国，派出超过40万士兵与英国和英国其他海外自治领的士兵并肩作战。

由于其广阔的地域——面积已经超过英伦三岛35倍，无尽的矿藏，无与伦比的渔业，连绵不绝的森林、牧场和麦田，宜人的气候，最重要的是其自由的政治制度，加拿大自治领似乎被看作是盎格鲁-撒克逊民族未来最理想的家园之一。

895.英国在澳大拉西亚[③]；澳大利亚联邦宣言（1901）

大约在英国失去美洲的殖民地的时候，著名的航海家库克船长（Captain Cook）到达新西兰和澳大利亚海岸进行探险（1769—1771）。对于之前到访者对这些岛屿宣称的拥有权，库克船长不予理睬，为英国王室占据了这些岛屿。

英国开始对这些岛屿想到的最好用途是使之成为罪犯的流放地。1788年，第一批罪犯被送到了澳大利亚的植物学湾（Botany Bay）。但是这里大面积的农业财富——澳大利亚内陆是一片毫无希望的沙漠之地——这里适合畜牧业，宜人的气候很快吸引了大批英国移民前来。1851年，澳大利亚发现了丰富的金矿，再一次引发了世所罕见的移民浪潮。

---

① 缔结条约和决定和战的权力都保留在英国政府手中。

② 1914年，另一条（环太平洋干线）连接新布伦瑞克到英属哥伦比亚鲁珀特王子港的洲际铁路线完工。

③ 澳大拉西亚，意思是“亚洲南部的土地”，通常包括澳大利亚和新西兰等地。同南非、加拿大和印度一样，英国人其实来到这里很晚。西班牙人和荷兰人来到这里都比英国要早。荷兰的存在可以通过新荷兰（澳大利亚早期的名字），范迪门斯地（塔斯马尼亚最初的名字）和新西兰这样的名称得以证明。它们都与大岛连接在一起。

在19世纪末之前，5个繁荣的殖民地（新南威尔士、维多利亚、昆士兰、南澳大利亚和西澳大利亚），包括附近的塔斯马尼亚岛（Island of Tasmania），总人口大约有400万（到1914年，人口增加到大约500万），沿着澳洲大陆肥沃的供水充足的边缘发展起来，并建立了类似于英国的自由制度。

这些殖民地在第一次世界大战开始之前的主要的历史事件就是成立了澳大利亚联邦（Commonwealth of Australia，1901），一个类似于美国的联邦政府。①

和加拿大一样，澳大利亚也在第一次世界大战中为英国及其盟国的战斗牺牲了巨大的人力和物力。

这个位于南太平洋上的新盎格鲁-撒克逊联邦未来的无限可能性——澳大利亚的面积比美国还小——激起了世界的无限想象。也许在历史的将来这个新的英属联邦在太平洋的地位能够媲美英国在大西洋的地位。②

896.英国在亚洲

我们已经讲过英属印度殖民帝国的建立（第726条）。19世纪初，英国稳步推进其附属领地的边界，到19世纪末通过其对超过3亿亚洲人口③的直接统治或领主地位巩固了英国的权力——这也是历史上统一在一个王权之下最多的外国人口。

我们必须要讲一下英国对印度的占领和她在19世纪卷入的几场用于维护其在东南亚巨大贸易利益的几场战争，以及这些战争对她外交政策的巨大影响。这些战争中最早的一场是1838—1842年阿富汗战争（Afghan War of 1838—1842），英国希望通过这场战争维护其将阿富汗作为印度殖民地与扩张的俄国之间缓冲区的政策。

与此同时，英国也卷入了同中国的鸦片战争④（Opium War with China，1839—

① 新西兰不在联邦之内。她和其他临近的岛屿一起组成了一个自治领。如果不包括土著居民，总人口刚刚100万多一点（1911年人口普查的数字）。

② 最近一位作家对澳大利亚人口的特点有过一番描述："澳大利亚是盎格鲁-撒克逊民族所拥有的唯一大陆——唯一一个由一个国家拥有的大陆——也是有记录以来唯一拥有一个民族、一种语言和一个政府的大陆。"

③ 根据1901年人口普查，英属印度帝国的人数（包括藩属国）为294461956；1911年人口普查，这个数字达到了315156396。

④ 印度和中国之间的鸦片贸易数额庞大，这成为了英国商人和印度政府的主要收入来源。然而，中国政府逐渐意识到鸦片这种毒品的危害，开始抵制鸦片进口。这也是鸦片战争的原因。中国政府被迫展开禁烟行动。

1842）。通过鸦片战争，英国从中国割得了香港，并将香港打造成大英帝国最重要的商业港口和军事基地。

鸦片战争刚刚结束，英国又卷入了同俄国的克里米亚战争。克里米亚战争的硝烟还没散尽，英国就从为她在塞瓦斯托波尔进行激烈战斗的英国士兵提供安全保障的国家获得了最令人震惊的情报——1857年，东印度公司的军队爆发了著名的“印度兵变”①（Sepoy Mutiny）。幸亏很多当地武装坚定地效忠于英国，在他们的协助下，暴乱被迅速镇压下去。由于这次暴乱，英国议会通过一个法案，印度政府从东印度公司脱离出来，纳入英国女王的统治之下。

除了无尽的利益，毫无疑问，英国在印度的统治也遇到了很多的麻烦。然而我们现在研究的，尤其重要的，也是近代历史上最为重要的事实之一就是，超过3亿的亚洲人口完全处在一个欧洲国家的统治之下。

897.英国在南非；布尔人②与英国人

英国在瓜分非洲中扮演着重要角色。英国人第一次出现在非洲大陆，无论是在埃及还是在开普敦（Cape），都是出自对其东印度公司和非洲路线的关切。后来出于为自己考虑，英国加入了欧洲列强对非洲领土的争夺。

荷兰人比英国人更早一些来到了南非。他们在17世纪中期——荷兰的强盛时期——就在开普敦开始了定居。在法国大革命和拿破仑统治期间，英国将荷兰殖民地纳入了自己的保护范围。在1814年拿破仑下台后，荷兰将这里的殖民地割让给了英国。③

荷兰定居者拒绝向英国屈服。1836年，一大群深受其害的殖民者放弃自己的旧家园进入非洲荒漠寻找新的栖息之所。这次移民被称为“大迁徙”（The Great

---

① 印度兵变的原因有很多。被废黜王公的煽动；印度本地人日益确信的英国种种行径让他们的宗教受到威胁的传言，这也是兵变的原因之一；本地士兵对军方的不满。兵变在几个地区同时爆发。兵变者在坎普尔制造的暴行令整个文明世界感到恐惧。那那·萨希布对英国的驻军进行杀戮，并将200名妇女儿童集中起来关进一个小房子。因担心英国军队在亨利·哈夫洛克将军的率领下来解救这些俘虏，那那·萨希布派了5名刺客进入房间，将这200人全部杀死。随后尸体被拖出房间，扔到附近的水井里，后来救援部队发现了这些尸体，但是他们来得太晚了，没能阻止这场悲剧的发生。

② 荷裔南非人。

③ 失去开普敦殖民地之后，爪哇岛成了荷兰所保有的最重要的殖民地。他们逐渐又占有了苏门答腊岛的大部分。这两个岛屿构成了荷兰东印度群岛的核心，总人口3600万左右。

Trek[①]），这些移民驱赶着牛群，驾着牛车，携带妻儿和他们的财产从开普敦向东北跋涉。在奥兰治河流域（Orange River）的另一边，一些移民放开他们对牛群的束缚，建立了自己的新家园，奠定了奥兰治自由邦（Orange Free State）的基础。而更勇敢的迁徙者继续向北穿过瓦尔河（Vaal River），建立了德兰士瓦共和国（Republic of the Transvaal）。

两代人的时间里，很多小的共和国在充满敌意的非洲部落的包围下的不断地焦虑和战斗的折磨下纷纷建立起来。随后出现了历史转折点。1885年，德兰士瓦发现了丰富的金矿。世界各地的矿工和探险家立刻如潮水般涌入这里。

这些新来的人中说英语的人口占据了很大的比例。作为外来者——Uitlanders，他们被这么叫——他们被排除在政府事务之外，尽管他们占到了这个小国人口的2/3，并且缴纳了更多的税负。他们要求获得公民权。布尔人（Boers）在坚强的德兰士瓦总统保罗·克鲁格（Paul Krüger）的领导下拒绝向他们的要求让步，并认为这样做实际上就意味着交出共和国的独立权而成为英国的附庸。

双方的争议越来越激烈，很快，英国和德兰士瓦之间就爆发了战争（1899）。奥兰治自由邦派出仅有不多的军队加入了自己的姊妹国。[②]战争持续了两年，最后布尔人的军队缴械投降（1902）。作为战争的结果，两个共和国都被大英帝国吞并，分别成为了德兰士瓦殖民地和奥兰治殖民地。

战争结束几年之后，英国政府明智地给予了这两个殖民地自治政府的地位。[③]很快，这些自治政府和开普敦殖民地连同纳塔尔（Natal）一起成立了“南非联邦”[④]（Union of South Africa）。这样就完成了同代最具统治力的人物之一，南非政治家、“帝国创立者”（Empire Builder）塞西尔·罗兹（Cecil Rhodes）的伟大构想。

英国政府委托布尔人建立责任政府，在很大程度上赢得了他们对英帝国的忠诚，在第一次世界大战时期，他们团结起来——尽管不是全票支持——支持英国，并以英帝国的名义征服了德属西南非洲和德属东非地区。

---

① “Trek”荷兰语中为“迁徙”之意。

② 这两个与现代最强大的帝国交战的共和国白人总人口仅仅30万多一点。

③ 德兰士瓦和奥兰治自由邦分别于1906年和1907年建立责任政府。

④ 根据1911年的人口普查，联邦的总人口大约为700万，其中125万为白人，其他的都是土著居民或有色人种。金矿和钻石是其主导产业。

英国在非洲最重要的事业之一就是修建了开普敦到开罗的铁路。这条铁路也成为罗兹联邦计划中比较受青睐的一个工程。罗兹的梦想已经大部分得到实现。这条铁路完成后将会成为将黑色大陆向西方文明开放的重要通道。

898.英国在埃及

1876年，为了防止失去作为埃及债券持有人的埃及臣民，英国和法国联合控制了埃及。[①] 6年后的1882年，埃及军队爆发反对赫迪夫（Khedive，埃及总督）的叛乱。法国拒绝和英国联合镇压叛乱分子，于是英国单独行动。结果埃及从英法的联合统治变成了英国的单独统治。[②]

埃及从欧洲的统治中获得的益处是最多的。当英国行使对埃及的统治权之前，埃及是土耳其苏丹统治下最悲惨的土地之一。在英国的统治之后，埃及比法老统治在内的以往任何时代都更加繁荣。这种高度的繁荣之所以能够实现，都是因为英国给了埃及两样最需要的东西——“公正和水源”。

在埃及阿斯旺（Aswan）的第一大瀑布建造横贯尼罗河伟大的灌溉蓄水大坝是近代最伟大的工程之一。这项工程大大增加了埃及的粮食产量。

第三节　法国的扩张

899.法国在非洲

19世纪开始时，法国只占据曾经颇有前途的殖民帝国的一小片。最后当法国环顾四周寻找海外区域来弥补她在美洲和亚洲的损失时，北非海岸由于其地理方位、气候和物产的接近，自然引起了法国的注意。这里拥有丰富的农业资源，在古代它是罗马帝国统治下的粮食作物产量最丰富的产地之一。这里的气候非常适合拉丁

① 当时的埃及名义上仍然是以奥斯曼帝国为宗主国的世袭领地。

② 第一次世界大战终止了奥斯曼帝国对埃及名义上的宗主权。土耳其站在德国及其盟友的一方参加大战，英国随即宣布将埃及变成自己的保护国（1914）。

殖民者。它在地理环境上，其实是欧洲的一部分，“真正的非洲始于撒哈拉沙漠（Sahara）”。

法国在1830年开始征服阿尔及利亚（Algeria）。对阿尔及利亚的征服遭到了非洲当地部落的顽强抵抗，为此法国付出了极大的人力和物力的代价。1881年，以防止阿尔及利亚边境受东方突尼斯山区部落侵扰的名义，法国派兵进入突尼斯（Tunis），使其成为自己的保护领地。这一行动侵犯了意大利的利益，因为意大利早就将目光盯在了这片区域，并因为其地理位置和历史的关系，意大利一直将它看作是自己的领地。①

1911年，法国将摩洛哥（Morocco）变为自己的保护领地。德国因此挑起国际争端，这成为第一次世界大战的预演。在后边的章节中，我们将对世界大战的深层原因进行分析，并对各方的争端进行详细阐述。

北非地区成为法国新殖民帝国最有发展潜力的部分。② 法国较乐观的政治家希望在这里为法国人民最终建立他们的新家园。无论如何，这些因7世纪阿拉伯的征服而从欧洲分割出来的非洲海岸地区，看似将再次永久地统一在欧洲大陆之下，并从此构成了欧洲世界版图的一部分。

除了北非地区，法国在塞内加尔（Senegal）也拥有大量的领地，并且宣布占有了塞内加尔和阿尔及利亚之间的所有撒哈拉地区。法国还在刚果自由邦北部占有了广阔的领土，包括中部苏丹（Sudan）部分，还有非洲大陆其他一些小片的区域。③大岛马达加斯加（Great Island of Madagascar）也成为了法国非洲帝国的一部分。

---

① 意大利人对没有得到突尼斯而感到失望，他们希望能够在红海海岸获得一个落脚点。他们占据了这里的一个区域，并将其命名为厄立特里亚殖民地。在非洲东南端，意大利人也占据了一片狭长的海岸地带（索马里）。但是意大利从一开始似乎运气就很差。这片海岸地带气候炎热，瘟疫不断，内陆为阿比尼西亚王国。意大利人企图在这里建立自己的保护领地；但是不幸的是，阿比尼西亚并不将自己看成是未开化或停滞不前的国家，她不需要欧洲人的保护。阿比尼西亚国王孟尼利克给了意大利军队以灾难性的打击（1896）。意大利人在北非的的黎波里的殖民行动会在后面加以介绍（第930条）。

② 在阿尔及利亚和突尼斯，葡萄和橄榄的栽培发展得相当出色。

③ 法国迫切渴望将自己的统治向东推进到尼罗河流域，为了获得对这片土地的所有权，马尔尚少校率领队伍冒险穿过中非到达尼罗河流域，并在法绍达升起了法国国旗。但是法国人的行动侵犯了英国的利益。法国在尼罗河上游地区建立殖民统治，威胁到了埃及的安全，与此同时，法国在非洲建立穿过赤道非洲陆地交通线的构想，会阻碍英国规划的从开普敦到开罗纵贯非洲的铁路干线。经过英法两国激烈的外交争论，法国最终放弃了在尼罗河流域的所有领地，“法绍达事件”就此宣告结束。

900.法国在亚洲

1862年，法国在印度支那（Indo-China）的柬埔寨河口附近建立了一个据点，稳步扩大其领土范围，到19世纪末，她在这些地区的领地面积已经超过了法国本土的面积。法国在这个地区的主要目的是为了确保她和中国南部的贸易。

有了这些丰富的非洲和亚洲土地，法国感觉自己在很大程度上已经弥补了过去的损失，并梦想着实现其欧洲殖民强国的伟大事业。

第四节　德国的扩张

901.德国移民输给了德国

在扩张运动中，没有哪一个欧洲国家在跨洋移居的进程中比德国输出更多的移民了，但是直到19世纪末德国才拥有了自己的海外领地。尽管在早期的扩张时期，德国输出了一群又一群的移民，但是没有真正的德国殖民地在欧洲之外建立起来。但是由于受到1870—1871年与法国战争的刺激和德意志帝国的巩固，德国政治家开始梦想着将德国建成世界性强国。为了这个目的，有必要在德国移民生活的地方建立自己的殖民地，而不是为其他国家的发展和繁荣做贡献，要让德国人保持德国国籍并在海外构建德国国家的一部分。

902.德国在非洲和亚洲

于是，当19世纪最后25年里欧洲列强开始争夺非洲的土地时，德国怀着极大的热情加入了进来，并获得了非常可观的战利品。1884年，德国宣布非洲大陆西南海岸奥兰治河北岸部分属于温带的大块地区成为她的保护领地。① 这个殖民地被称作德属西南非洲（German Southwest Africa）。与此同时，德国在非洲西海岸靠近赤

① 1904年，德国政府不得不在其保护领地面对土著部落的坚决反抗。经过三年的残酷战斗，才将这场反抗完全镇压下去。当地居民几乎被屠杀殆尽。到第一次世界大战开始的时候，德国在这个地区的殖民人数大约为1万人。

道区域建立了两个更小的保护领地。在非洲大陆的东海岸她也占有了大片区域，该区域面积几乎是德国本土的两倍，包括著名的湖区的一部分领土，这片区域已经完全成了欧洲列强的定居点。这里被称作德属东部非洲（German East Africa）。

1897年，借保护德国传教士为名，德国占领了中国的胶州港（Port of Kiau-chau）并迫使中国政府实际上将其割让给德国。这里在政治和商业上都具有极其重要的战略意义。德国政府希望将胶州地区变成真正的德国定居点和德国在远东地区对外展示权力和影响力的输出点。①

这就是德国一战开始前在殖民世界的地位。而一战对德国殖民欲望和扩张野心的影响将在后边的章节中进行介绍。

第五节　俄国的扩张

903.俄国在亚洲的扩张

俄国拥有众多的内陆湖泊、内海和大河，但是她缺少海岸线。俄国努力向各个方向挺进到海岸线的过程是其大部分历史的关键。这也给了俄国扩张以与众不同的特点——俄国的扩张是陆地的扩张，而不是像其他所有欧洲国家那样是海上扩张。

除了在19世纪夺得芬兰和部分普鲁士属波兰外，俄国在欧洲并没有获得多少实际的领土收益，尽管俄国为此付出了三次大战的代价，并且将土耳其帝国瓦解——因为她横亘于俄国和俄国的奋斗目标君士坦丁堡中间。但在此期间，俄国在亚洲的领土却急剧扩张，到19世纪中叶，俄国已经占领了高加索地区（Caucasus Region）的大部分，并对波斯和土耳其的亚洲领土虎视眈眈。在19世纪后半叶，俄国稳步将自己的边境线向中亚地区推进。她征服或驯服了中亚的突厥穆斯林部落，将自己的

① 除了我们前面提到的几个殖民地外，德国“一战”前在太平洋上还占据着大量的岛屿和群岛。德国在土耳其也确保其工业和政治的绝对影响，使得奥斯曼政府几乎成为德国的附庸，而这也是后来第一次世界大战爆发的起因和导火索。

边界继续向南推进，一直到达阿富汗。在亚洲中心地带，俄国在高耸的素有“世界屋脊”（Roof of the World）之称的帕米尔高原（Table-lands of the Pamirs）地区建立了前哨基地。在远东地区，俄国从中国获得了太平洋上最重要的亚洲海港之一的旅顺港的租借权，并占领了中国的东北地区。

到20世纪初，俄国不仅在扩张运动中征服了了中亚的游牧或半游牧部落，而且还占有了亚洲大陆的三个半文明或落后的国家——土耳其、波斯和中国——的大片领土，并有进一步深入的势头。

904.西伯利亚大铁路

俄罗斯在19世纪最引人注目的事业，就是在她的亚洲帝国修建了著名的西伯利亚大铁路（Trans-Siberian Railway），从而将彼得格勒（Petrograd）和太平洋上的海港符拉迪沃斯托克（Vladivostok）和旅顺港（1905年后被日本占领）连接起来。这条铁路的修建使俄国人可以进入南西伯利亚的大片肥沃土地，在欧洲的第一次世界大战重创俄国之前迅速将其变成文明世界的一部分，因为过去或许是“文明乘着战车而来”，而此时的文明则乘着火车到来了。

第六节　美国的扩张

905.作为大欧洲扩张运动一部分的美国的发展

似乎美国的发展不应该出现在本章中，但是美国的扩张确实是大欧洲扩张的一部分，就像英国在加拿大、澳大拉西亚（Australasia）或南非的扩张一样。自从美国与英国的政治联系全部切断之后，美国的发展的环境已经完全的与英国没有多少关系了。加拿大、澳大利亚和南非的发展实际上也是欧洲移民次级或独立中心的扩张运动。

为了使我们对欧洲扩张的研究更加完整，我们有必要对美国在过去一个世纪的扩张加以叙述。

906.美国的领土兼并和人口增长对确保盎格鲁-撒克逊民族在“大欧洲”主导地位的影响

通过19世纪和20世纪初的扩张，美国的国土面积增长到了建国时的7倍。① 这些领土的扩张主要是以牺牲拉丁民族——西班牙为代价。这些扩张并没有导致欧洲各民族实际领地的增加，但却有助于主要来自盎格鲁-撒克逊民族的美利坚合众国在这个新形成的欧洲世界里影响力的上升。

比领土扩张意义更大的是在过去一个世纪美国在人口、物质财富和精神财富惊人的增长速度。在19世纪初的时候，美国的白人人口只有400多万；到1910年，这个数字已经超过了8100万了。这是世界上所见过的人力和智力增长最迅速的例子。比实际增长更令人印象深刻的是其发展潜力。其实际扩张潜力的无限空间，让人们几乎无法完全预计在未来的几个世纪里美国会发展成什么样子。

在新大陆上，英语民族的惊人发展除了将大不列颠扩张成更大的大英帝国外，还将“欧洲扩张”运动表达的含义给人以深刻印象和具有重要性。

第七节　东亚对欧洲侵略和扩张的抵制

907.中国会被瓜分吗?

在19世纪末，欧洲的扩张运动已经给远东地区的人民生活带来了巨大危机。它威胁到了世界最大人种之一黄种人或蒙古种人（Yellow or Mongolian race）的独立，黄种人占世界人口总数的1/3。这就带来了一个问题，中国会被瓜分吗？远东地区的蒙古种人的命运会被欧洲列强决定和掌控吗？日本人给出了一个令人意想不到的答案。

---

① 最后一次领土扩大是在1917年，美国购买了丹麦西印度群岛的三个岛屿——圣克洛伊岛、圣托马斯岛和圣约翰岛。

908.日本的觉醒

直到19世纪中叶，日本还是一个隐遁国家。她排斥外国，拒绝与西方列强建立外交关系。但是1854年美国海军准将佩里（Commodore Perry）让日本政府做出了让步，让日本向西方世界开放，就这样，日本很快觉醒，走上了新的发展道路。

在外交政策改变后半个世纪的时间里，日本就取得了历史上从未有过的政治、物质和思想的全面发展。日本将自己古老的君权神授封建政府改变成为以西方政治体制为模板的君主立宪制度。她几乎全盘接受西方国家的物质文明并积极吸收西方的科学技术。但是需要特别指出的是，日本所做的并不是欧洲化，是新日本是对旧日本的进化。直到今天，日本人在最深处的生活方式、最深处的本能和思维方式上仍然是一个东方民族。

909.1894年中日战争

1894年中日之间发生战争。这是一场大卫和巨人歌利亚式（David and Goliath）的战争。行动迟缓的中国在面对瘦小的对手时，完全陷入无助的境地。日本军队大举进逼北京，中国政府被迫向日本求和。中国承认了朝鲜的独立，并将台湾和满洲最南端（Manchuria，即辽东半岛）包括旅顺割让给日本。但是就在这个节点上，俄国在法国和德国的支持下悍然干涉双方的谈判。欧洲列强迫使日本接受以战争赔款来替代辽东的领土割让，但允许日本割占台湾。

910.中国濒临被瓜分；义和团运动（1900）

中日战争彻底暴露了清政府的软弱无能——在这之前，世界都已知道这个事实，但是从来没有像中日战争这样完全展示出来——这样造成了中国濒临被列强瓜分的命运。瓜分中国的恶行立即被列强付诸行动。德国、俄国、英国和法国都想从中国割让领土或租借港口。欧美媒体也开始公开讨论对中国的瓜分并推测如何分赃。

突然，整个西方世界被传来的情报震惊了——欧洲列强在北京的使馆都遭到了由中国政府军队配合的义和团（Boxers）的包围。很快又得到报告说，北京城内的欧洲人都遭到了义和团的屠杀。

西方国家立即召集军队，加上日本的军队，新组成的多国联军前往北京营救被困的使馆人员、传教士和侨民。自从十字军东征以来，还从来没有这么多的欧洲国家加入一场如此大规模的入侵行动。多国联军中除了一支强大的日本分遣队外，还有俄国、法国、英国、美国和德国部队。多国联军一路杀到北京，攻下城门。但是城内并没有报道中的欧洲人被屠杀的行为，持续了6个星期的紧张情绪终于平息，所有被困的欧洲人都被解救出来。

现在我们关注的是这一变故在中国历史上究竟占据了什么样的地位。经过我们的研究，可以得出如下结论：这场变乱从根本上反映了中国人民决心抵抗外来侵略，排除一切外来势力，阻止祖国被瓜分的命运，保卫中华民族。所有对这场起义原因的分析都应该包含在这样的阐述之中。

911.俄日战争（1904—1905）

1904年初，日俄之间开始了一场战争。关于战争的起因我们在此稍加提及：俄国迫使日本放弃了旅顺港，日本在1894年从中日战争中从中国获得的满洲的土地也被俄国占有，俄国进而获得了最有战略地位的旅顺港的租借权并立即抓紧时间将旅顺港改造成巨大的海军和陆军基地，使其成为东方的直布罗陀。另外，俄国还占领了满洲全境的广阔领土。尽管俄国曾经庄重承诺只是临时占据，不过很快就违背了自己的诺言并暴露了自己的真实意图，那就是不仅要让满洲成为俄罗斯帝国的一部分，还要借机攻占朝鲜。但是俄国控制这条漫长的海岸线和掌握着东部海域就意味着日本要面临永久的封锁并且作为一个独立国家的地位也受到了威胁。这将使日本的命运完全掌控在俄国手中。日本不可能接受这样的命运，于是双方开战。

血腥的俄日战争（Russo-Japanese War）以日本海陆两军的节节胜利而震惊世界。日本实际掌控了朝鲜，在陆军元帅大山岩（Field Marshal Oyama）的率领下击败库罗帕特金（Kuropatkin）率领的俄国部队，并从他的手里夺得满洲的南部。旅顺港在遭受了最为漫长和令人难忘的包围后，被迫向日军投降。①

强大的俄国舰队在战争一开始就几乎在东部海域全军覆没。第二支俄国舰队从波罗的海出发，在朝鲜海峡遭遇东乡平八郎海军大将率领的日本舰队（Admiral Togo），俄军大部分战舰被击沉或被俘获。②

通过美国总统罗斯福（President Roosevelt）的斡旋，俄日和平特使在美国的朴茨茅斯谈判，并签署了著名的《朴茨茅斯和约》（*the Peace of Portsmouth*），俄日

---

① 1905年1月11日，日本的乃木（希典）上将和东乡（平八郎）海军上将发动围攻；俄国的斯提赛尔将军率军防守此地。不久之后，双方在中国的奉天（沈阳）展开激战，日军获胜。

② 1905年5月27—29日爆发的对马岛海战中，俄国舰队由罗杰斯特文斯基上将统率。

战争宣告结束。

912.战争的影响；中华民国的建立

俄日战争带来了重大影响。它使日本崛起为世界强国，限制了欧洲列强对东亚的入侵，建立了“亚洲人的亚洲”的信条。它确保了黄色人种不会像棕色人种和黑色人种那样被欧美白色人种所奴役，而是在未来历史中主宰自己的命运，扮演独立自主的角色。

战争对中国产生了更为重要的影响。日本战胜俄国的事实令中国震惊。中国的民族意识被唤醒，重大的教育、思想和政府改革开始。旧的教育制度被抛弃，西方科学取代了陈腐的传统思想。成千上万的中国青年前往日本、美国和欧洲学习新知识。1912年，腐败无能、被义和团问题弄得名誉扫地的清政府被推翻，古老的君主专制制度被废除，以美国为模板的共和制国家宣告成立。①

战争影响更大的是欧洲。它给俄国的自由主义运动注入了新的动力。“总之，俄国战败增强了德国的民族自信，激励其统治者相信他们要对付的敌人在未来争夺欧洲主导权的较量中可以被轻松击败。接下来的10年里德国的傲慢自大也是受俄国战败的影响，并最终导致了德国率先发动了世界大战。”②

① 第一任总统为孙逸仙。1915—1916年间，中华民国（总统袁世凯）曾发生过一场复辟帝制的阴谋，但这场复辟运动很快被南方几省的起义挫败。

② 缪尔，《欧洲的扩张》，第239页。

第七十六章　向世界联邦的进化

913.引言

希利教授（Professor Seeley）在他的《英国的扩张》（*Expansion of England*）一书中写道："我个人非常喜爱的一句格言是：历史在研究方法上应该是科学的，它应该追求一种现实的目标。也就是说，它不应该仅仅满足读者对过去的好奇心，而且要修正它对现在的观点和对未来的展望。如果这条格言是正确的，那么英国历史应该以道德结束。大的结论应该由此产生：它应该展示英国事务的普遍趋势，从而使我们思考未来、探究人类命运。"希利教授阅读英国过去和现在历史探究出英国的命运就是帝国联邦（Imperial Federation）——即一个包括英国本土及其殖民地，以美国为模板组建起来的巨大联邦共同体。

如果要产生任何有价值和实际意义的成果，必须要将希利教授的格言应用到整个世界的历史中。我们必须努力发现历史发展的趋势，辨别世界历史事件的规律，并感悟人类共同的命运。唯有如此，我们才能为人类形成有实际意义的理想并为实现这些理想而充满智慧和希望去奋斗。

914.世界一体化运动

在人类历史中没有比世界联合的趋势更为明显的趋势了。自人类第一次出现在世界上，人类进化的趋势就是一个一体化的世界，一个通过共同努力、共同成就而组织起来的世界。一开始，最大的独立群体是氏族。亚伯拉罕（Abraham）在东方的土地上流浪，率领一众族人和奴仆发动战争，就是人类在这个发展阶段的典型。随后出现了部落，一群氏族的集合体；然后，在信史时代（the historic age）的开端，在文明首次降临的地方，出现了城邦，比如美索不达米亚（Mesopotamian lands）、叙利亚、巴勒斯坦、希腊和意大利等。再向后发展一千年，城邦是地中海区域的最终政治单位，在马其顿政权崛起和罗马的权力扩张之前，地中海地区是几百个这种小的独立的政治团体的所在。随后，如果我们不考虑纯粹人为的联合，自然的联合基本上都是由武力来创造和维持，例如罗马帝国，以及近现代大的民族国家——自罗马帝国瓦解后，通过部落、城邦和小公国逐渐统一而来。

在过去一个世纪，在这些民族国家里出现了一种新的国家类型——联邦国家（Federal state），美国和瑞士联邦就是典型例子。这种联邦的形成成为了过去百年标志性特征，因此这个阶段被称作“联邦时代”（Federal Age）。在此期间，尤其重要的是大英帝国，通过加拿大、澳大利亚、英属南非的联合，再加上英国及其遍布世界的领地各种因素的相互联系，英国已经失去了“帝国”特征，她已经或正在变成所谓的“联邦”（Federal Commonwealth）。这场联邦运动的重大意义是，国家联邦主义自然的和符合逻辑的结果就是国际联邦主义。美利坚合众国是世界合众国的先驱。

915.不同领域为世界国家联合体所做的准备

实际上，在第一次世界大战之前的这个世纪，由于人类的开化和进步，在地球上建立国家联盟的必要条件在很大程度上已经完成。在政治领域，时代的精神已经似乎为世界联邦的组建铺平了道路。在一个多世纪以前，伊曼努尔·康德（Immanuel Kant）在其著作《论永久和平》（*Perpetual Peace*）中就强调世界联邦成立的先决条件是各个国家建立共和政府。如果我们回味当初由欧洲的君主专制国家形成的神圣同盟的含义时，我们就能理解康德的思想。各国专制政府的国际联合将会成为自由、个体和国家的坟墓——全世界的专制统治。

当康德呼吁世界和平的时候，欧洲几乎每个角落都是由专制政府在掌权。我们已经看到在维也纳会议之后的百年时间里，政府民主化进程不仅在欧洲大陆展开，而且在世界范围内高速发展，公共事务管理的权力几乎完全交到人民的手中。因此在第一次世界大战爆发之前，世界联邦建立的首要条件已经在文明世界的很多国家和地区得以实现。

第二个重要的准备是前文我们讲到的联邦运动，联邦主义（Federalism）可以在不威胁自治原则和合法的民族主权的基础上创立一种适用于国际组织的原则，因为除了避免无法无天的自由所造成彼此间的伤害之外，联邦主义几乎不会剥夺联合体成员的任何权力，就像美国的联邦一样。

通过民主和联邦主义的引入，世界联邦的基础已在政治领域奠定。在道德领域，关于世界的联合，还要做更重要的准备。当时，被人们称为国际理念（International Mind）的思想不断发展，人们开始从世界角度来考虑问题。在世界范围内，人类一家亲、国际正义和齐心协力的思想进一步地得到普遍深入和加强。而且也发展了一种新型的国际良知，它确认了道德法则的普适性，认可道德原则对于个人和国家都是相同的。在这种思想道德的运动中，出现了新的世界秩序的希望和保证。

这些对世界一体化如此重要的运动在政治和道德领域正在进行，与此同时，在物质世界的重大发现和发明——蒸汽火车、蒸汽轮船、电报、电话、无线电、飞船和上百项其他发明——通过对时间和空间的压缩，正在将曾经分散的国家聚集到一起，在这种情况下，国际一体化组织的成立不但是可能的，而且是愈发的必要了。

916.第一次海牙国际和平会议（1899）

甚至在一战之前，在建立一个世界国家的机构上已经取得了很多的成就。19世纪即将结束的时候，俄罗斯沙皇尼古拉斯出人意料地在俄国宫廷的一次会议上对全体国家的代表提议召开一次国际会议讨论确保世界和平和限制威胁各个国家的军备竞赛。

26个国家接受了俄国沙皇关于和平的提议，1899年5月18日，各国政府在荷兰海牙著名的“深林之屋”（House in the Woods）举行世界大会。由于德国的反对，任何限制军备竞赛的议案都被阻止了。① 但是会议还是成功组建了永久国际仲裁法院（International Court of Arbitration），以便让各国在解决国家间的争端时能够获得国际援助。②

917.第二次海牙国际和平会议（1907）

第二次国际和平会议于1907年在海牙举行，世界上50多个独立国家中的44个派

---

① 德国之所以对这一主张表示反对，是因为她已经做好了战争准备，决定诉诸武力来达到自己的政治野心。前边已经说过：“德国和世界的冲突始于1899年的第一次海牙国际和平会议。”

② 安德鲁·卡耐基意识到了这次大会的重要性，拿出150万美金用于修建永久国际仲裁法院。这一宏伟的建筑被称为“和平圣殿”。1914年以前，很多可能会导致战争的国际纠纷都在这座和平圣殿里进行仲裁。

出代表参会。这次大会的重要成果之一就是采纳了美国代表的提议建立国际仲裁正义法院，与第一次海牙会议成立的国际仲裁法院一起作为设置常任法官的真正的法院。司法法庭程序和规则都达成一致，但对法官人数和选举方式却没有达成一致的意见。然而这次会议还是在世界司法组织建设方面取得了长足进步。如果设想的法庭能够完全被建立，国际争端的提交能够成为强制规定——又一次因为德国的坚决反对，大家所有的努力都化为乌有——1914年席卷欧洲的战争灾难或许就是另一个结局了。

大会关于各国代表定期举行会议的行动是这样的："大会建议列强举行第三次和平会议，在与前两次会议时间间隔差不多的时期召开，具体日期由列强商议确定。"这样，一个真正的世界性立法机构便酝酿成型。

第二次海牙国际和平会议结束7年后，建立这个世界性机构的发展进程以一种谁也不曾预见的方式而被注入巨大的动力，那就是世界历史上最为艰巨、杀伤力最为巨大的第一次世界大战的大爆发，使得成立世界联邦的目标距离实现更近了一步。关于这段令人吃惊又富有戏剧性的历史，我们将在下一章做一个简单的概述。

当我沉浸于人眼无法预知的未来，
窥探到所有人类奇迹的终点；
有朝一日，战鼓不再敲响，战旗亦被卷起，
而我们在人类议会，在世界联邦里。

——丁尼生

第七十七章　第一次世界大战

（1914—1918）

第一节　战争原因及引发它的系列事件

918.战争的历史地位

1914年夏天——世界历史上最令人难忘的日子之一——欧洲爆发了一场先是五大国卷入，最终几乎整个文明世界都参加进来的战争。如果我们能够在一开始注意到它与前文所提到的世界发展趋势与世界运动的关系，将有助于我们认识这场大战的重要意义以及它在世界历史上的地位。

这场大战中的系列事件将会在适宜的背景下展现出来，而它在历史上的地位，只有被视为我们所称“政治革命”的长篇大剧中的最后一幕，才能体现出来，而第一次世界大战前最重要的历史事件便是1789年的法国大革命。

众所周知，资产阶级革命的两大根本原则是人民主权和民族自主原则。现在资产阶级革命的基本原则成为各国与德国及其盟国发生冲突的根本原则。这决定了这场世界性冲突的历史基调。这场大战就是民主与民族双重运动的高潮。如果我们继续仔细研究第一次世界大战的根本原因，就能很客观地看到这场大战的真实历史地位了。

919.君权神授的再兴和民主运动

在19世纪，人民主权的革命思想已经在世界上的大部分地区传播开来，成为主流政治思想。不幸的是，中欧的两个国家，普鲁士和奥地利，顽固地拒绝大革命的自由主义原则，并披着宪法和议会的外衣继续维持独裁专制政府。其中作为主导性强国的普鲁士需要我们在这里重点讲述。

在前面的部分，我们看到了普鲁士的霍亨索伦家族由首相俾斯麦通过其“铁血政策”首先成为德意志的领导者，随后又获得皇帝的尊荣。我们也曾看到霍亨索伦家族的第三位皇帝、年轻的威廉二世开始自己的统治后不久，便粗率地解除了俾斯麦的职务，开始其个人的乾纲独断。威廉二世的下述言论表露了普鲁士政府的本质及特点：“我是这里的唯一主宰；逆我者亡！”（这是年轻的威廉“赶走他的领航员”俾斯麦时发出的豪言。）“霍亨索伦王室从上帝手里接过王位，我们只对上帝负责。”①“主之灵眷顾我，因为我是德意志人的皇帝。我就是万能上帝的工具、利剑和代理人。谁违背了我的意志，必将遭受痛苦和死亡。”②

这也是君权神授的英国斯图亚特王朝和大革命前法国波旁王朝的真实写照，他们的傲慢与暴虐刺激了英国和法国革命的爆发。③这些言论代表的政府理想和思维方式都成为了第一次世界大战的深层原因之一——因为文明无法存在于半独裁和半民主之中——也使得美国总统威尔逊在第一次世界大战进行到第3年的时候宣布美国加入战争，从而从根本上定义了这是一场民主和独裁之间的较量，也宣布了美国参加战争的目的就是“为世界民主创造和平环境”。④

920.德国帝国主义思想和民族主义运动

在一战前的百年时间里，不但是民主思想，而且民族主义思想也在世界范围内大行其道。这段时期见证了很多大大小小民族国家的崛起和建立。但是从更广义的角度来看，当世界正按照民族主义原则重建并向着真正民主的国际主义建立自由平等的国家联邦时，德国在普鲁士的影响和统治下，却重走过时的帝国主义老路，并谋划着统治整个世界。威廉二世说：“我希望世界的领导权能够交给我们，让世界在未来成为一个像曾经的罗马帝国那样紧密团结、强大无比、绝对权威的帝国

---

① 这不仅仅是威廉二世个人对德国宪法的解读。著名的德国历史学家爱德华·迈耶曾经说过：“德国的皇权必须是不受限制的，这样，它就只对上帝，而无需对任何人负责。”

② 在大战争开始时，威廉二世对东部军队发表的演说。

③ 见第650、665、669条。

④ 在最开始的时候，战争的真实特性被专制的俄国是西欧自由政府的盟友这一事实所掩盖；但是当1917年罗曼诺夫王朝被推翻俄国宣布其为共和国时，这一特性才变得清晰起来——尽管这个共和政府非常短命。

政府。

这样的世界帝国梦想不仅属于霍亨索伦王室，它是德国所有有影响力政治派别的梦想，这些政治势力中有军国主义分子、容克贵族、教授、政论家和工业大亨，他们被统称为“泛德意志主义鼓吹者”（Pan-Germans）。这一群体公开敦促德国通过故意挑起的欧洲的大战而赢得统治地位。他们的具体目标是：法国作为一个大国应该被摧毁，大英帝国被肢解，德国则从臣服的国家那里得到自己垂涎已久的地区和殖民地。

第一次世界大战就是军事帝国主义和民族主义之间的终极较量的思想，并非一开始就被远离战场的国家所接受和认同。但是随着战争的发展，战争的本质愈发清晰地被揭示出来。因此，当美国最终加入协约国（Allies）一方，威尔逊总统宣布美国的目的就是要“将全世界自由的人民从一个不负责任的军事帝国主义政府的威胁和统治下解放出来，因为这个军事帝国主义政府一直以来密谋控制整个世界，并不断地推进他们的计划，丝毫不顾及曾经的和约条款、长期建立的国际惯例和长期以来各国无比珍惜的国际行为和荣誉法则”①。

总之，这场战争就是世界自由的民族为阻止复兴的罗马帝国——像拿破仑帝国成为世界民族国家的坟墓而进行的大战。因此，在这里，在这场战争与民族主义的关系中，揭示了世界大战与政治革命的关系。

921.“一战”之前德国的一些思想和学说

但是这场战争不仅是独裁和民主、帝国主义和民族主义之间的冲突，它更是思想之间的冲突，是生活与历史之间不可调和的哲学冲突。它已经威胁到人类在千百年进步的过程中形成的道德观念。为此，我们需要对战前德国的一些思想和学说加以分析。

我们看到了启蒙时期的哲学思想对法国大革命的开端和整个过程都有着非常深远的影响（第739条）。更具有决定意义、促成和赋予第一次世界大战特性的，是战前德国军国主义者、政论家和德国思想界的领袖们反复灌输的某些半科学、半政治、半哲学的思想。其中德意志民族是世界上的优等民族、理应统治世界的思想便是其中之一。此时，这种德意志民族是上帝选择的优等民族的思想已经在德国普通

---

① 《对教皇和平主张的回复》，1917年8月27日。

人中间广泛传播，但是真正具有现代思维的人绝不会认为这种天真的想法会在当今文明世界的冷静和理性的思考中占据位置。然而，在1870—1871年普法战争之后的几十年里，这种思想确实在德国民众的思想深处扎根。威廉二世曾经说过，“我们是上帝的选民”，“上帝创造了我们，就是认为我们可以给世界带来文明”，“我们是世上的盐”（耶稣对门徒说“你们是世上的盐”）。著名的哲学教授鲁道夫·欧肯（Rudolf Euchen）也曾在耶拿说：“我们有权力说我们是人类的灵魂，破坏德意志的品质就是掠走了世界最深远的意义。”德国著名的科学家路德维希·沃尔特曼（Ludwig Woltmann）也以相同的自信宣称：“日耳曼人是人类的主宰……日耳曼民族就是来统治世界的。”

这些言论影响甚大，因为它们无处不在。也可以说，这些言论思想形成了“一战”爆发前二三十年德国思想领域的一个突出的特征。

德意志的种族和文明优于其他民族的思想使其成为世界和平和安全的威胁，那些接受了这种思想的德国人认为将自己优越的文化向全世界传播是他们的神圣使命，必要时可以使用武力，这样就可以使德国成为“未来世界文明的发源地”。

在德国流行的另一个危险的学说认为，战争是人类历史必要和神授的因素。军国主义者弗里德里希·冯·伯恩哈德（Friedrich Von Bernhard）说：“战争，不仅是生命法则，而且还是人类文明的道德使命和不可缺少的因素。”毛奇元帅（Marshal von Moltke）说：“战争，是上帝创立的世界秩序的构成要素……没有战争，世界将会停滞不前并迷失在物质主义里。”正是这样的战争哲学，蒙蔽了德国人的双眼并对侵略战争产生疯狂和罪恶的心态，更为欧洲带来了难以估量的灾难和创伤。

很多德国哲学家传播的另一个罪恶的学说是国家和国家之间的关系不是靠普通的道德统治去约束的。这意味着可以弃国际条约和国际法而不顾，随意发动战争，而丝毫没有怜悯同情之心。这样的思想导致军国主义者将其付诸实践，从而引发了欧洲的这场大战；这种认为发动战争不用考虑法律、人性和良知的可怕的学说，诞生了德国的“恐怖”（Frightfulness）政策，这一政策激起了文明世界的大部分国家对德意志帝国的抵抗，并使得协约国发起的对抗德国的战争不仅是为民主和民族主义，同时也是为保护宝贵的道德文明遗产而进行的斗争。

分析了“一战”的历史地位，指出了其深层原因和探究了德国军国主义分子发动战争的非法、反人类的思想和学说之后，接下我们要谈一谈20世纪初标志着欧洲滑向战争深渊的几个历史事件的进程。

922.“中部欧洲”和柏林-巴格达铁路

我们已经讲过泛德意志主义鼓吹者控制世界的梦想。为了实现这一梦想，早在1914年之前，泛德意志主义鼓吹者们已经确立了清晰而又富有远见的计划。这个计划的主要构想是建立包括德国、奥匈帝国和巴尔干地区——将欧洲分为两部分，以土耳其帝国作为其亚洲的延伸，从北海一直到波斯湾——的国家联盟。

这一惊人构想的一个重要部分就是建造一条从君士坦丁堡横穿小亚细亚和美索不达米亚到巴格达并最终到达波斯湾的铁路。20世纪初德国就获得了建造这条铁路的特许权，到1914年左右，这条铁路已经接近完成。这条铁路被称作巴格达铁路（Bagdad Railway）。巴格达铁路与欧洲境内其他铁路线的连接，使得巴格达与德国的柏林之间形成一条通常的铁路线，这条铁路线也因此而被叫作柏林–巴格达铁路（Berlin–Bagdad Railway）。

柏林–巴格达铁路在亚洲所经过的位置应该给以关注，它与东西方之间古老的军事和贸易路线几乎重合。控制了这条路线就可以使德国控制小亚细亚、美索不达米亚、叙利亚、巴勒斯坦和埃及。而控制这些地区，不仅威胁到英国在埃及和印度的权力，也损害了俄国在波斯和小亚细亚的利益。因此，德国的这个工程引起了国际关注，并被认为是引起世界大战和美索不达米亚以及巴勒斯坦战争的重要原因。

923.德国成为海上强国

在19世纪结束前，德国已经拥有欧洲最强大的陆军，随后，她开始将注意力转移到了海上。德国皇帝宣布：“我们的未来在海上……波塞冬的三叉戟（trident）必须握在我们手中。”庞大的德国商船队成立，获利巨大的海外贸易发展起来。为了保护其贸易和进一步推行其世界政策，德国开始建立海军。在20世纪初，德国的海军力量发展到了仅次于英国的地步。这让英国大吃一惊。英国的安全似乎受到威胁，因为她只有少量的陆军，必须要掌控海洋来保证自己的安全。两国建造战舰的军备竞赛就这样开始了。很显然，这种军备竞赛对世界和平带来了威胁，德国对英国提出的限制海军装备的所有提议都坚决抵制。

924.英国、法国和俄国之间的三国协约

德国不断增强海军以及德国军国主义者与统治阶级的各种言论所暴露的控制世界的野心，加剧了英国的恐慌，并使英国完全抛弃了之前“光荣孤立”的不结盟政

策，并和法国与俄国建立真正的防卫同盟。1904年，英国与法国和平解决了双方长期以来的所有争议并达成完全和解。

3年后，英国又和俄国解决了双方在波斯、中亚以及其他地区的利益冲突。英国放弃了对俄国控制博斯普鲁斯海峡和达达尼尔海峡（Bosphorus and Dardanelles）野心的抵抗。此时，德国在土耳其和巴格达野心勃勃且影响深远的铁路工程似乎更能威胁英国在埃及和印度的利益。于是英国先前的对俄国的遏制现在转移到对德国向东扩张的计划上来。

英、法、俄三国对历史遗留问题的解决促成了三国协约（Triple Entente）。①这些老对手之间结成协约具有重要意义，因为尽管这只是对抗德国威胁的防御性举措，但是德国看到了三个国家对她的不良企图且谋划对其实施合围和打击的明证。

六个欧洲强国②现在划分为两个阵营，每个阵营都通过同盟或和解的方式联合在一起，任何敌对阵营之间的两个国家产生冲突都几乎肯定能产生波及整个欧洲的战争。因此，1914年席卷整个欧洲的战争波及面如此之广，破坏性如此巨大，就不足为奇了。

925.第一次摩洛哥危机（1905）

随着三国协约的形成，“衰败”之国摩洛哥（Morocco），像波斯和土耳其一样，似乎已经成为更有活力和进取心的邻国贸易渗透和政治操控的目标，并成为严重国际争端的议题。这里利益冲突的双方主要是德国和英法。法国已决意占有摩洛哥来完成她的非洲帝国大业。1904年，英国和法国达成相互谅解之时，摩洛哥就是被解决的问题之一。法国获得了在摩洛哥的自由统治权，而作为回报，法国承认了英国在埃及的自由统治权。

第二年，德国皇帝乘坐“霍亨索伦号”（Hohenzollern）游艇驶抵摩洛哥的丹吉尔港（Tangier）并在这里向德国商人发表了演说，当然，德皇此意是为了想让其他国家倾听一下德国的立场和主张。德皇的目的就是要告诉英国和法国，所有关于世界上剩余的独立国家问题的解决方案和大会都应该征求德国的意见。这只不过是之前宣言的确认，世界上任何重大事件没有德国和德皇的同意都不能解决。

---

① 法国和俄国逐渐靠拢，1891年，两国建立以“两国协约”而著称的防御同盟。

② 三国同盟包括德国、奥匈帝国和意大利（见第873条）。

法国——尽管感觉德国的干预毫无道理——但是由于不能确定是否会得到英国的武力支持，也知道另一个盟国俄国因为在与日本战争中的失利可能根本无力支援法国，于是对德国做出了屈辱的让步，① 同意召开国际大会②来裁定整个事件。会议的结果对法国还算有利。各国代表认可了法国在摩洛哥的特殊和最高利益，并同意法国在摩洛哥维护其统治秩序。

摩洛哥事件具有里程碑意义，是一战爆发之前10年的突出事件之一。德国干预摩洛哥事件所产生的危机最终可以说是安全度过，但是这种行为所引起的严重后果不容忽视。英国、法国和俄国之间的谅解得到了强化。这种谅解现在看起来像真正的同盟关系了。另一方面，德国的威望遭到了严重打击，这导致了德国对站在法国一方英国的仇恨更加强烈。

926.巴尔干问题的几个要素

现在，我们把注意力转向了欧洲东南部，这里是引起世界大战导火索的产生地。20世纪初，这里的局势似乎陷入了混乱，各国政府和各个种族的动机、利益和诉求都交织在一起，但是如果我们能够牢记下边几个主要事实，那么所有的问题就比较清楚了：

首先，这里的局势涉及几个巴尔干国家和土耳其的关系。毗邻这些小国的土耳其行省包括200多万基督教希腊人、保加利亚人以及渴望从奥斯曼帝国统治中解放出来并与自己已经获得解放的同胞统一起来的塞尔维亚人。

其次，这里的局势涉及几个大国的关系。俄国控制从黑海到爱琴海的水路通道的野心仍然十分活跃，而且比之前更加急迫，因为俄国被日本战败后已经失去了其在太平洋不冻港的控制权。英国已经不再对俄国进行掣肘，但是德国现在热衷于将这些水上交通要道拖出俄国的掌控之外，因为俄国人在博斯普鲁斯海峡的掌控权将会威胁到德国在小亚细亚的利益并妨碍德国修建柏林-巴格达铁路的工程。

再有就是，塞尔维亚的斯拉夫种族意欲把所有塞尔维亚族的人民统一成为一个在亚得里亚海和爱琴海都带有出海口的大塞尔维亚（Greater Serbia）的野心，这对奥匈帝国领土的完整是一个威胁，因为奥匈帝国与之相邻的省份中很大一部分人在

---

① 法国总理德尔卡塞一直与英国政府进行谈判，因德国的战争威胁而被迫下台。

② 1906年的阿尔赫西拉斯会议，由美国总统西奥多·罗斯福提议召开。

血统、语言和感情上都属于塞尔维亚，这将不可避免地吸引他们去组建一个更大更繁荣的塞尔维亚。总之，塞尔维亚对奥地利在巴尔干地区的威胁，非常类似于19世纪撒丁王国对奥地利统治下的意大利北部的威胁。正如当初撒丁王国将原奥地利臣民中的意大利人吸引到自己身边，现在的塞尔维亚人也要将奥匈帝国的所有塞尔维亚人吸引到自己周围。这样，一个更大塞尔维亚国家的理想可能会让奥匈帝国解体。此外，一个强大的塞尔维亚的建立意味着奥地利垂涎已久的爱琴海通道将被彻底封死。

巴尔干问题除了涉及俄国、德国和奥匈帝国的利益纠葛外，另一个欧洲大国意大利也深受其影响。意大利渴望占有“意大利未收复地区”（Unredeemed Italy），它包括意大利北部阿尔卑斯山边境地区和以意大利人为主的亚得里亚海沿岸突出部分，这里像过去的伦巴第和威尼西亚一样都由奥地利统治。此外，当土耳其人被驱逐出欧洲时，意大利一直对奥地利保持着警惕：奥地利不应将阿尔巴尼亚（Albania）视为战利品的一部分，进而占领亚得里亚海东岸，并使这片海域成为奥地利湖。

这些交织在一起的、列强之间的相互嫉妒、野心和利益冲突，使得巴尔干问题成为了一个影响整个欧洲的国际问题。

927.青年土耳其党；土耳其革命（1908）

巴尔干地区的形势岌岌可危，土耳其帝国发生的一场引人注目的运动成为了世界大战的序曲。1908年，一群自称为“青年土耳其党”（Young Turks）的党派在土耳其发动革命。在控制了巴尔干的军队之后，他们要求苏丹阿卜杜勒·哈米德（Abdul Hamid）通过宪法，建立议会，并给予所有的苏丹臣民以平等的权利和完全的宗教自由。刚开始时，苏丹的臣民对通过宪法的消息抱持完全怀疑的态度，随后当消息得到确认，人们才展示出前所未有的兴奋。全世界都带着惊讶和同情的心态看着事态的发展。

然而不幸的是，改革派缺乏真正有能力的领导人。所有人权利平等的承诺并没有被遵守。青年土耳其党人不愿意放弃土耳其人作为帝国支配者和特权者的地位，他们对所有非土耳其人发动强力的“土耳其化”运动——将奥斯曼帝国统治下的希腊人、亚美尼亚人（Armenians）、阿尔巴尼亚人、保加利亚人（Bulgarians）和阿拉伯人都土耳其化。同时，背信弃义的阿卜杜勒·哈米德背叛了革命党人，悄悄地废除了宪法并恢复其独裁权力。[①]

928.波斯尼亚危机（1908）

但是比内部虚弱和分歧更能阻碍革命成功的障碍是几个欧洲大国的卑鄙无耻和贪婪，他们看到复兴的土耳其将破坏他们继承“病入膏肓的”土耳其遗产的希望。土耳其的复兴是欧洲列强最不愿意看到的事情。奥地利担心如果青年土耳其党人成功地建立一个革新的和强大的政府，她将失去对波斯尼亚（Bosnia）和黑塞哥维那（Herzegovina）的控制。按照之前签订的《柏林条约》，奥匈帝国一直是这两个土耳其省的管理者，但她将这两个地区并入了自己的领土（1908）。这严重违反了《柏林条约》的条款，也是第一次世界大战的直接导火索。

塞尔维亚一直盼望这些省份在土耳其倒下后会成为她的领土，因为这里的人口在种族和语言上都属于塞尔维亚人，因此她认为奥地利的举动让其深受伤害，并提出了严正抗议，但却无济于事；因为当俄国和英国也发出抗议时，德皇威廉二世用“闪亮的盔甲”表明其立场，站在了奥地利一方支持奥地利的错误行动。俄国和其他欧洲列强都没有做好武力干预事态发展并加速欧洲战争爆发的准备，因此，这两个地区最后仍然保留在奥地利手中。

另一场巨大的危机就这样结束了，但是却让欧洲距离战争的旋涡越来越近了。通过亮“铁甲拳”（Mailed Fist）的举动，威廉二世皇帝暂时让自己和盟友在欧洲事务中占据上风，但是这种解决事态的方式却隐藏着巨大的战争危险。

929.第二次摩洛哥危机（1911）

我们已经看到在第一次摩洛哥危机中法国获得列强委任的维持摩洛哥国家秩序的权力。不幸的是，摩洛哥政府腐败无能，因此，不可避免的事最终还是发生了。摩洛哥陷入了混乱。法国军队很快到达摩洛哥首都菲斯（Fez），摩洛哥王位的竞争者之一投身于法国的保护之下。这意味着摩洛哥作为独立国家的历史宣告结束。[②]

德国的“美洲豹号”战舰立即出现在摩洛哥的一个港口，[③] 德皇询问法国，

---

① 阿卜杜勒·哈米德曾经对亚达那和土耳其亚洲其他地区的基督教徒进行大肆屠杀，后来遭到罢黜，他的弟弟随后登上王位（1909）。

② 摩洛哥于1912年成为法国的保护国。

③ 阿加迪尔，1911年。

如果德国允许法国在摩洛哥自由行动，德国会得到什么补偿。经过漫长而又激烈的“谈判”——英国连同她的海军准备支持法国，因为英国不可能允许德国在直布罗陀海峡对岸建立据点——德皇同意由法国在摩洛哥建立保护领地，而作为回报，法国将其在赤道非洲附近的领地割让给德国。

就这样，德国通过战争的威胁扩大了自己在非洲的势力范围，但是和法国的关系愈加恶劣，因为法国认为德国的行径完全属于敲诈，并认为德国在摩洛哥的利益不应该成为德国干预非洲事务的合理借口。

930.巴尔干战争（1912—1913）

1908年奥地利将土耳其的波斯尼亚和黑塞哥维那两省据为己有之后，她的这种行为立即引起其他国家的效仿。① 不久，意大利就行动起来。一个重生的土耳其将威胁到意大利长期以来希望在奥斯曼帝国解体后占有北非的黎波里（Tripoli）和昔兰尼加（Cyrenaica）的希望。所以意大利政府决心立即把垂涎已久的果实攫到手中，她出兵的理由就是青年土耳其党人没有公正对待在土耳其的意大利定居者和商人。意大利发动远征，很顺利地就占领了这两个地方，并将其纳入意大利的版图之中（1911）。

奥地利和意大利抢占奥斯曼帝国领土的行为自然引起了巴尔干地区一些小国的骚动并促使他们做出了划时代的决定。保加利亚、塞尔维亚、门的内哥罗（Montenegro）和希腊组成了巴尔干同盟（Balkan League），其目的就是要终结土耳其在欧洲的统治。同盟军的努力收到了意想不到的结果。令世界震惊的是，巴尔干联盟的军队在几周之内就将土耳其人赶出了其在欧洲几乎所有的领土。

不幸的是，巴尔干同盟在分割所获的土地时受到奥地利和其他强国的干涉，这导致他们陷入了被称为第二次巴尔干战争的内战之中。我们需要注意这场可悲争斗的唯一结果是，斯拉夫塞尔维亚的领土扩张。这意味着俄国在巴尔干地区的影响力得到了提升，因为民族情绪和同情心会自然而然令塞尔维亚倒向强大的斯拉夫母国俄罗斯。

另一方面，大塞尔维亚是对奥地利的严重威胁，因为一个强大的塞尔维亚不仅

---

① 其他国家纷纷效仿奥地利。奥地利宣布兼并波斯尼亚和黑塞哥维那的决定两天后，保加利亚宣布脱离奥斯曼帝国完全独立。很快，克里特岛虽然名义上以土耳其为宗主国，也宣布与希腊合并（1908）。克里特与希腊的合并为1913年的《伦敦条约》所承认。

会封锁奥地利到达爱琴海的通道，而且会让奥地利国内的塞尔维亚族的臣民变得更加骚动，从而令整个奥匈帝国走向解体。

更进一步讲，一个受俄国影响和保护的强大的塞尔维亚是德国所无法容忍的，因为塞尔维亚刚好横穿柏林–巴格达铁路，从而威胁到整个铁路工程和影响大德意志帝国对整个西亚进行商业和政治统治的全盘计划。

931.奥地利王储遇刺；“决定性的十二天”

如前所述，奥地利和塞尔维亚之间的关系走向紧张和危险已经是不可避免的了。事态飞速发展。奥地利王储弗朗西斯·斐迪南大公（Archduke Francis Ferdinand）和妻子在视察新近并入奥地利的波斯尼亚省时遇刺身亡。[①] 奥地利指责塞尔维亚官员就是刺杀事件的帮凶，并向塞尔维亚发出最后通牒[②]，而通牒中的一些要求对作为一个独立主权国家的塞尔维亚来说，是根本无法接受的。奥地利要求塞尔维亚48小时之内给出答复。塞尔维亚在答复中做出了妥协，同意了其中大部分条款并提出将其中一些无法答复的内容提交海牙国际法庭或由一些欧洲强国进行仲裁。奥地利对于这样的答复表示无法接受，在德国的支持下，奥地利向塞尔维亚宣战。[③]

奥地利的举动在欧洲各国引起了震惊和恐慌。英国、法国和俄国联合行动来阻止奥地利，并要求将整个事件提交到没有直接利益关系的欧洲强国或海牙法庭进行仲裁，因为奥地利进攻塞尔维亚肯定会加速欧洲战争的爆发，俄国也不可能坐视不管；一旦塞尔维亚崩溃，那将意味着德国在巴尔干地区的势力将难以动摇。但是德国拒绝了欧洲各国的提议，坚持要求由奥地利和塞尔维亚自行解决，任何其他欧洲国家都不得干预。

奥地利实际上已对塞尔维亚发动进攻，俄国也对自己的军队发出总动员令。德国向俄国发出最后通牒，要求俄国12小时内解散集结的军队。俄国对此没有做出回应，德国于是向俄国宣战。[④]

与此同时，德国询问法国首相维维安尼（Viviani），如果俄国和德国交战法国是否会保持中立。法国的回复是：“法国会根据自己的利益需要采取适当行动。”

---

① 萨拉热窝，1914年6月28日。

② 1914年7月23日。

③ 1914年7月28日。

④ 1914年8月1日。

德国几乎立刻就穿过了法国边境。[1] 8月2日，德国向比利时发出最后通牒，宣布德国的目的要穿过比利时领土进攻法国，并承诺如果德国军队在比利时境内没有遭受比利时反抗，她将保证比利时的独立和领土完整；但同时，德国警告比利时政府如果德国军队受到了任何形式的阻挠，德国政府将把比利时视为德国的敌人。比利时国王阿尔伯特（King Albert）在大臣们的支持下做出英勇决定，首先提醒德国比利时会恪守中立，拒绝允许德国军队穿越比利时境内，并表示比利时政府“如果接受了德国的提议就是牺牲了比利时国家的尊严同时背叛了自己对欧洲的责任和义务”。德国军队立即攻入比利时境内。

比利时国王阿尔伯特

德国侵犯比利时将英国也卷入了战争。[2] 8月4日，英国驻柏林大使接到政府指示通知德国政府如果当晚12点之前德国入侵比利时的行动不停止，英国政府将“采取一切措施来保证比利时的中立地位和德国遵守自己曾经签署的协定”。德国首相贝特曼·霍尔维格（Bethmann-Hollweg）勃然大怒，对英国政府采取这样的行动“只是为了一纸空文的‘中立’字眼”感到痛心和惊讶。

德国对英国最后通牒的回复是德国军队进入法国会“以最快速、最轻松的方式，从而能够保证德国的军事行动能够尽早给敌人以决定性打击”，英国立即宣战出兵。

就这样，在奥地利向塞尔维亚发出最后通牒过去只有十二天后就惊动了英国、法国和俄国政府，8月4日，欧洲五个强国全面开战。“人类历史上最为悲惨的战争大剧”就此开始。

---

① 德国于1914年8月3日对法国宣战。

② 德国对比利时的侵略将英国卷入战争，然而即使比利时的中立没有被侵犯，作为法国盟友的英国也不会袖手旁观。英国绝不会放任德国打垮法国，掠夺她的殖民地，将法国变成德国的附属国。

第二节　战争中的重要事件

932.侵犯比利时

德国的战斗计划非常简单。在法国从她的盟军那里获得支援以前，迅速将其击溃；德国军队攻占法国的时候，奥地利牵制俄国，使其无法参与到德国和法国的战争中来。但是法国边境针对德国的防线，从瑞士到卢森堡，都固若金汤，突破这些防线至少要耽搁向法国挺进的德国军队几星期的时间；于是德国向比利时政府提议让德军不受任何阻挡地穿过比利时。面对这样无理的要求，比利时断然拒绝，德国军队不顾国际法和国家间的条约强行攻入比利时。德国首相贝特曼·霍尔维格自己都承认德军的罪行。霍尔维格向德国国会宣布入侵比利时的声明中说道："先生们，我们现在的行动必须执行，在这个行动面前，法律已毫无意义。我们的军队占领了卢森堡后，很可能已经进入比利时的领土。先生们，这可能有悖于国际法则。但是我必须声明，一旦我们的军事目标达成，我们现在所犯的错误都是值得的。"①

比利时红衣主教梅西埃

德军军队向前推进的第一个障碍就是比利时列日（Liège）的坚固的工事。几天之后，这个被认为是坚不可摧的防御工事，就被德军猛烈的炮火夷为平地。

比利时的抵抗激起了德国人的暴怒，他们开始了"恐怖"作战，目的就是恐吓比利时人民并令比利时人向德国屈服。无论是乡村还是城市，里面只要有人反抗过德军进攻，都遭受到洗劫或焚烧，成百上千平民——男人、女人、孩子——统统遭到无情的杀戮。他们控制不了的人，都被枪杀。传教士也难以幸免。比利时著名的鲁汶（Louvain）大学和图书馆遭到

① 这次演讲发生在1914年8月4日。

大肆破坏，大半个城市被烧为灰烬。全世界对德国的这些罪行感到惊恐，因为人们都认为文明政府的军队犯下如此滔天罪行的时代已经过去，而这样的逆天暴行在自从十三年战争之后再也没有出现过。

比利时的英勇抵抗有着重大意义。她对德军的阻挡虽然短暂，但是她迫使德国给了法国集结军队的时间，让他们能够投入到与侵略者在法国北部与巴黎之间的对抗中去，而且它也给了英国派出小规模精锐部队支援其盟友的时间。正是因为有了比利时的顽强抵抗，才使得后来的马恩河（Marne）大捷成为可能。

933.“马恩河奇迹”（1914年9月5日至9日）

德国入侵者在法国–比利时阵地受到了英法联军的顽强抵抗。但是他们的抵抗被敌军突破了，胜利的德军向巴黎进逼。法国政府逃往波尔多。看似1870年的一幕即将重演。但是就在德军将要攻至巴黎的时刻，法国将军霞飞（Joffre）在马恩河南岸停止了撤退，就在1400多年前法兰克人及其盟军阻击匈奴王阿提拉的地方，法国给德国入侵者施以难忘而又灾难性的打击。德军撤退至埃纳河（Aisne）附近，并在此挖掘工事准备固守。

马恩河会战在世界决定性战役中理应占据一个绝对重要的地位。它不仅拯救了法国，也拯救了欧洲大陆免受德军的统治，因为可以确定的是，如果法国失去了马恩河，俄国也将很快被德军击败，那么德国在欧洲大陆的军事和政治统治将会稳固地建立起来。

不可征服

德皇：“你看，你失去了一切。”

比利时国王阿尔伯特：“不包括我的灵魂。”

934.争夺英吉利海峡的港口

德国挺进巴黎并将法国彻底击败的计划没有实现。现在他们尽最大努力向大海挺进，以图控制英国对面的海峡港口。如果这些港口落入德国人的手中，英国自然会面临危险的境地。为了防止这种灾难，英国及其盟国付出了巨大的努力。英国、法国和比利时的军队快速投入海港保卫战中。英国军舰在海上不断巡逻来支援陆地作战。在佛兰德斯（Flanders）地区，水闸被打开，大片土地被湮没——低地国家一个古老的防御策略。包围英吉利海峡港口的战斗漫长而又艰苦。这些战斗是在这里曾经发生过的最为血腥的战斗。① 被德皇耻笑为“不值一提的小部队”的英国军队，通过自己英勇顽强的行动，将这一轻蔑的绰号变成了一枚不朽的荣誉徽章，② 然而最后还是几近全军覆没。尽管德国人到达了奥斯坦德（Ostend）附近海域并控制了比利时境内狭长的海岸地带，但是他们在争夺自己的主要目标——英吉利海峡最狭窄处的港口加来（Calais）和布洛涅（Boulogne）时却遭受了重创。

935.西部战线

在马恩河会战后以及保卫英吉利海峡港口战斗的尾声，德国军队基本上仍然驻扎在法国和比利时的领土上，并修筑了一条长达470英里从瑞士一直延伸到北海的战壕。而德军战壕的对面，协约国军队也修好了战壕。人类战争史上还从没有战线拉得如此之长的战斗。在双方的壕沟、防空洞和铁丝网之间，出现了一条从几百码到几英里不等的狭长地带，这里被称作“无人地带”（No Man's Land）——一个足以体现这场战争悲剧的名字。

在一年半的时间里，法国在英国和比利时小规模军队的帮助下，沿着狭长的战线阻击德军，与此同时，一支新的人数大约有几百万的英国军队被集结、训练和武装起来。随后，英、法、比联军全力守卫阵地，直到1917年初美国加入了对德作战，200多万美军被运送到法国。

西部战线3年的战争本质上属于一场包围战。成百上千门大炮小炮不断地向敌军的阵地发射炮弹，直到很多“无人区”的阵地上到处被炮弹打得千疮百孔，从照片上看就好像月球上的火山口一样坑坑洼洼。德军和协约国军队都发起了多次进攻，试图突破敌军防线或将敌人击退到防线之后，但是3年过去了，除了少数几个地方的德军受到一些压迫外，大多数阵地还是和战争开始时相差无几。

西部战线的阵地战足以写入人类战争史的史册，但是我们关注的不止这些。我们会按照时间的顺序简要地讲述德军发动的一场进攻和英国发起的另一场进攻，这

① 最重要的战役是伊瑟战役和第一次伊普尔战役。

② 远征军的幸存者自豪地接受了“不值一提的小部队”的称号。

两场战役都因双方的全力以赴而具有划时代的意义。

936.东部战线；俄军逆转和胜利（1914—1915）

我们现在将目光转向东部战线。就在德国威胁巴黎的时候，俄军派出两支军队进入东普鲁士并进逼柏林，以此来支援法国。其中的一支军队几乎被德国将军兴登堡（Hindenburg）全歼，①而另一支俄军随后也撤回到边境地区。

俄军在东普鲁士的失败被他们在加利西亚（Galicia）对奥地利的胜利所补偿。②3支奥地利大军被击溃，30万奥地利士兵被俄军俘虏。奥地利的军事力量几乎陷入彻底崩溃的境地。但是随着德国人的营救，局势很快就得到了扭转。同盟国（Central Powers）的大胜③拯救了奥地利，并严重削弱了俄国的军事实力。俄国西部的大片区域，包括波兰在内，都落入到德国人的手里。像西部战线一样，东部战线也最后也陷入了僵持，交战双方进入到阵地战阶段。

战争持续了一年半，最后德军在东西两条战线上都没有实现其主要的作战目标。法国和俄国虽然都遭受到了可怕的打击并失去了很多领土，但是两国都没有被击垮。

937.“卢西塔尼亚号”的沉没（1915年5月7日）

1915年2月4日，德国政府宣布协约国的商船进入到英伦三岛附近指定海域都会被击沉，“对船员和乘客造成威胁的危险，不可能总会被避免”。这意味着这些商船在没有得到警告的情况下就可能被德军击沉。

德国政府的这种行为不仅违反了人道法则，而且是对国际法的践踏，国际法明确禁止在任何情况下对商船或乘客发动袭击，必须保证乘客和船员的人身安全。

美国总统威尔逊提出了严重警告，如果德国的行动造成美国公民的伤亡，德国将承担“严重后果”，但是德军潜艇还是直接在没有事先警告的情况下击沉了商船

---

① 1914年8月3日，坦能堡战役。第二年初，在东普鲁士的马祖里湖战役中，兴登堡将军再次给俄军以致命打击，俄军被杀死或俘虏者甚众。

② 大约在1914年9月1日，莱姆贝格被俄军攻占；1915年3月初，普热梅希尔落入俄军之手，奥军有125000名士兵成为俘虏。

③ 1915年5月初，杜纳耶茨战役。这场战役的胜利之于德军，就像马恩河战役之于法国一样，具有决定意义。

并伤及了美国公民的性命。1915年5月1日，德国驻华盛顿大使馆在美国报纸上发表声明，提醒所有人不要乘坐英国邮轮“卢西塔尼亚号”（Lusitania）从纽约前往英国港口，并恐吓说德国潜艇会想尽一切办法来击沉该艘邮轮。没有人注意到这一警告，因为没有人相信任何文明的政府会做德意志帝国威胁要做的事情。

1915年5月7日，载有2000多名船员和乘客的“卢西塔尼亚号”邮轮行驶到靠近爱尔兰海岸的水域时，遭到了德军潜艇发射的鱼雷的袭击，1000多名包括妇女儿童在内的乘客落水身亡。这一可怕的罪行激起了文明国家的恐惧和愤怒，美国要求德国政府立即停止这样的行为，并保证德军潜艇未来的行动要完全遵守国际法的要求。但是经过漫长的等待和无数次外交照会的交换后，德国政府最终做出了这样的保证：“如果过往邮轮不试图逃跑或者进行抵抗，德军潜艇不会在不警告和为船上平民提供安全的情况下就将邮轮击沉”。①

德国后来撤回了这样庄严的承诺成为了美国在1917年初加入协约国一方参战的直接理由。

938.意大利加入战争（1915年5月23日）

意大利尽管是三国同盟（Triple Alliance）的成员，但是她并没有加入德国和奥地利一方对外作战，因为她相信对塞尔维亚的战争是奥地利的侵略行为，而意大利认为三国同盟是共同防卫而不是共同侵略的同盟，因此，她不想援助自己的盟友。

实际上，意大利和奥地利的同盟并不是一个真正的同盟，因为奥地利一直以来都是意大利的敌人。与其帮助奥地利扩大统治范围和提升她在巴尔干地区的影响力和军事实力，意大利更希望利用机会收回意大利未曾收复的领土②。意大利政府开始和奥地利谈判，希望奥地利从意大利未曾收复的领土上撤军。但是双方并没有达成任何协议，意大利加入协约国一方作战。这样，便形成了一条新的战线。在接下来两年多的时间里，这条新的战线上基本上都是艰苦的山地战，意大利军队从奥地利手中夺回了很多渴望已久的土地。③ 随后发生了一场巨大的灾难，我们后边会专门介绍，意大利从敌人手里夺回的土地再次失去，甚至失去的比得到的更多。

---

① 这一保证是在1915年9月1日作出的。

② 特伦蒂诺和的里雅斯特。

③ 包括重要城市戈里齐亚，1916年8月8日被攻占。

939.1915年东南方的战争；塞尔维亚和土耳其

1915年结束时，德国在西部和东部战线上的作战目标都没有实现。然而在东南方的战线，德军在1915年年末却完全实现了自己的计划。她希望在这里确保奥地利和德国在巴尔干地区的统治并保持自己通往波斯湾的铁路能够畅通无阻。所有一切都是凭借着德国对塞尔维亚的恐怖战役和对土耳其在保卫达达尼尔海峡的援助下取得的。

塞尔维亚在这场战争开始时所面临的形势是这样的：在1914年战争开始的时候，奥地利入侵塞尔维亚并攻陷了塞尔维亚的首都贝尔格莱德（Belgrade）。经过艰苦的奋战后，塞尔维亚重新夺回了首都并将奥地利人赶出了塞尔维亚的领土。德国随后赶来支援奥地利，奥地利和德国联军再加上一支保加利亚的军队——保加利亚也加入了三国同盟——很快就粉碎了塞尔维亚的抵抗。① 塞尔维亚军队向南逃到阿尔巴尼亚山区，遭受了寒冬和暴风雪的折磨后，幸存的塞尔维亚军队在科孚岛（Corfu）藏身。塞尔维亚成了另一个比利时。与塞尔维亚并肩作战的门的内哥罗也经历了同样的劫难。

1915年末，协约国又遭受了其他的不幸，这让她们的处境更加艰难。年初，英法军舰驶抵君士坦丁堡试图武力迫使达达尼尔就范的行动遭受了灾难性的打击。②联合舰队的失利同时伴随着陆地作战的失败，③ 其中澳大利亚和新西兰的军队尤其引人关注。经过如此巨大的艰难和惨重的损失后，协约国军队被迫撤退。④

940.凡尔登——决不让他们通过

在战争的第3年，也就是1916年，最具军事重要性的事件就是德国在西部战线对法国凡尔登（Verdun）发动的进攻，这是持续了近一年的真正的阵地战。⑤ 俄国已经被击败，德国在巴尔干地区的形势得到了巩固，她想在这个时候再次对法国

---

① 在希腊港口萨洛尼卡集结的英法联军被击败，而且由于担心希腊人背后出卖他们，英法联军并没有给塞尔维亚任何有效的援助。

② 土耳其在1914年11月参战，加入同盟国一方。土耳其之所以这么做，部分原因是担心一旦协约国获胜，自己的世仇俄国会对自己不利。

③ 在加里波利半岛。

④ 1916年1月。

⑤ 在海上，最重要的战役是发生在北海的日德兰（5月31日），英国和德国的舰队之间的一场激战。“这是海军史上最伟大的一场战役。”（西蒙兹）这次战役巩固了英国的海上霸主地位。

发动进攻，希望突破法国的防线或粉碎法军的斗志，在英国新的援军到来之前把法国彻底击垮。

德国的进攻目标是法国古老的堡垒凡尔登。进攻在年初开始。法军的作战口号是：“他们休想通过凡尔登。”德国人在第一轮进攻过后，在几个月的时间里推进极其缓慢，随后法国转守为攻，很快将德军从其占领的法国领土上赶了出去。德军战死、受伤和被俘的人数据估计超过了25万人。这是法国仅次于马恩河大捷的另一场胜利。①

941.罗马尼亚加入战争及其沦陷

1916年仲夏，三国同盟的运气坏到了极点。德国突破凡尔登防线的努力失败了；英国和法国在索姆河（Somme）取得胜利；意大利击退奥地利对特伦蒂诺（Trentino）的侵略，并在朱利安阿尔卑斯山和亚得里亚海之间取得重大战果。奥地利和德国的最终失败似乎已经不可避免。就在这个重要节点，罗马尼亚加入进来，成为第7个对三国同盟宣战的国家。② 罗马尼亚的目的就是实现国家统一，解除奥匈帝国对特兰西瓦尼亚（Transylvania）和其他地区几百万罗马尼亚人的统治。

罗马尼亚的行动又为战争增添了许多悲剧。俄国官员中亲德派的背叛令罗马尼亚失去了俄国的支持，罗马尼亚这样的小国很快就被德军摧毁，大片领土被德军占领。③ 罗马尼亚的沦陷给德国带来了完全不同的局面。德国对欧洲大陆的掌控似乎有了保证。

---

① 就在德国向凡尔登发起猛烈攻击的同时，奥地利人也通过特伦蒂诺发起进攻。为了缓解盟友法国的压力，俄国和英国开始反攻。俄国军队已经从1915年的失败中迅速恢复过来，他们袭击了奥地利，俘虏了40万奥地利士兵。这迫使奥地利匆忙从意大利撤军，加强东部边境线的防御。在小亚细亚，俄国的尼古拉王子与土耳其人展开一场战役，侵占了亚美尼亚，占领了埃尔斯伦和特拉比松两座重要的城市。

英国，更确切的说，是英法联军，发动了第一次索姆河战役。这是整个战争中的一场规模巨大的阵地战，从1916年7月1日一直持续到11月30日。德军的防线动摇了，他们不得不回撤到兴登堡防线。德军在撤退途中对即将放弃的地区进行大肆破坏。

② 1916年8月27日。

③ 这场战役直到1917年才结束。

942.德国政府宣布其恢复不受任何限制潜艇战的决心（1917年1月31日）

我们前边已经讲过美国和德国之间的潜艇争议（第937条）。德国政府曾给予美国承诺：不会在不顾及船员和乘客安全的情况下用鱼雷击沉过往的邮轮。但是德国对这样的承诺只有选择性地遵守了一年半的时间。随后德国向美国发去照会，表示德国立即取消对使用潜艇的限制。这意味着：所有船只，无论是中立国还是敌国，只要进入地中海或英伦三岛的指定区域都会被击沉，而不考虑船上人员的安全问题。①

美国政府对这一惊人公告的回复是给德国驻美大使伯恩斯托夫（Bernstorff）发放遣送回国的护照。② 这意味着两国断交。在一场庄严和诚挚的演说中，威尔逊总统向国会通报了自己所采取的措施。这次国会演说其实就是向德意志帝国政府发出的警告，不要一意孤行。

943.德国寻求与墨西哥结盟以反对美国

德国政府罪恶的潜艇政策激起了美国人民的强烈愤怒，而这时的德国外交大臣齐默曼（Zimmermann）发给德国驻墨西哥大使的一封指示信函更是加剧了这种愤怒的情绪。指示信的落款日期是1917年1月19日，信的具体内容为："2月1日，我们打算开始实施不受任何限制的潜艇战政策。当然我们还是要尽力让美国保持中立。如果这样的努力未能成功，我们提议按照以下原则与墨西哥结成同盟关系：双方战和一道，荣辱与共。我们将给予墨西哥财政支持，而墨西哥方可以重新获得新墨西哥城、德克萨斯和亚利桑那。你应该将上述内容转达墨西哥总统，但要严格保密，我们不久肯定会和美国爆发战争。建议墨西哥总统主动与日本沟通，使其立即支持我们的计划……务请告知墨西哥总统，德方实施的无限制的潜艇战将会保证英国在几个月内不敢轻举妄动。"

这封令世界震惊信函的公开，再加上德国之前宣布恢复无限制潜艇战的政策，让美国必然地加入了协约国一方对同盟国作战。

944.俄国革命（1917年3月15日）

就在美国等待机会参加大战的时候，世界的目光被历史上最引人注目的革命所

---

① 美国人得到允许，只要按照约定的日期和方式可以每周派遣一艘邮轮前往英国的法尔茅斯港。

② 1917年2月3日。

俄罗斯末代沙皇尼古拉二世

吸引。1917年3月5日，统治俄罗斯长达300多年的罗曼诺夫王朝的最后一位沙皇尼古拉二世被逼退位，俄国建立临时政府。①所有政治和宗教罪犯都获得大赦。成千上万流放西伯利亚和关押在监狱里的人员都重获自由。人民被宣布获得言论自由和出版自由。普选权得到确认。立宪大会即将召开。世界各地的自由主义者对俄国革命的消息表现出极大的热情。美国直接承认俄罗斯新政府并欢迎她加入世界自由国家的大家庭。

不幸的是，自由的药剂太过猛烈。俄国人民一旦从独裁统治中解放出来，有些过于陶醉。他们陷入一种迷茫的状态中。成百上千的德国间谍穿过边境线潜入俄国境内煽动叛乱、制造混乱和鼓动叛国。临时政府虽然采取了果断的行动，但是还是没有阻止俄国陷入混乱状态。俄国军队也处于混乱和迷茫之中。关于俄国的崩溃和她作为一个军事力量从世界大战中排除，我们在后文中将详细介绍。

945.美国加入战争（1917年4月6日）

1917年4月2日，威尔逊召集参众两院召开特别会议，就两个月前德国恢复无限制潜艇战的政策进行讨论。威尔逊说：“德国新的政策将所有限制都抛到一边——德军会对所有船只，不分国籍、属性、运载的物资、目的地、任务，在事先不予警告和不考虑船上人员安危的情况下加以击沉……就连开往比利时对丧失亲人和遭到沉重打击的医疗船只和救助船只都不放过，毫无人性和道义可言……目前，德国对商船发动的潜艇战就是对整个人类的宣战。”

总统建议国会“宣布德国政府的行径实际上就是对美国政府和美国人民的挑衅

① 除了人民遭受的痛苦和普遍厌战情绪外，这场革命的直接原因就是俄国政府在战争期间所表现出的无能，人们普遍相信俄国军队所遭受的节节失利完全是因为俄国军队中一些亲德派的叛国投敌造成的。

和战争，美国应该正式作为交战国加入对德作战”。

威尔逊继续说道：“我们很高兴看到这些事实，我们要为世界最终的和平以及包括德国人民在内的全人类的解放而战；国家无论大小，人民无论何地，都有选择自己的生活方式和政府形式的权利。世界必须为民主提供一个安全的环境。”

国会和美国人民都被总统的发言所深深打动。4天之后，即1917年4月6日，美国众议院以压倒性票数通过了已经在参议院获得通过的决议，宣布德意志帝国与美利坚合众国及人民之间进入战争状态。美国做出了重大决定，美国人民虽然对战争没有那么大的热情，但是这次却怀着无比的决心和正义良知加入了世界大战。

美国加入协约国是对协约国所进行的正义战争的肯定，也是最终胜利的保证。得到这样的消息，英国在威斯敏斯特议会大厦上空将美国星条旗和英国国旗同时悬挂，据说“这是第一次有外国国旗在如此显眼的位置与英国国旗同时飘扬”。

潘兴将军

几周之后，美国第一支远征部队在潘兴将军（General Pershing）的率领下在法国登陆。[①]美军受到了被战争摧残的法国人民的热烈的欢迎与感激。

这一历史时刻最适宜的纪念是潘兴将军在拉法耶特墓前说的简短几个字。他敬礼，随后说道：“拉法耶特，我们来了！”随后，它被压缩为“一个历史责任及其被履行的故事”的隽语。

946.1917年发生的其他事件

美国4月份做出参战的决定后，这一年剩余的时间里都是在为实际参战做着准备。美国海军中的精英部队都被运送到了欧洲海域。1000万21—31岁的年轻人登记在册，从中精心挑选组建了一支50万人的精锐部队。这一年初秋，为招募新兵，又组建和准备了16个兵营，每个兵营可以容纳4万士兵。为了解决备战和组建庞大的舰队以替代被德军舰艇摧毁的船只而建造上千艘飞艇，以及为协约国提供高额的贷

① 1917年6月26日。

款等支出，国会投票决定筹措数十亿美元的资金。这些庞大的费用是通过增加赋税和销售国债来解决的。

1917年的夏秋两季，在欧洲的各条战线上都在进行着军事活动。在西部战线，阵地战还在继续，法国和英国部队都在进行着艰难而又耗资巨大的进攻，但是敌军的封锁线并没有突破，直到这一年结束，他们这条战线上仍然没有获得任何军事上的优势地位。

在东部战线，俄国到仲夏时已经完全解体，俄国军队也分崩离析。到处宣扬自由，而对于农民出身的俄国士兵来说，这意味着他们可以做出自由的选择。成千上万俄军士兵离开战场，返回到自己的家园。俄罗斯帝国像军队一样解体了。芬兰、乌克兰和其他地区都与彼得格勒（Petrograd）断绝关系，建立了独立的共和国。在彼得格勒建立的临时政府被推翻，权力转到布尔什维克（Bolsheviki）手中。布尔什维克的领导人列宁和托洛茨基开始与同盟国进行和平谈判。布尔什维克提出的原则是“不割地，不赔款，各民族自己决定自己的命运”。到年底时，和平谈判仍在进行。

俄国的崩溃给意大利带来严重的后果，它使得同盟国可以将大批兵力转移到意大利边境。同盟国对意大利发动的进攻突破了意大利的防线，意大利军队撤回到皮亚韦河（Piave River），并将自己在过去两年艰苦的山地战中夺得的领土全部放弃。威尼西亚的一部分也被入侵者夺走。①

在亚洲的土耳其，英国军队在这一年中取得了重要的进展。1917年初春，英国人攻陷了底格里斯河上的巴格达②，随后又占领了下美索不达米亚。到年底，英军从土耳其人手中夺得了耶路撒冷。耶路撒冷自公元637年被萨拉森人占领后，除了12世纪曾短暂地被十字军统治外，一直掌握在穆斯林手中，英军攻陷耶路撒冷后，使这座圣城又恢复到基督教世界的统治之下。

在海上，德国对世界过往商船的无情打击有着极其重要的意义。协约国和中立国的上千艘船只被击沉，成千上万平民的生命被夺走。但是这样的反人类和非法的战争行为对德国的打击要比对其敌人的打击还要大。它对人类良知构成了严重挑战和威慑，最终使得整个文明世界都反对德国的暴行。

---

① 1917年10月和11月。

② 1917年3月11日。之前攻占这座城市的尝试以失败而告终，在底格里斯河下游的库特阿玛拉，10000英军被全部俘虏。

947.1918年发生的事件；11月11日，停战协定

1917年末，德国和俄国革命领导人的和平谈判仍在进行，而已经土崩瓦解的俄罗斯帝国此时在面对敌人时陷入了非常无助的状态。东部战线的压力得以解除，德军统帅部立即将大批军队从东线调到西线，希望在美国的援兵到来之前取得军事上的优势地位。

随着德军在法国的兵力增强，3月末，德国对巴黎和英吉利海峡的港口发动了期盼已久的军事打击。同时，德军在距离巴黎75英里以外的地方用远程大炮开始了对巴黎的轰击。几天后，德军的一枚炮弹落在巴黎的一座教堂上，这里正在进行耶稣受难日的大型集会，德军的炮弹造成了75人丧生，90人受伤。

面对德军的恐怖进攻，法军和英军都伤亡惨重，然而他们仍然在苦苦支撑。形势岌岌可危。驻扎在法国的由潘兴将军领导的美国士兵都愿意服从协约国最高统帅福煦将军（General Foch）的调遣。同时美军向美国政府告急，请求立即派兵驰援法国。为了响应驻法美军的请求，美国政府加紧运输兵力，每个月都有大约25万人从美国运往法国，直到战争结束前，美国在法国的军队人数超过了200万。历史上从未有过向国外投送如此大兵力的行动，而这也幸亏有了英国皇家海军的协助和在海上对德军潜艇的巡逻才得以实现。

整个春天到初夏的几个月里，德国不断发动攻击并取得了进一步的战果。但是到了6月中旬，德国因为前面的军事行动而消耗了大量的兵力，而美军的兵力此时却大为增强，人数上的优势现在转移到了协约国这一边。战局发生逆转，协约国开始全面反攻，德军退回到马恩河以后。兴登堡战线的强固防御工事也被协约国军队突破，德军开始从法国大撤军，一直退到比利时边境。

随着西部战线的局势开始对德国不利，德国其他战线上的盟友也开始面临着灾难。在巴勒斯坦，英国军队在艾伦比将军（General Allenby）的率领下，在历史上著名的大决战中几乎全歼奥斯曼帝国的军队。大马士革（Damascus）和贝鲁特（Beirut）等重要城市都落入英国手中（10月2日—9日）。大约在同一时刻，在马其顿战线，法国和塞尔维亚联军大败保加利亚的军队，并在9月底前迫使保加利亚求和。盟军开出的求和条件就是保加利亚无条件投降。

保加利亚退出战争，再加上叙利亚的投降和西部战线的严峻形势，迫使德国、奥匈帝国和土耳其同时通过威尔逊总统提出的“海陆空三军”停战协定（10月5日）。停战协定是和平谈判的先兆，和平谈判以美国政府的14条提议为基础，中心思想就是威尔逊总统在多次演说中所提出的民族自决权。

福煦元帅

威尔逊总统和协约国之间经过多次照会往来之后，和平谈判的权力被移交到法国的协约国最高战争委员会手中。事态发展很快。10月末之前，惨败的土耳其人就签署了等同于无条件投降的停战协定（10月30日）；4天之后，奥匈帝国由于自己在意大利驻军的溃败和君主统治的迅速解体，也向协约国寻求类似的停战协定。与此同时，在凡尔赛的协约国最高战争委员会也制定了德军停止敌对行动的方案，德国政府被告知福煦元帅会接受德军正式代表就停战协定的条件进行沟通。11月8日，星期五，德国代表团来到了福煦元帅的司令部，福煦元帅代表盟军向德国提出了停战协定的条款，并要求德国政府在下周一（11月11日）上午11点之前做出决定。在离协约国提出的最后期限的几个小时前，德国特使签署了这份停战协定。其中的主要条款有：（1）德军立即从所占领的国家撤军，撤军期间不得伤害所在国家的民众和损坏财产，并撤退到莱茵河以东6英里以内；（2）德国海军的全部潜艇和其他船只必须全部投降；（3）宣布放弃《布加勒斯特条约》和《布列斯特-立陶夫斯克条约》（*Treaties of Brest-Litovsk*）中的权利；（4）立即遣返协约国战俘和平民，返还从入侵国掠夺的全部财产，并补偿占领区的损失。

这些停战条款实际上就等同于德国的完全无条件投降，并使德国在休战期届满后也不可能恢复敌对行动。

在停战协定签署前不久，德皇威廉眼看自己的统治世界的梦想破裂，便逃往荷兰寻求避难。他令德国陷入了动乱、革命和完全无政府的混乱状态。德皇的出逃被名副其实的“王权的大崩溃”所标记。几天之后，德国境内没有一个国王、公爵、大公或王子行使权力。

948.1918年战争中的美国

在等待胜利的协约国及相关国家的代表在巴黎开会制定对德国及其盟国的条约的间隙，我们在这里打断一下整体叙述，详细地聊一下美国和加拿大在战争中的付出以及英国皇家海军和德国的潜艇在战中所起的作用。

我们已经知道，德国在1918年初春的进攻极具威胁性，在法国的所有美国军队都由潘兴将军交由福煦将军指挥。5月27日，德国军队发动第三次进攻，并将战线向前推进了10英里，马恩河北岸的蒂埃里城堡（Chateau–Thierry）被占领。德军此时距离巴黎已经不到40英里。再往前几英里，巴黎就会进入德军的炮火射程之内。形势凶险异常。美国军队紧急开往前线。法国战线得到了紧急增援，德军进攻一时受阻。这标志着形势的转折。巴黎受到的威胁得以解除。

几天之后（6月6日），一小队美军向蒂埃里城堡附近的贝洛森林（Belleau Wood）发动进攻，德军已经在这里构筑了名副其实的火力网。几个星期的艰苦战斗后，美军清除了林区的敌军。这几乎完全是美军的功劳，为了纪念这一战绩，法国政府将这里命名为“海军陆战队森林”（Marine Brigade Wood）。①

美军士兵在前线帮助法国阻击德军进攻，而后方在美国工程师和各类专家的指引下也在接待、训练和装备部队方面做着充分的准备。在一些精选的军事基地，码头、仓库和补给站都在抓紧修建；在内陆地区，补给仓库和成片的兵营也被建立起来；炮兵、空军和坦克部队的学校也纷纷成立；各类军训营都已准备就绪，配有数千个床位的大量战地医院修建完毕；几百英里的连接基地港口和营地、供给站和修配店铺的铁路线铺设完成，在漫长的战线上全部展开，工作人员以极大的热情投入工作；在法国森林中，美国的护林员砍伐木料；各地的机动车道路被抓紧维修，几千英里长的电报电话线铺设完成。

法国的备战紧张进行，与此同时，美国政府应协约国的紧急请求，也抓紧时间调动一切资源来将国内训练营里的士兵运往海外。为了填满空置的训练营，美国下令对18—45岁的男子再次登记（9月12日），登记在册人数达到了1200万。威尔逊总统宣布：“我们郑重承诺：为了实现我们的军事目标，要调动美国的全部军事力量全力支援。”美国计划在1919年夏初之前将400万士兵运送到法国，在美国国内训练营保留100万后备军力；当时的协约国并没有期望在1918年底胜利地结束战争。他们所能做出的最大胆的希望就是能够在夏秋两个季节守住他们的阵线。

美国征集和训练兵力——“制造士兵”——只不过是美国为艰苦的战斗所做准备工作的一小部分；因为尽管只有一小部分适龄男性实际参加了战斗，而大部分美国人民则以其他方式参与和战争相关的其他活动。这是因为现代战争除了需要大

---

① 这不是美国人的第一次进攻。这次军事行动（1918年5月28日）前不久，美国的一个陆军师英勇无比地袭击了一支强大的德军在蒙迪迪耶附近的坎提格尼驻地。

量的武器装备如火药炮弹外，对火炮、机枪、坦克、飞机、发动机、汽车、卡车等其他各种补给装备的需求是难以估量的。因此，美国的很多大型工厂和制造车间转向生产这些军需物资来满足这些军备需求。

美国为战争的胜利所做的这些准备以及不顾德军潜艇的威胁将成千上万名美军士兵送往法国的快速运输工作，毫无疑问是对协约国军队在前线战斗的大力支持，为摧毁德军士气和最终导致德军战斗机器的彻底熄火起着巨大的作用。

7月15日，德军开始了新一轮的进攻——第五次也是最后一次进攻——目标直指马恩河附近的据点，6月初他们在这里遭到了法国和美国军队的抵抗。德军成功穿过了马恩河并在河南岸取得立足点。但是美军已经抵达交战的最前线，30万大军插入到了巴黎和德军之间。德军的军事行动被迫停止，7月18日，法国和美国部队开始反攻。德军被赶回到马恩河以北，而马恩河北岸的蒂埃里城堡也被重新夺回。8月5日，德军从马恩河到韦斯勒河（Vesle）全线撤退，而德军对马恩河的威胁全部解除。

在收复马恩河突出部后，在洛林边境梅斯要塞附近的著名的圣米耶尔突出部也被收复。这里是德军在西部战线的最后一个威胁。德军自从1914年首次发动进攻后就一直占据这里，他们对这里进行了全方位的加固，自认为这里固若金汤。攻克圣米耶尔（St. Mihiel）是美军第一次重大的单独军事行动。执行这一任务的是美国第一集团军（First American Army），也是美国最庞大的军事单位——人数达50万——“这是美国在历史上所参与的最大规模的军事行动”。在不到两天的时间里，美军的进攻（9月12日）就将圣米耶尔突出部的敌军完全清除，15000名德军被俘。

这一战绩对协约国的士气影响巨大，所有协约国成员对此都欢呼雀跃，尤其法国更展示了无比的热情，因为它意味着法国解放的加速。

攻陷圣米耶尔突出部两个星期后，法国和美国军队又发动了另一次进攻（9月26日），目标之一就是被称为阿尔贡森林（Argonne Forest）的位于以葡萄酒闻名的香槟区埃纳河和默兹河（Meuse）之间的森林高地。这片林地有三十英里长，被作为西部战线的最强大的战略要地之一。整个地区遍布战壕和铁丝网，覆盖着无数的机枪火力网。著名的兴登堡战线穿林而过。德军专门选择这里作为防御重地。3个星期的时间里，美军缓慢地突破复杂的林地，最后整个林地都落入了美军手中。

攻克阿尔贡森林是美军在第一次世界大战期间最著名的战绩。占有这片区域给了协约国控制两条与德国本土联系的铁路线。这令德国再也无力扭转当时的局势，并迫使德军不得不接受11月11日停战协定的屈辱条件。[①]

关于美军在1918年战争中所起的作用，必须补充美国红十字会、基督教青年会、哥伦布骑士会、犹太人福利委员会、救世军和无数类似目的和性质的其他组织机构的贡献。这些团体都得到了公众的慷慨资助，不但在训练营、战场、壕沟和医院里为战斗人员服务，也给战争所造成物资匮乏和遭受痛苦的各国平民百姓以救助。

兰斯大教堂

① 美国军队还在西部战线的其他防区发动了一些次要的军事行动，如俄国北部、塞尔维亚东部和意大利等。1920年2月6日官方公布的数字显示，美国军队的伤亡人数为293067，其中伤215423人，34844人战死，42800人死于伤病和意外。

949.加拿大在战争中的角色[①]

大英帝国的所有自治领——加拿大、澳大利亚、新西兰和南非——都在第一次世界大战中做出了巨大的贡献，然而没有哪一个国家能够像加拿大一样扮演着如此崇高、牺牲如此之大的角色。

战争开始后，加拿大立即意识到了德国造成冲突的问题并开始抓紧时间准备将加拿大军队派往前线与英国并肩战斗。在1915年初春，加拿大军队参加了西部战线的阵地战和第二次伊普尔战役（Second Battle of Ypres），德国人在这次战役中第一次使用了毒气作为进攻手段，但是加拿大军队英勇捍卫已经动摇的防线，并拯救了危在旦夕的英吉利海峡的港口，但也为此付出了伤亡8000人的可怕代价。

在接下来的一年（1916），加拿大军队参加了英国组织的西部战线的所有主要军事行动。加拿大军队与澳大利亚以及新西兰的军队一起在漫长而又艰苦的第一次索姆河战役（7月—11月）中发挥了极其突出的作用，并帮助英国谱写了“英国历史上最为不朽的篇章”。

1917年初，加拿大军队又在第三次伊普尔战役和比利时战线的制高点维米岭（Vimy Ridge）战役中，再次获得光辉的荣誉。攻克维米岭被看作是“第一次世界大战中最杰出的成就之一”。1917年底，同样是在比利时战区，加拿大军队从敌人手中夺取了有着战略意义的帕斯尚尔高地。

在1918年，加拿大军队全力参与了协约国的所有军事行动。他们在年初关键的几个月里协助牵制和打击德国的军事力量，等到美国军队到达欧洲战场的主动权转到了协约国手中后，他们又参加了协约国的联合进攻并最终突破了兴登堡战线，迫使德国军队大撤离并解放了德国长期占据和摧残的法国与比利时的领土。

然而最能够说明加拿大为战争的胜利所做的努力和贡献之大，或加拿大军队所展示的顽强与勇敢的事实就是其在4年的战争中所付出的伤亡人数。加拿大总共派出了418000人，其中有近155000人受伤，57000人牺牲。这些都是年轻的加拿大为战争的胜利绽放的英雄之花。

950.“一战”中的英国海军

英国海军在“一战”中所起的作用充分阐释了海上霸权的重要历史意义，因为

---

① 本条的叙述以一份名为“加拿大在战争中的努力”的报告为主要基础，它由加拿大总理罗伯特·莱尔德·伯顿爵士起草（西蒙兹，《世界战争史》，第4卷，第396—401页）。

英国对海上的掌控毫无疑问是这场战争的最关键因素。没有这种对海上的控制，协约国根本不可能赢得最后的胜利。

战争开始后，英国皇家海军立即赶往苏格兰北部的主要观测站，使得德国舰队被阻挡在大西洋之外。由于这种封锁，德国舰队只能在本土的几个港口伸展活动。几艘德国巡洋舰在几个月内就被击沉或仓皇逃走。① 当然，在这个过程中，英国海军得到了法国和日本舰队的支援。

与此同时，德国入侵者的船只在各个海域都被驱逐，海面上见不到德国商船的影子。战争开始后不久，德国商船急忙退回本土港口或中立国的海港寻求避难——它们在整个战争期间都被扣押。所有的海域对德国船只的关闭以及对协约国与中立国船队的开放让协约国在与德军交战过程中取得了决定性的优势地位。“它使得整个世界成为了协约国的军火库和粮仓”。

在整个海域清除同盟国的船只，英国海军在艰苦卓绝的战斗中展现出了其固有的英勇与顽强，他们在北海巡逻，始终对德国舰队跟踪观察，对德国港口实施封锁，扫除敌人潜艇布置的鱼雷，将世界各地的几百万兵力运送到欧洲、亚洲和非洲的战场。在战争的头两年——也就是在英国军队成为战争的真正重要因素之前的这段时间——英国海军的这些贡献为协约国的战斗作出了重要贡献，如果没有英国海军的这些贡献，德国早已成为战争的胜利者。②

951.德国潜艇战及其结局

一战中德国采用的残忍的潜艇战和当初拿破仑采取的傲慢的大陆封锁政策有着惊人的相似，因为它们都和争夺海上霸权有着密切关系，我们需要对其加以关注。

当初拿破仑由于无法攻击自己的主要敌人英国坚守在本土港口的舰队，便采取了针对英国贸易的大陆封锁政策，正是因为这项政策，法国发动了一次又一次的侵略，并最终导致了法国对西班牙和俄国的致命战役，也最终导致了他的垮台。同样，一战中的德国也是无法直接攻击强大的英国因而采用了非法的潜艇政策，这使得德国激起了全世界对她的反抗并最终导致美国站到协约国一方参战，从而造成了

---

① 德军在地中海的两艘战列巡洋舰“戈本号”和“布雷斯劳号”不幸逃入达达尼尔海峡，成为把土耳其拖入战争并加入同盟国一方的重要因素。在南大西洋的福克兰群岛，德军唯一的海军中队在1914年12月7日被英军摧毁。

② 英国和德国的庞大舰队在这场战争中的唯一一次重大战役就是1916年5月31日在日德兰的遭遇战。

德国最后的失败和毁灭。①

战争第三年，装备大量潜艇的德国海军抛弃了所有道德观念开始全面实施潜艇战。2月和3月，德国潜艇击沉协约国和中立国800多艘船只。如果按照这个速度发展下去，英国到9月份就得被迫投降，并使得德国控制全世界。西蒙兹说：“1917年潜艇战的最初几个月，德国已经比马恩河战役和1918年的大进攻更加接近赢得整场战争的胜利。”②

但是德国的威胁受到了协约国各种形式的抵制和阻击。其中包括护航体系——战舰编队为商船护航，这一体系在美国加入之前几乎不可能奏效，因为协约国的战舰缺少反潜艇装置；使用深水炸弹——炸弹定时只有到达海面以下某一深度时才会爆炸；采用有着“军队之眼”之称的侦察机，用来作为海军的眼睛定位潜伏在海底深处的德军潜艇的位置。到了1917年11月份，危机终于过去了。德军击沉协约国船只的规模已经从4月份的接近百万吨下降到9月份的不足300吨。

由于从苏格兰到挪威部署的水雷阵有效地封闭了北海海域并阻止了德军的潜艇进入大西洋海域，这使得德军的潜艇行动的威胁几乎可以忽略不计。水雷障碍对潜艇的阻击是“一战”最伟大的技术成就之一。它很大程度上要归功于由英国舰队辅助的美国海军。水雷阵由几条水雷线路铺设到230英里长的海岸线上。这需要装置超过7万枚水雷，其中4/5由美国海军完成。水雷阵在1918年初夏显现了威力，在企图通过封锁时，德军有超过12艘的潜艇被击毁。水雷阵的构建毁灭了德国企图用潜艇赢得战争胜利的最后希望，并最终帮助协约国取得了这场可怕的战争的最后胜利。

952.巴黎和会和凡尔赛和约

停战协定签署后（第947条），德国政府立即开始将自己的军队从占领的法国

① 西蒙兹，《世界战争史》，第2卷，第37—40页。

② 战争中每年沉没的舰船吨位数字如下：

1914——314694吨

1915——1298748吨

1916——2291437吨

1917——6187700吨

1918——2675520吨

和比利时的领土上撤出。[①] 同时，协约国和其他相关的国家代表制定总的和平协议的安排也在展开。1919年1月18日，和平大会在巴黎开幕。27个国家派出代表出席大会。威尔逊总统是美国代表团团长。法国总理克列孟梭（Premier Clemenceau）当选大会主席。

克列孟梭

大会需要处理一系列令人眼花缭乱的问题，其中主要包括：（1）最后和平协议条款的起草；（2）解决德国与奥匈帝国、俄罗斯帝国、土耳其帝国解体后产生的诸多新国家的边界问题；（3）联合国家公约的制定。大会各项工作分别由多个委员会，在1000多名历史学、人类学、地理学和外交学专家学者的协助下展开各项工作。

《联合国家公约》（*Covenant of the League of Nations*）的制定工作首先完成。这一具有划时代意义的文件草案于1919年2月14日发表，并立刻成为国际社会谈论的话题。公约里的条款与德国签订的协议交织在一起，并成为协议的一部分，也成为协约国与德国及其盟国签订的各项条约的一部分。

大卫·劳合·乔治

伍德罗·威尔逊

① 此时，协约国已开始了军队的遣散工作。到1919年9月30日，美军在欧洲和国内的军事力量（总共约400万人）已经开始回归正常的平民生活，只在海外保留了几千人的军队。

1919年6月28日，在凡尔赛特里亚农宫著名的镜厅（Hall of Mirrors in the Trianon Palace at Versailles）——也就是1871年威廉一世加冕为德意志帝国皇帝的地方——协约国与德国之间的条约，由协约国及相关国家一方的代表与德国代表签署完成。

和德国直接相关的重要的领土问题安排如下：阿尔萨斯-洛林地区还给法国，以纠正1871年德国所犯的错误。德国丰富的煤矿和铁矿产区萨尔盆地（The Saar basin）暂时由国际共管，而该地区的矿藏则作为德军对法国矿藏的破坏的补偿而完全归法国所有。

为了纠正普鲁士在1864年对丹麦所犯的错误，石勒苏益格一些地区由当地居民自由秘密地投票后回归丹麦。

在东部，德国割让波兹南、维斯瓦河左岸的西普鲁士、西里西亚的部分地区给新成立的波兰。这些领土的割让，主要是对1914年以前普鲁士在近代欧洲历史上所犯最大的国际罪恶而获得领土的原物奉还。① 老波兰在波罗的海的港口但泽，成为自由城市，被置于国际联盟的保护之下。

根据和约条款，德国被进一步要求承认恢复主权的比利时的领土完整以及德意志奥地利共和国（German Austria）和新建立的捷克斯洛伐克（Czecho-slovakia）和波兰等国家的独立，同时宣布放弃德国在其非洲殖民地和欧洲外其他领地的所有特权并将权力让渡给协约国各成员国分别或共同享有。

和约中关于德国陆军、海军和兵工厂的条款，本质上就是让德国不再能够发动另一场侵略战争。相关条款规定德国军队应该缩减至10万人；所有生产武器弹药的工厂（少数的特殊情况除外）都应关闭；毒气制造应立即停止；所有军事院校都应取缔；在莱茵河东岸划定不得保留军事武装的区域；有着"德国直布罗陀"之称的黑尔戈兰岛（Helgoland）上的所有军事工事和设施都应"在协约国的监督下由德国工人负责，费用由德国政府承担"进行拆除。

关于战争责任问题，对德皇进行控告的特别条款如下："协约国及相关国家公开控告前德意志帝国皇帝、霍亨索伦王朝的威廉二世，因其对国际道德准则与条约神圣性的最严重践踏。"他应该被荷兰引渡，交由国际法庭审判。所有其他违反战争法的个人都需要由德国交给国际法庭加以审判和惩处。②

---

① 见第710条和718条。

② 根据1920年1月15日的报告，巴黎和会最高委员会要求荷兰政府将前德意志皇帝威廉二世引渡。但是这一要求遭到荷兰政府的拒绝。

1919 年 6 月 29 日在凡尔赛镜厅举行的和平会议

根据和约的补充条款，德国接受自己和盟国对战争所负的责任，并有义务将她从入侵国家掠走的汽车、工业机械、艺术品和其他物品原物奉还，而对于损坏的物品应按照裁决委员会认为公平合理的数额进行赔偿。

和约结尾的部分规定，和约由德国和协约国及相关国家批准后应立即生效。1920年1月10日，所有条件都得到满足后，经由德国和法国、英国、意大利、日本、比利时、玻利维亚（Bolivia）、巴西、危地马拉（Guatemala）、秘鲁（Peru）、波兰、暹罗（Siam）、捷克斯洛伐克和乌拉圭（Uruguay）批准后在这些国家之间生效。而由于美国参议院拒绝在和约上签字，使得当时的美国成为唯一名义上还和德国在交战的国家。

两天后，美国总统威尔逊按照国际联盟公约的条款召集相关国家于1920年1月16日在巴黎召开国际联盟大会。在发给相关国家政府的通知中，威尔逊对此次大会的重要意义做了如下阐述："大会将标志着国际合作新的时代的开始，也是向着国家间的理想协商迈出的伟大一步。"按照通知的指定日期，国际联盟大会在巴黎召开，国际联盟（League of Nations）正式诞生。这一年晚些时候（11月15日），第一届国际联盟大会在日内瓦召开，42个国家的代表参加了这次大会。当然，其未来的前途还需要时间的验证。

953.第一次世界大战的一些确定的影响

只有时间才能证明巴黎和会工作的永久性，才能对第一次世界大战的影响做出完整的评价。然而，这场改变了很多国家命运的世界大战已经出现了一些确定的后果和影响，由于这些影响和民主运动、民族解放运动及世界联邦运动的关系，我们应该对这些影响加以关注，这也是我们前文对战争进行描述的主要目的。

首先，“一战”为世界民主运动注入了新的动力。它令独裁专制、军国主义的政府彻底威信扫地，并展示了建立在个人自由和人民主权基础上的新的国家政府的优势和优越性。它彻底结束了君权神授的政府，并在世界各地建立了真正的人民的政府。十几个新的共和国家应运而生。它使得“世界成为民主的安全之所”。

其次，“一战”极大促进了民族解放运动。帝国霸权的目的是为了进行世界统治，这是对民族主义精神的践踏和挑战，“一战”导致了所有具有压迫性的帝国主义政权的倒台和解体——霍亨索伦王朝、哈布斯堡王朝、罗曼诺夫王朝和奥斯曼帝国等都是如此——也使得获得解放的各国各民族按照民族愿景和民族主义精神进行重组。一战促进了民族国家的产生——芬兰、波兰、捷克斯洛伐克、南斯拉夫和其他民族国家——仅此一点，就可以弥补这场战争给我们带来的难以估量的损失和牺牲。①

最后，“一战”为世界组织走向世界的历史潮流注入了巨大的动力。毫无疑问，这是这场战争最具历史意义的成果。国家联盟，尽管其成立之初只包括了部分的主权国家，但是它承载着史前时代就已开始的好战的民族和部落合并为城邦和小王国的以及世界联合目标的庄严承诺。

① 在这些新的民族国家形成的同时，意大利和罗马尼亚的统一基本完成，希腊民族的统一进展迅速。除此之外，德国、奥地利、匈牙利及被他们政治奴役的诸民族都变成独立的民族国家。所有这些，都是民族性原则的巨大胜利。

参考文献

第一章　史前时代

奥斯本，《旧石器时代人类》。西奥多·罗斯福认为，这是自达尔文的《人类的由来》问世以来，关于人类这个物种进化的最重要的著作。

索拉斯，《远古猎人》。

赫尔内斯，《原始人》。

基尔利，《历史的曙光》。

斯塔尔，《某些人类进步中的第一步》。

泰勒，《人类学》，第4、7章，“语言”和“文字”；《原始文明》，2卷本。

卢伯克，《史前时代》。

梅森，《人类文明的第一步和发明的起源》。

达文波特，《驯养动物和植物》。

夏勒，《驯养动物》。

霍夫曼，《文字的开端》。

克洛德，《字母表的故事》。

泰勒，《字母表》，2卷本。

霍尔布鲁克，《洞穴、土墩和湖边的居民》。

弗罗贝尼乌斯，《人类的童年》，第27章。

第二章　人类种族和民族

里普利，《欧洲的种族》。

基恩，《人种学和人类，过去和现在》。
德尼克，《人类的种族》。
塞尔吉，《中世纪的民族》。
拉策尔，《人类史》，2卷本。
基思，《古代人类人种》。
布林顿，《人种和民族》。
泰勒，《雅利安人的起源》。
施拉德尔，《雅利安人的史前文明》。

第三章　古埃及

布雷斯特德，《埃及史》《古埃及史，古埃及宗教及思想的发展》。
马斯佩罗，《文明的曙光》，第1—6章；《民族的斗争》，第1—5章；《埃及考古手册》。
罗林森，《古埃及史》，2卷本；《古埃及的故事》。
贝基，《法老的故事》。
魏德曼，《古埃及人的宗教》。
威尔金森，《古埃及人的风俗习惯》。
厄尔曼，《古埃及的生活》。
布吉，《埃及的宗教及来生理念》。

第四章　巴比伦尼亚和亚述

马斯佩罗，《文明的曙光》，第7—9章；《民族的斗争》，第1—6章；《民族的消逝》，第1—5章；《古埃及和古亚述的生活》，第11—20章。
金，《阿卡德和苏美尔史》《巴比伦史》。
罗林森，《五大君主国》，3卷本。
罗杰斯，《巴比伦和亚述史》，2卷本。
霍梅尔，《东方文明》。

古德斯皮德，《巴比伦人和亚述人的历史》。

拉戈津，《亚述的故事》。

莱亚德，《尼尼微及其遗迹》。

彼得斯，《尼普尔》，2卷本。

加斯特罗，《巴比伦和亚述的宗教》《巴比伦和亚述的文明》。

塞斯，《亚述人和巴比伦人的社会生活》。

科尔德维，《在巴比伦的发掘》。

约翰斯或哈珀译，《汉谟拉比法典》。

第五章　希伯来人

塞斯，《早期的以色列及其周边国家》。

肯特，《希伯来人的历史》，2卷本。

勒南，《以色列人的历史》，4卷本。

科尼尔，《以色列人的历史》。

希尔普雷希特，《近期对圣地的研究及19世纪对圣地的考察》。

蒙特菲奥雷，《通过古希伯来人宗教举例说明宗教的起源及发展的讲座》。

巴尔，《来自东方的光明》。

巴德，《离开家园的以色列人的宗教》。

切恩，《离开家园之后的犹太宗教生活》。

第六章　腓尼基人

罗林森，《腓尼基史》《腓尼基的故事》。

塞斯，《古代东方帝国》，第3、4章。

《汉诺之旅》，一位腓尼基人沿着非洲西海岸探险的记录。这个著名记录的译文可参见罗林森著的《腓尼基史》第389—392页。

第七章　波斯帝国

马斯佩罗，《帝国的消逝》，第6章。

罗林森，《五大君主国》，第3卷，第84—539页。

塞斯，《古代东方帝国》，第4、5章。

杰克逊，《琐罗亚斯德——古代伊朗的先知》。

霍尔，《近东古代史》，第7章，第551—579页。

本杰明，《波斯》，第7—11章。

希罗多德，《历史》，第5卷，第52—54节，关于从苏萨到萨迪斯的波斯御道。

哈珀，《亚述和巴比伦文学》，第174—187页，关于大流士的贝希斯敦铭文。

第八章　东方古国

关于印度：

拉戈津，《吠陀印度的故事》。

亨特，《印度民族简史》。

达特，《印度文明》，第1—5章。

戴维斯，《佛教印度和佛教及其历史和文学》。

霍普金斯，《印度宗教》。

关于中国：

威廉姆斯，《中国史》（这部著作包括威廉姆斯另一部著作《中国》中基于史实的章节）。

高恩，《中国史纲要》。

莱格，《中国的宗教》。

贾尔斯，《中国的文明》，第1—3章。

德·格鲁特，《中国宗教及宗教在中国》。

马丁，《中国的传说》。

盖尔，《中国的长城》（这部著作有价值的是其中的插图，文学水平不值得称赞）。

第九章 土地与人民

库尔提乌斯，《希腊史》，第1卷，第9—46页。

格罗特，《希腊史》（10卷修订本），第2卷，第141—163页。

艾伯特，《希腊史》，第1卷，第1—57页。

霍尔姆，《希腊史：从它的起源到希腊民族独立的终结》，第1卷，第2章。

托泽，《古典希腊地理》。

伯里，《希腊史》，第1—5页。

理查森，《希腊假期》。

马纳特，《爱琴时代》（内有爱琴文明时代的生活画面及岛上景观）。

第十章 希腊神话与爱琴文明

盖雷，《英语文学里的古典神话》，在第17—27章中，讲述了老一辈和年轻一代希腊英雄的故事，包括阿尔戈英雄的传说，七英雄远征底比斯以及特洛伊战争。

作为对施里曼博士诸作品[①]极好的概述，参看舒哈尔特《施里曼的考古发掘》。

加德纳，《希腊历史新篇章》，第1—5章。

下面的作品总结和阐释了克里特的新发现：

哈尔，《爱琴考古》。

莫索，《克里特的宫殿》。

贝基，《克里特的海上之王》。

富勒与惠勒，《希腊考古》，第1章。

第十一章 信史时代希腊人的遗产

库尔提乌斯，《希腊历史》，第1卷，第1—3页。

① 《特洛伊及其遗迹》（1875），《迈锡尼》（1878）等。

格罗特，《希腊史》（10卷修订本），第2卷，第1—55页和第164—194页；第3卷，第276—297页。

霍尔姆，《希腊史》，第1卷，第1章、第11章以及第19章。

伯里，《希腊史》，第65—73页。

富勒，《希腊人与罗马人之城邦》，第1—3章。

迪尔，《希腊游》，第7章（关于希腊的运动）。

西摩尔，《生活于荷马时代》。

加德纳，《希腊体育运动与节日》，第9章（关于奥林匹克运动会）。

第十二章 斯巴达的崛起

普鲁塔克，《来库古》。

库尔提乌斯，《希腊历史》，第1卷，第175—275页。

格罗特，《希腊史》（10卷修订本），第2卷，259—376页。

艾伯特，《希腊史》，第1卷，第6—8卷。

霍尔姆，《希腊史》，第1卷，第15—17章。

奥尔克罗夫特与梅森，《早期希腊史》，第8、11章。

奥曼，《希腊史》，第7、8章。

伯里，《希腊史》，第3章。

第十三章 殖民时代与僭主时代

关于殖民地：

库尔提乌斯，《希腊史》，第1卷，第432—500页。

格罗特，《希腊史》（10卷修订本），第3卷，第163—220，247—275页。

艾伯特，《希腊史》，第1卷，第333—365页。

霍尔姆，《希腊史》，第1卷，第9章。

奥曼，《希腊史》，第2章。

伯里，《希腊史》，第3章。

凯勒，《殖民》，第39—50页。

关于僭主：

格罗特，《希腊史》（10卷修订本），第2卷，第378—421页。

霍尔姆，《希腊史》，第1卷，第22章。

富勒，《希腊人与罗马人之城邦》，第4、5章。

马哈菲，《希腊历史的问题》，第4章；《希腊文明纵览》，第99—101页。

考克斯，《希腊政治家传》，“波里克拉特斯”。

修昔底德，《伯罗奔尼撒战争史》，第4章，第150—153、156—159页（关于德尔斐神谕和希腊的殖民）。

第十四章　希波战争之前的雅典历史

普鲁塔克，《梭伦》。

库尔提乌斯，《希腊史》，第1卷，第316—431页。

格罗特，《希腊史》（10卷修订本），第2卷，第422—529页；第3卷，第324—398页。

艾伯特，《希腊史》，第1卷，第9、13、15章。

库尔提乌斯、格罗特、艾伯特著作中关于雅典宪政的阐述，都是在亚里士多德的著作《雅典政制》被发现之前写作的，可以按照新证据的观点加以阅读。

霍尔姆，《希腊史》，第1卷，第26—28章。

霍普金森，《希腊的领导者》，第1—17页，“梭伦”。

考克斯，《希腊政治家传》，“梭伦”“庇西特拉图”“克里斯提尼”。

伯里，《希腊史》，第4章，第4节；第5章，第2节。

塔克，《古代雅典人的生活》，第2章（关于雅典的环境）。

哈里森，《希腊的故事》，第16—18章。

第十五章　希波战争

普鲁塔克，《地米斯托克利》与《亚里斯泰迪斯》。

埃斯库罗斯，《波斯人》，一部庆祝萨拉米斯海战胜利的历史剧。

库尔提乌斯，《希腊史》，第2卷，第135—352页。
格罗特，《希腊史》（十卷版），第3卷，第399—521页。
霍尔姆，《希腊史》，第1卷，第23、24章；第2卷，第1—6章。
艾伯特，《希腊史》，第2卷，第1—5章。
考克斯，《希腊人与波斯人》。
克雷西，《世界上具有决定性意义的战争》，“马拉松战役”。
霍普金森，《希腊的领导者》，第19—36页，“地米斯托克利”。
丘奇，《希腊人生活与故事的画卷》，第3—8章。

第十六章　雅典帝国

普鲁塔克，《亚里斯泰迪斯》与《伯里克利》。
库尔提乌斯，《希腊历史》，第2卷，第353—641页。
格罗特，《希腊史》（10卷修订本），第4卷，第330—533页。
艾伯特，《希腊史》，第2卷，第243—475页；第3卷，第1、2章。
伯里，《希腊史》，第8、10章。
考克斯，《雅典帝国》与《雅典政治家的生平》。
劳埃德，《伯里克利时代》，2卷本。
霍普金斯，《希腊领导者》，第37—77页，“伯里克利”。
巴特勒，《雅典的故事》，第2章。
艾伯特，《伯里克利与黄金时代的雅典》，第10—18章。
格兰特，《伯里克利时代的希腊》。
塔克，《古代雅典的生活》。

第十七章　伯罗奔尼撒战争；斯巴达与底比斯的霸权

普鲁塔克，《亚西比德》。
修昔底德，《伯罗奔尼撒战争史》，第2章，第35—46页（伯里克利在葬礼上的演讲）。

库尔提乌斯，《希腊历史》，第3、4卷。

格罗特，《希腊史》（10卷修订本），第5—8章。

艾伯特，第3卷，第3—12章。

霍尔姆，《希腊史》，第2卷，第21—28章；第3卷，第1—8章。

伯里，《希腊史》，第10—14章。

考克斯，《希腊政治家传》，“德摩斯梯尼”与“尼西亚斯”。

克雷西，《世界上的决定性战争》，第2章，“公元前413年，雅典人在锡拉库扎溃败”。

桑基，《斯巴达与底比斯的霸权》。

塔克，《古代雅典的生活》，第10—14章。

霍普金斯，《希腊领导者》，“亚西比德”“苏格拉底”“伊巴密浓达”。

第十八章　亚历山大大帝

普鲁塔克，《德摩斯梯尼》与《亚历山大》。

皮卡德·坎布里奇，《德摩斯梯尼》。

惠勒，《亚历山大》。

道奇，《亚历山大》。

贺格斯，《马其顿的腓力与亚历山大》和《古代东方》，第5章。

马哈菲，《亚历山大帝国的故事》，第1—5章；《希腊的生活与思想》，第2章；《希腊历史中的问题》，第7章；《公元前第4世纪的现实政治》。

第十九章　从亚历山大去世到罗马人征服希腊期间的希腊-东方世界

霍尔姆，《希腊史》，第4卷（同时期最好的英文历史）。

加德纳，《希腊历史的新篇章》，第15章，“亚历山大的继任者与东方的希腊文明”。

马哈菲，《亚历山大帝国的故事》，第6—32章；《从亚历山大时代到被罗马征服希腊的生活与思想》；《亚历山大帝国希腊化的进程》。

第二十章 希腊的建筑、雕塑与绘画

哈姆林，《建筑史教科书》，第6、7章。

富勒与惠勒，《希腊考古学》。

莫里，《希腊考古指南》；《希腊雕塑史》，2卷本；《帕特农的雕塑》。

加德纳，《古代雅典》与《希腊雕塑指南》。

马赫，《希腊雕塑：它的精神及原理》。

加德纳，《希腊艺术的原理》。

塔贝尔，《希腊艺术史》。

哈里森，《希腊艺术指导性学习》。

第二十一章 希腊文学

阿尔弗雷德·克若瓦塞与莫里斯·克若瓦塞，《希腊文学简史》。

赖特，《希腊文学简史》。

马哈菲，《古典希腊文学简史》，2卷本。

杰文斯，《希腊文学史》。

莫里，《古希腊历史的历史》。

第二十二章 希腊哲学与科学

克罗齐，《希腊史》（10卷修订本），第4章，第65—94页（伊奥尼亚哲学家与毕达哥拉斯）；第7章，第32—172页（智者派与苏格拉底）。

伯特，《希腊哲学简史》。

梅厄，《古希腊哲学概要》。

戴维森，《希腊民族的教育》，第5章（关于苏格拉底的教育）。

伦纳德，《苏格拉底：人生的导师》。

泽勒，《斯多葛学派、伊壁鸠鲁学派及怀疑论者》。

第二十三章　希腊人的社会生活

布朗纳，《古希腊人的家庭生活》。

戴维森，《希腊民族的教育及古代的教育理想》。

沃尔登，《古希腊的大学》。

马哈菲，《希腊的社会生活》《古希腊的教育》《希腊的生活与思想》（选节），以及《古希腊的生活》。

费尔顿，《希腊，古代与现代》，第1卷，第271—511页（希腊生活各个方面的画卷）。

库勒与纳尔，《希腊人与罗马人的生活》，第1部分。

古利克，《古希腊人的生活》。

塔克，《生活在古代雅典》。

第二十四章　意大利及其早期居民

蒙森，《罗马史》，第1卷，第1、2章。

弗里曼，《欧洲历史地理》，第1卷（文本），第7—9、43—49页。

托泽，《经典地理》，第9、10章。

梅里维尔，《罗马帝国史》第4章，第414—416页（针对一些关于证据的有趣观察，证据则由涉及罗马地区树木繁茂特征的古地理名称提供）。

豪与利，《罗马史》，第1、2章。

沙克伯勒，《罗马史》，第2、3章。

奥尔克罗夫特、梅森，《罗马教程史》，第1—18页。

丹尼斯，《伊特鲁里亚的城市和墓地》，第1卷，引言（作者或许夸大了伊特鲁里亚之前的文化对早期罗马文明的影响）。

利兰，《伊特鲁里亚-罗马遗迹》。

第二十五章　罗马的制度及王政时代的罗马

普鲁塔克，《罗慕路斯》与《努马》。

蒙森，《罗马史》，第1卷，第1册，第4—15章。
塞尼奥博斯（费尔利编辑），《罗马人的历史》，第2、4章。
佩勒姆，《罗马史纲》，第1册，第2、3章。
伊内，《早期罗马》。
福勒，《希腊和罗马人的城邦》，第2、3章。
莫里，《罗马法律概略》，第1章，“早期罗马社会的组织”。
艾博特，《罗马政治制度》，第1、2章。
约翰逊，《罗马的个人生活》，第28—43页。

第二十六章　共和国早期；平民变成享有充分权利的公民

普鲁塔克，《波普利科拉》和《科利奥兰纳斯》。
佩勒姆，《罗马史纲》，第2册，第1章。
豪与利，《罗马史》，第5—13章。
沙克伯勒，《罗马史》，第5、8、9章。
艾博特，《罗马政治制度》，第24—57页。
伊内，《早期罗马》，第10—21章。
弗兰克，《罗马帝国主义》，第1、2章。
格兰鲁德，《罗马宪法史》，第27—92页。

第二十七章　意大利的征服与统一

普鲁塔克，《皮洛士传》。
蒙森，《罗马史》，第1卷，第2册，第5—9章。
伊内，《早期罗马》，第1卷，第3册，第18章，“与迦太基开战之前罗马人的情况”。
海特兰德，《罗马共和国史》，第1卷，第16—19章。
泰伊，《罗马宪法的发展》，第5章。
佩勒姆，《罗马史纲》，第2册，第2章。

里德，《罗马帝国自治市》，第1—3、4章（第1部分）。

第二十八章　罗马向半岛外扩张

波利比阿，《通史》，第1章，第10—63页（针对第一次布匿战争的记述）；第38章，第3—11页（希腊灭亡的原因）；第39章，第3—5页（迦太基的灭亡；人们需要记住的是，作家波利比阿是以见证人的身份来描述场景的）。

普鲁塔克，《费边·马克西姆斯》和《马库斯·加图》。

蒙森，《罗马史》，第2卷，第3册，第1—14章。

佩勒姆，《罗马史纲》，第3册，第1—3章。

史密斯，《迦太基与迦太基人》和《罗马与迦太基》。

道奇，《汉尼拔》。

莫里斯，《汉尼拔》。

丘奇，《迦太基的故事》（对更年轻的读者来说很有意思）。

克雷西，《世界上的决定性战役》，第4章，“梅陶罗河战役”。

第二十九章　共和国的最后100年：革命时期

普鲁塔克，《提比略·格拉古》和《尤利乌斯·恺撒》。

西塞罗，《给阿提库斯的信》（洛布经典图书馆），第7册，第1—26个字母。

费列罗，《罗马兴亡史》，第1—3卷；第4卷（第1—6章）。

梅里维尔，《罗马共和国的衰亡》。

佩勒姆，《罗马史纲》，第201—258、333—397页。

吉尔曼，《罗马的故事》，第12、13章。

蒙森，《罗马史》，第4卷（请阅读第11章，“旧共和与新君主”）。

奥曼，《罗马共和国时期的七位政治家》。

斯特罗恩·戴维森，《西塞罗与罗马共和国的衰落》。

福勒，《尤利乌斯·恺撒》。

第三十章　帝国建立和奥古斯都的元首统治

费列罗，《罗马兴亡史》，第4（第7—11章）、5卷。

英格，《恺撒治下的罗马社会》，第1章，“宗教”（论述罗马宗教的衰落和东方异教在首都的建立）。

伯里，《罗马帝国》（学生系列），第1—163页。

弗思，《奥古斯都·恺撒》。

克雷西，《世界上的决定性战役》，第5章，“公元9年阿米尼乌斯对瓦鲁斯率领的罗马军团的胜利”。

弗里德兰德，《罗马人的生活和习俗》，第1卷，第70—97页。

戴维斯，《财富在罗马帝国的影响》，第80—105页。

第三十一章　从提比略到戴克里先即位

吉本，《罗马帝国衰亡史》，第2章，“罗马帝国安敦尼时代的统一与内部繁荣”。

蒙森，《罗马帝国行省：从恺撒到戴克里先》。

佩勒姆，《罗马史纲》，第470—548页。

迪尔，《罗马社会：从尼禄到马可·奥勒留》（一本很有名的书）。

塔克，《尼禄和圣保罗在罗马世界的生活》。

梅里维尔，《罗马帝国史》。

沃森，《马可·奥勒留》，第7章，“奥勒留对基督教的看法”。

凯普斯，《安敦尼时代与早期帝国》（请阅读第12章“皇帝的地位”和第19章“宗教意识的复兴”）。

毛乌，《庞贝：它的生活与艺术》。

兰洽尼，《异教罗马与基督教罗马》，第7章（“地下墓穴”）。

第三十二章　戴克里先与君士坦丁大帝的统治

吉本，《罗马帝国衰亡史》，第15章，“基督教的发展和初期基督徒的情感、数量和情况”；第17章（关于君士坦丁堡的建立和政府形式）。

乌尔霍恩，《基督教与异端教义的冲突》，第3册，第1—3章。

弗思，《君士坦丁大帝》。

斯坦利，《东方教会史讲座》，第2—5讲（关于尼西亚会议）；第6讲（关于君士坦丁统治期间的教会）。

梅森，《戴克里先统治期间对基督教的迫害》，第3章。

奥曼，《拜占庭帝国》，第13—30页。

加德纳，《哲学家尤利安以及异教对基督教的最后斗争》。

第三十三章　西部罗马帝国最后100年

塔西佗，《日耳曼尼亚志》（我们已知的关于公元1世纪日耳曼人祖先的生活方式最有价值的著作）。

霍奇金，《意大利及其入侵者》，第1、2卷（关于西哥特人、匈奴人和汪达尔人的入侵）。

佩勒姆，《罗马史纲》，第557—572页。

迪尔，《西罗马最后一个世纪的社会》（一本极其珍贵的书）。

柯蒂斯，《罗马帝国历史》（从公元395年到公元800年），第6—9章。

吉本，《罗马帝国衰亡史》，第4章，“德基乌斯时代蛮族侵入之前的日耳曼人”。

丘奇，《中世纪的开端》（请阅读引言和第1章）。

金斯利，《罗马与日耳曼人》，第1—3讲。

克雷西，《世界决定性战役》，第6章，“公元451年沙隆之战”。

埃莫顿，《中世纪研究导论》，第2、3章（这些章节很好地讲述了以下内容：“两个民族”，“西哥特人冲破边境线”和“匈奴人的入侵”）。

《剑桥中世纪史》，第1卷，第8—14、19、20章。

关于西部帝国覆灭的原因，参见：

霍奇金，《意大利及其入侵者》，第2卷，第532—613页。

西利，《罗马帝国主义》，第2讲，第37—64页。

伯里，《罗马帝国后期的历史》，第1卷，第3章（伯里认为，奴隶制、苛捐杂税、野蛮人的渗透，以及基督教，是帝国败落的四大主要原因）。

第三十四章　罗马人的建筑、文学、法律和社会生活

兰恰尼，《最近史学发现中的古罗马》和《罗马广场的新发现》。

福勒，《罗马文学史》。

塞勒，《罗马共和国的诗人》和《奥古斯都时代的诗人》。

哈德利，《简明罗马法》，第3讲，“查士丁尼之前的罗马法律”。

吉本，《罗马帝国衰亡史》，第44章，“罗马法理学”（这一章是吉本这本巨著中最著名的）。

英格，《恺撒们统治期间的罗马社会生活》。

迪尔，《西部帝国最后一个世纪的罗马社会》，第5册，“五世纪的罗马教育和文化”。

普莱斯顿、道奇，《罗马人的私生活》。

吉尔曼，《罗马的故事》，第18章，“罗马人的风俗习惯”。

约翰斯顿，《罗马人的私生活》，第4章。

弗里德兰德，《罗马人的生活和风俗》，第2卷，第2章。

戴维斯，《财富在罗马帝国的影响》，第152—187页。

艾博特，《古罗马的平民》，第179—204页。

第三十六章　蛮族王国

霍奇金，《意大利及其入侵者》《狄奥多里克国王》（霍奇金被认为是民族大迁徙阶段的权威作家）。

维拉里，《蛮族入侵意大利》。

噶米尔，《日耳曼起源》（日耳曼早期文化的权威且富有趣味之作）。

吉本，《罗马帝国衰亡史》，第38、39章。

切奇，《中世纪的开端》，第1—5章。

埃默顿，《中世纪研究概况》，第6、7章。

《剑桥中世纪史》，第1卷，第15章；第2卷，第4—7章。

第三十七章　教会及其制度

齐默尔著，《中世纪文化中的爱尔兰元素》（被认为是中世纪文明时期由爱尔兰修道士所著的权威且富有趣味之作）。

金斯利，《隐士》。

蒙塔朗贝尔，《西部修道士：从圣本笃到圣伯纳德》，7卷本（炙热的隐修制度颂词）。

魏沙特，《修道士与修道院简史》（最佳英文简录）。

埃默顿，《中世纪导论》，第9章，“基督教教会的兴起”。

亚当斯，《中世纪文明史》，第6章，“教宗的形成”。

红衣主教吉本斯，《教父的信仰》，第9章，“彼得的首要地位”；第10章，“教皇至上”。用简单、权威的语言陈述了此方面的天主教观点。

第三十八章　拉丁民族与日耳曼民族的融合

埃默顿，《中世纪导论》，第8章“日耳曼的法制思想”。

李，《迷信与暴力：历史中的宣誓、决斗、神判与酷刑》。

芒罗、塞勒里，《中世纪文明》，第310—325页。

阿博特，《古罗马平民》，第3—31页（有关于拉丁语言的传播与罗曼诸语形成的描述）。

亚当斯，《中世纪文明史》，第5章（讲述了日耳曼人对文明做出的贡献）。

哈德利，《罗马法概论》，第2讲（叙述罗马法对于欧洲法系所产生的影响）。

第三十九章　东部罗马帝国

吉本，《罗马帝国衰亡史》，第41—46章，叙述查士丁尼统治时期；第44章，讲述罗马法律体系。

奥曼，《拜占庭帝国的故事》，第4—8章；《黑暗时代》，第5、6章。

霍奇金，《意大利及其入侵者》，第4章，“帝国复辟”。

《不列颠百科全书》，第11版，查阅由詹姆斯·布莱斯编撰的“查士丁尼一世”条目。

伯利，《晚期罗马帝国史》，2卷本（上乘的学术著作）。

哈里森，《中世纪早期的拜占庭历史》（精彩的讲座）。

《剑桥中世纪史》，第2卷，第1、2章。

塞纽博斯，《中世纪及近代文明史》，第3章。

第四十章　伊斯兰教的兴起

《古兰经》，帕尔默译（最好的英译本）。

缪尔，《穆罕默德生平》《伊斯兰兴衰史》。（这些作品均以一种不友好且冷漠的态度写成）。

史密斯，《穆罕默德和伊斯兰教》（附有简要的参考文献）。

施普伦格，《穆罕默德传》。

欧文，《穆罕默德及其继承者》。

吉本，《罗马帝国衰亡史》，第50—52章。

马戈柳思，《穆罕默德与伊斯兰教的崛起》。

弗里曼，《萨拉森人的历史与征服》（大师概叙之作）。

阿里，《伊斯兰教之精神：穆罕默德生平与学说》。

普尔，《清真寺研究》。

《不列颠百科全书》，第11版，查阅““穆罕默德”“穆斯林制度”“穆斯林法令”和“穆斯林宗教”条目下的文章。

《剑桥中世纪史》，第2卷，第10—12章。

第四十一章　查理大帝与西部帝国复兴

艾因哈德著，威廉·格莱斯特译，《查理大帝传》（艾因哈德是查理的密友兼秘书）。

霍奇金，《查理大帝》（最好的英文短篇传记）。

姆伯特，《查理大帝史》。

布莱斯，《神圣罗马帝国》，第4、5章（清晰地表述了帝国复兴的重大意义）。

埃默顿，《中世纪导论》，第12—14章。

韦斯特，《阿尔昆与基督教学校的兴起》。
穆林杰，《查理大帝的学校》。
亚当斯，《中世纪文明史》，第7章。
《剑桥中世纪史》，第18、19、21章。
戴维斯，《查理大帝》。

第四十二章　北欧人：维京人的到来

基尔里，《西部基督教世界的维京人》。
保利，《阿尔弗雷德大帝传》（伟大国王的最佳传记）。
格林，《征服英格兰》，除第10、11章以外的各章。
迪谢吕，《维京时代》，2卷本（反映出古代北欧人的生活理想、风俗习惯）。
麦克菲迪恩，《西撒克逊人阿尔弗雷德》。

第四十三章　封建制度与骑士制度

埃默顿，《中世纪导论》，第15章；《中世纪欧洲》，第14章和第15章第一部分。
亚当斯，《中世纪文明史》，第9章。
塞纽博斯，《封建政权》。
西伯姆，《英国村社共同体》。
切尼，《英格兰工业和社会史导读》，第2章“乡村生活及组织”。
芒罗、塞勒里，《中世纪文明》，第159—211页与第240—247页。
詹姆斯，《骑士制度史》。
科尼什，《骑士制度》。

第四十四章　诺曼人征服英格兰

哈斯金斯，《欧洲史上的诺曼人》。

弗里曼，《诺曼征服史》（这是将诺曼征服的早期六卷本以“旧事新述”的方式呈现）。

约翰逊，《欧洲的诺曼人》《征服者威廉》。

克雷西，《改变世界历史的十五大战役》，第7章。

第四十五章　神权与君权

布莱斯，《神圣罗马帝国》（本书已为经典）。

亚当斯，《中世纪文明史》，第10章。

埃默顿，《中世纪欧洲》，第7、8章。

阿尔佐格，《普世教会史手册》，第2卷，第253—336页，第481—510页。

陶特，《君权与神权》。

文森特，《希尔德布兰德时代》，前几个章节。

史蒂芬斯，《希尔德布兰德及其时代》。

第四十六章　十字军东征

布尔，《公元1000年和十字军东征的前提》（《美国历史评论》载，展现出“千年恐怖”传说的非历史特征）。

阿切尔、金斯福德，《十字军东征》。

柯克斯，《十字军东征》。

埃默顿，《中世纪欧洲》，第11章。

亚当斯，《中世纪文明史》，第11章。

米肖，《十字军史》，3卷本（非常有趣，但因对于十字军东征的新研究使得其中部分内容难以令人信服）。

皮尔斯，《君士坦丁堡的陷落》（对第四次十字军东征的最佳记述）。

格雷，《儿童十字军东征》。

雷恩·普尔，《萨拉丁及耶路撒冷王国的灭亡》。

第四十七章　神权巅峰及其世俗权力的衰落

布莱斯，《神圣罗马帝国》，第11、13章。

帕斯托尔，《教皇史》，第1卷。

埃默顿，《中世纪欧洲》，第9、10章的部分。

巴里，《教皇君主制》。

巴尔扎尼，《教皇与霍亨斯陶芬家族》。

陶特，《君权与神权》，第11、14、16、21章。

萨巴蒂尔，《阿西西的圣方济各传》（该书具有真实的属灵洞见）。

萨巴蒂尔编，《完美之镜》（这是由圣方济各的好友兼学生所写的传记，简单而亲切地讲述了其生平）。

克雷顿，《教宗史》，第1卷，大分裂；康斯坦茨会议。

杰索普，《托钵修会的缘起》。

第四十八章　图兰人的征服：蒙古人与奥斯曼人

裕尔译，高迪爱修订，《马可·波罗之书》。马可波罗在位于汗八里（现代北京）的蒙古皇庭居住了17年。他目睹了蒙古皇庭的鼎盛时期，并将其所见所闻进行了生动地描述，使得欧洲对远东有了更进一步的了解，其著作因准确与公正一直备受赞誉。该书的最佳部分被浓缩在诺亚·布鲁克所著的《马可·波罗传》中。

霍渥斯，《9世纪到19世纪的蒙古史》（涉及该主题的最好、最全面的作品）。

克雷西，《奥斯曼帝国史》，第1卷，第1—6章。

吉本，《罗马帝国衰亡史》，第64—68章。

米亚托维奇，《希腊末代皇帝君士坦丁》或《突厥人征服君士坦丁堡》（涉及本题材最佳英文著作）。

普尔，《土耳其的故事》，第1—7章。

弗里曼，《欧洲的奥斯曼帝国》，第1—4章。

威尔士，《世界史纲》。

第四十九章 城镇的发展

基佐，《欧洲文明史》，第7讲，“自由城镇的崛起”。

格林，《15世纪的城市生活》。

齐默恩，《汉萨城镇》。

西蒙兹，《暴君的时代》，第3、4章。

哈兹里特，《威尼斯共和国》（英文中的权威之作）。

塞耶，《威尼斯简史》。

格罗斯，《商人行会》。

奥利芬特夫人，《威尼斯的缔造者》。

在“中世纪城镇”书系中有关于佛罗伦萨、纽伦堡、布鲁日等的独本，其中一些章节值得关注。

第五十章 大学与经院学者

拉斯达尔，《中世纪的欧洲大学》。

劳里，《大学的兴起及其早期架构》。

孔佩雷，《阿伯拉尔及大学的起源与早期历史》。

杰索普，《托钵修会的缘起》，第6章，“大学的建立”。

埃默顿，《中世纪欧洲》，第8章。

理查·勒加利纳，《旧爱新谈》，“阿伯拉尔和爱洛伊斯”。

第五十一章 民族国家的发展：国家政府与民族文学的形成

（1）一般性作品：

基佐，《欧洲文明史》，第9、11讲。

亚当斯，《中世纪文明史》，第8、14章。

埃默顿，《近代欧洲的开端》。

（2）国家历史：
格林，《英国人民宗教史》，第1、2卷部分内容。
亨德森，《中世纪德意志史》。
哈索尔，《法兰西民族》。
休谟，《西班牙民族》。
“国家故事”书系中涉及诸多欧洲国家的书籍供阅读。
（3）专题著作：
洛厄尔，《圣女贞德》。
特里维廉，《威克里夫时代的英格兰》（对农民起义进行了详细记述）。
普尔，《威克里夫与改革运动》。
加斯奎特，《大瘟疫》。
史密斯，《国内的行吟诗人》，2卷本。
奥利芬特夫人，《佛罗伦萨的缔造者》。
李，《中世纪宗教裁判所历史》，3卷本。
普雷斯科特，《斐迪南和伊莎贝拉统治史》。
欧文，《征服格拉纳达》。
克拉克，《萨沃纳罗拉》。
“民族英雄”书系中，有不同卷本涵盖政治和传记主题供阅读。

第五十二章　文艺复兴

文艺复兴的文学作品数不胜数，此处只举几例。
西蒙兹，《意大利文艺复兴》（本书是英文版意大利文艺复兴时期的最广博的历史）。
布克哈特，《意大利文艺复兴时期的文化》（可能是本主题中最有启发性的著作）。
菲尔德，《文艺复兴研究导论》。
奥利芬特夫人，《佛罗伦萨的缔造者》和《威尼斯的缔造者》。
亚当斯，《中世纪文明史》，第15章。
埃默顿，《近代欧洲的开端》，第9章。
格里姆，《米开朗基罗传》，2卷本。
罗宾森、罗尔夫，《彼特拉克：第一个近代学者文人》。

第五十三章　地理大发现与近代殖民的开始

基恩，《地理进化》，第5—8章。

比兹利，《航海者亨利王子》（关于哥伦布生平的作品有很多，温莎、欧文和C.K.亚当斯等的值得推荐）。

吉尔马，《斐迪南·麦哲伦传》。

菲斯克，《发现美洲大陆》，2卷本（所有章节都吸引年轻的读者）。

《剑桥近代史》，第1卷，第1章，“发现的时代”；第2章，“新大陆”。

伯恩，《历史批判论文集》，第7期，“教皇亚历山大六世分割线”，以及《西班牙在美洲的殖民统治》（1450—1580）。

普利斯科特，《征服墨西哥》《征服秘鲁》（应该和后边的作品一起阅读）。

佩恩，《美洲新大陆的历史》，第1卷，第303—364页（美洲当地文明与当地动植物的关系）。

第五十四章　宗教改革运动的开始

比尔德，《马丁·路德和德意志宗教改革》。

考斯特林，《路德传》。

埃默顿，《德西德里乌斯·伊拉斯谟》。

从新教思想的角度更大范围地去考究宗教改革运动的作品有：

费舍尔，《宗教改革》。

豪塞尔，《宗教改革时期》。

西博姆，《新教革命时代》。

休姆，《欧洲大陆的文艺复兴、新教革命和天主教改革》（修订版），第10—30章（从天主教的角度看宗教改革运动历史）。

斯伯丁，《新教改革运动历史》。

《剑桥近代史》，第1卷，第19章；第2卷，第4—8章。

罗宾逊，《欧洲历史初级读本》，第25、26章。

弗洛德，《特伦托会议报告》。

休斯，《罗耀拉和耶稣会教育体系》。

西蒙兹，《天主教的反宗教改革》，第1卷。

第五十五章 西班牙的崛起；西班牙与天主教的关系

罗伯逊，《查理五世皇帝统治时期的历史》，3卷本。

普利斯科特，《腓力二世统治时期的历史》，3卷本（本书和罗伯逊的著作被看作是历史文学的经典之作）。

阿姆斯特朗，《查理五世皇帝》，2卷本。

斯特林·马克斯韦尔，《查理五世皇帝的隐居生活》。

修姆，《西班牙人民》，第9—11章；《西班牙：它的伟大与衰败》；《西班牙的腓力二世》。

李，《西班牙的摩里斯科人：他们的改变信仰与被驱逐》。

第五十六章 都铎王朝和英国的宗教改革运动

西博姆，《牛津改革者》（一部同时期作品的清新魅力之作，关于牛津改革者克列特、伊拉斯谟和摩尔的影响力的上乘之作）。

《剑桥近代史》，第1卷，第14章。

格林，《英国人简史》，第6、7章。

弗洛德，《16世纪英国航海家》和《西班牙无敌舰队的故事》。

加斯奎特，《亨利八世与英格兰的修道院》，2卷本；《宗教改革运动前夜》（这些都是著名的天主教学者的作品）。

克莱顿，《伊丽莎白女王与红衣主教沃尔西》。

比斯利，《伊丽莎白女王》。

关于本章事件的简述，可以参阅加迪纳、蒙哥马利、特里、科曼、肯达尔、安德鲁斯和切尼等关于英国历史的作品。

第五十七章　荷兰独立战争：荷兰共和国的崛起

莫特利，《荷兰共和国的崛起》，3卷本；《尼德兰联邦的历史》，4卷本（莫特利的这些历史作品堪称经典，但是缺少客观的精神。它们应该结合J.P.布洛克3卷本的《尼德兰人民的历史》一起阅读）。

扬，《尼德兰的历史》。

哈里森，《沉默者威廉》。

帕特南，《沉默者威廉》，2卷本。

关于新尼德兰

考菲斯克，《荷兰人贵格会的美洲殖民地》，2卷本。

第五十八章　法国的胡格诺战争

拜尔德，《胡格诺派和纳瓦拉的亨利》和《泰奥多尔·贝扎》。

贝赞特，《加斯帕尔·德·科利尼》。

维勒特，《纳瓦拉的亨利》。

哈索尔，《法国人民》，第10、11章。

洛奇，《黎塞留》。

帕克曼，《新大陆的法国先驱者》（胡格诺派在佛罗里达和巴西，山普伦和他的同伴）。

也可参阅J.菲斯克，《新英格兰和新法兰西》，第1—3章。

第五十九章　三十年战争

金代利，《三十年战争史》，2卷本，第2卷，第10、11章（关于和平谈判别有兴趣）。

弗莱切，《古斯塔夫·阿道夫与新教的生存之战》。

加德纳，《三十年战争》。

亨德森，《德意志简史》，第1卷，第17、18章。

布莱斯，《神圣罗马帝国》，第18、19章。

费舍尔，《宗教改革史》，第15章（从新教的一边总结宗教改革的成果）。

巴尔梅斯，《欧洲文明》《新教和天主教的比较》。

斯波尔丁，《新教改革史》，第一、二部分（包含从天主教角度对主题的讨论）。

第六十章　君权神授思想和开明君主专制

菲吉斯，《君权神授理论》（是对这个主题的出色而有趣的讨论。这本书有很好的参考书目）。

加德纳与斯拜丁，《英国历史研究》（包含一篇题为“君权神授”的有价值的文章）。

第六十一章　路易十四统治下法国的支配地位

对这一时期全面了解，最适合阅读的作品有：

《路易十四的时代》，2卷本和《法国君主制的衰落》，2卷本。是玛丽·L.布斯对亨利·马丁的《法国历史》相应部分的翻译。

威克曼，《欧洲，1598—1715》，第6、7和9—15章。

基钦，《法国史》，第3卷。

哈索尔，《法国人民》，第12—14章；以及《路易十四和法国君主制的鼎盛时期》。

珀金斯，《马扎然统治下的法国》，第2卷；《摄政时期的法国》；《路易十四统治下的法国》，2卷本。

威廉姆斯，《蓬巴杜夫人》。

关于法国在美洲殖民的历史：

帕克曼，《弗兰特纳克总督和路易十四统治时期的新法兰西》。

第六十二章　斯图亚特王朝和英国革命

加德纳，《英国史》（1603—1642），10卷本；《大内战的历史》，4卷本；《共和和护国政体的历史》，4卷本；《奥利弗·克伦威尔》和《斯图亚特王朝前两个国王和清教徒革命》（加德纳博士是这个时期最杰出的史学家。他的作品在历史价值和权威性上都是最高的）。

麦考莱，《詹姆斯二世即位后的英国历史》；还有他关于弥尔顿和约翰·汉普登的《论文集》。

莫雷，《奥利弗·克伦威尔》。

哈里森，《奥利弗·克伦威尔》。

哈尔，《斯图亚特王朝的衰落》。

威克曼，《清教徒教会》。

特里维廉，《斯图亚特王朝统治下的英国》。

第六十三章　俄罗斯的崛起与彼得大帝

朗波德，《俄国史》，3卷本。

斯凯勒，《俄罗斯皇帝彼得大帝》（关于沙皇彼得最好的传记作品）。

关于彼得大帝生平描述更简洁的作品，可以阅读：

莫特利，《彼得大帝》。

摩菲尔，《俄罗斯的故事》，第5—9章；《波兰的故事》，第11章（后一部是关于波兰被瓜分的作品）。

贝恩，《查理十二世》。

第六十四章　普鲁士的崛起与腓特烈大帝

塔特尔，《普鲁士史》，4卷本（由于作者1757年去世而中断）。

马里奥特与罗伯逊，《普鲁士的演化》，第1—4章。

雷德韦，《腓特烈大帝和普鲁士的崛起》。

卡莱尔，《腓特烈二世的历史》，5卷本（卡莱尔的经典著作之一，同他的《法国革命》一样。如果从其他来源了解它的主题之后，再阅读本书，会令人拍案叫绝。此书几乎完全讲述的是腓特烈23年的战争而忽略了其统治时期23年的和平历史）。

朗曼，《腓特烈大帝和七年战争》。

布莱特，《玛丽娅·特蕾莎》。

麦考莱，《腓特烈大帝论》。

第六十五章　18世纪的英国

这一时期最值得推荐的短篇作品：

希利，《英国的扩张》。

类似作品有：

考尔德科特，《英国殖民运动和大英帝国》，第3—5章。

莱基，《18世纪英国史》，7卷本（最全面的作品）。

拉韦尔与佩恩，《大英帝国》，第4—6章。

关于这一时期海军的历史，请阅读：

马汉，《海上力量对历史的影响》，第5—14章。

传记有：

莫利，《沃波尔传》。

骚塞，《韦斯利传》。

格林，《查塔姆伯爵威廉·皮特》。

哈里森，《查塔姆伯爵》。

麦考莱，关于霍勒斯·沃波尔、查塔姆伯爵（两篇）、克莱武勋爵和沃伦·黑斯廷斯的《文集》。

关于英国内阁发展方面：

布劳维尔特，《英格兰内阁政府的发展》。

詹克斯，《议会制的英格兰》。

关于循道宗的兴起：

奥弗顿，《18世纪福音派的复兴》。

关于法国和英国在美洲的殖民活动。

菲斯克，《新英格兰和新法兰西》，第7—10章。

帕克曼，《蒙卡尔姆和沃尔夫》，2卷本。

关于英国与美洲殖民地之间的冲突：

莱基，《美洲革命》。

关于英国工业和社会方面：

切尼，《英国工业社会历史概况》，第8章。

第六十六章 法国大革命

关于法国革命的起因：

泰纳，《古老的制度》。

托克维尔，《旧制度与大革命》。

巴克尔，《英国文明史》，第1卷，第12—14章（对18世纪的哲学和文学运动作出了最详实的呈现）。

洛厄尔，《大革命前夜》（在国家议会召开前，18世纪里生活和思想各阶段的一系列学术性和启发性的研究）。

简史：

伯恩，《欧洲革命时代》，第1—16章。

斯蒂芬斯，《革命时期的欧洲，1789—1815》，第1—6章。

其他杰出的简史作品包括莫里斯、马莱特、马修和米涅等人的著作。

详史：

摩尔斯·斯蒂芬斯，《法国大革命史》，2卷本。

泰纳，《法国大革命》，3卷本。

《剑桥近代史》，第8卷。

卡莱尔，《法国大革命》。

传记：

莫利，《卢梭》，2卷本，以及《伏尔泰》。

维勒特，《米拉波》。

拉马丁，《吉伦特派的历史》，3卷本。

塔贝尔，《罗兰夫人》。

第六十七章 执政府与拿破仑帝国

伯恩，《法国大革命时代》，第17—18章。

拿破仑的众多传记中，下列作品在权威性和专业性上值得关注：

福尼尔，《拿破仑一世》。

约翰斯顿，《拿破仑》。

罗斯，《拿破仑一世的生平》，2卷本。

斯隆，《拿破仑·波拿巴的生平》，4卷本。

朗弗雷，《拿破仑一世的历史》，4卷本（由于作者去世未完成。在朗弗雷的笔下，拿破仑成为挖苦诘责的对象）。

希利，《拿破仑一世》。

罗普斯，《拿破仑一世》。

梯也尔，《督政府和拿破仑帝国的历史》，12卷本（关于拿破仑时期详细历史最优秀的作品之一）。

关于这一历史时期特殊阶段的作品有：

马汉，《海上力量对法国大革命和法兰西帝国的影响》，2卷本。

希利，《施泰因及其时代》，2卷本。

马里奥特与罗伯逊，《普鲁士的演化》，第5—7章。

第六十八章　维也纳会议与梅特涅

从维也纳会议到第一次世界大战这100年的众多作品中，下述作品整体或部分地对这一阶段进行了简要描述：

法伊夫，《近代欧洲历史：1792—1878（普及本）》。

菲利普斯，《近代欧洲，1815—1899》。

安德鲁斯，《近代欧洲的历史发展进程》，2卷本。

塞纽博斯，《1814年以来的欧洲政治历史》。

哈森，《近代欧洲史》，第12—28章。

H.海斯，《近代欧洲政治社会史》，第2卷。

洛维尔，《欧洲大陆的政府和政党》，2卷本。

罗斯，《欧洲民族国家的发展》，2卷本。

第六十九章　二次复辟后的法国

马丁，《通俗法国史》，第2卷（最后一部分）和第3卷。

迪金森，《近代法国的革命与反动》。
勒邦与珀莱，《真实的法国》。
关于第二帝国：
福布斯，《拿破仑三世的生平》。
关于这一时期历史事件的简述：
勒本，《近代法国》，第8—16章。
亚当斯，《法兰西民族的成长》，第18章。
哈索尔，《法国人民》，第18—21章和第23章。

第七十章　从滑铁卢战役到第一次世界大战前的英国

关于议会改革：
梅，《英格兰宪政史》，2卷本。
甘米奇，《宪章运动史：1837—1854》。
麦卡锡，《改革时代》。
卡莱尔，《宪章运动》。
迪金森，《19世纪议会的发展》。
关于爱尔兰问题：
莱基，《18世纪爱尔兰史》，第5卷，第7、8章（英格兰和爱尔兰议会的合并）。
多名作家创作，詹姆斯·布莱斯序，《爱尔兰历史中的两个世纪，1691—1870》。
戴西，《英国反对地方自治的议案》。
麦卡锡，《合并后的爱尔兰》。
金，《爱尔兰问题》。
传记：
莫利，《理查德·科布登生平》，2卷本，以及《威廉·尤尔特·格莱斯顿生平》，3卷本。后一篇传记中（第1卷，第635—640页）有年轻的格莱斯顿写给父亲关于自己职业选择的精彩书信。
布兰德斯，《比肯斯菲尔德伯爵》。
关于这一时期的社会、思想和工业状况：

特雷尔，《英格兰社会》，第6卷。
切尼，《英国工业与社会历史导论》，第8—10章。
关于这一时期事件的综述：
麦卡锡，《我们的时代历史》。

第七十一章　意大利的解放和统一

普罗宾，《意大利：从1815年拿破仑一世的垮台到1890年》。
斯蒂尔曼，《意大利的统一：1815—1895》。
前一部适合年轻读者简单浏览，后一部是值得认真研读的佳作。
马尔蒂南哥·塞萨雷斯科，《意大利的解放：1815—1870》以及《加富尔》。
查理·德·萨耶尔，《加富尔生平》。
戴西，《维克托·伊曼纽尔》。
金，《马志尼》。

第七十二章　新德意志帝国的建立

西贝尔，《日耳曼帝国的建立》，7卷本。
安德鲁斯，《近代欧洲的历史发展过程》，第1卷，第6、9、10章；第2卷，第5—7章。
亨德森，《德国简史》，第2卷，第8—10章。
洛维，《俾斯麦与德皇威廉二世》。
海德兰姆，《俾斯麦和德意志帝国的建立》。
布施，《我们的首相》。
洛厄尔，《欧洲大陆的政府和政党》，第1卷，第5、6章；第2卷，第7—10章。
库里奇，《三国同盟的起源》。
马里奥特与罗伯逊，《普鲁士的演化》，第8—14章。
哈森，《近代欧洲史》，第19—21、24章。

第七十三章　从维也纳会议到第一次世界大战前的俄罗斯

朗伯德，《俄罗斯历史》，第3卷。
勒鲁瓦·博利厄，《沙皇和俄罗斯人的帝国》，3卷本。
摩斐尔，《俄罗斯德故事》，第10、11章。
斯特普尼亚克（笔名），《俄罗斯农民》。
诺勃，《俄罗斯人反叛》《俄罗斯和俄罗斯人》。
塞纽博斯，《欧洲政治史》，第638—670页。

第七十四章　新工业主义

塞纽博斯，《近代文明史》，第425—436。
坎宁安，《经济领域的西方文明（中世纪和近代）》，第225—267页。

第七十五章　欧洲在整个19世纪和20世纪初的扩张

莫里斯，《殖民运动史》，2卷本。
艾兰德，《非洲殖民运动》。
布莱斯，《先进民族和落后民族的关系》。
吉本斯，《非洲新版图和亚洲新版图》。
缪尔，《欧洲的扩张》。
海斯，《近代欧洲政治社会史》，第2卷，第27—30章。
关于大英殖民帝国：
希利，《英格兰的扩张》。
考尔德科特，《英国殖民运动与大英帝国》。
布里诺特，《英国统治下的加拿大：1760—1900》。
詹克斯，《澳大利亚殖民史》。
布莱斯，《南非印象》。

拉韦尔与佩恩，《大英帝国》，第7—12章。
关于欧洲在非洲的殖民统治：
约翰斯顿，《非洲殖民运动史》。
斯坦利，《穿越非洲大陆》，2卷本，以及《刚果和自由邦的建立》。
凯尔托，《瓜分非洲》。
米尔纳，《英国在埃及的殖民统治》。
休斯，《利文斯顿》。
哈森，《近代欧洲史》，第28章。
关于俄国在亚洲的殖民统治：
凯南，《西伯利亚和流放制度》，2卷本。
斯克兰，《俄国的扩张：1815—1900》。
关于远东地区：
格里菲斯，《日本帝国》，2卷本，以及《进化的日本民族》。
浅川烟，《俄日战争》。
雷因希，《19世纪末东方形势影响下的世界政治》。

第七十六章　向世界联邦的进化

菲斯克，《美国的政治理想》，第3讲，“命定扩张说”。
马尔伯格，《国家联盟》。
霍尔斯，《海牙国际和平会议》（1899年海牙国际和平会议纪要）。
怀特，《第一次海牙国际和平会议》。
赫尔，《两次海牙会议》。
乔特，《两次海牙会议》。
斯科特编，《美国在第二次海牙国际和平会议上的演讲》。
布里奇曼，《世界组织和第一部世界法》。
米诺尔，《民族国家共和国》。
劳伦斯，《国际社会》。

第七十七章　第一次世界大战

关于战争背景和原因：

伯恩哈德，《德国与下一次战争》。

史密斯，《德国的灵魂》。

亚瑟，《泛德意志主义》。

谢拉达姆，《脱去面具的泛德意志阴谋》。

杰拉德，《我在德国的四年》。

伍兹，《战争的摇篮》。

贾斯特罗，《战争和巴格达铁路》。

西摩尔，《战争的外交背景》。

斯托厄尔，《第一次世界大战的外交》。

舒尔曼，《巴尔干战争》。

吉本斯，《欧洲新版图》。

戴维斯（合著），《第一次世界大战的根源》。

贝克，《证据》。

里奇诺维斯基与普林斯·卡尔，《德国的罪恶》。

格里林，《我控诉！》（“一战”期间匿名发表）。

关于战争年份：

惠特洛克，《德国占领下的比利时》，2卷本。

摩根索，《摩根索大使传》。

巴塞特，《我们对德国的战争》。

麦克马斯特，《“一战”中的美国》。

亚瑟，《“一战”故事》（适合年轻读者）。

西蒙兹，《“一战”史》，5卷本（1920年4月，只出版了4卷）。